国家社科基金后期资助项目

清至民国婺源县村落契约文书辑录

Contracts and Other Documents in Wuyuan County: Qing Dynasty and Beyond

陆

秋口镇(五)

油岭村 · 仔槎村陈家 · 吴家

黄志繁 邵 鸿 彭志军 编

商務印書館
创于1897 The Commercial Press
2014年 · 北京

秋口镇油岭村 A 1—15

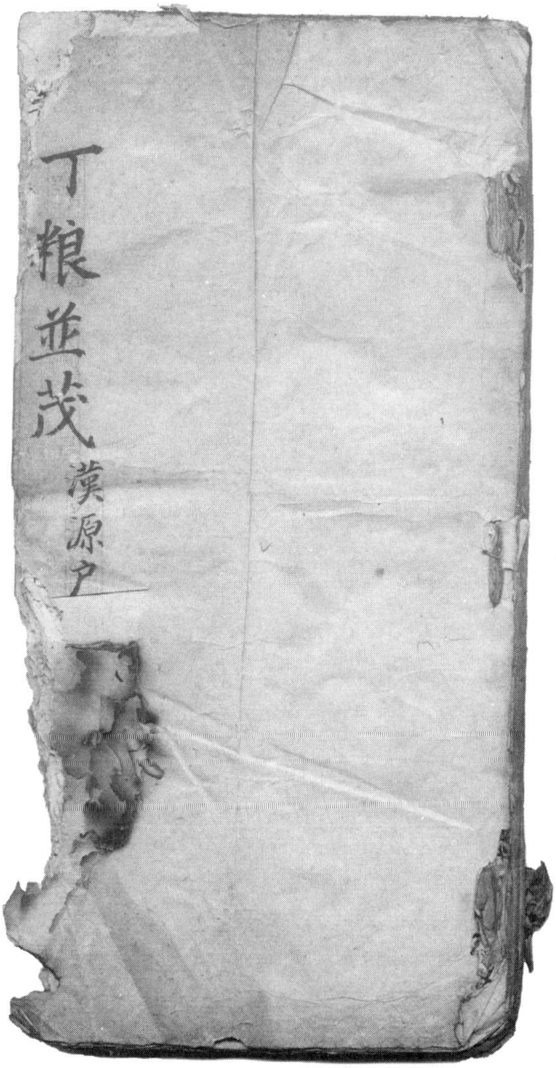

秋口镇油岭村 A 8 · 嘉庆元年 · 税粮实征册 · 汉源户

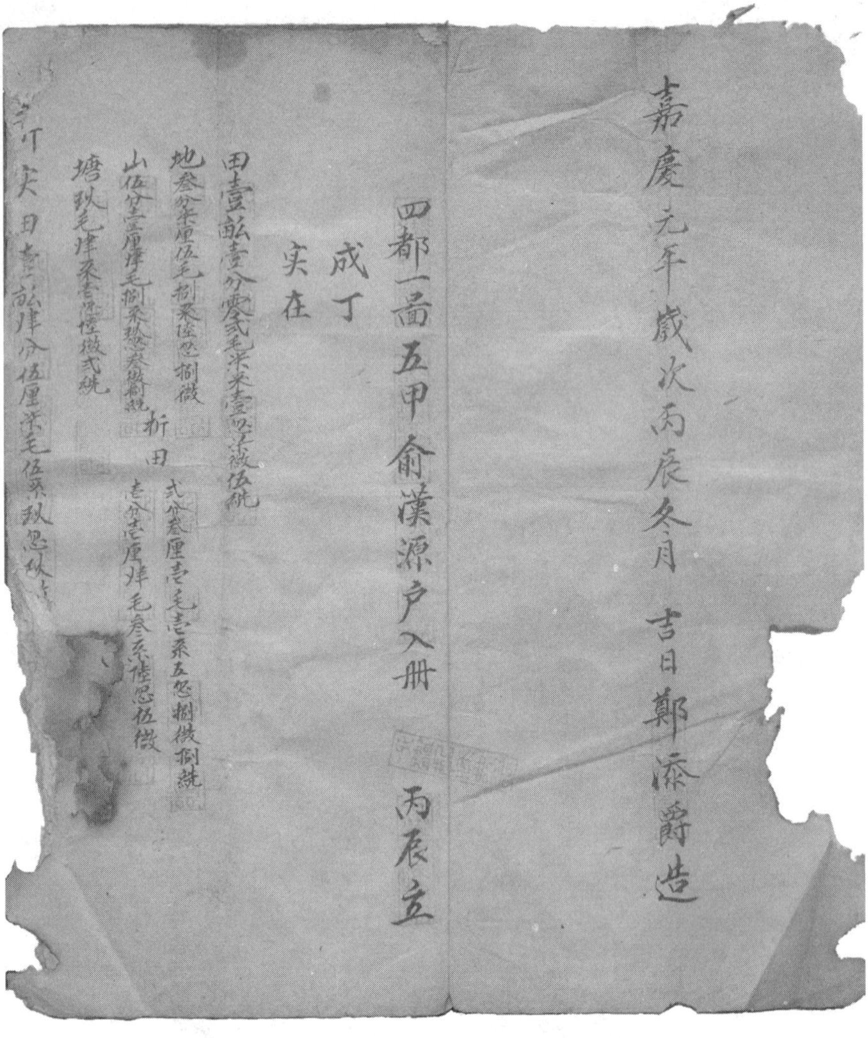

秋口镇油岭村 A 8-2 · 嘉庆元年 · 税粮实征册 · 汉源户

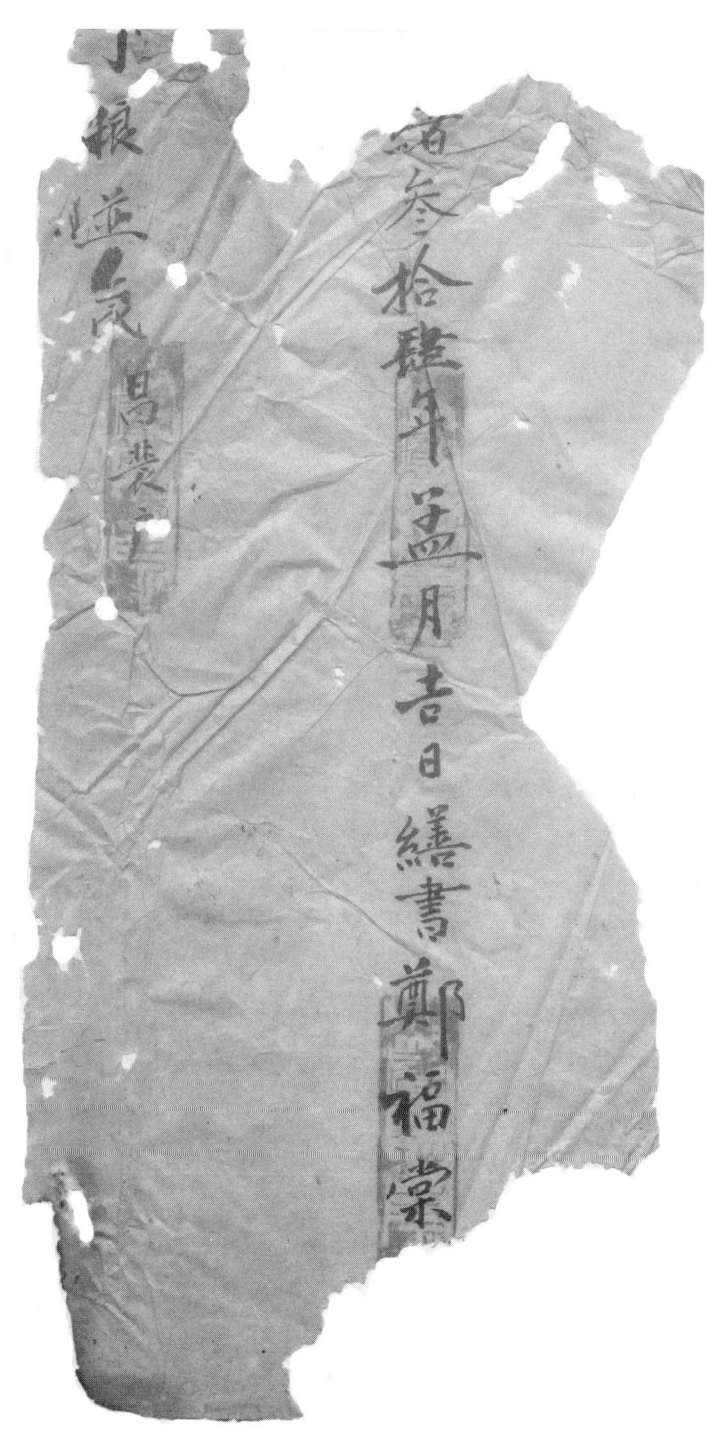

百叁拾肆年孟月吉日繕書鄭福棠

粮
道
貳
昌裴

秋口镇油岭村 A 8-3 · 嘉庆元年 · 税粮实征册 · 汉源户

仁字 四百九十一號 汪村塘塢
六十八號 河村段 田肆分肆厘伍毛

秋口镇油岭村 A 8-4 · 嘉庆元年 · 税粮实征册 · 汉源户

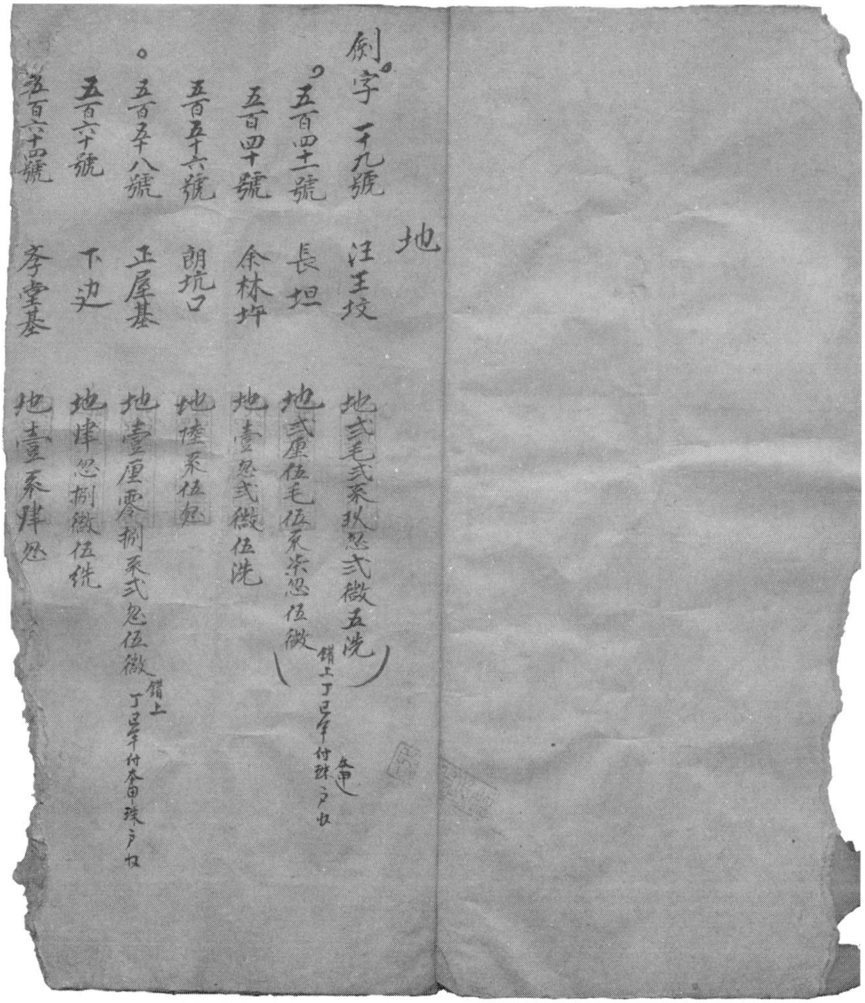
地
劍字一千九號 汪王坟 地式毛式系玖忽式微五洸
五百四十二號 長坦 地式厘伍毛伍系柒忽伍微 錯上丁巳年付琳户收
五百四十號 余林坪 地壹忽式微伍洸
五百五十六號 朗坑口 地陸系伍忽
五百五十八號 正屋基 地壹厘零捌系式忽伍微 錯上丁巳年付本甲珠户收
五百六十號 下边 地肆忽捌微伍洸
五百六十四號 孝堂基 地壹系肆忽

秋口镇油岭村 A 8-5 · 嘉庆元年 · 税粮实征册 · 汉源户

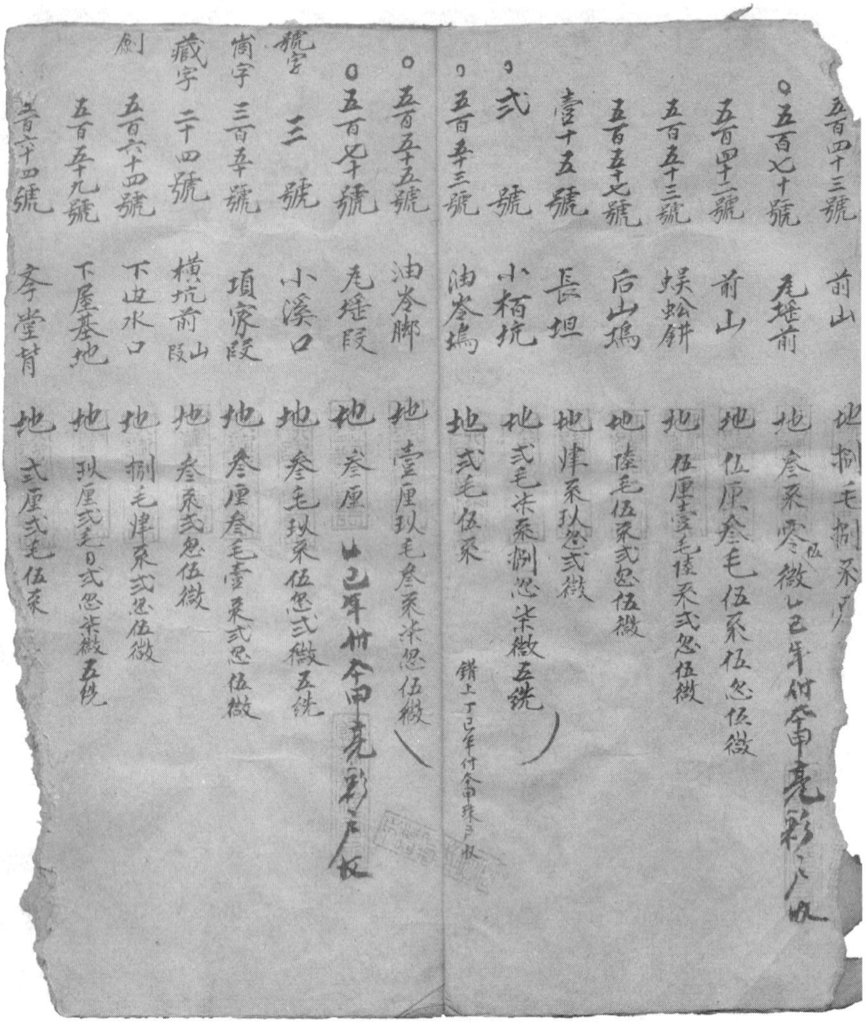

秋口镇油岭村 A 8-6 · 嘉庆元年 · 税粮实征册 · 汉源户

秋口镇油岭村 A 8-7 · 嘉庆元年 · 税粮实征册 · 汉源户

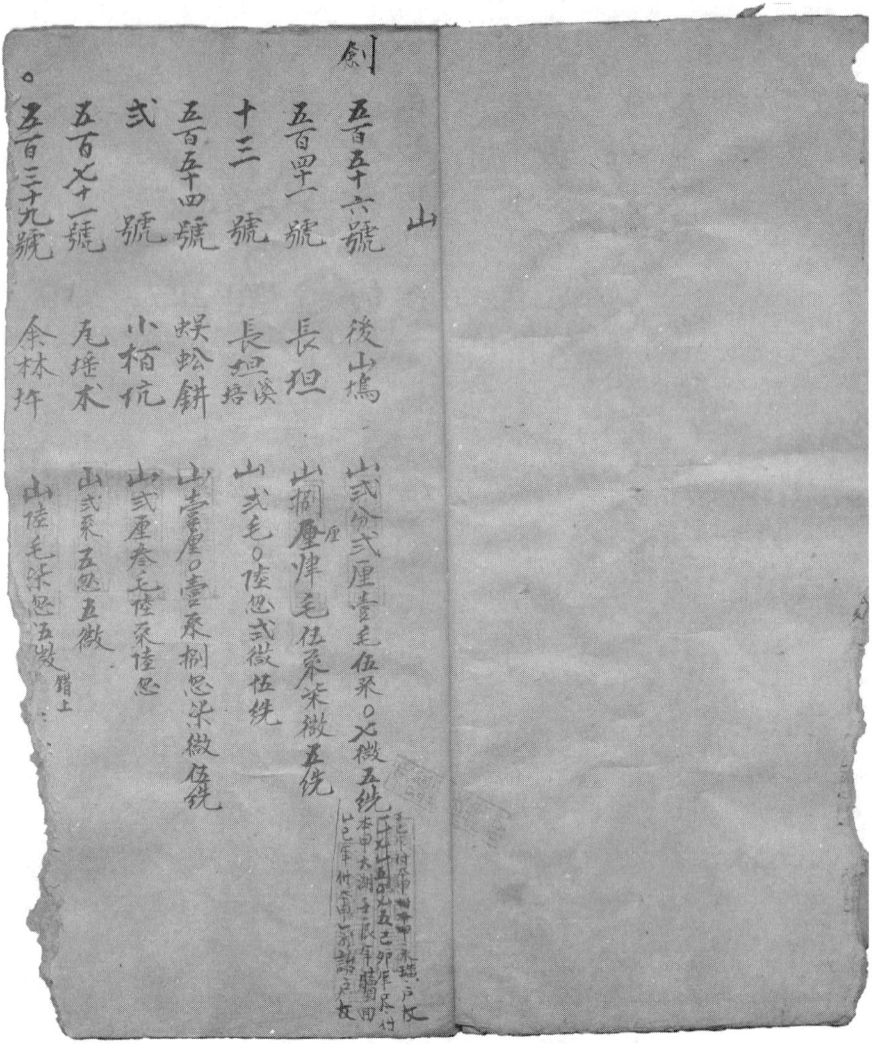
劍 山

五百五十六號 後山塢 山弍分弍厘壹毛伍系○七微五纖

五百四十一號 長坦 山捌厘肆毛伍系柒微五纖

十三號 長坦培 山弍毛○陸忽弍微伍纖

五百五十四號 蜈蚣鉼 山壹厘○壹系捌忽柒微伍纖

弍號 小栢坑 山弍厘叁毛陸系陸忽

五百七十一號 尾埕木 山弍系五忽五微

五百三十九號 余林圩 山陸毛柒忽伍微 錯上

秋口镇油岭村 A 8-8 · 嘉庆元年 · 税粮实征册 · 汉源户

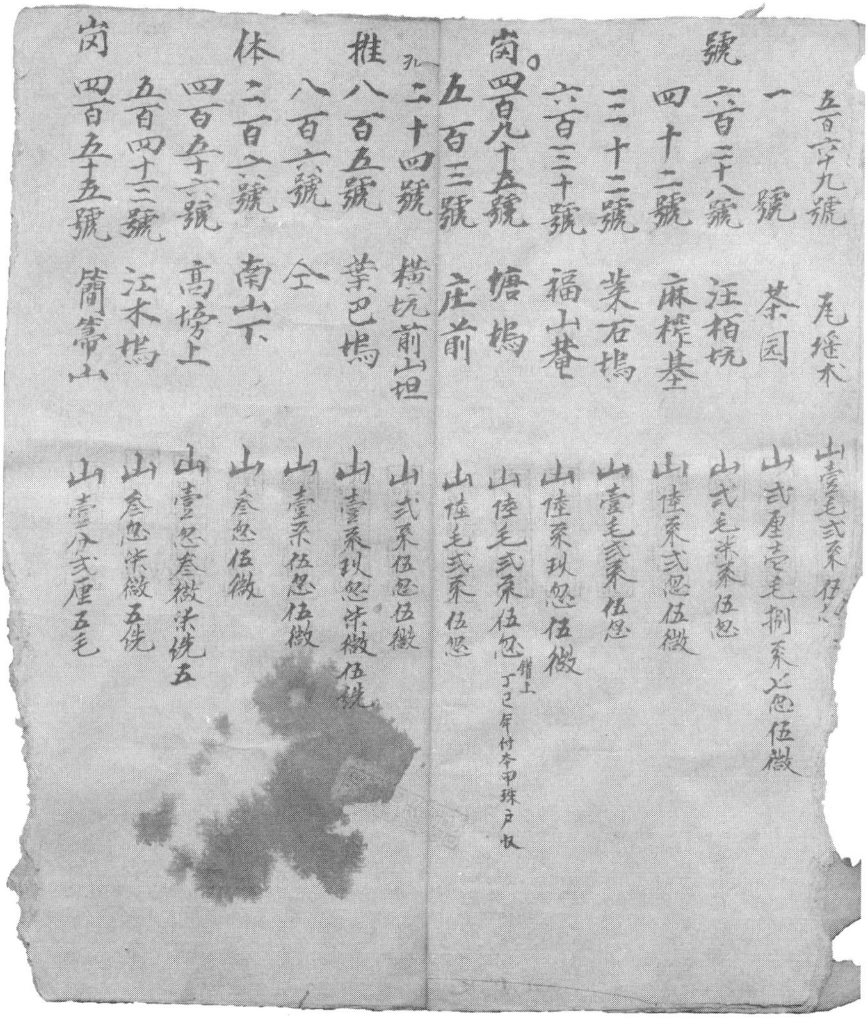
五百六十九號　尾塢木　山壹毛弍系伍□
一號　茶园　山弍厘壹毛捌系七忽伍微
號　六百二十八號　汪栢坑　山弍毛柒系伍忽
四十二號　麻榨基　山陸系弍忽伍微
三十二號　茱石塢　山壹毛弍系伍忽
六百三十號　福山巷　山陸系玖忽伍微
崗。四百九十五號　塘塢　山陸毛弍系伍忽　錯上　丁巳年付李甲珠户收
五百三號　庄前　山陸毛弍系伍忽
九　二十四號　橫坑前山坦　山弍系伍忽伍微
推　八百五號　葉巴塢　山壹系玖忽柒微伍纖
八百六號　仝　山壹系伍忽伍微
体　二百六號　南山下　山叁忽伍微
四百五十六號　高塝上　山壹忽叁微柒纖五
五百四十三號　江木塢　山叁忽柒微五纖
崗　四百五十五號　簡箒山　山壹分弍厘五毛

秋口镇油岭村 A 8-9 · 嘉庆元年 · 税粮实征册 · 汉源户

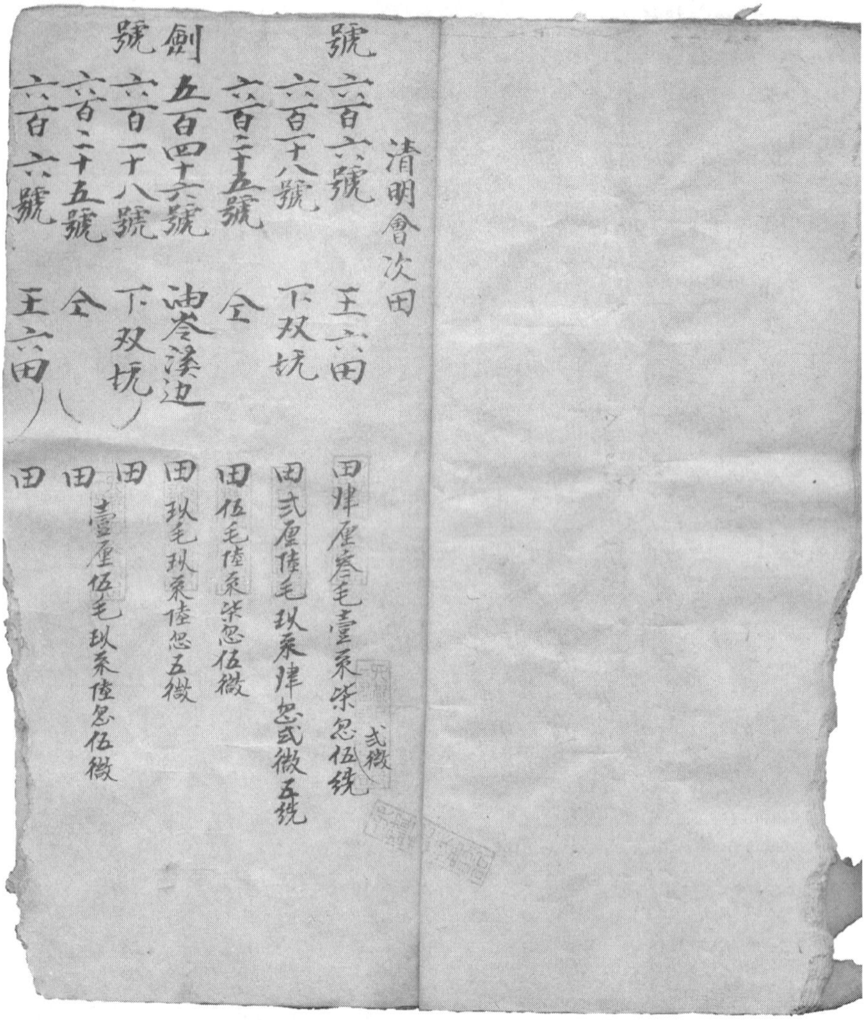

清明會次田

號 六百六號 王六田 田肆厘叁毛壹系柒忽伍绕 贰微

六百十八號 下双坑 田贰厘陆毛玖系肆忽贰微五绕

六百二十五號 仝 田伍毛陆系柒忽伍微

劍 五百四十六號 油叁溪边 田玖毛玖系陆忽五微

號 六百十八號 下双坑 田

壹厘伍毛玖系陆忽伍微

六百二十五號 仝 田

六百六號 王六田 田

秋口镇油岭村 A 8-10 · 嘉庆元年 · 税粮实征册 · 汉源户

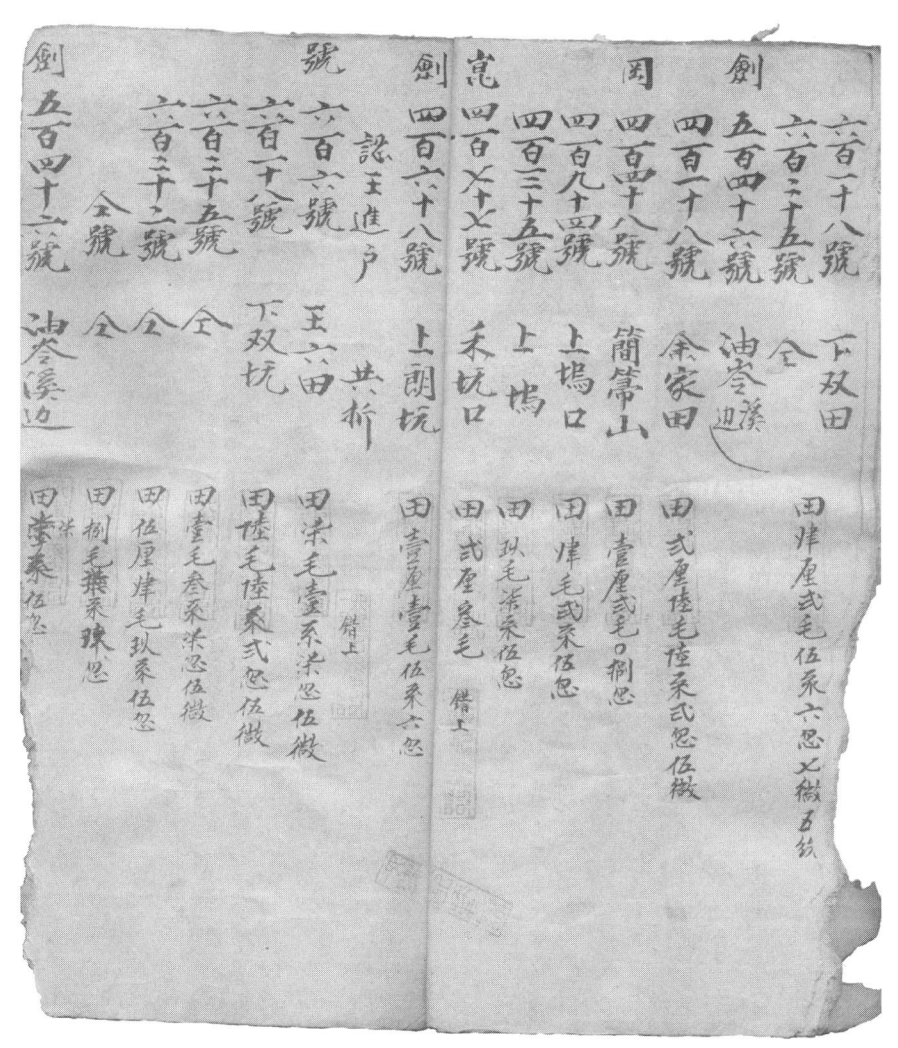

劍 六百一十八號 下双田 田肆厘弍毛伍系六忽七微五纖
六百二十五號 仝
五百四十六號 油岺溪边
四百一十八號 余家田 田弍厘陸毛陸系弍忽伍微
罔 四百四十八號 簡箒山 田壹厘弍毛□捌忽
四百九十四號 上塢口 田肆毛弍系伍忽
四百三十五號 上塢 田玖毛柒系伍忽
崑 四百七十七號 禾坑口 田弍厘叁毛 借上

劍 四百六十八號 上朗坑 田壹厘壹毛伍系六忽
認王進户 共析 借上
號 六百六號 王六田 田柒毛壹系柒忽伍微
六百一十八號 下双坑 田陸毛陸系弍忽伍微
六百二十五號 仝 田壹毛叁系柒忽伍微
六百二十二號 仝 田伍厘肆毛玖系伍忽
仝號 仝 田捌毛[illegible]系玖忽
劍 五百四十六號 油岺溪边 田壹系伍忽 柒

秋口镇油岭村 A 8-11 · 嘉庆元年 · 税粮实征册 · 汉源户

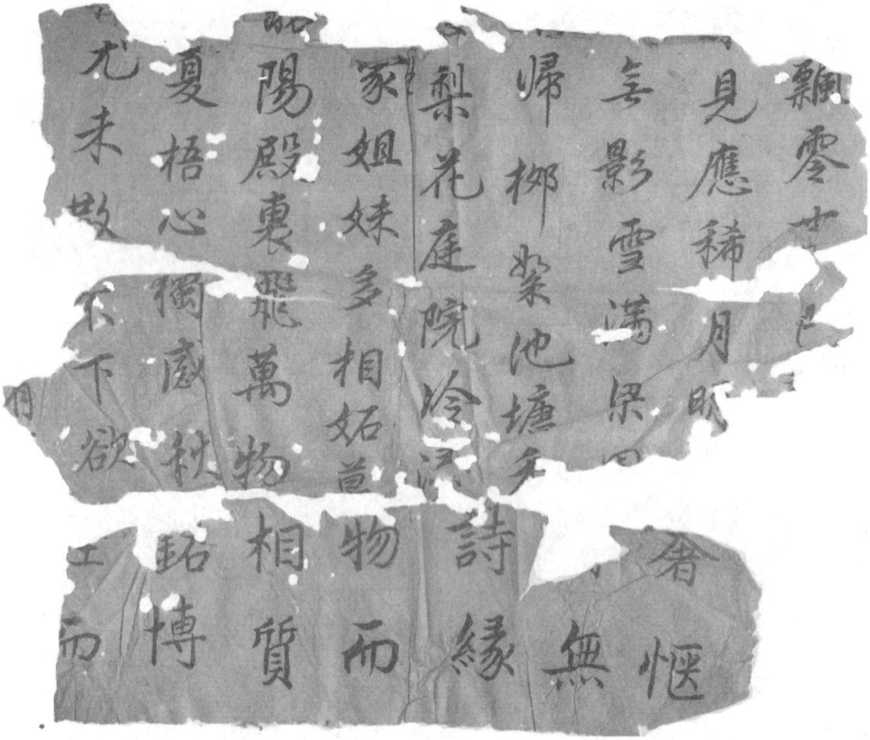
飄零
見應稀月映
無影雪滿梁
歸梛紫池塘
梨花庭院冷
家姐妹多相妬
陽殿裏飛萬物
夏梧心獨感秋
尤未收下欲
肴詩物相銘
慳無緣而質博而

秋口镇油岭村 A 8-12 · 嘉庆元年 · 税粮实征册 · 汉源户

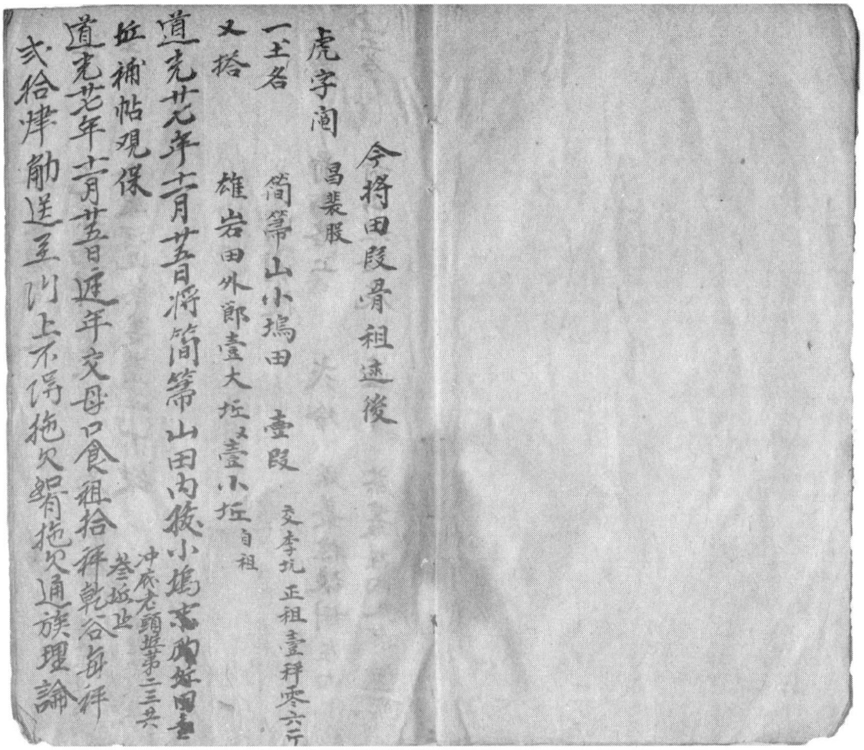
今將田段骨祖逑後
虎字阄 昌裴服
一土名 简箒山小塢田 壹段 交李九正祖壹秤零六斤
又搭 雄岩田外郎壹大坵又壹小坵 自祖
道光廿七年十二月廿五日將简箒山田內拨小塢下脚坵田壹 冲底老頭坵弟二三共叁坵止
坵補帖观保
道光廿七年十二月廿五日近年父母口食租拾秤乾谷每秤
式拾肆觔送至门上不得拖欠如有拖欠通族理論

秋口镇油岭村 A 10-1 · 道光二十七年 · 分家文书（虎字阄）·
昌祠、昌裴、昌衾、昌荣、昌裘、昌祖、昌裕

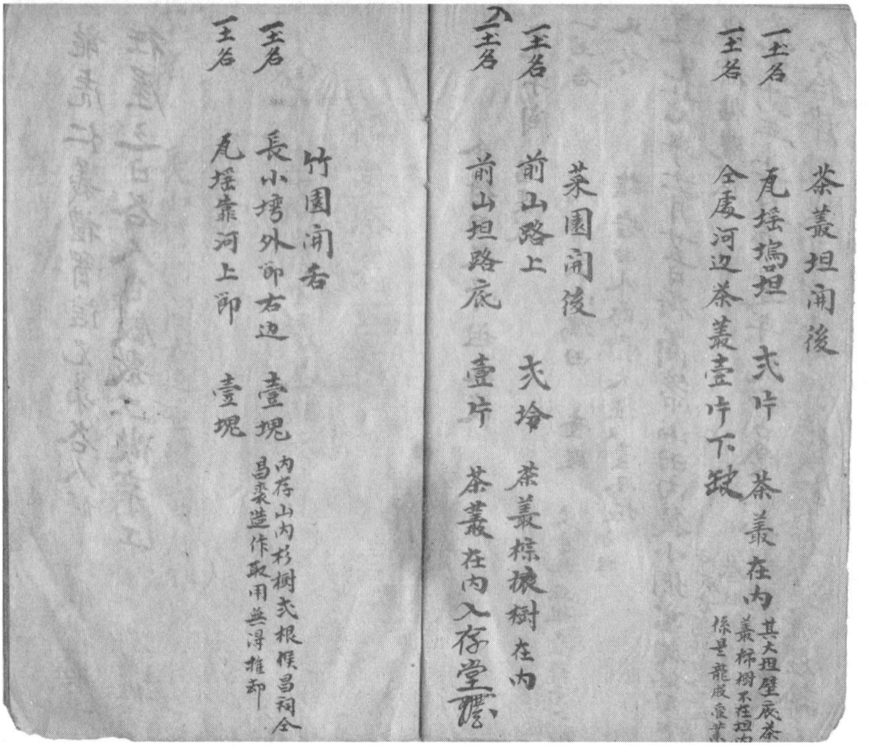

茶叢坦甬後
一土名　瓦揺塢坦　弍片　茶叢在内　其大坦壁底茶叢杉樹不在坦内係是龍成處業
一土名　全處河边茶叢壹片下段
菜園甬後
一土名　前山路上　弍埨　茶叢棕樹在内
一土名　前山坦路底　壹片　茶叢在内入存堂標
竹園甬后
一土名　長小塆外邱右边　壹塊　内存山内杉樹弍根俟昌祠仝昌裘造作取用無得推卸
一土名　瓦揺靠河上邱　壹塊

秋口镇油岭村 A 10-2 · 道光二十七年 · 分家文书（虎字阄）·
昌祠、昌裴、昌衾、昌荣、昌裘、昌祖、昌裕

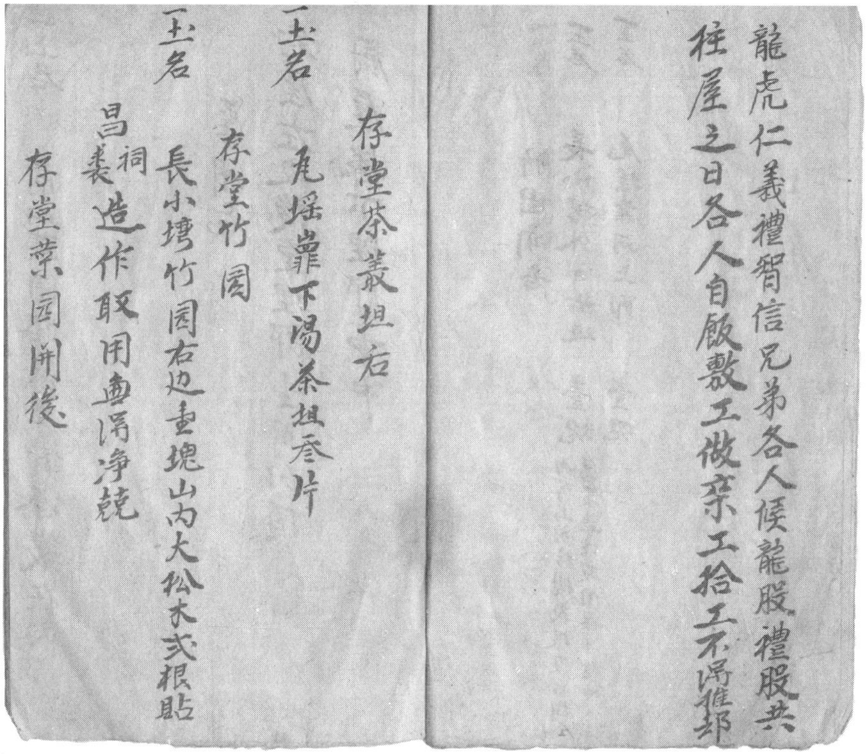
龍虎仁義禮智信兄弟各人候龍股禮股共
柱屋之日各人自飯數工做桌工拾工不得推却
存堂茶叢坦右
一土名尾塢嶺下湯茶坦叁片
存堂竹園
一土名長小塘竹園右边壹塊山内大松木弍根貼
昌祠
昌裘造作取用無得争競
存堂菜園開後

秋口镇油岭村 A 10-3 · 道光二十七年 · 分家文书（虎字阄）·
昌祠、昌裘、昌衾、昌荣、昌裘、昌祖、昌裕

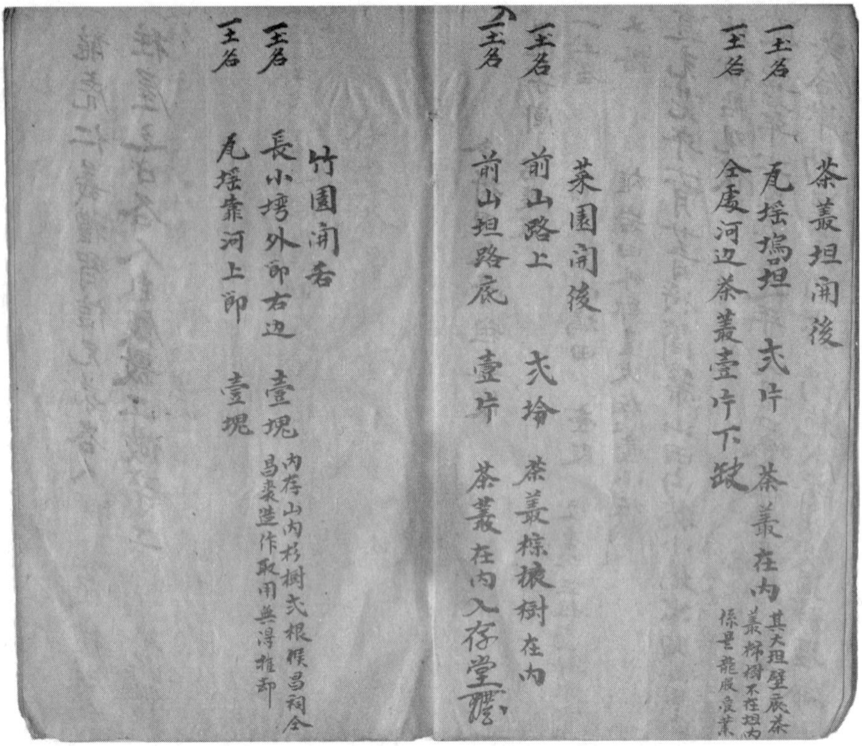

秋口镇油岭村 A 10-4 · 道光二十七年 · 分家文书（虎字阄）·
昌祠、昌裴、昌衾、昌荣、昌裘、昌祖、昌裕

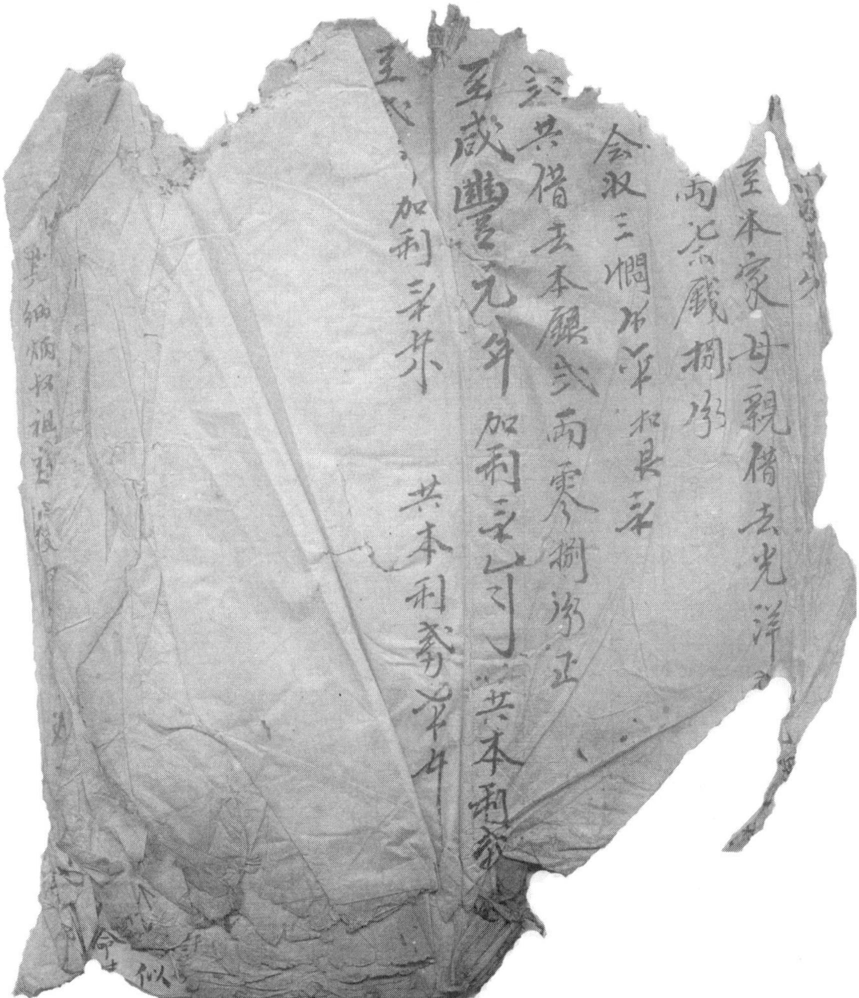

秋山镇油岭村 A 1-1 · 咸丰元年始 · 账单

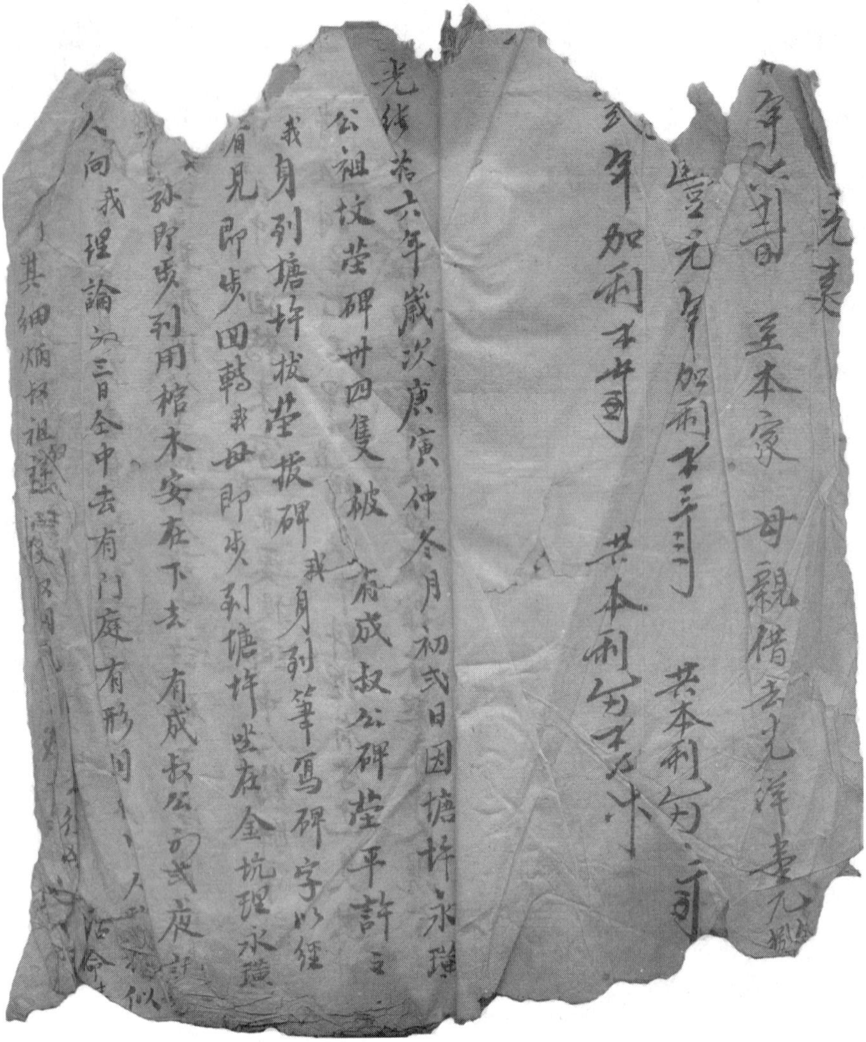

光緒拾六年歲次庚寅仲冬月初弍日因塘圩永璜
公祖坟坴碑卅四隻被 有成叔公碑坴平許
我身到塘圩拔坴拔碑 我身到筆寫碑字以經
看見即步回轉 我母即步到塘圩坐在金坑理永璜
孙即步到用棺木安在下去 有成叔公初弍夜
人向我理論 初三日仝中去有门庭有形

秋口镇油岭村 A 1-2 · 咸丰元年始 · 账单

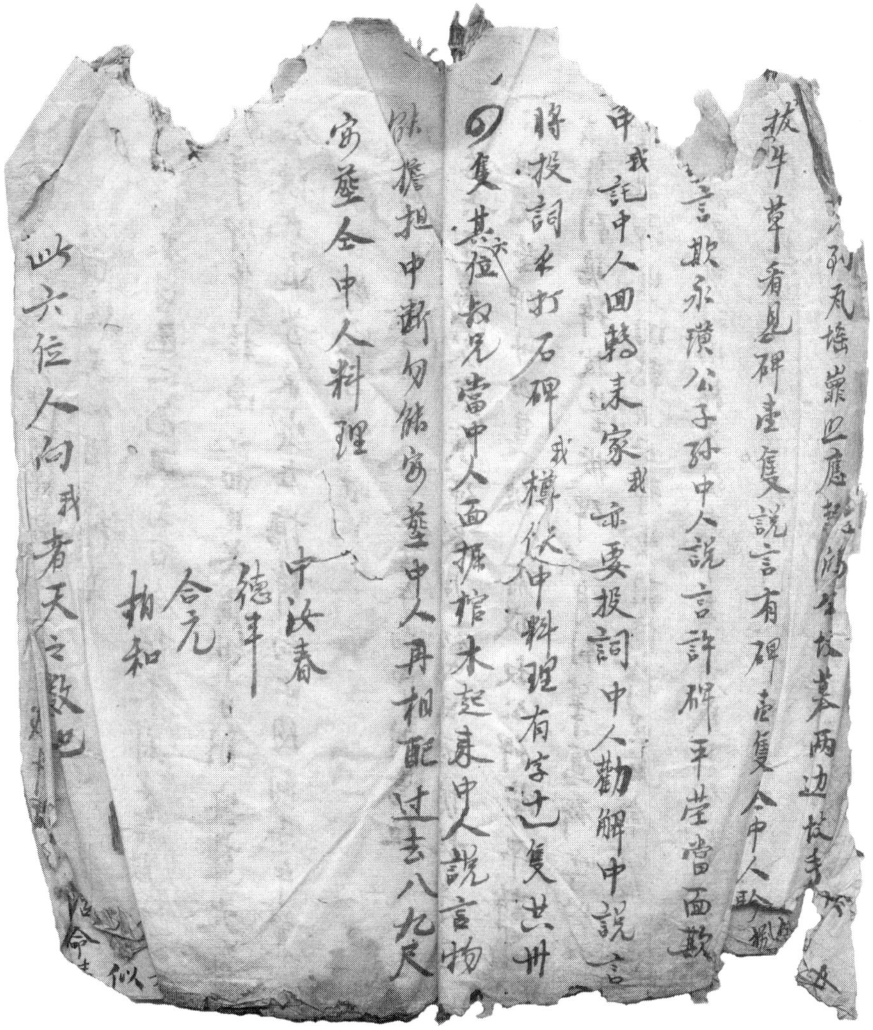

到瓦搖崩也應……故墓兩边故手……
拔牛草看見碑壹隻說言有碑壹隻仝中人……
言欺永瓚公子孫中人說言許碑平茔當面歎
年我託中人回轉來家我亦要投詞中人勸解中說言
將投詞不打石碑我樽從中料理有字廿隻共卅
四隻其位叔兄當中人面掘棺木起身中人說言物
就擔担中斷勿能安葬中人再相配过去八九尺
安葬仝中人料理
中汝春
德丰
合元
柏和
此六位人向我者天之數也

秋口镇油岭村 A 1-3 · 咸丰元年始 · 账单

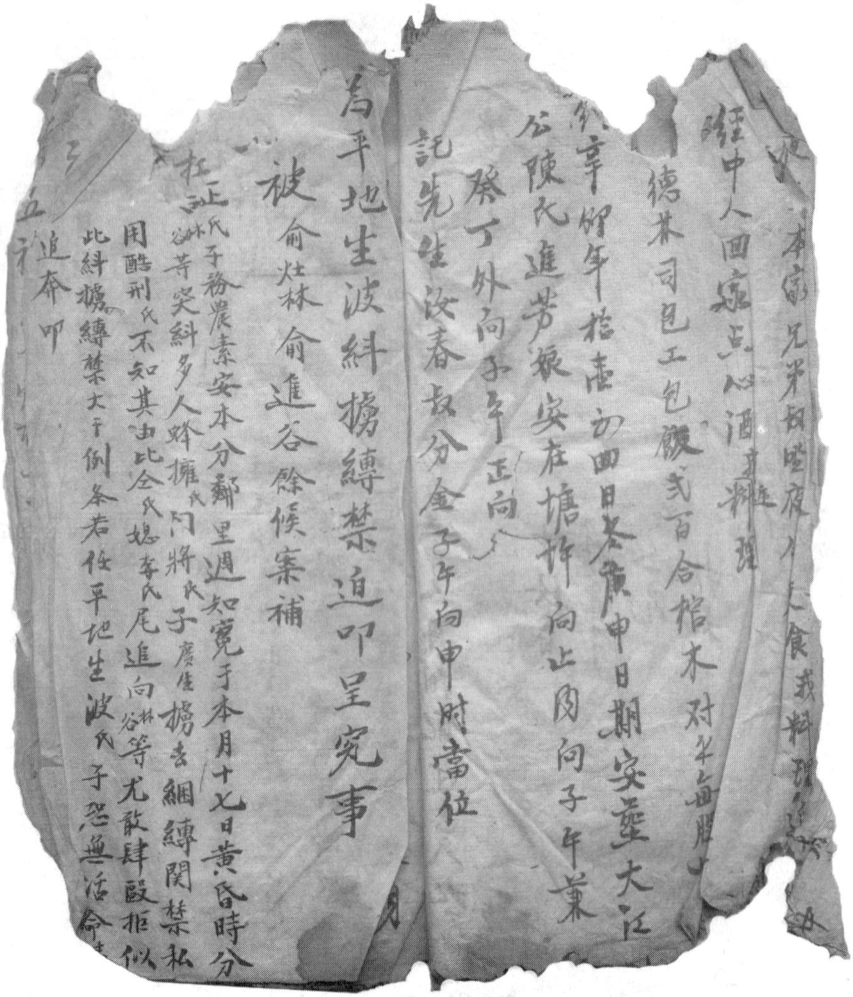

……本家兄弟如嗟夜人……食我料理……
經中人回家點心酒菜料理
德林司包工包飯弍百合棺木对半每股
辛卯年棺壽初四日未時庚申日期安葬大江
公陳氏進芳娘安在塘坪向止因向子午兼
癸丁外向子午正向
託先生汝春叔分金子午向申時富位

為平地生波糾擄縛禁追叩呈究事
被 俞灶林 俞進谷 餘候案補
杠 证 氏子務農素安本分鄰里週知寬于本月十七日黃昏時分
公林等突糾多人蜂擁门將氏子廣生擄去綑縛關禁私
用酷刑氏不知其由比仝氏媳李氏尾追向林谷等尤敢肆毆拒似
此糾擄縛禁大干例条若任平地生波氏子冤無活命[illegible]
追奔叩

秋口镇油岭村 A 1-4 · 咸丰元年始 · 账单

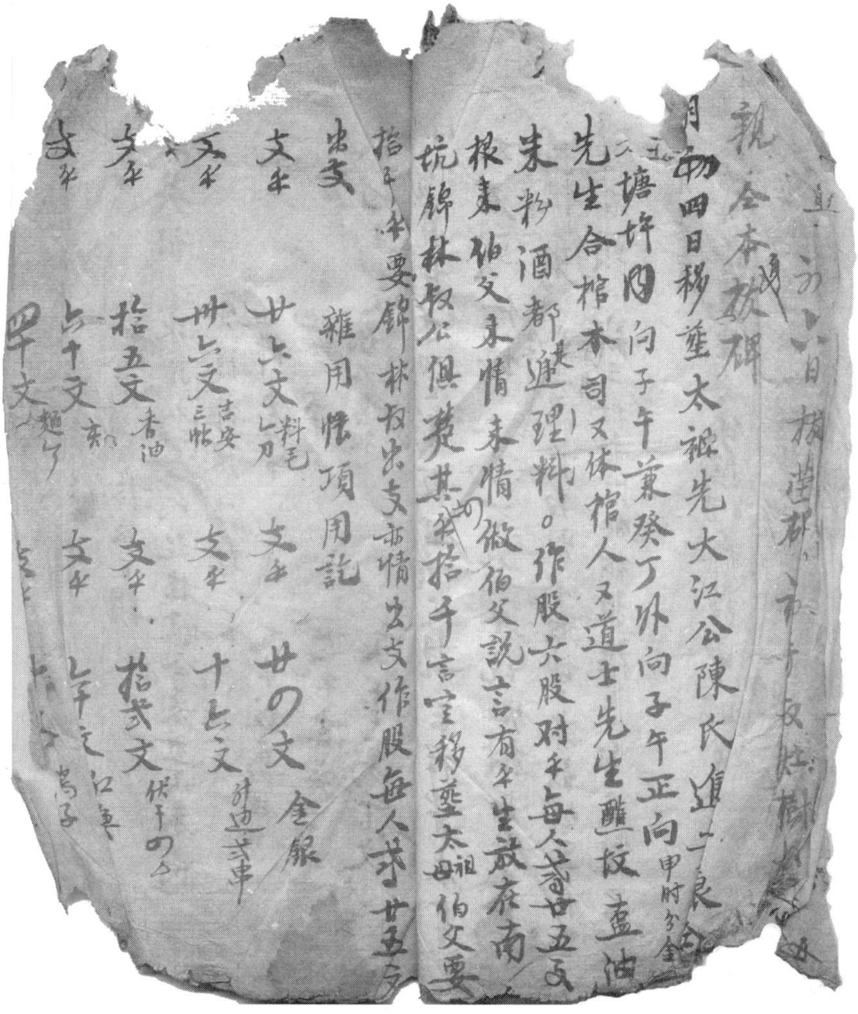

親仝本族碑

月初四日移葬太祖先大江公陳氏道

二五 塘坪内向子午兼癸丁外向子午正向 甲时分金

先生合棺木司又体棺人又道士先生醮坟 壺油

朱粉酒都是照理料。作股六股对半每人該廿五文

根来伯父来情来情做伯父說言有半生放在南

坑錦林叔公俱其半拾千言定移葬太祖伯父要

拾千半要錦林叔出支亦情出支作股每人出廿五文

出支 雜用帳項用記

秋口镇油岭村 A 1-5 · 咸丰元年始 · 账单

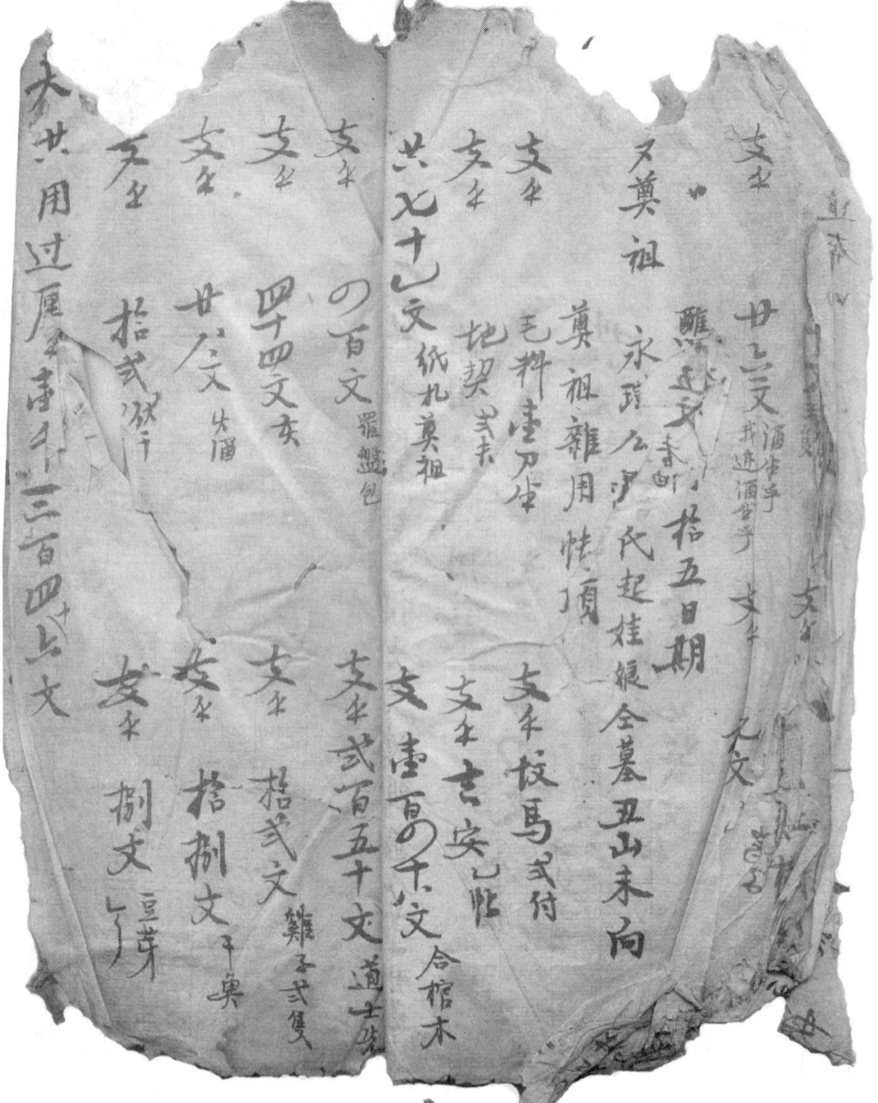

支出 廿二文 酒坐手 我进酒坐手
又奠祖 雕…文 香 拾五日期
永珪公沪氏起娃缌全墓丑山未向
奠祖雜用牲項
支出 毛料壹刀半
支出 地契弍去
共七十八文 纸扎奠祖
支出 四百文 罗盘包
支出 四十四文 交
支出 廿八文 火囱
支出 拾弍文
大共用过尾年壹千三百四十六文

支出 九文
支出 拔馬 弍付
支出 吉安
支 壹百四十八文 合棺木
支出 弍百五十文 道士
支出 拾弍文 雞子弍隻
支出 拾捌文 千
支出 捌文 豆芽

秋口镇油岭村 A 1-6 · 咸丰元年始 · 账单

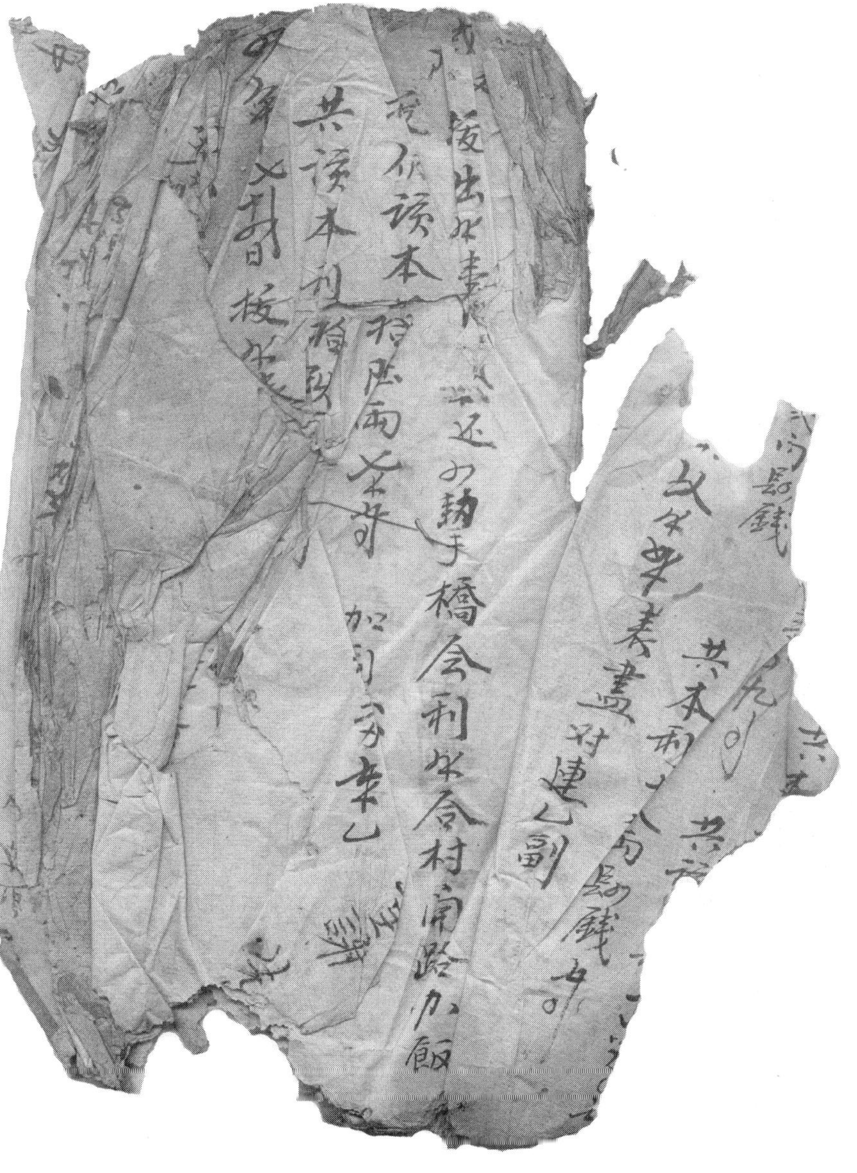

秋口镇油岭村 A 1-7 · 咸丰元年始 · 账单

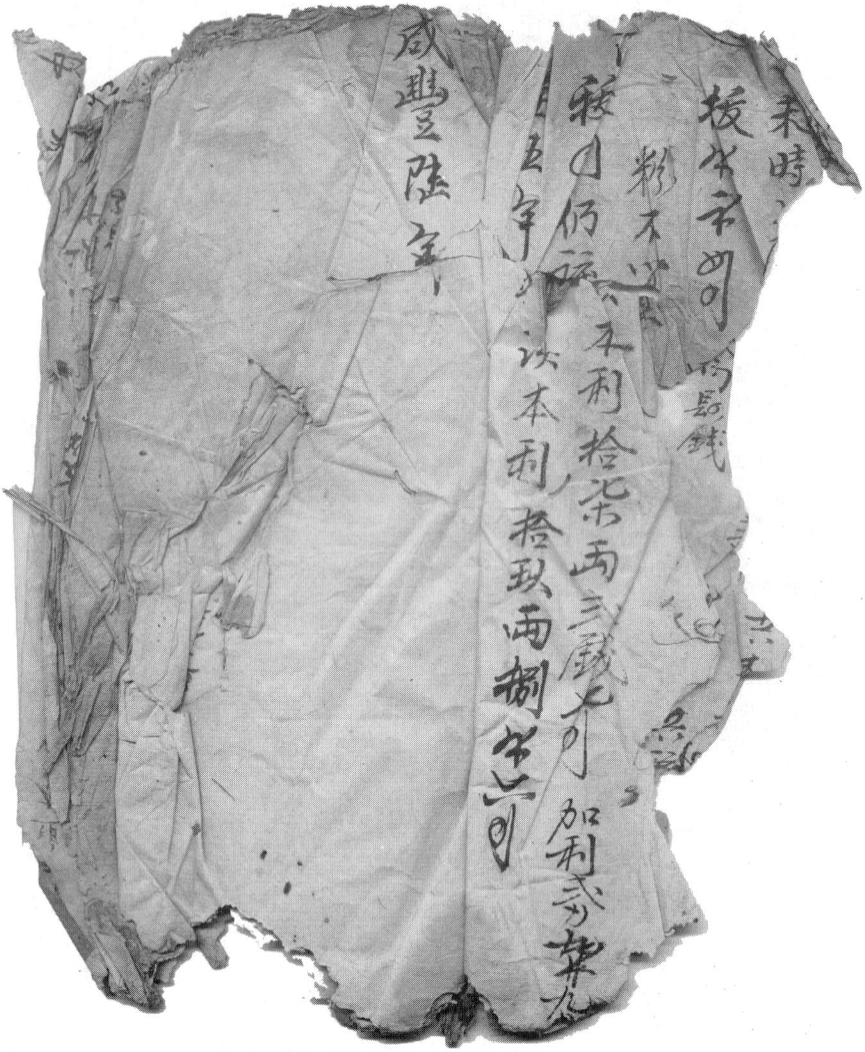

秋口镇油岭村 A 1-8 · 咸丰元年始 · 账单

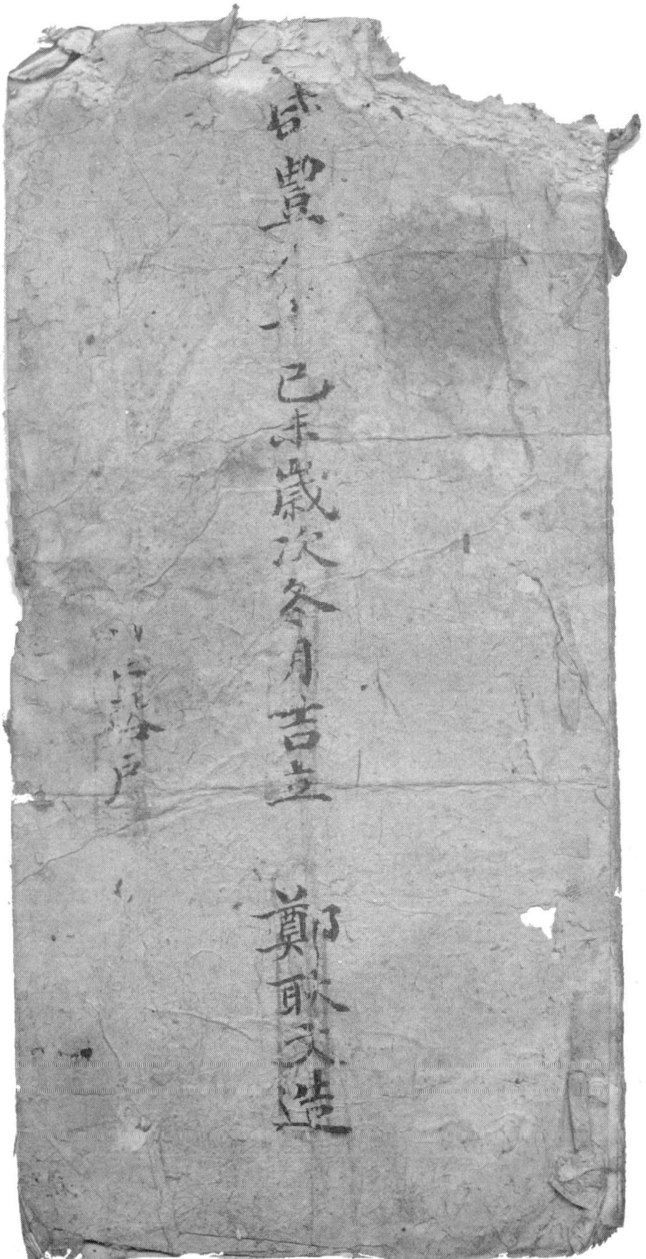

咸豐九年己未歲次冬月吉立

鄭[illegible]造

昌裕户

秋口镇油岭村 A 6-1 · 咸丰九年 · 税粮实征册 · 昌裕户

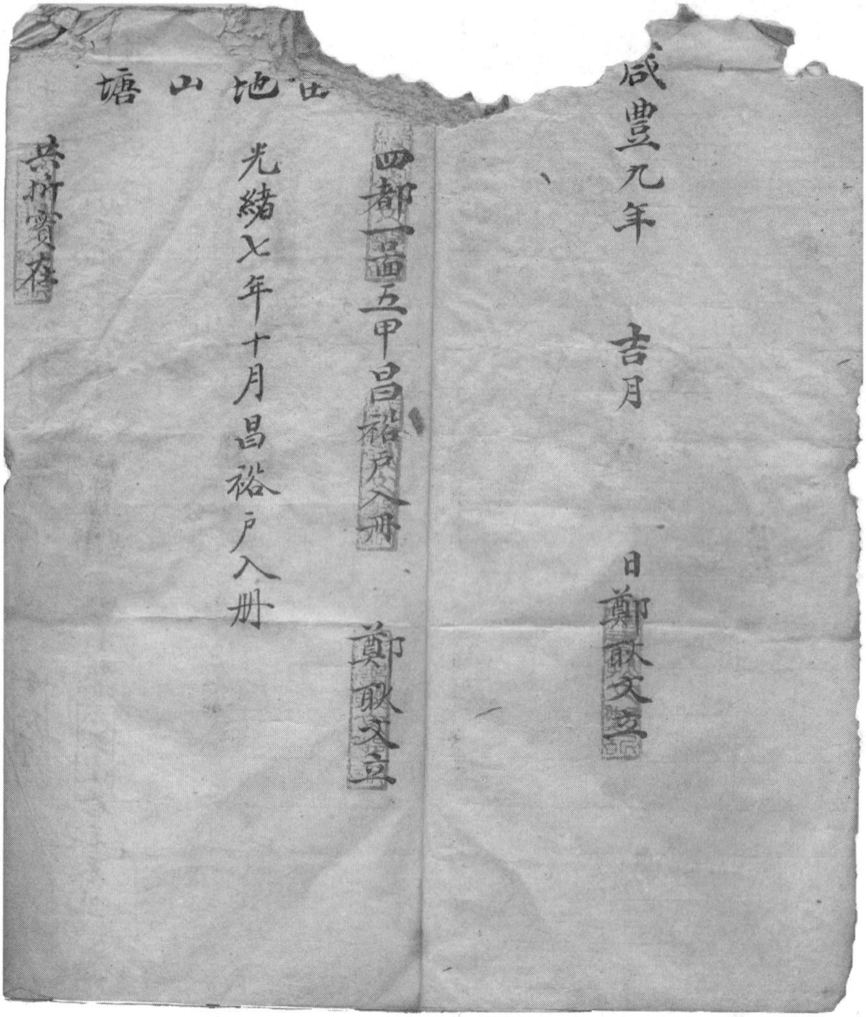
咸豐九年　吉月　日　鄭耿文立

四都一啚五甲昌裕户入册

光緒七年十月昌裕户入册

鄭耿文立

田地山塘

共折實存

秋口镇油岭村 A 6-2 · 咸丰九年 · 税粮实征册 · 昌裕户

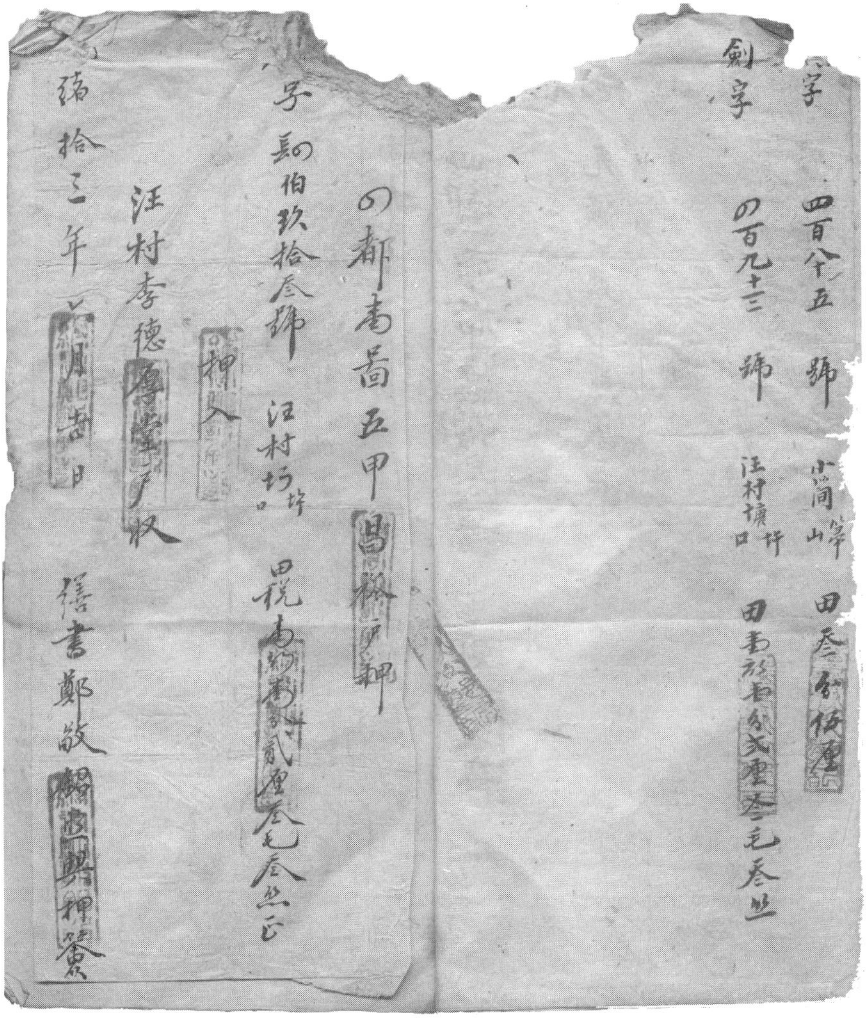

秋口镇油岭村 A 6-3 · 咸丰九年 · 税粮实征册 · 昌裕户

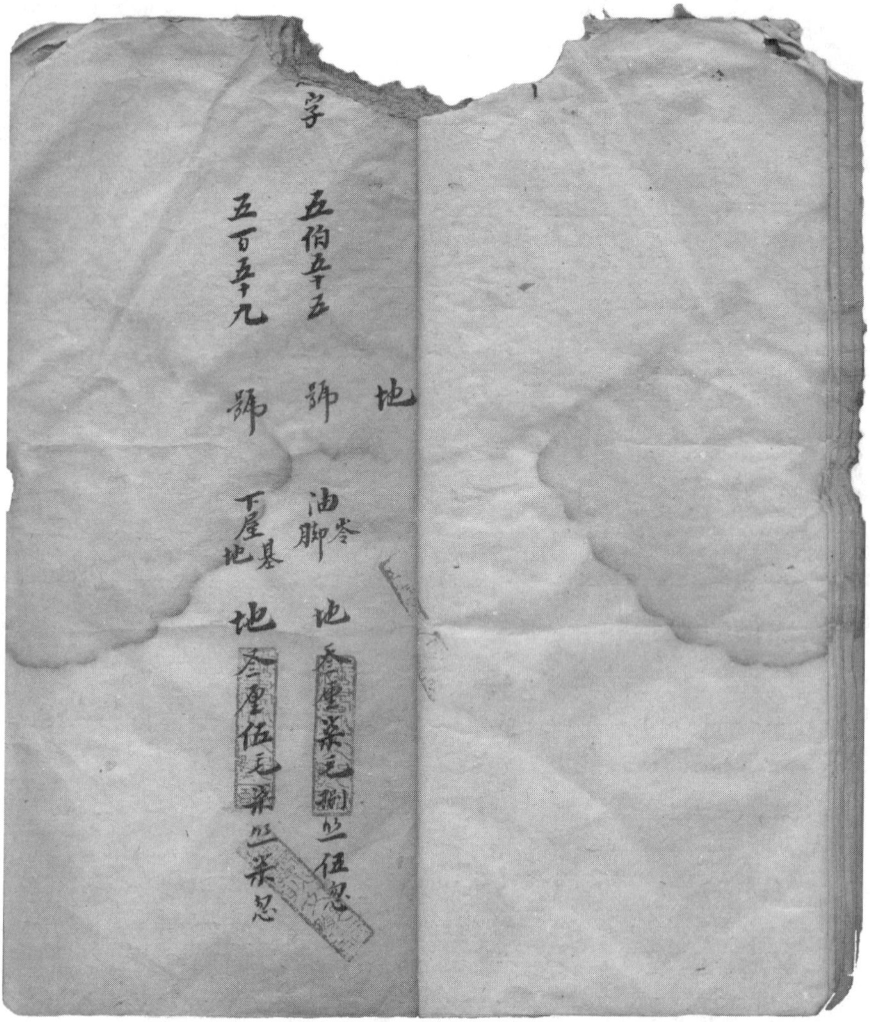

秋口镇油岭村 A 6-4 · 咸丰九年 · 税粮实征册 · 昌裕户

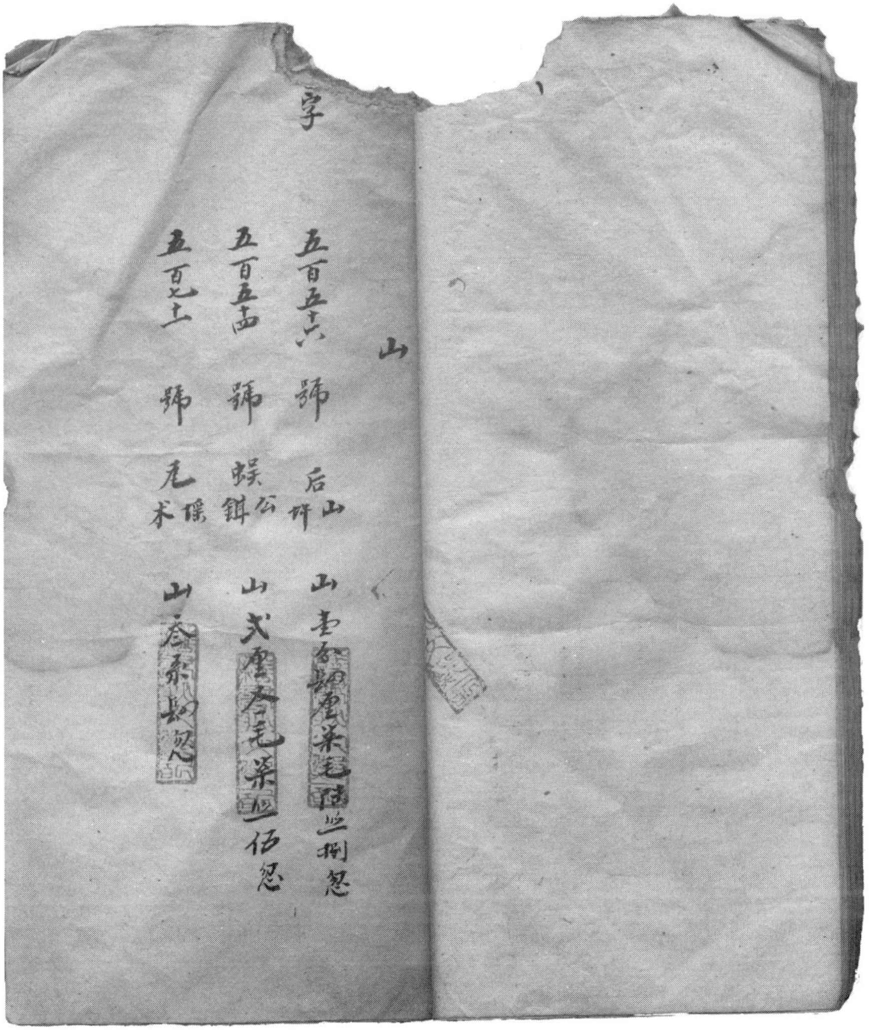
字

山

五百五十六 號 后山坪 山壹分肆厘柒毛陆丝捌忽

五百五十四 號 蜈公鉗 山贰厘叁毛柒丝伍忽

五百七十 號 尾术塅 山叁丝肆忽

秋口镇油岭村 A 6-5 · 咸丰九年 税粮实征册 · 昌裕户

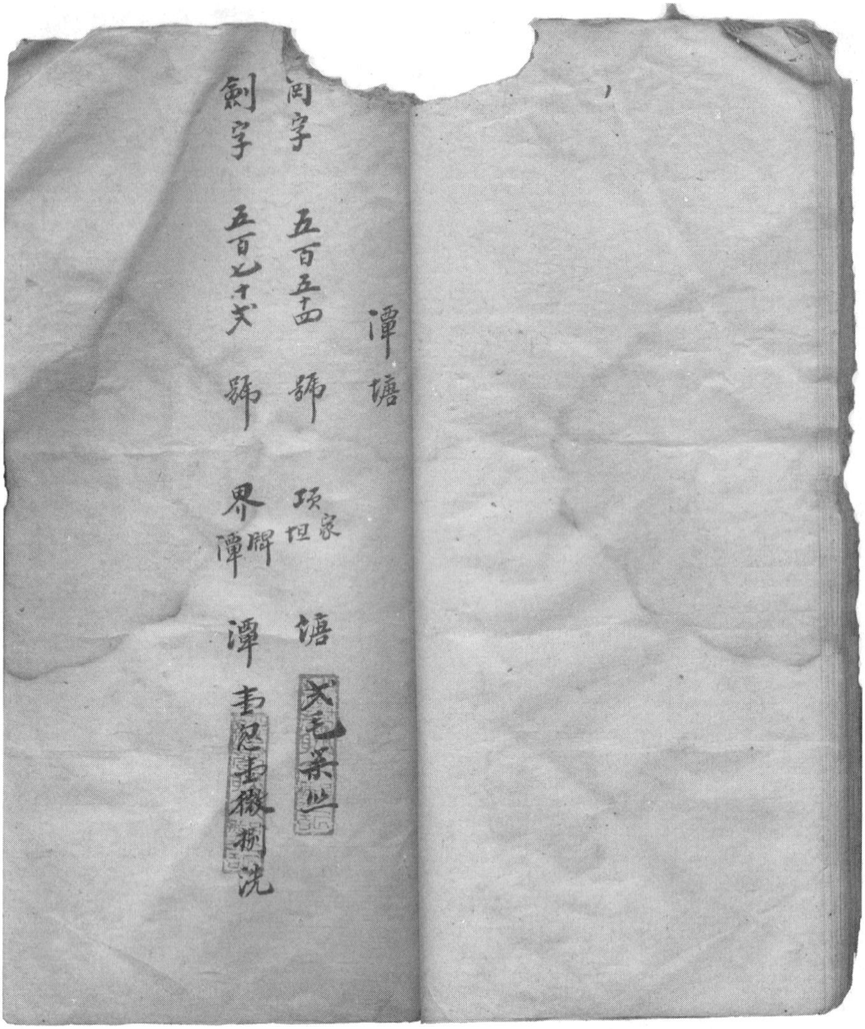

秋口镇油岭村 A 6-6 · 咸丰九年 · 税粮实征册 · 昌裕户

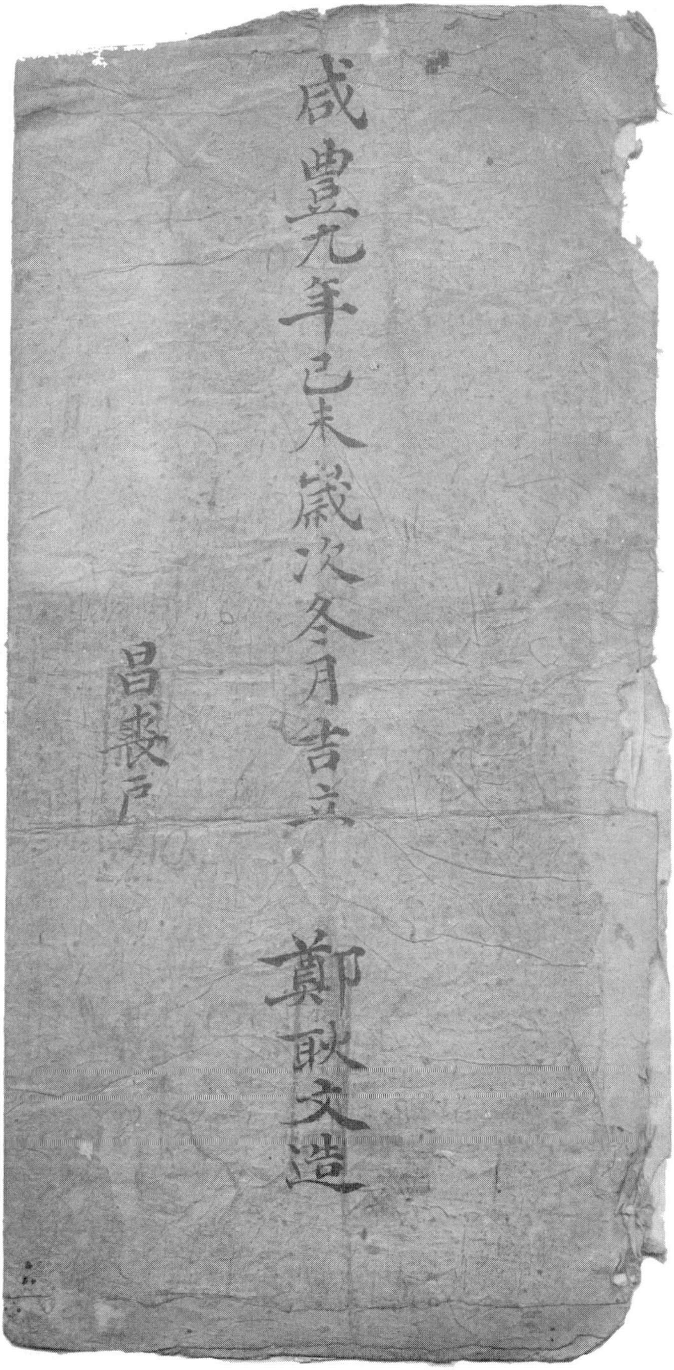
咸豐九年己未歲次冬月吉立
鄭耿文造
昌裘户

秋口镇油岭村 A 15-1 · 咸丰九年 · 税粮实征册 · 昌裘户

秋口镇油岭村 A 15-2 · 咸丰九年 · 税粮实征册 · 昌裘户

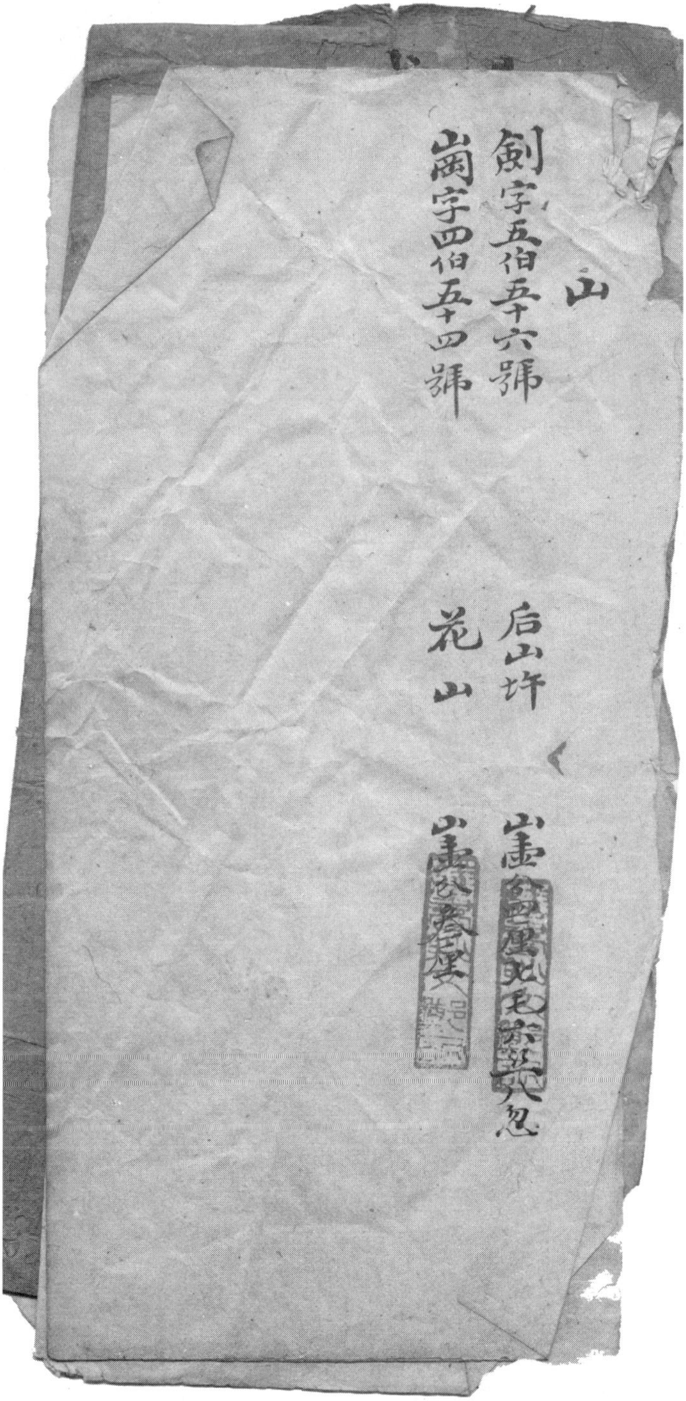
山
劍字五伯五十六號
崗字四伯五十四號
后山圻
花山

秋口镇油岭村 A 15-3 · 咸丰九年 · 税粮实征册 · 昌裘户

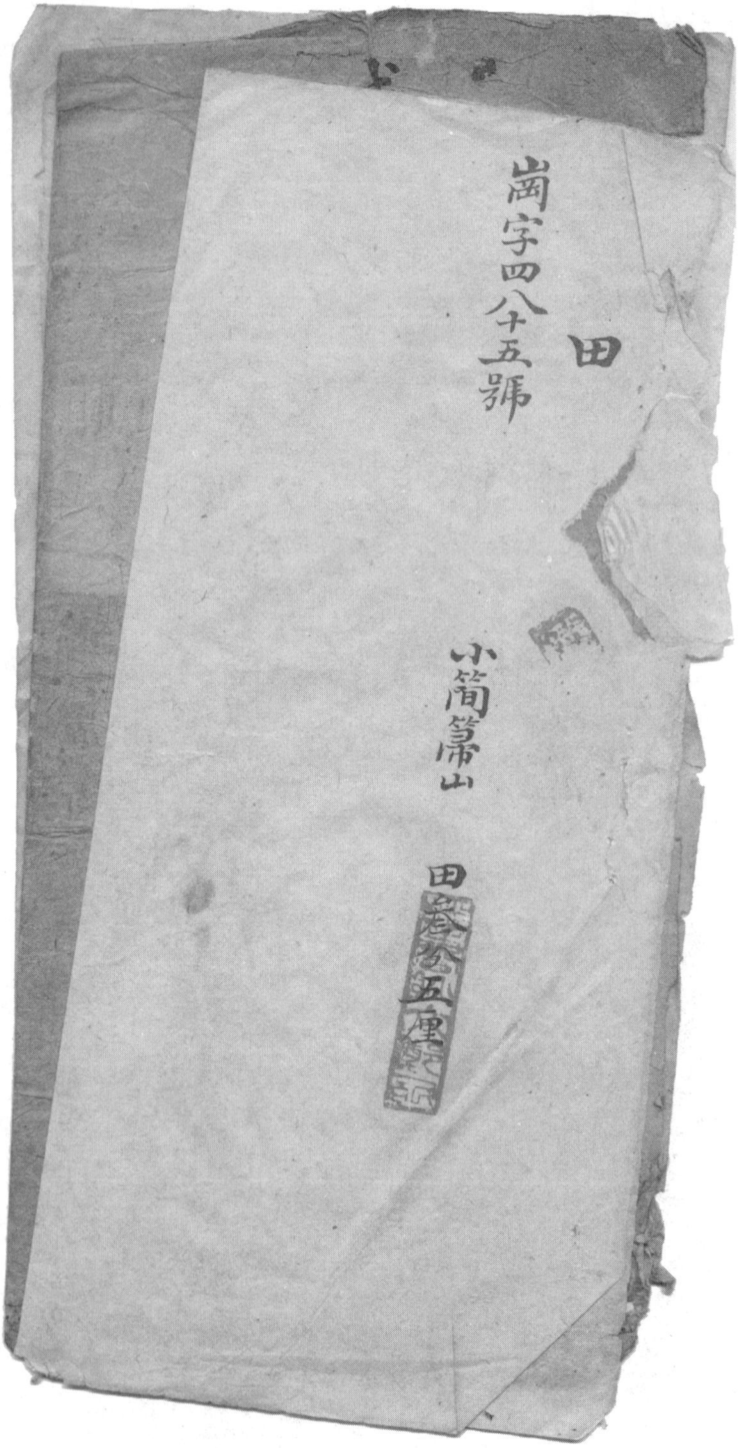

秋口镇油岭村 A 15-4 · 咸丰九年 · 税粮实征册 · 昌裘户

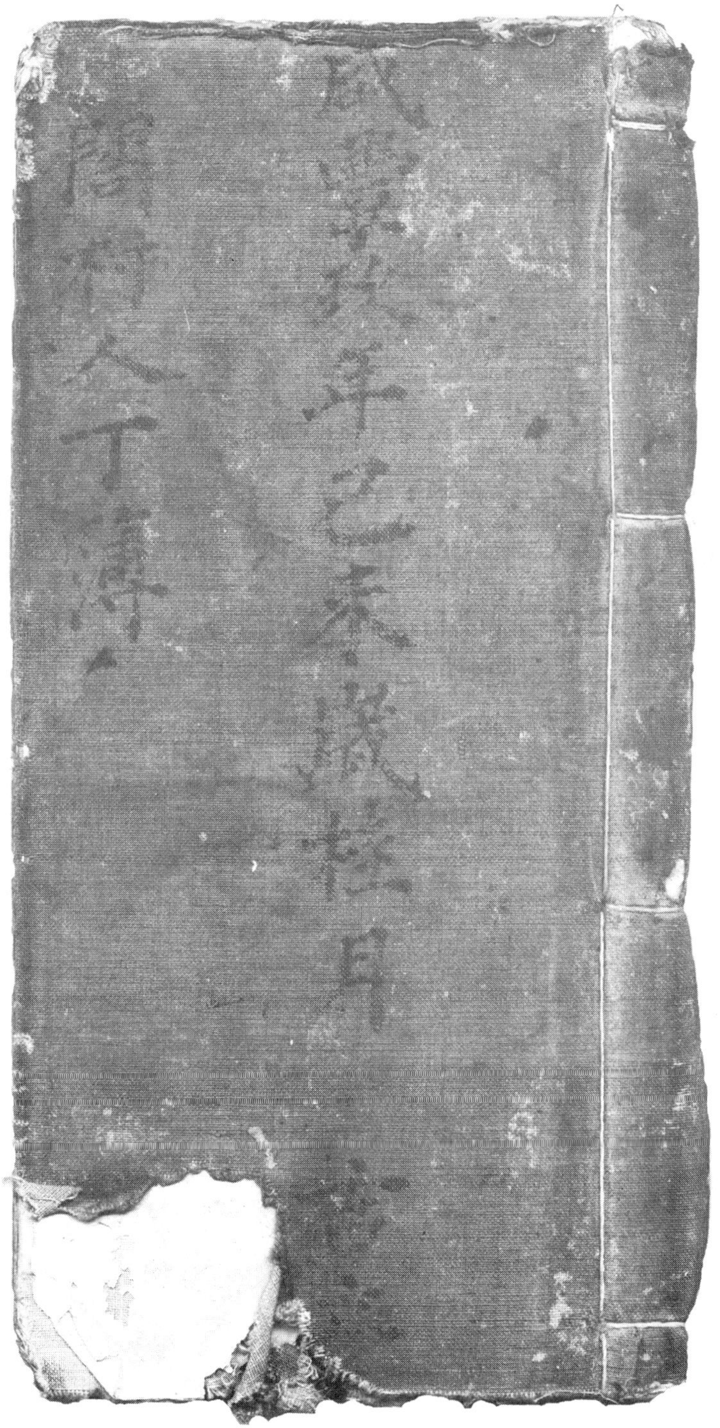

秋口镇油岭村 A 2-1 · 咸丰十年 · 合村人丁簿

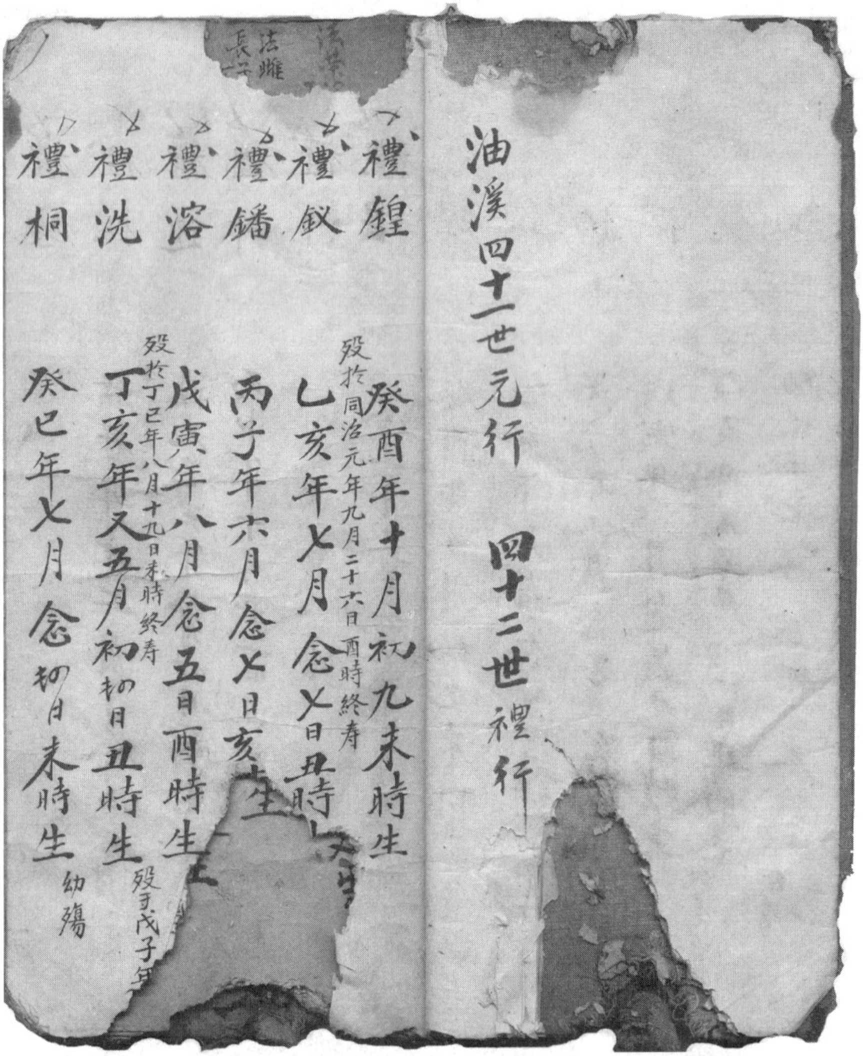
油溪四十一世元行
四十二世禮行
禮鍠 癸酉年十月初九未時生 殁於同治元年九月二十六日酉時終寿
禮釵 乙亥年七月念七日丑時
禮鐇 丙子年六月念七日亥生
禮溶 戊寅年八月念五日酉時生 殁於丁巳年八月十九日未時終寿
禮洗 丁亥年又五月初切日丑時生 殁于戊子年
禮桐 癸巳年七月念切日未時生 幼殤

秋口镇油岭村 A 2-2 · 咸丰十年 · 合村人丁簿

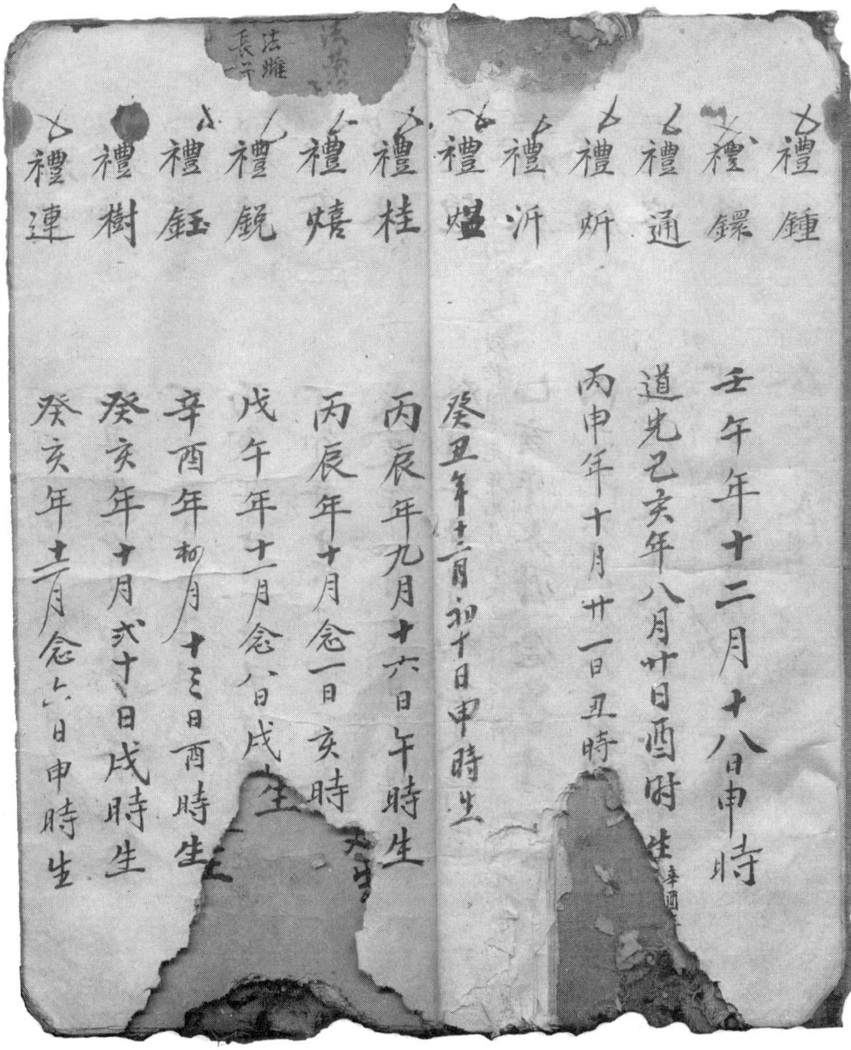
禮鍾 壬午年十二月十八日申時
禮鏍 道光乙亥年八月廿日酉時生
禮炘 丙申年十月廿一日丑時
禮沂
禮熀 癸丑年十二月初十日申時生
禮桂 丙辰年九月十六日午時生
禮熺 丙辰年十月念一日亥時
禮鋧 戊午年十一月念八日戌生
禮鈺 辛酉年初月十三日酉時生
禮樹 癸亥年十月弍十日戌時生
禮連 癸亥年十二月念六日申時生

秋口镇油岭村Ａ２３·咸丰Ⅰ年·合村人丁簿

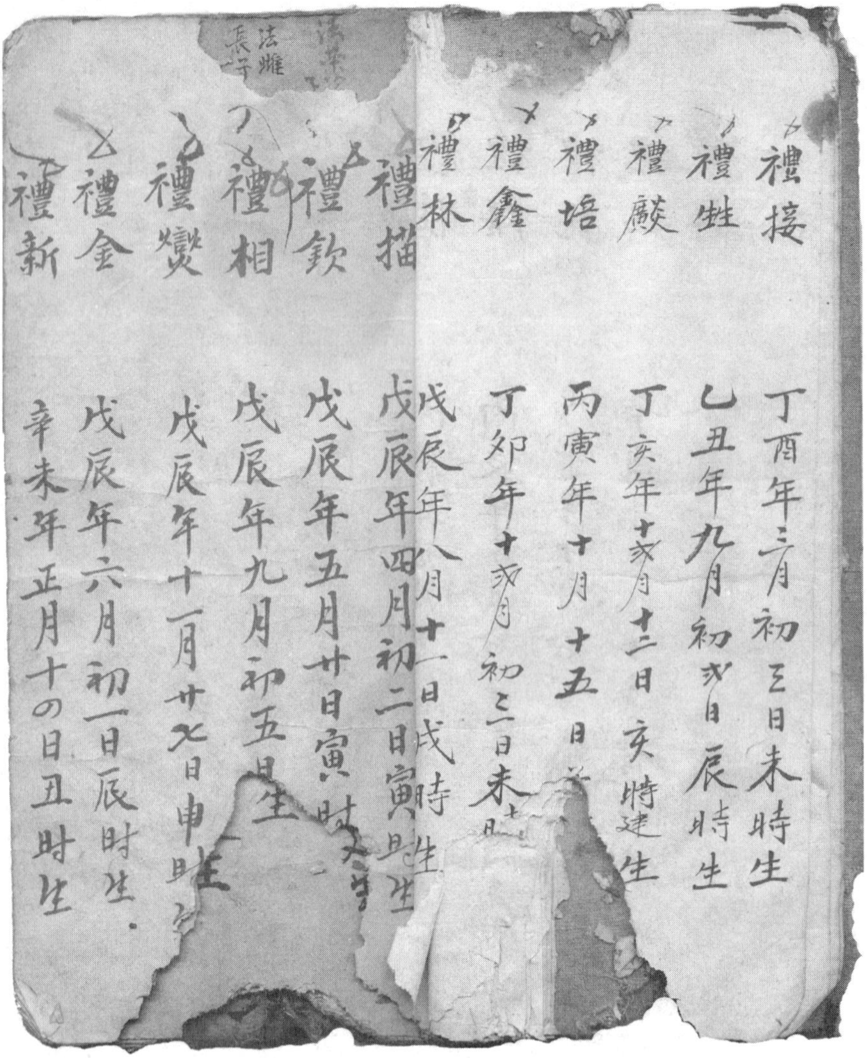

禮接 丁酉年三月初三日未時生

禮甡 乙丑年九月初四日辰時生

禮蕨 丁亥年十四月十二日亥時建生

禮培 丙寅年十月十五日

禮鑫 丁卯年十四月初二日未時

禮林 戊辰年八月十一日戌時生

禮描 戊辰年四月初二日寅時生

禮欽 戊辰年五月廿日寅時

禮相 戊辰年九月初五日生

禮爕 戊辰年十一月廿九日申時生

禮金 戊辰年六月初一日辰时生

禮新 辛未年正月十四日丑時生

秋口镇油岭村 A 2-4 · 咸丰十年 · 合村人丁簿

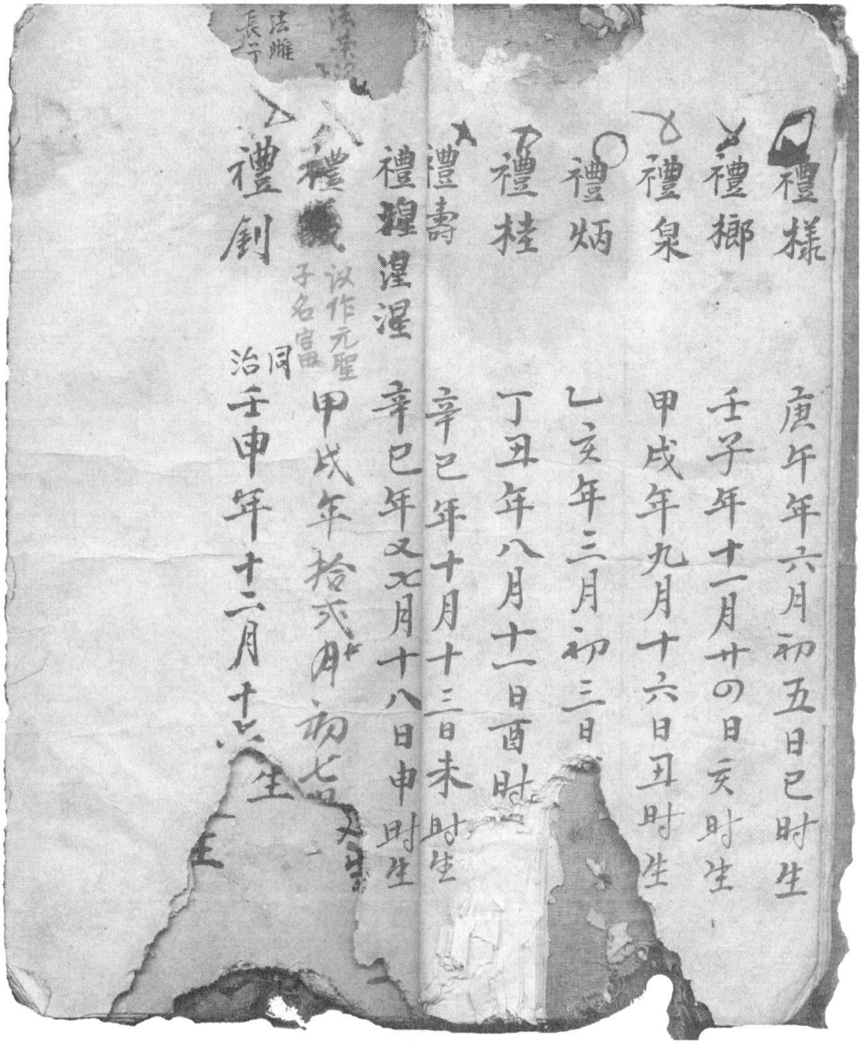

禮樣 庚午年六月初五日巳时生
禮椰 壬子年十一月廿四日亥时生
禮泉 甲戌年九月十六日丑时生
禮炳 乙亥年三月初三日
禮桂 丁丑年八月十一日酉时
禮壽 辛巳年十月十三日未时生
禮𥙊湟湟 辛巳年又七月十八日申时生
禮[illegible] 议作元聖 子名富 甲戌年拾弍月初七
禮[illegible] 同治壬申年十二月十六生
法雕長子
法来

秋口镇沖岭村 A 2-5 · 咸丰十年 · 合村人丁簿

法雄
長子
四十三世字行
法秀 丁未年十月初九日申
法榮 庚戌年七月廿二日戌生
法燈 辛亥年十月廿五日酉時生
法增 癸丑年六月廿二日酉時生
法棋 癸丑年九月初九日寅時生

秋口镇油岭村 A 2-6 · 咸丰十年 · 合村人丁簿

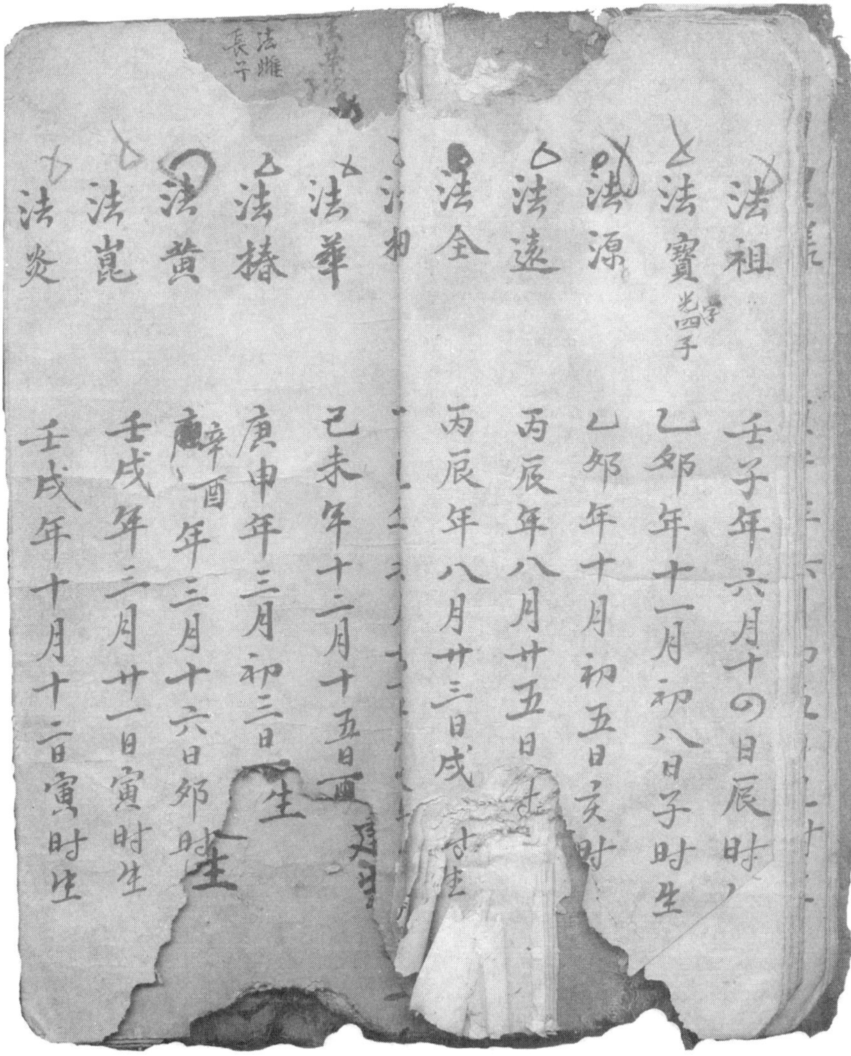

法雄 長子

法祖 壬子年六月十四日辰时[illegible]

法寶 字光 四子 乙卯年十一月初八日子时生

法源 乙卯年十月初五日亥时[illegible]

法遠 丙辰年八月廿五日[illegible]

法全 丙辰年八月廿三日戌时生

法和 [illegible]

法華 己未年十二月十五日酉[illegible]

法椿 庚申年三月初三日[illegible]生

法黄 辛酉年三月十六日卯时生

法崑 壬戌年三月廿一日寅时生

法炎 壬戌年十月十二日寅时生

秋口镇油岭村 A 2-7 · 咸丰十年 · 合村人丁簿

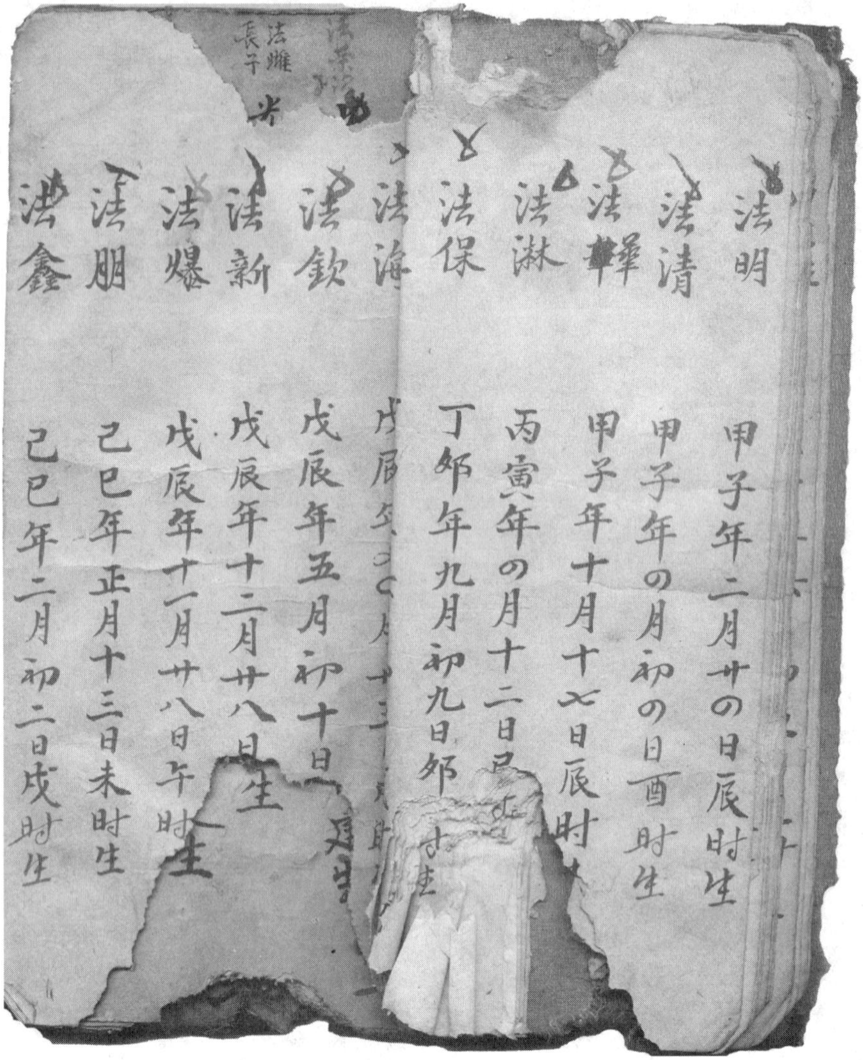

秋口镇油岭村 A 2-8 · 咸丰十年 · 合村人丁簿

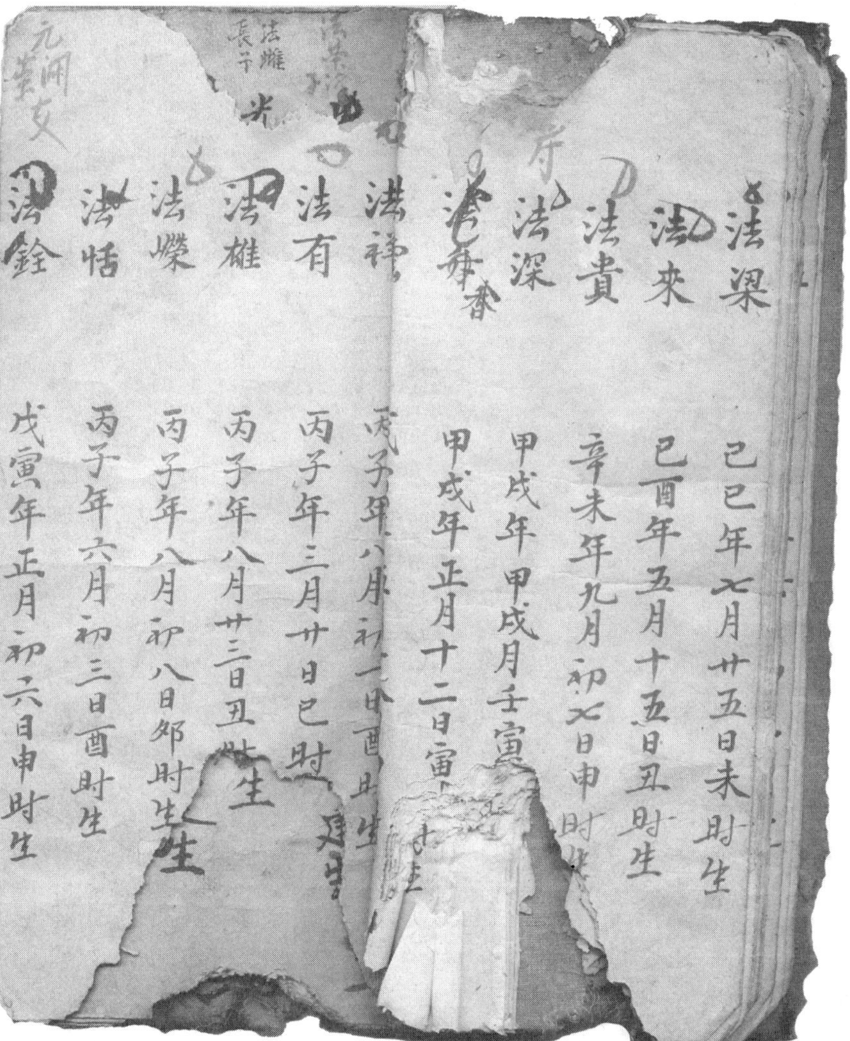

法梁 己巳年七月廿五日未时生
法来 己酉年五月十五日丑时生
法貴 辛未年九月初七日申时生
法深 甲戌年甲戌月壬寅
法春 甲戌年正月十二日寅时生
法祥 丙子年八月初一日酉时生
法有 丙子年三月廿日巳时生
法雄 丙子年八月廿三日丑时生
法爍 丙子年八月初八日卯时生
法恬 丙子年六月初三日酉时生
法銓 戊寅年正月初六日申时生

秋口镇油岭村 A 2-9 · 咸丰十年 · 合村人丁簿

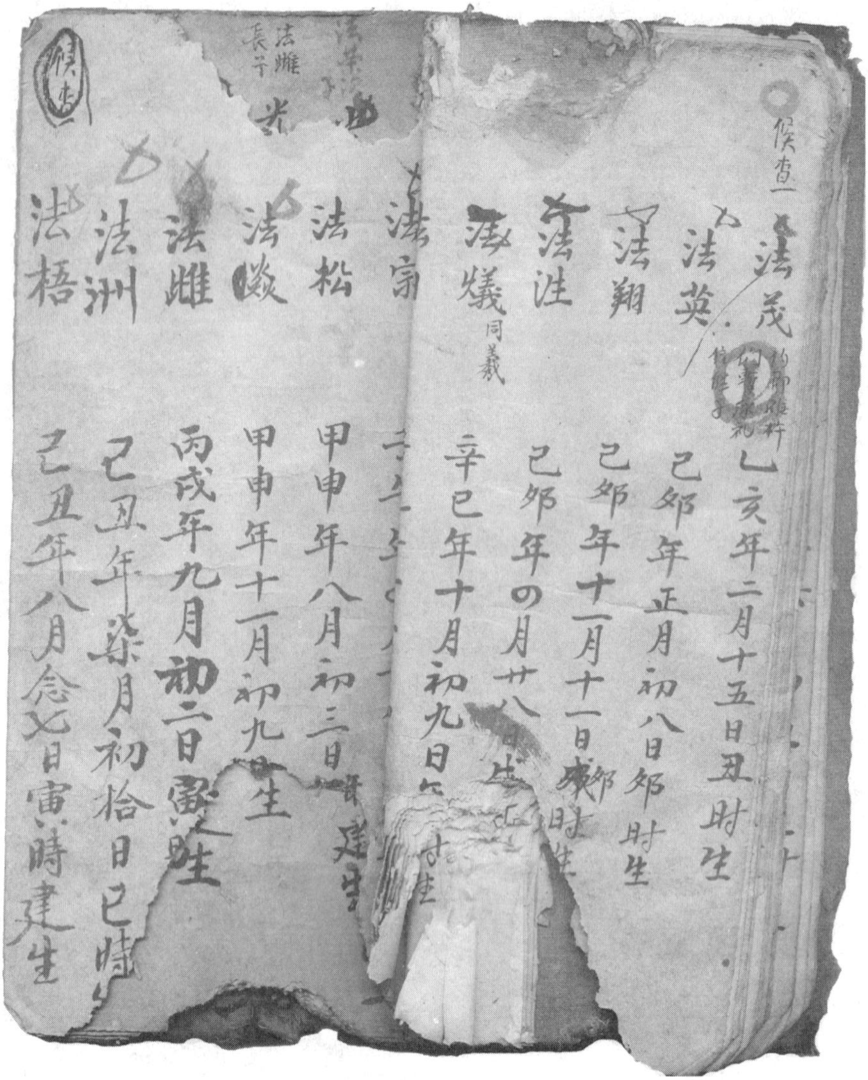

秋口镇油岭村 A 2-10 · 咸丰十年 · 合村人丁簿

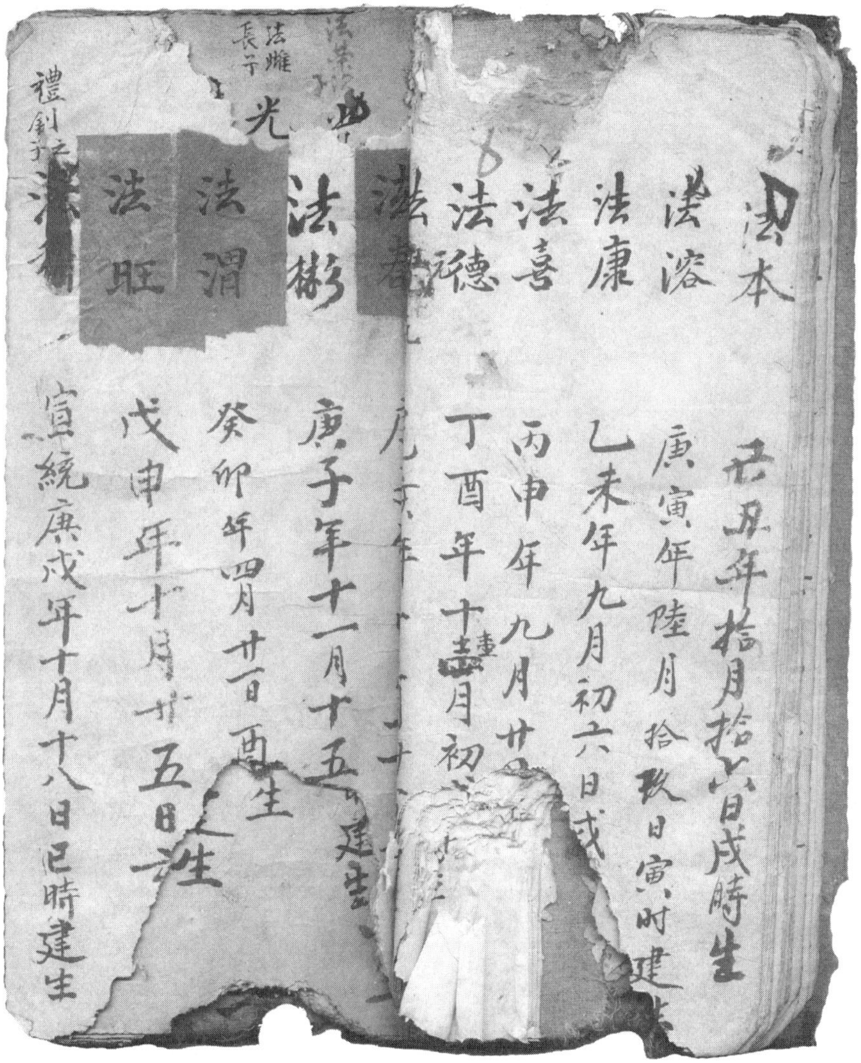

法本 己丑年拾月拾六日戌時生
法溶 庚寅年陸月拾玖日寅時建生
法康 乙未年九月初六日戌
法喜 丙申年九月廿
法德 丁酉年十二月初
法春
法彬 庚子年十一月十五建生
法渭 癸卯年四月廿日酉生
法旺 戊申年十月廿五日生
禮釗子 宣統庚戌年十月十八日巳時建生

秋口镇油岭村 A 2-11 · 咸丰十年 · 合村人丁簿

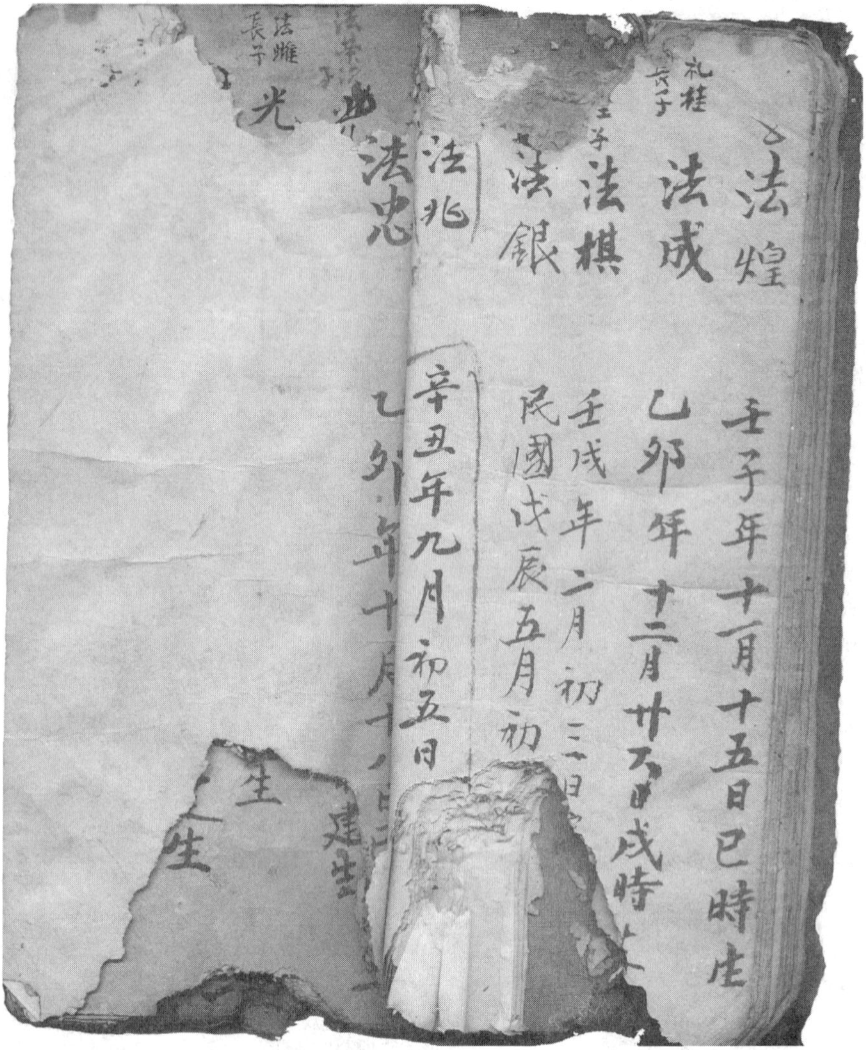

秋口镇油岭村 A 2-12 · 咸丰十年 · 合村人丁簿

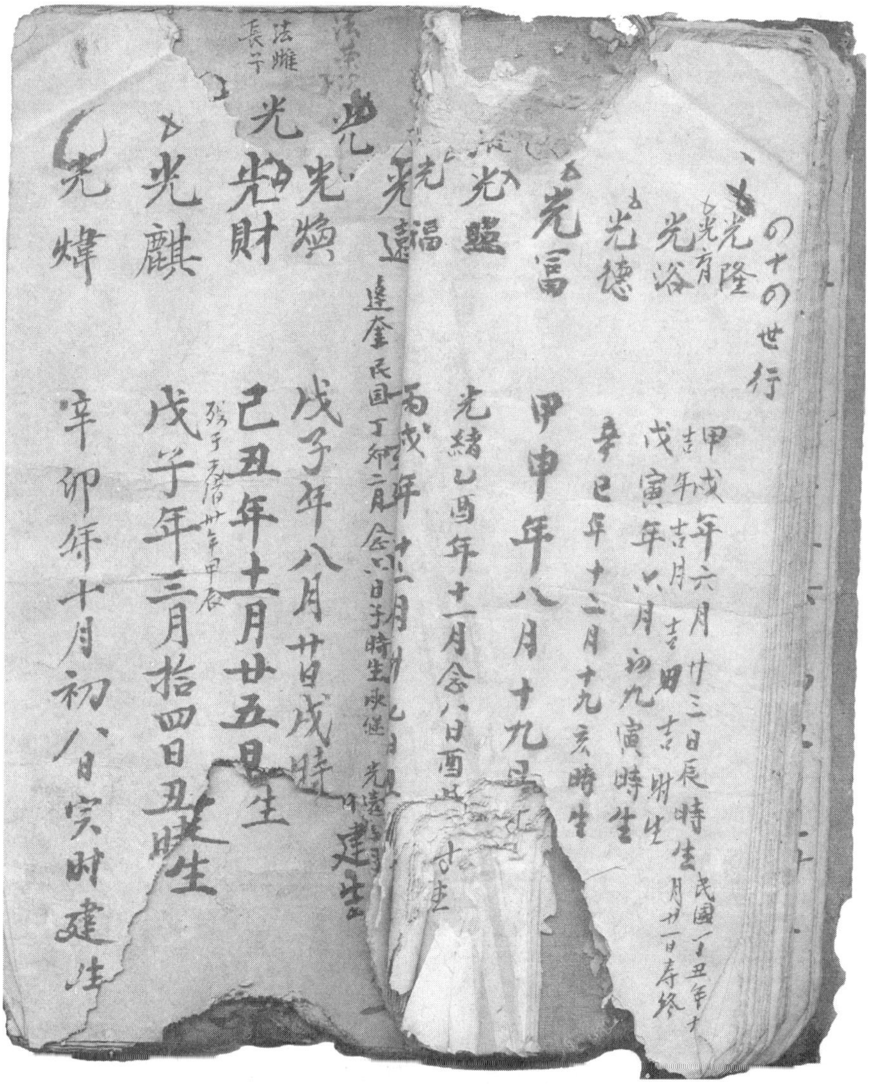

の十の世行

光隆 甲戌年六月廿三日辰時生 民國丁丑年十月廿一日寿終

光育 吉年吉月吉日吉時生

光浴 戊寅年六月初九寅時生

光德 辛巳年十二月十九亥時生

光富 甲申年八月十九日

光鑑 光緒乙酉年十二月念八日酉時生

光福 丙戌年十二月初九日

光遠 逢奎 民国丁卯二月念八日子時生承継 光遠 建生

光煥 戊子年八月廿日戌時

光財 己丑年十二月廿五日生

光麒 戊午年三月廿四日丑時生 孫子天倍卅年甲辰

光煒 辛卯年十月初八日寅時建生

秋口镇油岭村 A 2-13 · 咸丰十年 · 合村人丁簿

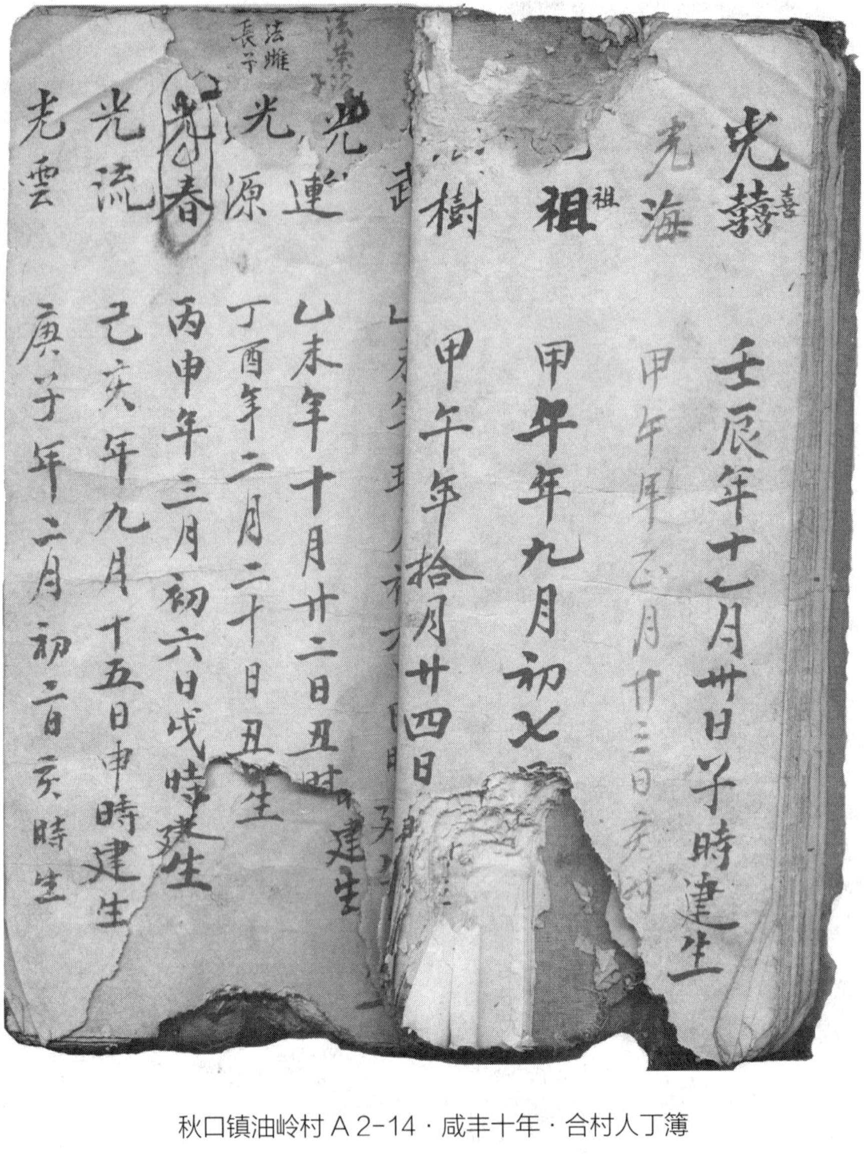
光囍 壬辰年十一月廿日子時建生
光海 甲午年正月廿三日亥時
祖 甲午年九月初七
樹 甲午年拾月廿四日
乙未年十月廿二日丑時建生
光運 丁酉年二月二十日丑生
光源 丙申年三月初六日戌時建生
春
光流 己亥年九月十五日申時建生
光雲 庚子年二月初二日亥時生

秋口镇油岭村 A 2-14 · 咸丰十年 · 合村人丁簿

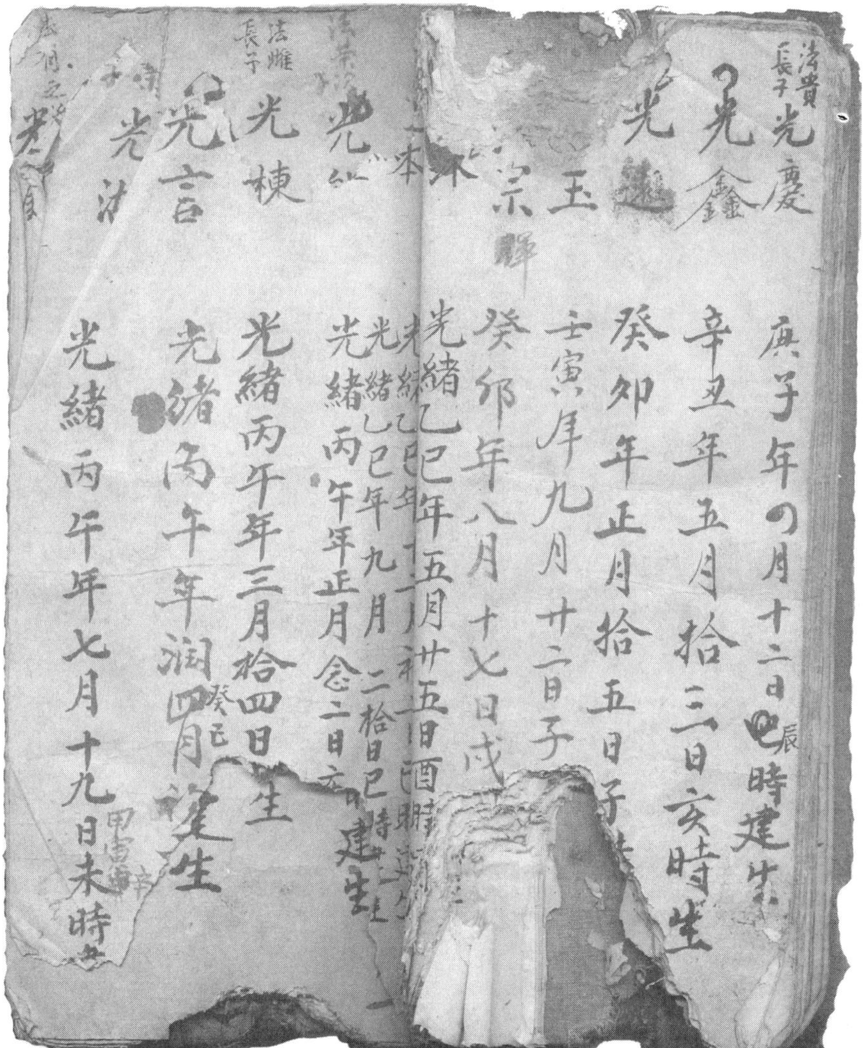

清貴長子光慶 庚子年四月十二日巳辰時建生

光鑫 辛丑年五月拾三日亥時生

光玉 壬寅年九月廿二日子

光宗 癸卯年正月拾五日子

癸卯年八月十七日戌

光緒乙巳年五月廿五日酉時

光緒乙巳年九月二拾日巳時建生

光緒丙午年正月念二日亥時建生

法熾長子光棟 光緒丙午年三月拾四日時生

光言 光緒丙午年潤四月建生

光緒丙午年七月十九日未時生

秋口镇油岭村 A 2-15 · 咸丰十年 · 合村人丁簿

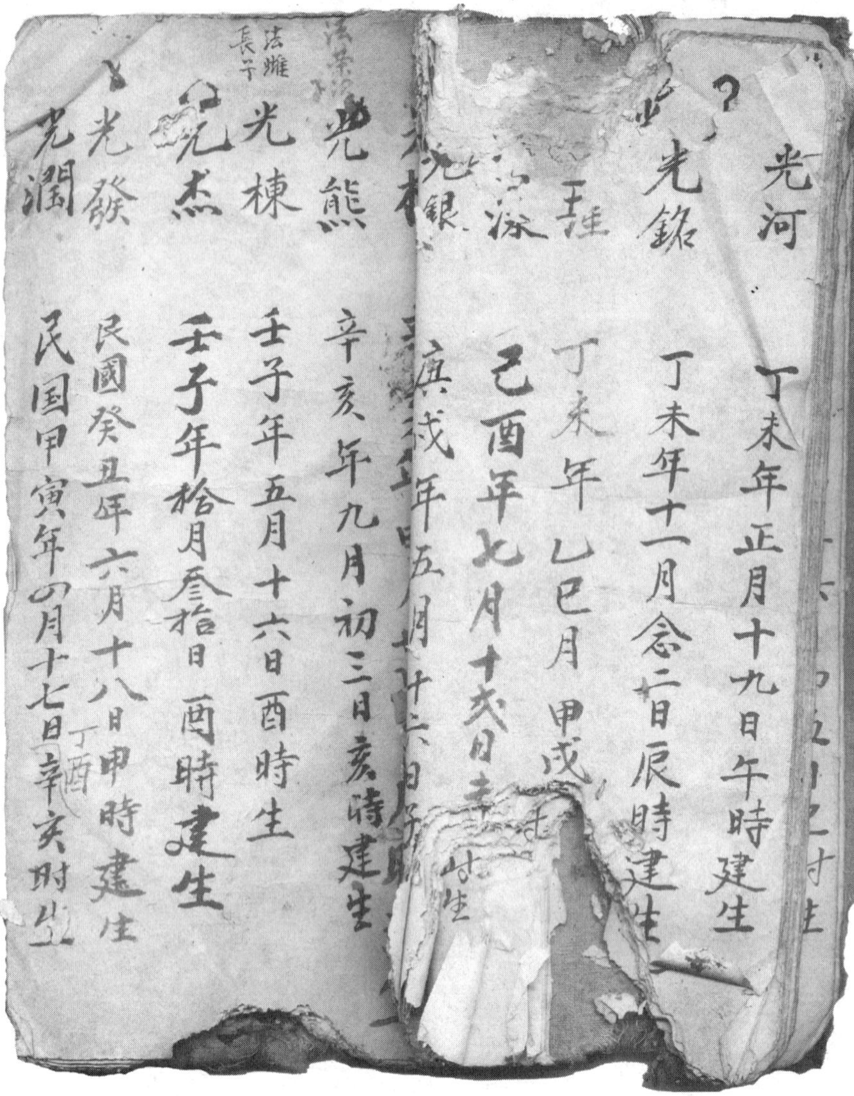

秋口镇油岭村 A 2-16 · 咸丰十年 · 合村人丁簿

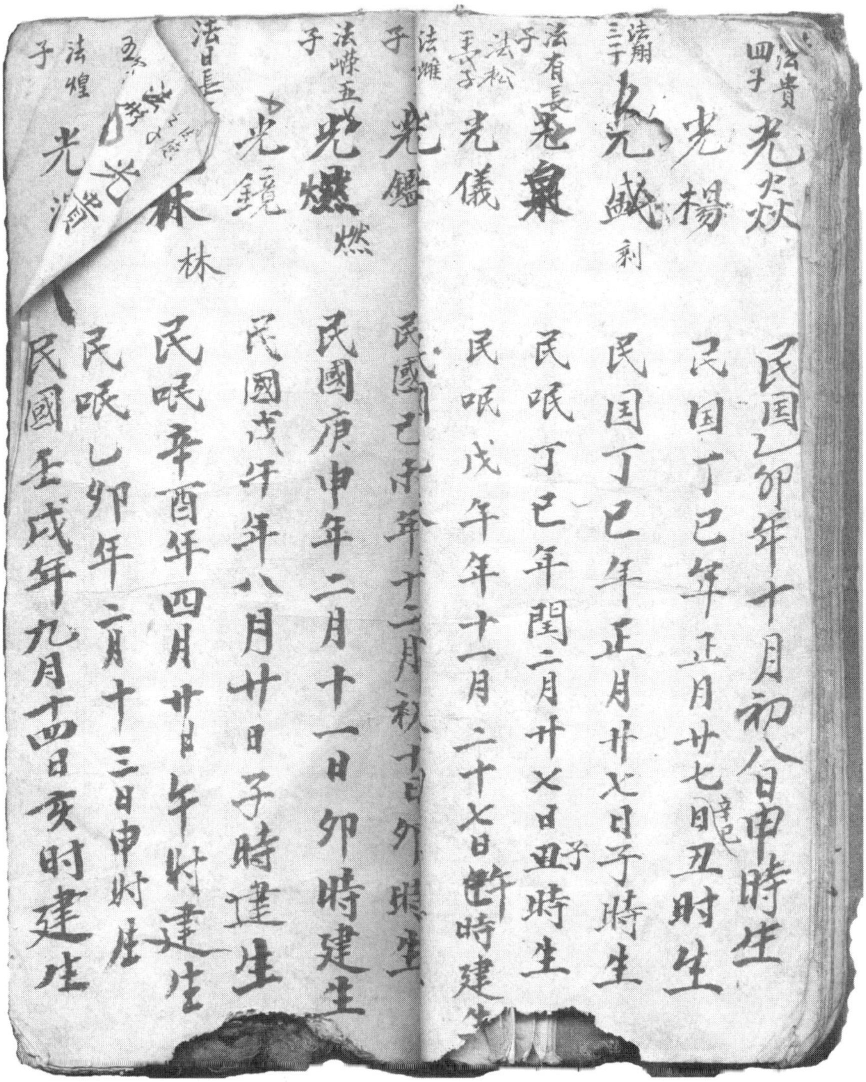

法貴四子 光焱 民国乙卯年十月初八日申時生

光楊 民国丁巳年正月廿七日丑时生

法用三子 光盛 剩 民国丁巳年正月廿七日子時生

法有長子 光泉 民国丁巳年閏二月廿八日丑時生

法松長子 光儀 民国戊午年十一月二十七日午時建生

法椎子 光鏗 民國己未年十二月初十日外時生

法嵘五子 光燃 燃 民國庚申年二月十一日卯時建生

子 光鏡 民國戊午年八月廿日子時建生

法日長子 光林 林 民国辛酉年四月廿日午时建生

光睿 民国乙卯年二月十三日申时生

法煌子 光濱 民國壬戌年九月十四日亥时建生

秋口镇油岭村 A 2-17 · 咸丰十年 · 合村人丁簿

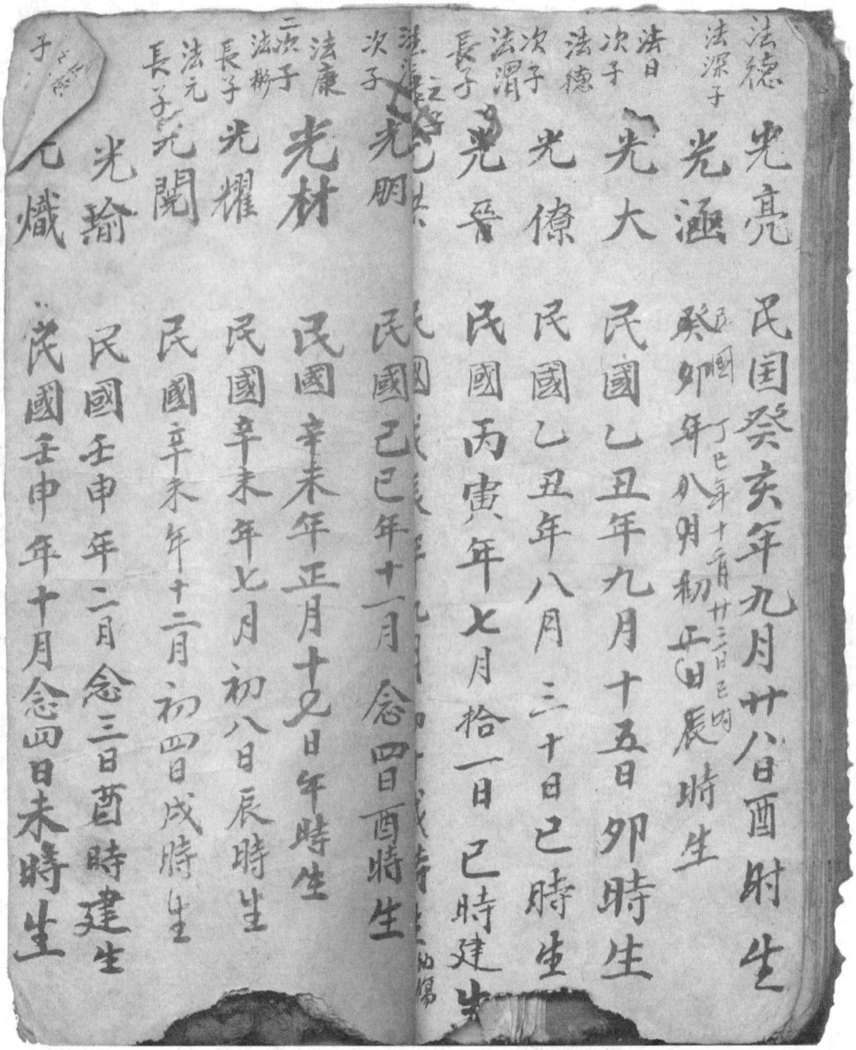

法德 光亮 民國癸亥年九月廿八日酉時生
法深子 光涵
法日 癸卯年八月初正日辰時生
次子 法德
長子 光大 民國乙丑年九月十五日卯時生
次子 法德
法僚 民國乙丑年八月三十日巳時生
長子 光晉 民國丙寅年七月拾一日巳時建生
次子 法渭
法德
次子 光明 民國己巳年十一月念四日酉時生
長子 光共
法康 光材 民國辛未年正月十九日午時生
二次子 法彬
長子 光耀 民國辛未年七月初八日辰時生
法元
長子 光閱 民國辛未年十二月初四日戌時生
光翰 民國壬申年二月念三日酉時建生
元熾 民國壬申年十月念四日未時生

秋口镇油岭村Ａ2-18·咸丰十年·合村人丁簿

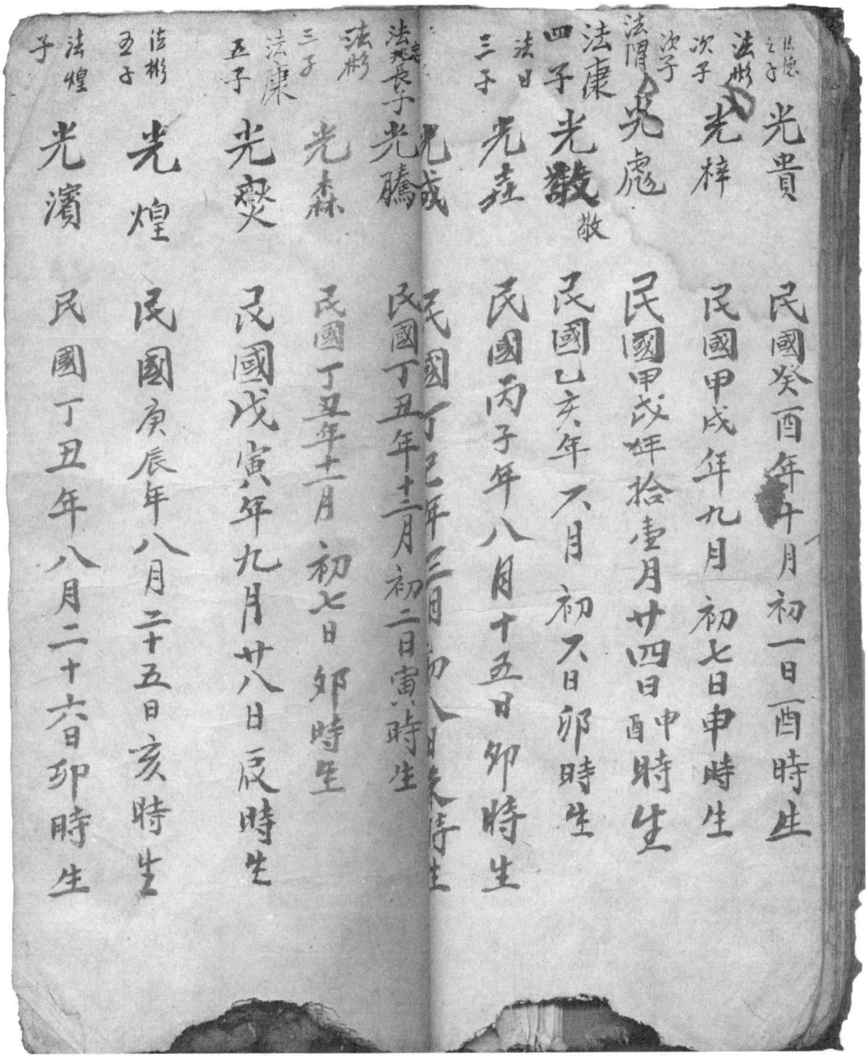
法恩之子 光貴 民國癸酉年十月初一日酉時生

法彬次子 光梓 民國甲戌年九月初七日申時生

法渭次子 光彪 民國甲戌年拾壹月廿四日酉申時生

法康四子 光敬 敬 民國乙亥年六月初六日卯時生

法日三子 光垚 民國丙子年八月十五日卯時生

光戌 民國丁巳年三月初八日[illegible]時生

法忠長子 光騰 民國丁丑年十二月初二日寅時生

法彬三子 光森 民國丁丑年十一月初七日卯時生

法康五子 光燮 民國戊寅年九月廿八日辰時生

法彬五子 光煌 民國庚辰年八月二十五日亥時生

法煌子 光濱 民國丁丑年八月二十六日卯時生

秋口镇沺岭村 A 2-19・咸丰Ⅰ年・合村人丁簿

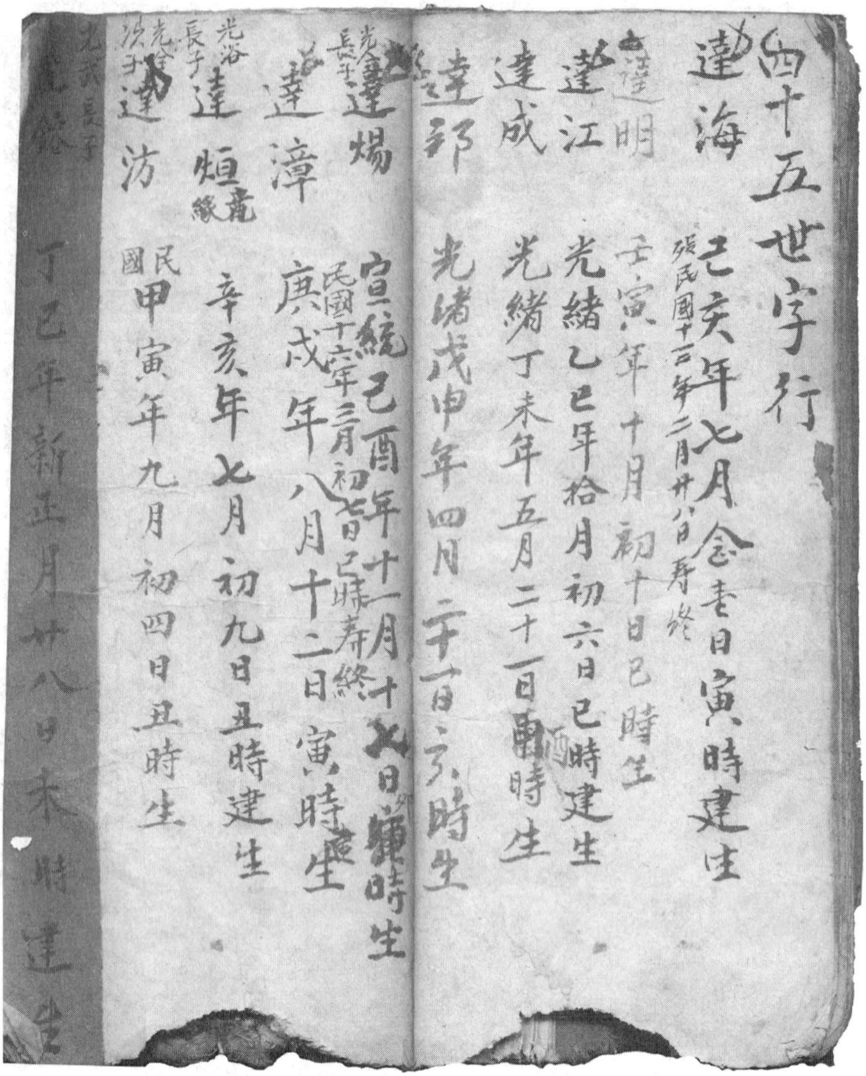
四十五世字行
達海 己亥年七月念壹日寅時建生
民國十六年二月廿八日壽終
達明 壬寅年十月初十日巳時生
達江 光緒乙巳年拾月初六日巳時建生
達成 光緒丁未年五月二十一日酉時生
達郭 光緒戊申年四月二十一日亥時生
光金長子 達煬 宣統己酉年十一月十八日辰時生
民國十六年三月初二日巳時壽終
達漳 庚戌年八月十二日寅時建生
光谷長子 達烜 辛亥年七月初九日丑時建生
光金次子 達汸 民國甲寅年九月初四日丑時生
光武長子
丁巳年新正月廿八日未時建生

秋口镇油岭村 A 2-20 · 咸丰十年 · 合村人丁簿

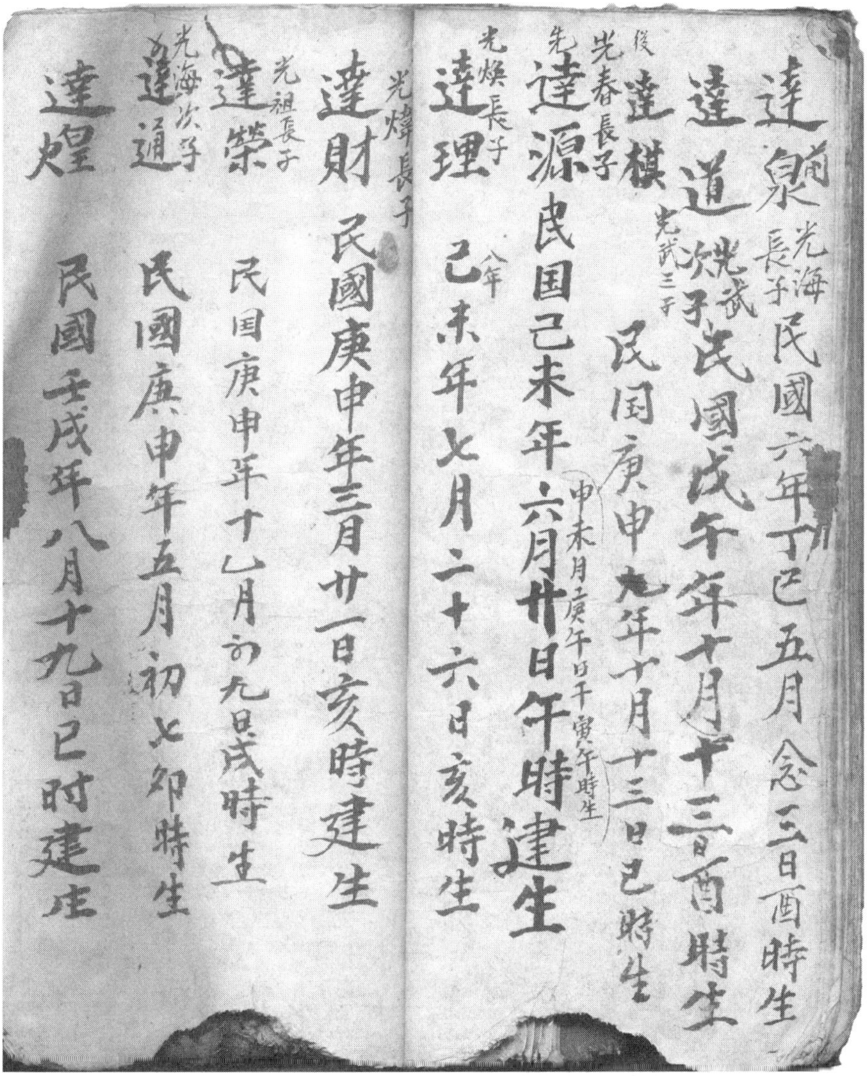
達泉 光海長子 民國六年丁巳五月念三日酉時生

達道 光武次子 民國戊午年十月十三日酉時生

後 光春長子 達棋 光武三子 民国庚申九年十月十三日巳時生

先 光煥長子 達源 民国己未年六月廿日午時建生 中未月庚午日壬寅午時生

達理 八年 己未年七月二十六日亥時生

光煒長子 達財 民國庚申年三月廿一日亥時建生

光祖長子 達榮 民国庚申年十一月初九日戌時生

光海次子 達通 民國庚申年五月初七卯時生

達煌 民國壬戌年八月十九日巳时建生

秋门镇油岭村 A 2-21 · 咸丰十年 · 合村人丁簿

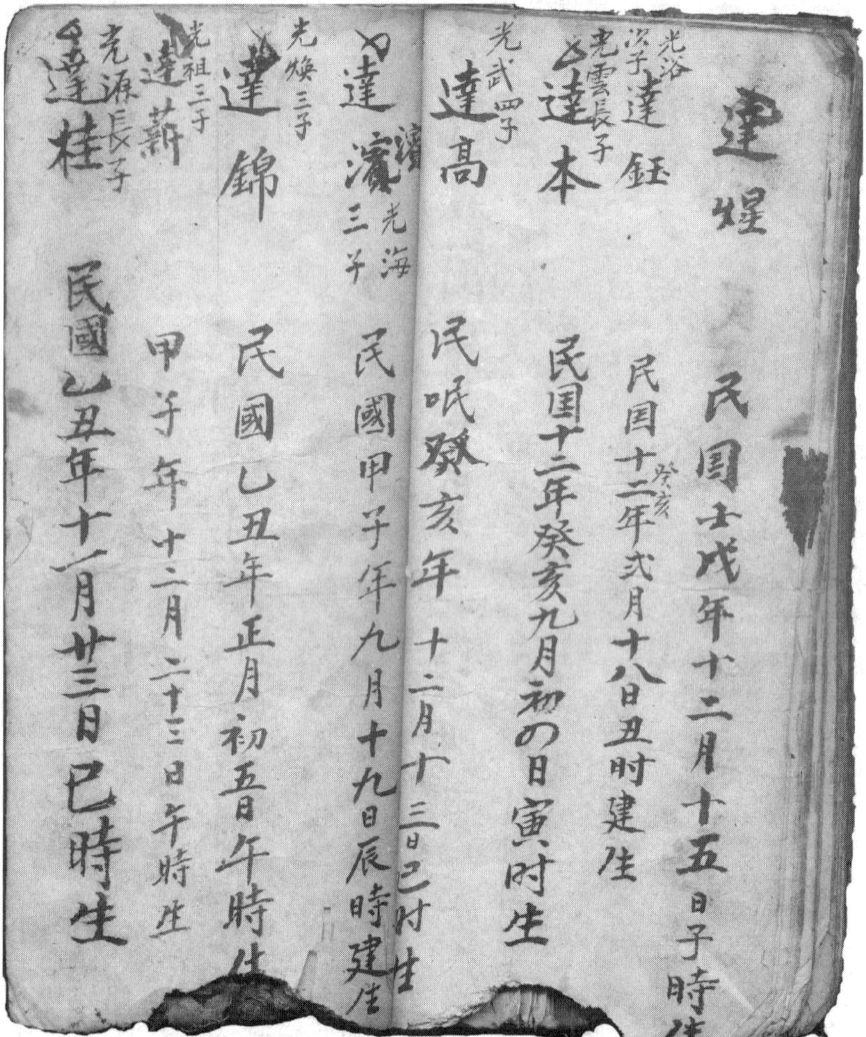

秋口镇油岭村 A 2-22 · 咸丰十年 · 合村人丁簿

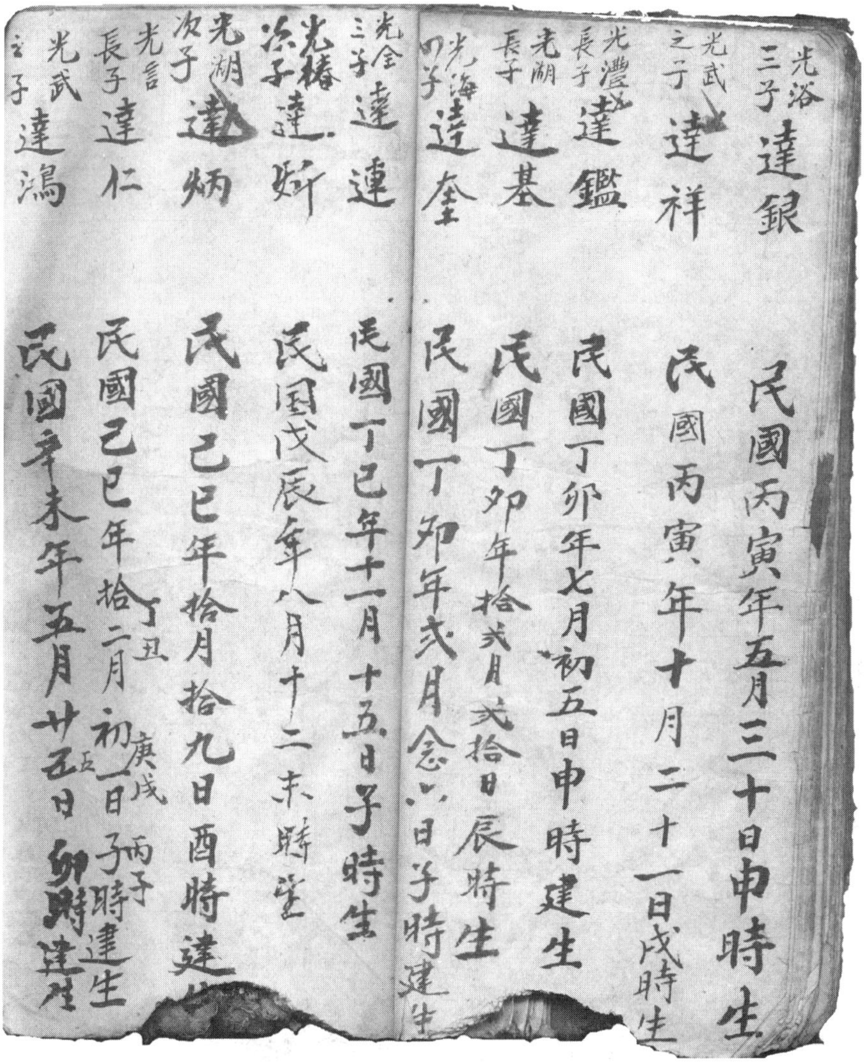

光浴三子 達銀 民國丙寅年五月三十日申時生

光武之子 達祥 民國丙寅年十月二十一日戌時生

光灃長子 達鑑 民國丁卯年七月初五日申時建生

光湖長子 達基 民國丁卯年拾弍月弍拾日辰時生

光海四子 達奎 民國丁卯年弍月念六日子時建生

光全三子 達連 民國丁巳年十一月十五日子時生

光椿次子 達炘 民國戊辰年八月十二未時生

光湖次子 達炳 民國己巳年拾月拾九日酉時建生

光言長子 達仁 民國己巳年拾二月初一日子時建生 丁丑 庚戌 丙子

光武之子 達鴻 民國辛未年五月廿五日卯時建生

秋口镇油岭村 A 2-23 · 咸丰十年 · 合村人丁簿

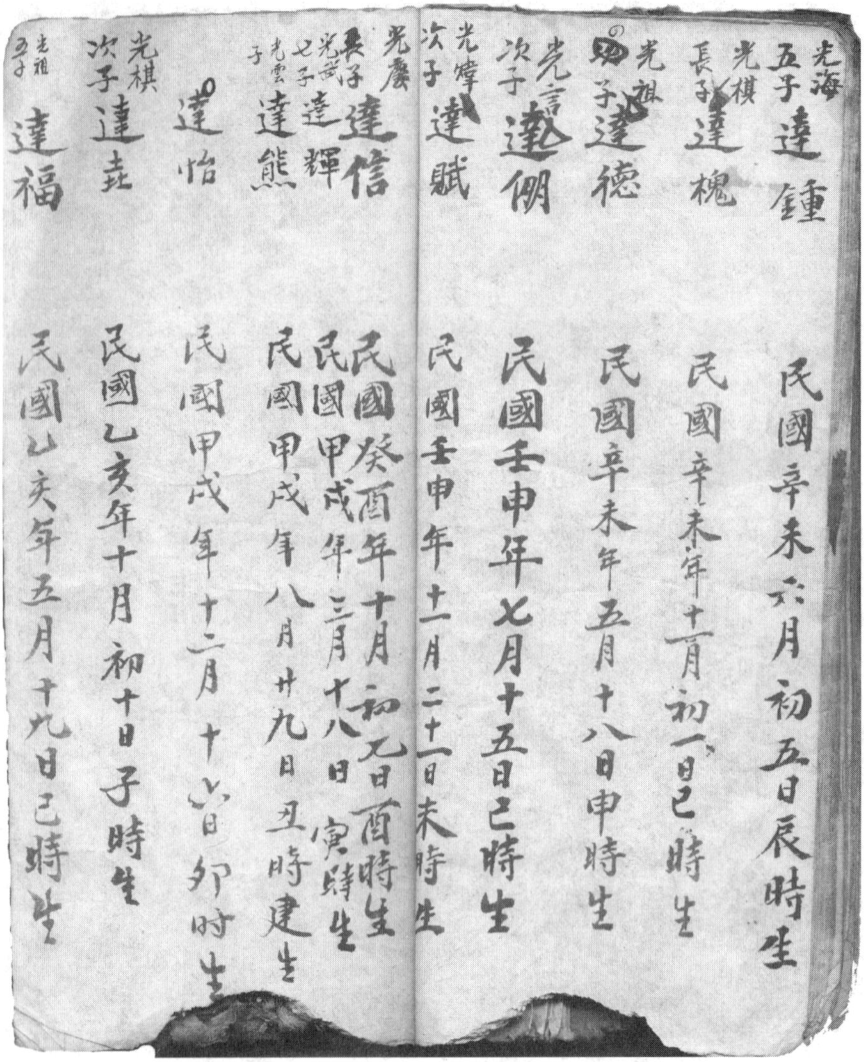
光海五子 達鍾 民國辛未六月初五日辰時生
光祺長子 達槐 民國辛未年十一月初一日巳時生
光祖四子 達德 民國辛未年五月十八日申時生
光言次子 達俐 民國壬申年七月十五日巳時生
光煒次子 達賦 民國壬申年十二月二十日未時生
光慶長子 達信 民國癸酉年十月初九日酉時生
光武七子 達輝 民國甲戌年三月十八日寅時生
光雲子 達熊 民國甲戌年八月廿九日丑時建生
達怡 民國甲戌年十二月十六日卯时生
光祺次子 達垚 民國乙亥年十月初十日子時生
光祖五子 達福 民國乙亥年五月十九日巳時生

秋口镇油岭村 A 2-24 · 咸丰十年 · 合村人丁簿

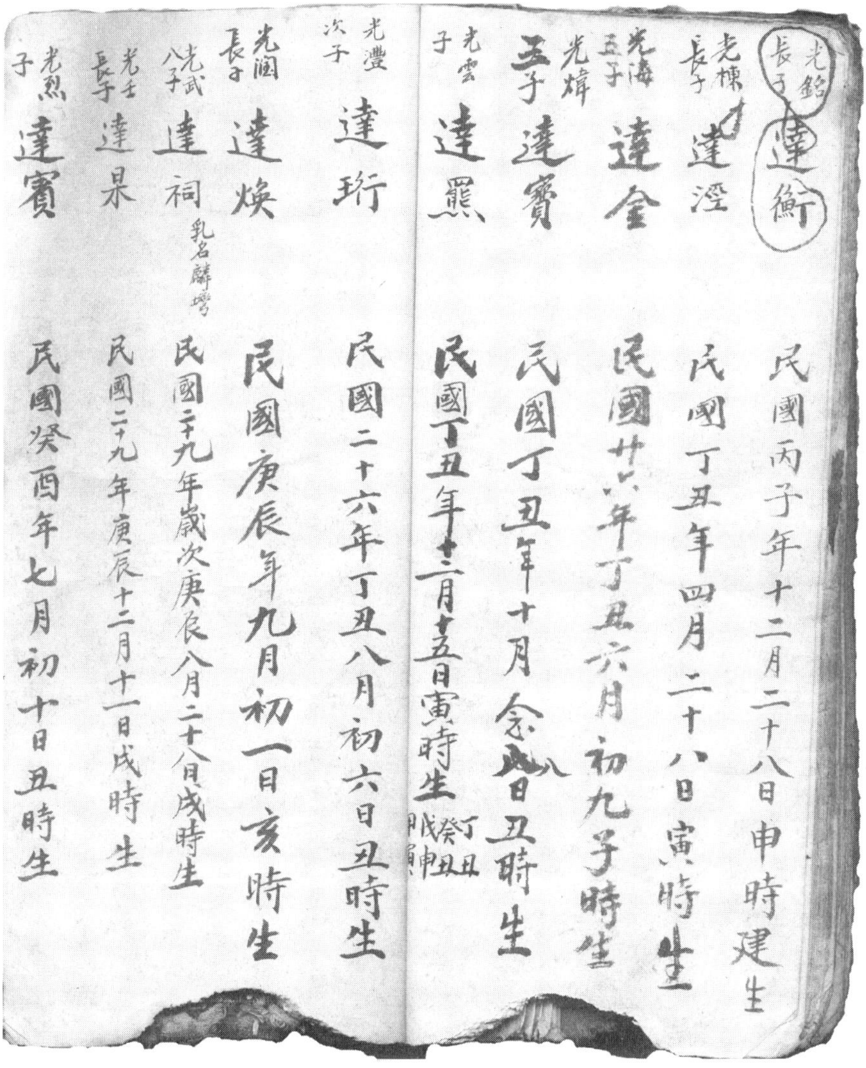
光銘長子 達衙 民國丙子年十二月二十八日申時建生
光棟長子 達涇 民國丁丑年四月二十八日寅時生
光海五子 達全 民國廿六年丁丑六月初九子時生
光煒五子 達寶 民國丁丑年十月念八日丑時生
光雲子 達羆 民國丁丑年十二月十五日寅時生
丁丑 癸丑 戊申 甲寅
光灃次子 達珩 民國二十六年丁丑八月初六日丑時生
光涵長子 達煥 民國庚辰年九月初一日亥時生
光武八子 達祠 乳名麟嘐 民國廿九年歲次庚辰八月二十八日戌時生
光壬長子 達杲 民國二十九年庚辰十二月十一日戌時生
光烈子 達賓 民國癸酉年七月初十日丑時生

秋口镇油岭村 A 2-25 · 咸丰十年 · 合村人丁簿

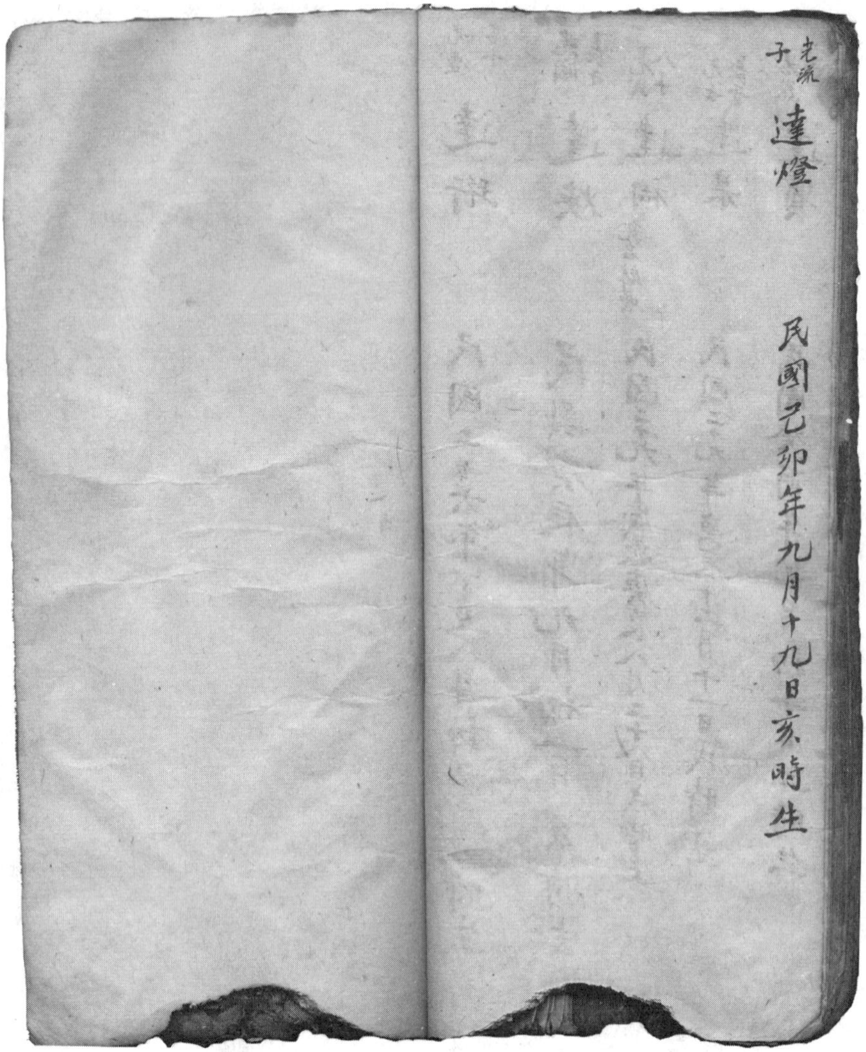
光流子 達燈
民國乙卯年九月十九日亥時生

秋口镇油岭村 A 2-26 · 咸丰十年 · 合村人丁簿

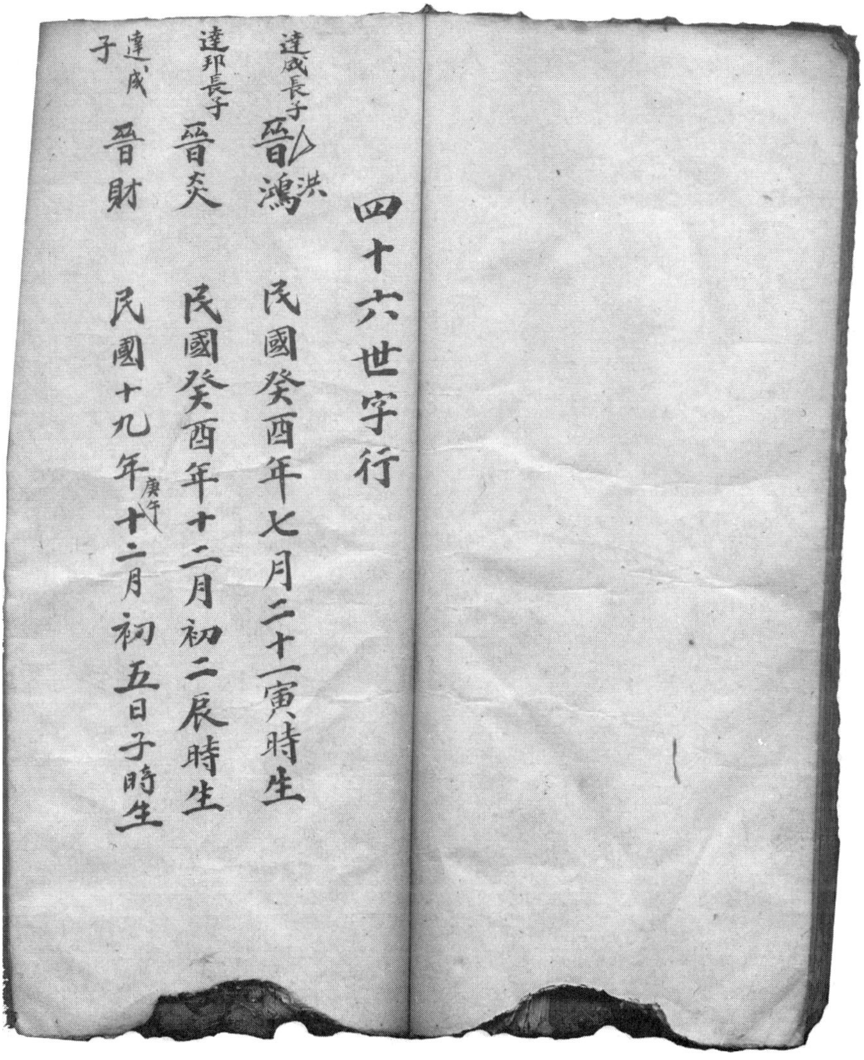

四十六世字行

達成長子　晉鴻（洪）　民國癸酉年七月二十一寅時生

達邦長子　晉奕　民國癸酉年十二月初二辰時生

達成子　晉財　民國十九年（庚午）十二月初五日子時生

秋口镇油岭村 A 2-27 · 咸丰十年 · 合村人丁簿

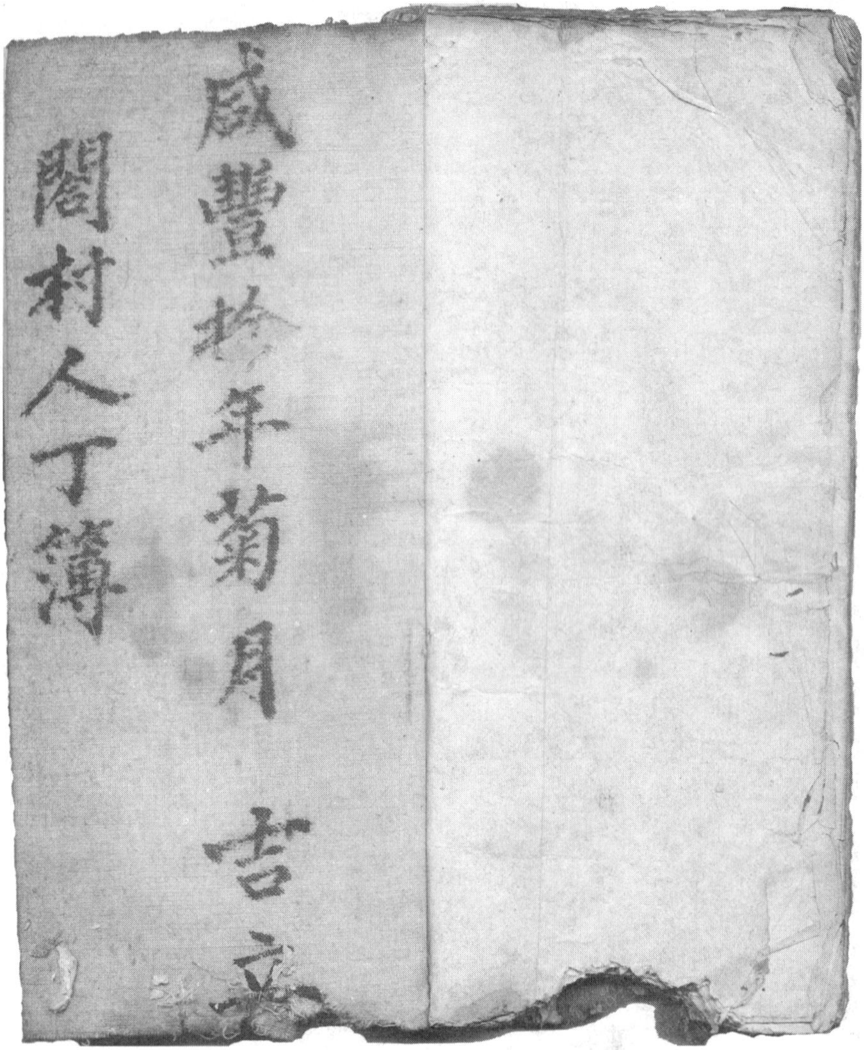

秋口镇油岭村 A 2-28 · 咸丰十年 · 合村人丁簿

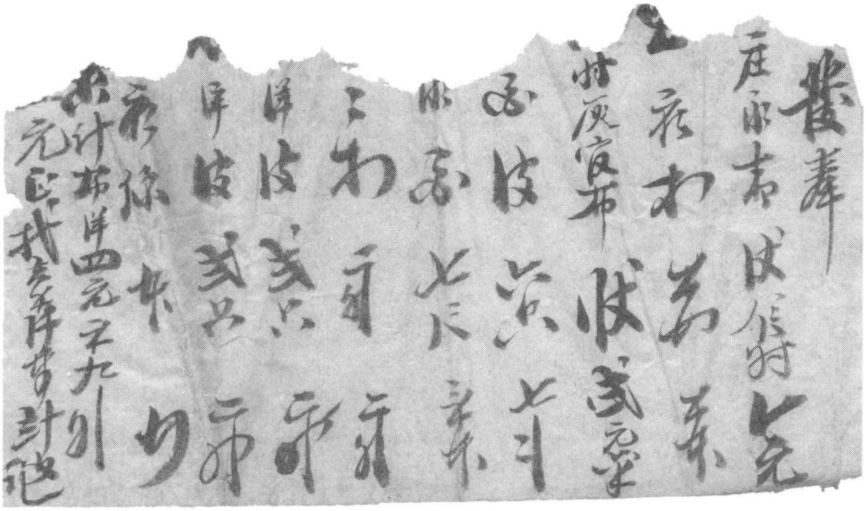

秋口镇油岭村 A 2-29 · 咸丰十年 · 合村人丁簿

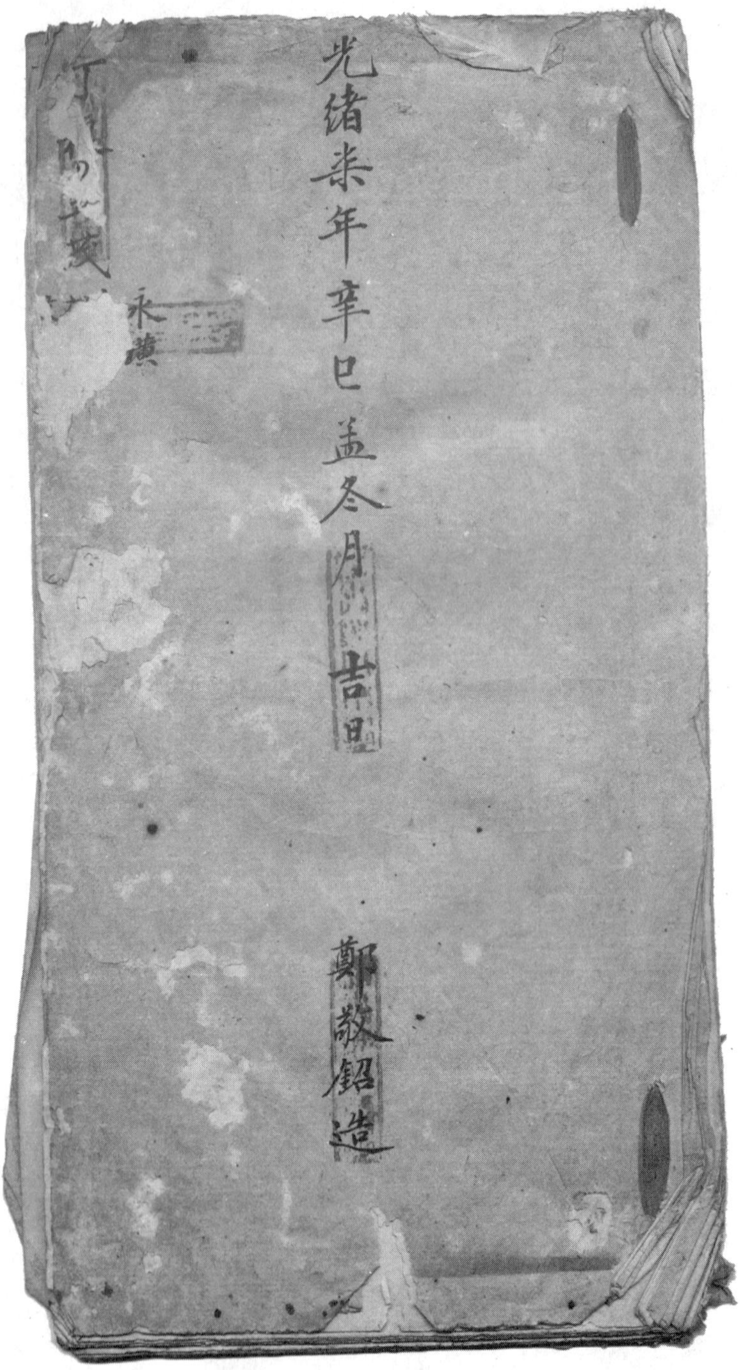

秋口镇油岭村 A 3-1 · 光绪七年 · 税粮实征册 · 永璜户生出永璜、大江、朝宗、文英四户

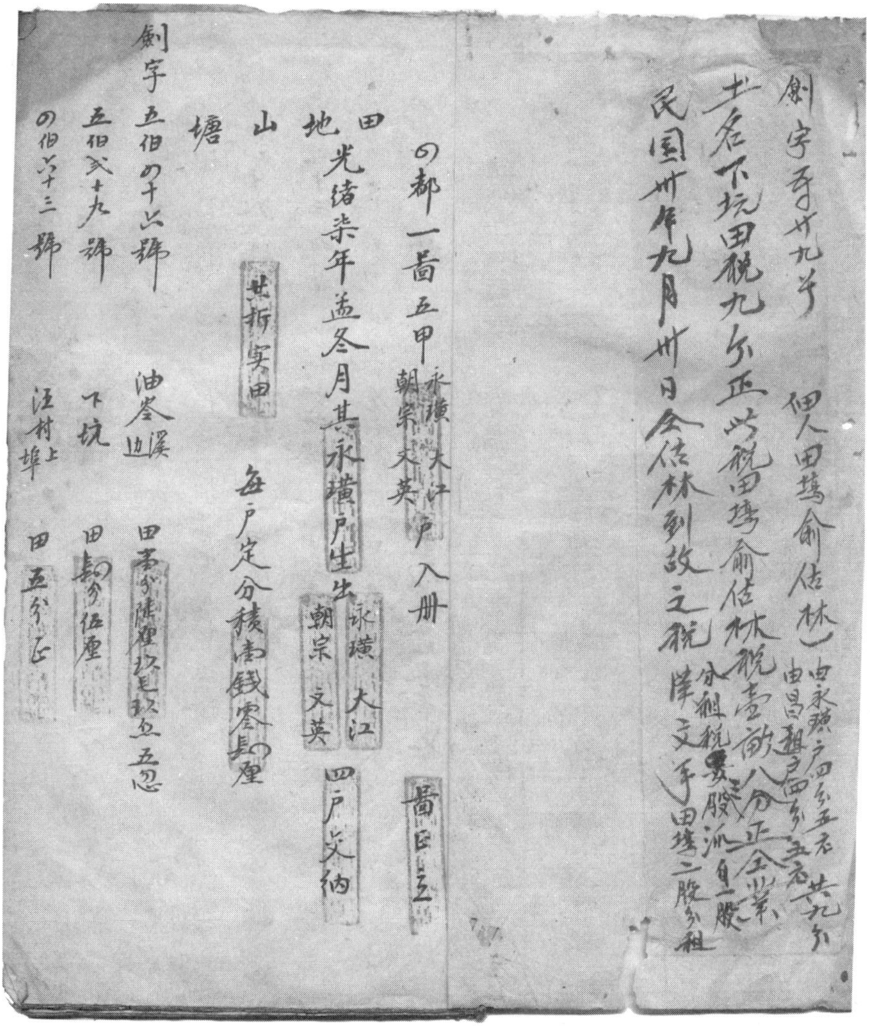

秋口镇油岭村 A 3-2 · 光绪七年　税粮实征册 · 永璜户生出永璜、大江、朝宗、文英四户

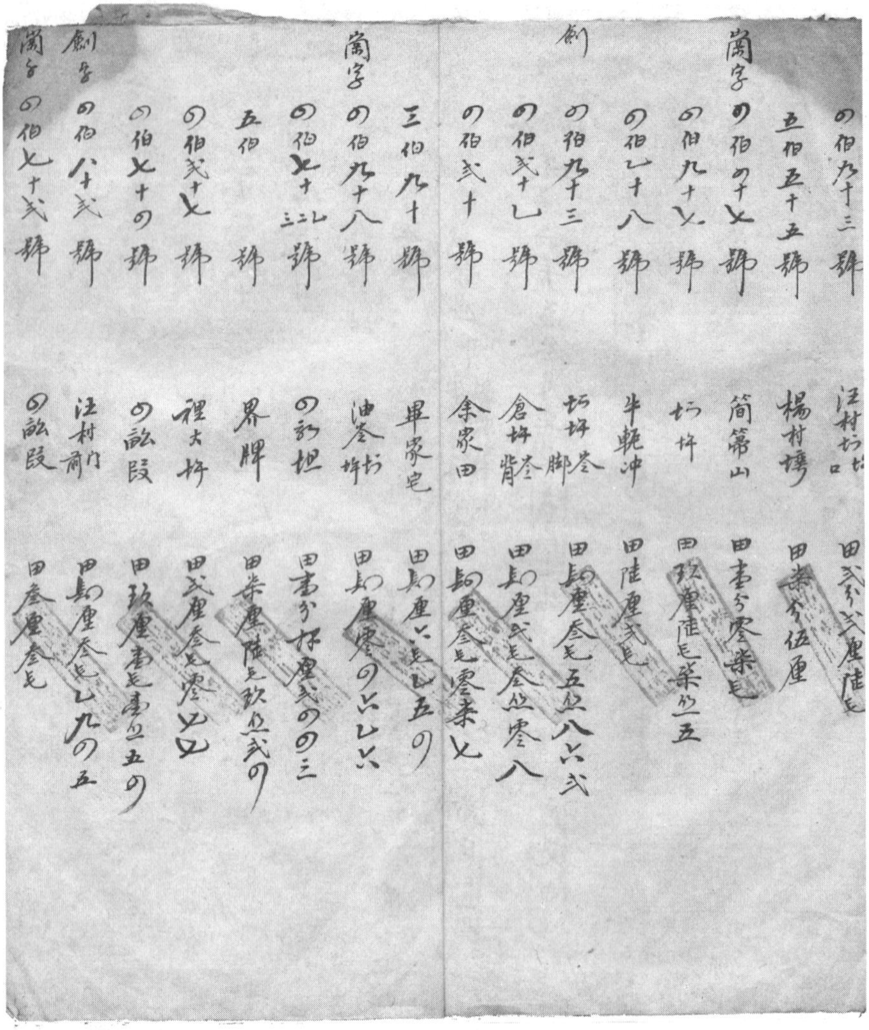
四伯九十三號 汪村坵口 田弍分弍厘陆毛
崗字四伯四十七號 楊村塝 田柒分伍厘
五伯五十五號 筒第山 田壹分零柒毛
四伯乙十八號 坵坪 田玖厘陆毛柒系五
四伯九十八號 牛輓沖 田陆厘弍毛
四伯九十三號 坵坪脚叁 田乙厘叁毛五系八六弍
四伯弍十乙號 倉坪背叁 田乙厘弍毛叁系零八
劍 四伯弍十號 余家田 田乙厘叁毛零柒乙
三伯九十號 畢家宅 田乙厘六毛乙五四
崗字四伯九十八號 油叁坵坪 田乙厘零四六乙六
四伯七十三乙乙號 四分坦 田壹分柒厘弍四四三
五伯號 界牌 田柒厘陆系玖系弍四
四伯弍十七號 裡大坪 田弍厘叁毛零乙乙
四伯七十四號 四畝段 田玖厘壹毛壹系五四
劍字四伯八十弍號 汪村前门 田乙厘叁毛乙九四五
崗字四伯七十弍號 四畝段 田叁厘叁毛

秋口镇油岭村 A 3-3 · 光绪七年 · 税粮实征册 · 永璜户生出永璜、大江、朝宗、文英四户

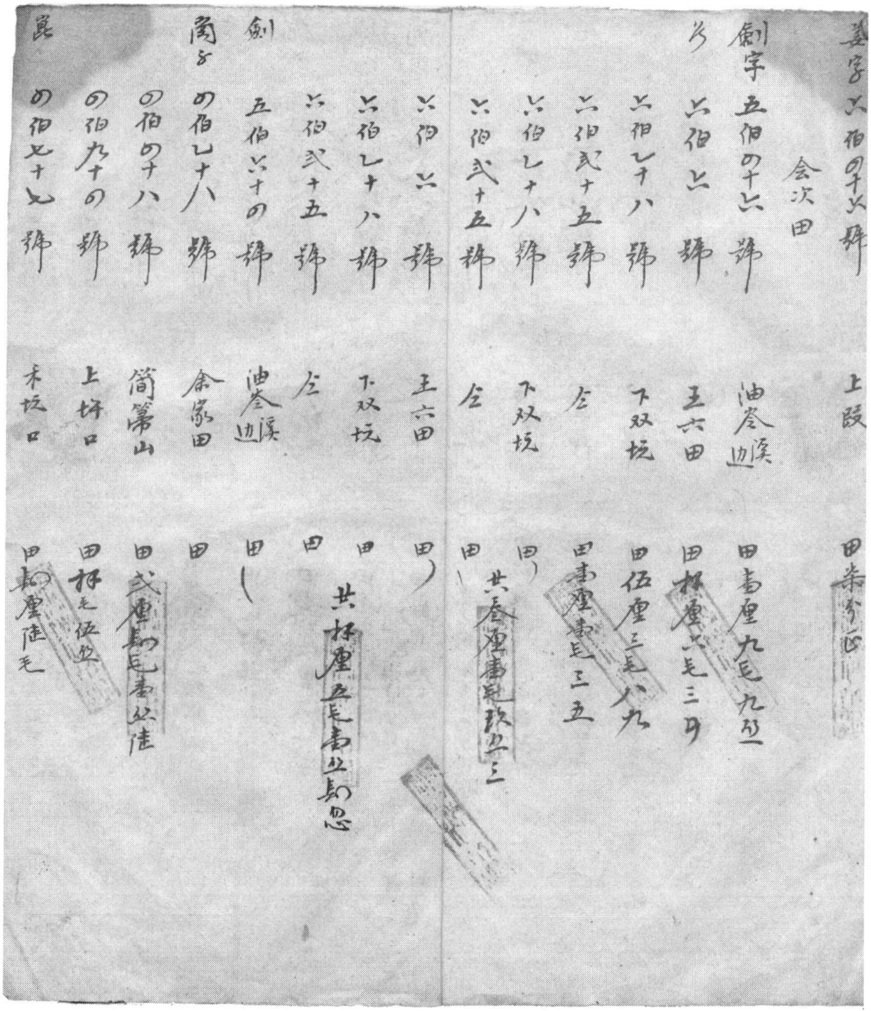

垦字六佰四十六號　上段　田柒分四厘
会次田
劍字五佰四十六號　油岺溪边　田壹厘九毛九丝
又　六佰六號　王六田　田杯厘六毛三丝
六佰七十八號　下双坑　田伍厘三毛八九
六佰弍十五號　仝　田壹厘壹毛三五
六佰七十八號　下双坑　田）
六佰弍十五號　仝　田）共叁厘壹玖丝三
六佰六號　王六田　田）
六佰七十八號　下双坑　田
六佰弍十五號　仝　田　共杯厘五毛壹丝乙忽
劍　五佰六十四號　油岺溪边　田（
闳字四佰七十八號　余家田　田
四佰四十八號　簡篤山　田弍厘壹毛壹丝陆
四佰九十四號　上坪口　田杯毛伍丝
崑　四佰七十九號　木坑口　田壹厘陆毛

秋口镇油岭村 A 3-4 · 光绪七年 · 税粮实征册 · 永璜户生出永璜、大江、朝宗、文英四户

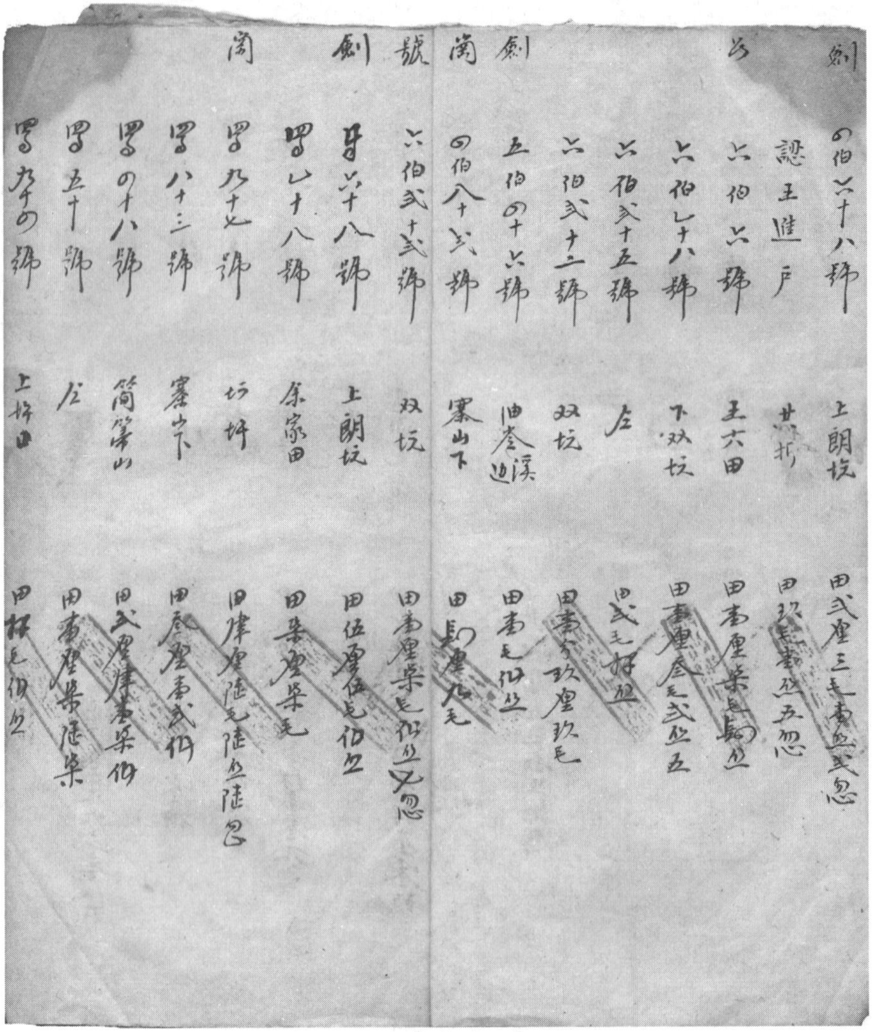

秋口镇油岭村 A 3-5 · 光绪七年 · 税粮实征册 · 永璜户生出永璜、大江、朝宗、文英四户

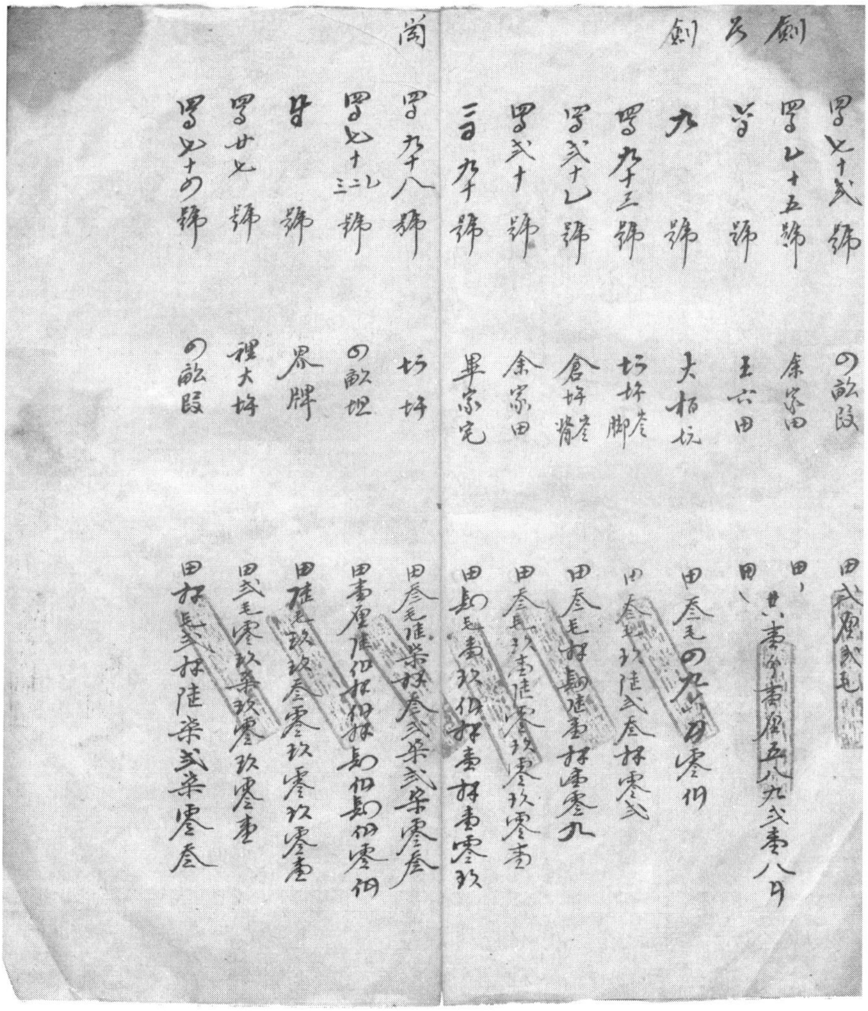

秋门镇油岭村 A 3-6 · 光绪七年 · 税粮实征册 · 永璜户牛出永璜、大江、朝宗、文英四户

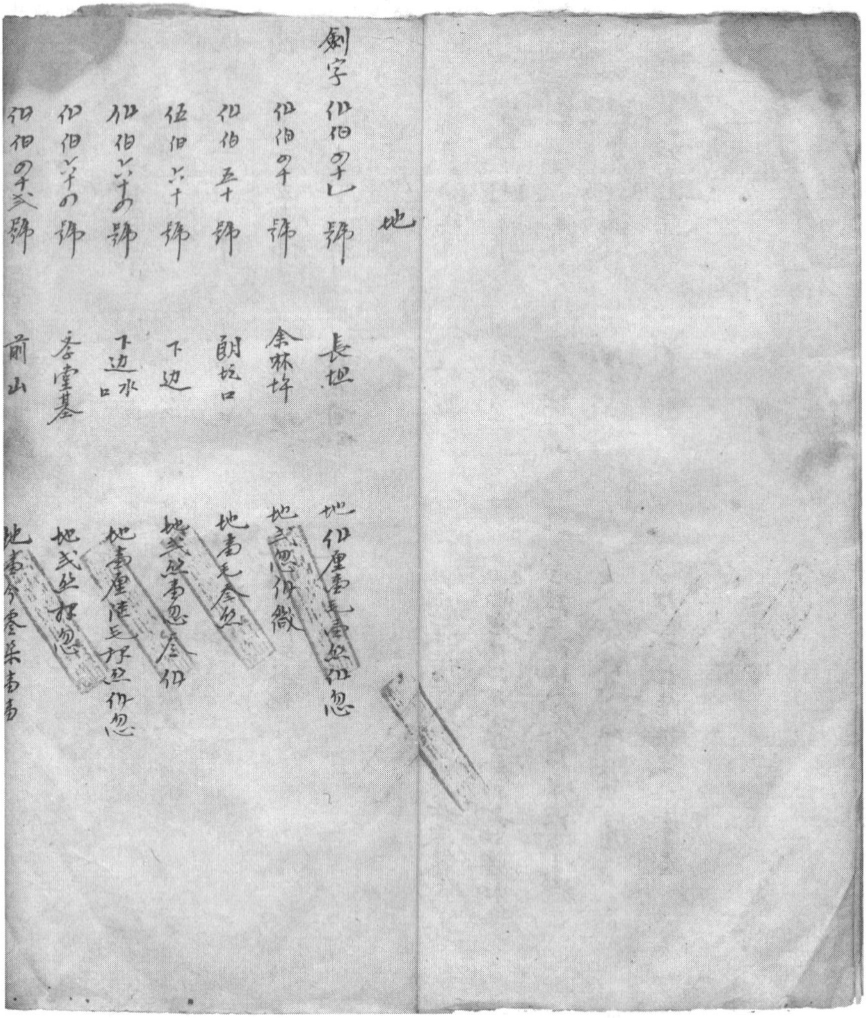

秋口镇油岭村 A 3-7 · 光绪七年 · 税粮实征册 · 永璜户生出永璜、大江、朝宗、文英四户

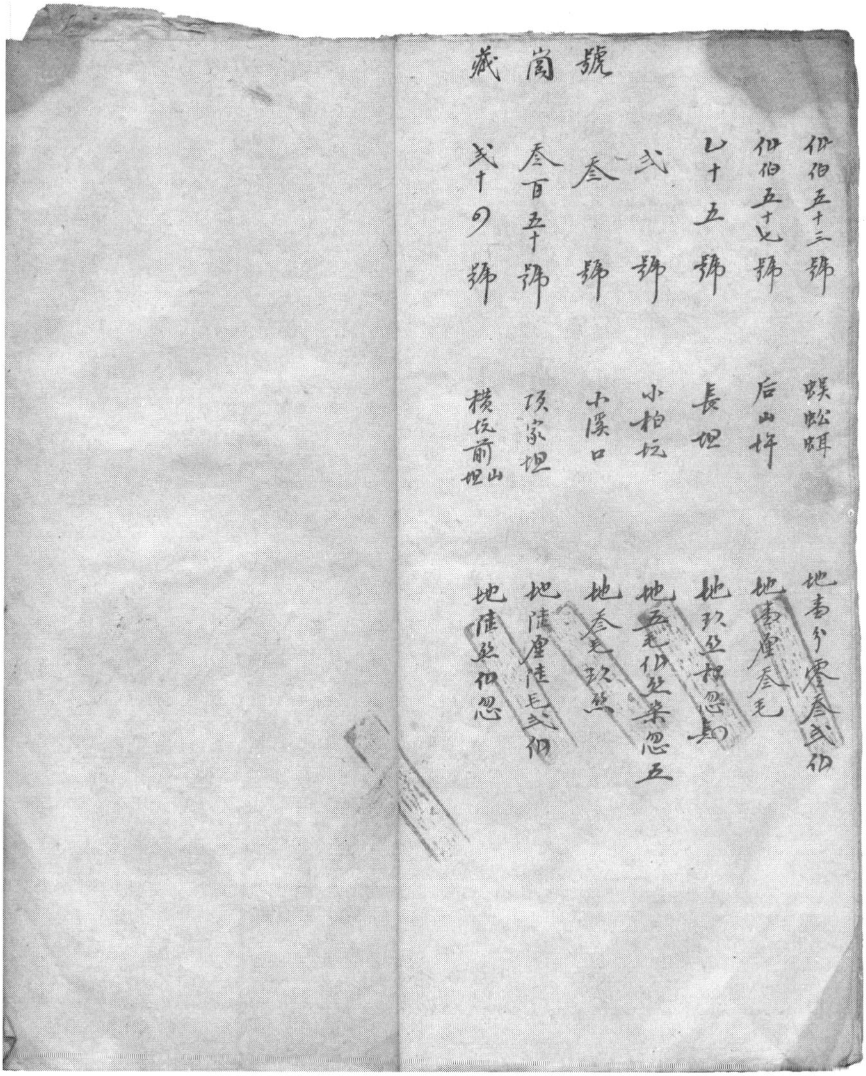
藏崗號

仟伯五十三號 蜈蚣塒 地壹分零叁弍伯

仟伯五十七號 后山坪 地壹厘叁毛

乙十五號 長坦 地玖丝捌忽五

弍號 小柏坑 地五毛仟丝柒忽五

叁號 小溪口 地叁毛玖丝

叁百五十號 項家坦 地陸厘陸毛弍伯

弍十四號 横坑前山坦 地陸丝仟忽

秋口镇油岭村 A 3–8 · 光绪十年 · 税粮实征册 · 永璜户生出永璜、大江、朝宗、文英四户

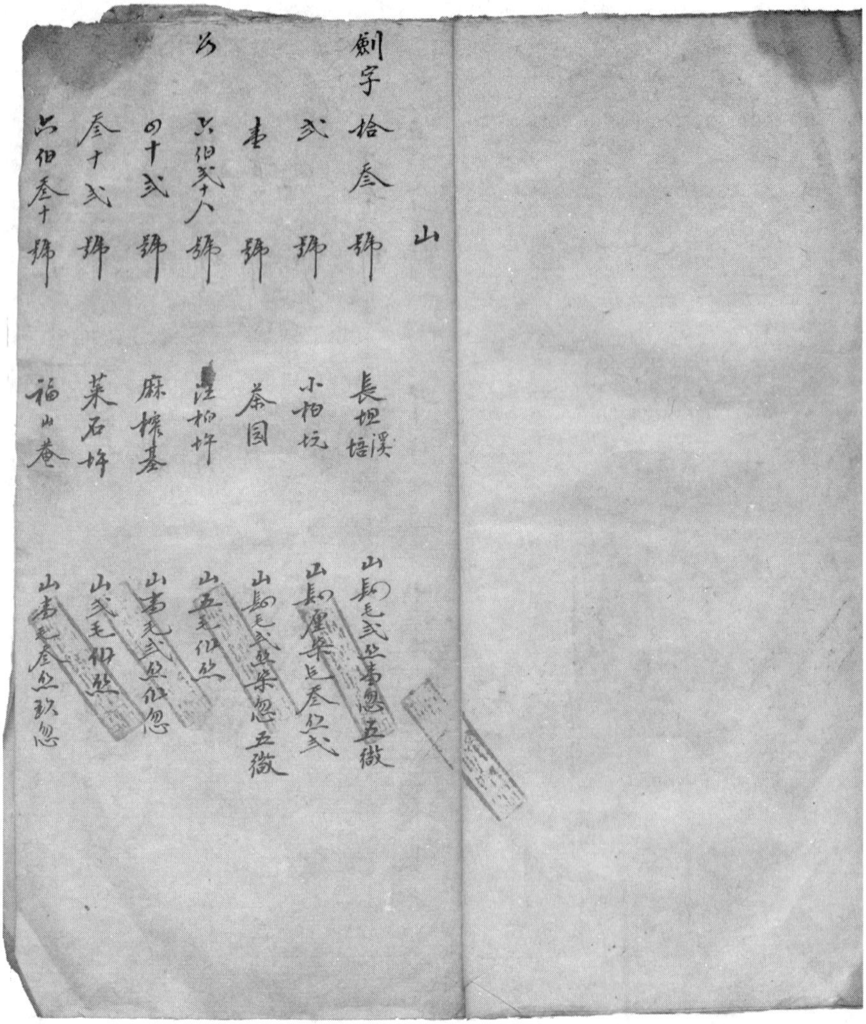

秋口镇油岭村 A 3-9 · 光绪七年 · 税粮实征册 · 永璜户生出永璜、大江、朝宗、文英四户

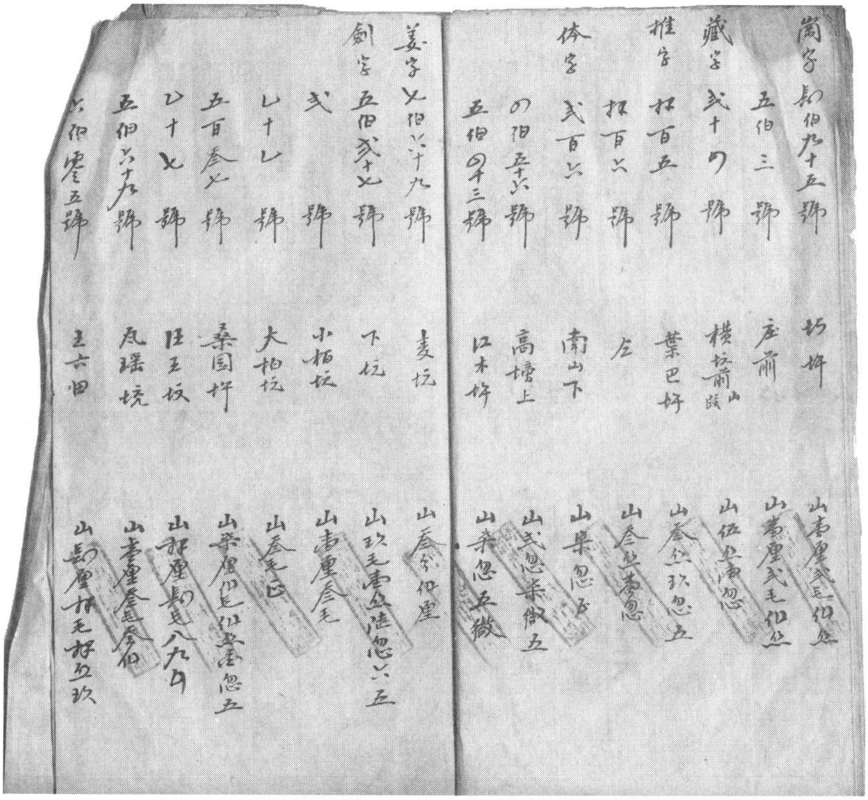

秋口镇油岭村 A 3-10 · 光绪七年 · 税粮实征册 · 永璜户生出永璜、大江、朝宗、文英四户

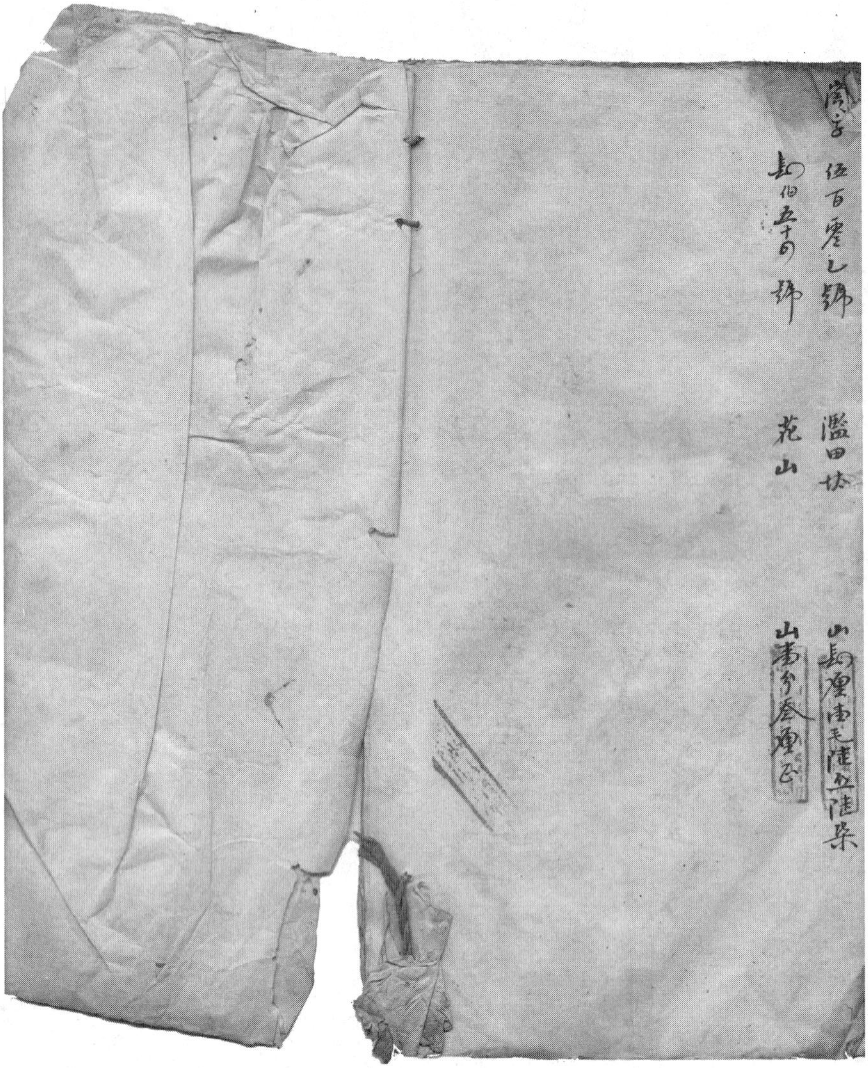

秋口镇油岭村 A 3-11 · 光绪七年 · 税粮实征册 · 永璜户生出永璜、大江、朝宗、文英四户

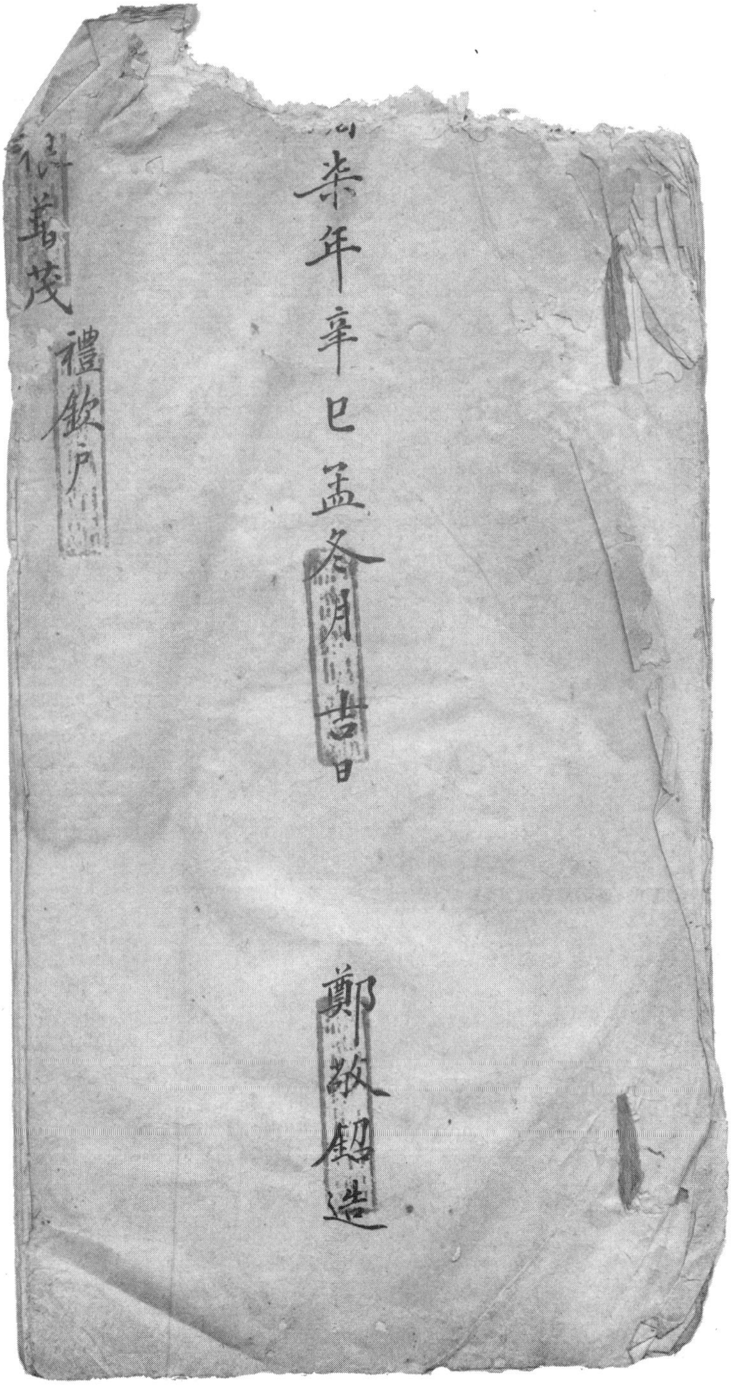

[illegible]茂

禮欽户

[illegible]柒年辛巳孟冬月吉日

鄭敬鉊造

秋口镇油岭村 A 5-1 · 光绪七年 · 税粮实征册 · 礼钦户

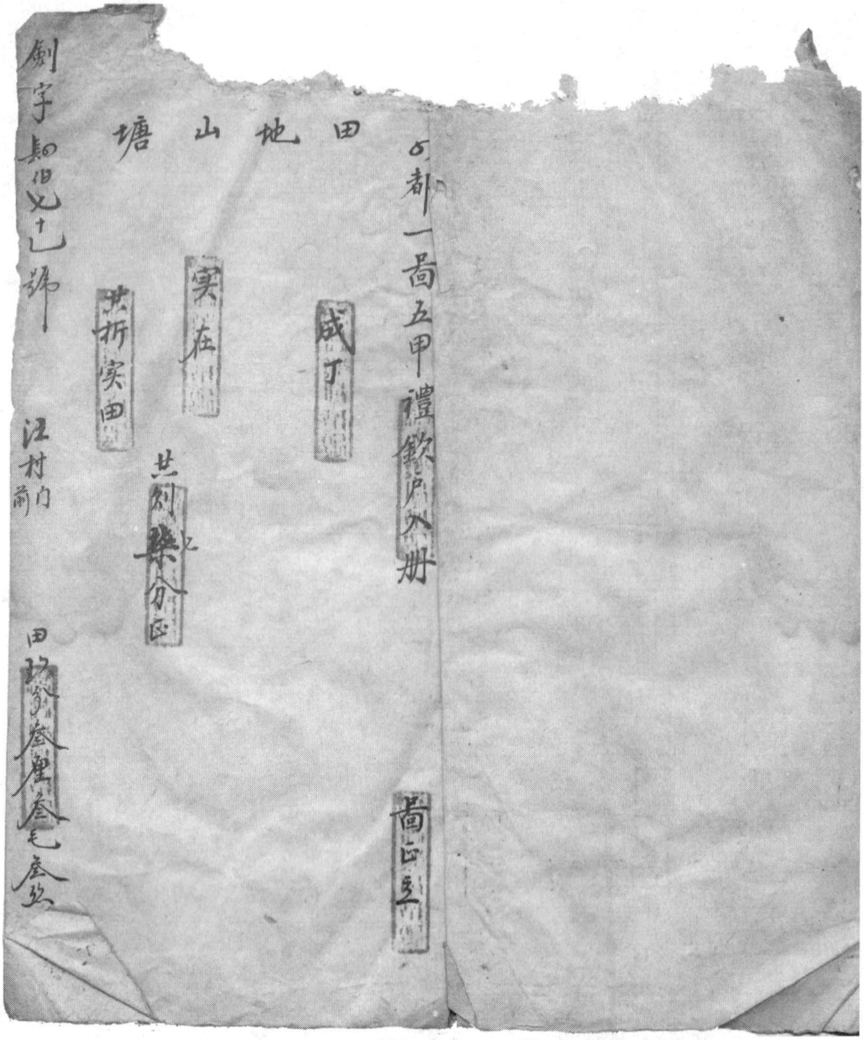
都一啚五甲禮欽戶入冊

田 地 山 塘

成丁

實在

共折實田

秋口镇油岭村 A 5-2 · 光绪七年 · 税粮实征册 · 礼钦户

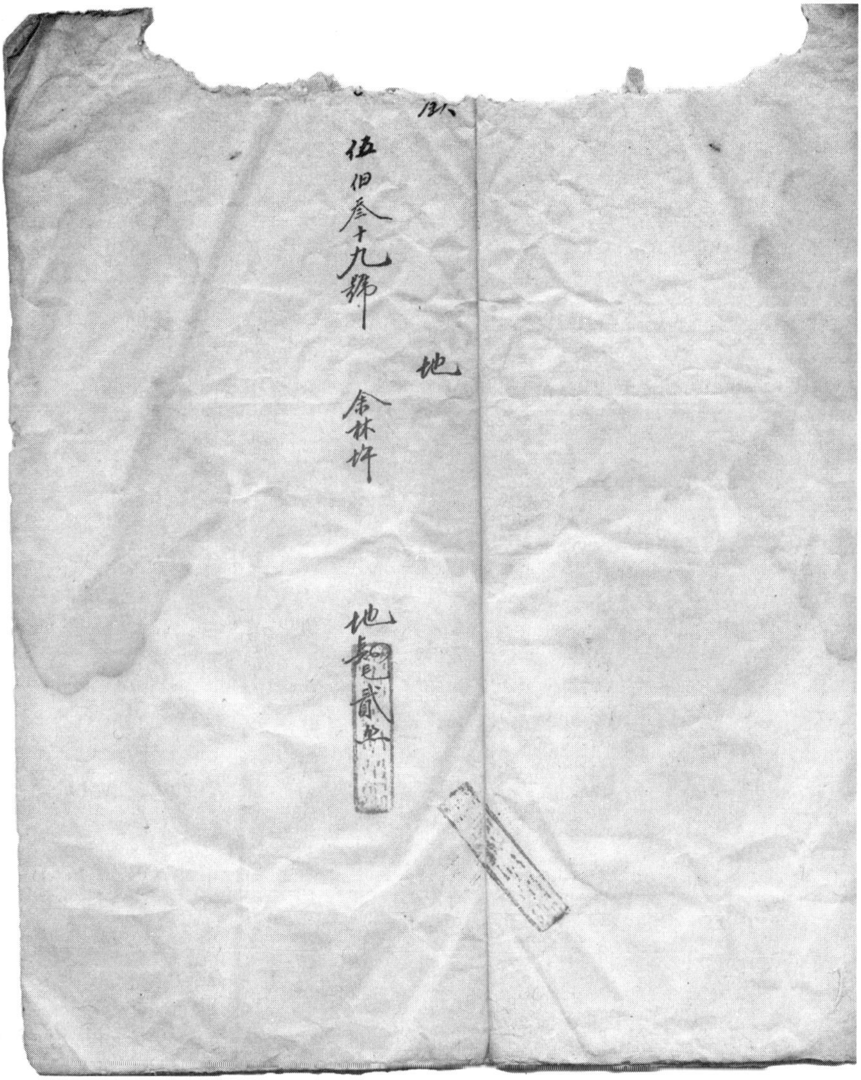

秋门镇沺岭村 A 5-3 · 光绪七年 · 税粮实征册 · 礼钦户

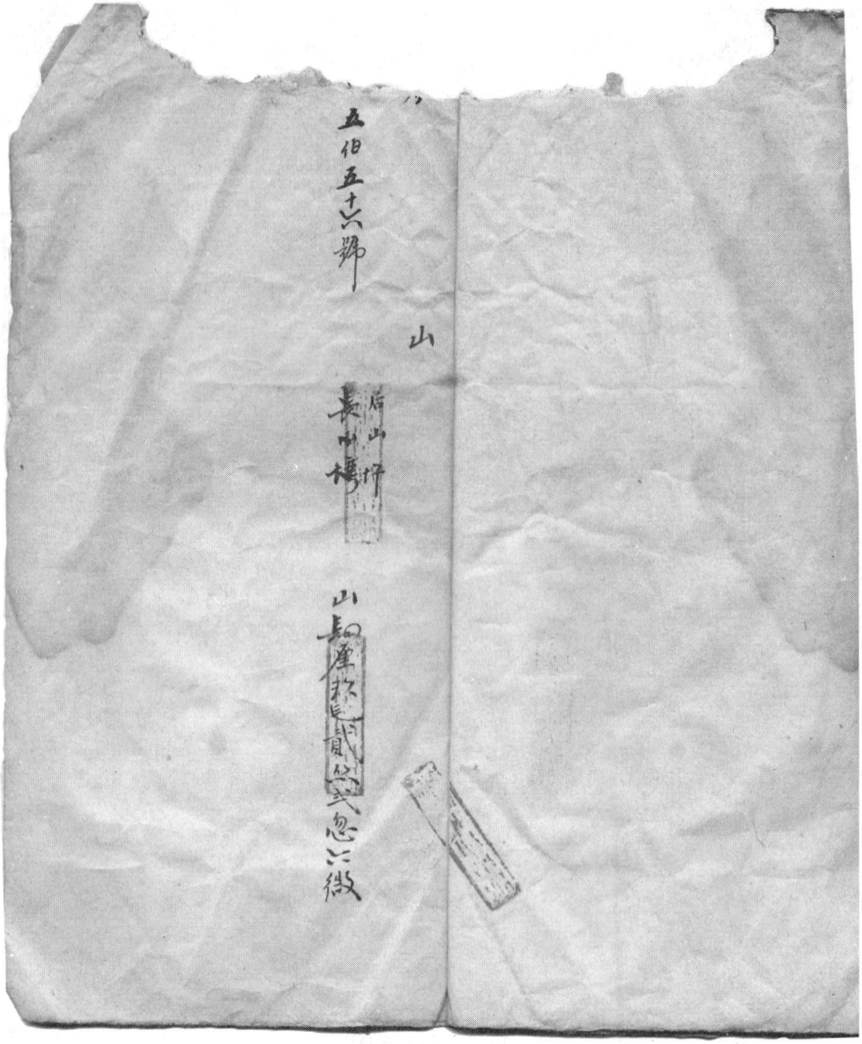

秋口镇油岭村 A 5-4 · 光绪七年 · 税粮实征册 · 礼钦户

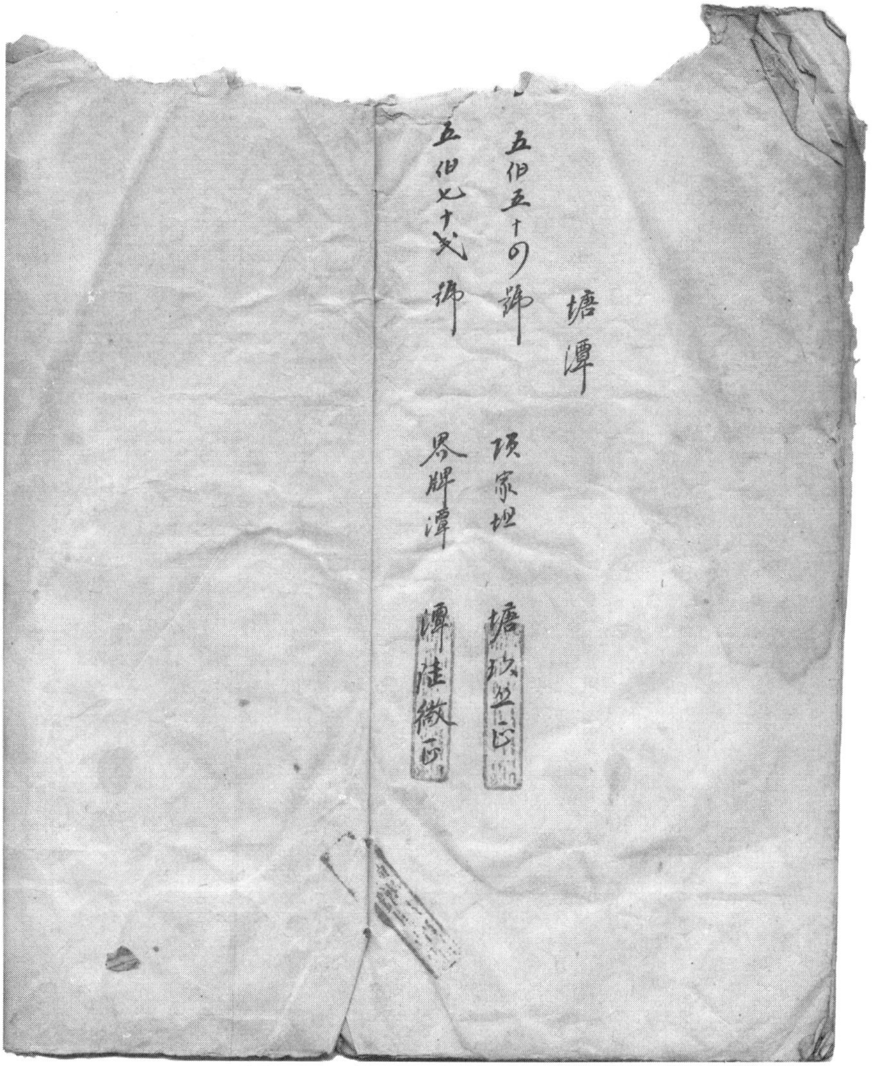

秋口镇油岭村 A 5-5 · 光绪七年 · 税粮实征册 · 礼钦户

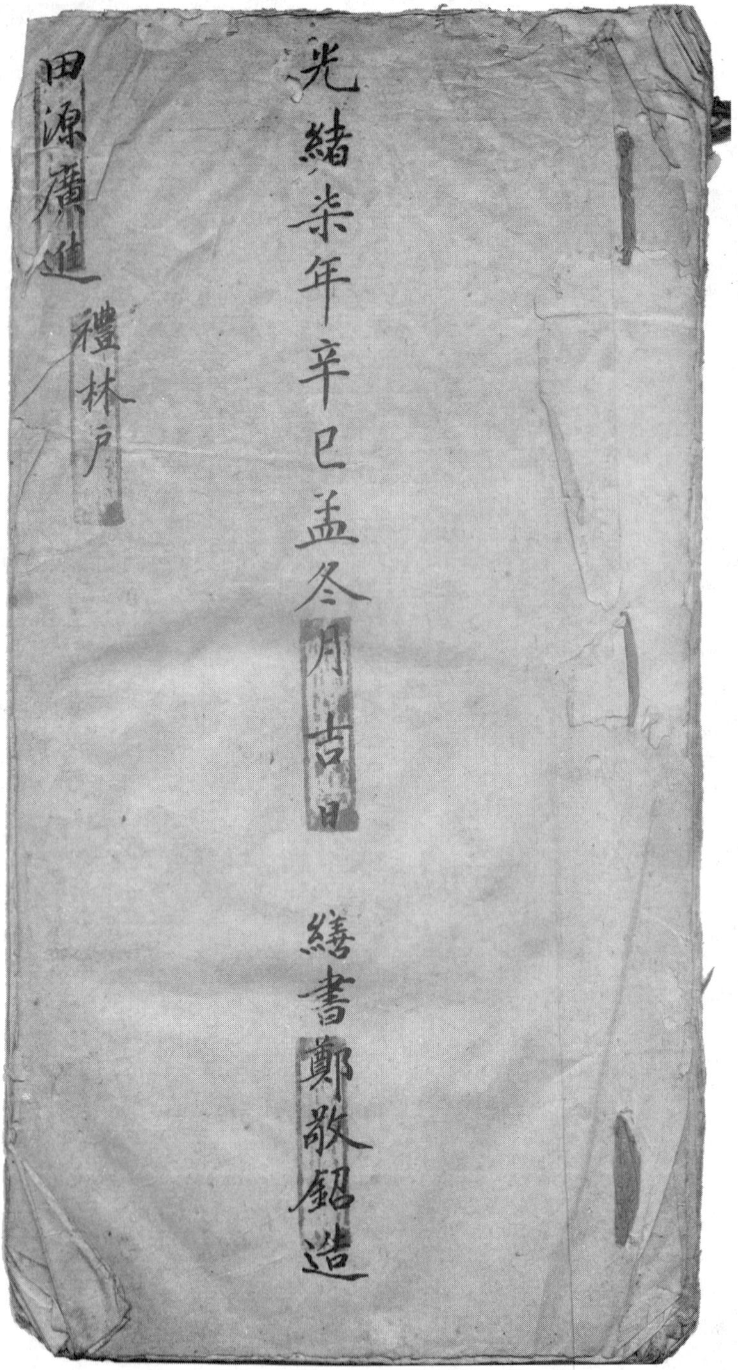
光緒柒年辛巳孟冬月吉日
繕書鄭敬鋁造
禮林户
田源廣進

秋口镇油岭村 A 9-1 · 光绪七年 · 税粮实征册 · 礼林户

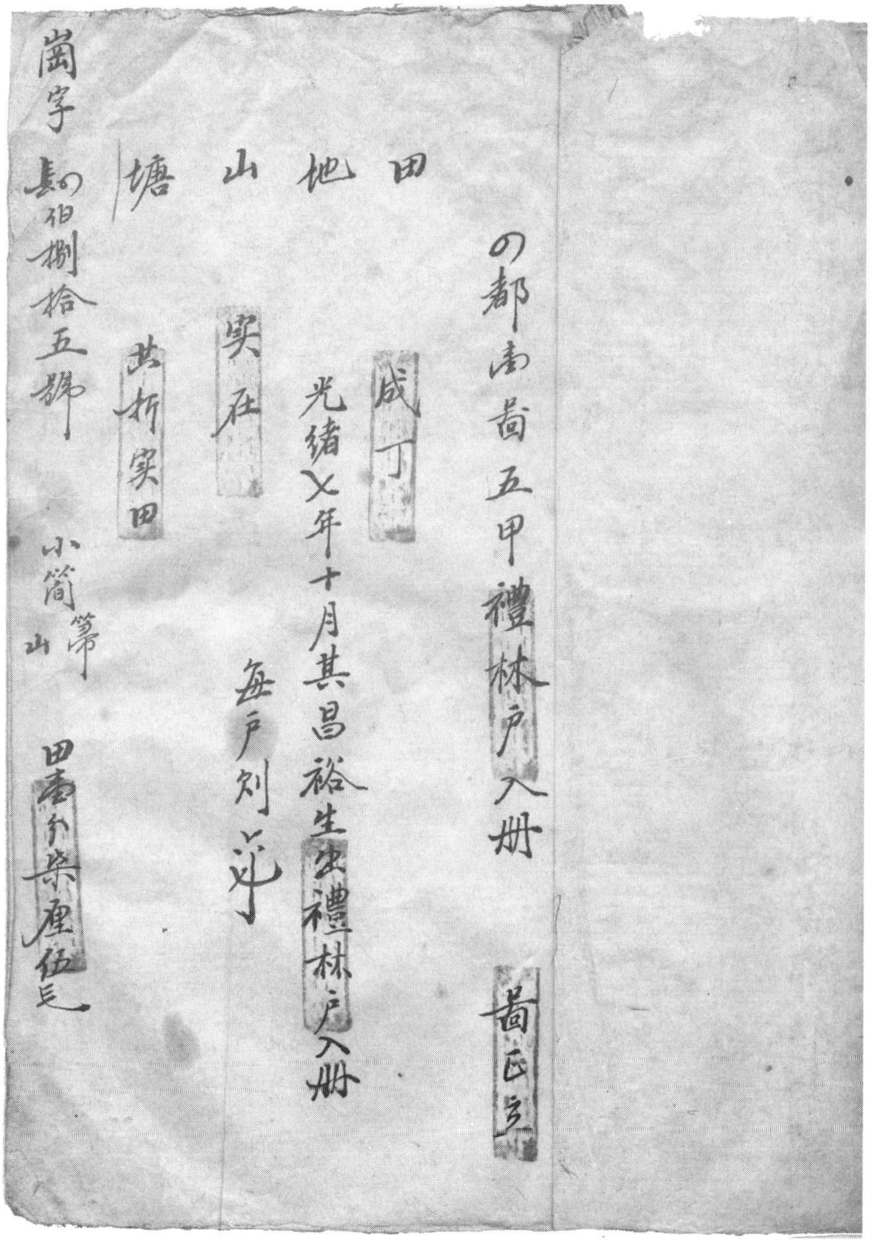
四都壹啚五甲禮林戶入册

啚正户

成丁

光緒七年十月其昌裕生出禮林戶入册

實在

每戶則六斗

田 地 山 塘

共折實田

崗字壹佰捌拾五號

小箇第 山

田壹分柒厘伍毛

秋口镇油岭村 A 9-2 · 光绪七年 · 税粮实征册 · 礼林户

秋口镇油岭村 A 9-3 · 光绪七年 · 税粮实征册 · 礼林户

地

劍字伍伯五十五號　油岺脚　地壹厘捌毛玖丝弍忽伍微

五伯五十九號　下屋基地　地壹厘柒毛捌丝捌忽五微

秋口镇油岭村 A 9-4 · 光绪七年 · 税粮实征册 · 礼林户

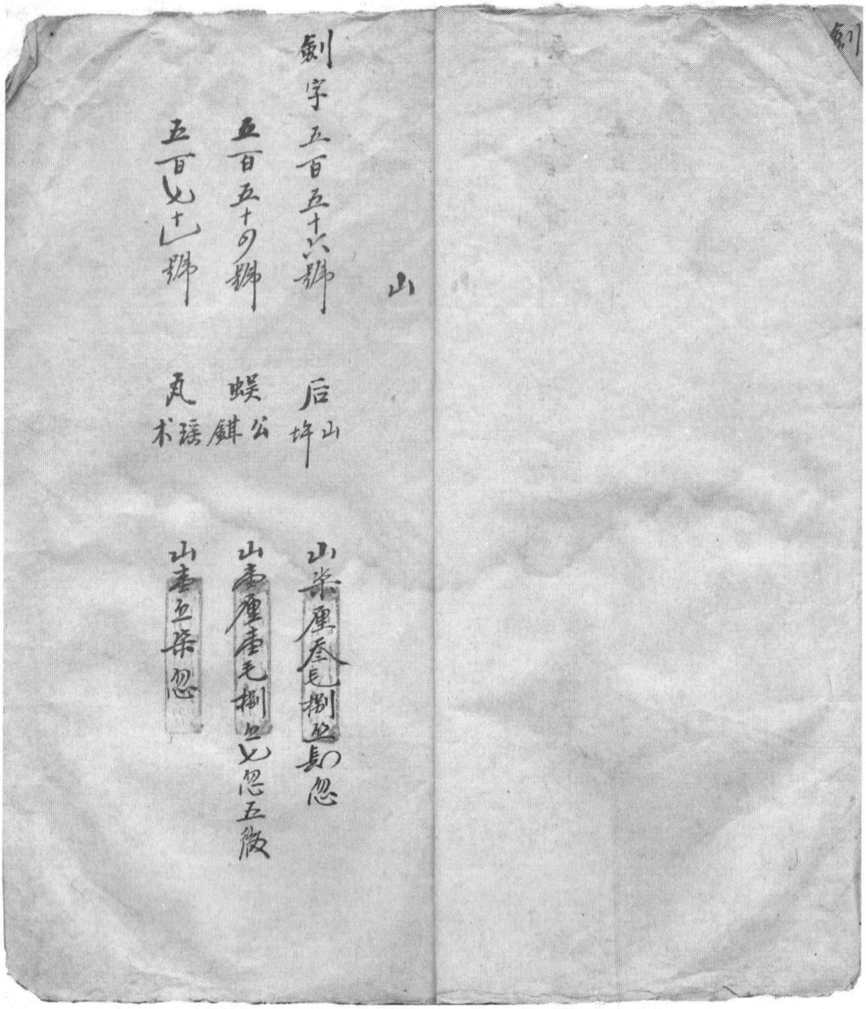
劍

劍字五百五十六號

山

五百五十四號

五百九十七號

后山坞

蜈公鉗

丸朮瑶

山柒厘叁毛捌絲叁忽

山壹厘壹毛捌絲九忽五微

山壹絲柒忽

秋口镇油岭村 A 9-5 · 光绪七年 · 税粮实征册 · 礼林户

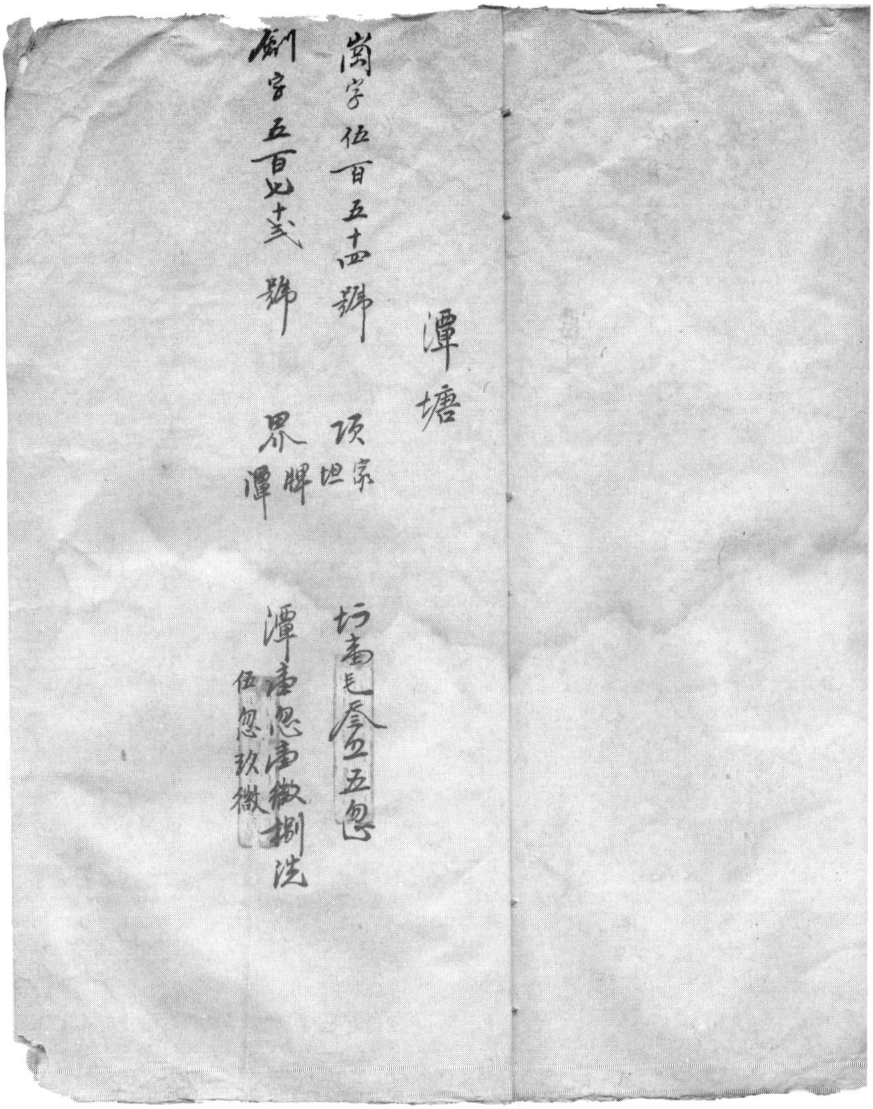
潭塘
崗字伍百五十四號 項家坦
劍字五百七十弍號 界牌潭

秋口镇油岭村 A 9-6 · 光绪七年 · 税粮实征册 · 礼林户

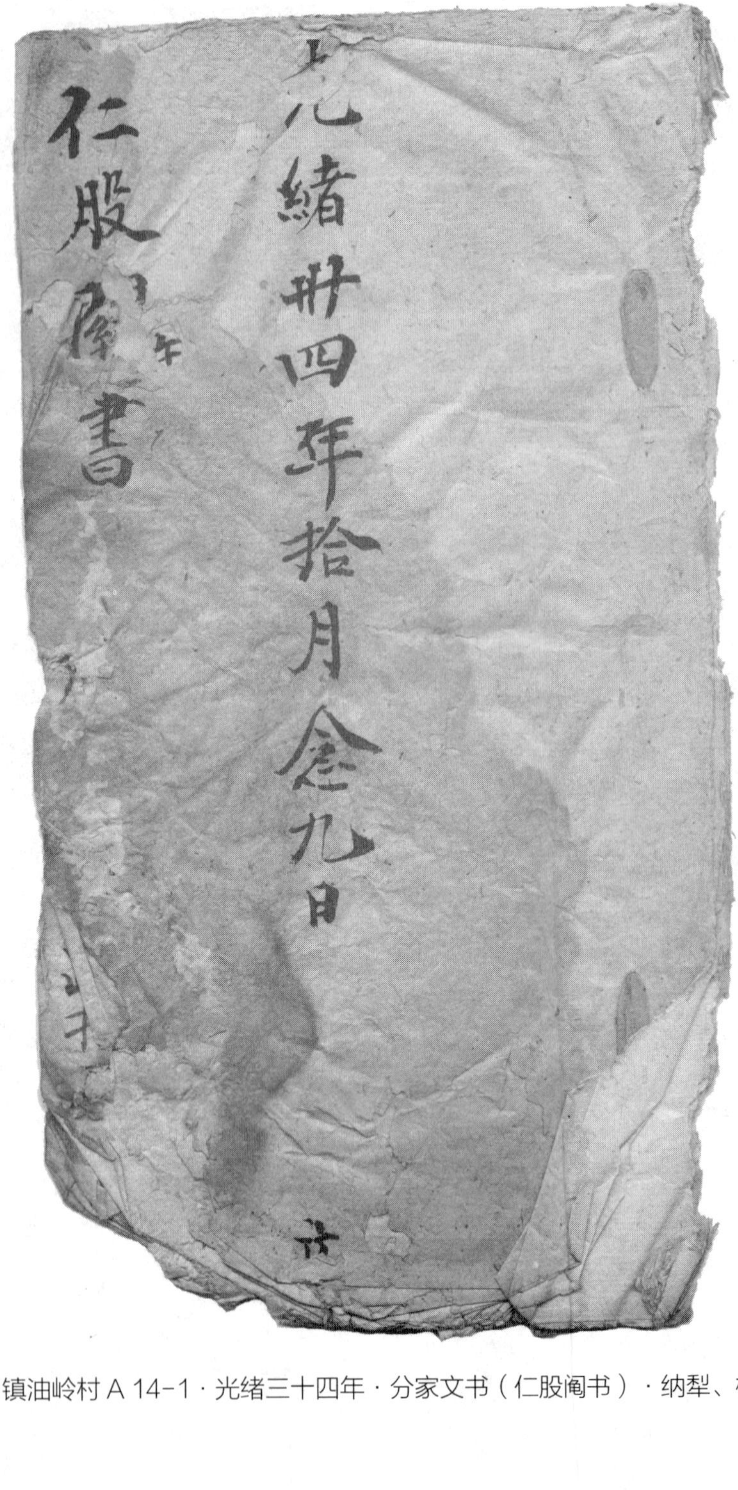

光緒卅四年拾月念九日

仁股阄書

秋口镇油岭村 A 14-1 · 光绪三十四年 · 分家文书（仁股阄书）· 纳梨、松茂

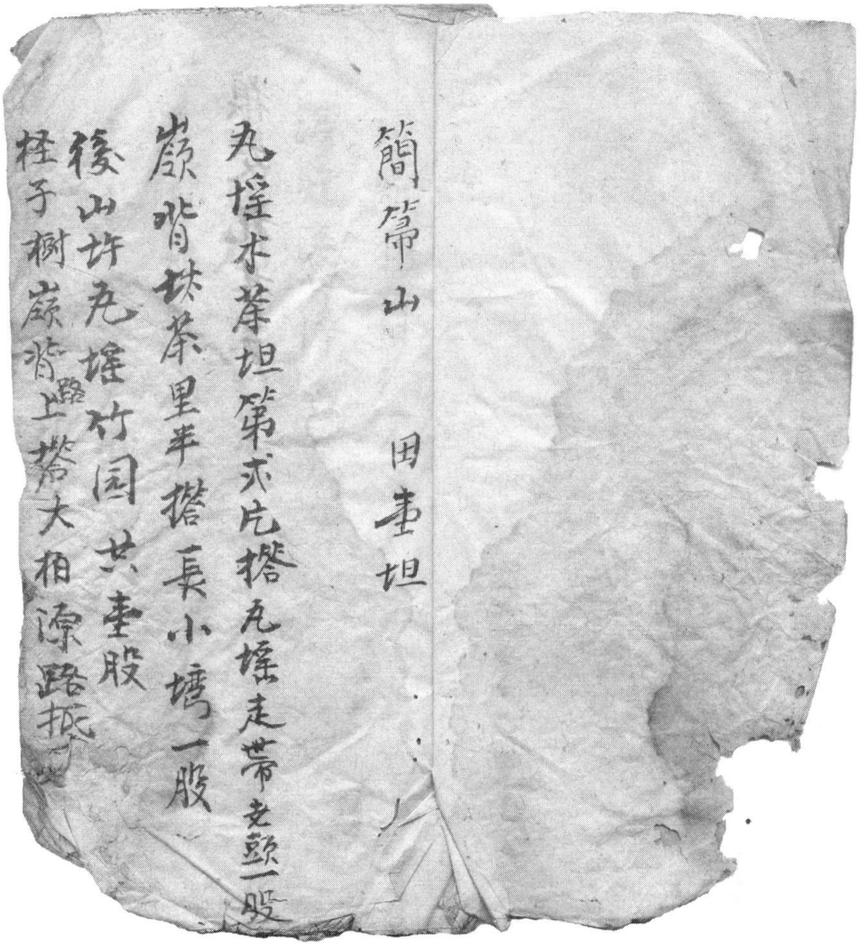

簡帶山　田壹坦

丸堘术蓁坦第弍片搭丸堘走帶老頭一股

嶺背坑茶里半搭長小塘一股

後山許丸堘竹園共壹股

桂子樹嶺背路上搭大柏源路抵[illegible]

秋口镇油岭村 A 14-2 · 光绪三十四年 · 分家文书（仁股阄书）· 纳犁、松茂

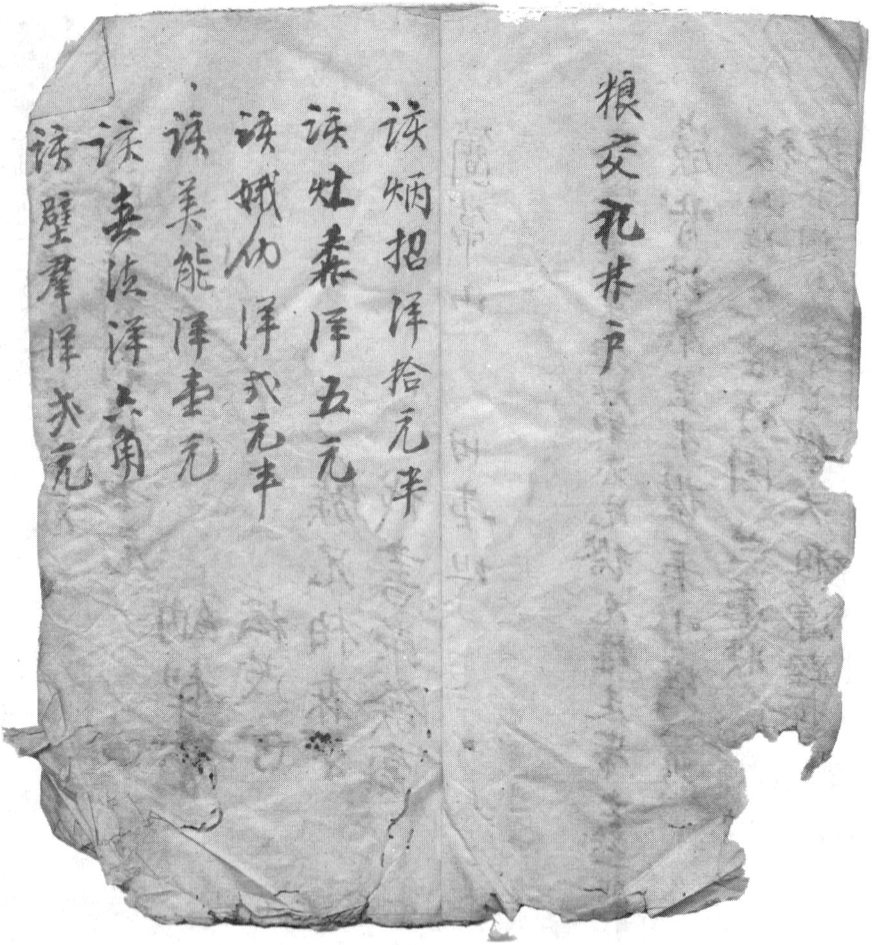

粮交元共户

该炳招洋拾元半

该灶森洋五元

该娥仂洋弍元半

该美能洋壹元

该妾法洋六角

该璧群洋弍元

秋口镇油岭村 A 14-3 · 光绪三十四年 · 分家文书（仁股阄书）· 纳梨、松茂

秋口镇油岭村 A 14-4 · 光绪三十四年 · 分家文书（仁股阄书）· 纳梨、松茂

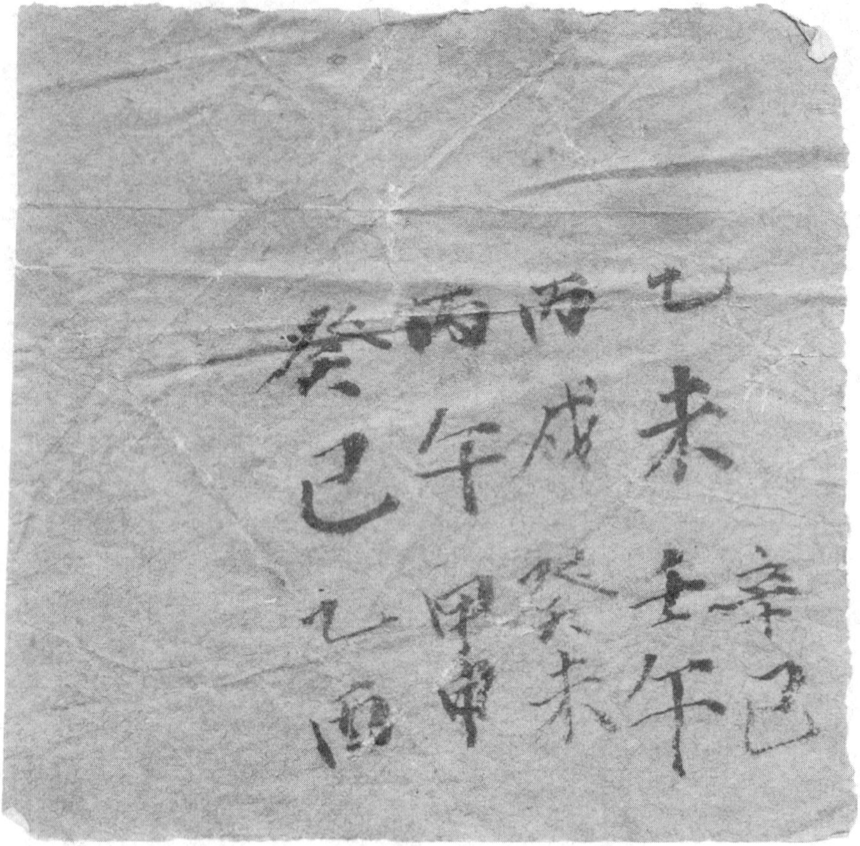

乙未 丙戌 丙午 癸巳

辛巳 壬午 癸未 甲申 乙酉

秋口镇油岭村 A 14-5 · 光绪三十四年 · 分家文书（仁股阄书）· 纳犁、松茂

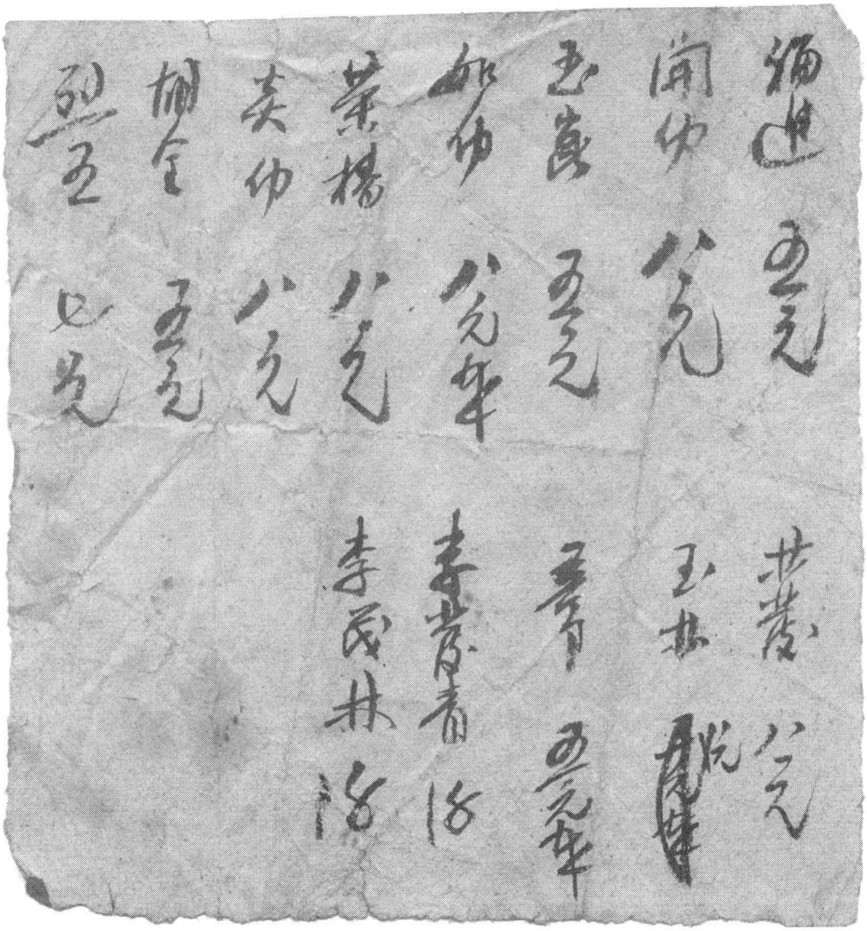

秋口镇油岭村 A 14-6 · 光绪三十四年 · 分家文书（仁股阄书）· 纳梨、松茂

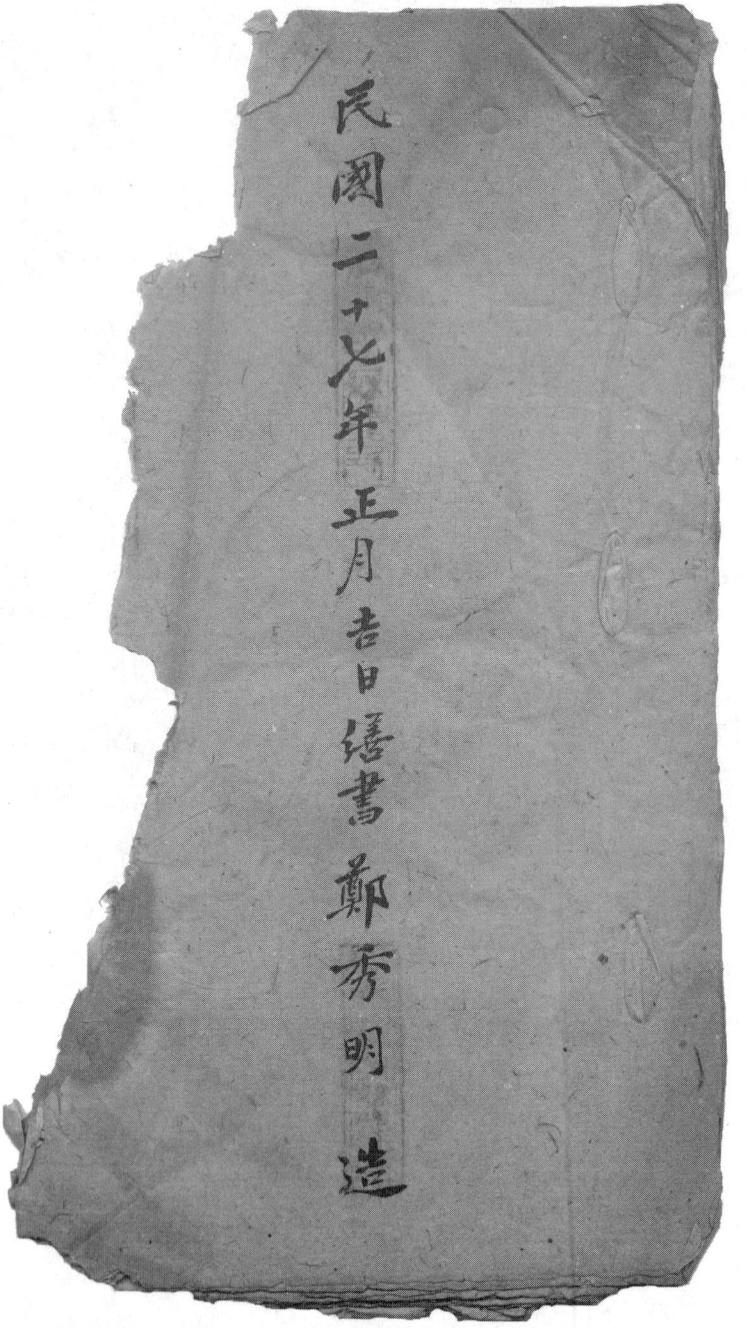

民國二十七年正月吉日繕書鄭秀明造

秋口镇油岭村 A 12-1 · 民国二十七年 · 税粮实征册 · 昌祖户

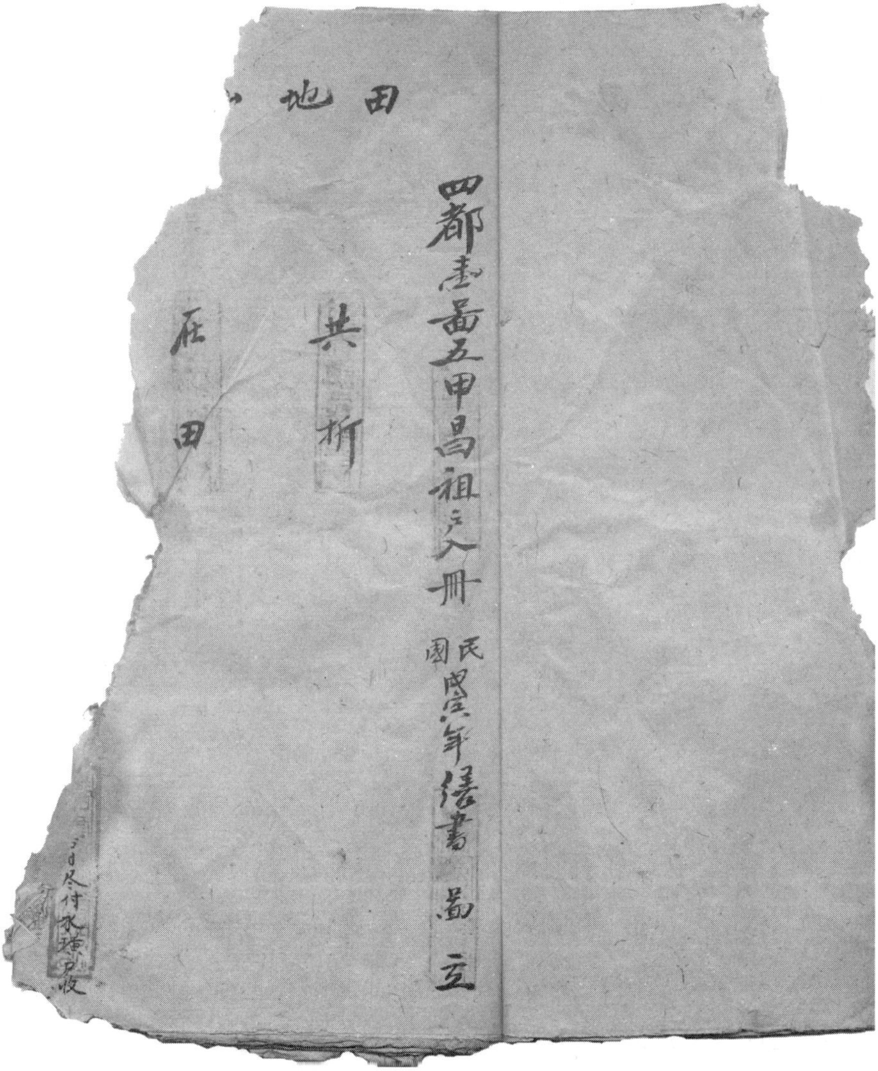
田
地
四都壹啚五甲昌祖户入册
民國廿七年謄書
啚立
共
折
庄
田
尽付永瑞户收

秋口镇油岭村 A 12-2 · 民国二十七年 · 税粮实征册 · 昌祖户

秋口镇油岭村 A 12-3 · 民国二十七年 · 税粮实征册 · 昌祖户

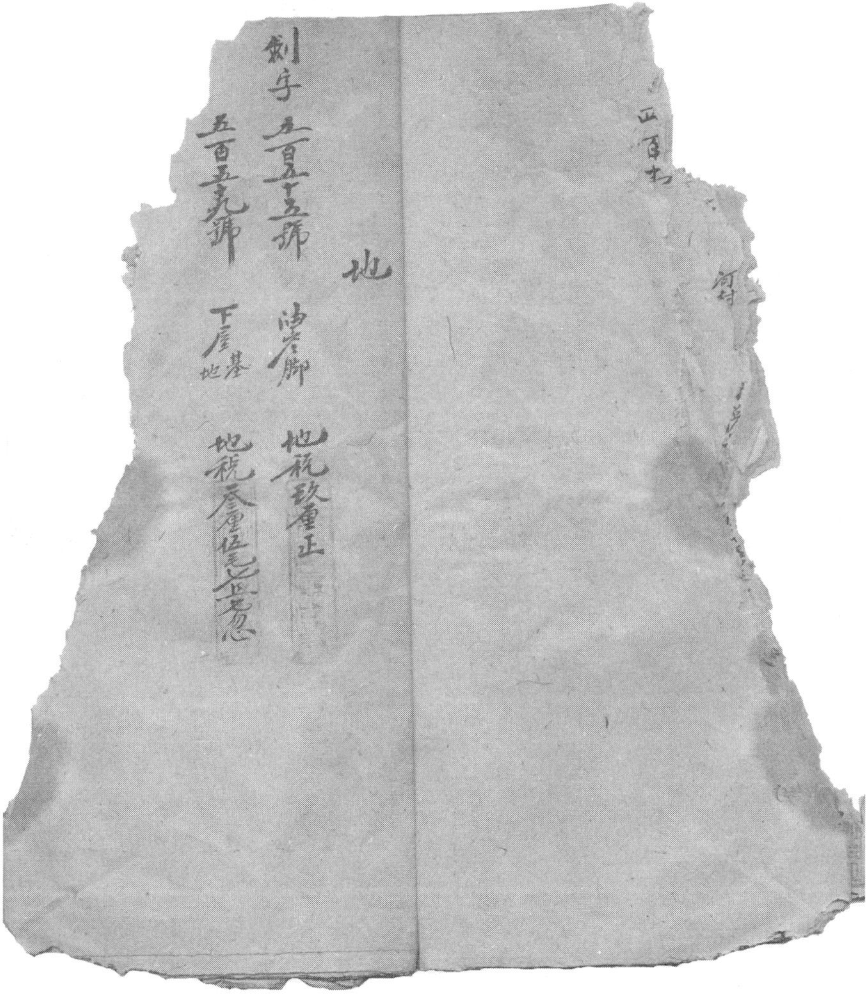

地
劍手 五百五十五號 油巻脚 地税玖厘正
五百五十九號 下屋地基 地税叁厘伍毛[illegible]

秋口镇油岭村 A 12-4 · 民国二十七年 · 税粮实征册 · 昌祖户

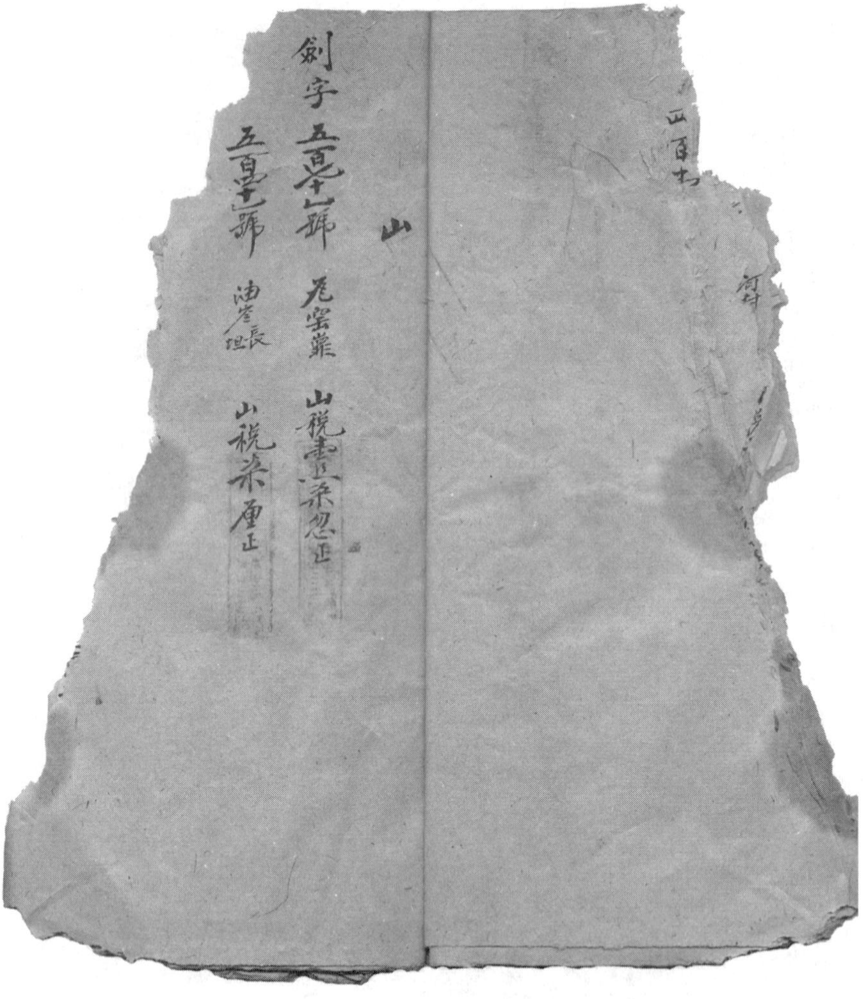

剑字五百七十山號　尾窑嶺　山税壹分柒忽正

五百七十一號　油岺長坦　山税柒厘正

山

秋口镇油岭村 A 12-5 · 民国二十七年 · 税粮实征册 · 昌祖户

劍字廿九号　下坑　田四分五厘
崗字四十八号　崗篤山　田三分六厘三毛
七十四号　河村接路壟　畧分〇八毛七丝五忽
余家田　田五分
厘五毛七丝七

秋口镇油岭村 A 12-6 · 民国二十七年 · 税粮实征册 · 昌祖户

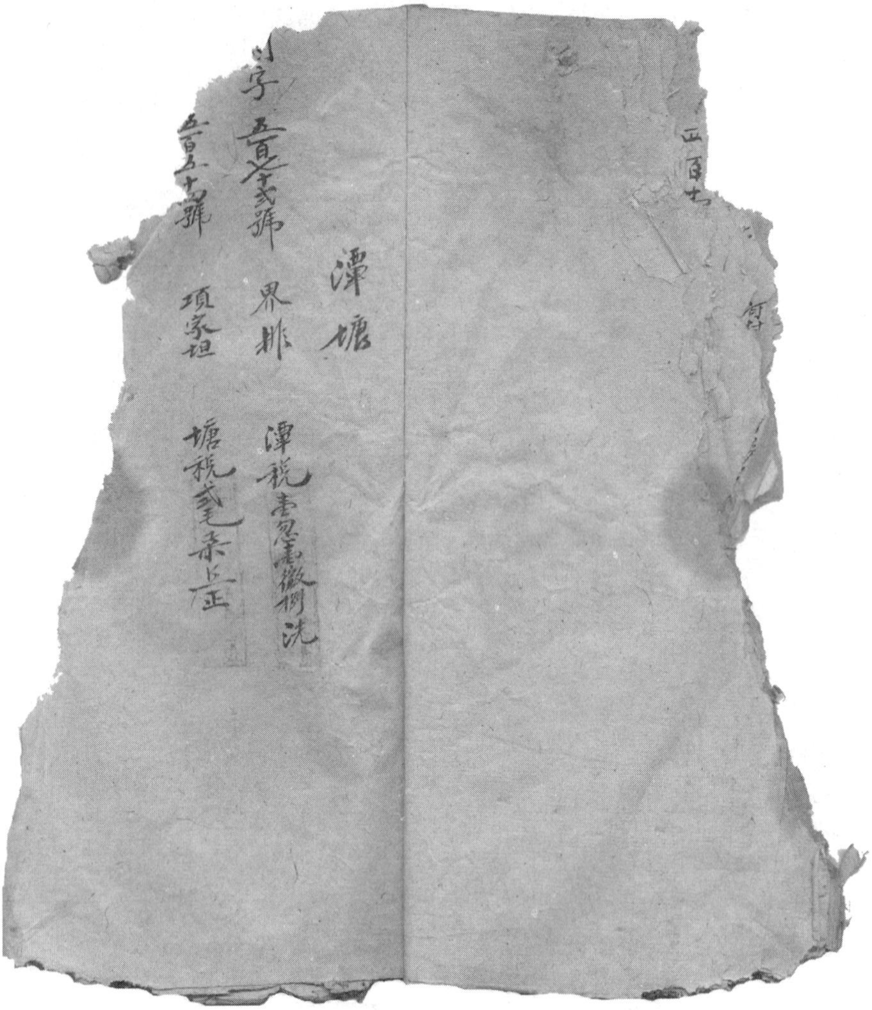

秋口镇油岭村 A 12-7 · 民国二十七年 · 税粮实征册 · 昌祖户

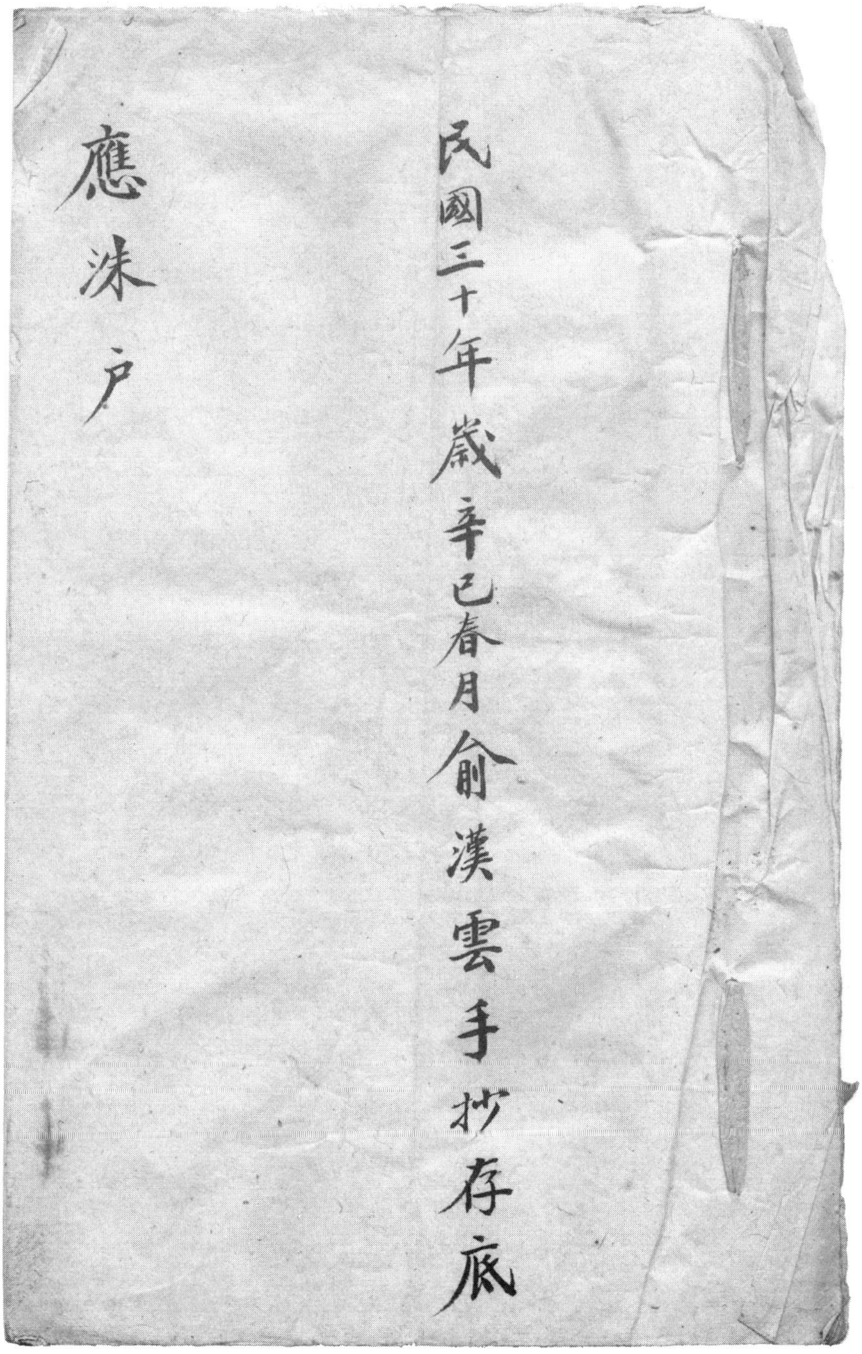
民國三十年歲辛巳春月俞漢雲手抄存底

應洙户

秋口镇油岭村 A 13-1 · 民国三十年 · 税粮实征册 · 应洙户

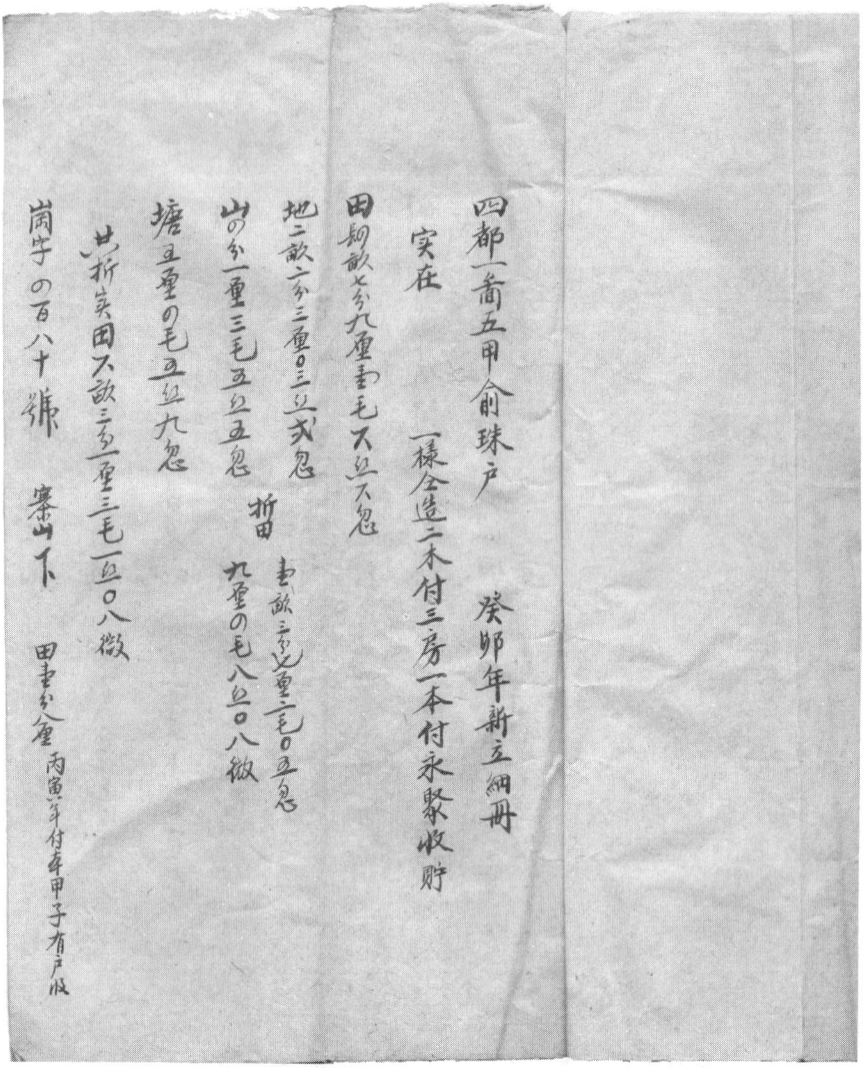

四都一啚五甲俞珠户　癸卯年新立細册
实在　一樣全造二本付三房一本付永聚收貯
田四畝七分九厘壹毛又丝又忽
地二畝六分三厘〇三丝弍忽
山〇分一厘三毛五丝五忽　折田　壹畝三分二厘三毛〇五忽　九厘〇毛八丝〇八微
塘五厘〇毛五丝九忽
共折实田又畝三分一厘三毛一丝〇八微
崗字〇百八十〓號　寨山下　田壹分八厘　丙寅年付本甲子有户收

秋口镇油岭村 A 13-2 · 民国三十年 · 税粮实征册 · 应洙户

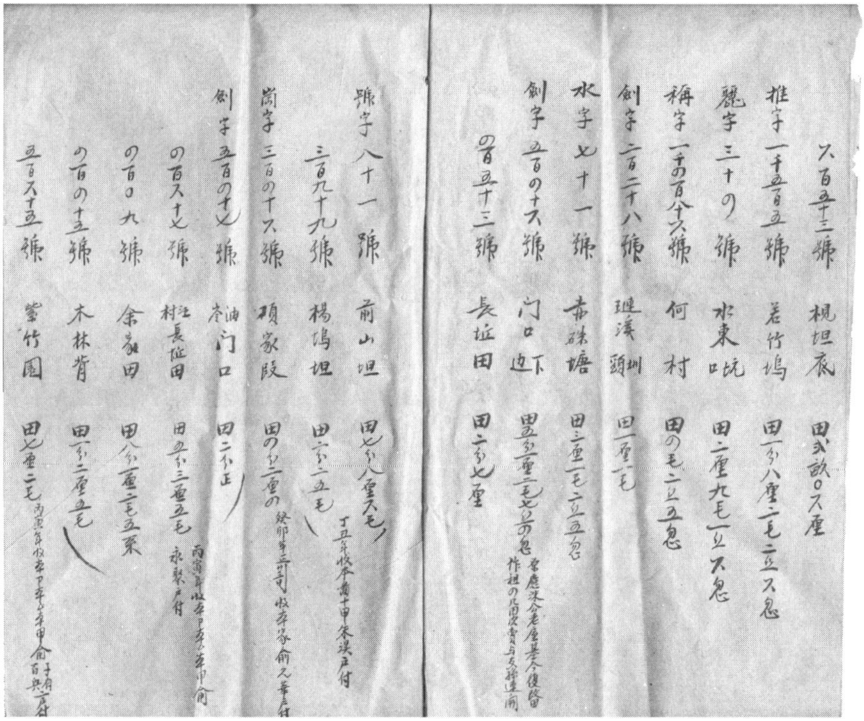

秋口镇油岭村 A 13-3 · 民国三十年 · 税粮实征册 · 应洙户

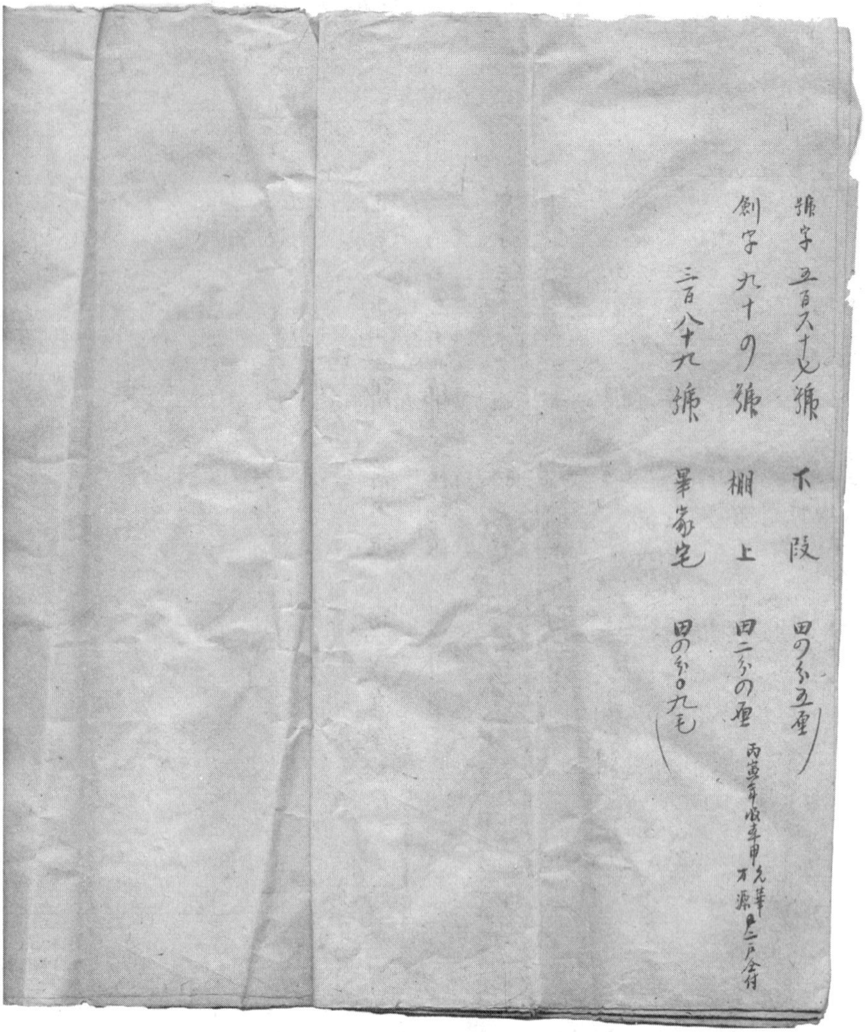

號字五百六十七號 下段 田四分五厘

劍字九十四號 棚上 田二分四厘

三百八十九號 畢家宅 田四分〇九毛

丙寅年收李申先華 才源二戶分付

秋口镇油岭村 A 13-4 · 民国三十年 · 税粮实征册 · 应洙户

地

出字一百三十八號　小冬底　田一毛八丝九忽

崗字二百〇十八號　戈家塢　田二毛六丝二忽

藏字二十〇號　橫坑前山段　地九厘九毛三丝

劍字二號　小柏坑　地一厘

五百五十六號　朗坑口　地〇厘二毛六丝

五百五十八號　正基上下边　地〇分二厘八毛一丝一忽

五百六十號　住後下边　地〇厘五毛八丝

秋口镇油岭村 A 13-5 · 民国三十年 · 税粮实征册 · 应洙户

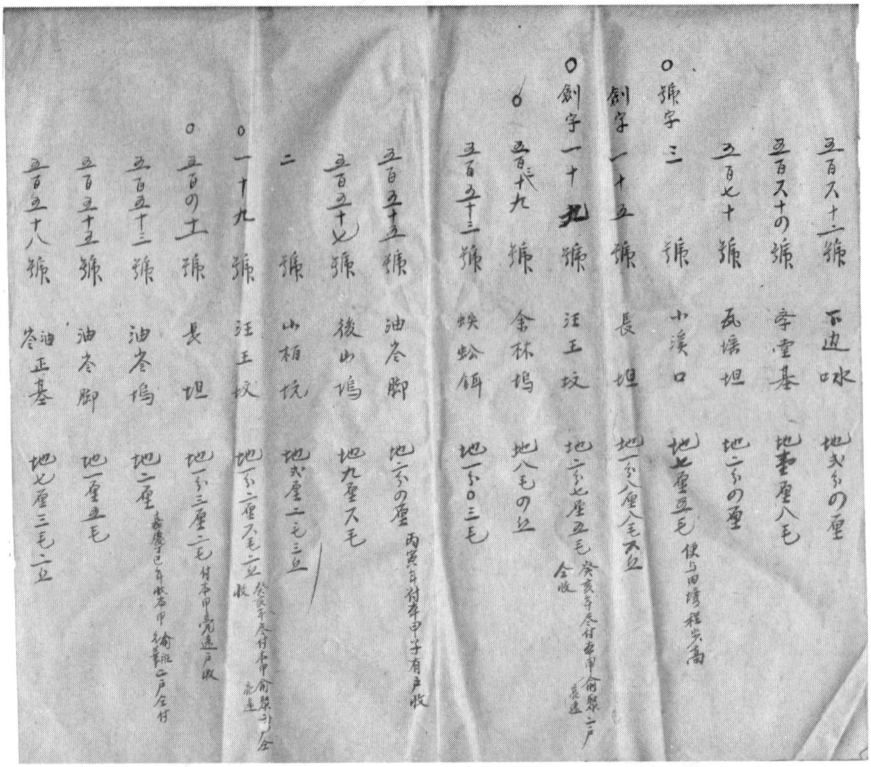

秋口镇油岭村 A 13-6 · 民国三十年 · 税粮实征册 · 应洙户

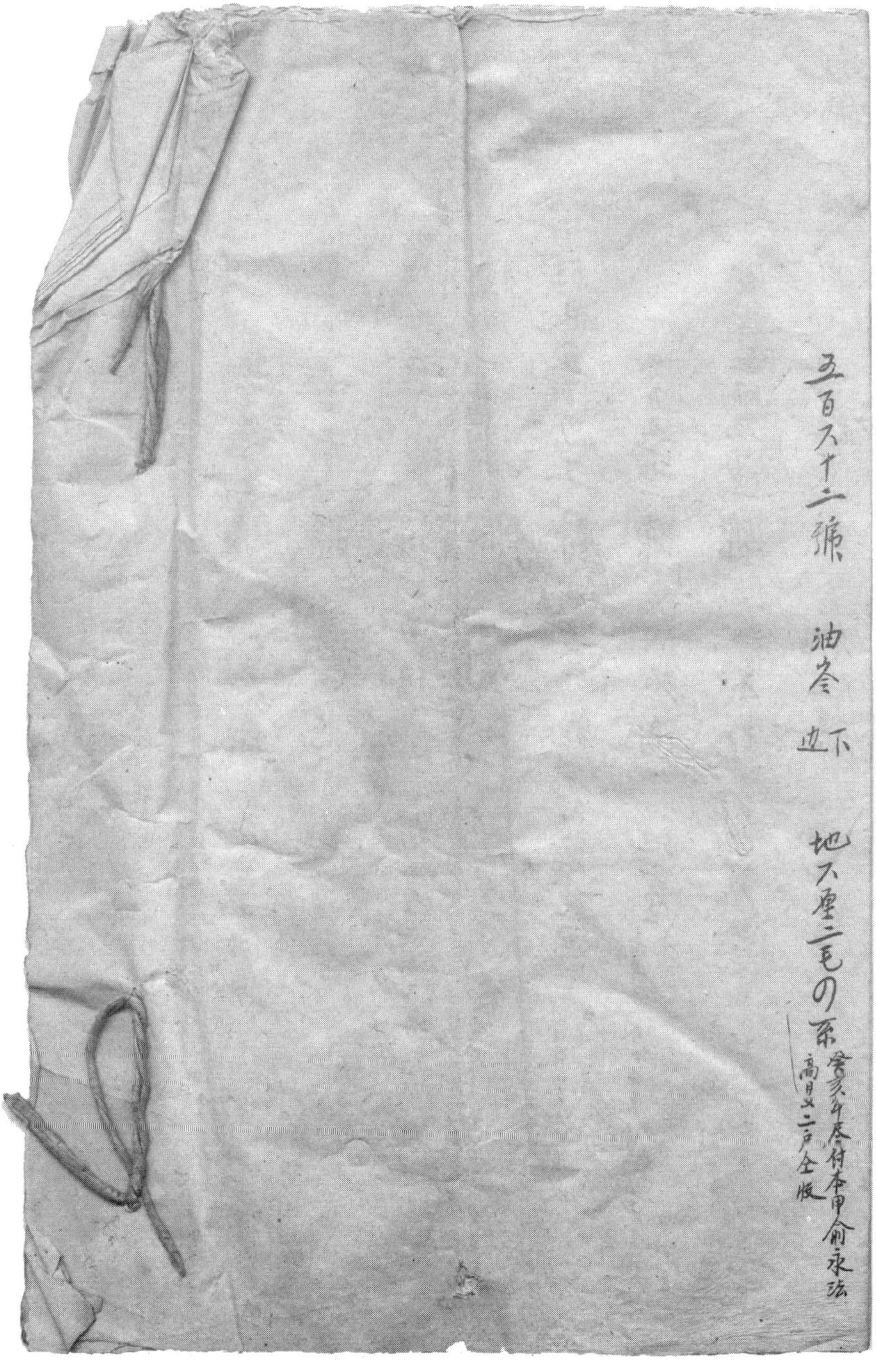

五百六十二號 油岺 边下 地六厘二毛の系

癸亥年春付本甲俞永法

高貝支二户全收

秋口镇油岭村 A 13-7 · 民国三十年 · 税粮实征册 · 应洙户

秋口镇油岭村 A 4-1 · 人登簿 · 俞汉文

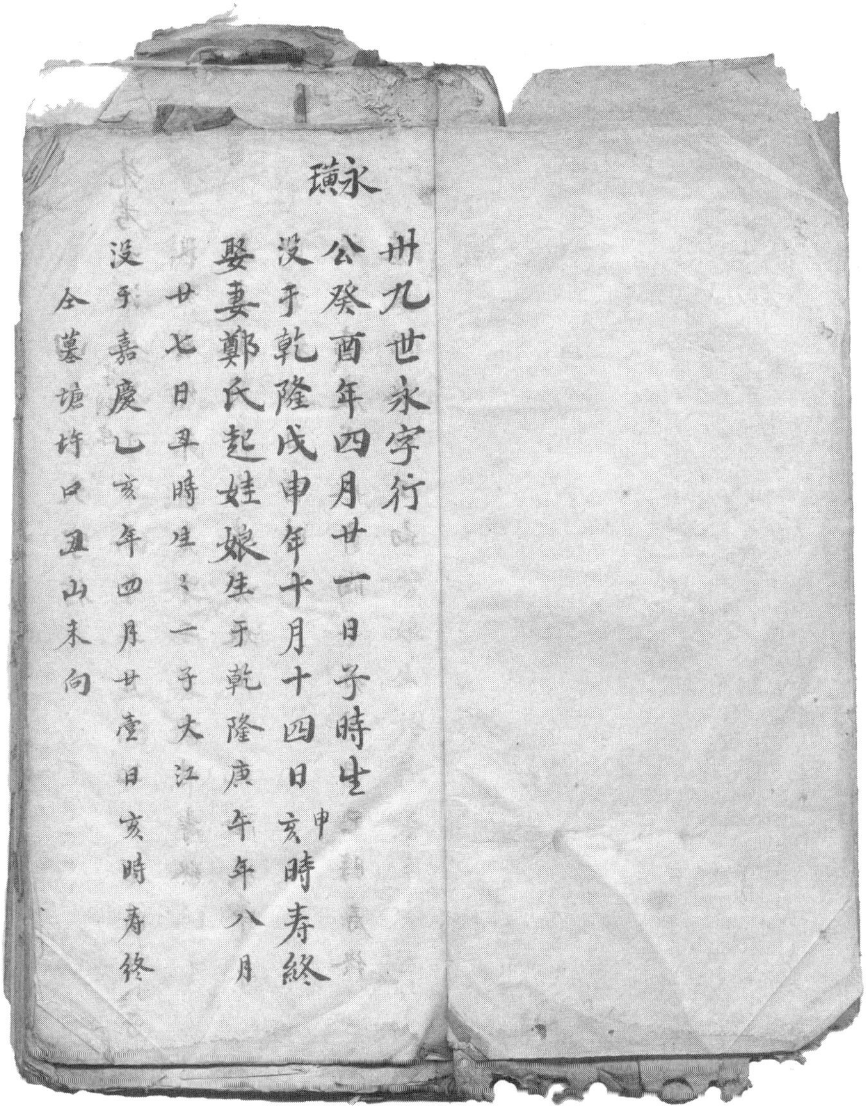

永璜

卅九世永字行

公癸酉年四月廿一日子時生

没于乾隆戊申年十月十四日亥[申]時寿終

娶妻鄭氏起娃娘生于乾隆庚午年八月

廿七日丑時生〻一子大江

没于嘉慶乙亥年四月廿壹日亥時寿終

仝墓塘圩口丑山未向

秋口镇油岭村 A 4-2 · 人登簿 · 俞汉文

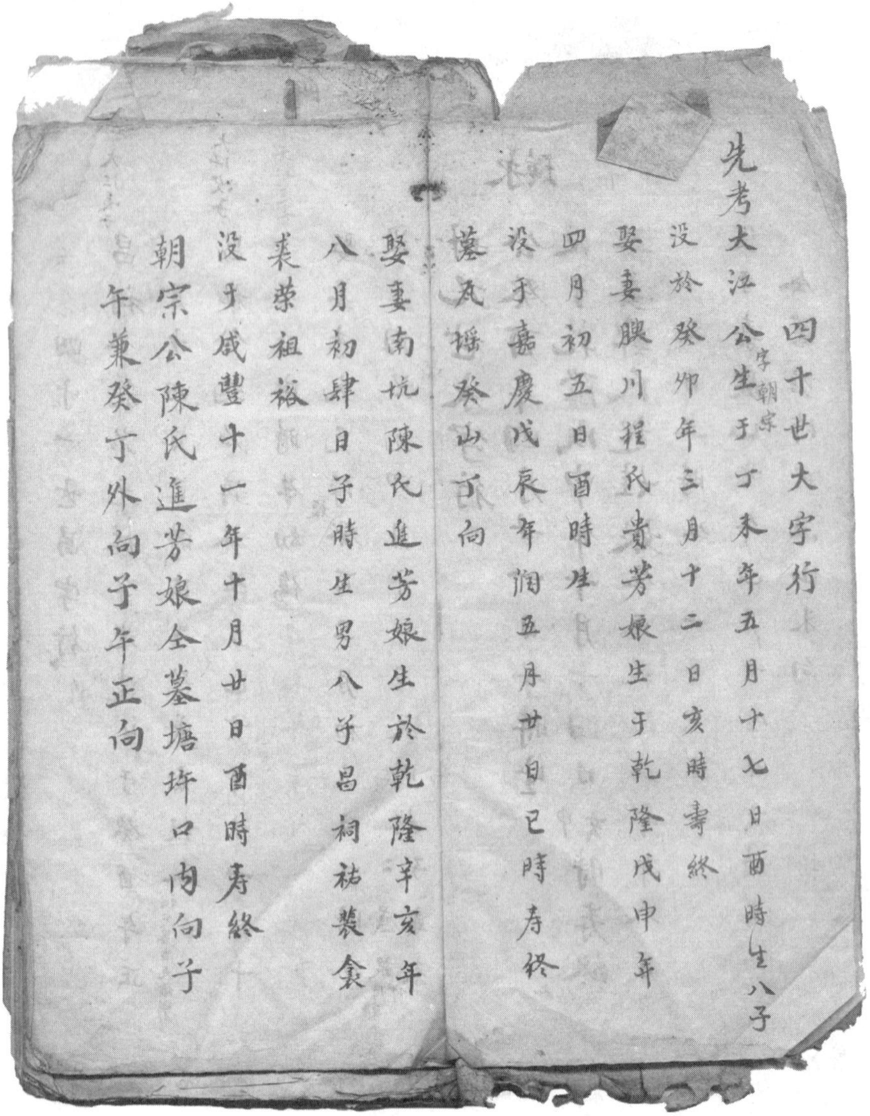

四十世大字行
先考大江公生字朝宗于丁未年五月十七日酉時生八子
没於癸卯年三月十二日亥時壽終
娶妻腴川程氏貴芳娘生于乾隆戊申年
四月初五日酉時生
没于嘉慶戊辰年閏五月廿日巳時寿終
墓瓦揺癸山丁向
娶妻南坑陳氏進芳娘生於乾隆辛亥年
八月初肆日子時生男八子昌祠祐裴衮
衮榮祖裕
没于咸豐十一年十月廿日酉時寿終
朝宗公陳氏進芳娘仝墓塘圩口内向子
午兼癸丁外向子午正向

秋口镇油岭村 A 4-3・人登簿・俞汉文

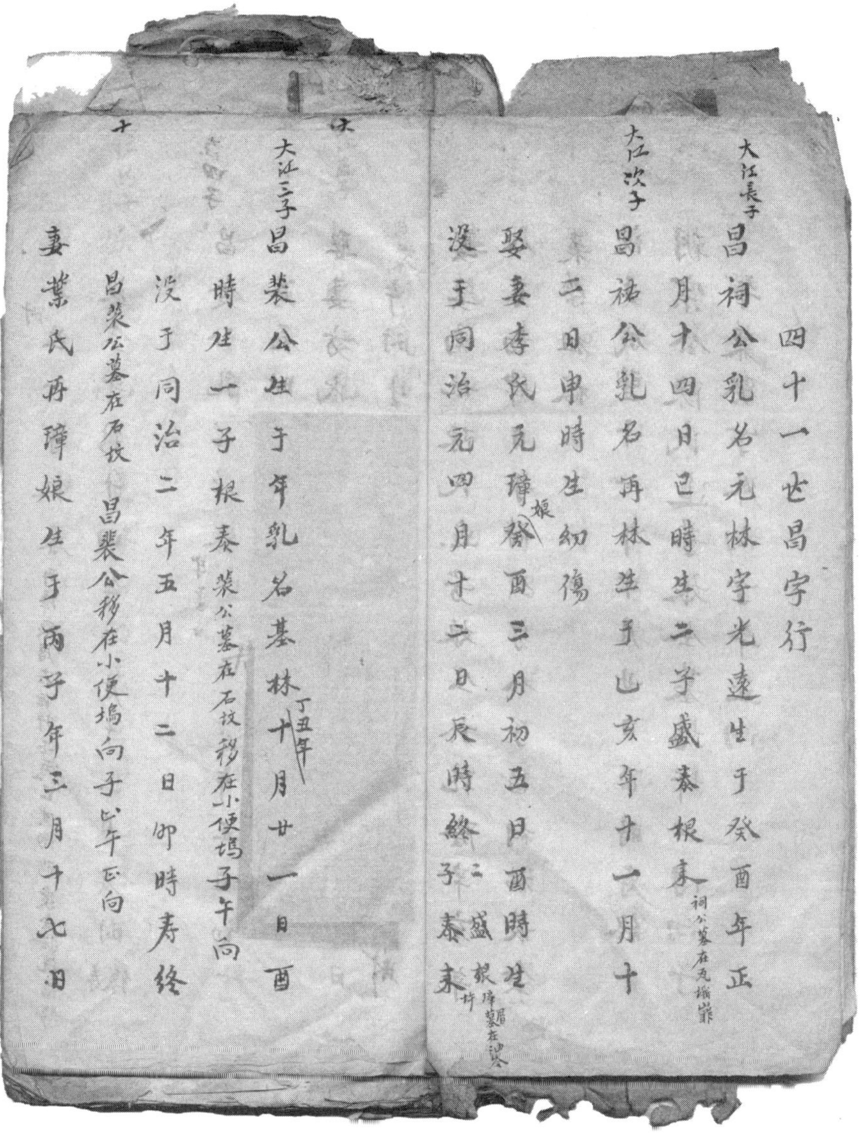
四十一世昌字行
大江長子 昌祠公乳名元林字光遠生于癸酉年正
月十四日巳時生二子盛泰根来
祠公墓在元瑞岸
大江次子 昌祐公乳名再林生于山亥年十一月十
二日申時生幼傷
娶妻李氏元瑋娘癸酉三月初五日酉時生
没于同治元四月十六日辰時終子二盛根泰来
大江三子 昌裴公生于丁丑年乳名基林十月廿一日酉
時生一子根泰
裴公墓在石坟移在小便塢子午向
没于同治二年五月十二日卯時寿终
昌裴公墓在石坟 昌裴公移在小便塢向子午正向
妻葉氏再璋娘生于丙子年三月十七日
秋口镇油岭村 A 4-4 · 人登簿 · 俞汉文

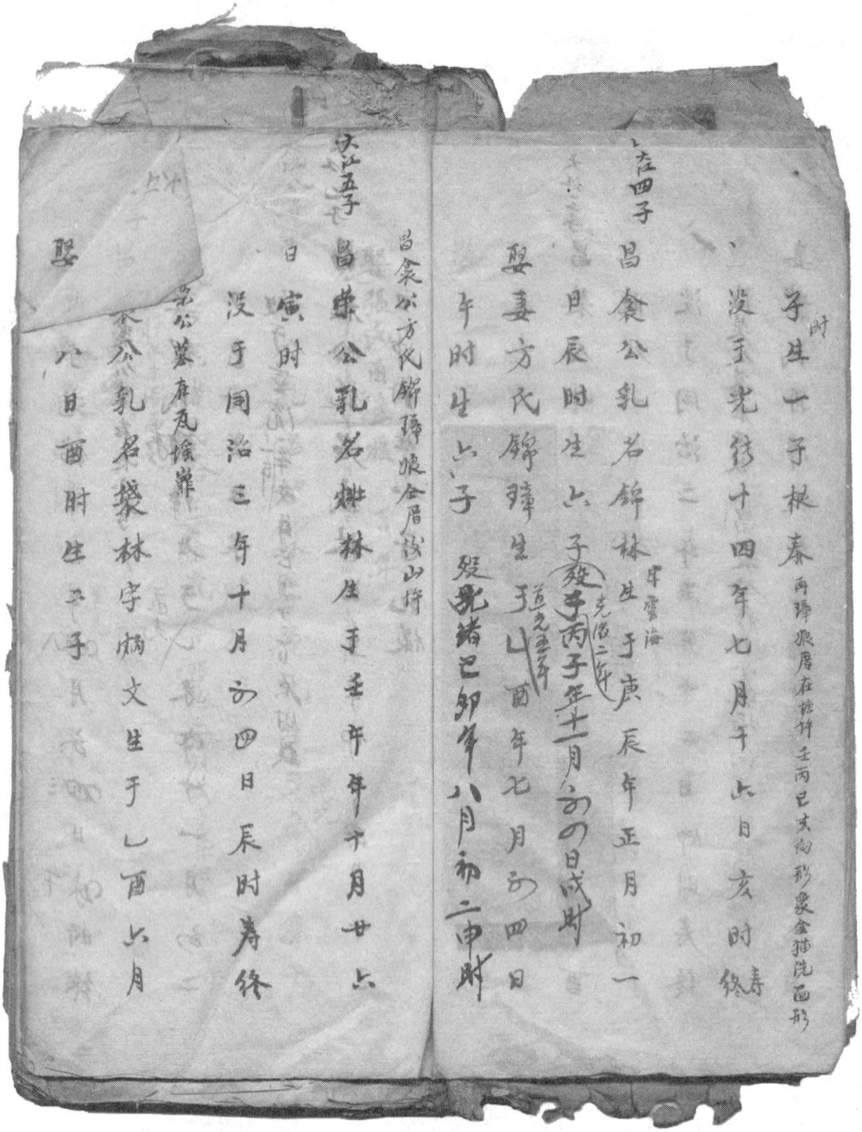

附
子生一子根春 两蹲娘居在坟圩壬丙巳未向彩象金猫洗面形
没于光绪十四年七月十六日亥时终寿
上左四子
昌禽公乳名锦林生于庚辰年正月初一日辰时生六子 字灵海
娶妻方氏锦璋生于乙酉年七月初四日午时生六子 道光五年
殁于丙子年十一月初四日戌时 光绪二年
殁光绪己卯年八月初二申时
昌禽公方氏锦璋娘合居□山坪
上五子
昌棋公乳名棋林生于壬午年十月廿六日寅时
没于同治三年十月初四日辰时寿终
棋公墓在瓦坛坪
□公乳名发林字炳文生于乙酉六月八日酉时生二子
娶

秋口镇油岭村 A 4-5 · 人登簿 · 俞汉文

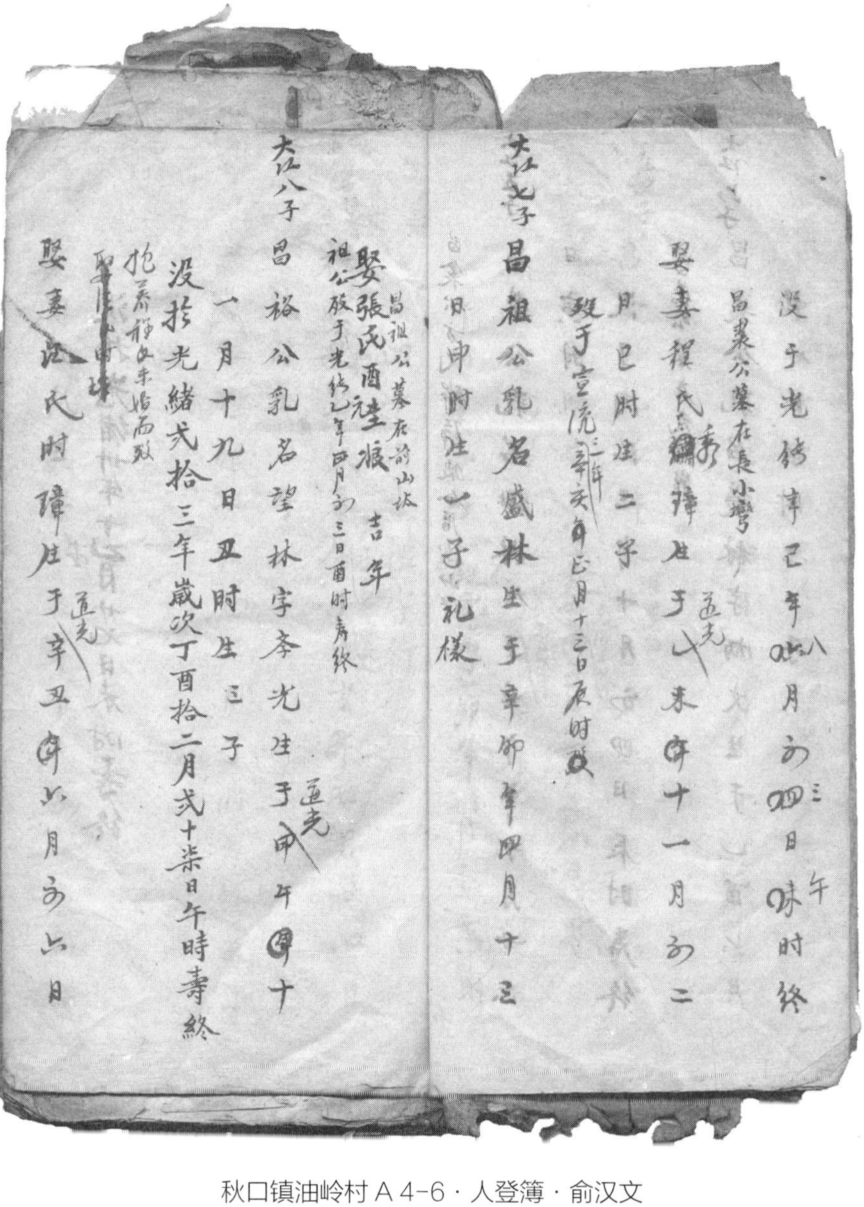

秋口镇油岭村 A 4-6 · 人登簿 · 俞汉文

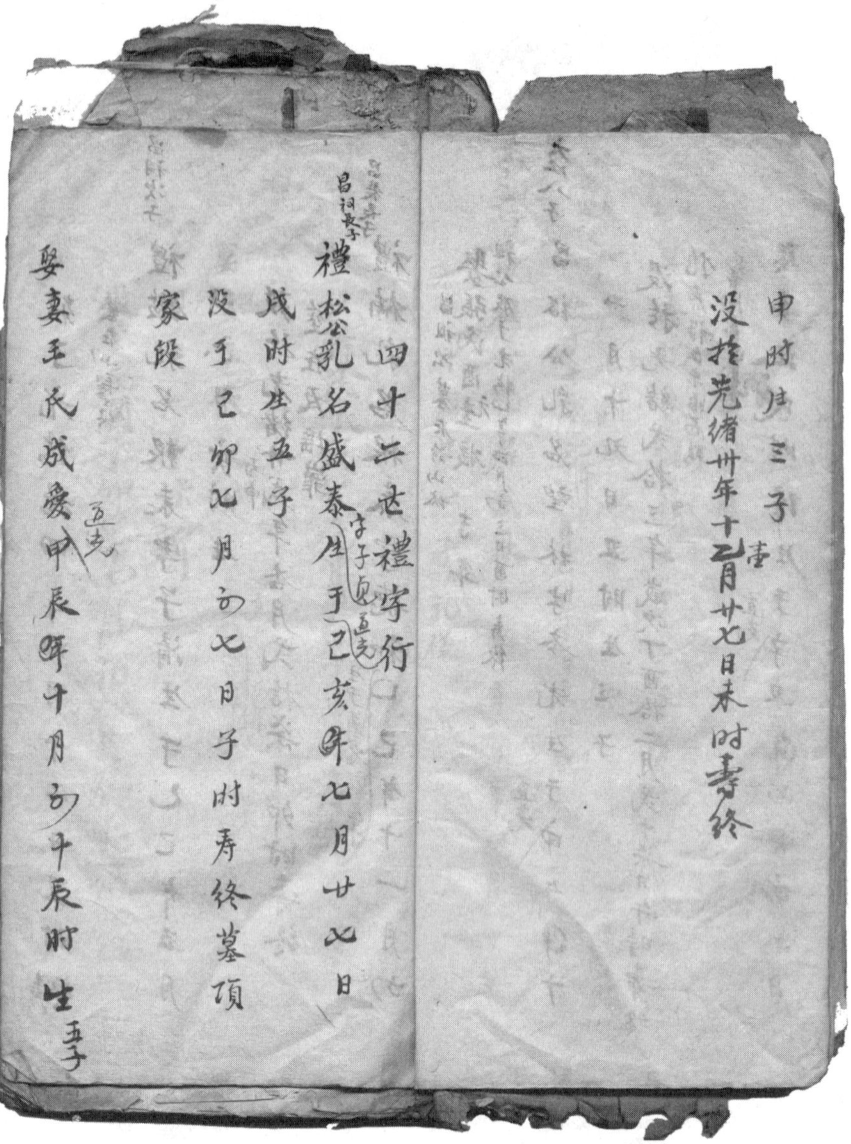
申时生三子
没于光绪卅年十二月廿七日未时寿终
四十二世禮字行
昌祠长子
禮松乳名盛泰字子贞生于己亥年七月廿七日
戌时生五子
没于己卯七月初七日子时寿终墓頂
家段
娶妻王氏戌庚申辰年十月初十辰时生手子

秋口镇油岭村 A 4–7 · 人登簿 · 俞汉文

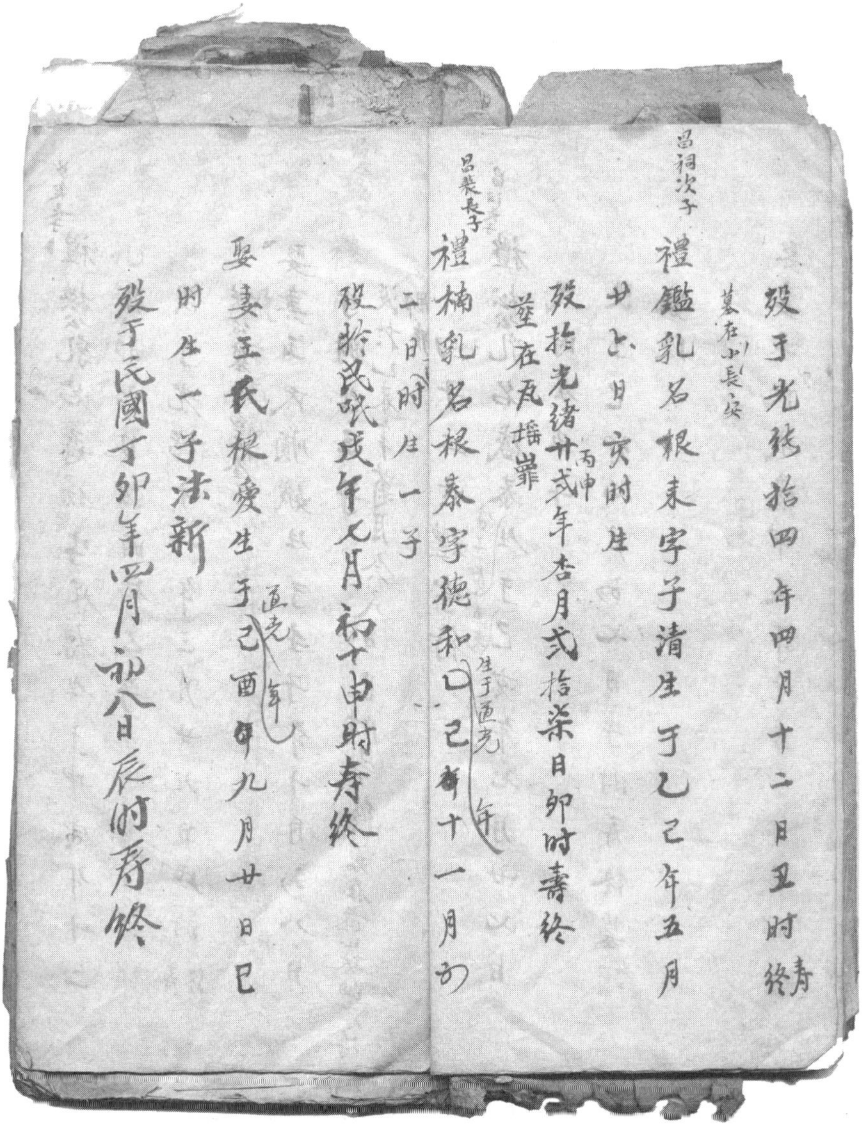
殁于光绪拾四年四月十二日丑时寿终
墓在小長垞
昌祠次子
禮鑑乳名根来字子清生于乙巳年五月
廿七日亥时生
殁於光绪廿弍（丙申）年杏月弍拾柒日卯时壽終
葬在瓦塆崋
昌裴長子
禮楠乳名根泰字德和（生于道光）己巳年十一月初
二日时生一子
殁於民國戊年九月初十申时寿终
娶妻王氏根愛生于（道光）己酉年九月廿日巳
时生一子法新
殁于民國丁卯年四月初八日辰时寿终

秋口镇油岭村 A 4-8 · 人登簿 · 俞汉文

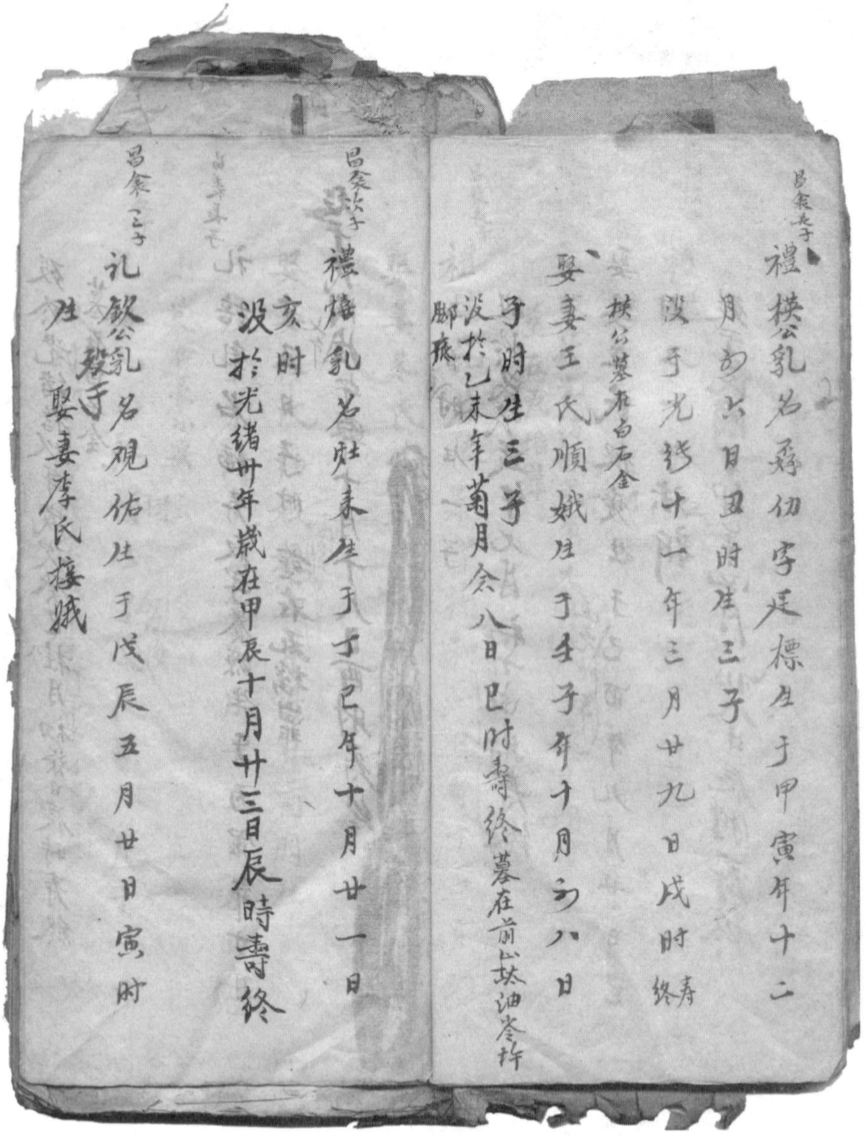
昌禽长子
禮楧公乳名舜仂字廷標生于甲寅年十二
月初六日丑时生三子
没于光绪十六年三月廿九日戌时寿终
楧公墓在白石金
娶妻王氏顺娥生于壬子年十月初八日
子时生三子
没於乙未年菊月念八日巳时寿终墓在前山坞油岺圩
脚旅
昌禽次子
禮𤇍乳名灶来生于丁巳年十月廿一日
亥时
没於光绪卅年歲在甲辰十月廿三日辰時壽终
昌禽三子
礼欽公乳名視佑生于戊辰五月廿日寅时
殁于
生
娶妻李氏接娥

秋口镇油岭村 A 4-9 · 人登簿 · 俞汉文

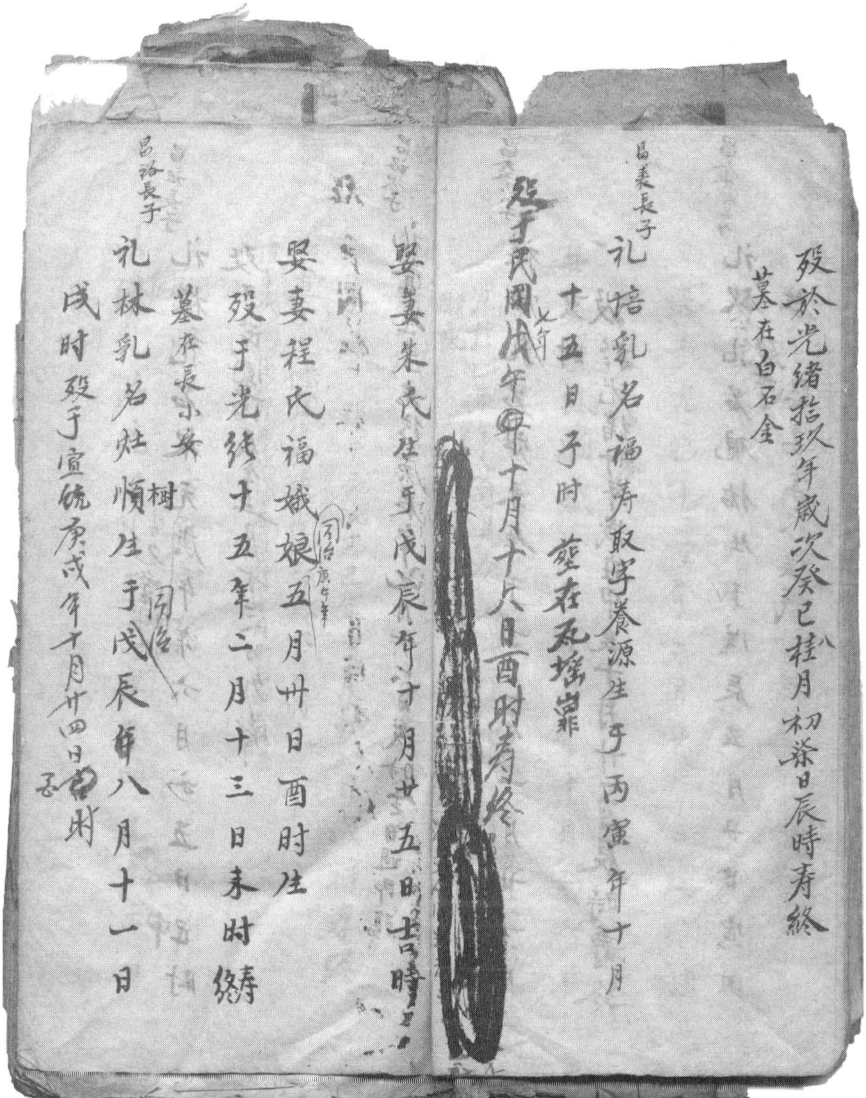

歿於光绪拾玖年歲次癸巳桂月初叁日辰時寿終
墓在白石全
昌美長子
礼培乳名福寿取字養源生于丙寅年十月
十五日子时 葬在瓦塢嶂
歿于民國戊午年十月十八日酉时寿終
娶妻朱氏生于戊辰年十月廿五日吉時
娶妻程氏福娥娘五月卅日酉时生
同治庚午年
歿于光绪十五年二月十三日未时终寿
墓在長小安樹
同治
昌裕長子
礼林乳名灶順生于戊辰年八月十一日
戌时歿于宣統庚戌年十月廿四日酉时

秋口镇油岭村 A 4-10 · 人登簿 · 俞汉文

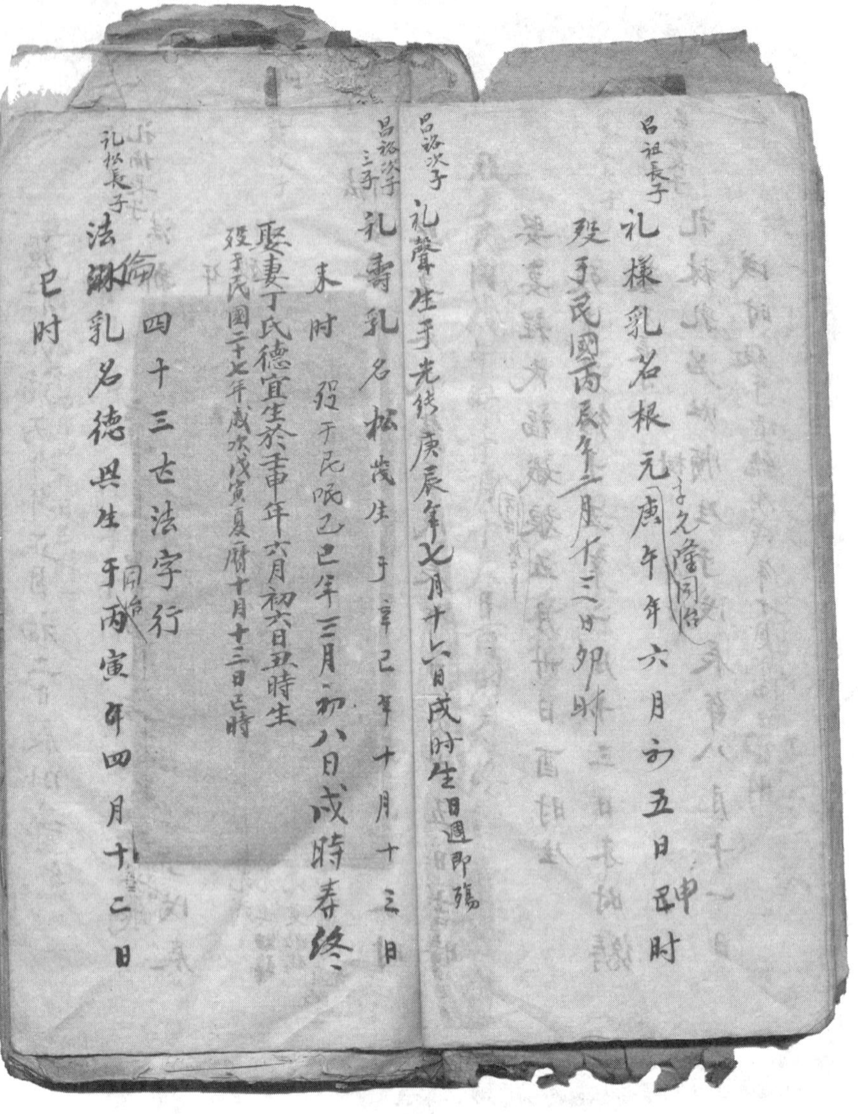

秋口镇油岭村 A 4-11 · 人登簿 · 俞汉文

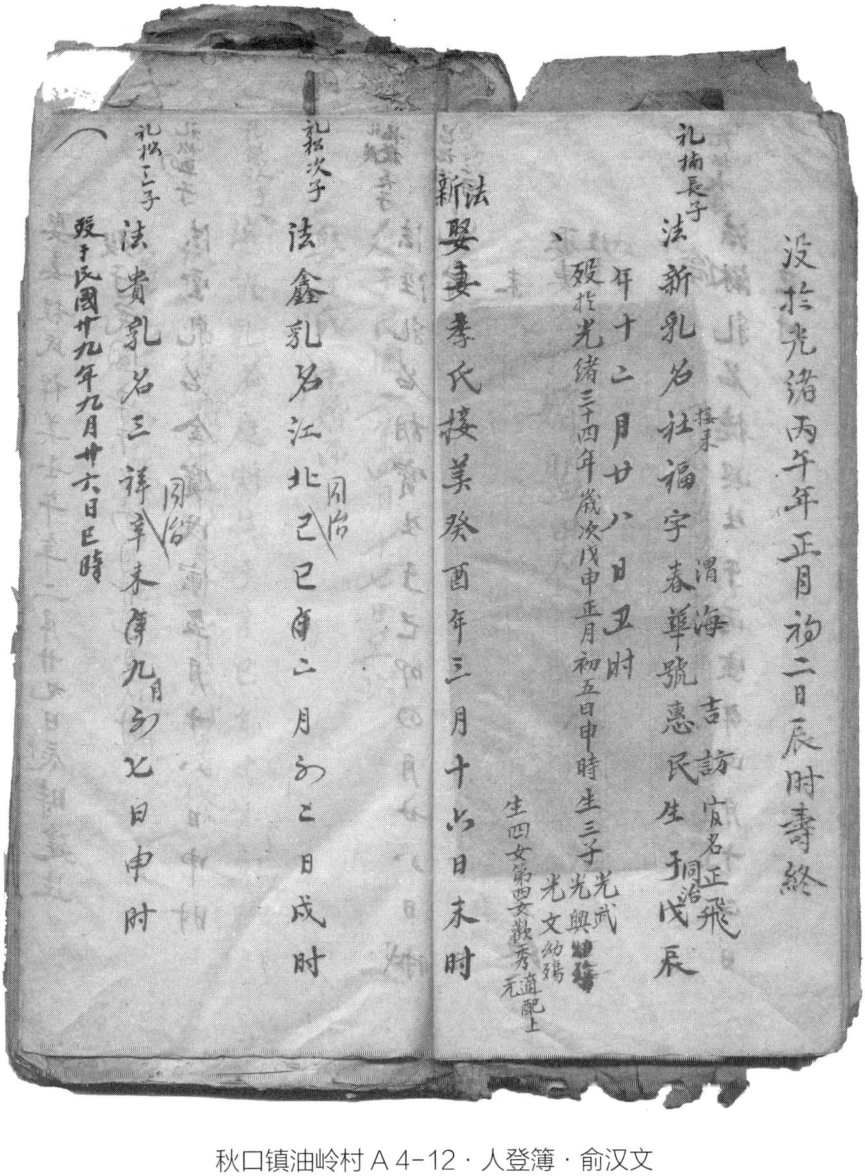
没於光绪丙午年正月初二日辰时寿終

礼楠長子 法新乳名社福（接来）字春華（渭海）號惠民（吉訪）生于同治戊辰（官名正飛）年十二月廿八日丑时

殁於光绪三十四年歲次戊申正月初五日申時生三子光武 光與 光文幼殤

生四女第四女歡秀適配上

新法娶妻李氏接美癸酉年三月十六日未时

礼松次子 法鑫乳名江北（同治）己巳年二月初二日戌时

礼松三子 法貴乳名三祥（同治）辛未年九月初七日申时

殁于民國廿九年九月廿六日巳時

秋口镇油岭村 A 4-12 · 人登簿 · 俞汉文

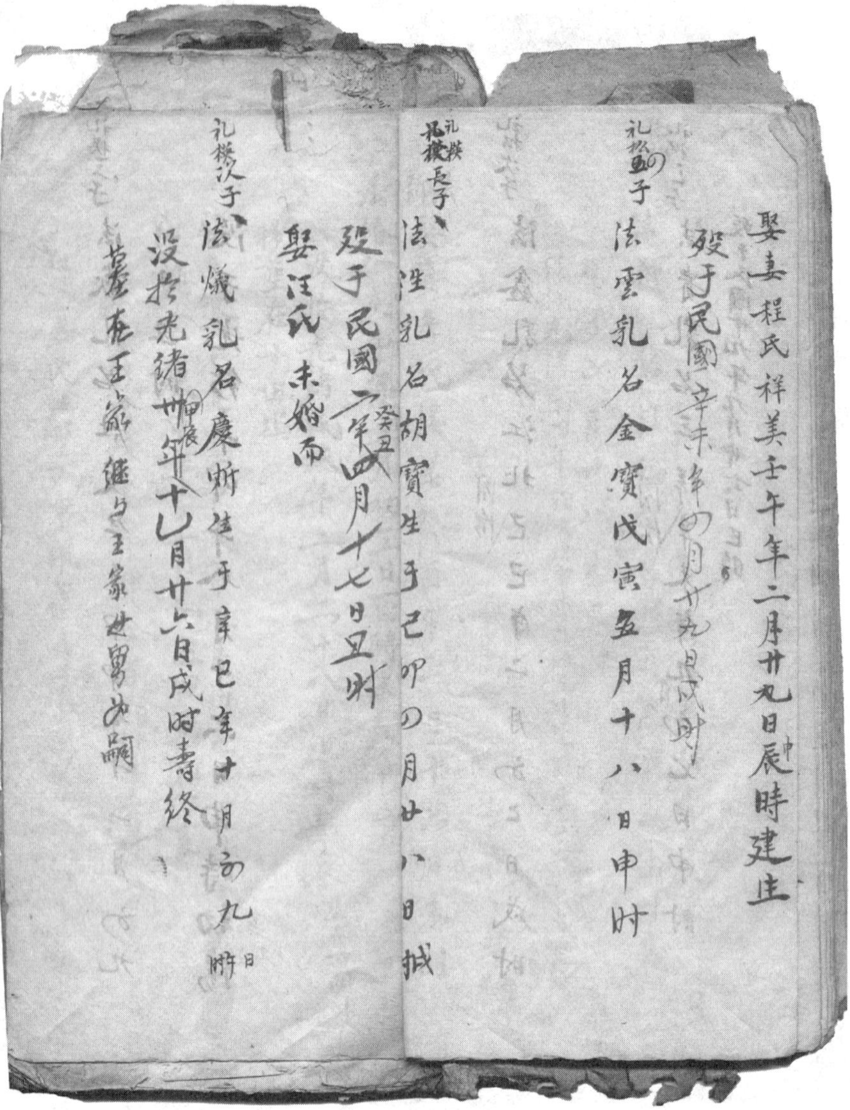

秋口镇油岭村 A 4-13 · 人登簿 · 俞汉文

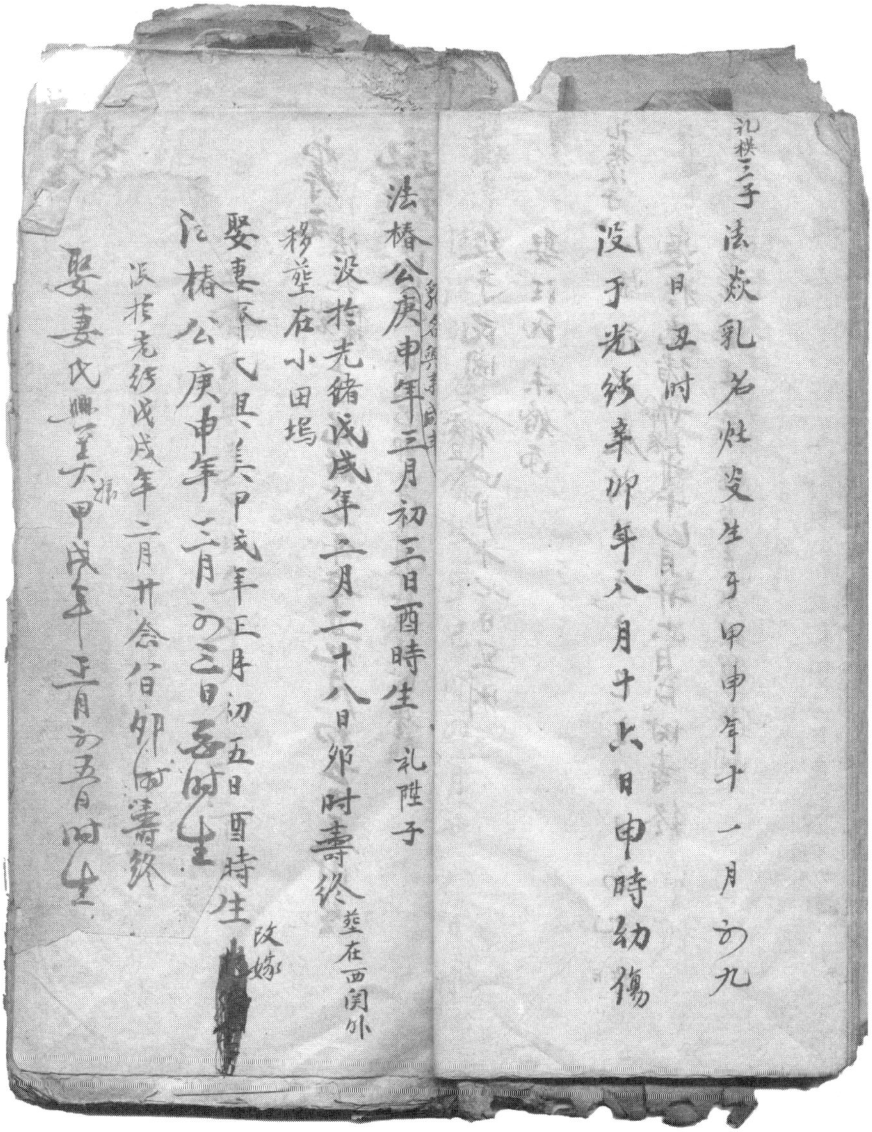
礼棋三子 法燚乳名姓爻生于甲申年十一月初九日丑时
没于光绪辛卯年八月十六日申时幼殇
法椿公庚申年三月初三日酉時生 礼陞子
没於光绪戊戌年二月二十八日卯时寿终 瘗在西関外
移瘗在小田塢
娶妻［illegible］氏［illegible］甲戌年正月初五日酉時生 改嫁
汇椿公庚申年三月初三日酉时生
没於光绪戊戌年二月廿六日卯时寿终
娶妻［illegible］氏［illegible］甲戌年正月初五日［illegible］时生

秋口镇油岭村 A 4-14 · 人登簿 · 俞汉文

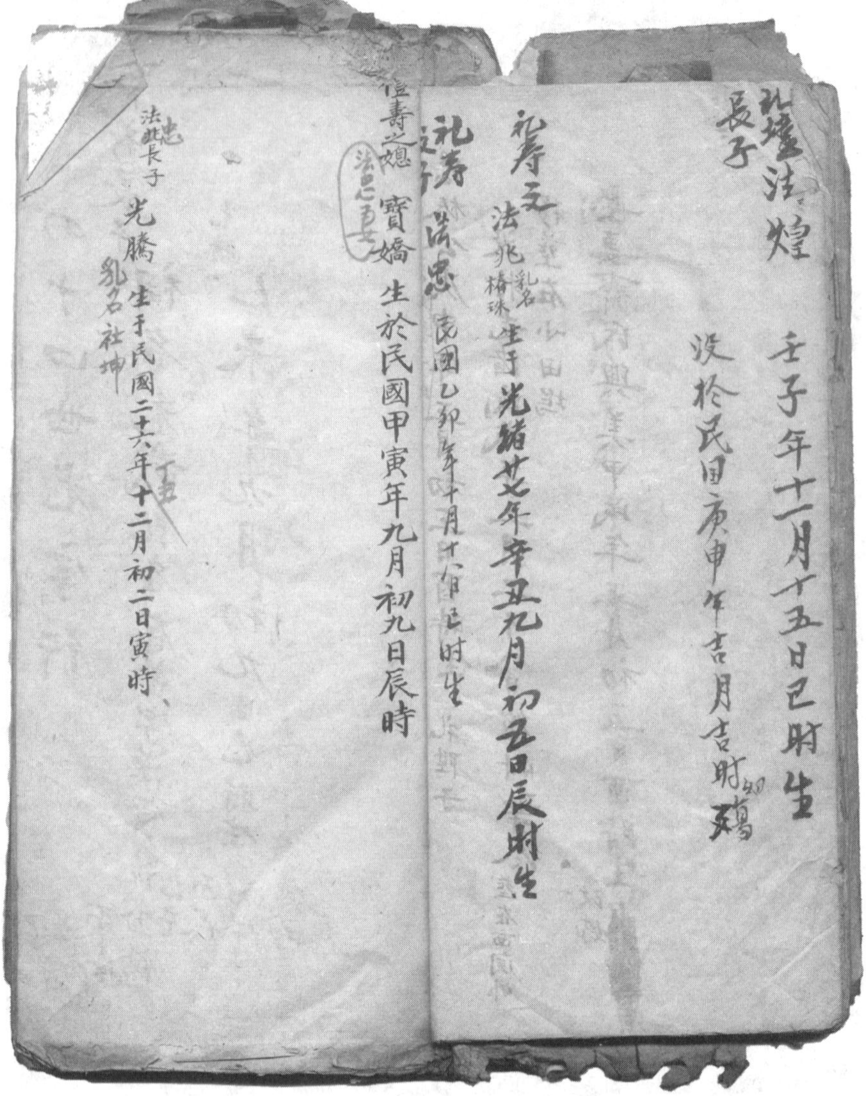

秋口镇油岭村 A 4-15 · 人登簿 · 俞汉文

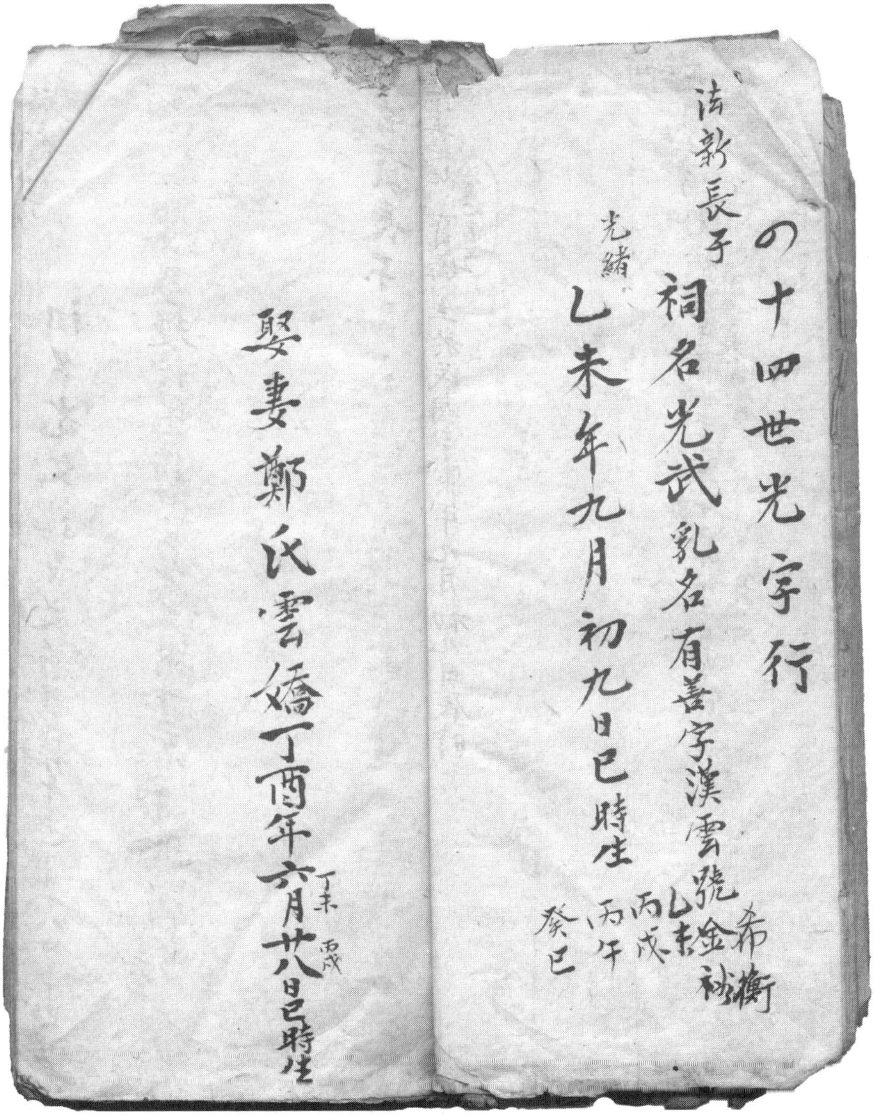

の十四世光字行
法新長子 祠名光武 乳名有善 字漢雲 號希衡 金祕
光緒乙未年九月初九日巳時生
乙未 丙戌 丙午 癸巳
娶妻鄭氏雲嬌丁酉年六月廿八日巳時生 丁未歲

秋口镇油岭村 A 4-16 · 人登簿 · 俞汉文

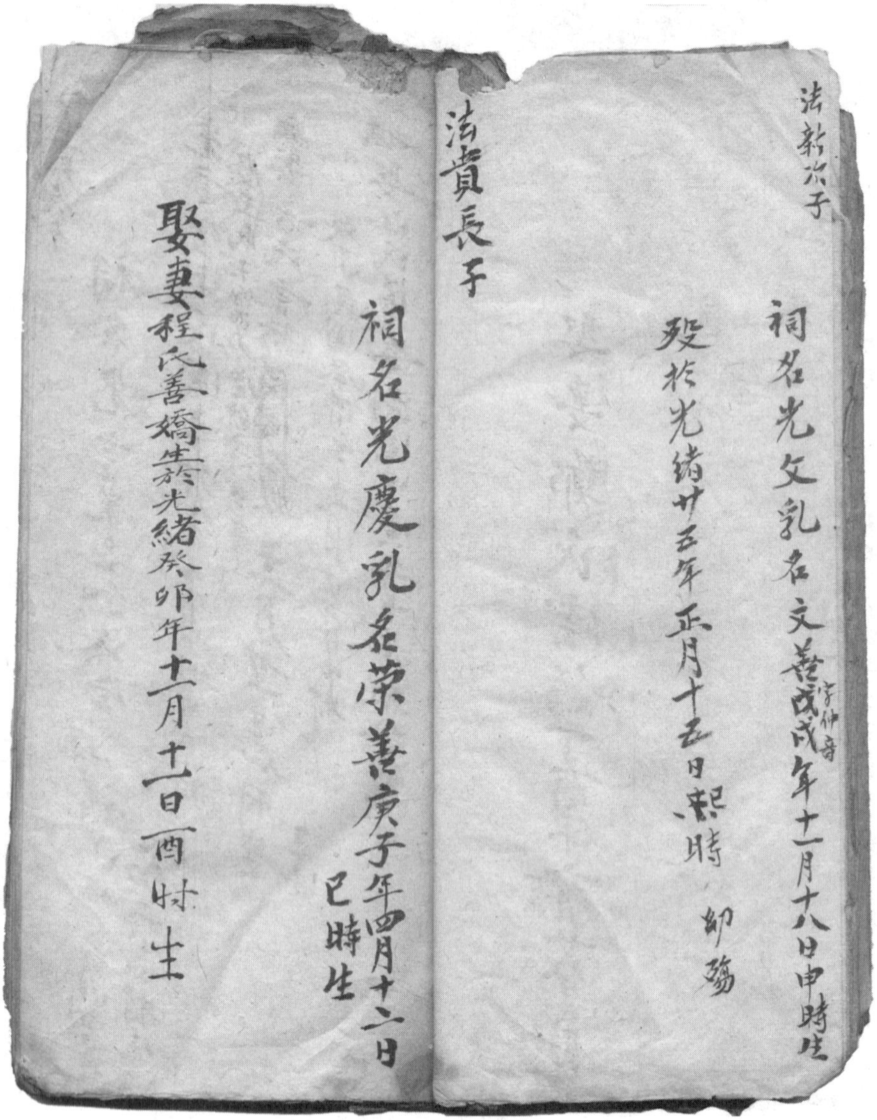
法新次子
祠名光文乳名文善字仲吾戊戌年十一月十八日申時生
殁於光绪廿五年正月十五日辰時 卯殤
法貴長子
祠名光慶乳名榮善庚子年四月十二日巳時生
娶妻程氏善嬌生於光緒癸卯年十一月十二日酉時生

秋口镇油岭村 A 4-17 · 人登簿 · 俞汉文

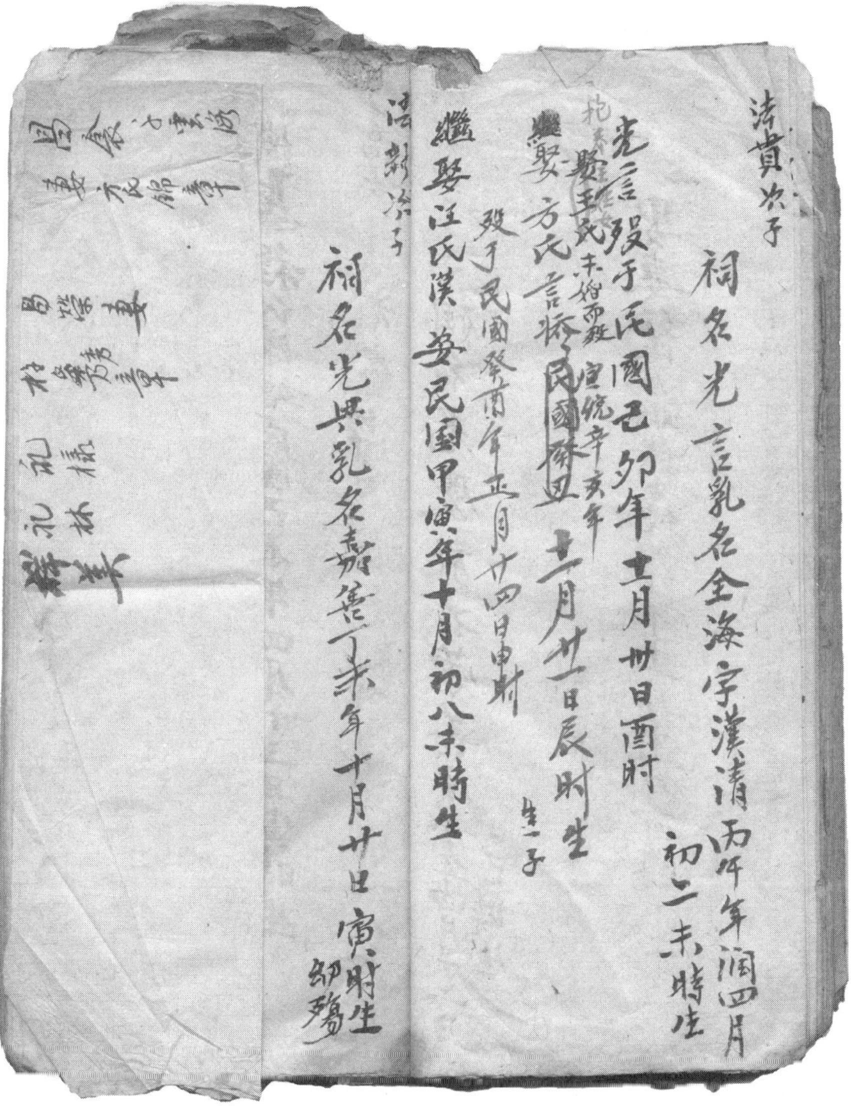
清貴次子
祠名光言乳名金海字漢清丙午年閏四月初二未時生
光言殁于民國己卯年十一月廿日酉時
繼娶方氏
生子
殁于民國癸酉年正月廿四日申時
繼娶汪氏漢 娶民國甲寅年十月初八未時生
清彰次子
祠名光興乳名嘉禧丁未年十月廿日寅時生

秋口镇油岭村 A 4-18 · 人登簿 · 俞汉文

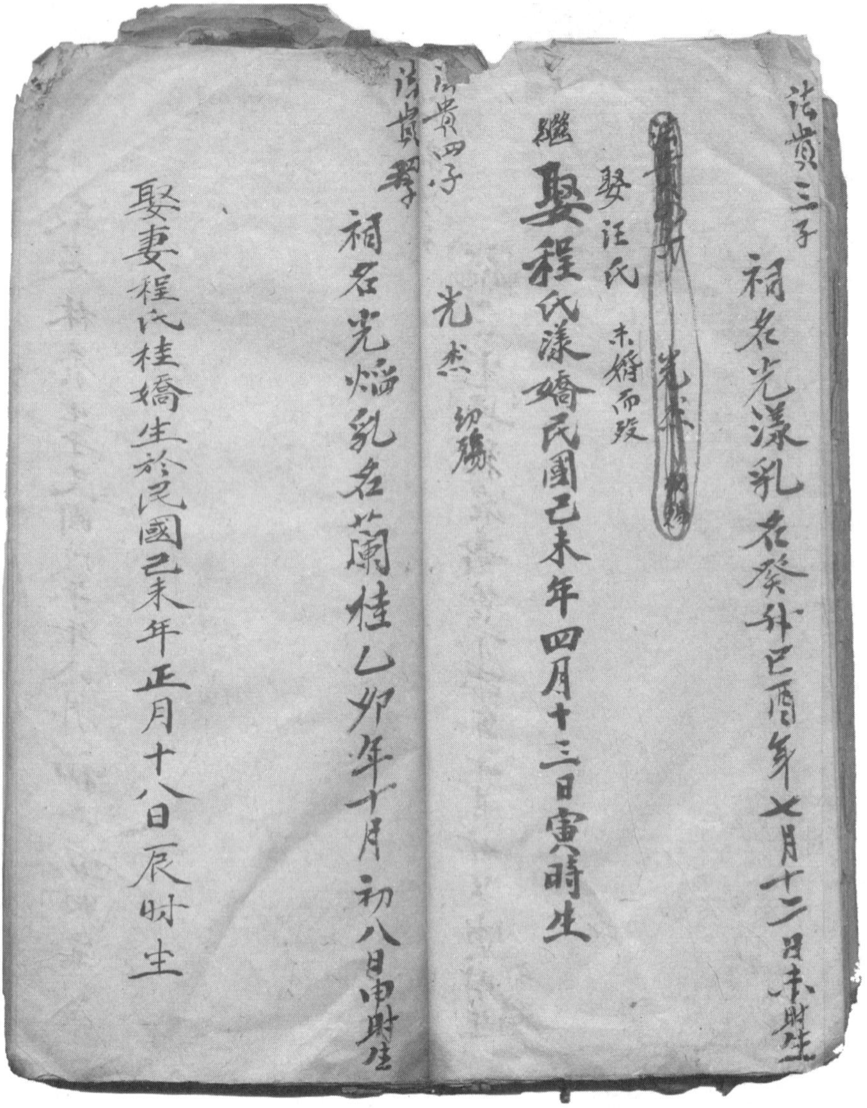
洪貴三子
祠名光漾乳名癸升己酉年七月十二日未時生
娶汪氏 未婚而殁
繼娶程氏漾嬌民國己未年四月十三日寅時生
洪貴四子
光杰 幼殤
洪貴五子
祠名光熺乳名蘭桂乙卯年十月初八日申時生
娶妻程氏桂嬌生於民國己未年正月十八日辰时生

秋口镇油岭村 A 4-19 · 人登簿 · 俞汉文

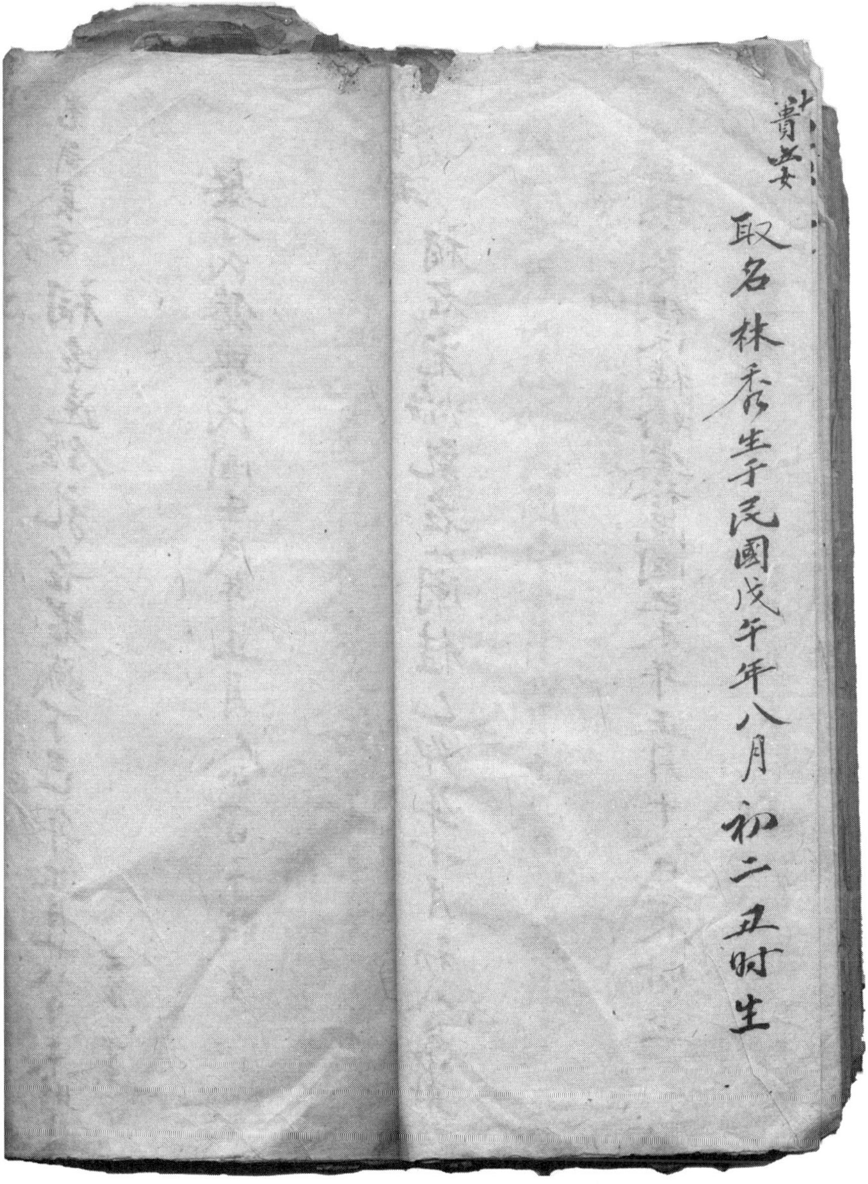
貴妾
取名林秀生于民國戊午年八月初二丑时生

秋口镇油岭村 A 4-20 · 人登簿 · 俞汉文

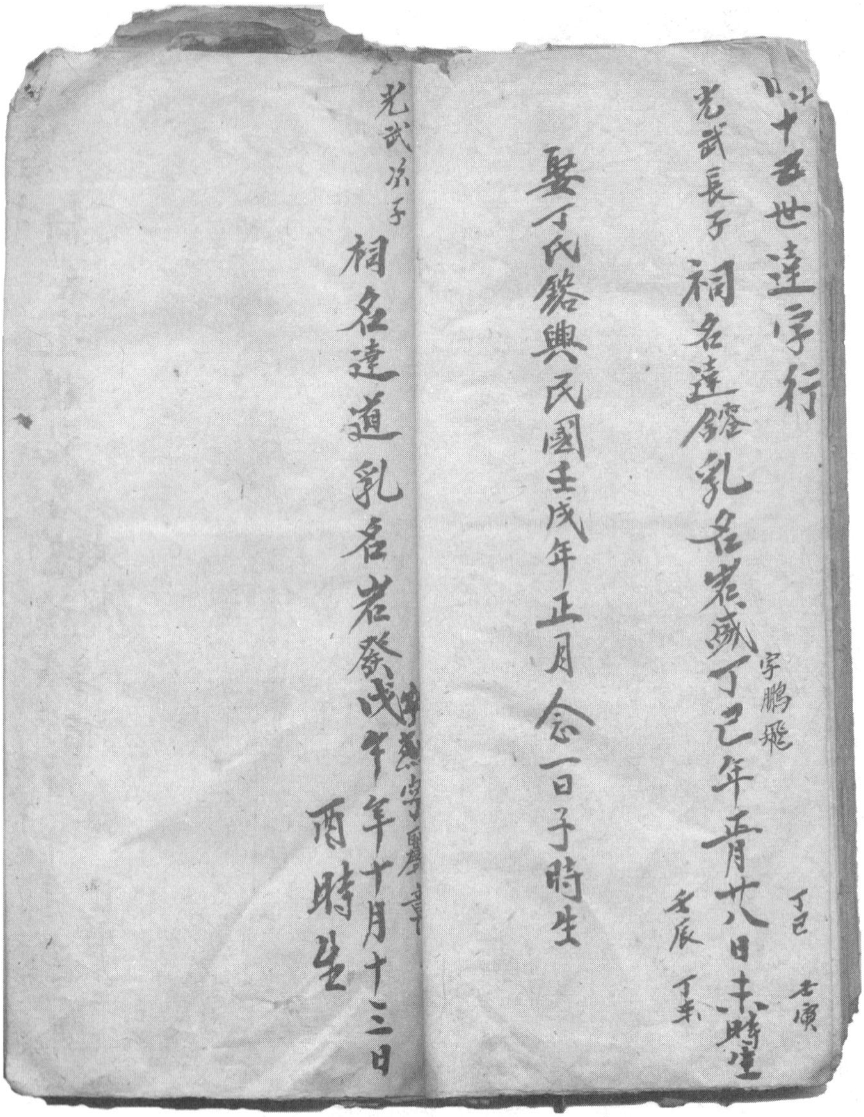

秋口镇油岭村 A 4–21 · 人登簿 · 俞汉文

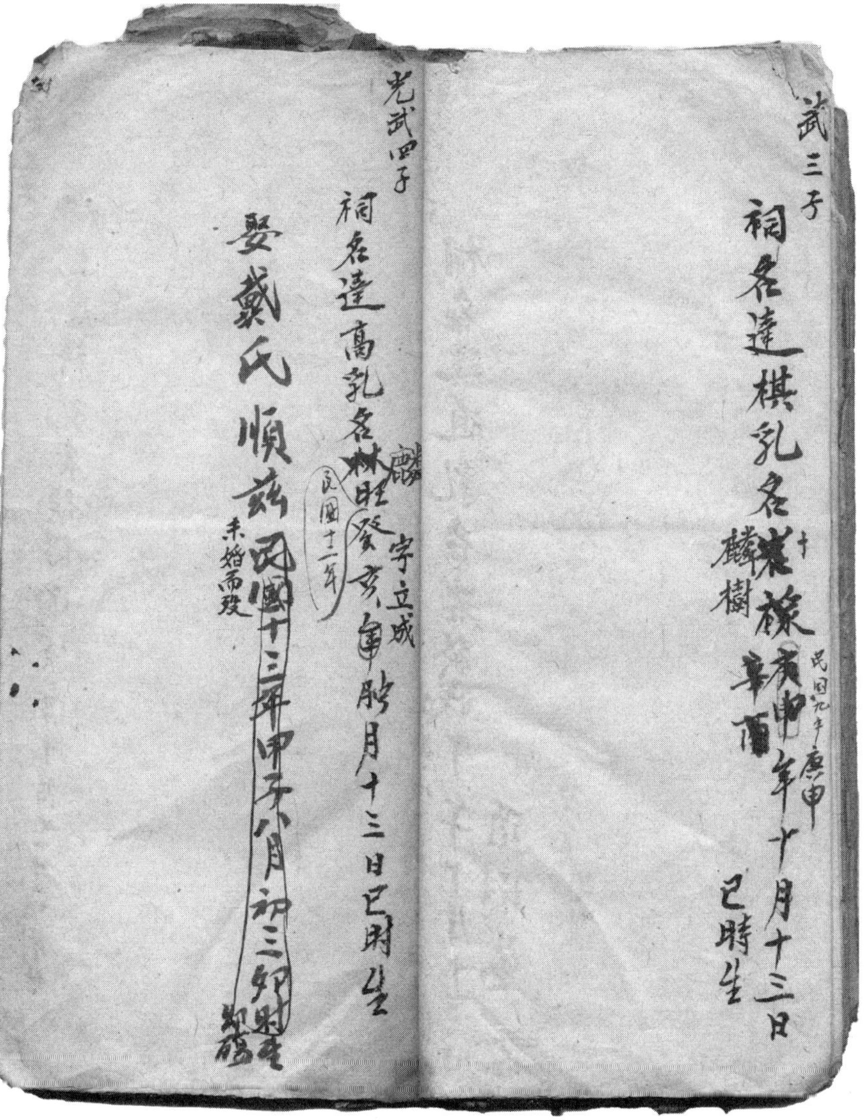
武三子
祠名達棋乳名
已時生
光武四子
祠名達高乳名林旺
字立成
月十三日巳時生
民國十二年
娶戴氏順茲
未婚而歿

秋口镇油岭村 A 4-22 · 人登簿 · 俞汉文

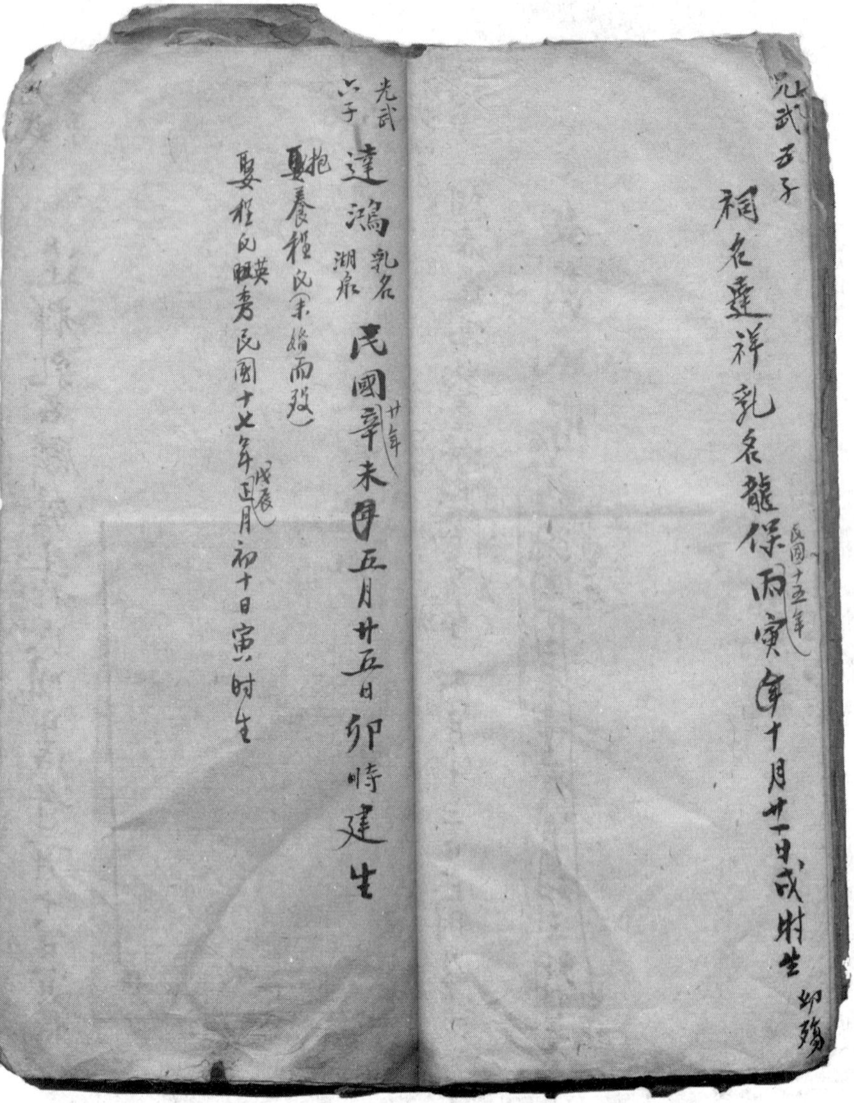

光武五子 祠名達祥 乳名龍保 民国十五年丙寅年十月廿十日戌時生 幼殇

光武六子 達鴻 乳名湖泉 民國廿年辛未年五月廿五日卯時建生

娶抱養程氏（未婚而殁）

娶程氏英姻秀 民国十七年戊辰正月初十日寅时生

秋口镇油岭村 A 4-23 · 人登簿 · 俞汉文

秋口镇油岭村 A 4-24 · 人登簿 · 俞汉文

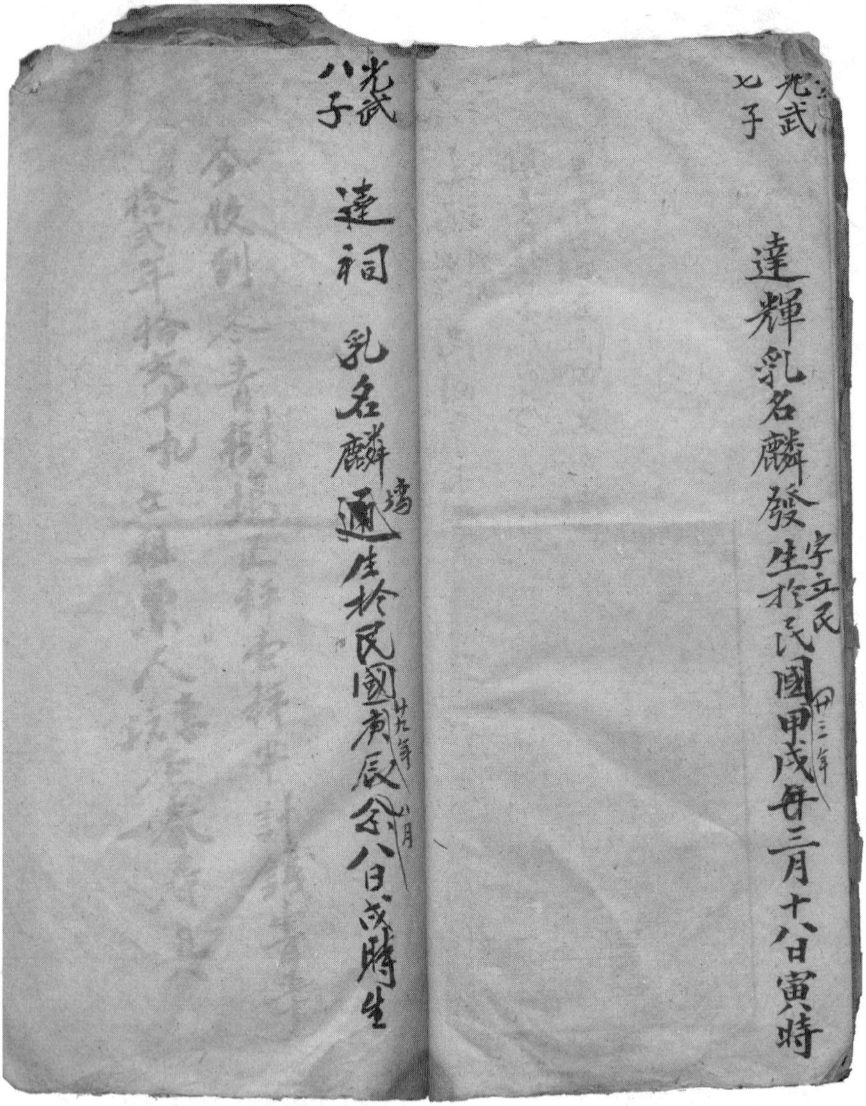
光武七子
達輝乳名麟發生於民國甲戌三月十八日寅時
字立民
廿三年
光武八子
達祠乳名麟通生於民國庚辰
廿九年
八日戌時生

秋口镇油岭村 A 4-25 · 人登簿 · 俞汉文

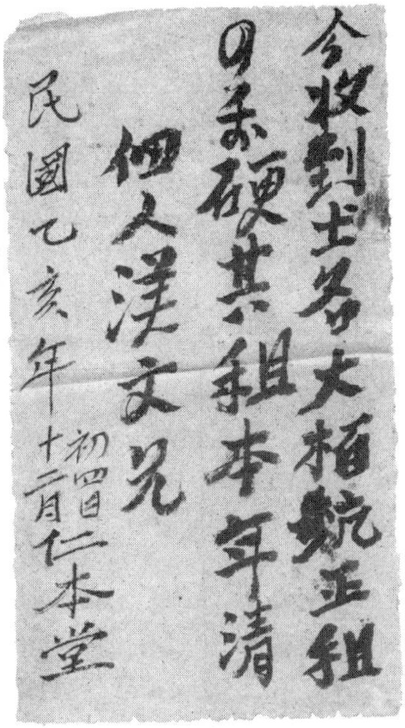
今收到土名大栢坑正租
日系硬其租本年清
佃人汉文兄
民国乙亥年十二月初四日仁本堂

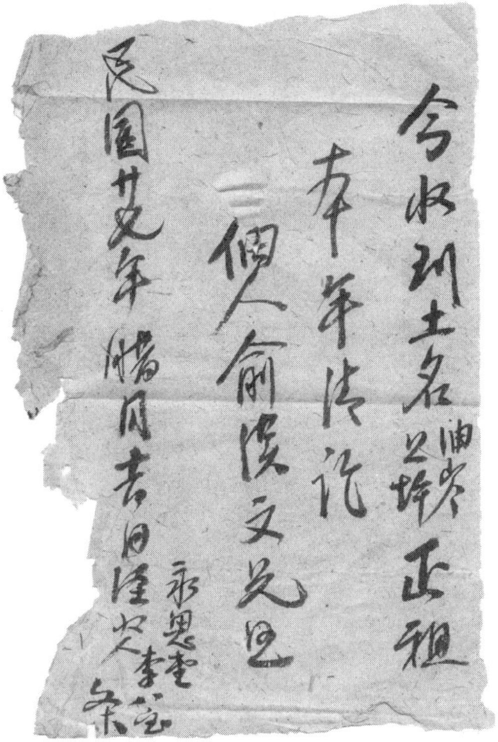
今收到土名油岭口坞正租
本年清讫
佃人俞汉文兄
民国廿八年腊月吉日经收人 永思堂 李荣 余

秋口镇油岭村 A 4-26 · 人登簿 · 俞汉文

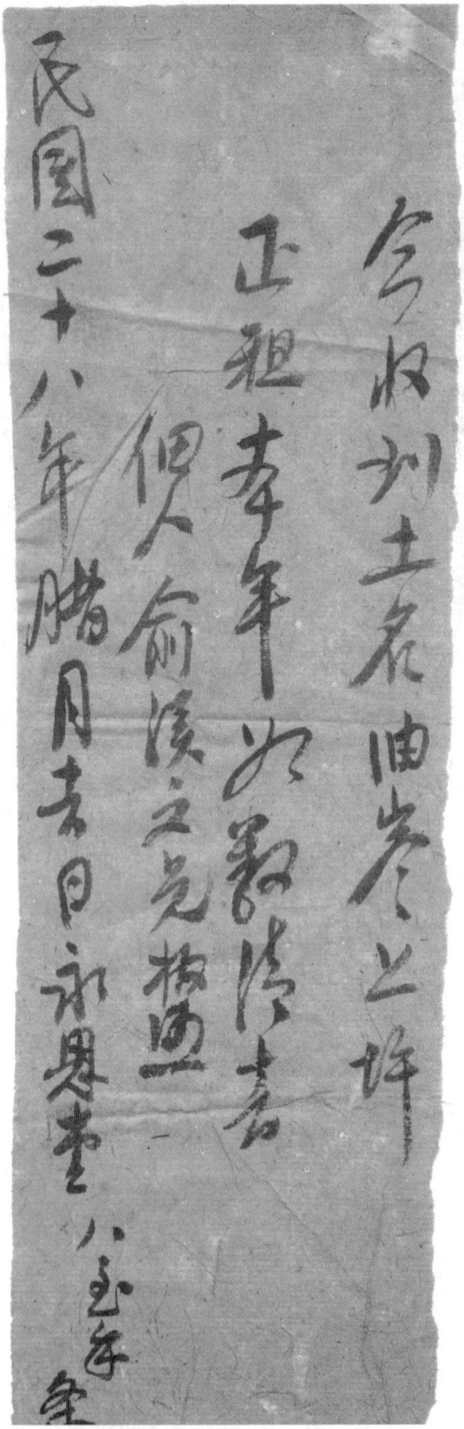
今收到土名油岭之坪
正租本年如數清吉
佃人俞漢文完楚照
民國二十八年臘月吉日祁恩壽

秋口镇油岭村 A 4-27 · 人登簿 · 俞汉文

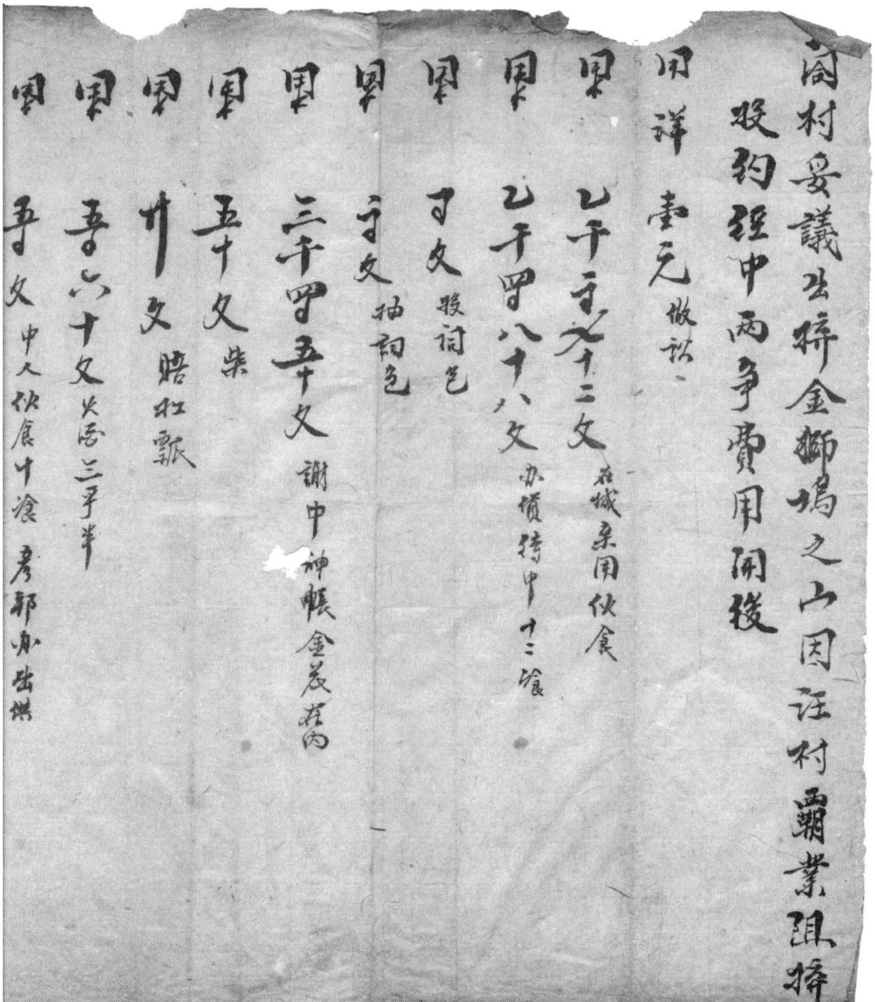

閤村妥議出將金獅塢之山因汪村霸業阻撓

投約理中兩爭費用開後

用洋壹元 做訟

用乙千二百七十二文 在城衆用伙食

用乙千四百八十八文 办贖待中十二飧

用二百文 投詞包

用二百文 抽詞包

用三千四百五十文 謝中神帳金莪在內

用五十文 柴

用廿文 賠杠瓢

用二百六十文 火吞三子半

用二百文 中人伙食十飧 孝郭办出棋

秋口镇油岭村 A 4-28-1 · 人登薄 · 俞汉义（右半部分）

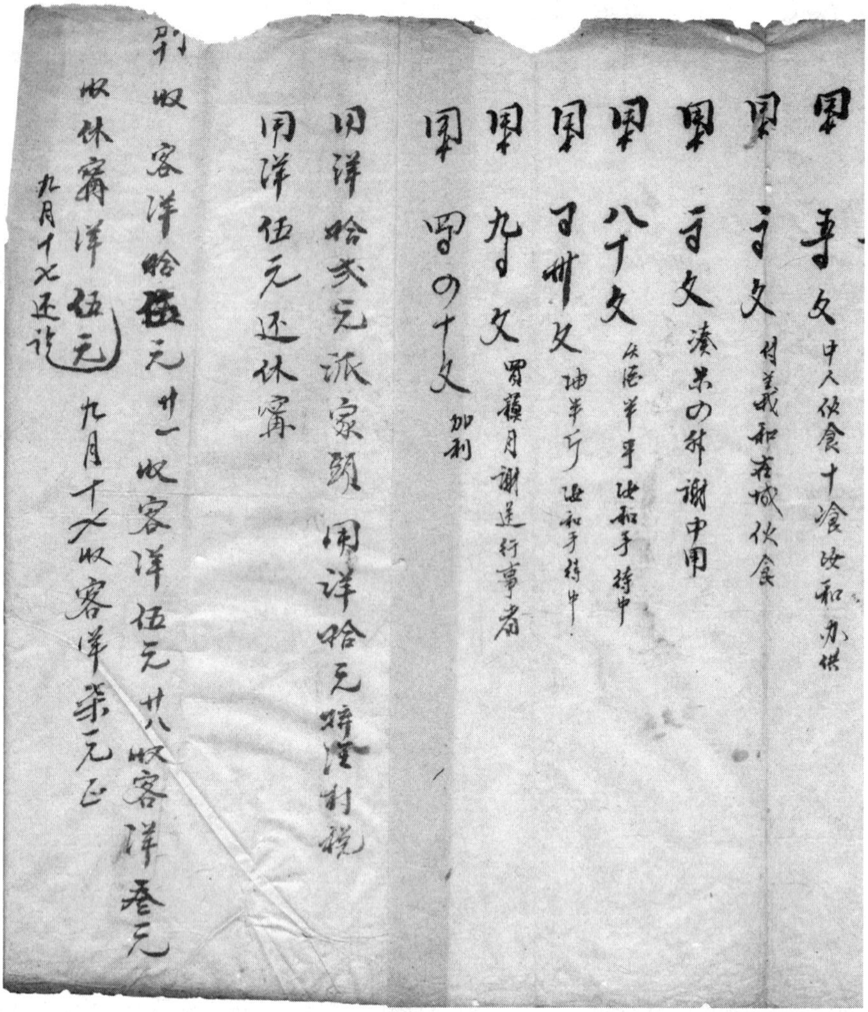
用 千文 中人伙食十飡 汝和办供
用 千文 付姜义和在城伙食
用 千文 凑米の钱谢中用
用 八十文 在烟半斤 汝和手待中
用 千卅文 油半斤 汝和手待中
用 九千文 买礼月谢送行事者
用 四の十文 加利
用洋拾贰元 派家头 用洋拾元 特溪村税
用洋伍元 还休宁
别收 客洋拾伍元 廿一 收客洋伍元 廿八 收客洋叁元
收休宁洋伍元 九月十七还讫
九月十八收客洋柒元正

秋口镇油岭村 A 4-28-ii · 人登簿 · 俞汉文（左半部分）

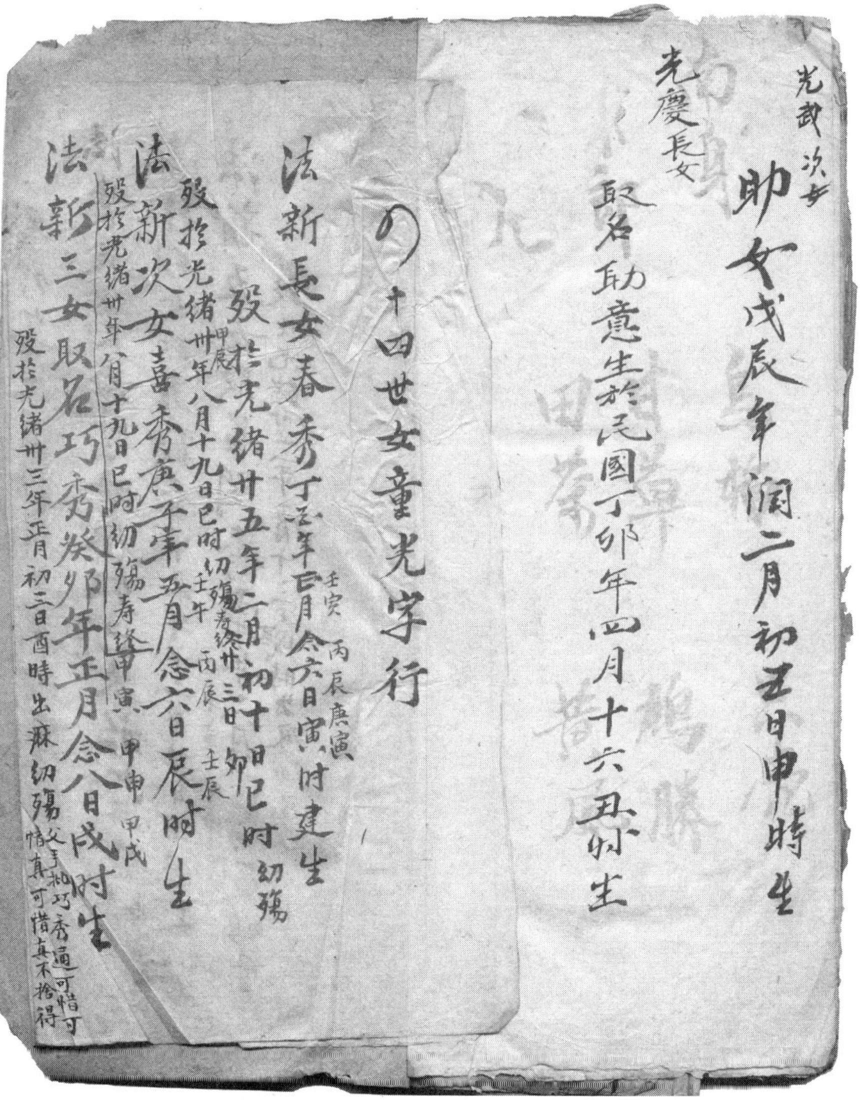
光武次女
助女戊辰年閏二月初五日申時生
光慶長女
取名勵意生於民國丁卯年四月十六丑時生
十四世女童光字行
法新長女春秀丁丑年巳月念六日寅时建生 壬寅 丙辰 庚寅
殁於光绪廿五年二月初十日巳时幼殤
寿终廿三日卯 壬午 丙辰 壬辰
法新次女喜秀庚子年五月念六日辰时生
殁於光绪卅年甲辰八月十九日巳时幼殤
殁於光绪卅年八月十九日巳时幼殤寿终甲寅 甲申 甲戌
法新三女取名巧秀癸卯年正月念八日戌时生
殁於光绪卅三年正月初二日酉時出痲幼殤
父手抱巧秀適可惜 情真可惜真不捨得

秋口镇油岭村 A 4-29 · 人登簿 · 俞汉文

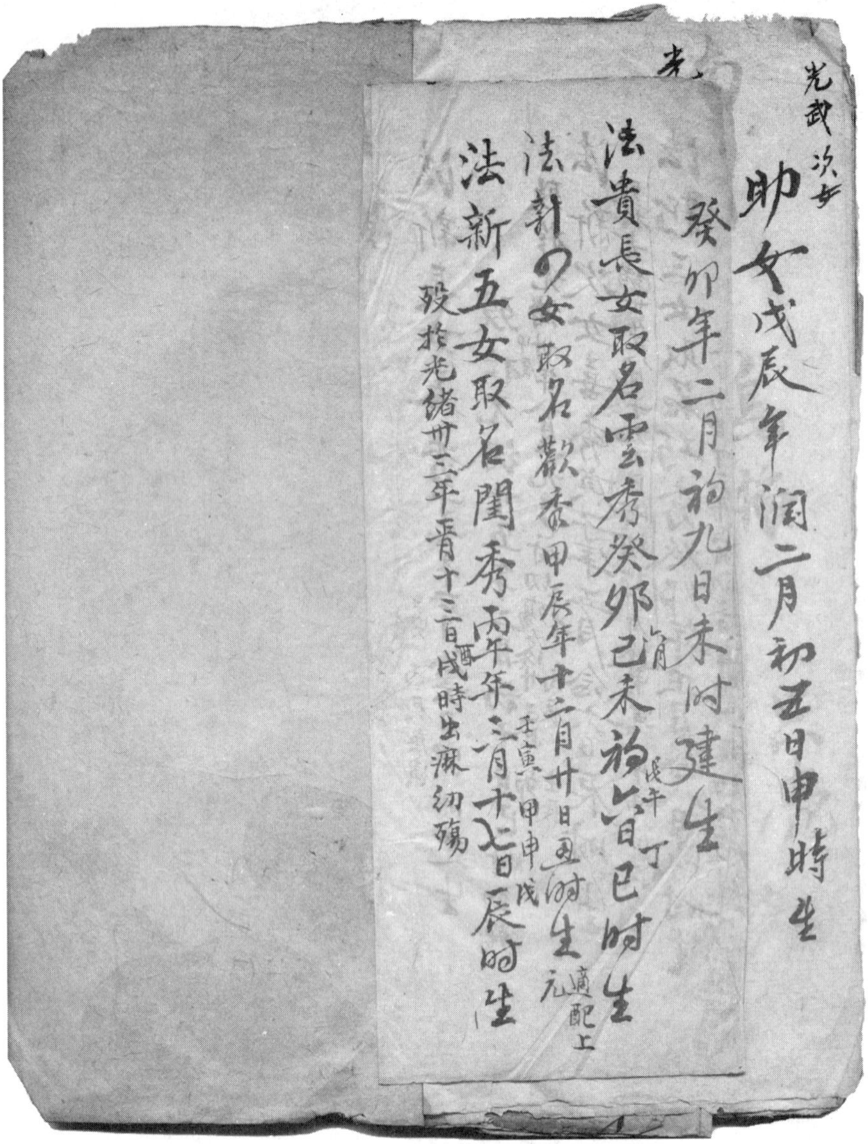

光武次女
助女戊辰年閏二月初五日申時生
癸卯年二月初九日未时建生
法貴長女取名雲秀癸卯己未初六日巳时生
法新の女取名歡秀甲辰年十二月廿日丑时生
適配上元
壬寅甲申戊
法新五女取名閨秀丙午年三月十七日辰时生
殁於光緒卅三年晋十三日酉戌時出痳幼殤

秋口镇油岭村 A 4-30 · 人登簿 · 俞汉文

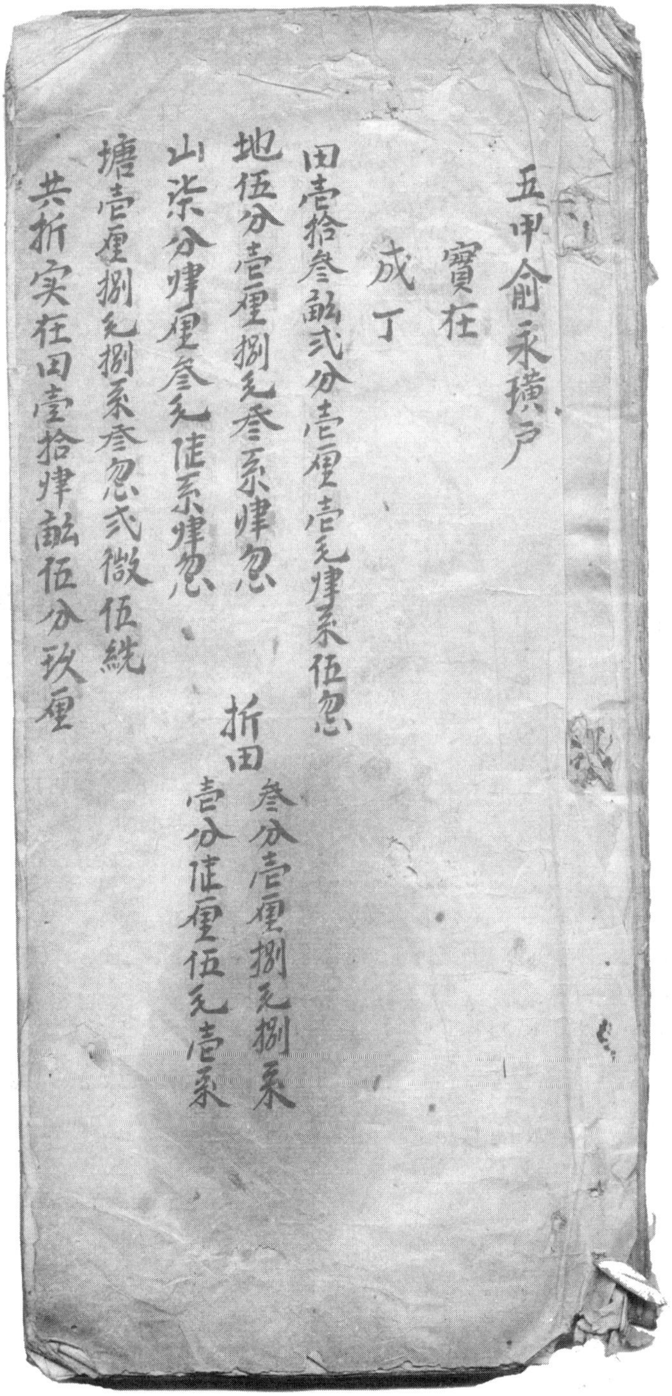
五甲俞永璜户
實在
成丁
田壹拾叁畝弍分壹厘壹毛肆系伍忽
地伍分壹厘捌毛叁系肆忽
山柒分肆厘叁毛陆系肆忽
折田 叁分壹厘捌毛捌系
壹分陆厘伍毛壹系
塘壹厘捌毛捌系叁忽弍微伍纖
共折实在田壹拾肆畝伍分玖厘

秋口镇油岭村 A 7-1 · 税粮实征册 · 俞永璜户

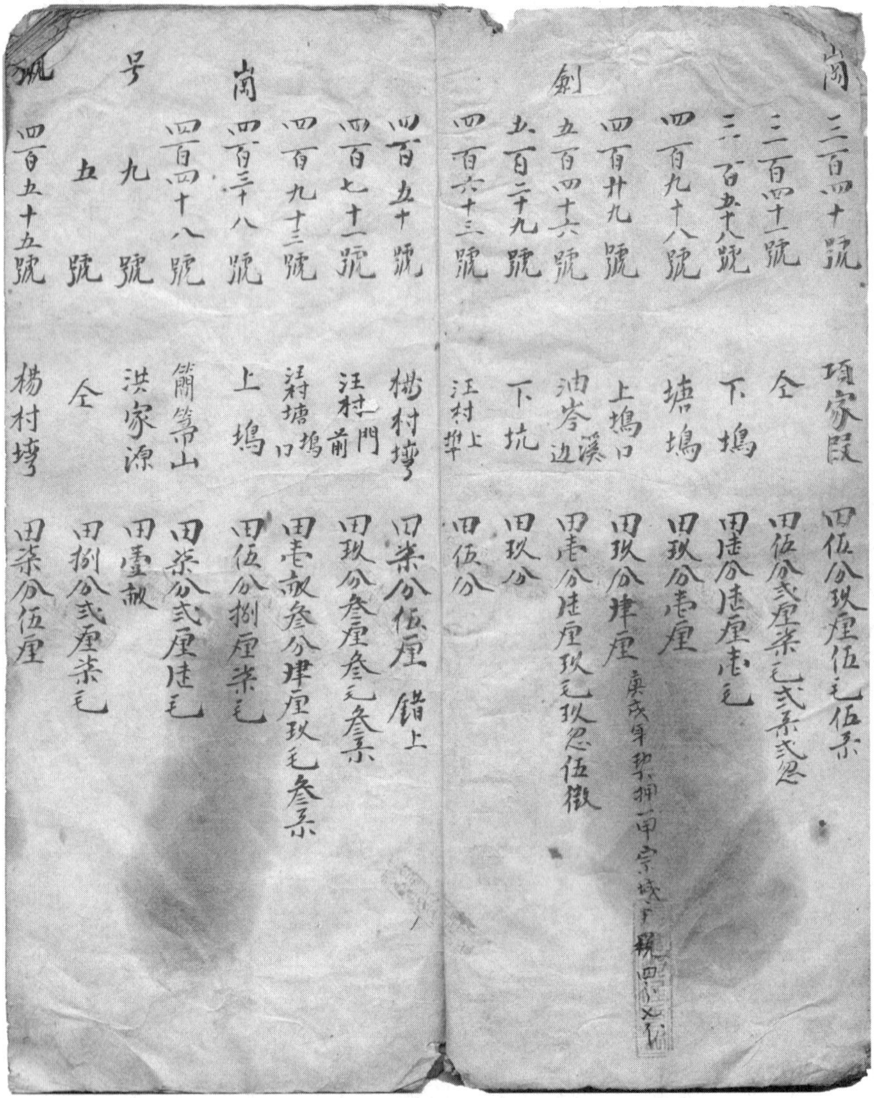

崗 三百四十號 項家段 田伍分玖厘伍毛伍系
三百四十一號 仝 田伍分弍厘柒毛弍系弍忽
三百卅八號 下塢 田陸分陸厘壹毛
四百九十八號 塘塢 田玖分壹厘
四百廿九號 上塢口 田玖分肆厘 庚戌年契押一甲宗城下
五百四十六號 油岑溪边 田壹分陸厘玖毛玖忽伍微
五百二十九號 下抗 田玖分
劍 四百六十三號 汪村塆上 田伍分
四百五十號 楊村塆 田柒分伍厘 錯上
四百七十一號 汪村門前 田玖分叁厘叁毛叁系
四百九十三號 汪村塘塢口 田壹畝叁分肆厘玖毛叁系
崗 四百三十八號 上塢 田伍分捌厘柒毛
四百四十八號 簡笋山 田柒分弍厘陸毛
九號 洪家源 田壹畝
号 五號 仝 田捌分弍厘柒毛
[illegible] 四百五十五號 楊村塆 田柒分伍厘

秋口镇油岭村 A 7-2 · 税粮实征册 · 俞永璜户

劍字弍廿九号

土名下坑田税玖分五

佃人俞佐林田塆

此税田塆俞佐林税壹畝八分正全業

民国卅年九月初十日 仝佐林割故之税 洪文手

秋口镇油岭村 A 7-3 · 税粮实征册 · 俞永璜户

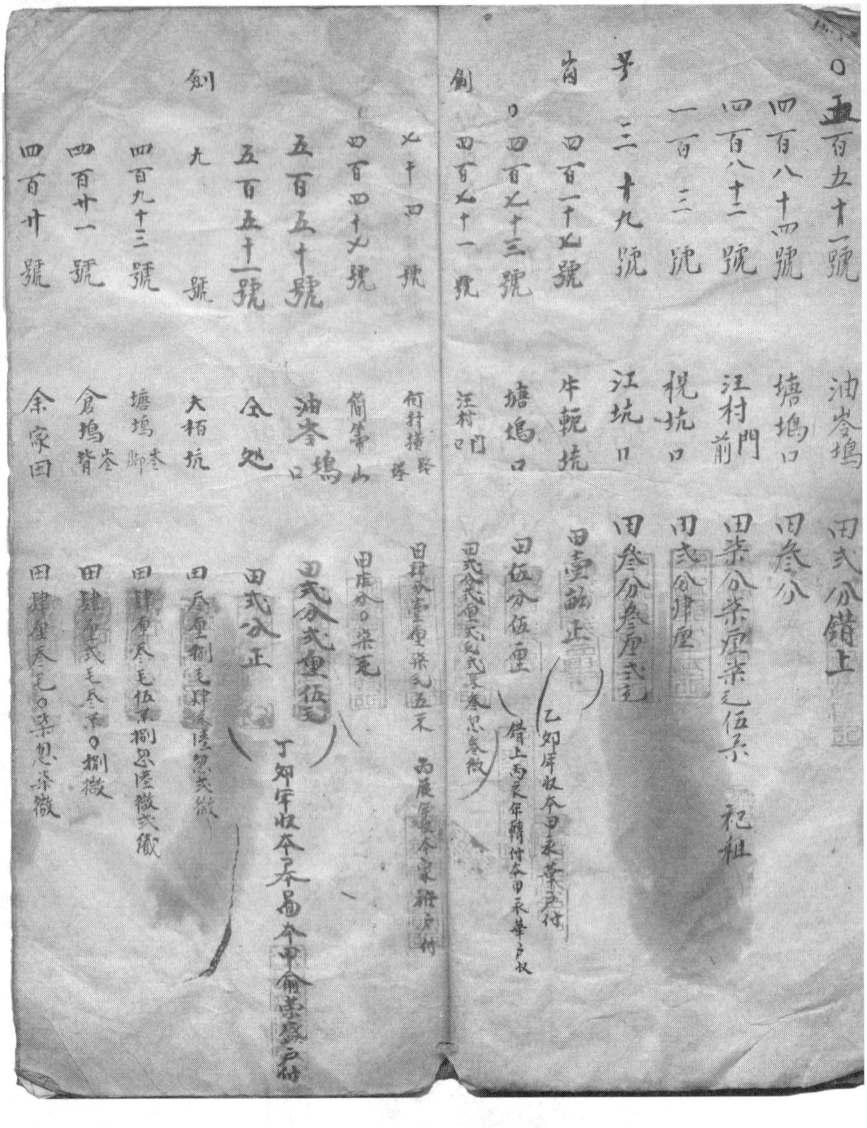
〇五百五十一號 油岺塢 田弍分錯上
四百八十四號 塘塢口 田叁分
四百八十二號 汪村前門 田柒分柒厘柒毛伍系 祀祖
一百三號 梘坑口 田弍分肆厘
号 三十九號 江坑口 田叁分叁厘弍毛
崗 四百一十七號 牛輗坑 田壹畝上 乙卯年收本甲永華户付
〇四百七十三號 塘塢口 田伍分伍厘 錯上丙辰年轉付本甲永華户收
劍 四百七十一號 汪村口門
七十四號 荷村横路塝
四百四十七號 簡第山
五百五十號 油岺塢口 田弍分弍厘伍毛 丁卯年收本甲俞柔盛户付
五百五十一號 仝処 田弍分正
九號 大栢坑
四百九十三號 塘塢脚叁
四百廿一號 倉塢背叁
劍 四百廿號 余家田

秋口镇油岭村 A 7-4 · 税粮实征册 · 俞永璜户

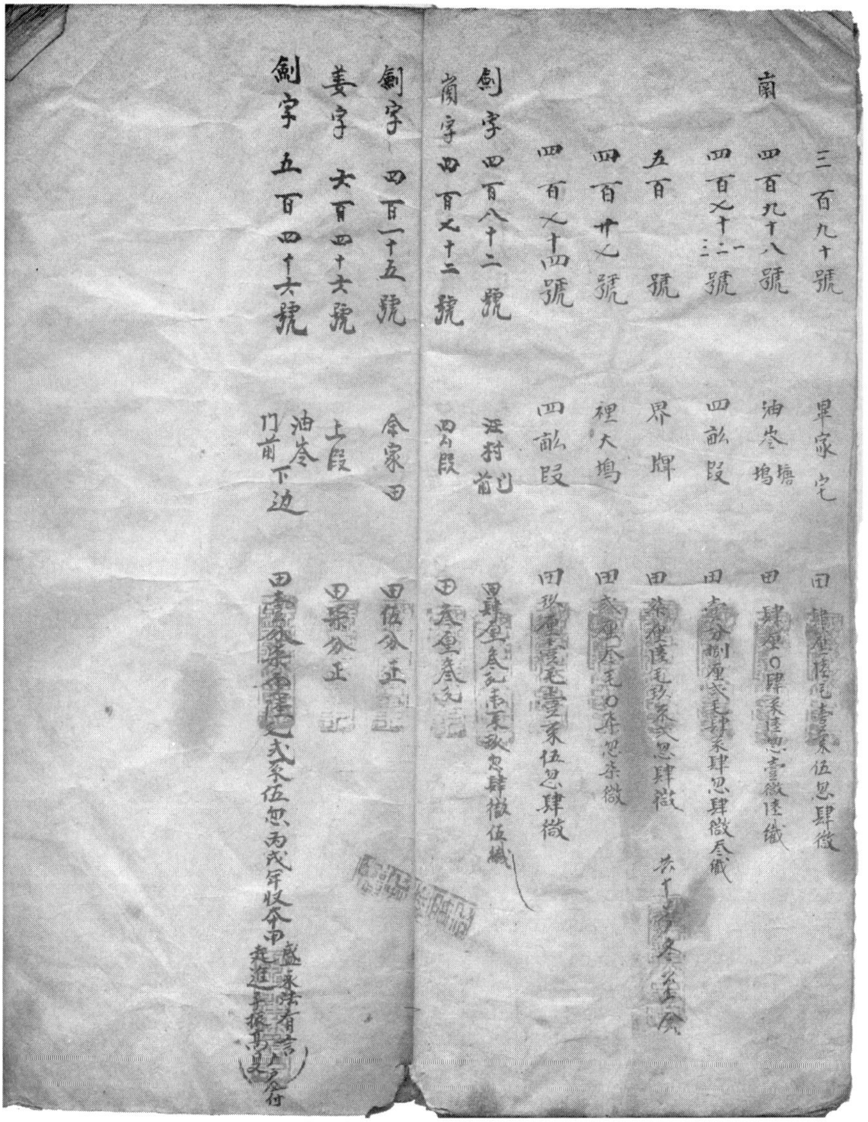

三百九十號 畢家宅 田肆厘陸毛壹絲伍忽肆微
崗 四百九十八號 油苓塢塘 田肆厘〇肆絲陸忽壹微陸纖
四百七十二號 四畝段 田壹分捌厘弍毛肆絲肆忽肆微叁纖
五百 號 界牌 田柒厘陸毛玖絲弍忽肆微 共十[illegible]冬[illegible]
四百廿七號 裡大塢 田弍厘叁毛〇柒忽柒微
四百七十四號 四畝段 田玖厘壹毛壹絲伍忽肆微
劍字四百八十二號 汪村前 田肆厘叁毛[illegible]玖忽肆微伍纖
崗字四百七十二號 四畝段 田叁厘叁毛
劍字四百一十五號 余家田 田伍分正
姜字六百四十六號 上段 田柒分正
劍字五百四十六號 油苓門前下边 田壹分柒厘[illegible]弍絲伍忽 丙戌年收[illegible]

秋口镇油岭村 A 7–5 · 税粮实征册 · 俞永璜户

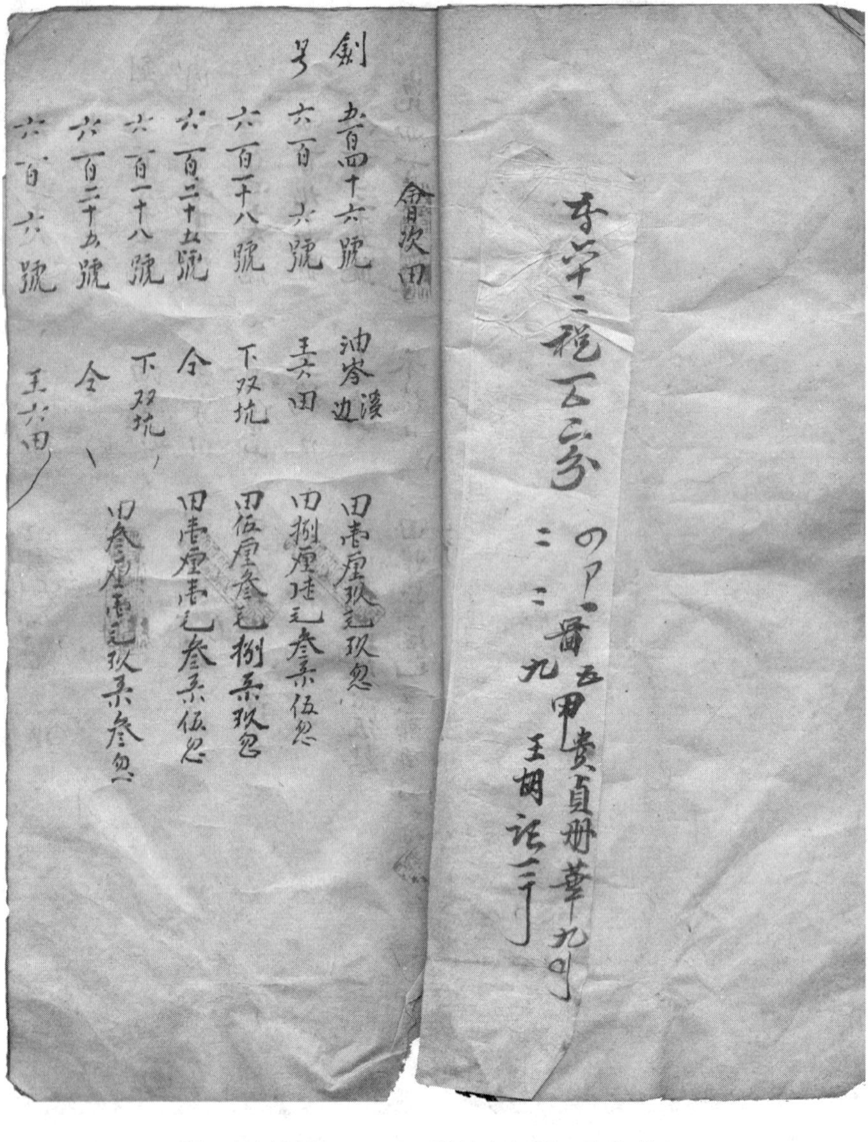
劍号
會次田
五百四十六號 油岺溪边 田壹厘玖毛玖忽
六百 六號 王六田 田捌厘陆毛叁系伍忽
六百一十八號 下双坑 田伍厘叁毛捌系玖忽
六百二十五號 仝 田壹厘壹毛叁系伍忽
六百一十八號 下双坑
六百二十五號 仝 田叁分厘壹毛玖系叁忽
六百 六號 王六田

秋口镇油岭村 A 7–6 · 税粮实征册 · 俞永璜户

六百一十八號 下双坑 田捌厘伍毛壹系肆忽

六百二十五號 仝

劍 五百六十四號 油莕溪边

崗 四百一十八號 余家田 田伍厘叁毛弍系伍忽

四百四十八號 簡第山 田弍厘肆毛壹系陆忽

四百九十四號 上塢口 田捌毛伍系

四百三十五號 上塢 田壹厘捌毛玖系伍忽

崑 四百七十八號 禾坑口 田肆厘陆毛 已卯年十七付甲室户

劍 四百六十八號 上朗坑 田弍厘叁毛壹系弍忽

認王進户 共析 田玖毛壹系伍忽

号 六百六號 王六田 田壹厘柒毛肆系

六百一十八號 下双坑 田壹厘叁毛弍系伍忽

六百二十五號 仝 田弍毛捌系

六百二十一號 双坑 田壹分玖厘玖毛

劍 五百四十六號 油莕溪边 田壹毛伍系

崗 四百八十二號 寨山下 田肆厘玖毛

秋口镇油岭村 A 7-7 · 税粮实征册 · 俞永璜户

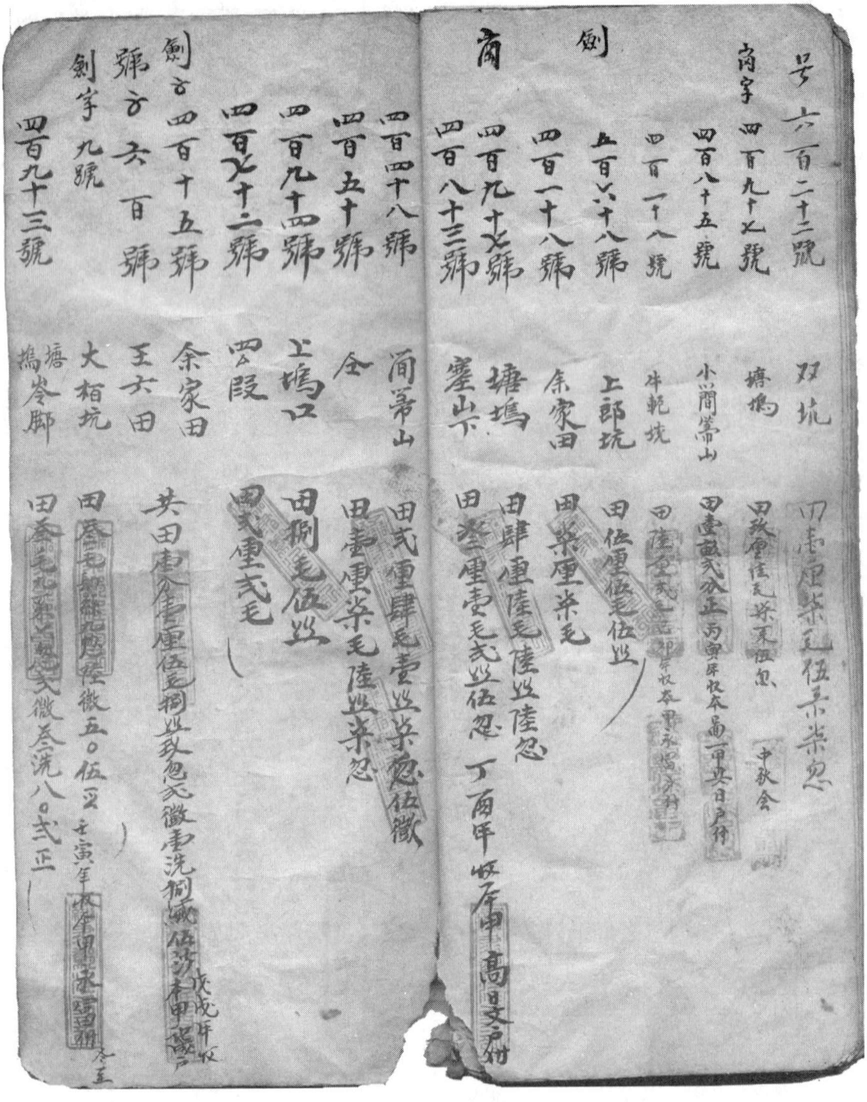

秋口镇油岭村 A 7-8 · 税粮实征册 · 俞永璜户

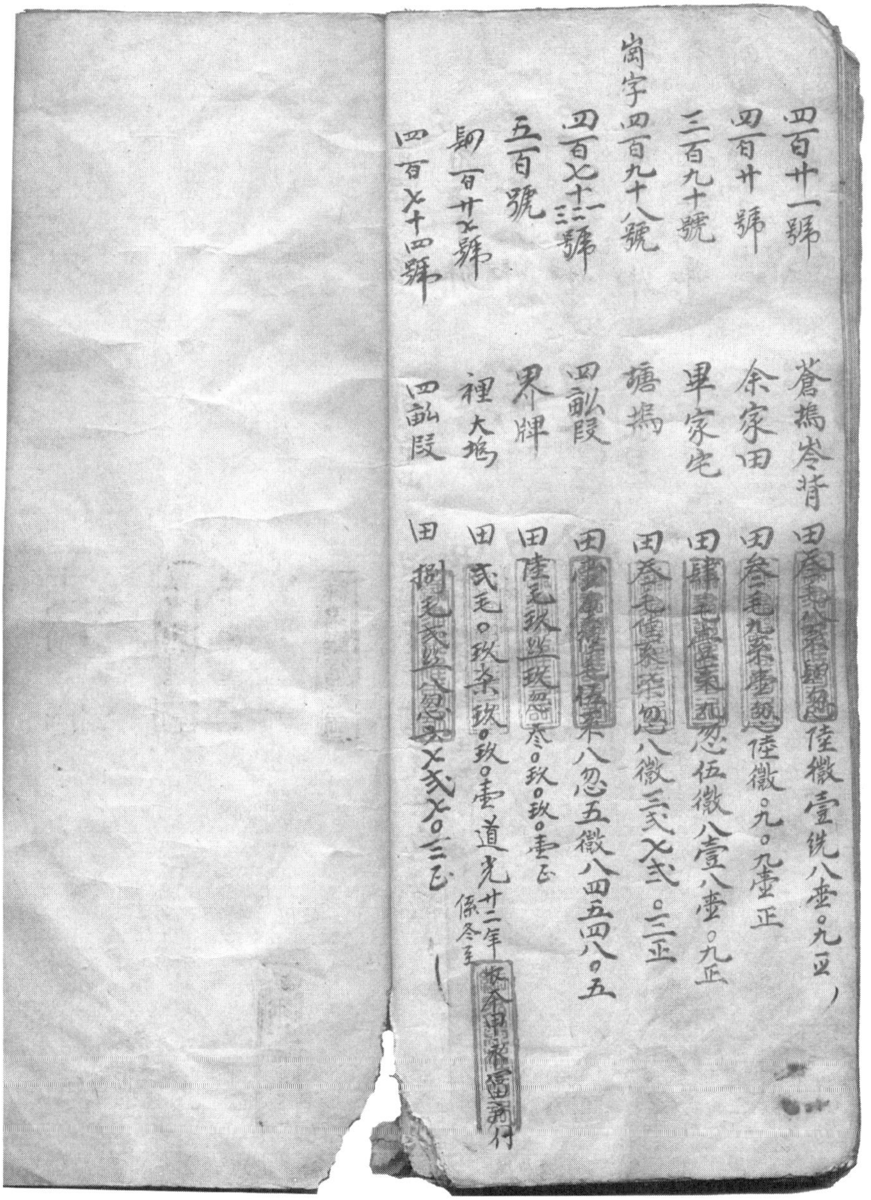

四百廿一號　蒼塢岑背　田叁[illegible]忽陸微壹纖八壹〇九正

四百廿號　余家田　田叁毛九系壹忽陸微〇九〇九壹正

三百九十號　畢家宅　田肆毛[illegible]九忽伍微八壹八壹〇九正

崗字四百九十八號　塘塢　田叁毛[illegible]系忽八微三弍七弍〇三正

四百七十三號　四畝段　田[illegible]八忽五微八四五四八〇五

五百號　界牌　田陸毛玖[illegible]玖忽叁〇玖〇玖〇壹正

四百廿七號　裡大塢　田弍毛〇玖系玖〇玖〇壹　道光廿二年係叁五

四百七十四號　四畝段　田捌毛弍[illegible]八忽[illegible]七弍七〇三正

收[illegible]申[illegible]付

秋口镇油岭村 A 7-9 · 税粮实征册 · 俞永璜户

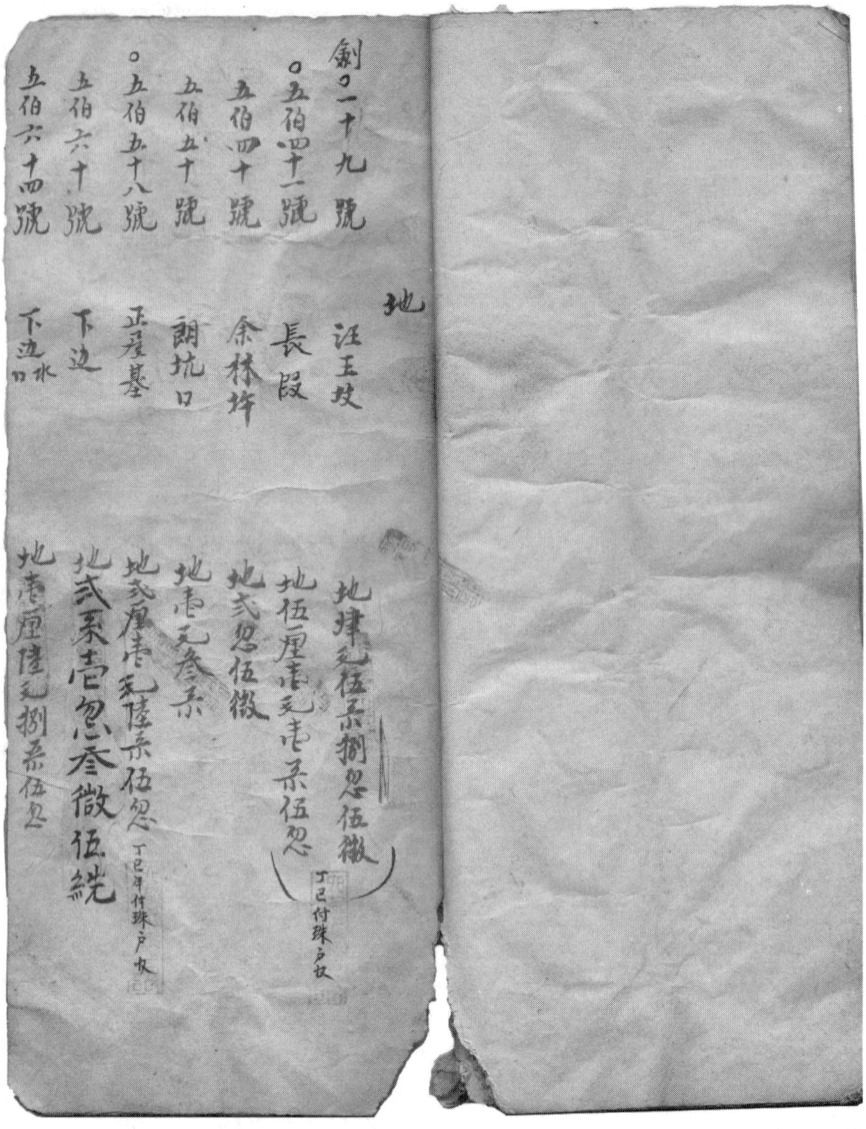
劍○一十九號　汪王坟　地肆毫伍系捌忽伍微
丁巳付珠户收
○五伯四十一號　長段　地伍厘壹毫壹系伍忽
五伯四十號　余林坪　地貳忽伍微
五伯五十號　朗坑口　地壹毫叁系
○五伯五十八號　正屋基　地貳厘壹毫陸系伍忽
丁巳年付珠户收
五伯六十號　下边　地貳系壹忽叁微伍纖
五伯六十四號　下边水口　地壹厘陸毫捌系伍忽

秋口镇油岭村 A 7-10 · 税粮实征册 · 俞永璜户

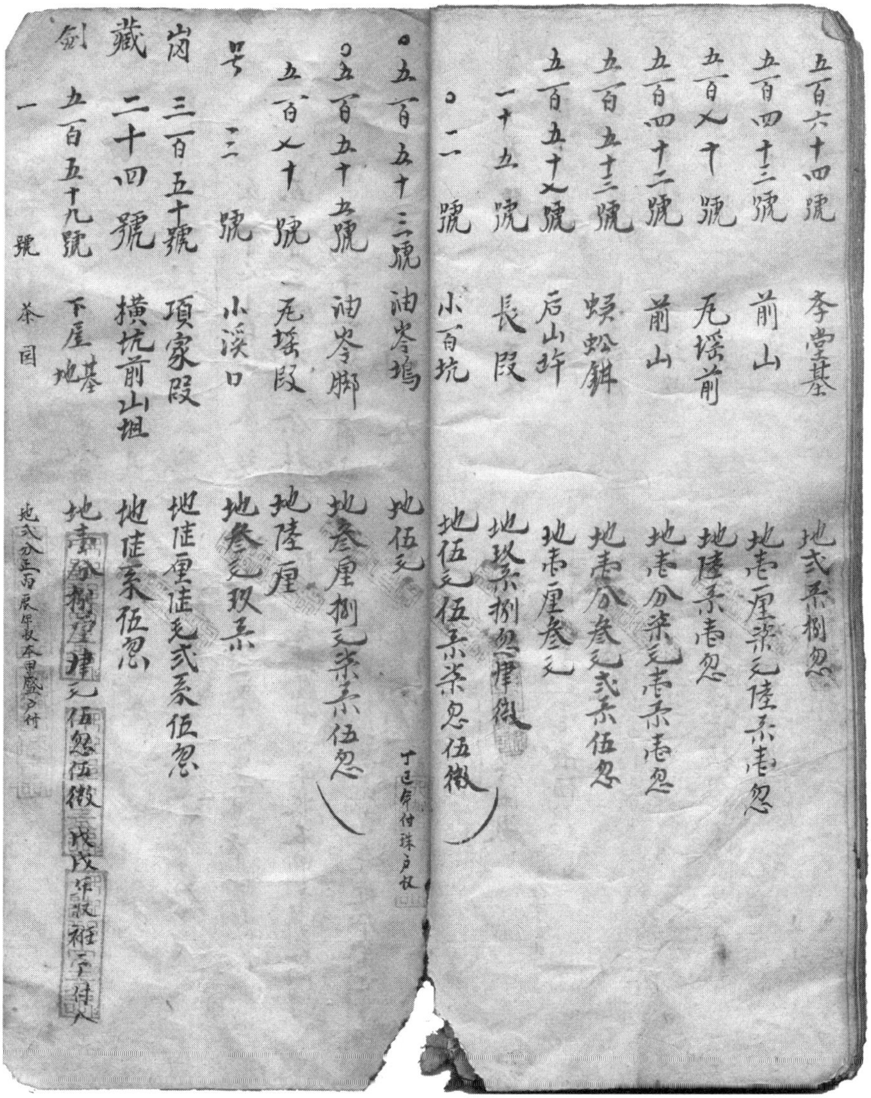
五百六十四號 李堂基 地弍系捌忽
五百四十三號 前山 地壹厘柒毛陸系壹忽
五百又十號 尾塆前 地陸系壹忽
五百四十二號 前山 地壹分柒毛壹系壹忽
五百五十三號 蜈蚣鉼 地壹分叁毛弍系伍忽
五百五十又號 后山圩 地壹厘叁毛
一十五號 長段 地玖系捌忽肆微
〇二一號 小百坑 地伍毛伍系柒忽伍微
丁巳年付珠户收
〇五百五十三號 油岑塢 地伍毛
〇五百五十五號 油岑脚 地叁厘捌毛柒系伍忽
五百又十號 尾塆段 地陸厘
号 三號 小溪口 地叁毛玖系
崗 三百五十號 項家段 地陸厘陸毛弍系伍忽
藏 二十四號 横坑前山坦 地陸系伍忽
劍 五百五十九號 下屋地基 地壹分捌厘肆毛伍忽伍微 戊戌年收裡户付入
一號 茶园 地弍分五厘 戊辰年收本甲盛户付

秋口镇油岭村 A 7-11 · 税粮实征册 · 俞永璜户

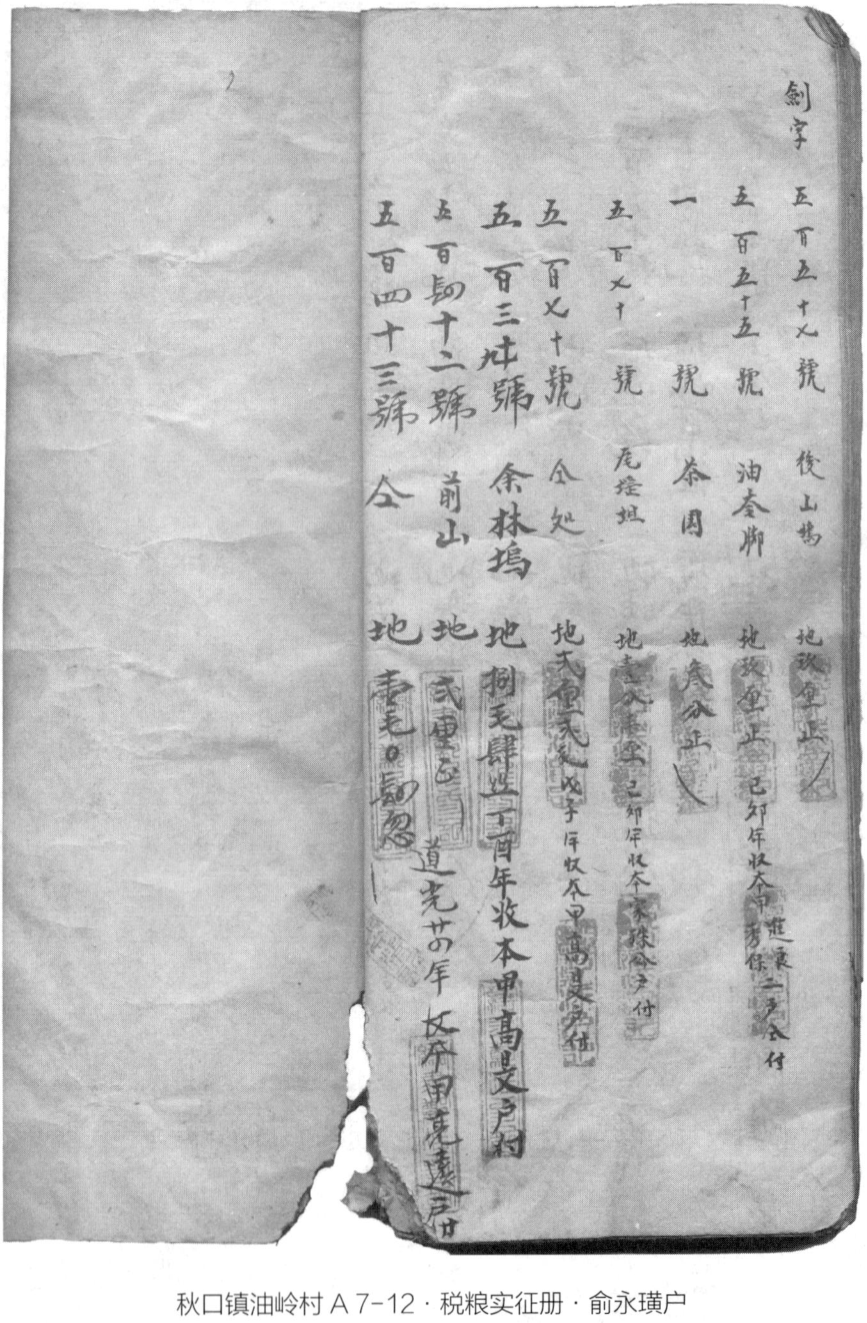

劍字

五百五十七號 後山塢 地玖厘正

五百五十五號 油奎塢 地玖厘正 己卯年收本甲進袁秀保二户分付

一號 茶園 地柒分正

五百七十號 尼塝坦 地壹分叁厘 己卯年收本家珠公户付

五百七十號 仝処 地弍厘弍毛 戊子年收本甲高旻户付

五百三十四號 余林塢 地捌毛肆丝 丁酉年收本甲高旻户付

五百四十二號 前山 地弍厘 道光廿六年收本甲莫遠户付

五百四十三號 仝 地壹毛○忽

秋口镇油岭村 A 7-12 · 税粮实征册 · 俞永璜户

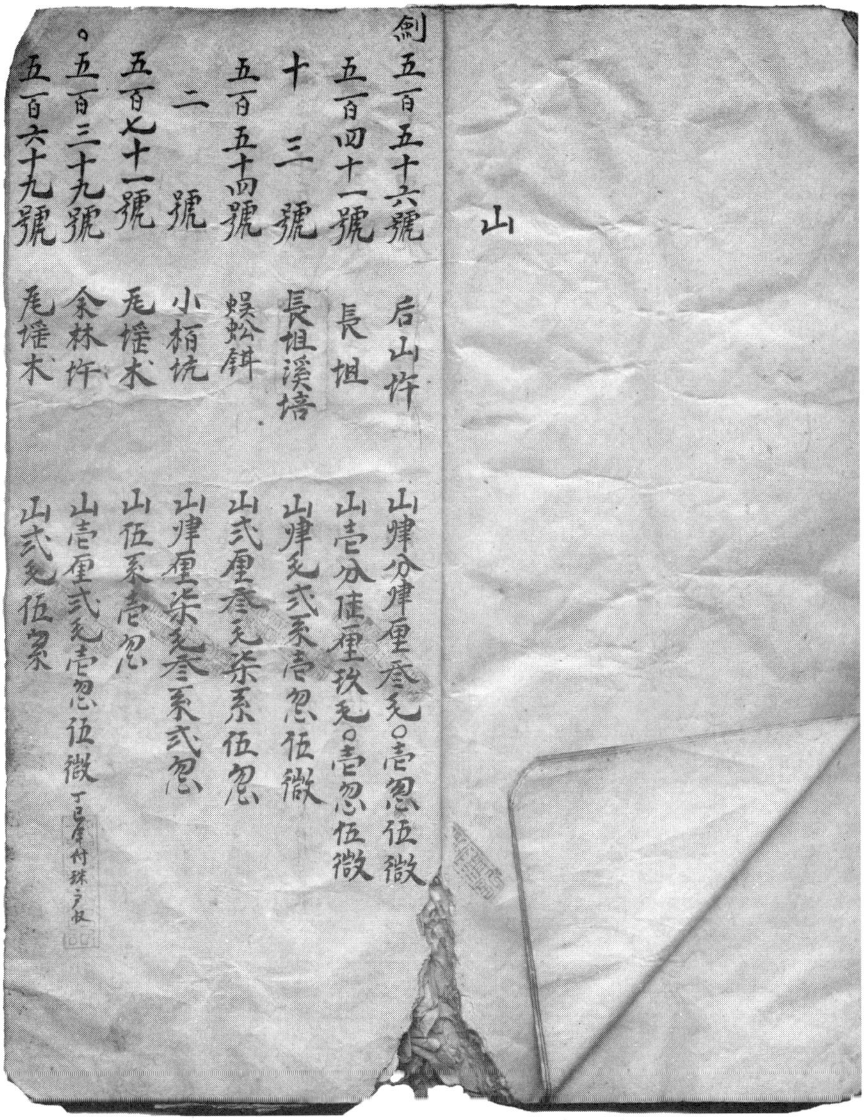
劍五百五十六號　后山圩　山肆分肆厘叁毛〇壹忽伍微

五百四十一號　長坦　山壹分陡厘玖毛〇壹忽伍微

十三號　長坦溪培　山肆毛式系壹忽伍微

五百五十四號　蜈蚣鉼　山式厘叁毛柒系伍忽

二號　小栢坑　山肆厘柒毛叁系式忽

五百七十一號　尾塢木　山伍系壹忽

〇五百三十九號　余林圩　山壹厘式毛壹忽伍微　丁巳年付珠户收

五百六十九號　尾塢木　山式毛伍系

山

秋口镇油岭村 A 7-13 · 税粮实征册 · 俞永璜户

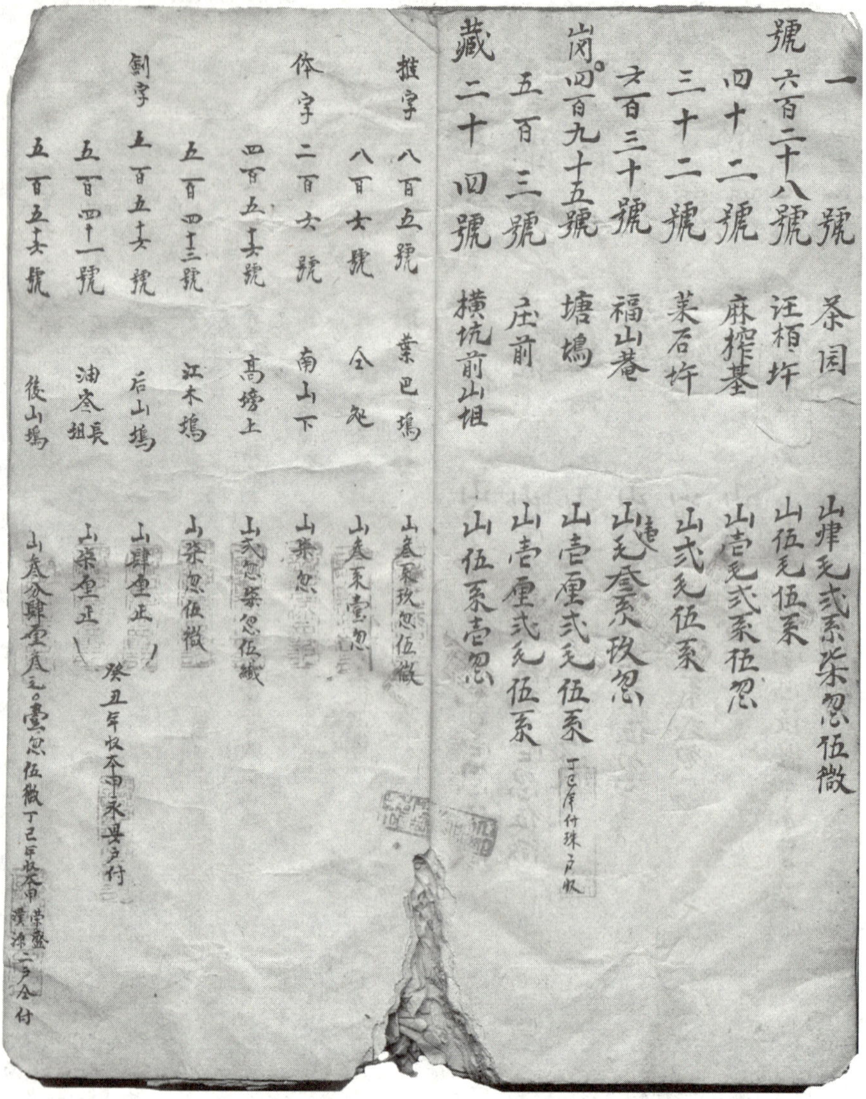

一號　茶园　山肆毛弍系柒忽伍微
號六百二十八號　汪栢圻　山伍毛伍系
四十二號　麻榨基　山壹毛弍系伍忽
三十二號　莱石圻　山弍毛伍系
六百三十號　福山菴　山達毛叁系玖忽
崗四百九十五號　塘塢　山壹厘弍毛伍系　丁巳年付珠户收
五百三號　庄前　山壹厘弍毛伍系
藏二十四號　横坑前山坦　山伍系壹忽
推字八百五號　葉巴塢　山叁系玖忽伍微
八百七十號　仝处　山叁系壹忽
体字二百六號　南山下　山柒忽
四百五十七號　高塝上　山弍忽柒忽伍微
五百四十三號　江木塢　山柒忽伍微
劍字五百五十七號　后山塢　山肆厘正
五百四十一號　油竂坦長　山柒厘正　癸丑年收本甲永兴户付
五百五十七號　後山塢　山叁分肆厘叁毛〇壹忽伍微　丁巳年收本甲学盛、汉源二户仝付

秋口镇油岭村 A 7-14 · 税粮实征册 · 俞永璜户

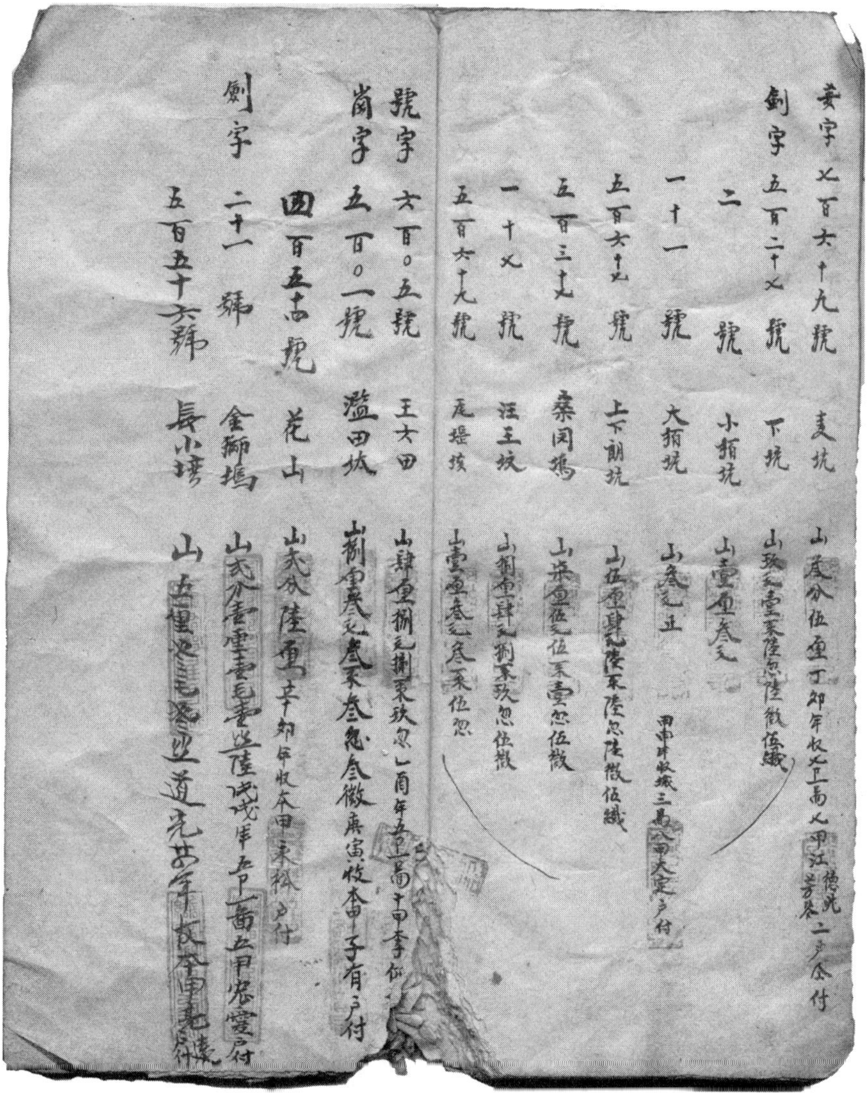

黄字七百六十九號　麦坑　山叁分伍厘丁卯年收七上畝人甲江德光芳喜二户仝付

劍字五百二十七號　下坑　山玖毛壹系陸忽陸微伍纖

二號　小蕉坑　山壹厘叁毛

一十一號　大蕉坑　山叁毛五　甲申年收職三畝人甲大定户付

五百六十七號　上下朗坑　山伍厘肆毛陸系陸忽陸微伍纖

五百三十七號　桑園塢　山柒厘伍毛伍系壹忽伍微

一十七號　汪王坟　山捌厘肆毛捌系玖忽伍微

五百六十九號　庵堤坟　山壹厘叁毛叁系伍忽

號字六百〇五號　王大田　山肆厘捌毛捌系玖忽　丙年收五上畝十甲李位

崗字五百〇一號　溢田坟　山捌厘叁毛叁系叁忽叁微　庚寅收本甲子有户付

四百五十七號　花山　山柒分陸厘　辛卯年收本甲東松户付

劍字二十一號　金獅塢　山貳分壹厘壹毛壹絲陸　戊戌年五甲一畝五甲宏寶户付

五百五十六號　長小塘　山五厘七毛　道光廿年收本甲乾遠户付

秋口镇油岭村 A 7-15 · 税粮实征册 · 前水璜户

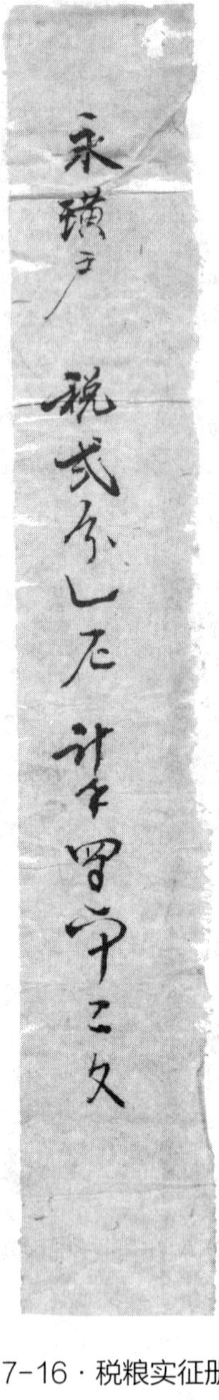

秋口镇油岭村 A 7-16 · 税粮实征册 · 俞永璜户

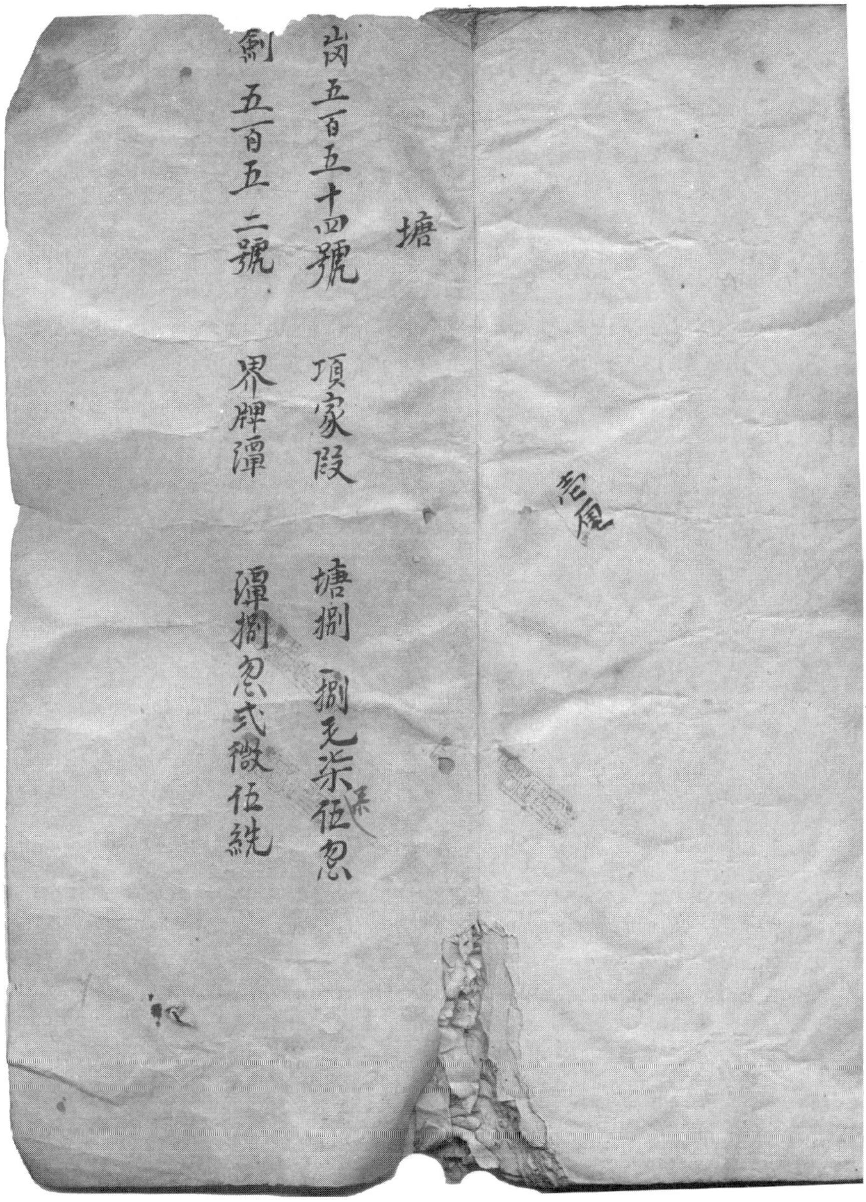
塘

崗五百五十四號　項家段　塘捌　捌毛柒伍忽

劍五百五二號　界牌潭　潭捌忽弍微伍絲

壹尾

秋口镇油岭村 A 7-17 · 税粮实征册 · 俞永璜户

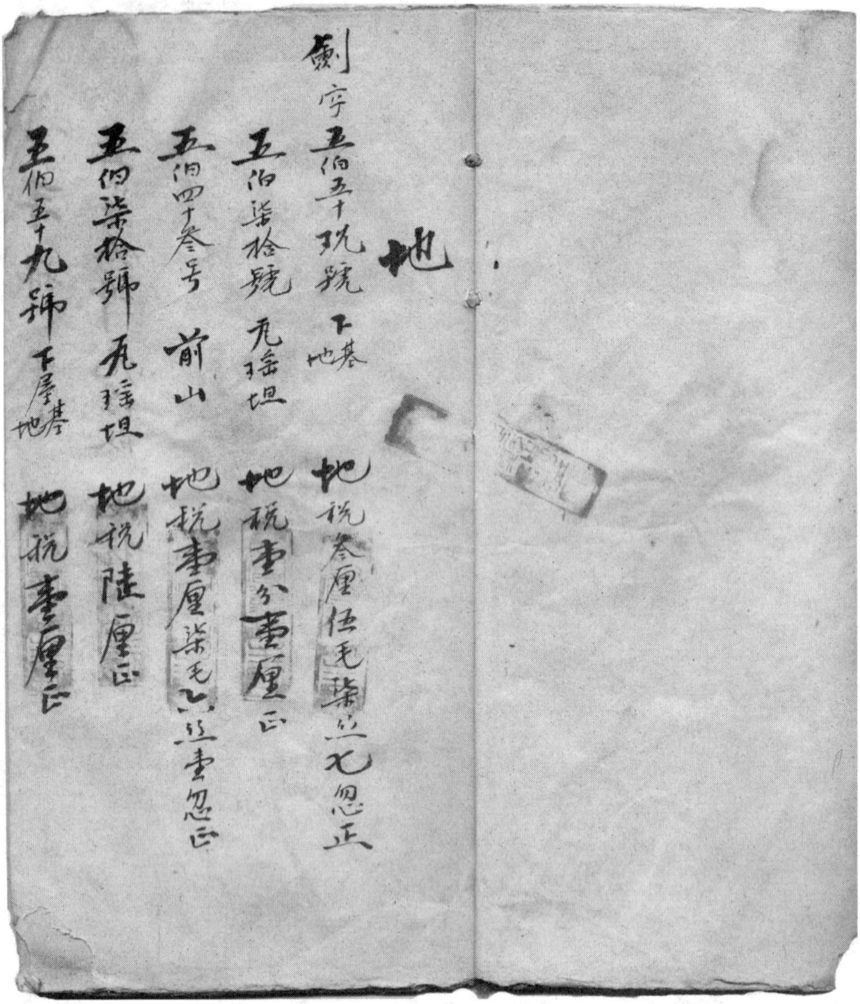

地

劍字五伯五十玖號 下基地 地税叁厘伍毛柒丝七忽正

五伯柒拾號 丸塢垣 地税壹分壹厘正

五伯四十叁号 前山 地税壹厘柒毛〇丝壹忽正

五伯柒拾號 丸塢垣 地税陸厘正

五伯五十九號 下基地 地税壹厘正

秋口镇油岭村 A 11-1・税粮实征册

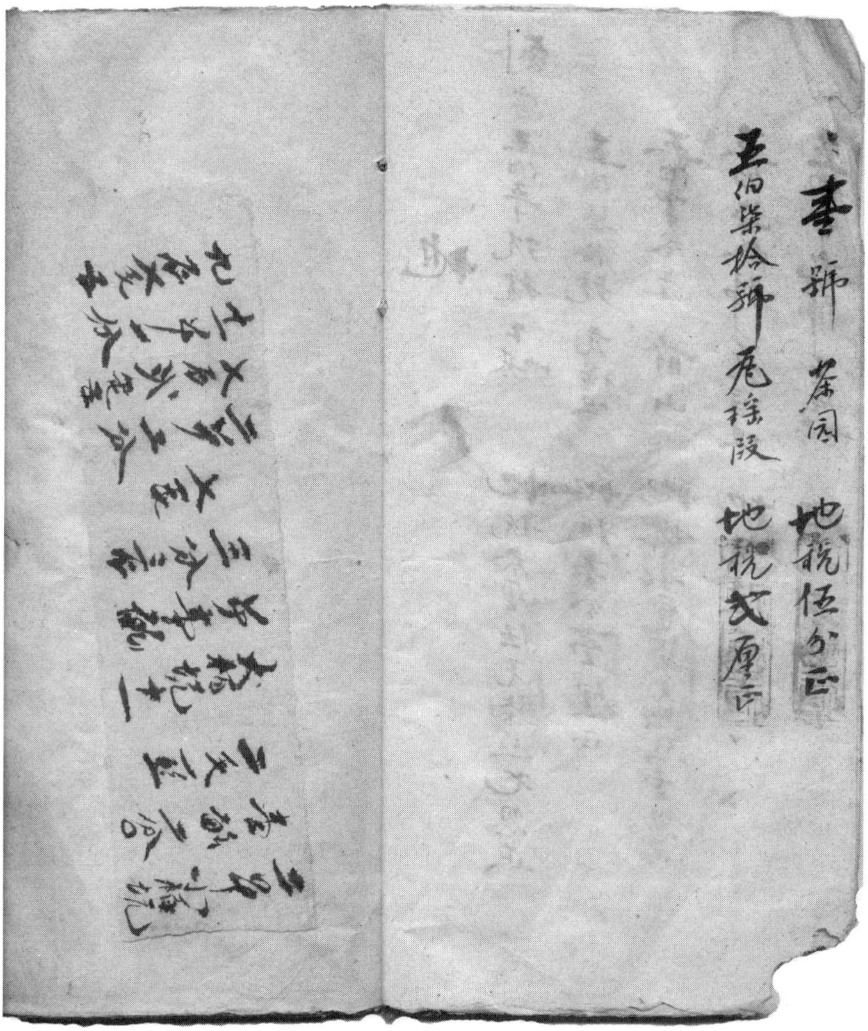

秋口镇油岭村 A 11-2 · 税粮实征册

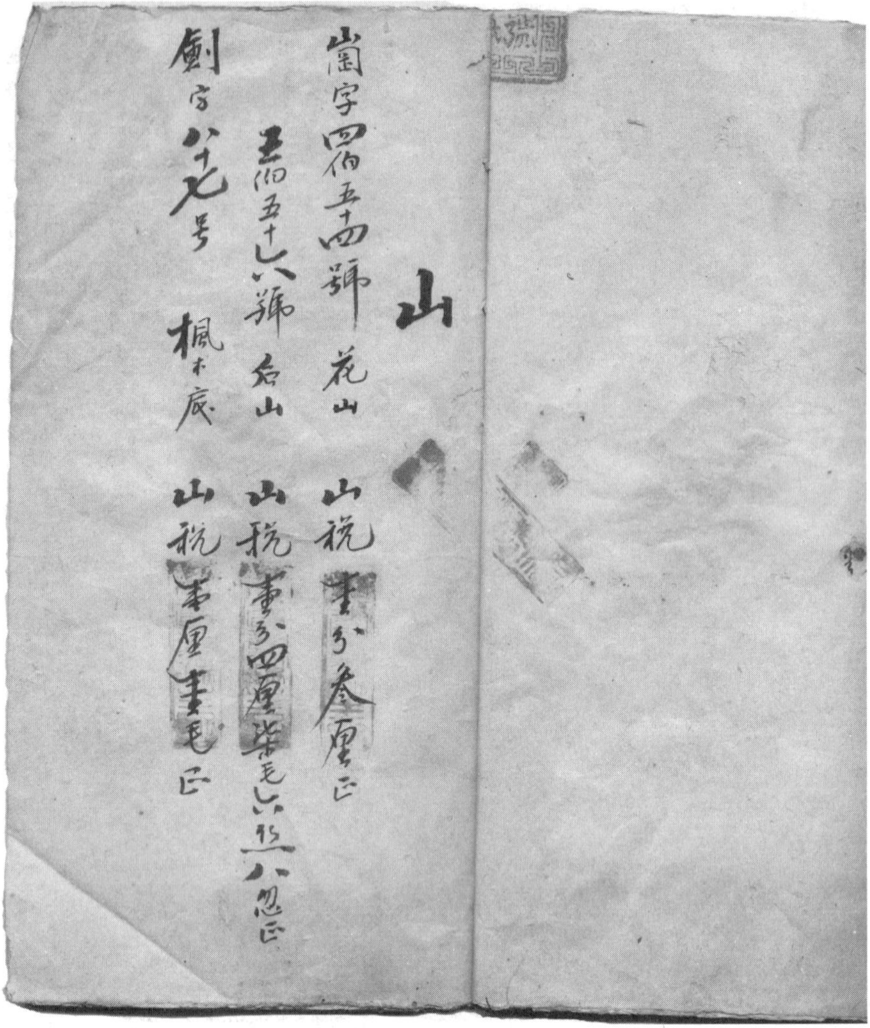
山
崗字四佰五十四號 花山 山税壹分叁厘正
五佰五十六號 名山 山税壹分四厘柒毛六絲八忽正
劍字八十七號 楓木底 山税壹厘壹毛正

秋口镇油岭村 A 11-3 · 税粮实征册

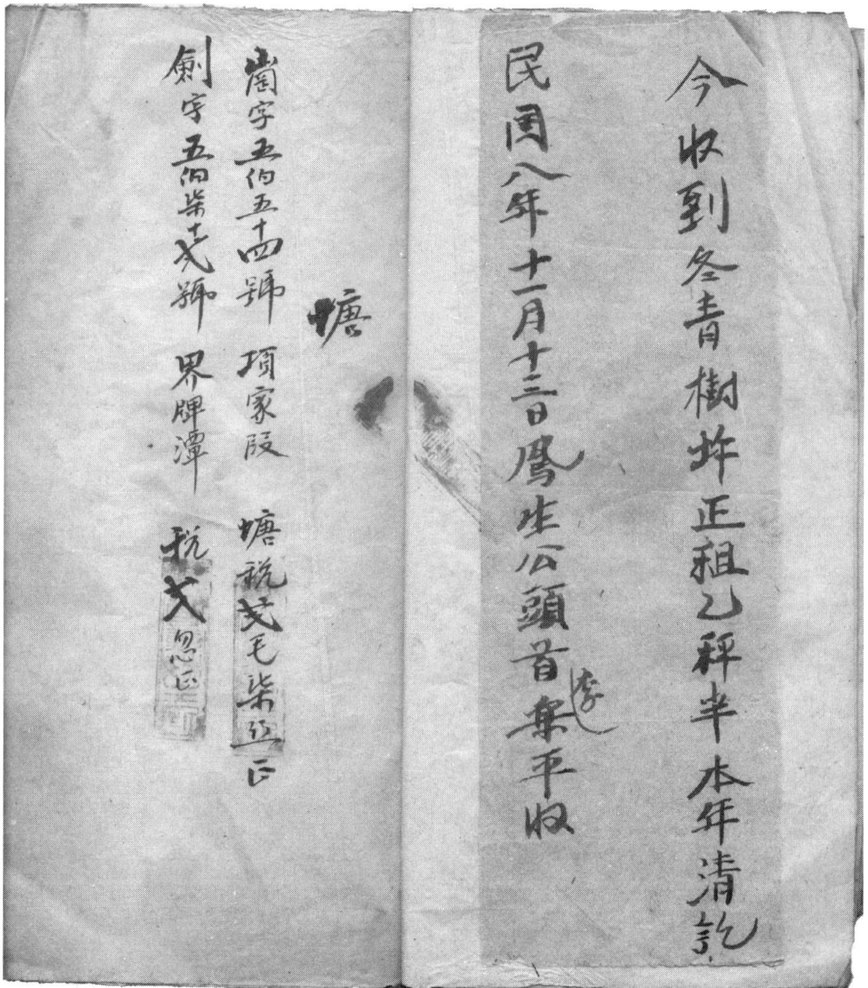
今收到冬青樹坪正租乙秤半本年清訖
民國八年十一月十三日鳳生公頭首集平收
劍字五伯柒十弍號 界牌潭
崗字五伯五十四號 項家陂
塘

秋门镇沺岭村 A 11-4 · 税粮实征册

秋口镇油岭村 B 1—101

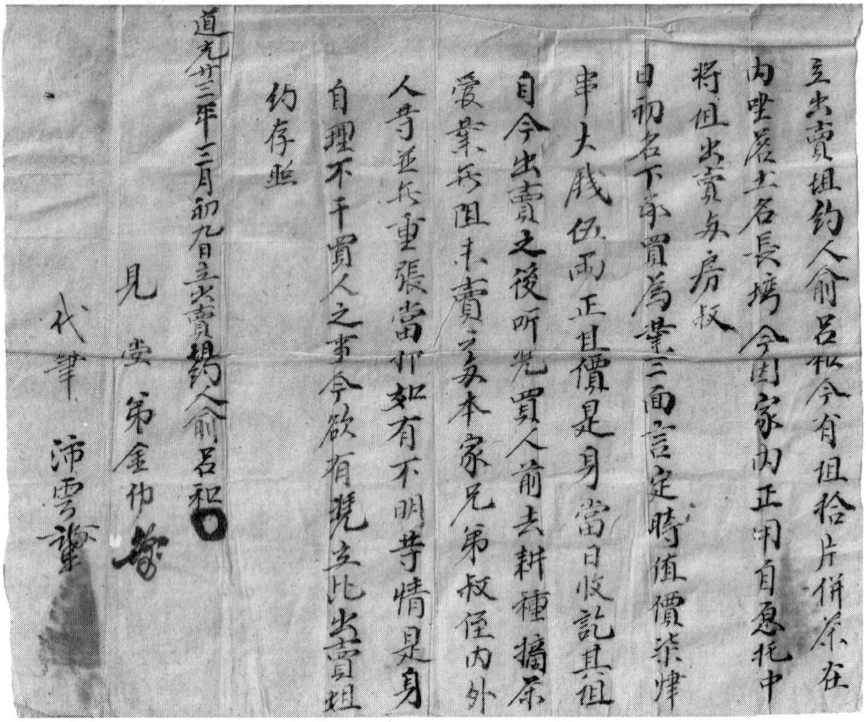

立出賣坦约人俞吕和今有坦拾片併茶在
内坐落土名長塆今因家内正用自愿托中
将坦出賣与房叔
日初名下承買為業三面言定時值價柒肆
串大錢伍兩正其價是身當日收訖其坦
自今出賣之後听凭買人前去耕種摘茶
管業無阻未賣之先本家兄弟叔侄内外
人等並無重張當押如有不明等情是身
自理不干買人之事今欲有憑立此出賣坦
约存照
道光廿三年十二月初九日立出賣坦约人俞吕和
見 安 弟金仂
代筆 沛雲

秋口镇油岭村 B 93 · 道光二十三年 · 出卖坦约 · 俞吕和卖与房叔日初

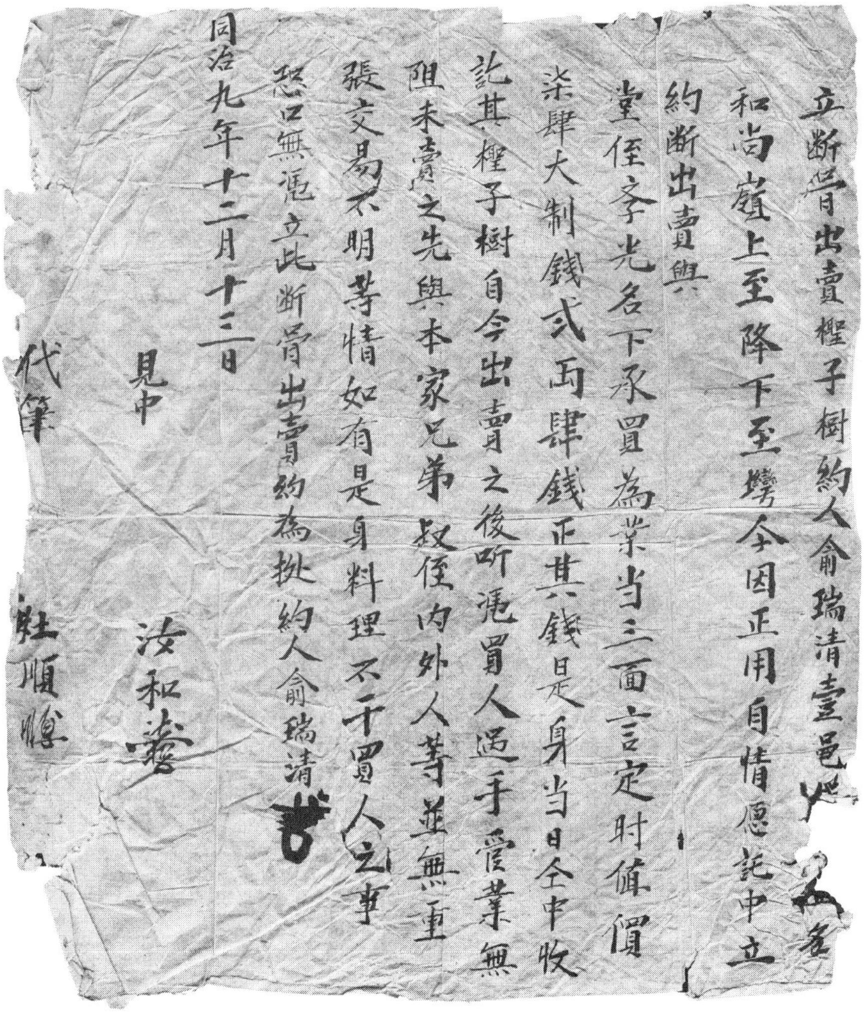

立斷骨出賣樫子樹約人俞瑞清壹邑坐[illegible]土名
和尚嶺上至降下至塆今因正用自情愿託中立
約斷出賣與
堂侄齐光名下承買為業当三面言定时值價
柒肆大制錢弍百肆錢正其錢是身当日仝中收
訖其樫子樹自今出賣之後听凭買人過手管業無
阻未賣之先與本家兄弟叔侄内外人等並無重
張交易不明等情如有是身料理不干買人之事
恐口無凭立此断骨出賣約為據約人俞瑞清（押）
同治九年十二月十三日
見中　汝和（押）
代筆　灶順（押）

秋口镇油岭村 B 6 · 同治九年 · 断骨出卖柽子树约 · 俞瑞清卖与堂侄齐光

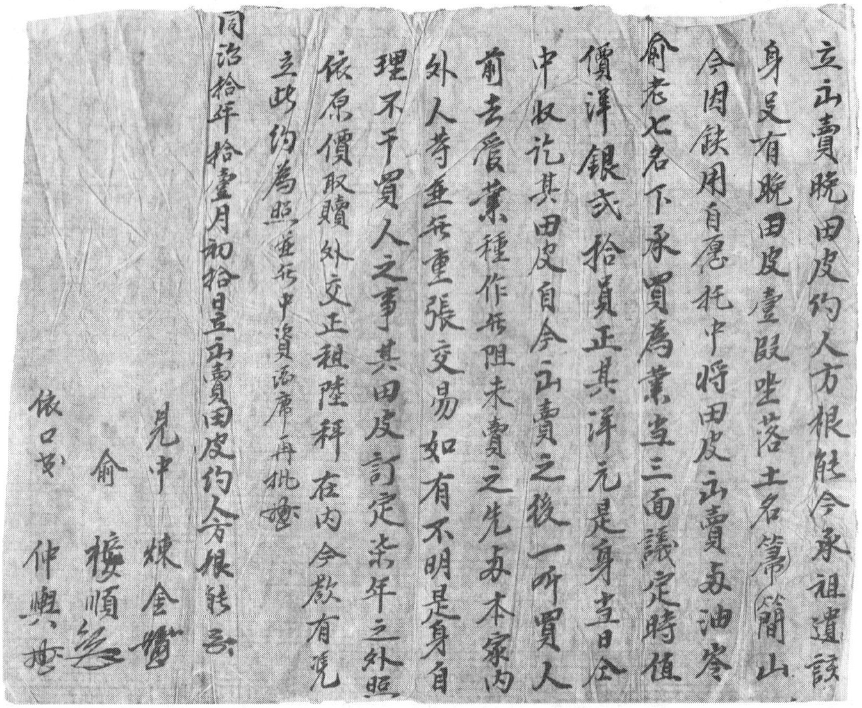
立出賣晚田皮約人方根能今承祖遺該
身己有晚田皮壹畝坐落土名篇簡山
今因缺用自愿托中將田皮出賣與油嶺
俞老七名下承買為業当三面議定時值
價洋銀式拾員正其洋元是身当日全
中收訖其田皮自今出賣之後一听買人
前去管業種作無阻未賣之先與本家內
外人等並無重張交易如有不明是身自
理不干買人之事其田皮訂定柒年之外照
依原價取贖外交正租陸秤在內今欲有憑
立此約為照 並無中資酒席再批照
同治拾年拾壹月初拾日立出賣田皮約人方根能
見中 煉金
俞 樓順
依口書 仲興

秋口镇油岭村 B 91 · 同治十年 · 出卖晚田皮约 · 方根能卖与俞老七

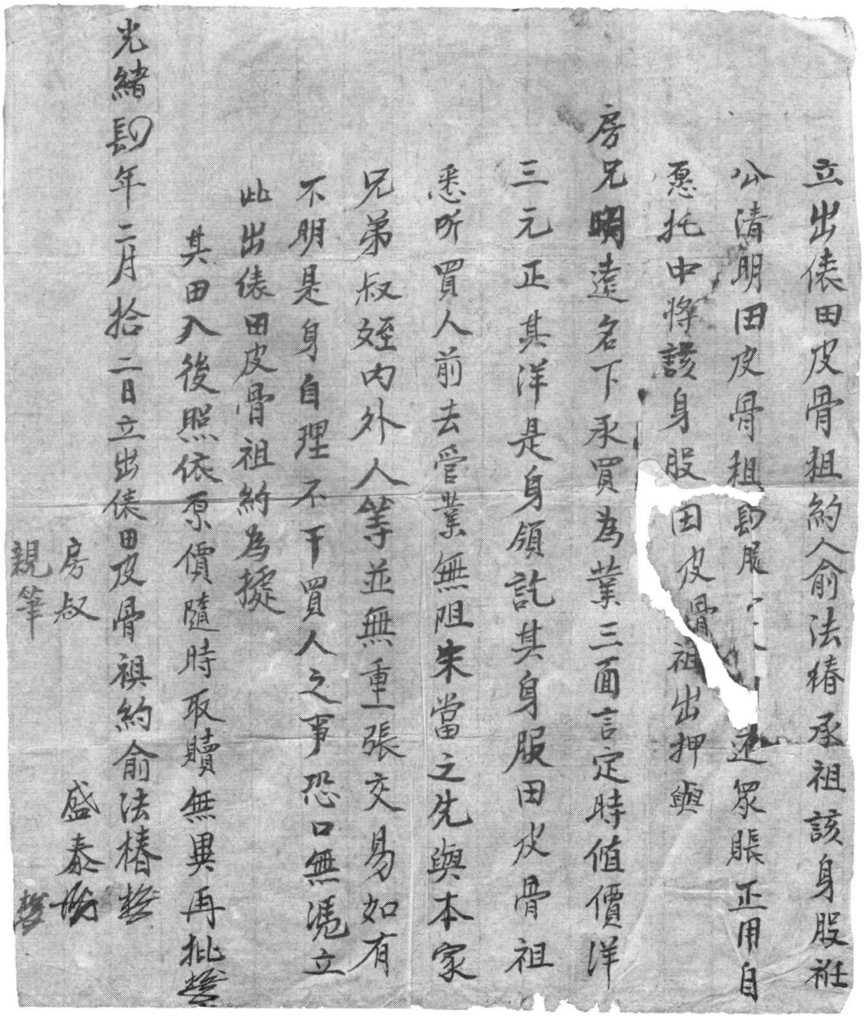
立出俵田皮骨租約人俞法椿承祖該身股祖
公清明田皮骨租四股[illegible]述衆賬正用自
愿托中將該身股田皮骨租出押與
房兄明遠名下承買為業三面言定時值價洋
三元正其洋是身領訖其身股田皮骨租
悉所買人前去管業無阻未當之先與本家
兄弟叔姪内外人等並無重張交易如有
不明是身自理不干買人之事恐口無憑立
此出俵田皮骨祖約為據
其田入後照依原價隨時取贖無異再批（押）
光緒四年二月拾二日立出俵田皮骨租約俞法椿（押）
房叔　盛泰（押）
親筆（押）

秋口镇沺岭村 B 1 · 光绪四年 · 出俵田皮骨租约 · 俞法椿卖与房兄明远

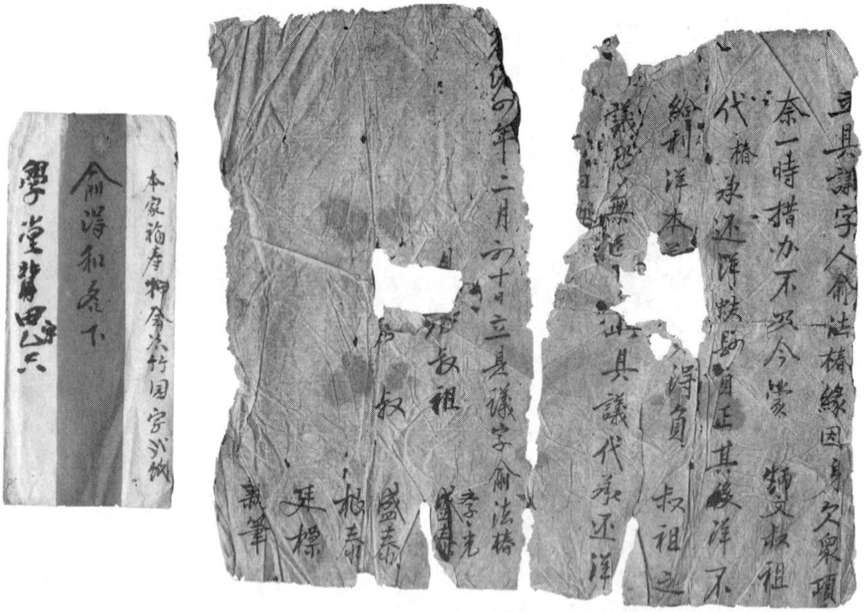

秋口镇油岭村 B 86 · 光绪四年 · 具议字 · 俞法椿议与俞炳文

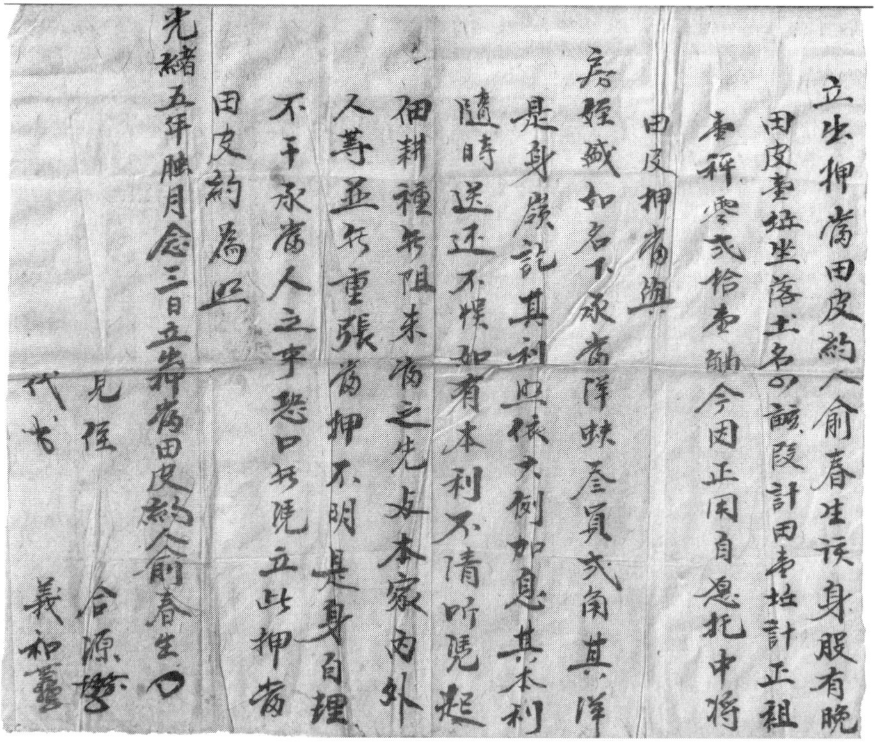
立出押當田皮約人俞春生誒身服有晚
田皮壹坵坐落土名□畝段計田壹坵計正租
壹秤零弍拾壹觔今因正用自急托中將
田皮押當與
房侄盛如名下承當洋蚨叁員弍角其洋
是身領訖其利照依大例加息其本利
隨時送还不悮如有本利不清听憑起
佃耕種無阻未當之先並本家內外
人等並無重張當押不明是身自理
不干承當人之事恐口無憑立此押當
田皮約為照
光緒五年臘月念三日立出押當田皮約人俞春生（押）
見侄 合源（押）
代书 義和（押）

秋口镇油岭村 B 94 · 光绪五年 · 出押当田皮约 · 俞春生押当与房侄盛如

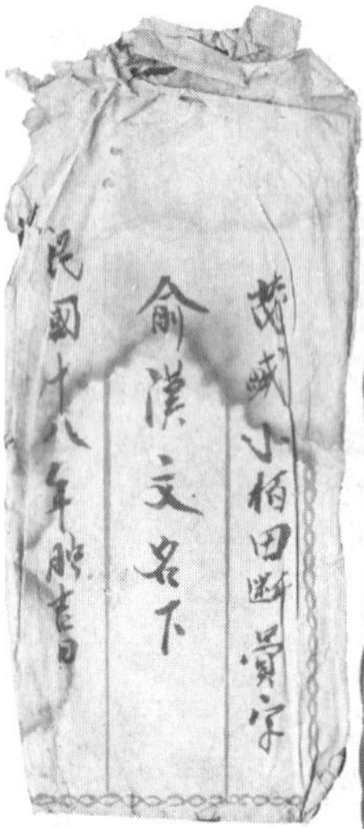

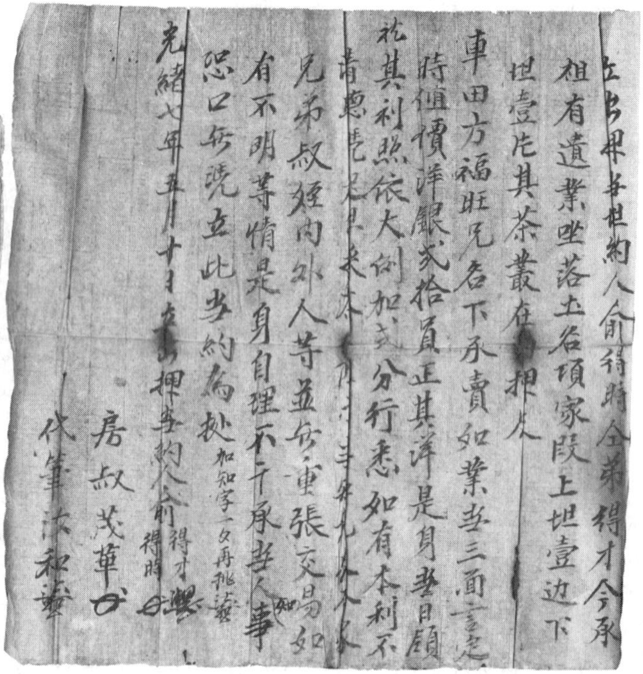

秋口镇油岭村 B 79 · 光绪七年 · 出押当坦约 · 俞得时同弟得才押与方福旺

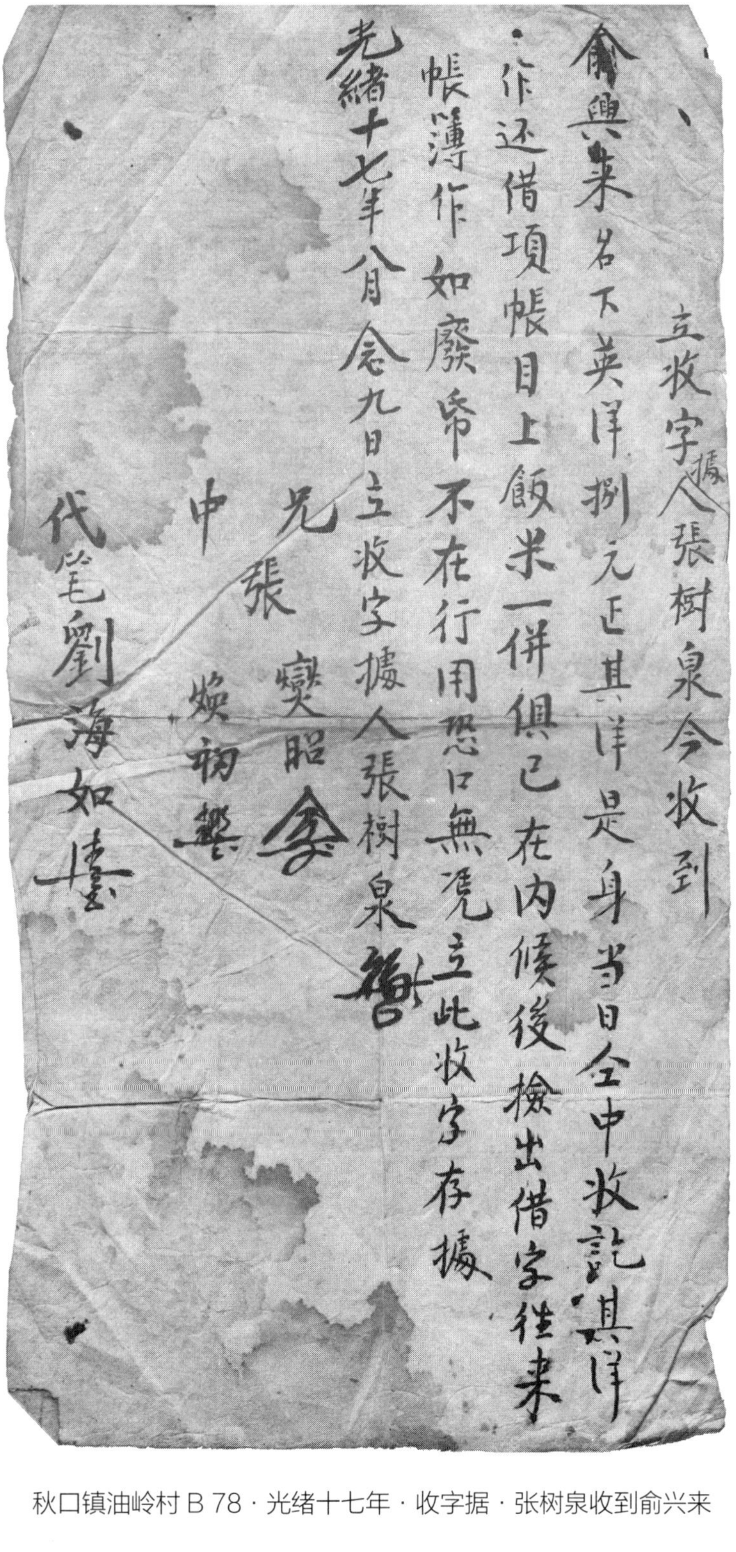

立收字據人張樹泉今收到
俞興来名下英洋捌元正其洋是身當日仝中收訖其洋
作还借項帳目上飯米一併俱已在内候後撿出借字往来
帳薄作如廢帋不在行用恐口無凭立此收字存據
光緒十七年八月念九日立收字據人張樹泉（押）
兄張燮昭（押）
中 煥祠（押）
代筆劉海如（押）

秋口镇油岭村 B 78 · 光绪十七年 · 收字据 · 张树泉收到俞兴来

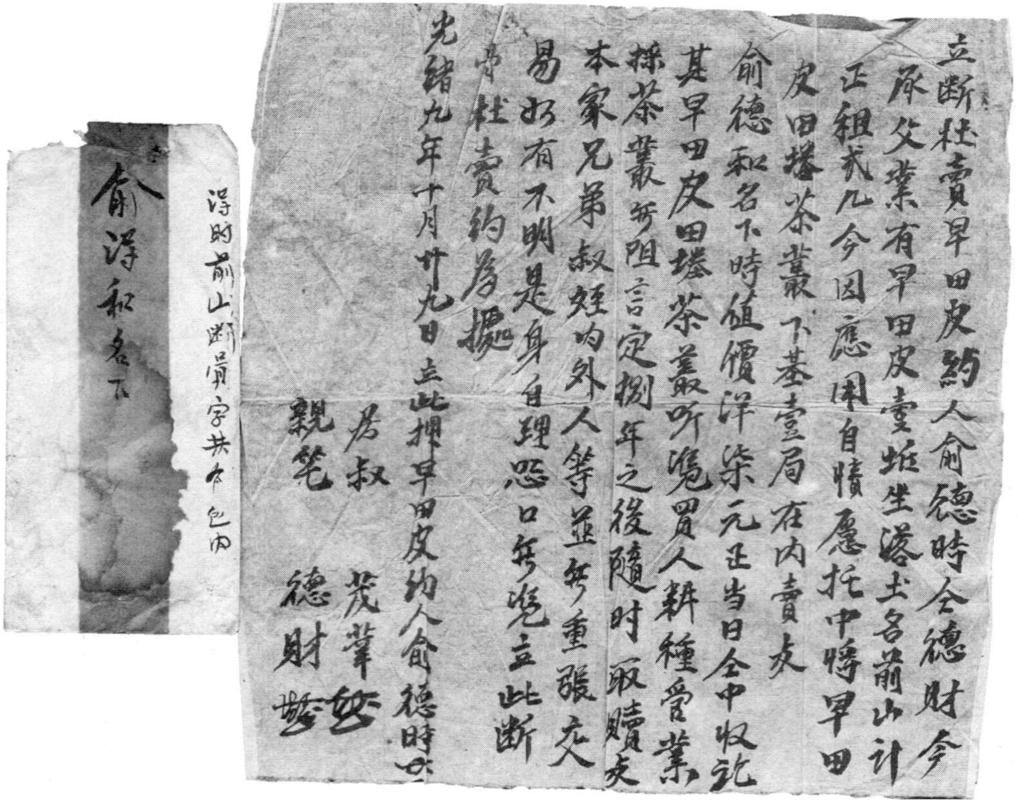

秋口镇油岭村 B 70 · 光绪九年 · 断杜卖早田皮约 · 俞德时等卖与俞德和

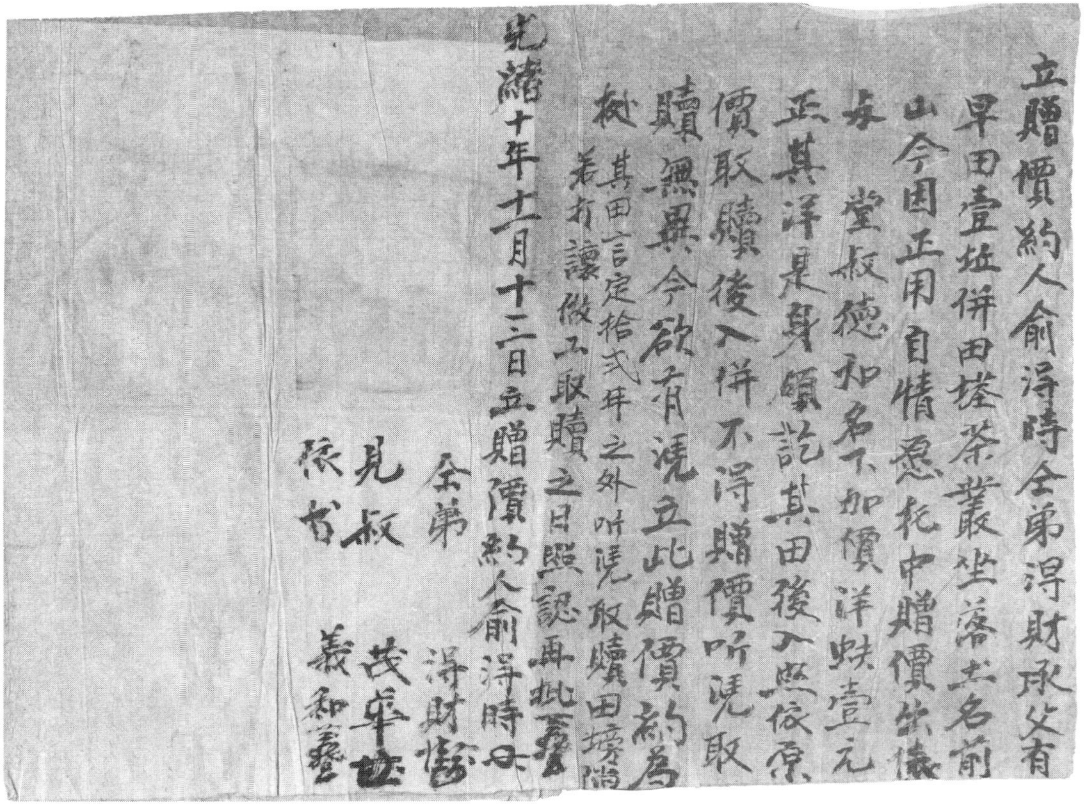
立贈價約人俞得時仝弟得財承父有
早田壹坵併田塍茶叢坐落土名前
山，今因正用，自情愿托中贈價與儀
安堂叔德和名下加價洋蚨壹元
正。其洋是身領訖。其田後入照依原
價取贖，後入併不得贈價，听凭取
贖無異。今欲有凭，立此贈價約為
據。
其田言定拾式年之外听凭取贖，田墈隔
養有讓做工，取贖之日照認再批。
光緒十年十一月十二日立贈價約人俞得時
仝弟 得財
見叔 茂華
依書 義和

秋口镇由岭村 B 75 · 光绪十年 · 赠价约 · 俞得时同弟得财卖与堂叔德和

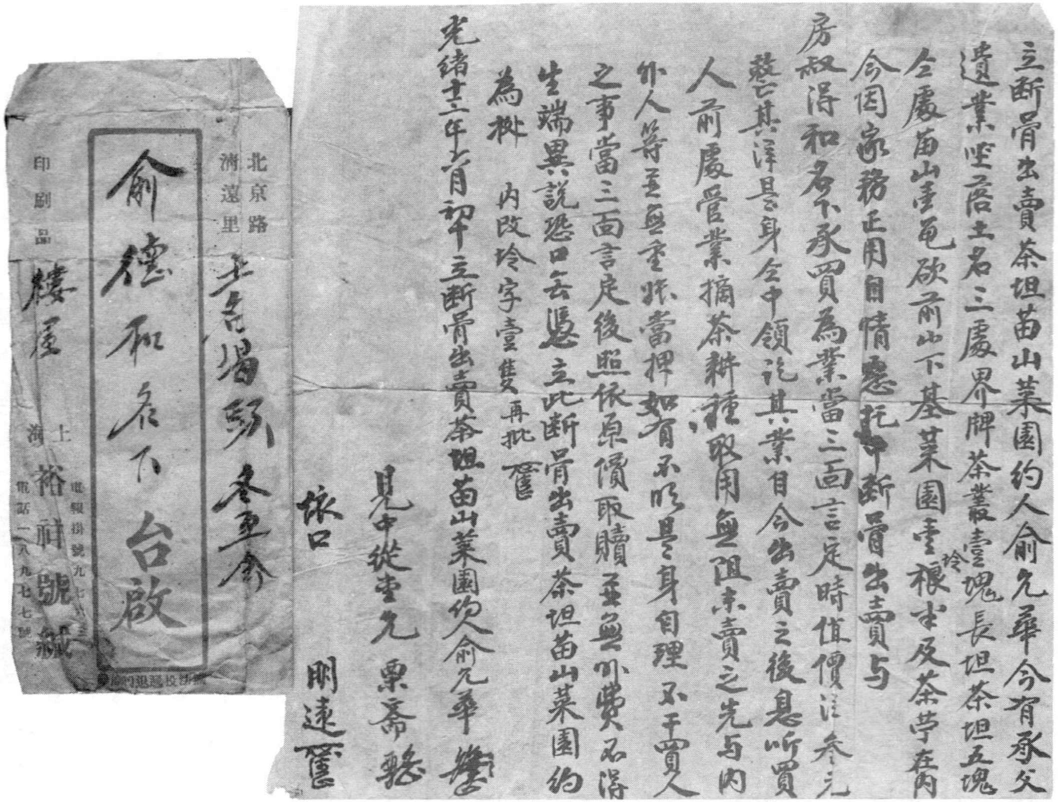
立断骨出賣茶坦苗山菜園约人俞允華今有承父
遺業坐落土名三處界牌茶叢壹塊長坦茶坦五塊
仝處苗山壹色砍前山下基菜園壹根术及茶蔸在内
今因家務正用自情愿托中断骨出賣与
房叔得和名下承買為業當三面言定時值價洋叁元
整正其洋是身仝中領訖其業自今出賣之後恁听買
人前處管業摘茶耕種取用無阻未賣之先与内
外人等並無重張當押如有不明是身自理不干買人
之事當三面言定後照依原價取贖並無阻當不得
生端異說恐口無憑立此断骨出賣茶坦苗山菜園约
為據　内改玲字壹隻再批　匽
光绪十三年十月初十日立断骨出賣茶坦苗山菜園约人俞允華
見中從堂兄　秉斋
依口　明達　匽

秋口镇油岭村 B 19 · 光绪十三年 · 断骨出卖茶坦苗山菜园约 · 俞允华卖与房叔得和

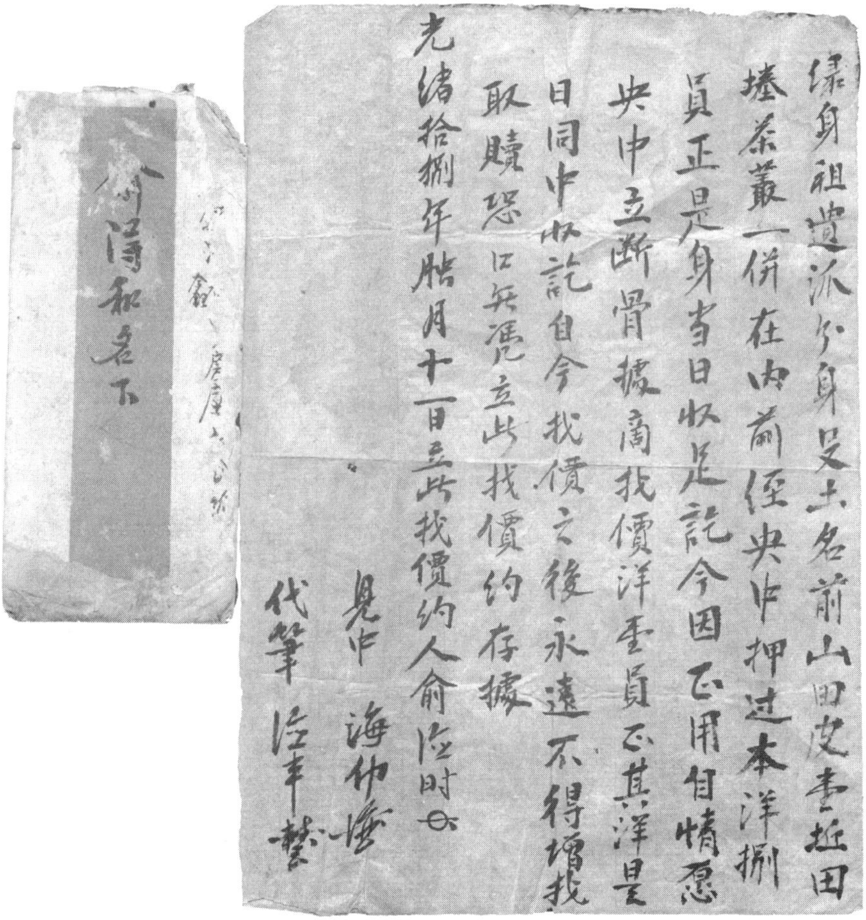
緣身祖遺派分身受土名前山田皮壹坵田
塍茶叢一併在內前經央中押過本洋捌
員正是身當日收足訖今因正用自情愿
央中立斷骨據商找價洋壹員正其洋是
日同中收訖自今找價之後永遠不得增找
取贖恐口無憑立此找價約存據
光緒拾捌年臘月十一日立此找價約人俞德时（押）
見中 海仂偻
代筆 汪丰棽

秋口镇油岭村 B 73 · 光绪十八年 · 找价约 · 俞德时

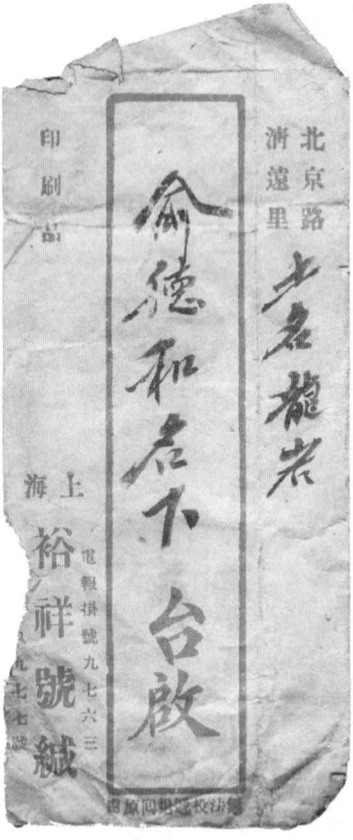

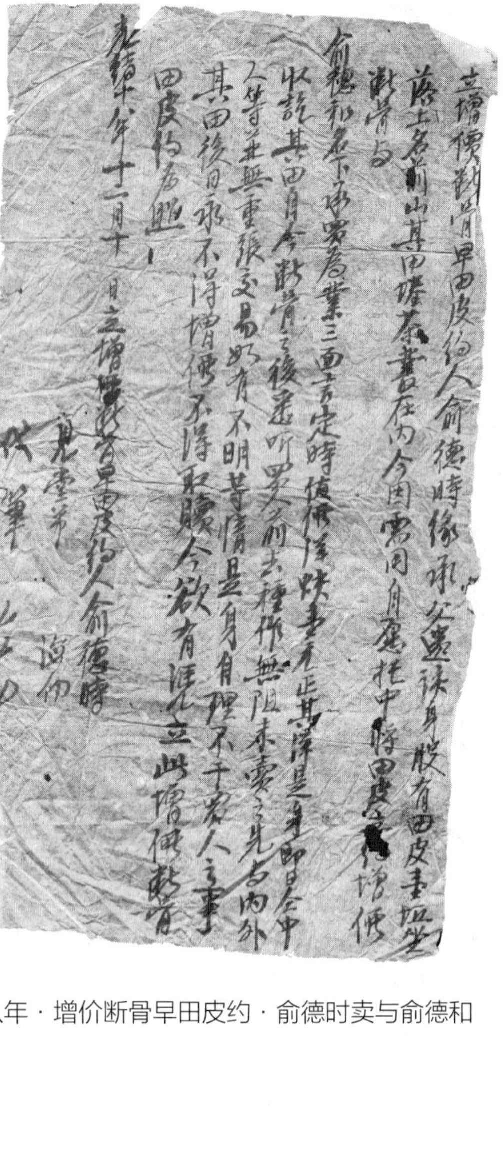

秋口镇油岭村 B 74 · 光绪十八年 · 增价断骨旱田皮约 · 俞德时卖与俞德和

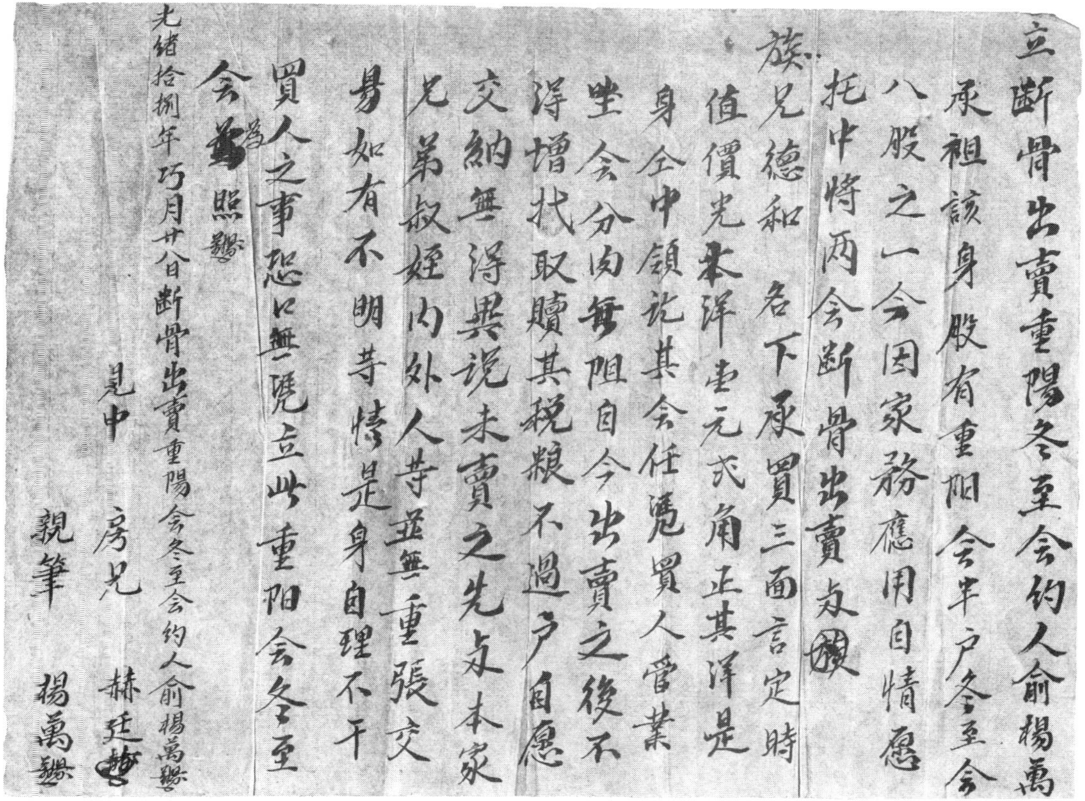
立断骨出賣重陽冬至会约人俞楊萬
承祖該身股有重阳会半户冬至会
八股之一会因家務應用自情愿
托中将两会断骨出賣与
族兄德和名下承買三面言定時
值價光洋壹元弍角正其洋是
身仝中領訖其会任凴買人管業
坐会分肉無阻自今出賣之後不
得增找取贖其稅粮不過户自愿
交納無得異說未賣之先与本家
兄弟叔姪内外人等並無重張交
易如有不明等情是身自理不干
買人之事恐口無憑立此重阳会冬至
会簿為照
光緒拾捌年巧月廿八日断骨出賣重陽会冬至会约人俞楊萬
見中 房兄 赫廷
親筆 楊萬

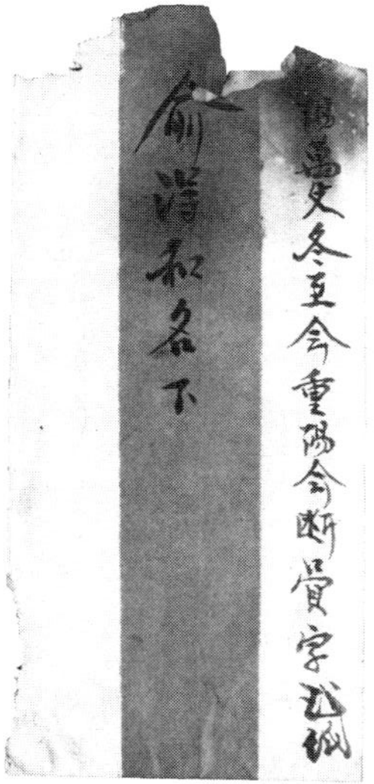
楊萬叟冬至会重陽会断骨字弍纸
俞淂和名下

秋口镇油岭村 B 84 · 光绪十八年 · 断骨出卖重阳、冬至会约 · 俞杨万卖与族兄德和

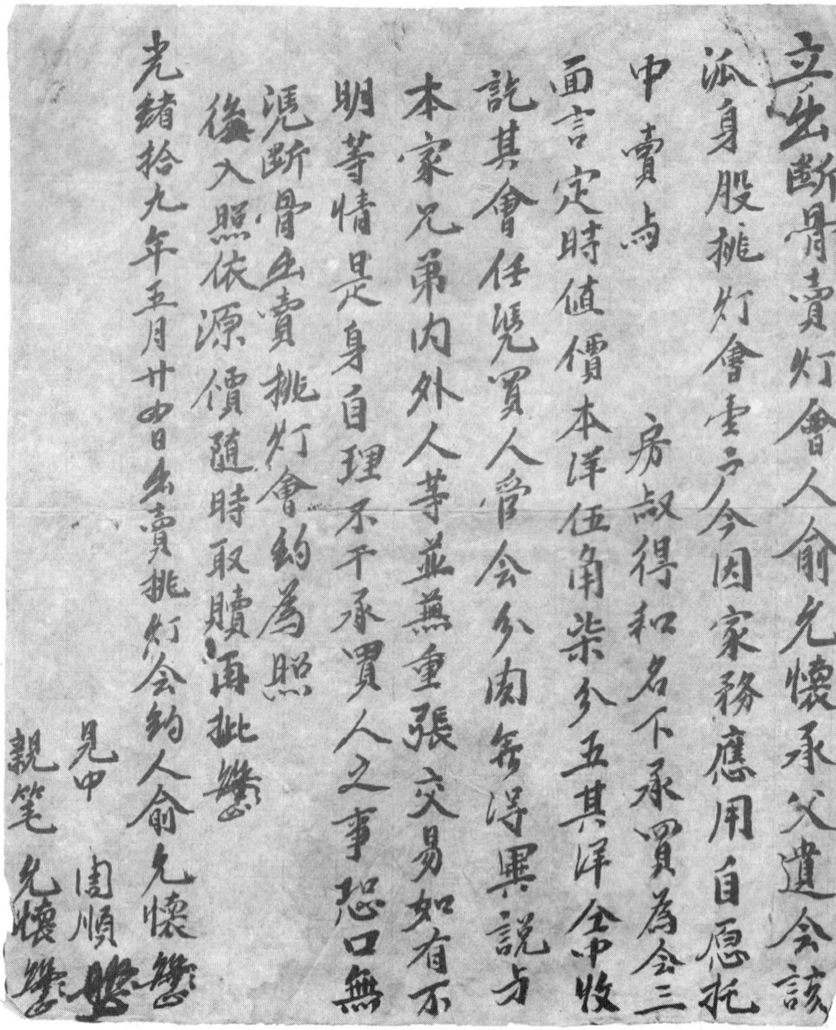
立出斷骨賣灯會人俞允懷承父遺会該
派身股挑灯會壹户今因家務應用自愿托
中賣与　房叔得和名下承買爲会三
面言定時值價本洋伍角柒分五其洋仝中收
訖其會任凴買人管会分肉無得異説占
本家兄弟内外人等並無重張交易如有不
明等情是身自理不干承買人之事恐口無
凴斷骨出賣挑灯會約爲照
後入照依源價隨時取贖再批（押）
光緒拾九年五月廿四日出賣挑灯会約人俞允懷（押）
見中　周順（押）
親筆　允懷（押）

秋口镇油岭村 B 3 · 光绪十九年 · 断骨出卖灯会 · 俞允怀卖与房叔得和

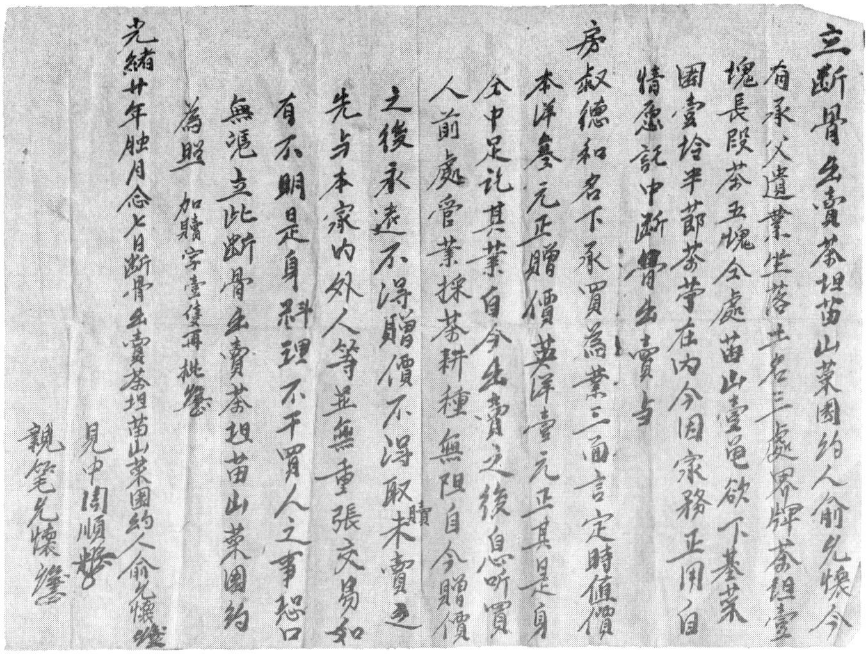
立斷骨出賣茶坦苗山菜園約人俞允懷今
有承父遺業坐落土名三十處界坪茶坦壹
塊長段茶五塊仝處苗山壹邑欲下基菜
園壹拾半節茶芽在内今因家務正用自
情愿託中斷骨出賣与
房叔德和名下承買爲業三面言定時值價
本洋叁元正贈價英洋壹元正其是身
仝中足訖其業自今出賣之後自心听買
人前處管業採茶耕種無阻自今贈價
之後永遠不得贈價不得取贖未賣之
先与本家内外人等並無重張交易如
有不明是身料理不干買人之事恐口
無憑立此斷骨出賣茶坦苗山菜園約
爲照 加贖字壹佳再批
光緒廿年腊月念七日斷骨出賣茶坦苗山菜園約人俞允懷
見中 周順
親筆 允懷

秋口镇油岭村 B 72 · 光绪二十年 · 断骨出卖茶坦苗山菜园约 ·
俞允怀卖与房叔德和

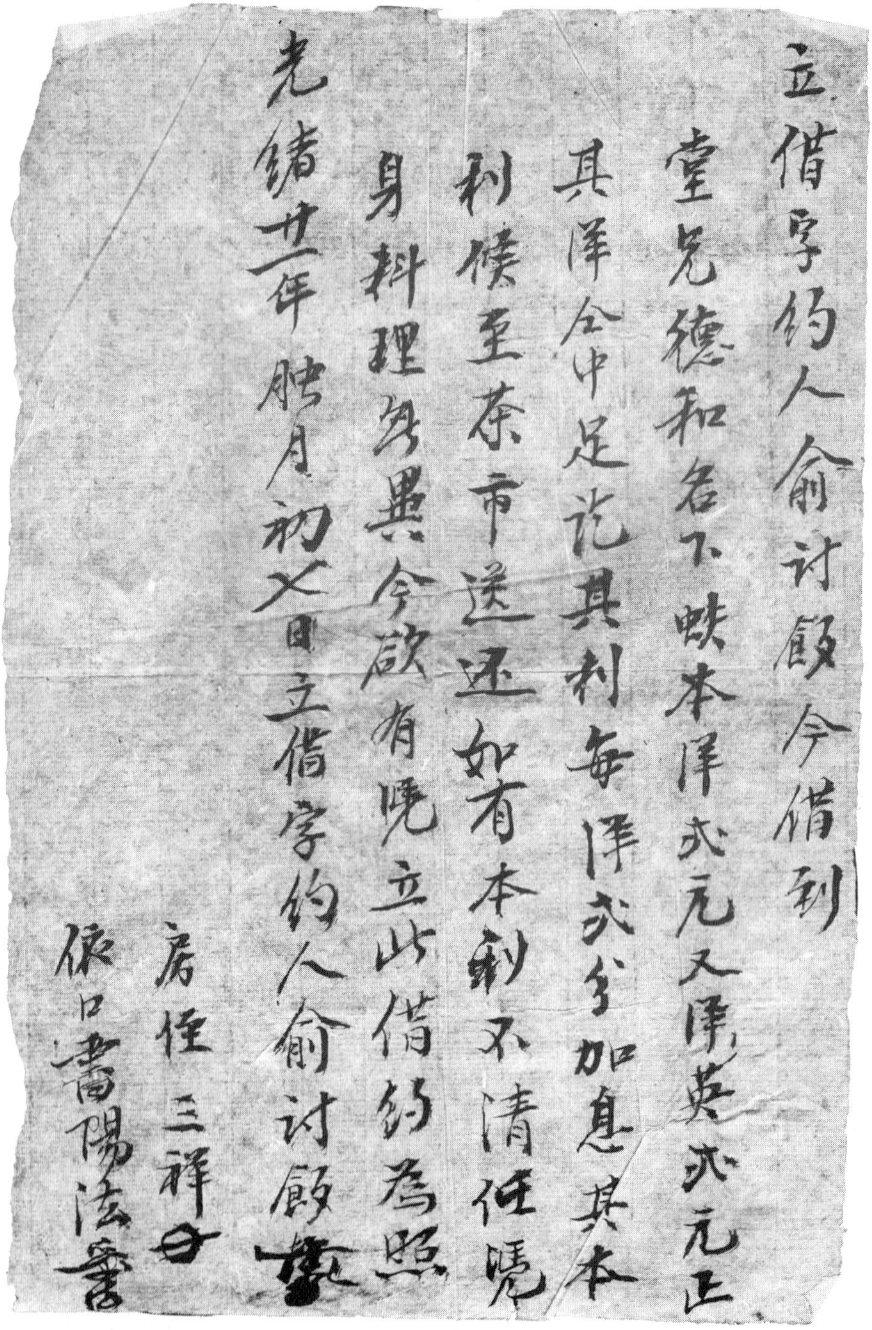

立借字约人俞讨饭今借到
堂兄德和名下昳本洋贰元又洋英贰元正
其洋公中足讫其利每洋贰分加息其本
利俟至茶市送还如有本利不清任凭
身料理無異今欲有凭立此借约為照
光绪廿一年腊月初八日立借字约人俞讨饭（押）
房侄 三祥（押）
依口書陽法寶

秋口镇油岭村 B 5 · 光绪二十一年 · 借字约 · 俞讨饭借到堂兄德和

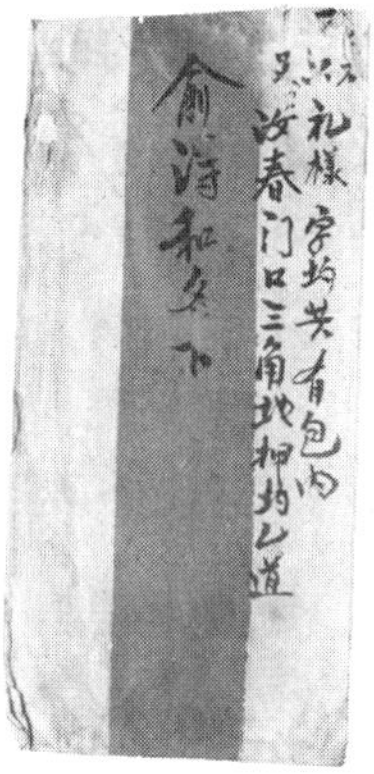

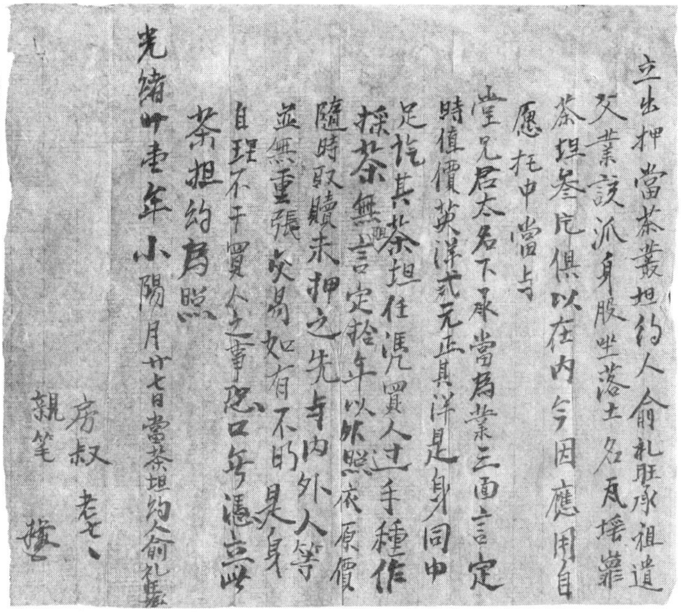

立出押當茶叢坦約人俞礼旺承祖遺
父業該派身股坐落土名瓦塢崼
茶坦叁片俱以在内今因應用自
願托中當與
堂兄君太名下承當爲業三面言定
時值價英洋式元正其洋是身同中
足訖其茶坦任憑買人過手種作
採茶無言定拾年以外照依原價
隨時取贖未押之先与内外人等
並無重張交易如有不明是身
自理不干買人之事恐口無憑立此
茶坦約爲照
光緒廿壹年小陽月廿七日當茶坦約人俞礼旺
房叔　老七
親筆

秋口镇油岭村 B 82 · 光绪二十一年 · 出押当茶丛坦约 · 俞礼旺当与堂兄君太

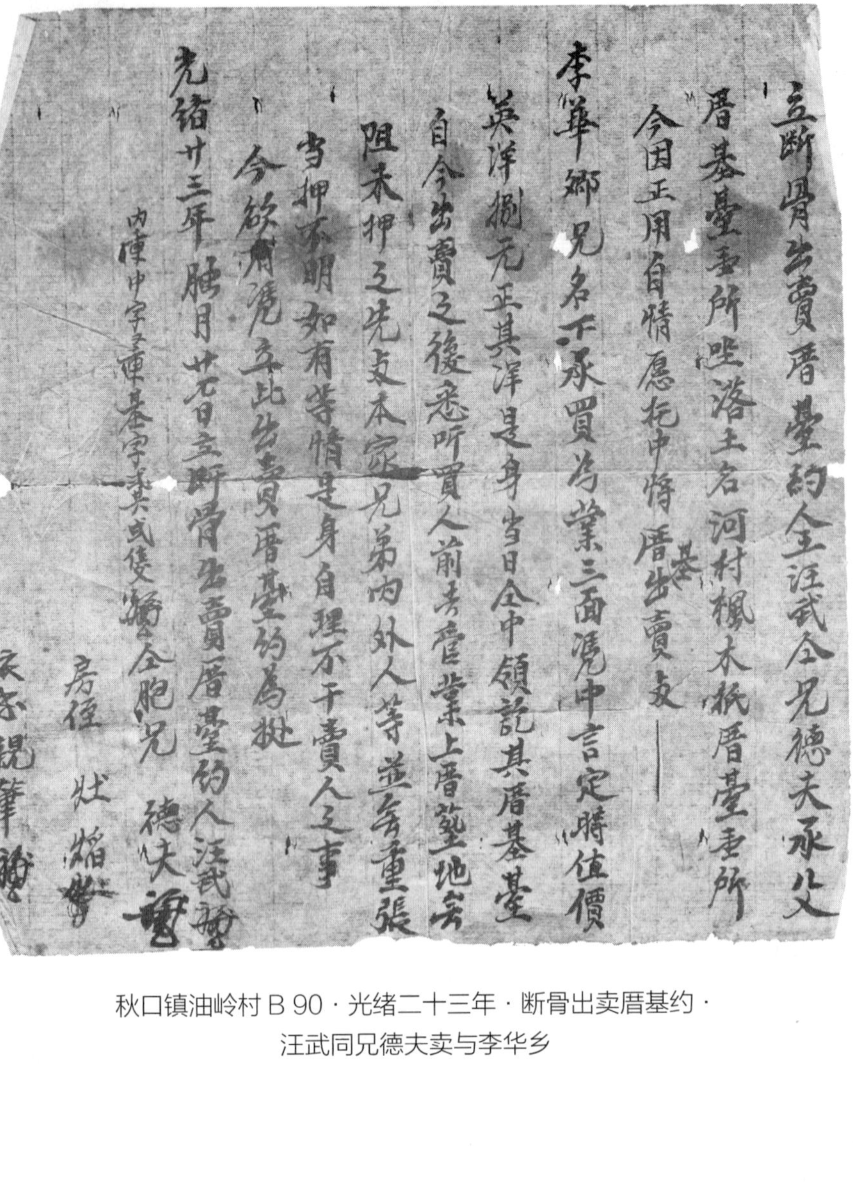

立断骨出賣厝基约人汪武仝兄德夫承父
厝基壹所坐落土名河村楓木祇厝基壹所
今因正用自情愿托中将厝基出賣与
李華鄉兄名下承買為業三面凴中言定時值價
英洋捌元正其洋是身当日仝中領訖其厝基
自今出賣之後悉听買人前去管業上厝築地寔
阻未押之先支本家兄弟内外人等並無重張
当押不明如有等情是身自理不干買人之事
今欲有凴立此出賣厝基约為拠
光緒廿三年臘月廿七日立断骨出賣厝基约人汪武（押）
内塡中字乙連基字乙共弍隻（押）仝胞兄　德夫（押）
房侄　灶焰（押）
依口親筆（押）

秋口镇油岭村 B 90 · 光绪二十三年 · 断骨出卖厝基约 ·
汪武同兄德夫卖与李华乡

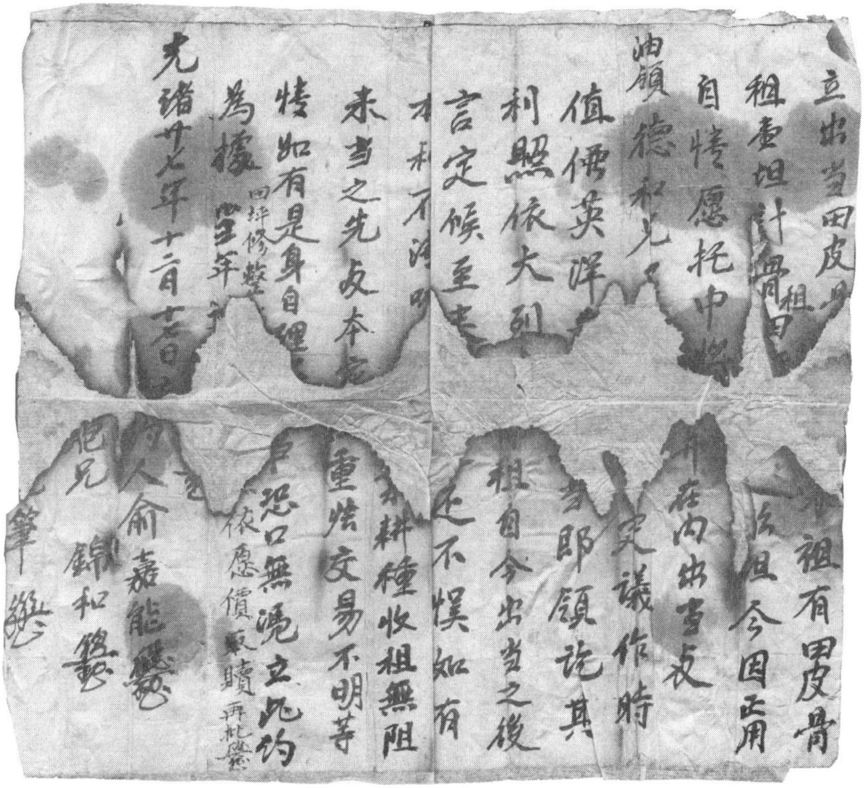

秋口镇油岭村 B 10 · 光绪二十七年 · 出当田皮骨租契 · 俞嘉能当与德和

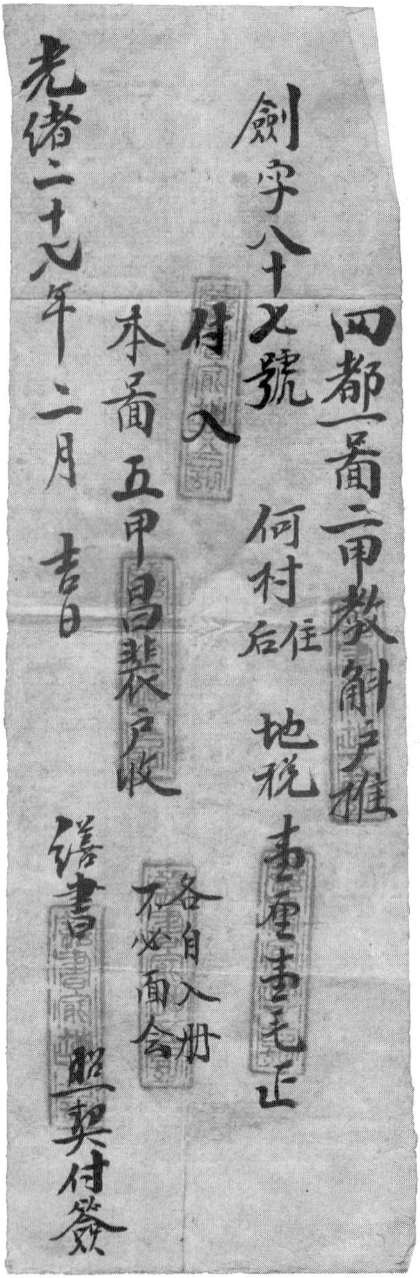
四都一啚二甲教斛户推
劍字八十七號 何村住后 地税壹厘壹毛正
付入
本啚五甲昌裴户收
各自入册
不必面会
繕書 照契付發
光绪二十七年二月 書

秋口镇油岭村 B 34 · 光绪二十七年 · 推单 · 教斛户推与昌裴户

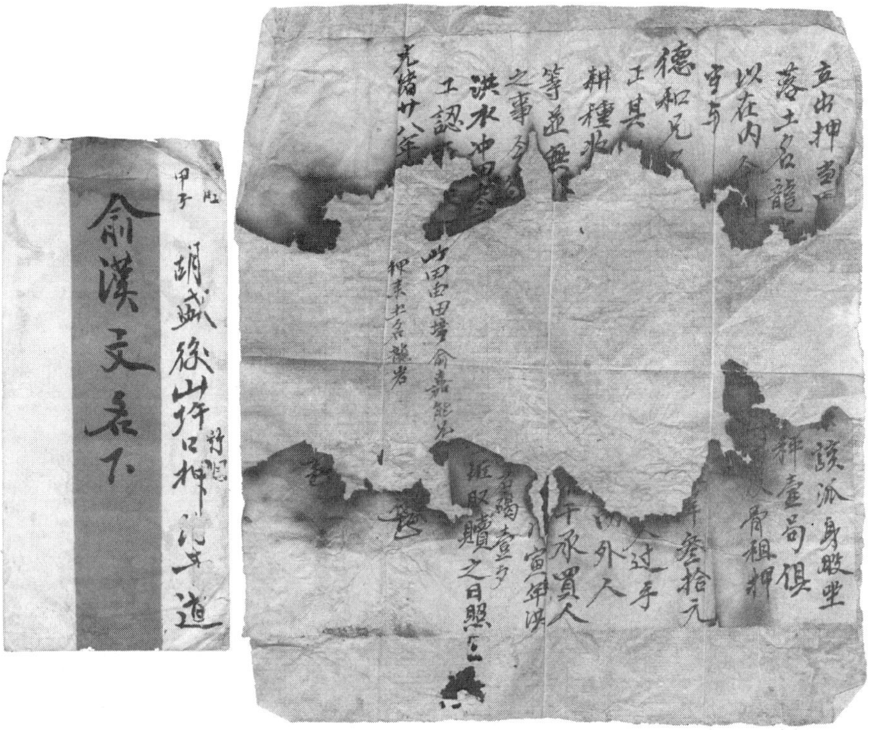

秋口镇油岭村 B 77 · 光绪二十八年 · 出押当契 · 胡盛孙押与俞德和

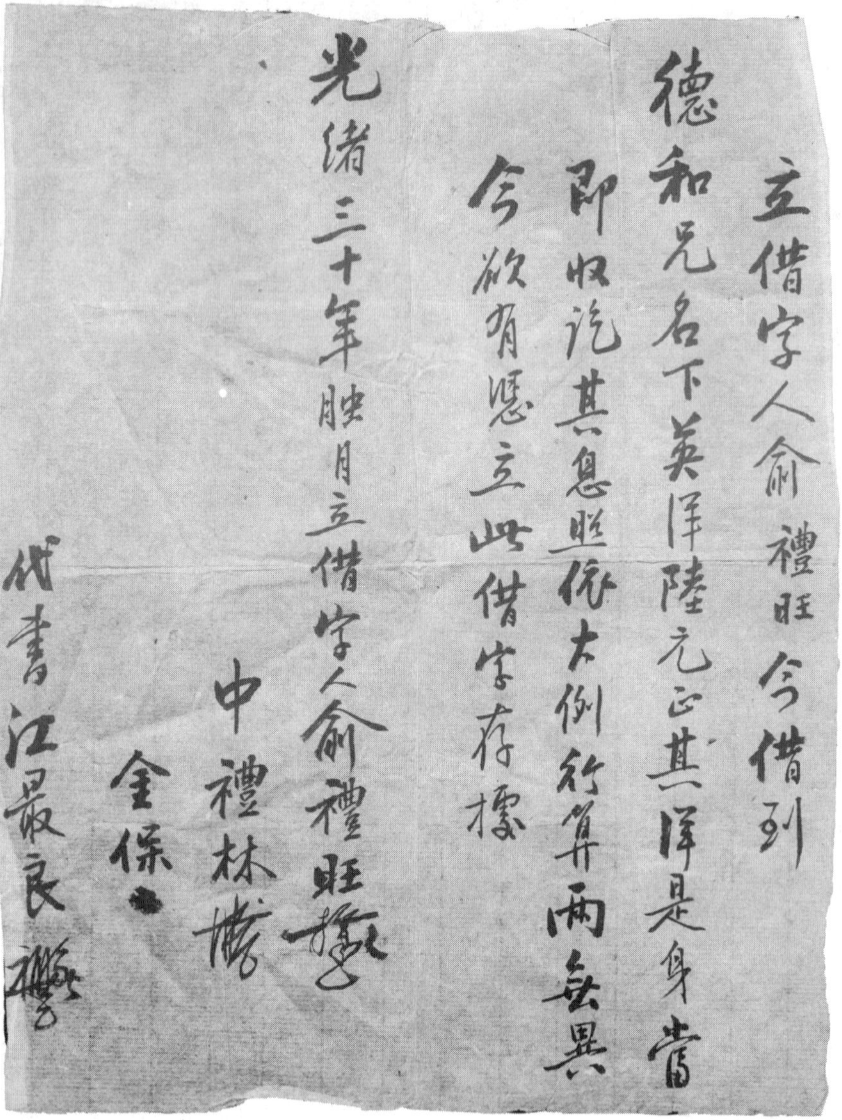

立借字人俞禮旺今借到
德和兄名下英洋陸元正其洋是身當
即收訖其息照依大例行算兩無異
今欲有憑立此借字存據
光緒三十年腊月立借字人俞禮旺據
中 禮林據
金保●
代書江最良據

秋口镇油岭村 B 11 · 光绪三十年 · 借字 · 俞礼旺借到德和兄

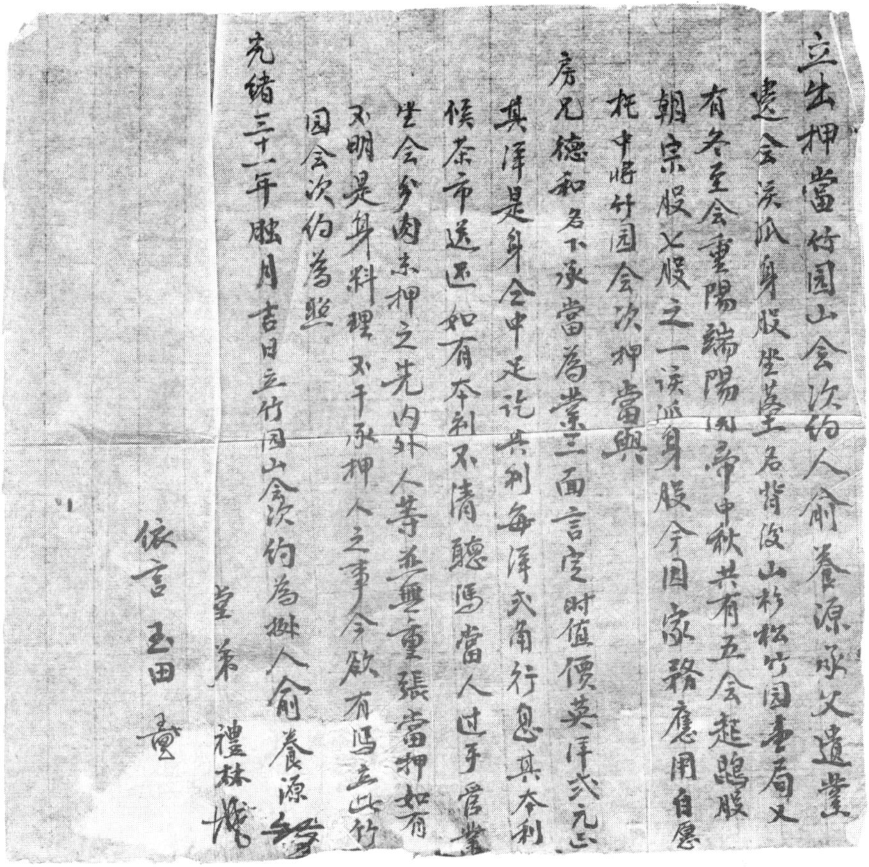

立出押當竹园山会次约人俞養源承父遗業
遗会该派身股坐墓名背後山杉松竹园壹局又
有冬至会重陽端陽関帝中秋共有五会趁踞股
朝宗股七股之一该派身股今因家務應用自愿
托中将竹园会次押當與
房兄德和名下承當爲業三面言定时值價英洋弍元正
其洋是身会中足讫其利每洋弍角行息其本利
候茶市送还如有本利不清聽憑當人过手管業
坐会分肉未押之先内外人等並無重張當押如有
不明是身料理不干承押人之事今欲有憑立此竹
园会次约爲照
光绪三十一年腊月吉日立竹园山会次约爲據人俞養源
堂弟 禮林
依言 玉田 書

秋口镇油岭村 B 88 · 光绪三十一年 · 出押当竹园山会次约 ·
俞养源当与房兄德和

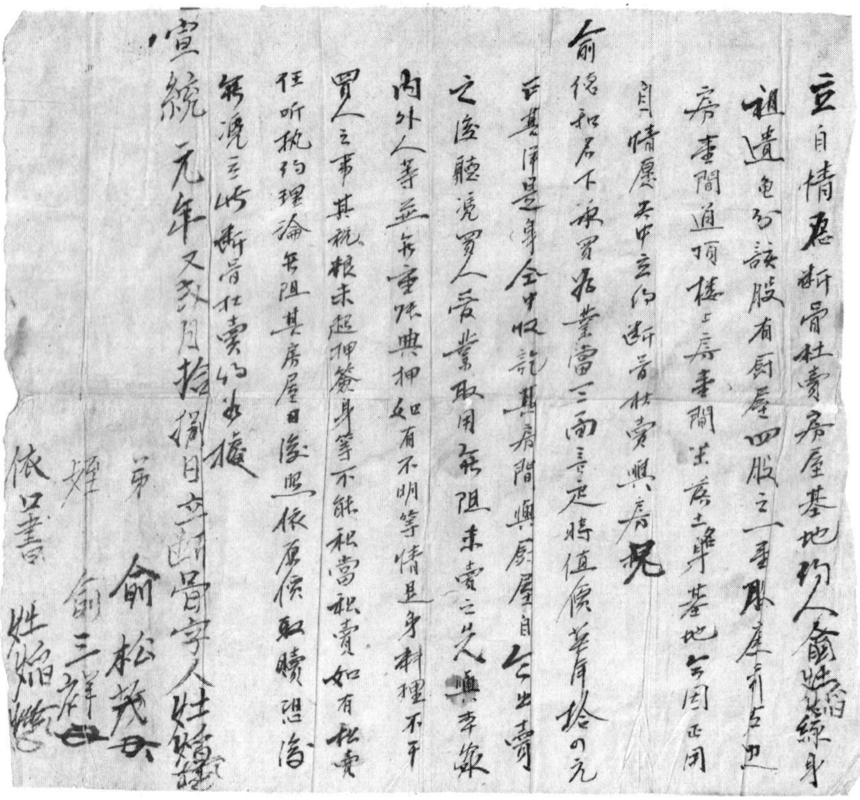

秋口镇油岭村 B 96 · 宣统元年 · 断骨杜卖房屋基地约 · 俞灶焰卖与俞德和

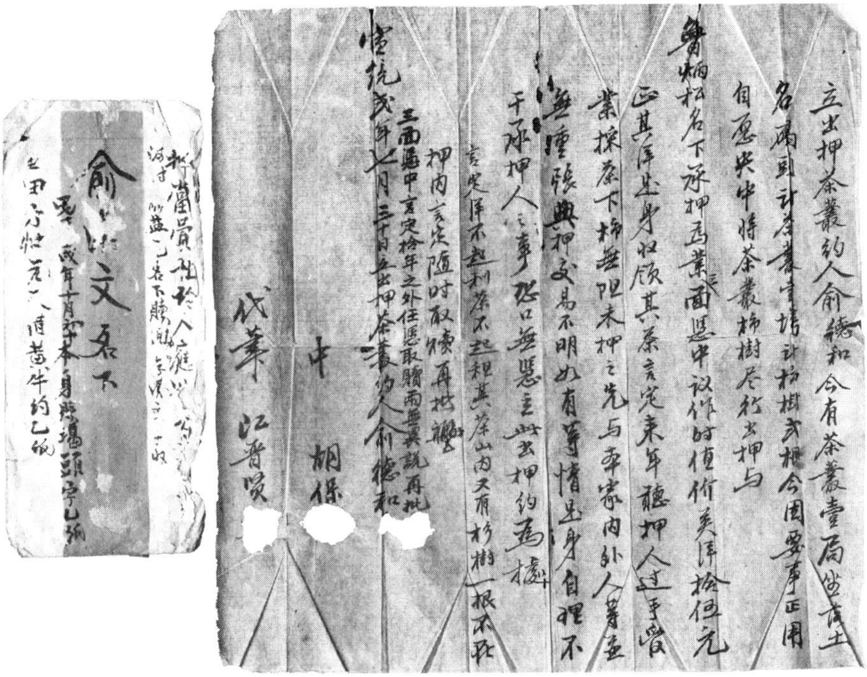

秋口镇油岭村 B 80 · 宣统二年 · 出押茶丛约 · 俞德和押与鲁炳松

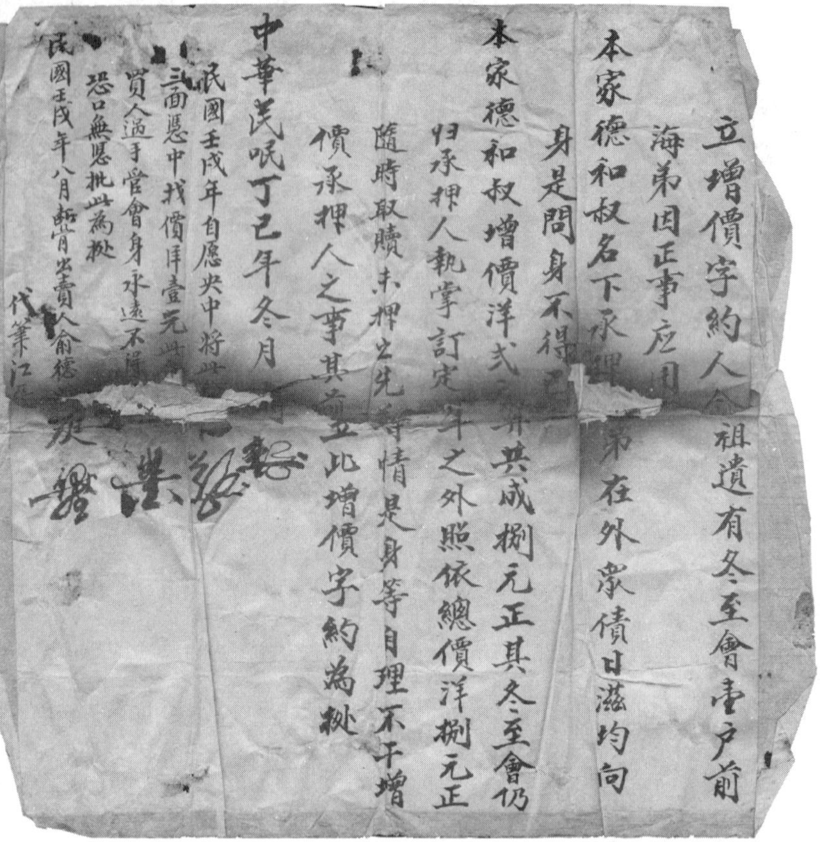
立增價字約人俞□祖遺有冬至會壹户前
海弟因正事应用□
本家德和叔名下承押□弟在外常債日滋均向
身是問身不得□□
本家德和叔增價洋弍元□其成捌元正其冬至會仍
归承押人執掌訂定□之外照依總價洋捌元正
隨時取贖未押之先□情是身等自理不干增
價承押人之事其□立此增價字約為據
中華民國丁巳年冬月□日
民國壬戌年自愿央中将此□
三面悉中找價洋壹元此□
買人過手管會身永遠不□
恐口無憑批此為據
民國壬戌年八月新立出賣人俞德□
代筆江□

秋口镇油岭村 B 4 · 民国六年 · 增价字约 · 俞海增与俞德和

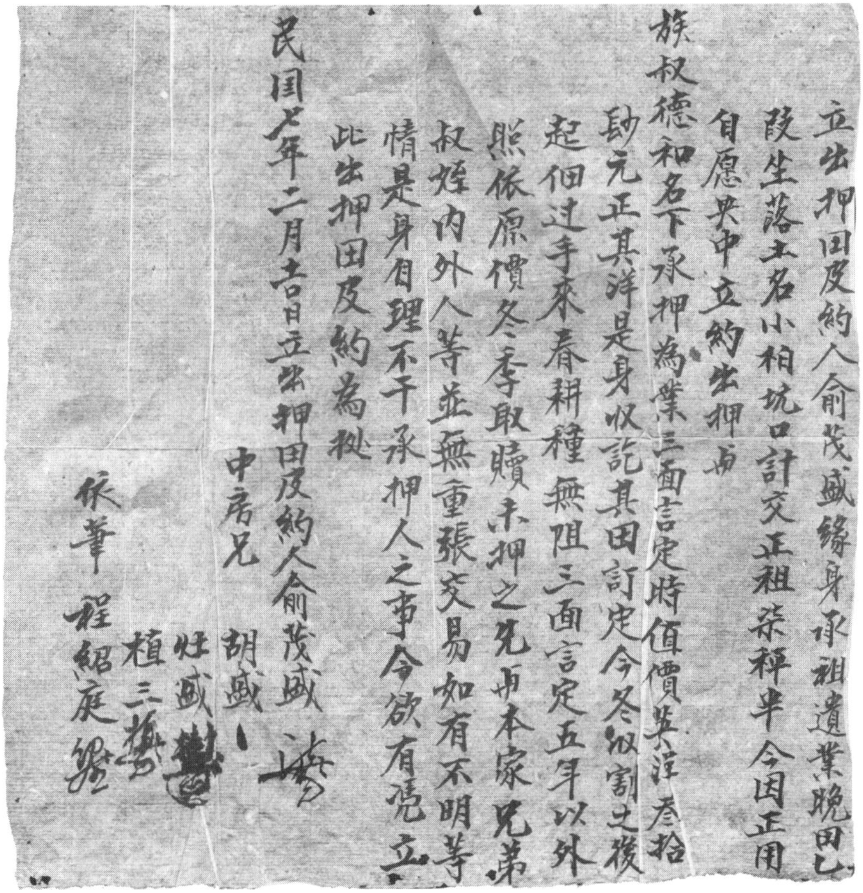

立出押田皮約人俞茂盛緣身承祖遺業晚田乙
段坐落土名小柏坑口計交正租菜秤半今因正用
自愿央中立約出押与
族叔德和名下承押為業三面言定時值價英洋叁拾
勛元正其洋是身收訖其田訂定今冬收割之後
起佃过手來春耕種無阻三面言定五年以外
照依原價冬季取贖未押之先与本家兄弟
叔侄內外人等並無重張交易如有不明等
情是身自理不干承押人之事今欲有憑立
此出押田皮約為据
中房兄 胡盛
民国七年二月吉日立出押田皮約人俞茂盛
姪盛
植三
依筆 程紹庭

秋口镇油岭村 B 7 · 民国七年 · 出押田皮约 · 俞茂盛押与族叔德和

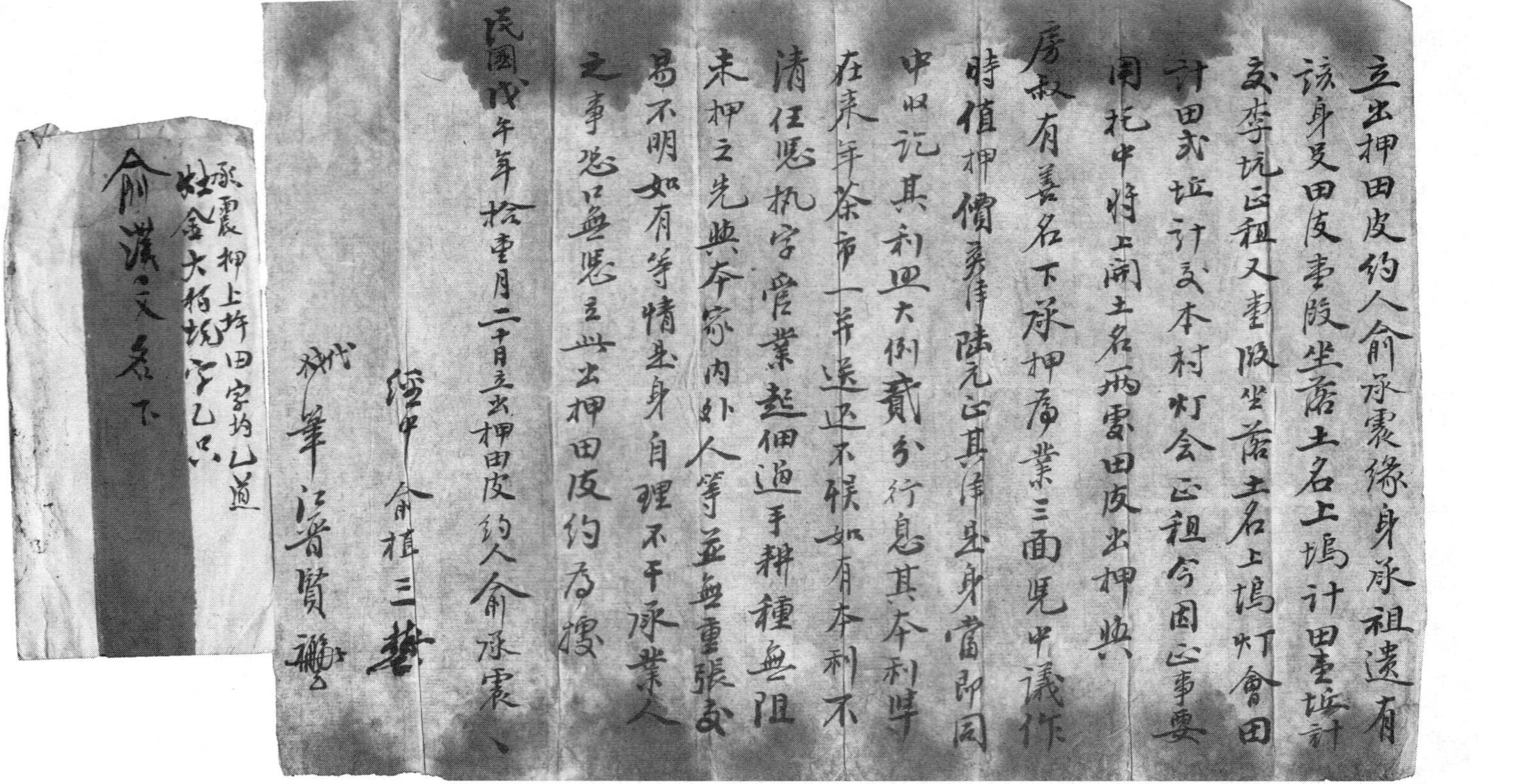

秋口镇油岭村 B 76・民国七年・出押田皮约・俞承震押与房叔有善

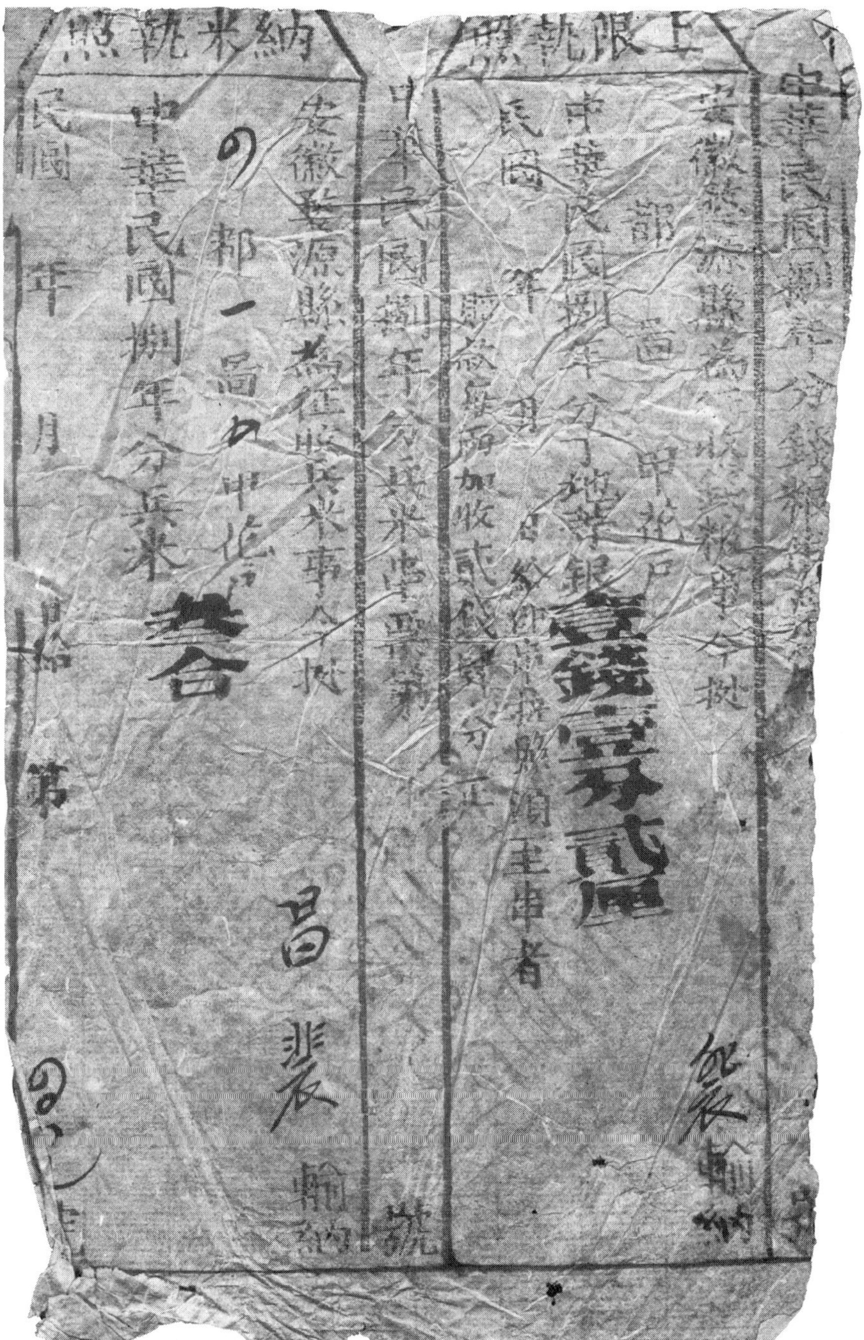

秋口镇油岭村 B 58 · 民国八年 · 纳米执照 · 昌裴

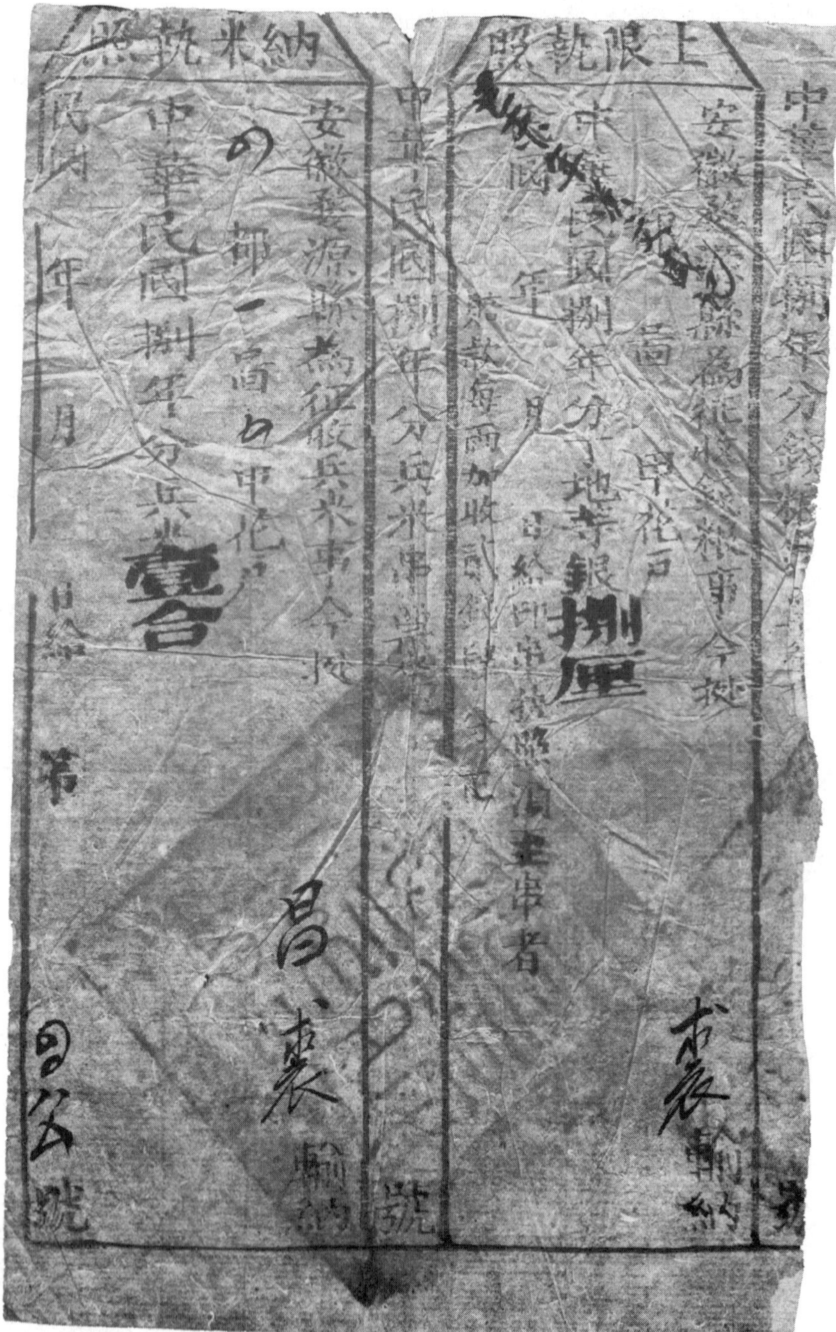
上限執照

納米執照

安徽婺源縣為征收兵米事今據

都一啚七甲花戶

中華民國捌年分兵米壹合

民國 年 月 日給

第 號

昌裘 輸納

秋口镇油岭村 B 59 · 民国八年 · 纳米执照 · 昌裘

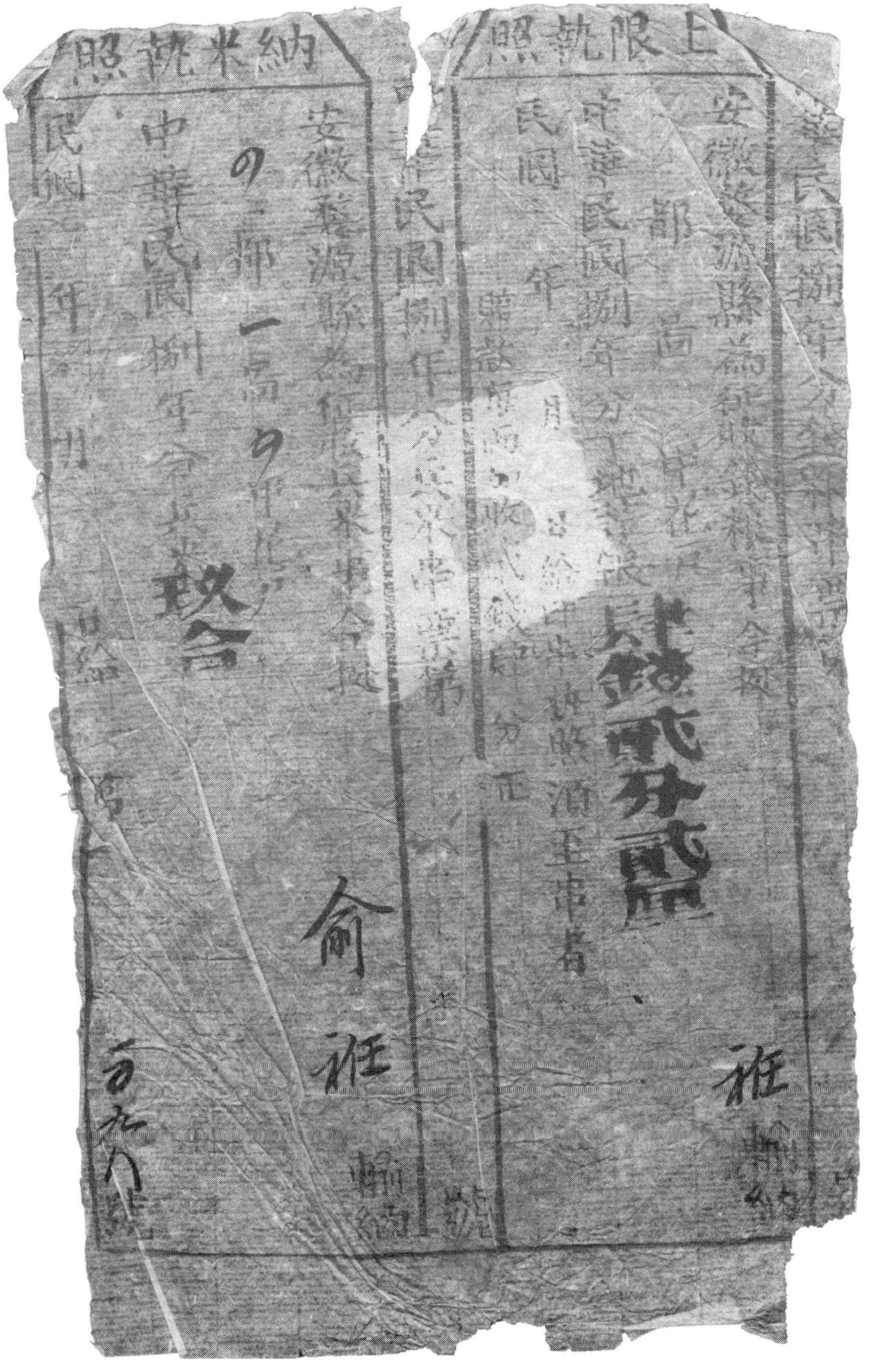

秋口镇油岭村 B 62 · 民国八年 · 纳米执照 · 俞祚

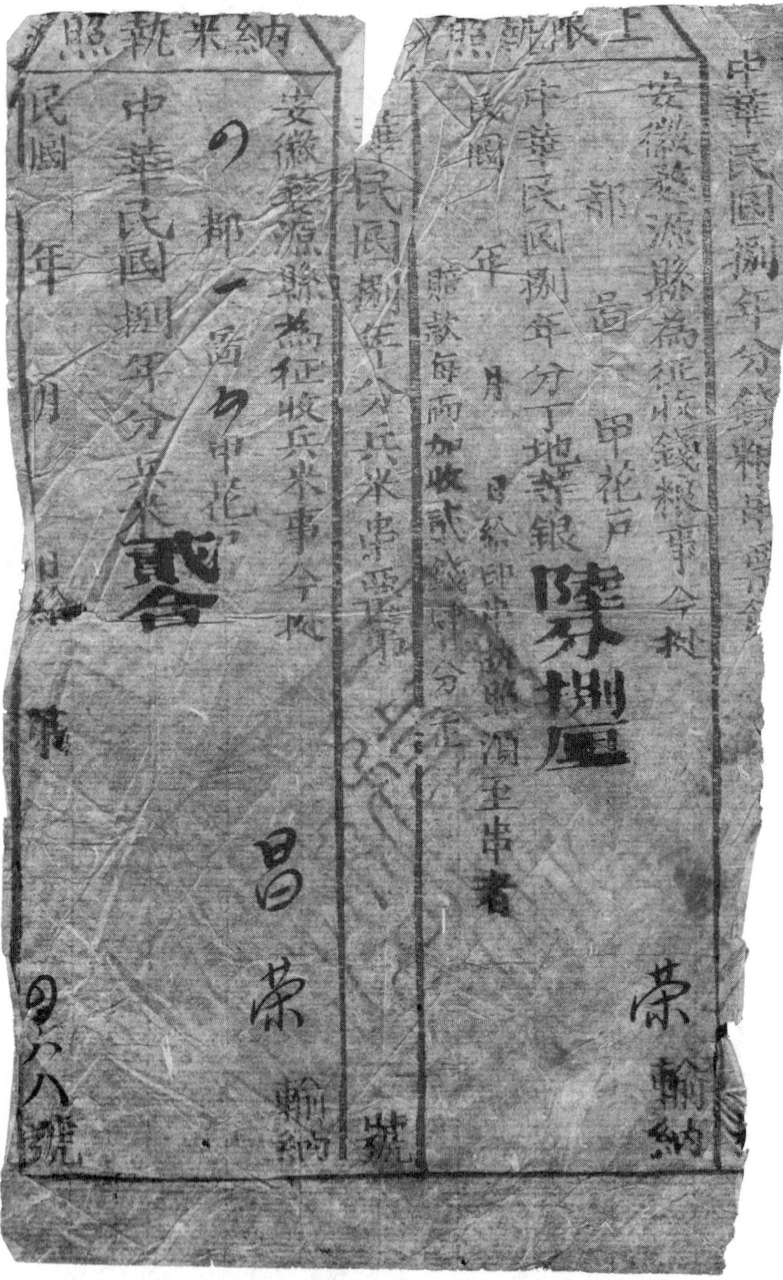
納米執照
安徽婺源縣為征收兵米事今收
の都一啚ㄅ甲花户 昌榮 輸納
中華民國捌年分兵米 貳合
民國 年 月 日給
第 八號

中華民國捌年分兵米串票 號

上限執照
安徽婺源縣為征收錢糧事今收
都 啚 甲花户 榮 輸納
中華民國捌年分丁地等銀
民國 年 月 日給

秋口镇油岭村 B 66 · 民国八年 · 纳米执照 · 昌荣

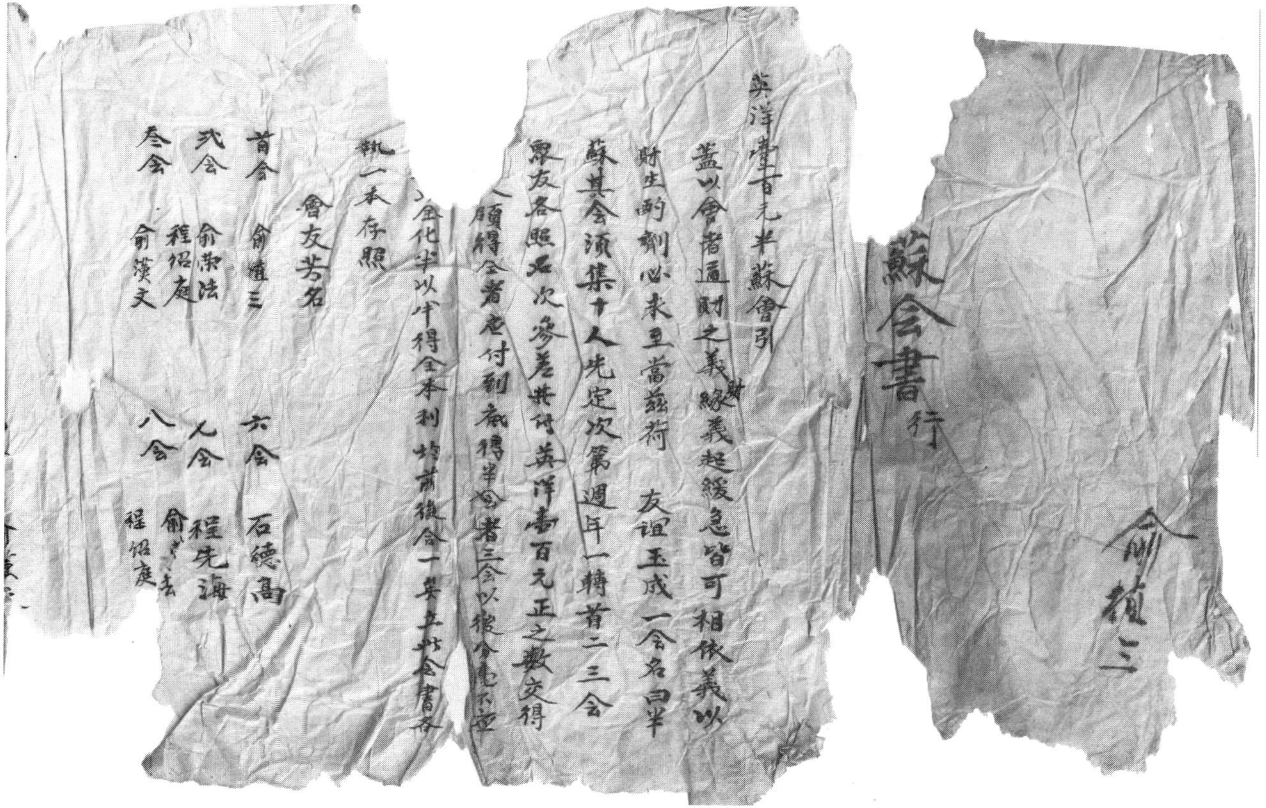
蘇会書　行
俞楨三
英洋壹百元半蘇會引
蓋以會者通財之義緣義起緩急皆可相依義以
財生酌劑以來互當茲荷　友誼玉成一会名曰半
蘇其会須集十人先定次第週年一轉首二三会
衆友各照名次參差共付英洋壹百元正之數交得
一腫得会者應付利底得半包者三会以後会息不並
入会化半以付得全本利均前後会一要立此会書各
執一本存照
會友芳名
首会　俞楨三　　六会　石德高
貳会　俞漱法　程紹庭　　七会　程先海　俞〇〇
叁会　俞漢文　　八会　程紹庭

秋口镇油岭村 B 97-i · 民国九年 · 苏会书 · 俞桢三（右边部分）

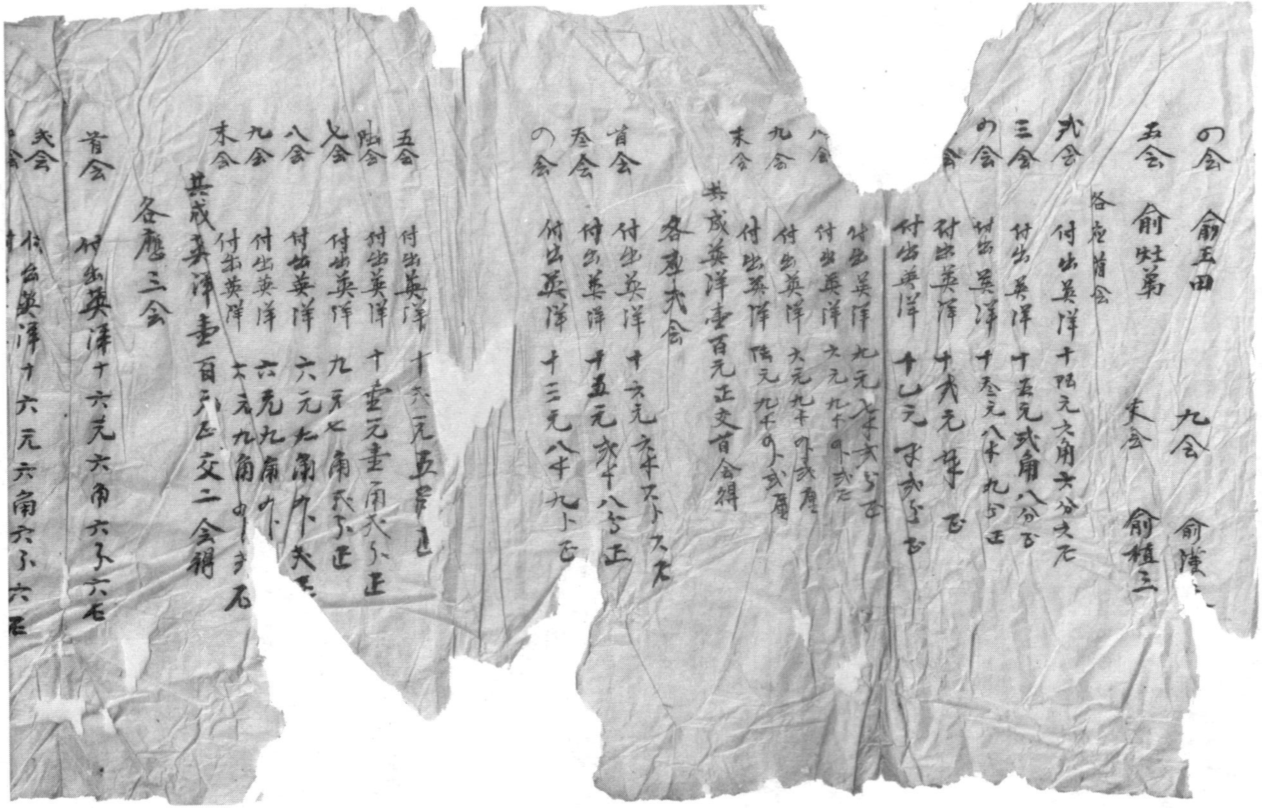

秋口镇油岭村 B 97-ii · 民国九年 · 苏会书 · 俞桢三（中间部分）

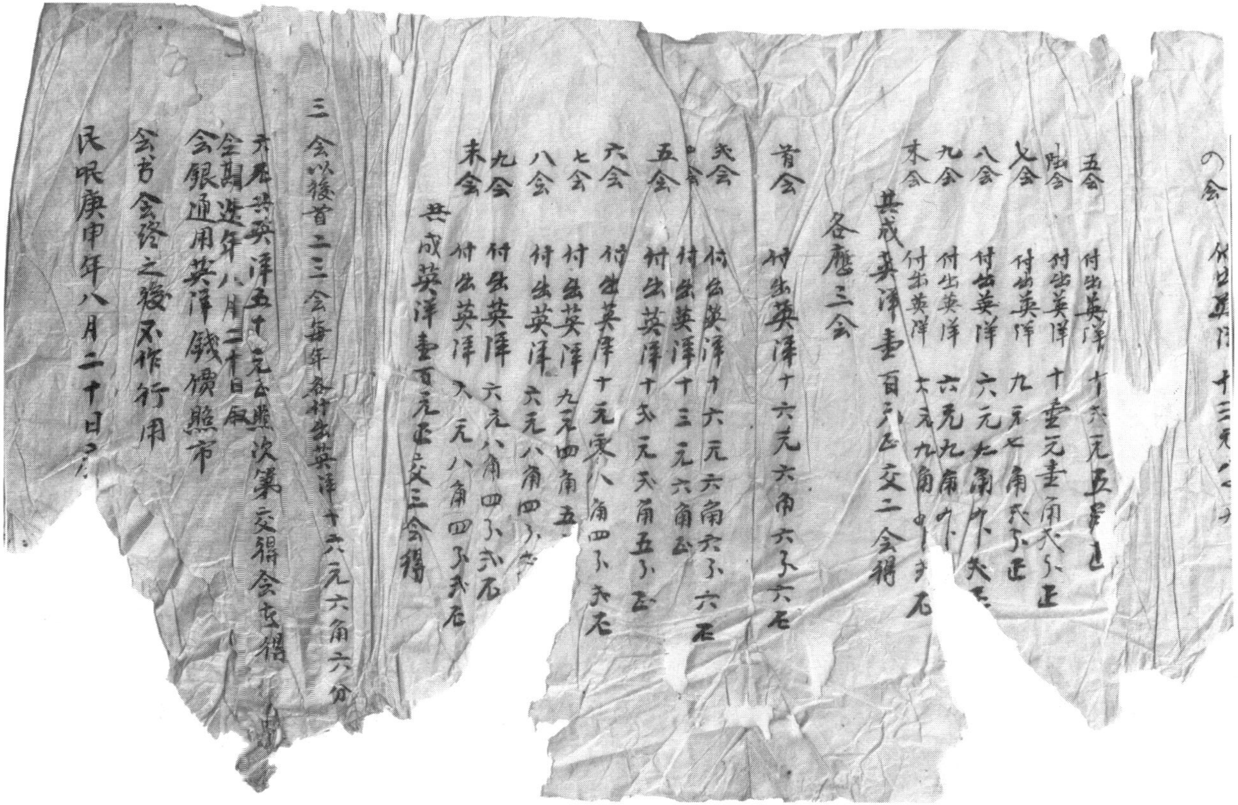

秋口镇油岭村 B 97-iii · 民国九年 · 苏会书 · 俞桢三（左边部分）

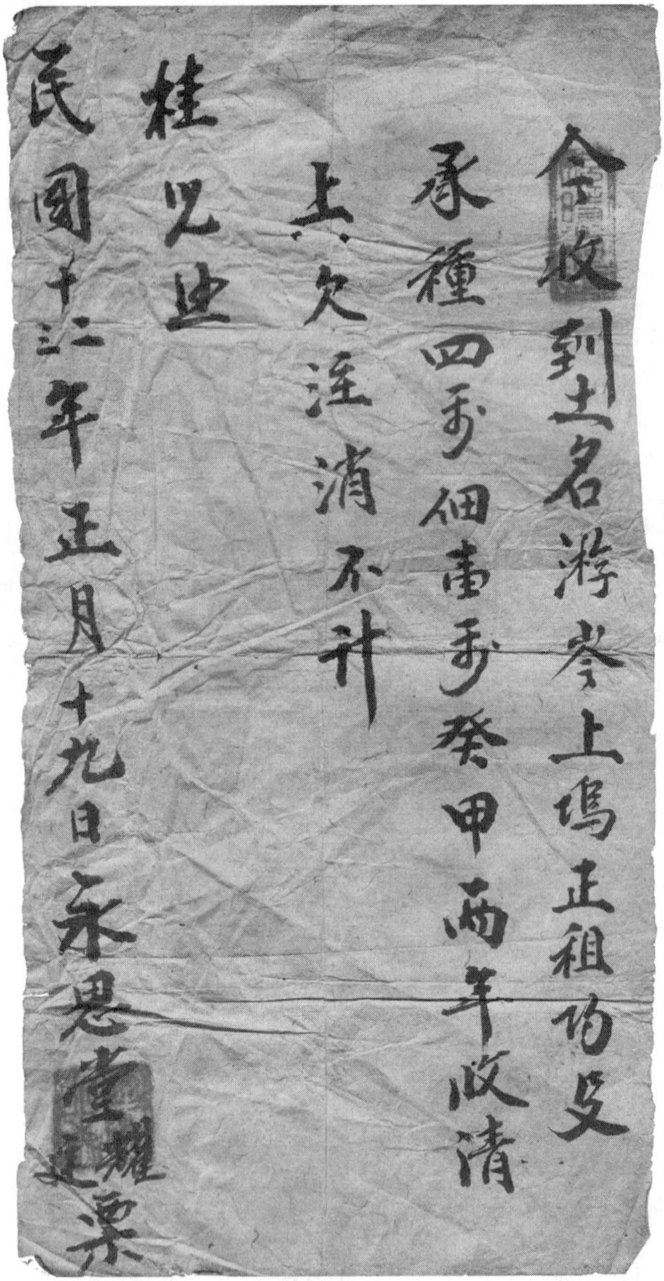
今收到土名游岑上塢走租句叉
承種四手佃壹手癸甲两年收清
上欠洋消不計
桂兒照
民國十二年正月十九日永思堂
耀梁

秋口镇油岭村 B 13 · 民国十二年 · 收据 · 永思堂

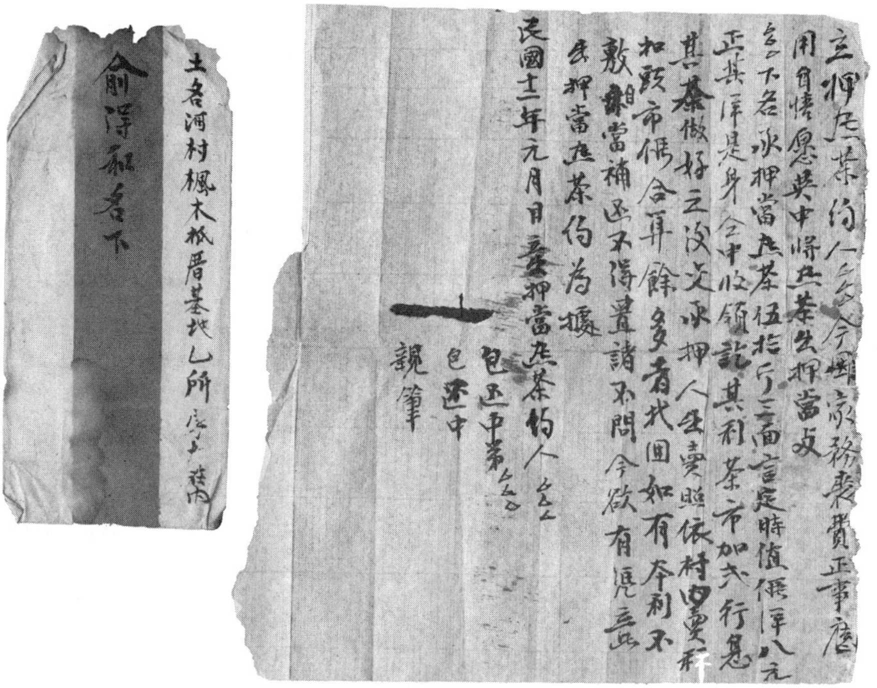

立押山茶约人[illegible]今因家務裹費正事應
用自情愿央中将山茶出押當文
[illegible]下名承押當山茶伍拾斤三面言定時值價洋八元
正其洋是身全中收領訖其利茶市加弍行息
其茶做好之後交承押人出賣照依村中賣秤
扣弍市價合算餘多者找回如有虧利不
敷自當補還不得異言諸不問今欲有憑立此
出押當山茶約為據
民國十二年元月日 立押當山茶約人[illegible]
包還中弟[illegible]
包還中
親筆

土名河村楓木杺屋基地乙所 [illegible]
俞得和名下

秋口镇油岭村 B 87 · 民国十二年 · 押当茶约

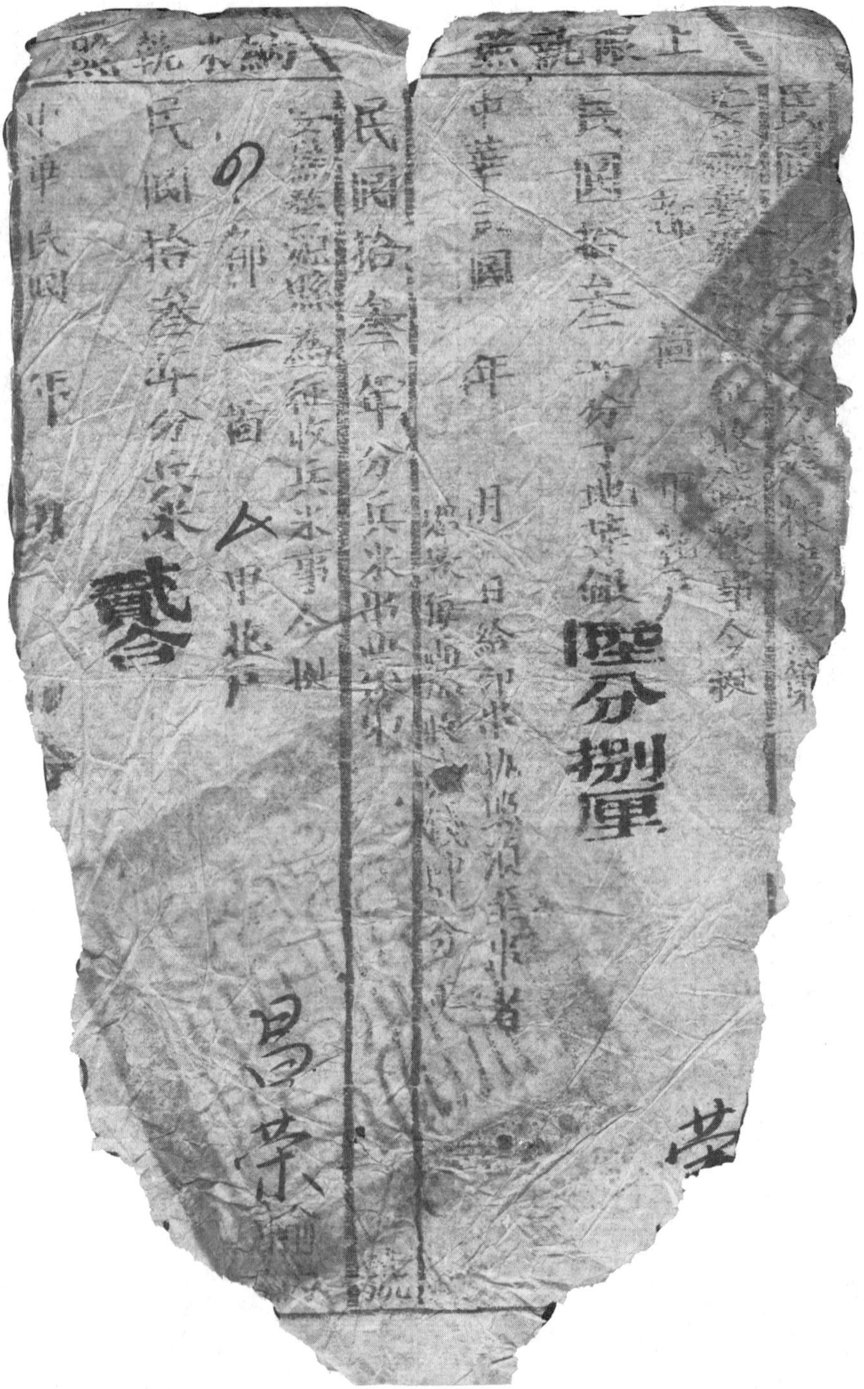

秋口镇油岭村 B 48 · 民国十三年 · 纳米执照 · 昌荣

秋口镇油岭村 B 64 · 民国十三年 · 纳米执照 · 昌裘

秋口镇油岭村 B 65 · 民国十三年 · 纳米执照 · 昌裴

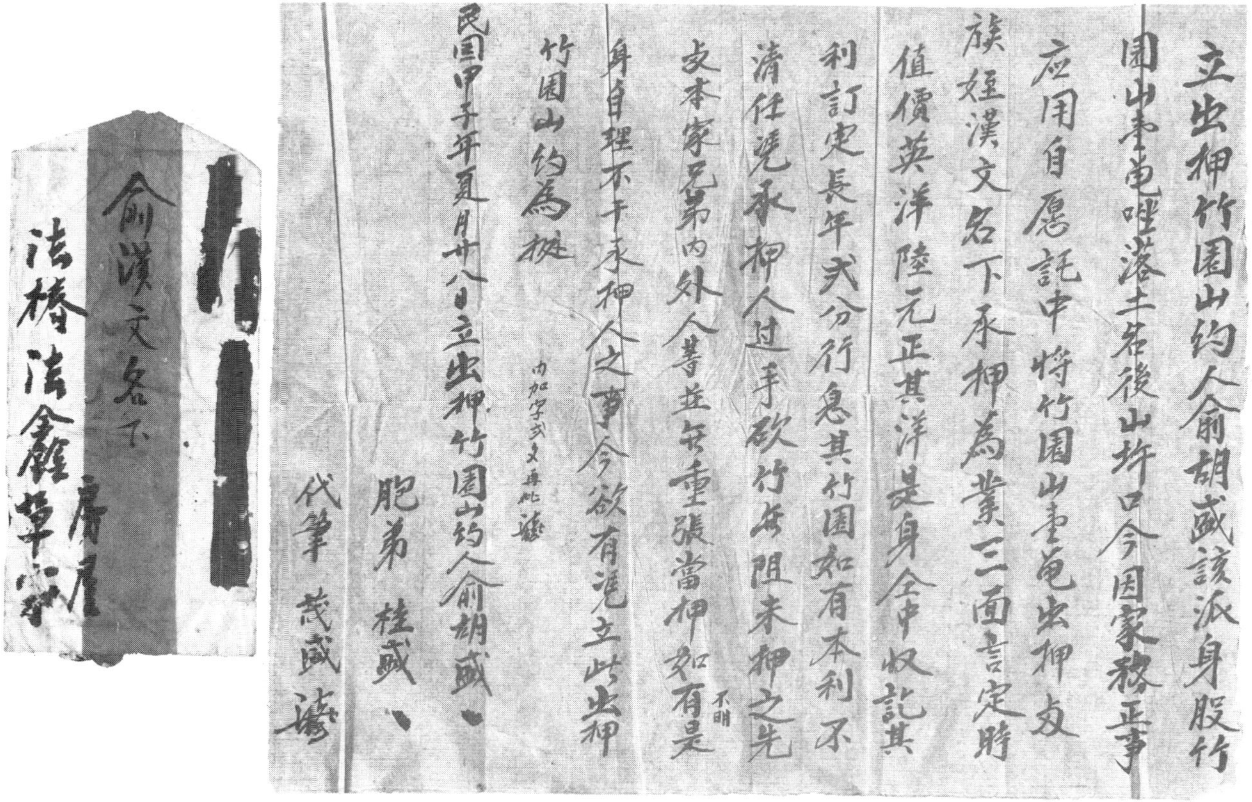

秋口镇油岭村 B 83 · 民国十三年 · 出押竹园山约 · 俞胡盛押与族侄汉文

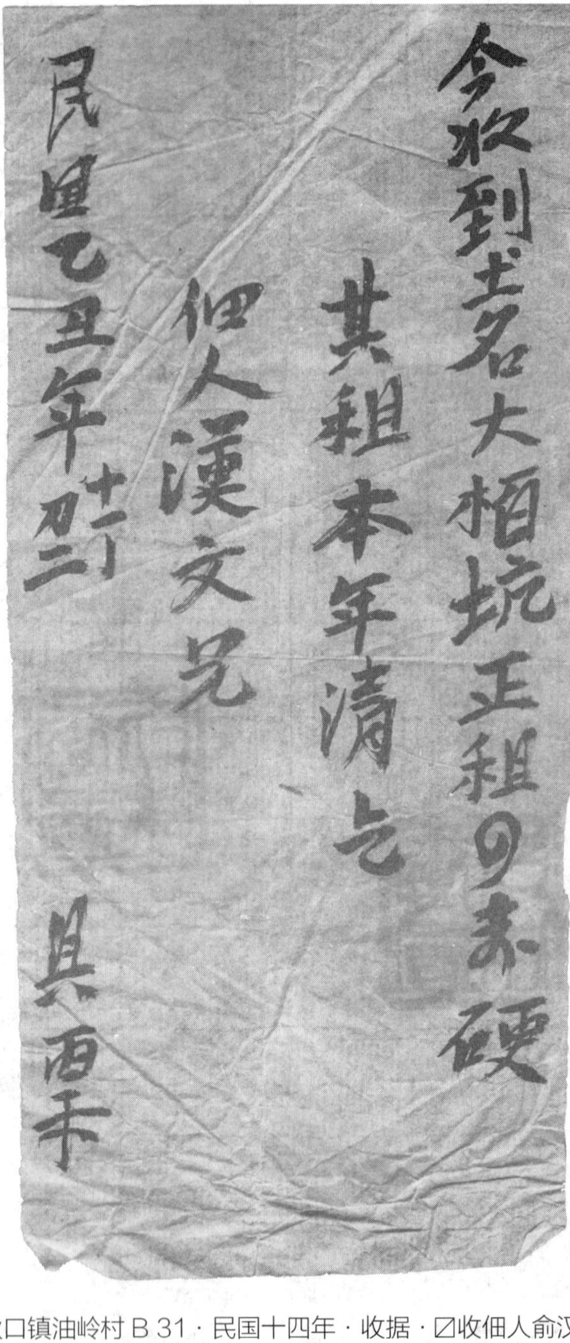
今收到土名大栢坑正租四秤硬
其租本年清乞
佃人漢文兄
民国乙丑年十一月二　具酉手

秋口镇油岭村 B 31 · 民国十四年 · 收据 · ☑收佃人俞汉文

秋口镇油岭村 B 36 · 民国十五年 · 纳米执照 · 转宗

秋口镇油岭村 B 49 · 民国十五年 · 纳米执照 · 昌裘

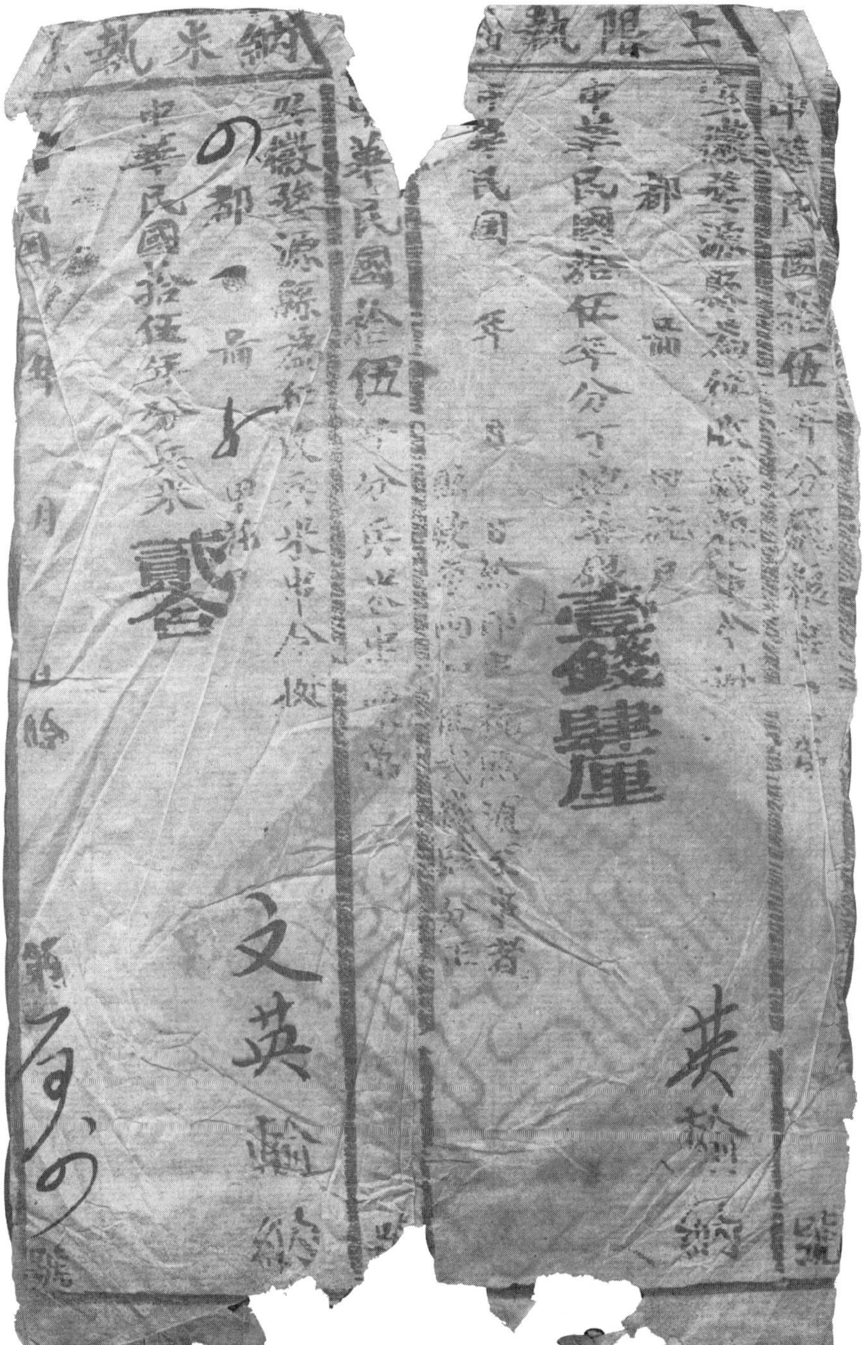

秋口镇油岭村 B 50 · 民国十五年 · 纳米执照 · 文英

中華民國拾伍年分兵米 叁
昌裴 翰 納
中華民國拾伍年分下地
壹錢壹分貳厘
裴 翰 納

秋口镇油岭村 B 60 · 民国十五年 · 纳米执照 · 昌裴

秋口镇油岭村 B 38 · 民国十六年 · 纳米执照 · 昌裘

秋口镇油岭村 B 57 · 民国十六年 · 纳米执照 · 昌裴

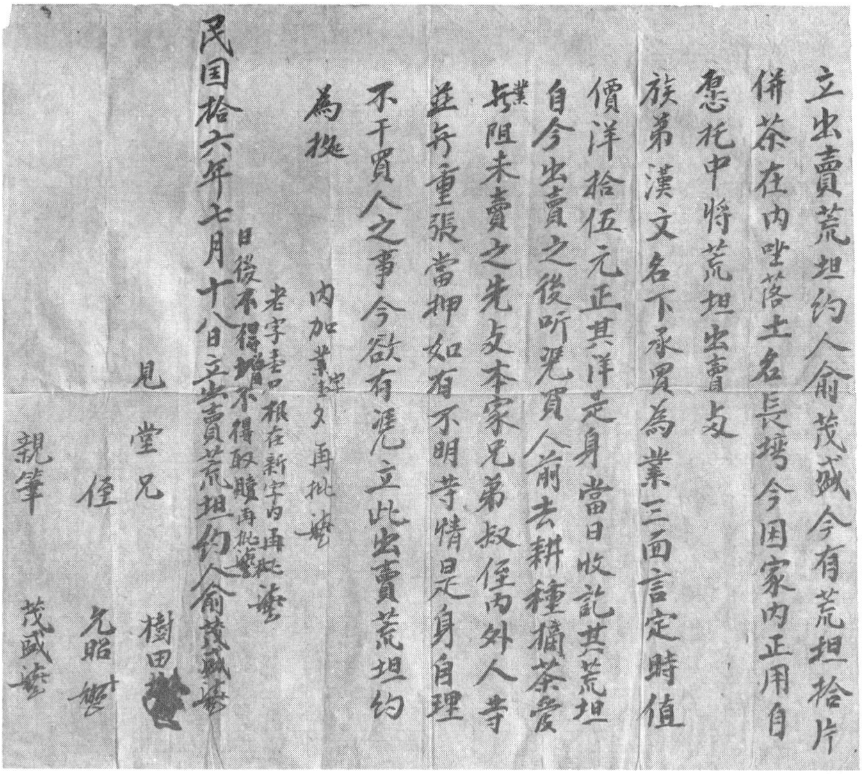
立出賣荒坦约人俞茂盛今有荒坦拾片
併茶在内坐落土名長塆今因家内正用自
愿托中将荒坦出賣与
族弟漢文名下承買為業三面言定時值
價洋拾伍元正其洋是身當日收訖其荒坦
自今出賣之後听凭買人前去耕種摘茶管
業无阻未賣之先與本家兄弟叔侄内外人等
並無重張當押如有不明等情是身自理
不干買人之事今欲有凭立此出賣荒坦约
為據
内加業字壹又再批據
老字壹口根在新字内再批據
日後不得增找不得取贖再批據
民国拾六年七月十八日立出賣荒坦约人俞茂盛押
見 堂兄 樹田押
侄 允昭押
親筆 茂盛押

秋口镇油岭村 B 92 · 民国十六年 · 出卖荒坦约 · 俞茂盛卖与族弟汉文

秋口镇油岭村 B 47 · 民国二十年 · 纳米执照 · 昌祖

秋口镇油岭村 B 54 · 民国二十年 · 纳米执照 · 昌裘

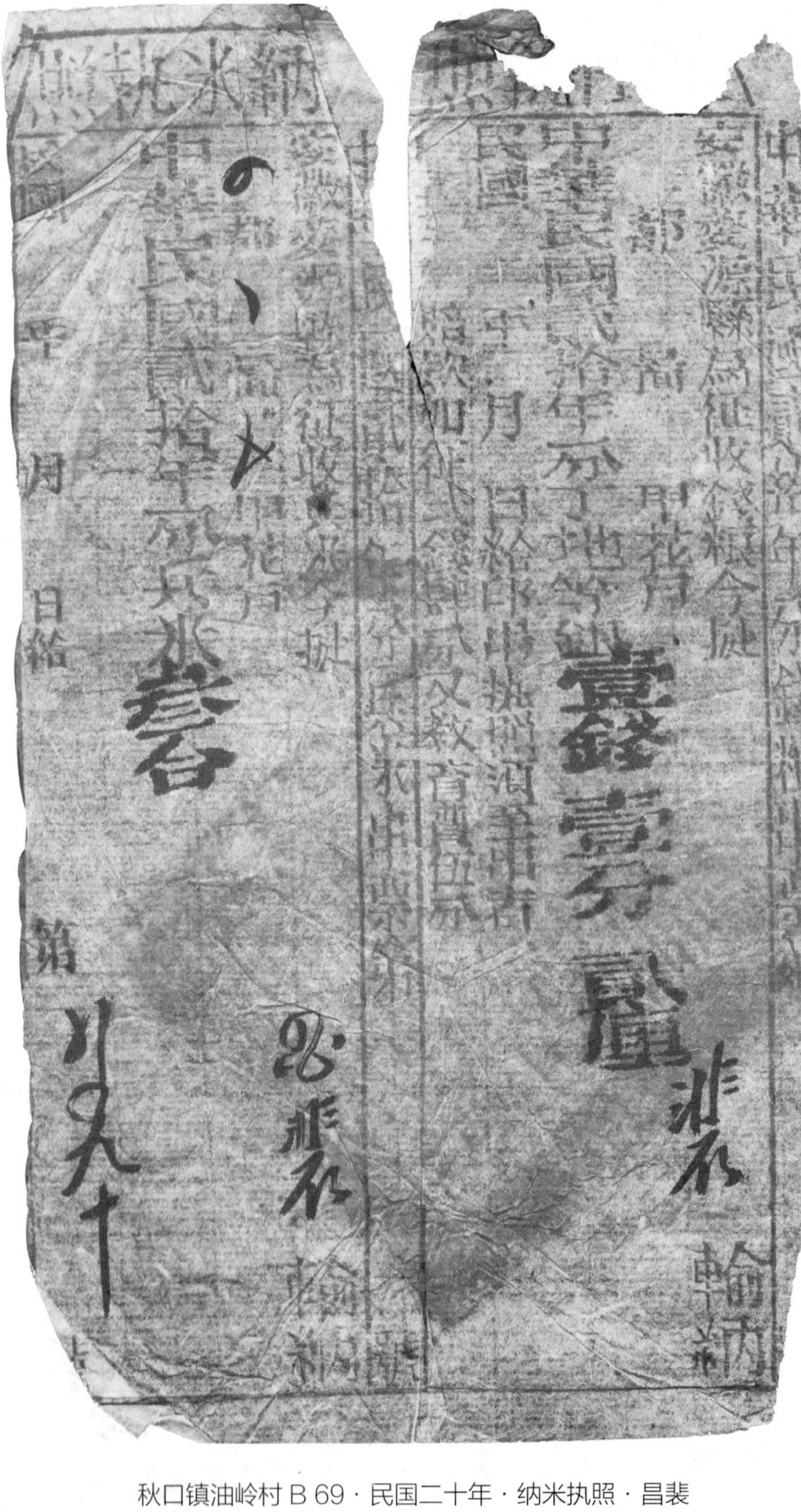

秋口镇油岭村 B 69 · 民国二十年 · 纳米执照 · 昌裘

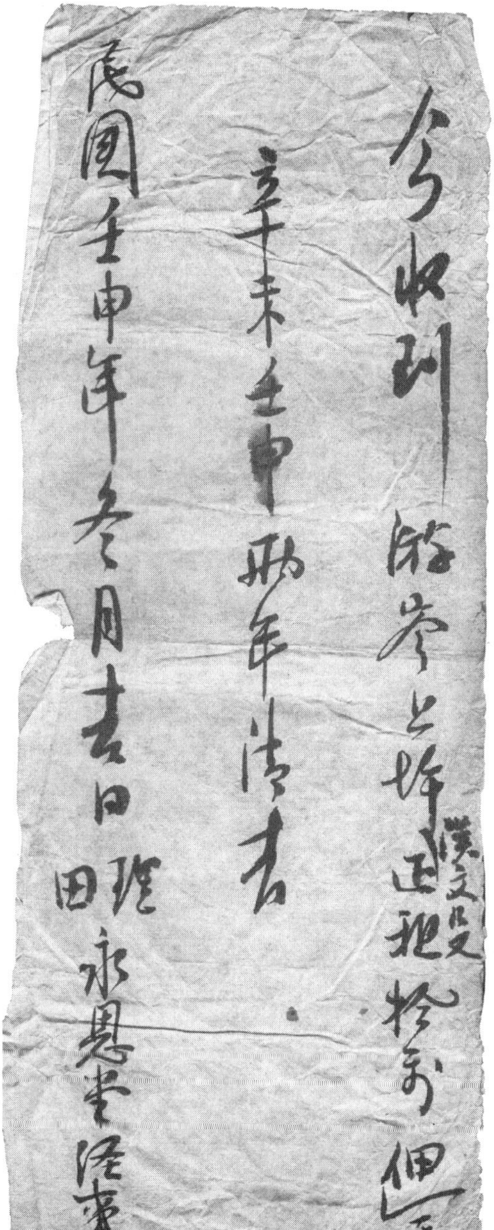

今收到
辛未壬申两年清讫
民国壬申年冬月吉日
理田 永思堂经手

秋口镇油岭村 B 24 · 民国二十一年 · 收据 · 永思堂

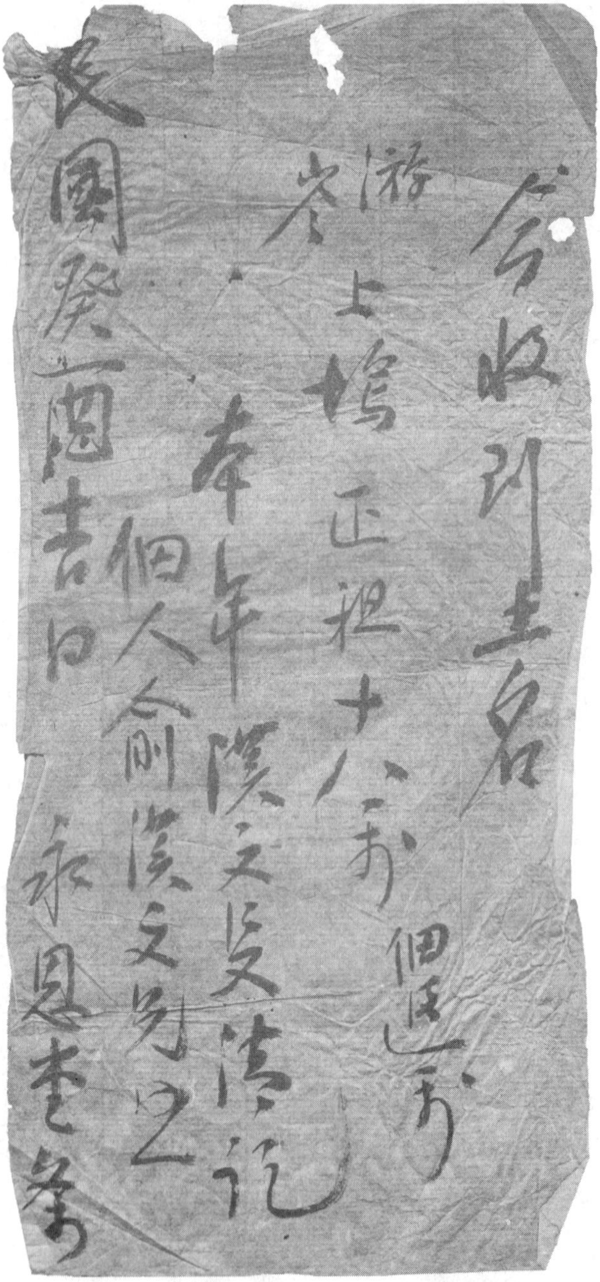
今收到土名
游上塢正租十六秤 佃邊秤
宋
本年漢文足清訖
佃人俞則漢文男照之
民國癸酉吉日 永思堂筆

秋口镇油岭村 B 28 · 民国二十二年 · 收据 · 永思堂收俞汉文

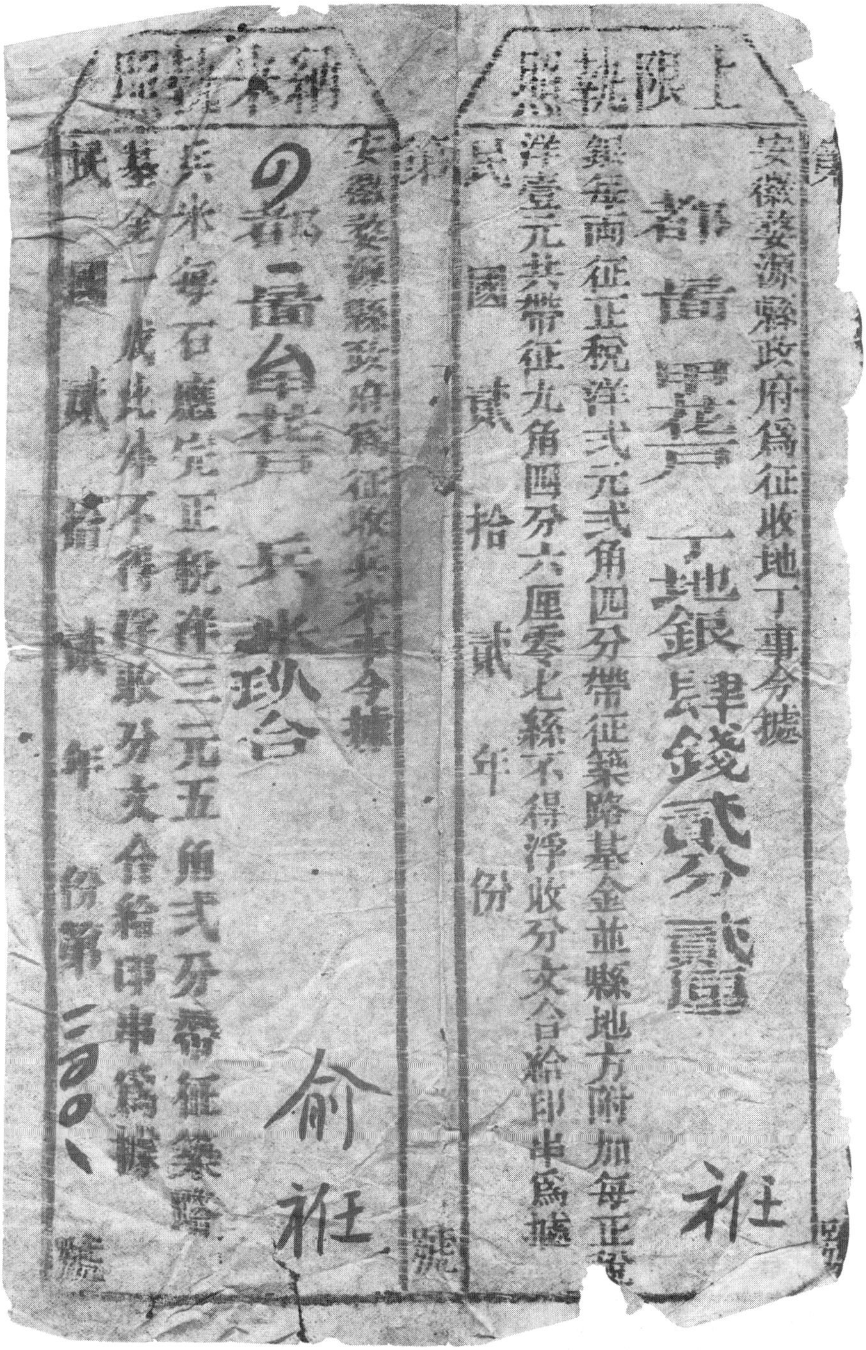
上限執照
安徽婺源縣政府爲征收地丁事今據
都 圖 甲花戶 丁地銀肆錢貳分貳釐 祖
銀每兩征正稅洋弍元弍角四分帶征築路基金並縣地方附加每正銀
洋壹元共帶征九角四分六厘零七絲不得浮收分文合給印串爲據
民國貳拾貳年份
號

納米執照
安徽婺源縣政府爲征收兵米事今據
都一圖 甲花戶 兵米玖合 俞祖
兵米每石應完正稅洋三元五角弍分帶征築路
基金一成比併不得浮收分文合給印串爲據
民國貳拾貳年份第三〇八號

秋口镇油岭村 B 56 · 民国二十二年 · 纳米执照 · 俞祖

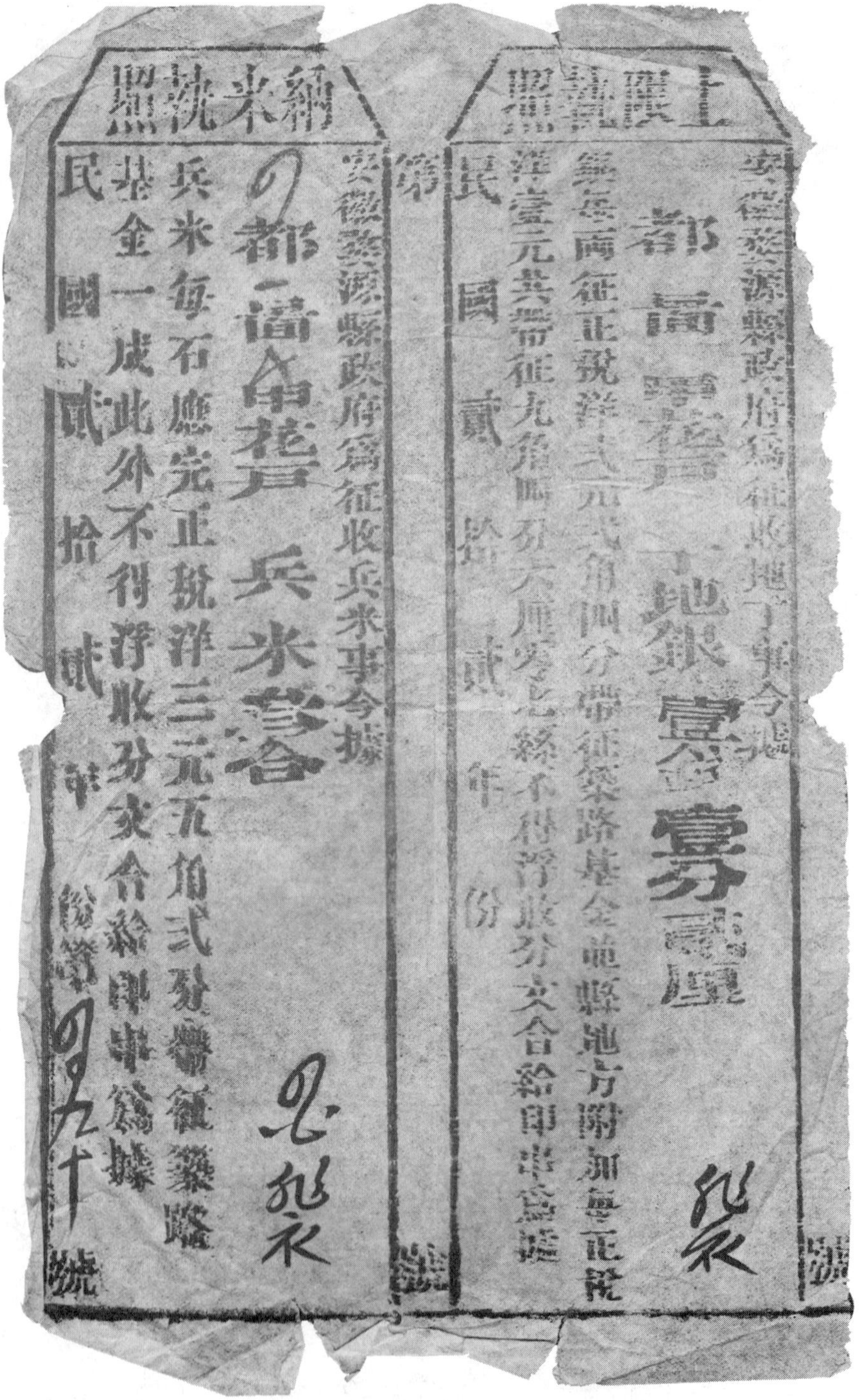

上忙執照

安徽婺源縣政府為征收地丁事今據

都　圖　　戶　地銀壹錢壹分貳釐

每兩征正稅洋弍元弍角四分帶征築路基金並縣地方附加每元稅

洋壹元共帶征九角[illegible]分六厘零已經不得浮收分文合給印串為據

民國貳拾貳年　份

第　號

納米執照

安徽婺源縣政府為征收兵米事今據

都一圖　戶　兵米壹合

兵米每石應完正稅洋三元五角弍分帶征築路

基金一成此外不得浮收分文合給印串為據

民國貳拾貳年

號

秋口镇油岭村 B 61 · 民国二十二年 · 纳米执照 · 昌裘

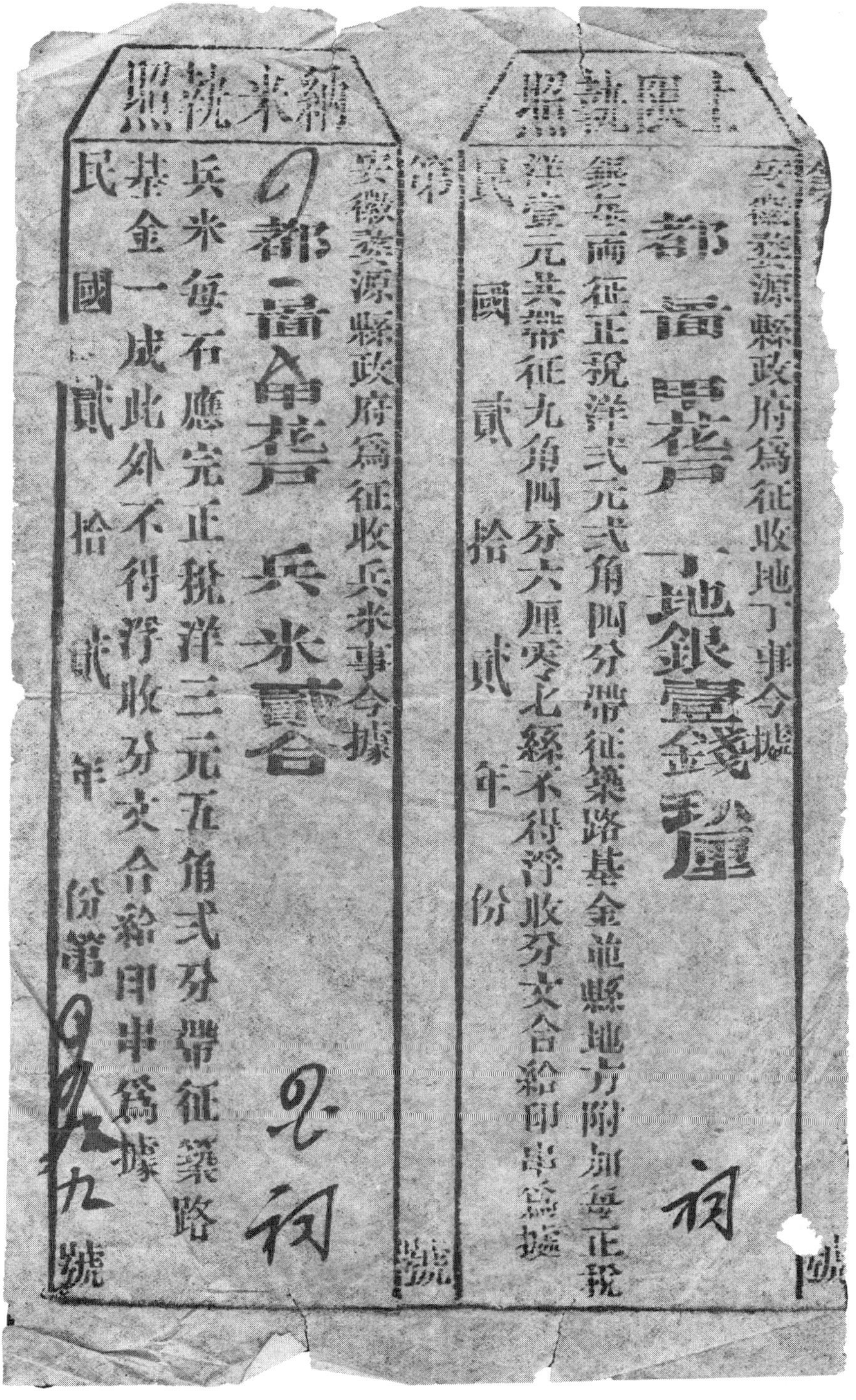

上忙執照

安徽婺源縣政府爲征收地丁事今據

都　圖　甲　戶　地銀壹錢　釐

繳每兩征正稅洋弍元弍角四分帶征築路基金並縣地方附加每正稅

洋壹元共帶征九角四分六厘零七絲不得浮收分文合給印串爲據

民國貳拾貳年份

第　號

納米執照

安徽婺源縣政府爲征收兵米事今據

都　圖　甲　戶　兵米貳合

兵米每石應完正稅洋三元五角弍分帶征築路

基金一成此外不得浮收分文合給印串爲據

民國貳拾貳年份第　號

秋口镇油岭村 B 67 · 民国二十二年 · 纳米执照 · 昌祠

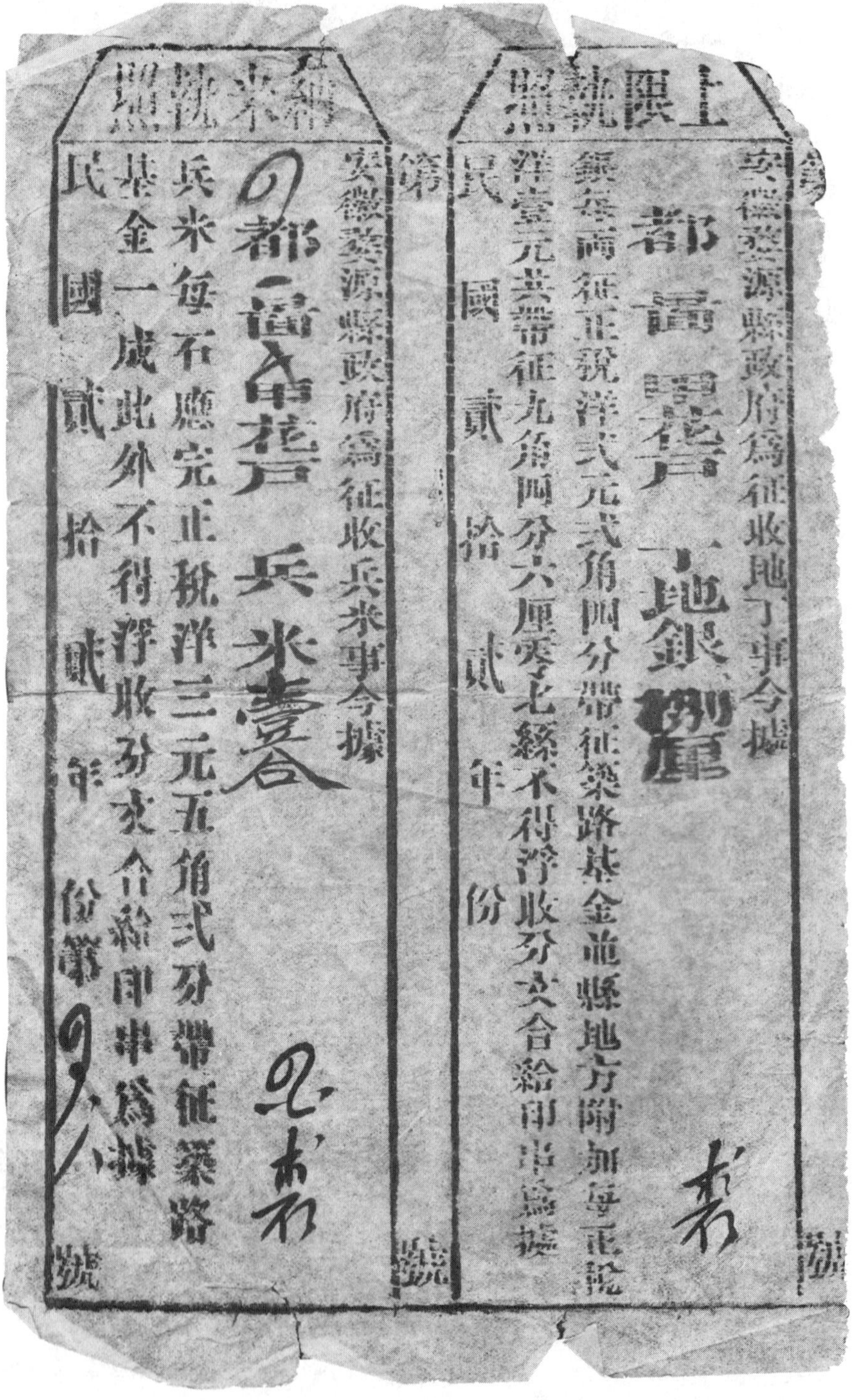
上限執照
安徽婺源縣政府爲征收地丁事今據
都 圖 昌裘 戶 一 地銀 捌厘
銀每兩征正稅洋弍元弍角四分帶征築路基金並縣地方附加每兩征稅
洋壹元共帶征九角四分六厘零七絲不得浮收分文合給印串爲據
民 國 貳 拾 貳 年 份
第 號

納米執照
安徽婺源縣政府爲征收兵米事今據
都 一圖 昌裘 戶 兵米壹合
兵米每石應完正稅洋三元五角弍分帶征築路
基金一成此外不得浮收分文合給印串爲據
民 國 貳 拾 貳 年 份 第 號

秋口镇油岭村 B 68 · 民国二十二年 · 纳米执照 · 昌裘

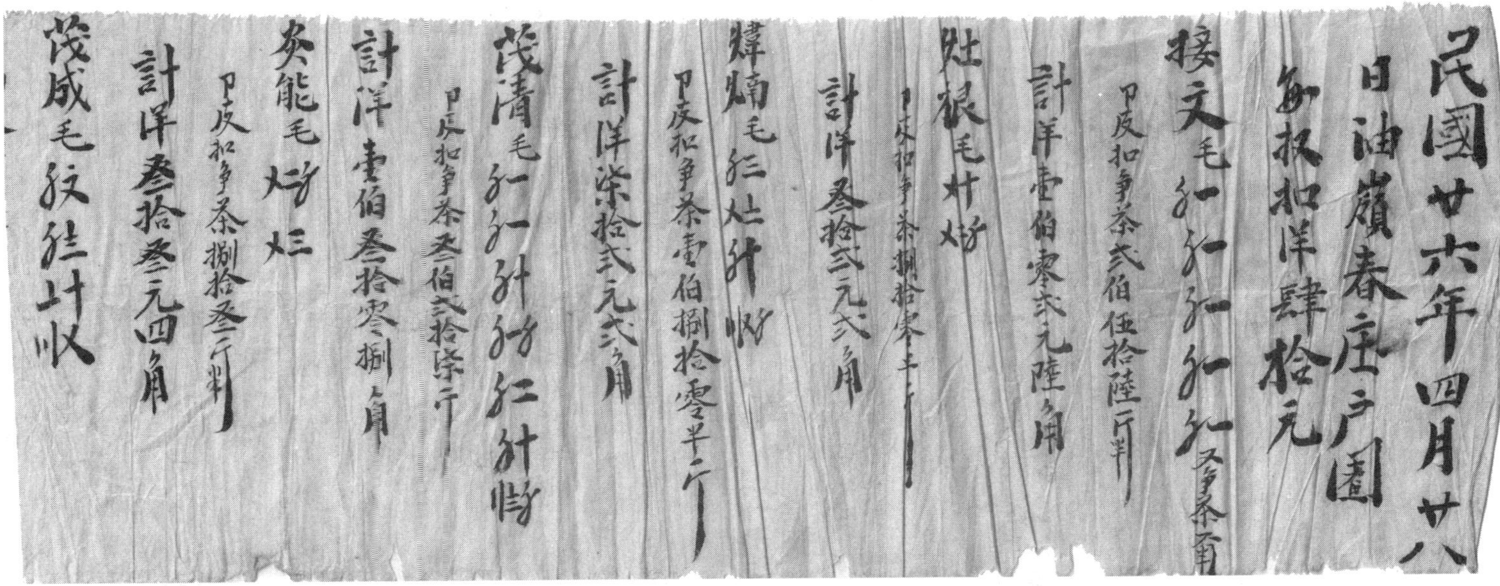

秋口镇油岭村 B 99-i · 民国二十六年 · 流水账（右第一部分）

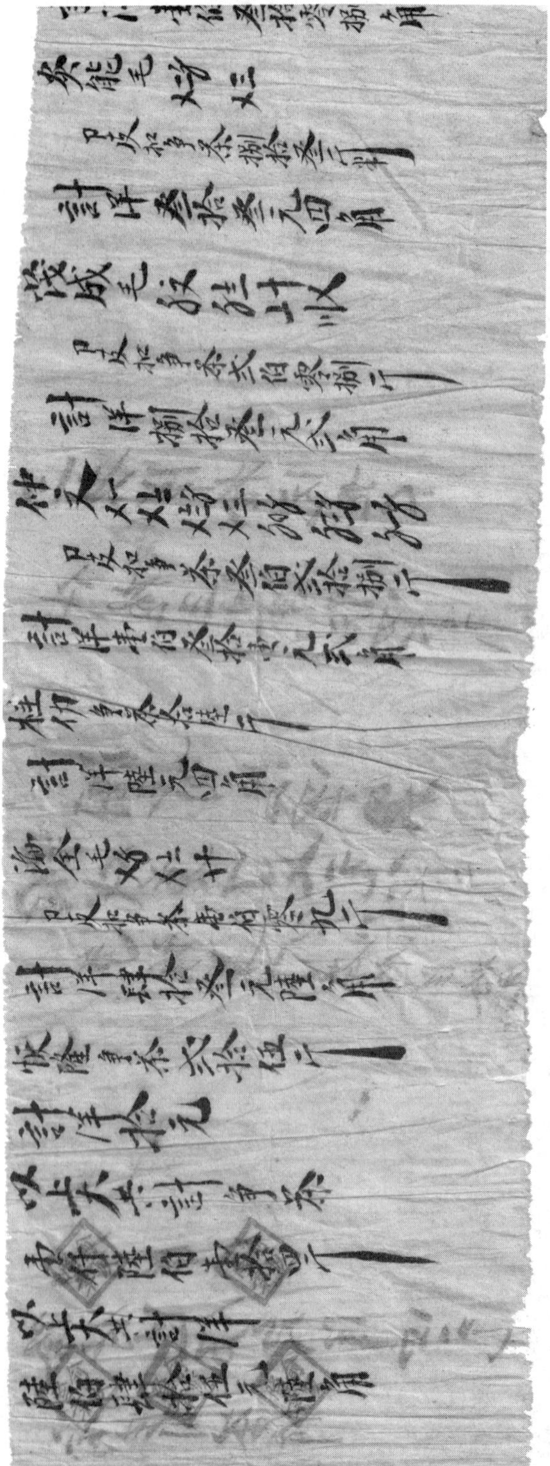

秋口镇油岭村 B 99-ii · 民国二十六年 · 流水账（右第二部分）

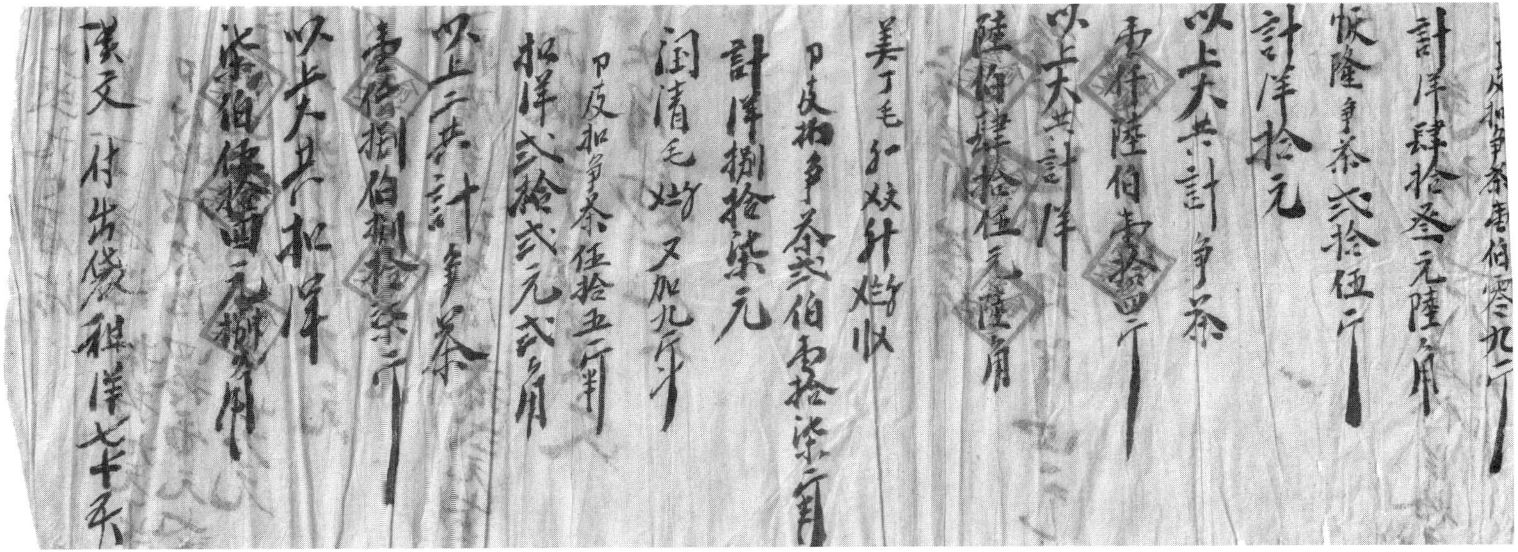

秋口镇油岭村 B 99-iii · 民国二十六年 · 流水账（中间部分）

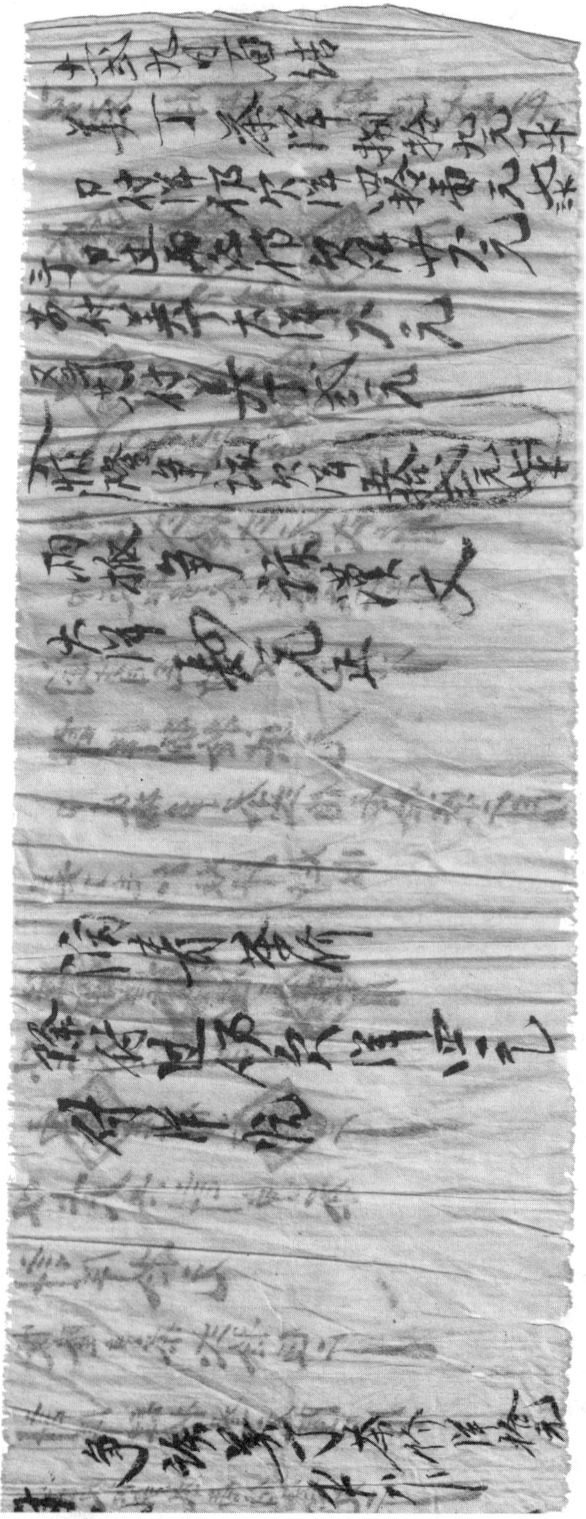

秋口镇油岭村 B 99-iv · 民国二十六年 · 流水账（左第二部分）

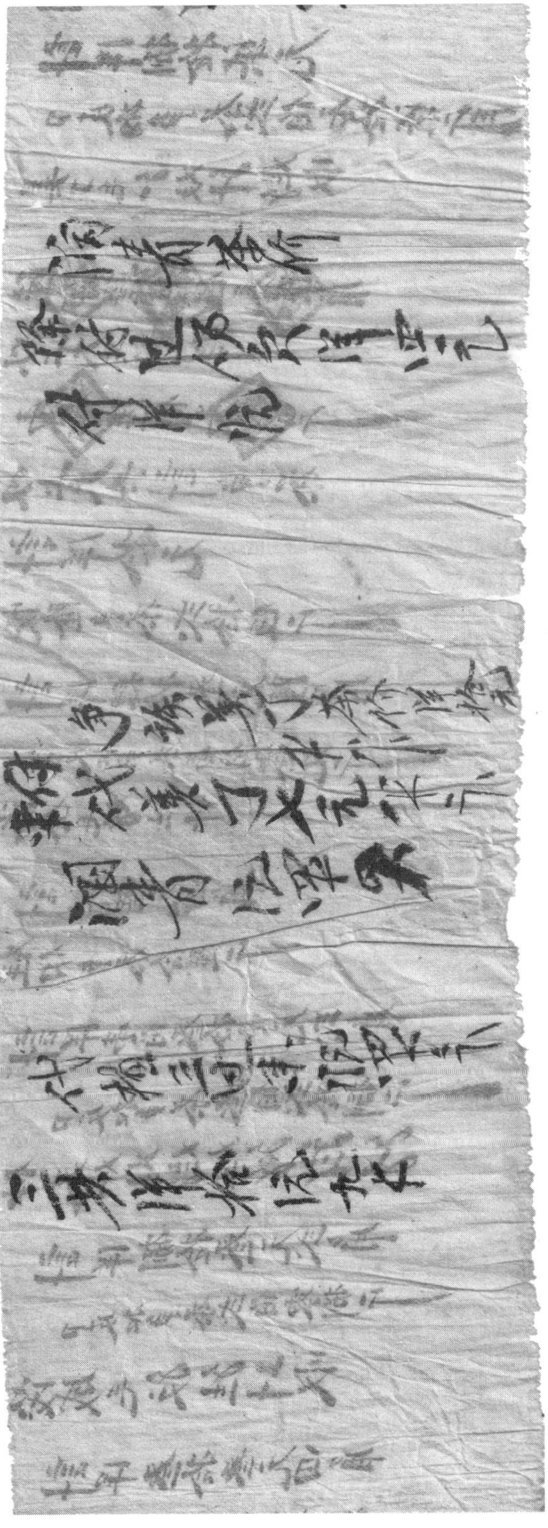

秋口镇油岭村 B 99-v · 民国二十六年 · 流水账（左第一部分）

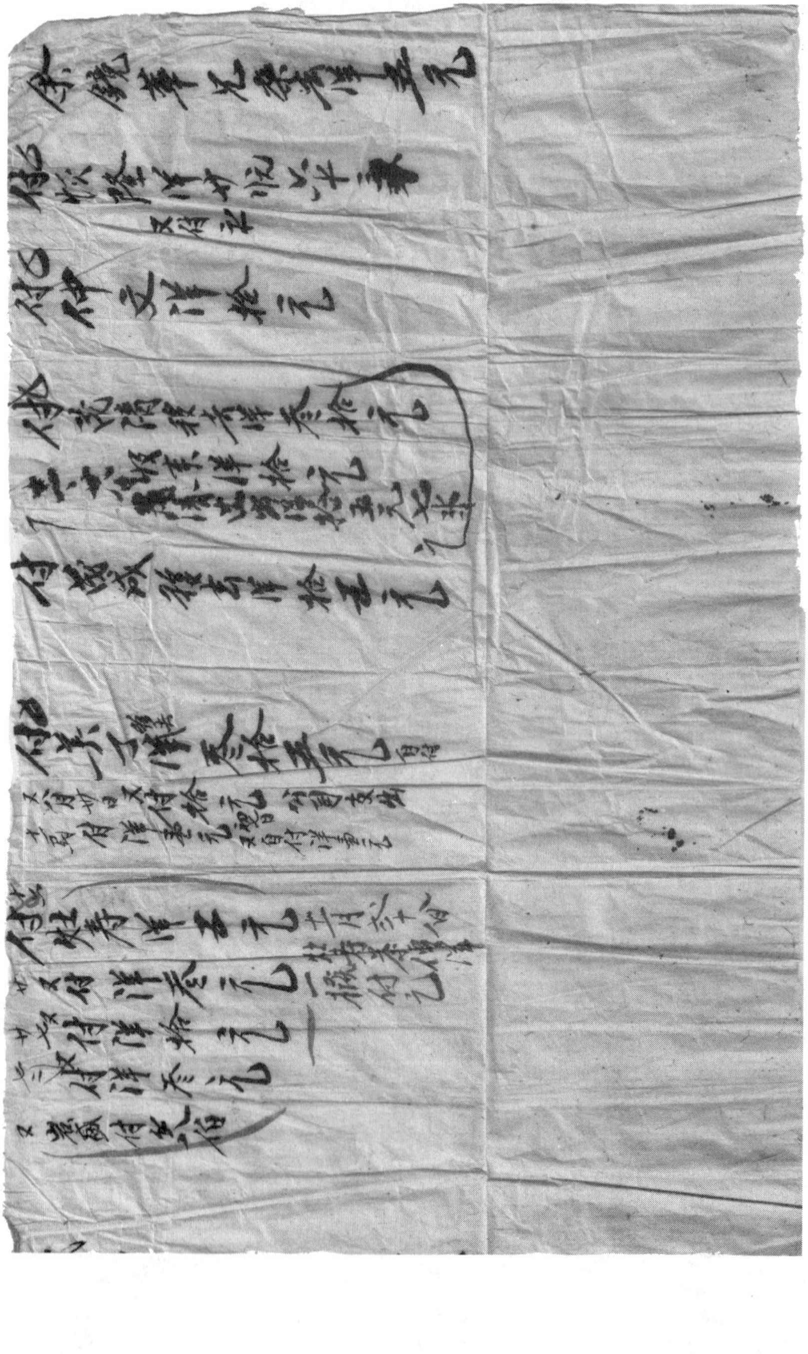

秋口镇油岭村 B 100-i · 民国二十六年 · 流水账（右边部分）

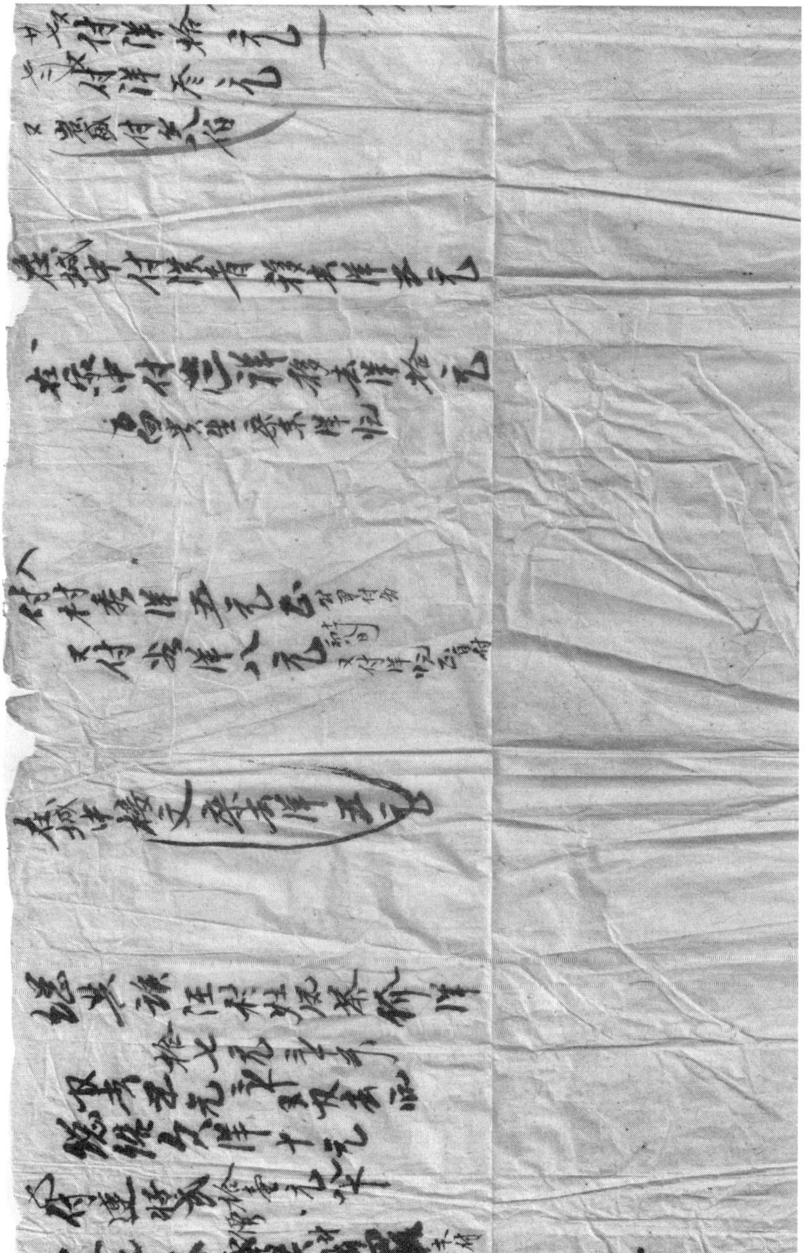

秋口镇油岭村 B 100-ii · 民国二十六年 · 流水账（中间部分）

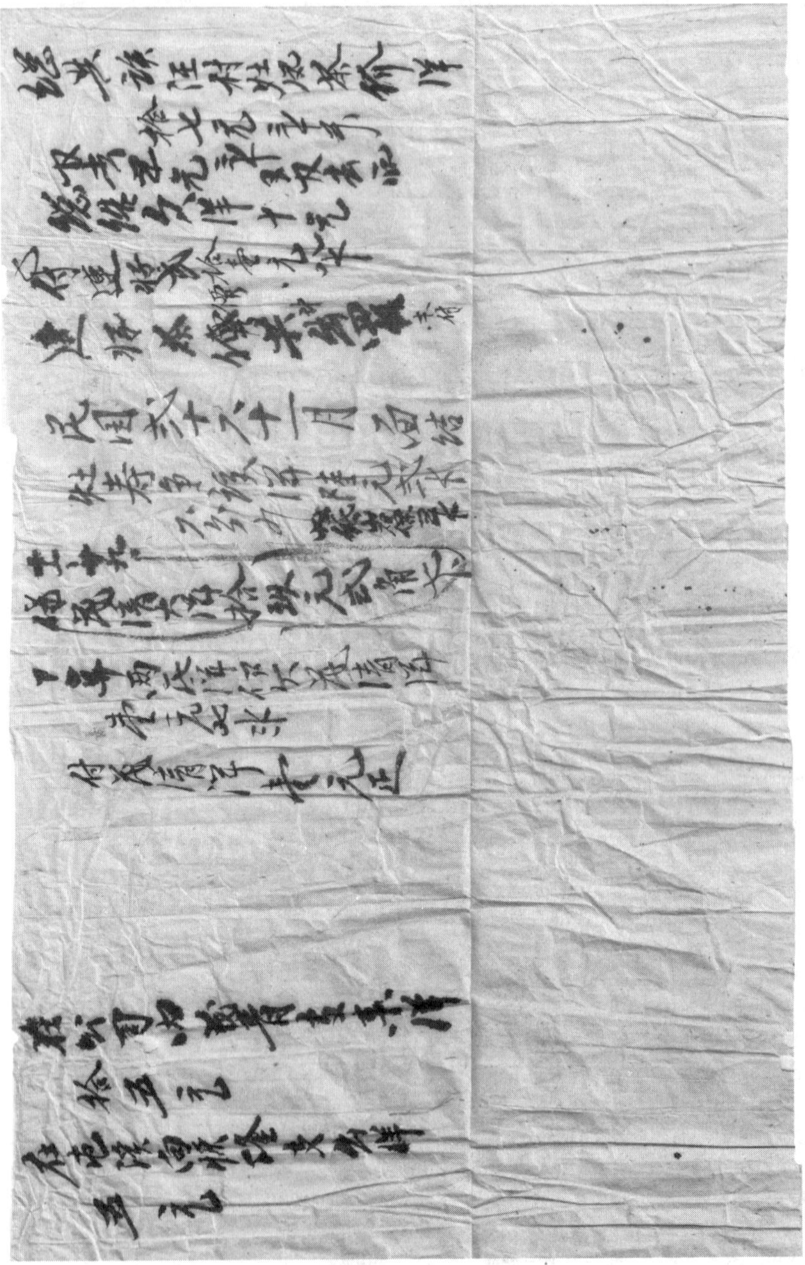

秋口镇油岭村 B 100-iii · 民国二十六年 · 流水账（左边部分）

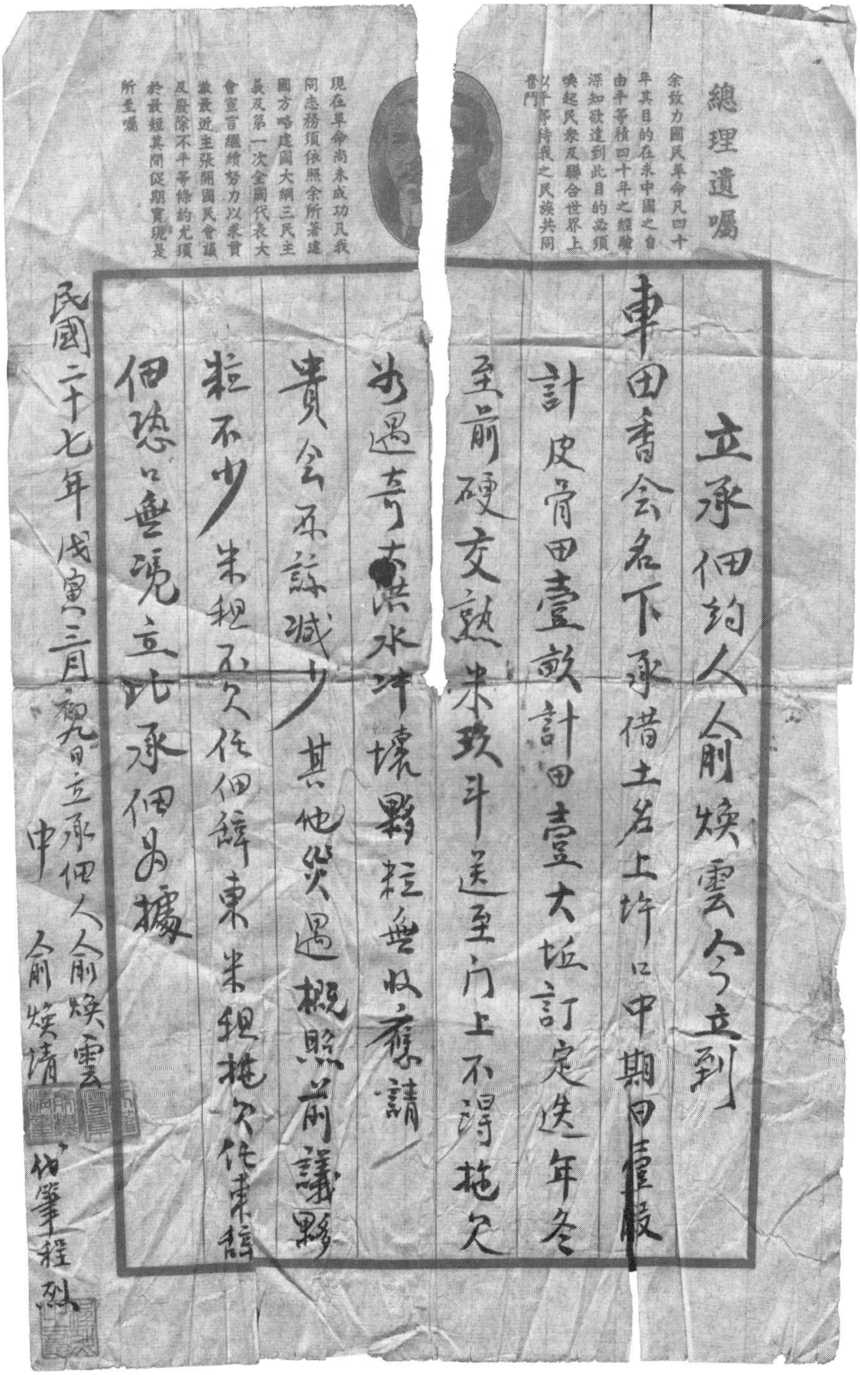

總理遺囑

余致力國民革命凡四十年其目的在求中國之自由平等積四十年之經驗深知欲達到此目的必須喚起民衆及聯合世界上以平等待我之民族共同奮鬥

現在革命尚未成功凡我同志務須依照余所著建國方略建國大綱三民主義及第一次全國代表大會宣言繼續努力以求貫徹最近主張開國民會議及廢除不平等條約尤須於最短期間促其實現是所至囑

立承佃約人俞焕雲今立到
車田香会名下承借土名上垳口中期田壹畈
計皮骨田壹畝計田壹大坵訂定迭年冬
至前硬交熟米玖斗送至门上不得拖欠
如遇有洪水沖壞顆粒無收為請
貴会原諒減少 其他災遇概照前議顆
粒不少 米租不欠任佃辞東米租拖欠任東辞
佃恐口無憑立此承佃為據

民國二十七年戊寅三月初九日立承佃人俞焕雲
中 俞焕靖
代筆程烈

秋口镇油岭村 B 81 · 民国二十七年 · 承佃约 · 俞焕云承到车田香会

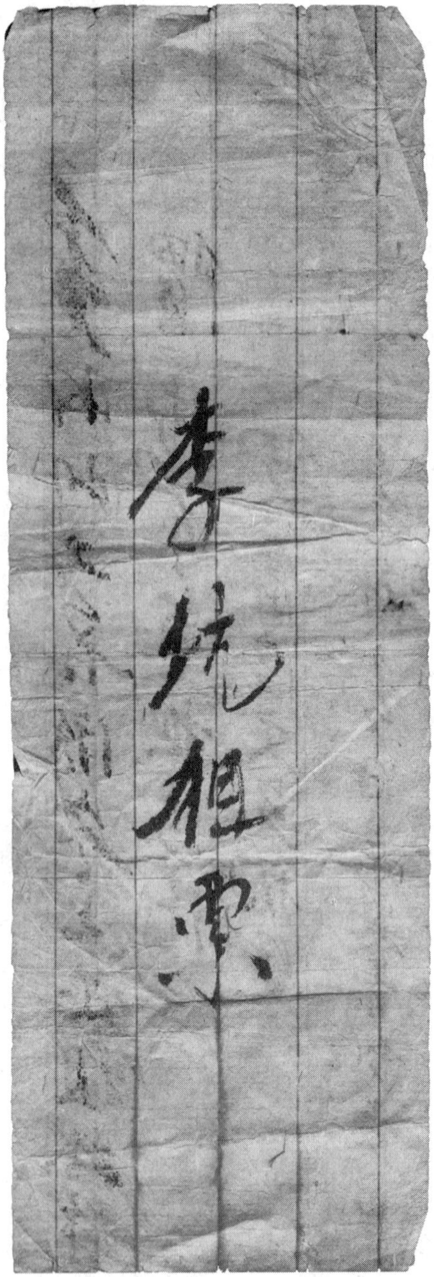
李纯租票

秋口镇油岭村 B 22-1 · 民国二十九年 · 租票 · 永思堂

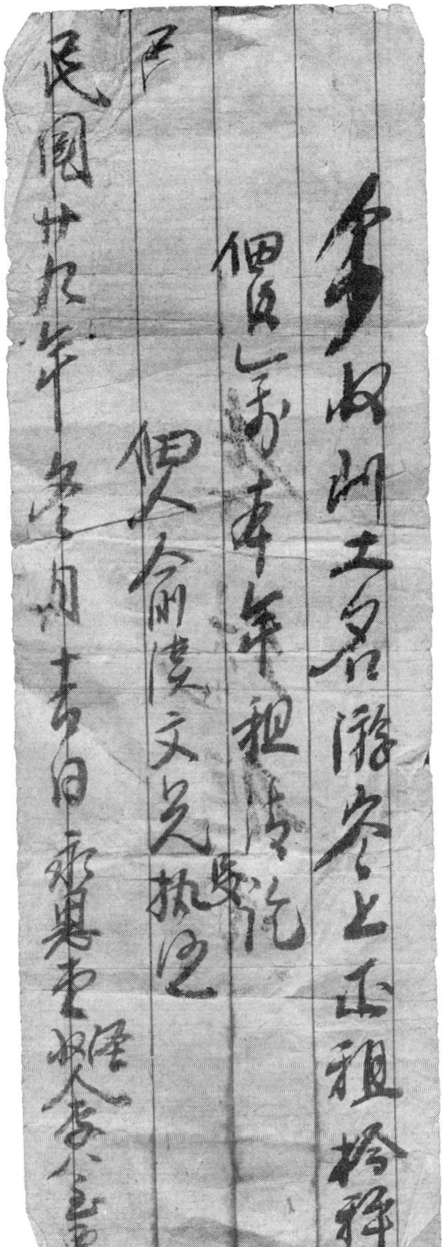

今收到土名游家上正租拾秤
佃[illegible]本年租清讫
[illegible]人[illegible]文字执照
民国廿九年冬月吉日 永思堂 [illegible]收人[illegible]

秋口镇油岭村 B 22-2 · 民国二十九年 · 租票 · 永思堂

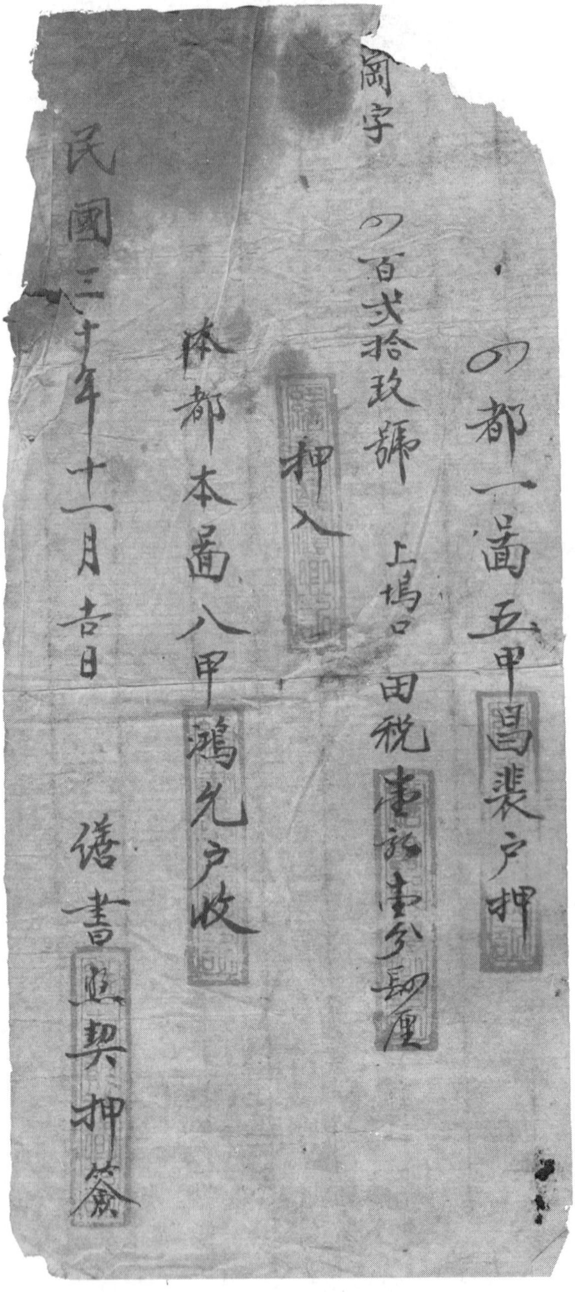

四都一圖五甲昌裴户押

閤字四百弍拾玖號 上塢口 田税壹畝壹分四釐

押入

本都本圖八甲鴻允户收

民國三十年十一月吉日

德書 退契押簽

秋口镇油岭村 B 35 · 民国三十年 · 推单 · 昌裴户押与鸿允户

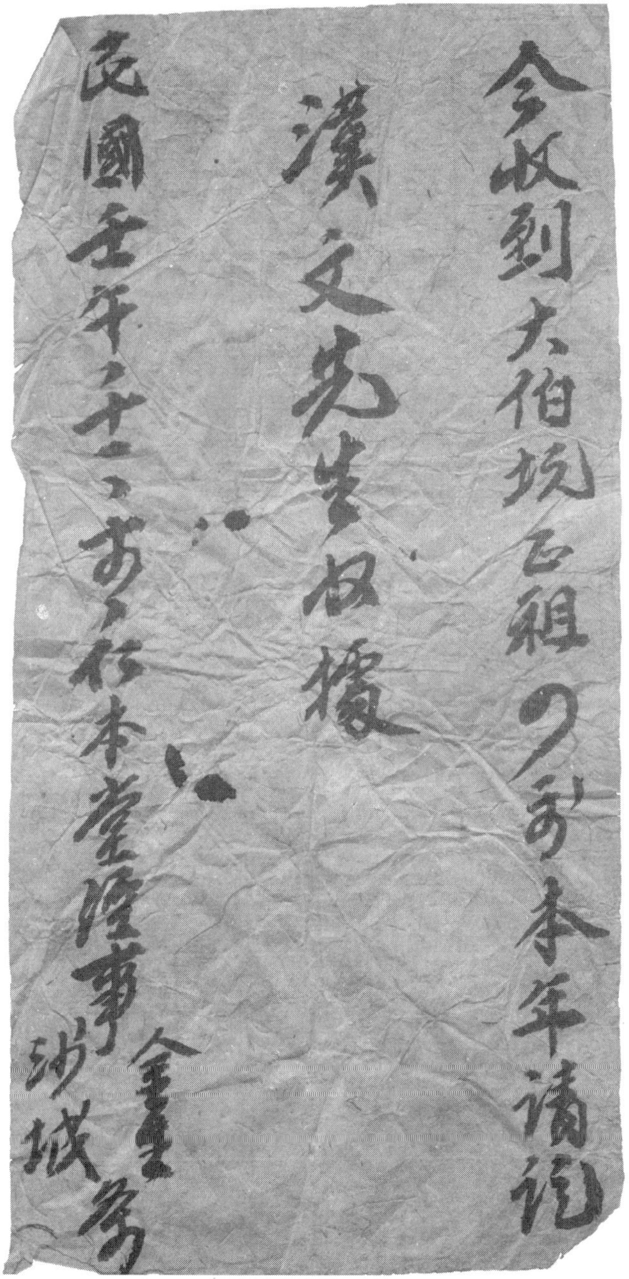

今收到大伯坑正祖乙丁本年請說

漢文先生收據

民國壬年十二月　日仁本堂經事

金生

嗣城字

秋口镇油岭村 B 29 · 民国三十一年 · 收据 · 仁本堂收俞汉文

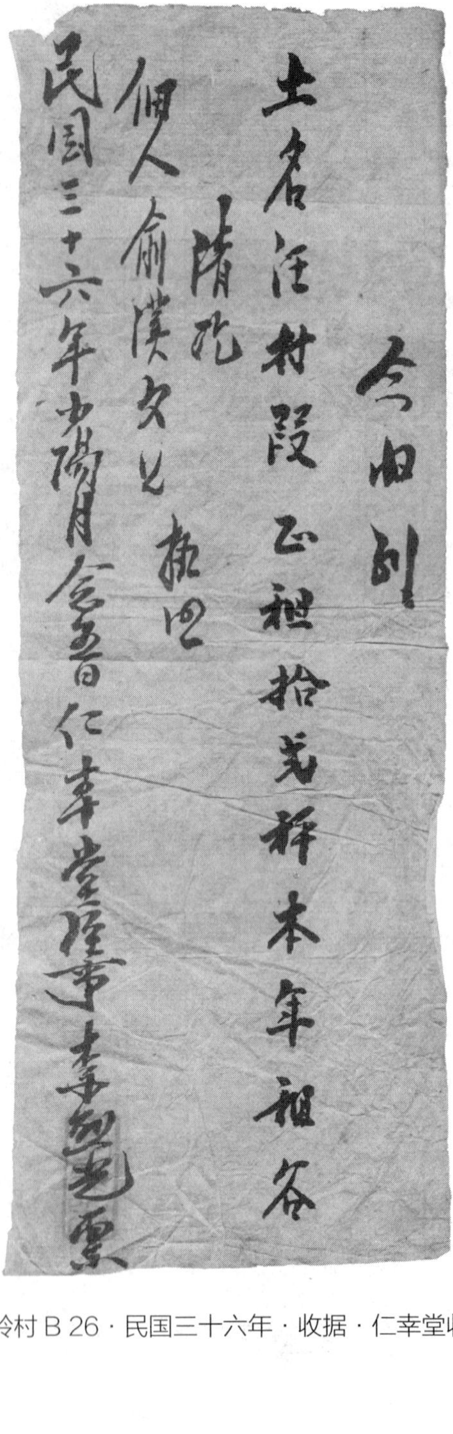
今收到
土名汪村段正租拾光秤本年租谷
清讫
佃人俞漢文之 执照
民国三十六年古阳月念五日 仁幸堂经事李[illegible]光票

秋口镇油岭村 B 26 · 民国三十六年 · 收据 · 仁幸堂收俞汉文

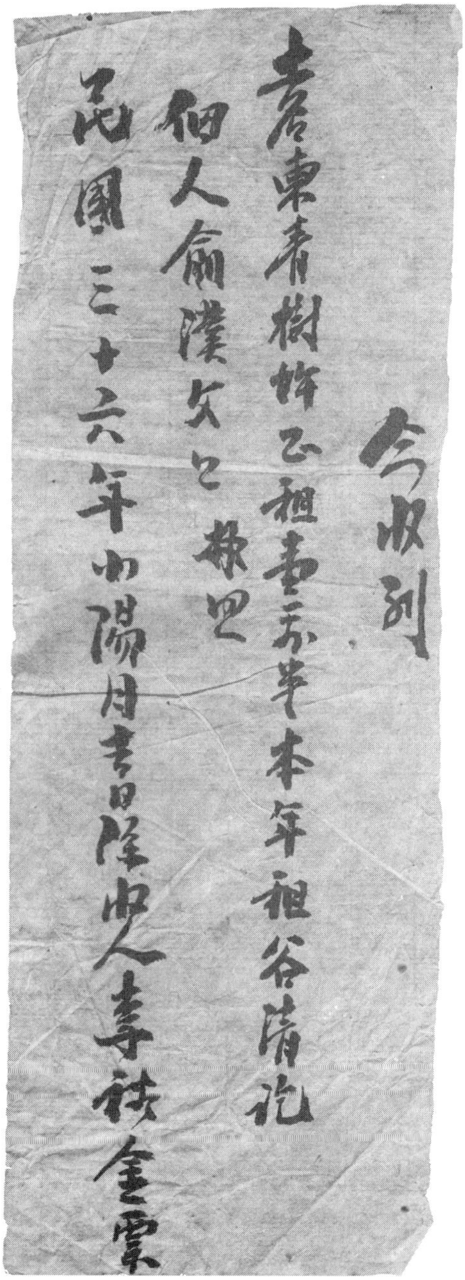
今收到
李東青樹蚌乙租壹石半本年租谷清訖
佃人俞漢文乙 據巴
民國三十六年十陽月吉日降收人李裕金票

秋口镇油岭村 B 27 · 民国三十六年 · 收据 · 李裕金收佃人俞汉文

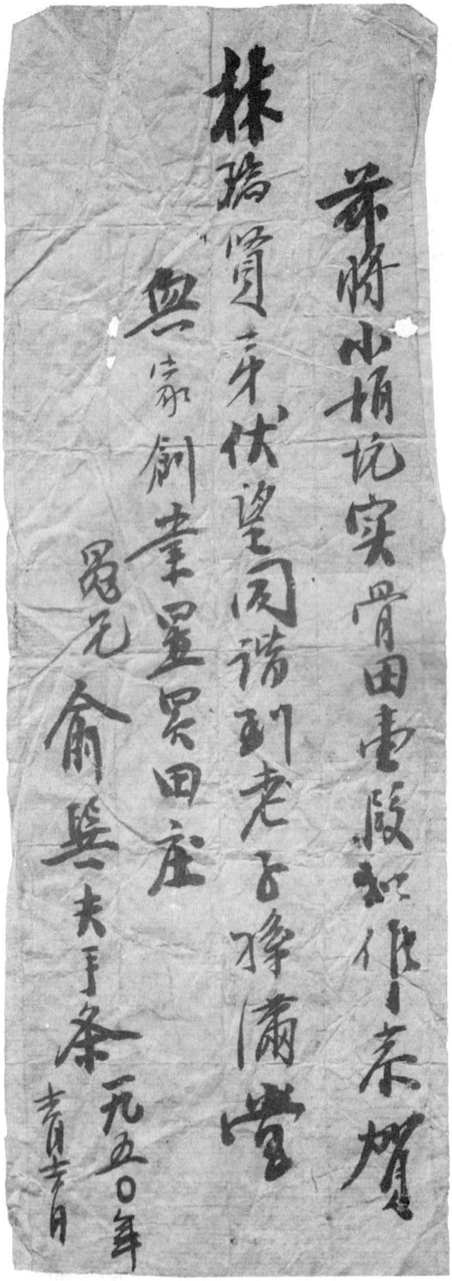
茲將小桶坑實骨田壹段拟作奉贈
林瑞賢弟伏望同諧到老子孫滿堂
與宗家創業置買田產
愚兄俞鬓夫手条
一九五〇年
吉月吉日

秋口镇油岭村 B 18 · 一九五〇年 · 贺礼单 · 俞鬓夫

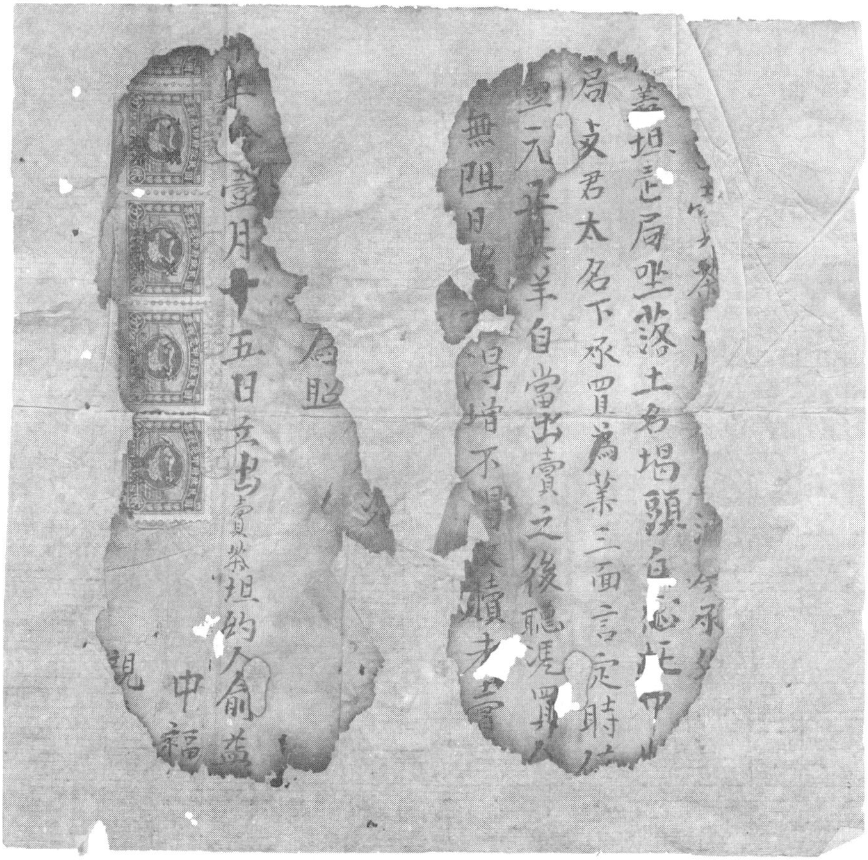

秋口镇油岭村 B 2 · 出卖土地契 · 俞☐卖与君太

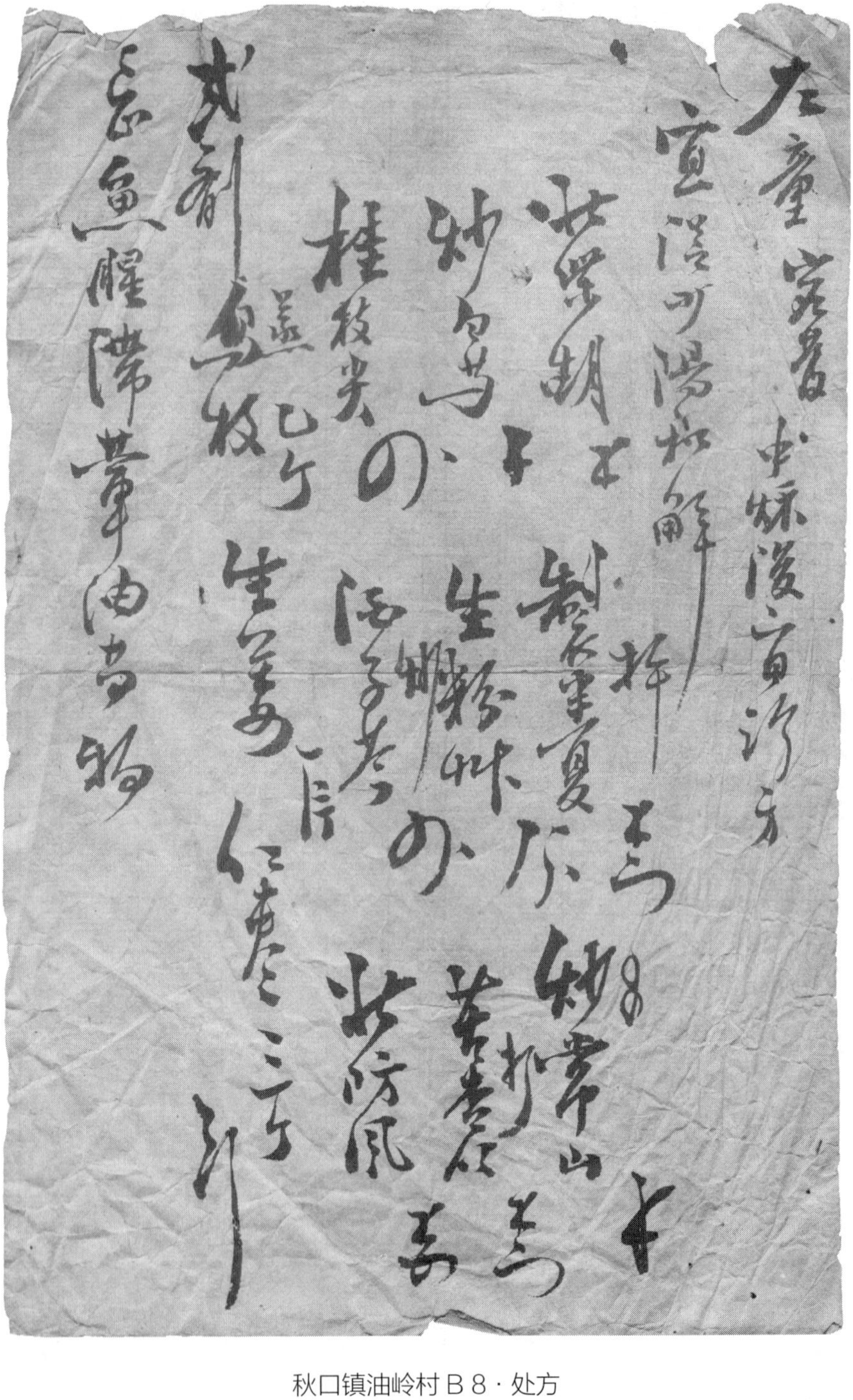

秋口镇油岭村 B 8 · 处方

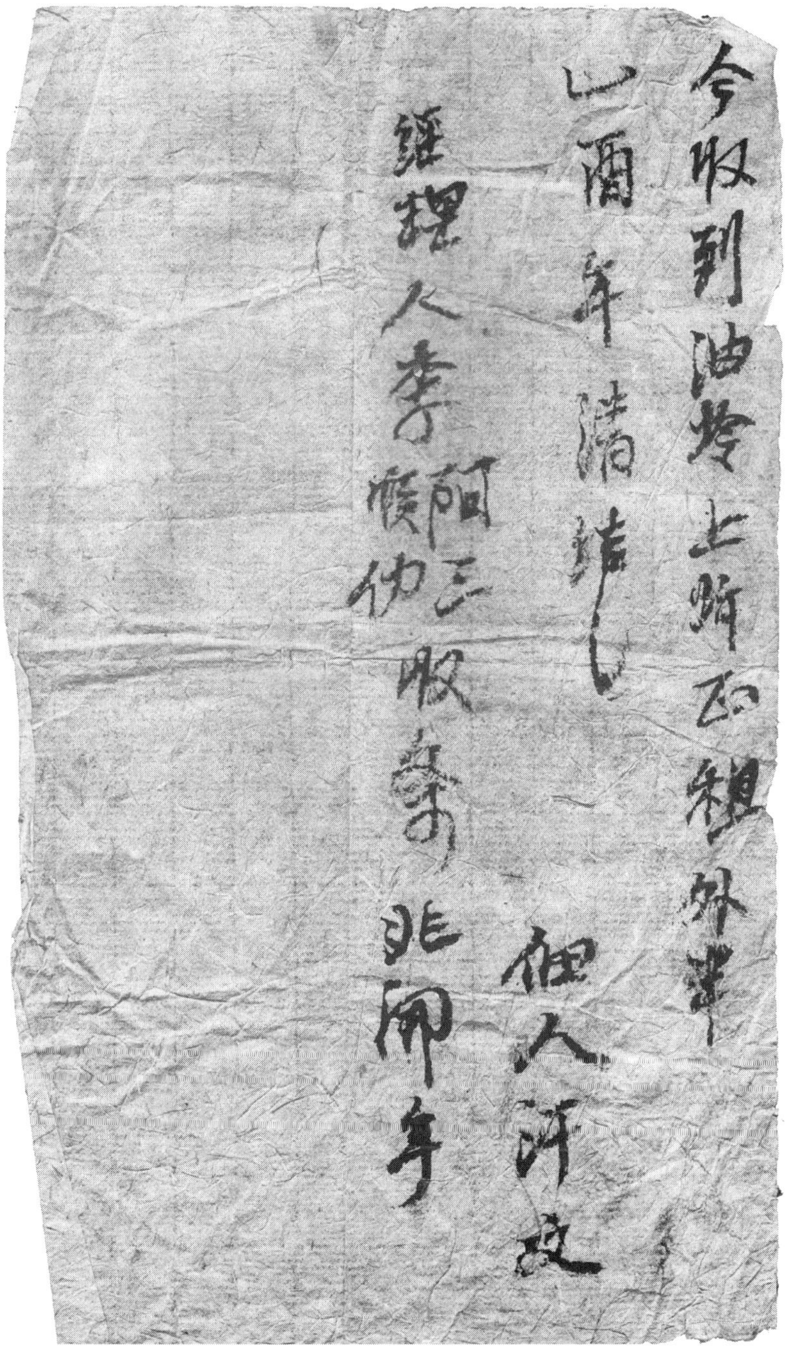

今收到油岭上隔西組外茶
山酉年清讫
佃人汗文
經理人李陌三
侯仂收李非用年

秋口镇油岭村 B 9 · 收据 · 李阳三、李侯（？）仂收佃人汗文

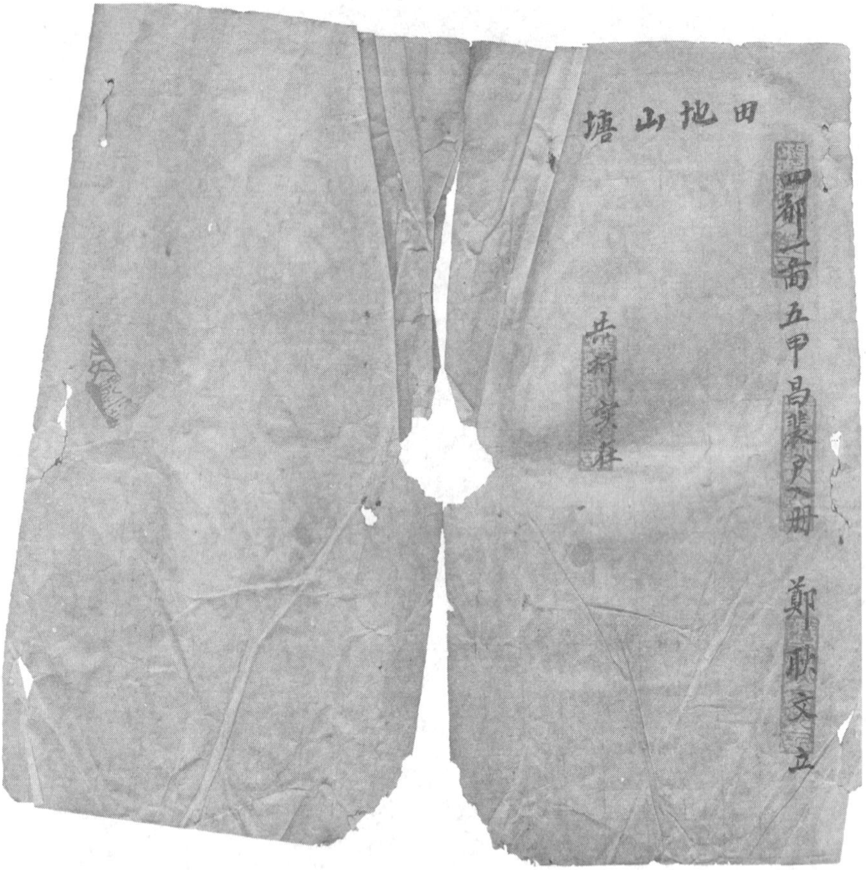
田地山塘
四都一啚五甲昌裴户入册
鄭耿文立

秋口镇油岭村 B 14 · 税粮实征册 · 昌裴户

地

劍字五伯五十九號　下屋基地　地叁厘五毛七丝五忽

五伯柒十號　尾窑坦　地壹分壹厘

入吕毅户下　仝　仝　地弍厘弍毛　錯上

五伯四十三號　前山　地壹厘七毛六丝乙忽

五伯七十號　尾窑坦　地六厘

五百五十九號　下屋基地　地肆厘正

捌拾柒號　何村段　地壹厘壹毛正　本年丑字第〇一號數付户村

壹號　茶园　地叁分弍厘上

伍伯七十號　瓦窑段　地弍厘弍毛七丝

光绪廿年收户昌毅户村

秋口镇油岭村 B 15 · 税粮实征册 · 昌裘户

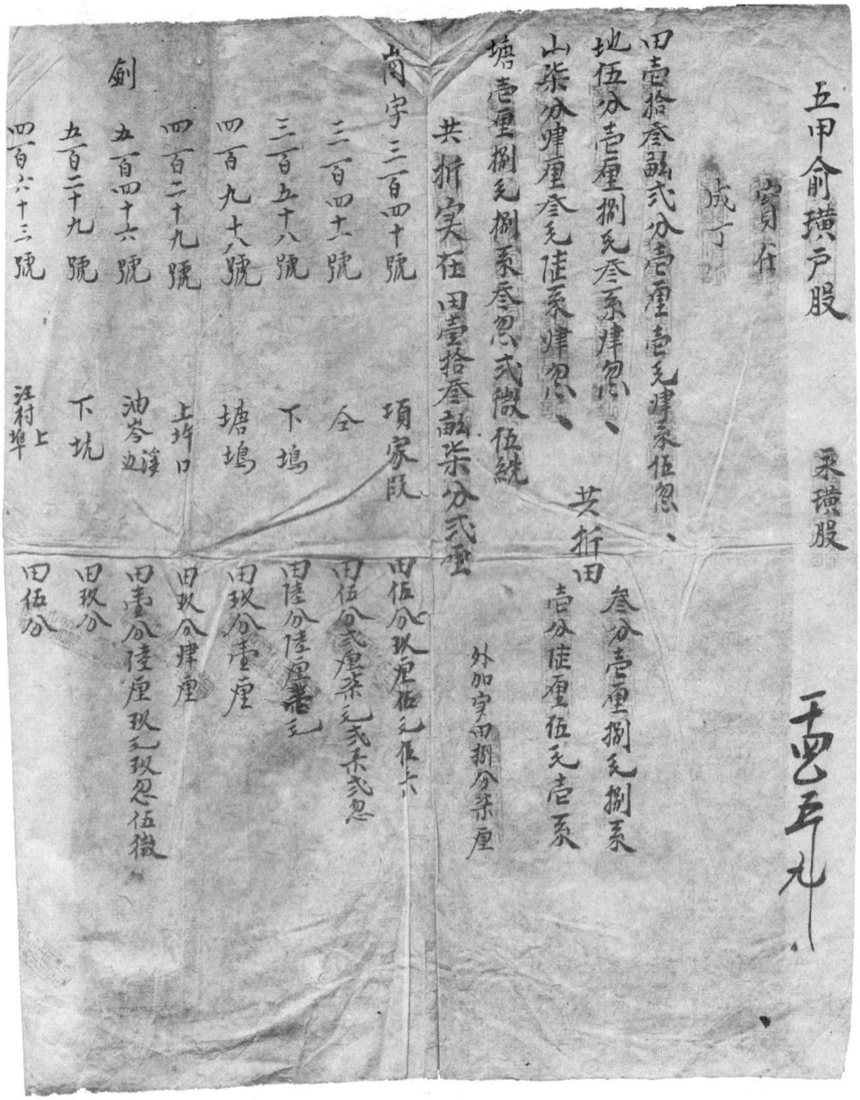
五甲俞璜户股　永璜股
實在
成丁
田壹拾叁畝弍分壹厘壹毛肆系伍忽、
地伍分壹厘捌毛叁系肆忽、、
山柒分肆厘叁毛陸系肆忽、、
塘壹厘捌毛捌系叁忽弍微伍纖
共折田
叁分壹厘捌毛捌系
壹分陸厘伍毛壹系
外加字田捌分柒厘
壬寅年九
共折實在　田壹拾叁畝柒分弍厘
岗字三百四十號　項家段　田伍分玖厘伍毛伍六
三百四十六號　仝　田伍分弍厘柒毛弍系弍忽
三百五十八號　下塢　田陸分陸厘叁毛
四百九十八號　塘塢　田玖分壹厘
四百二十九號　上坑口　田玖分肆厘
劍　五百四十六號　油岑边漢　田壹分陸厘玖毛玖忽伍微
五百二十九號　下坑　田玖分
四百六十三號　汪村塆上　田伍分

秋口镇油岭村 B 16 · 税粮实征册 · 俞永璜户

村为業不由主背拚串合再[illegible]合根挖 课保業完吞杜尤事

彼

誑身等祖遺土名小花坪岡字弍千五号山计税[illegible]乙世守至今赤契现执户冊可鉄

遥験地喇玉田等根贪虎視胆敢業不由主擅背身等私拚土名坑頭胡天卉身等

阅知理阻儼然入山伐木業経投論卅知情虧不向現又查知身深土名旺椒山王汉王国

劍字壹十文十八號等号又胆背身等私拚業邑山史要欠山価屢屢騙吞殊屬

等詭计百出情实串吞不分出帖確憑明倚得隴望蜀既已攫人何能業不

由主非再叩喻合根完吞路课将身祖業具保且恐風俗敗大伊于胡底為此迫叩

秋口镇油岭村 B 17 · 具状词

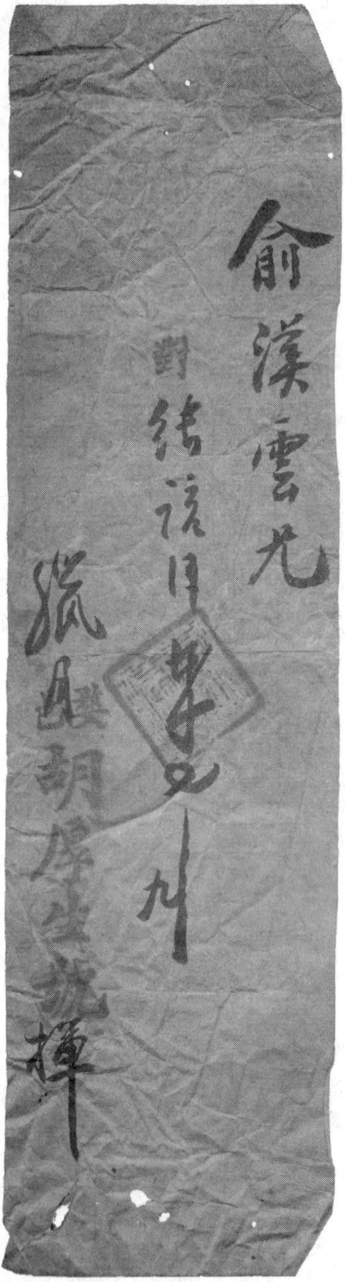

秋口镇油岭村 B 21 · 结账单 · 胡厚生号

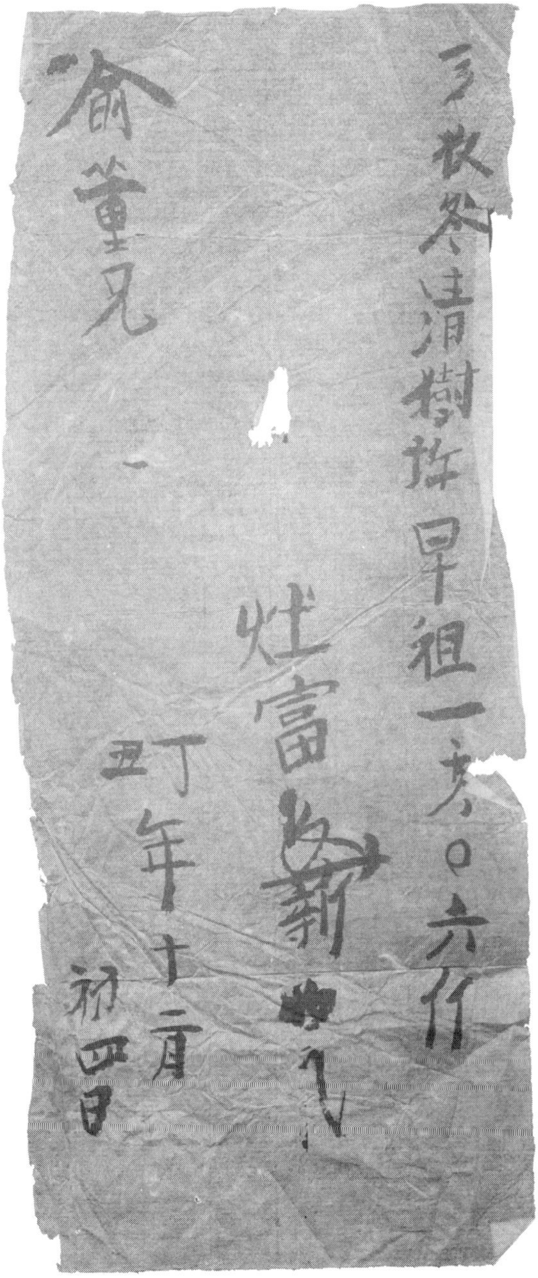
今收冬清樹許早租一秤〇六斤
灶富收新[illegible]
俞董兄
丁丑年十二月初四日

秋口镇油岭村 B 23 · 收租条 · 俞董

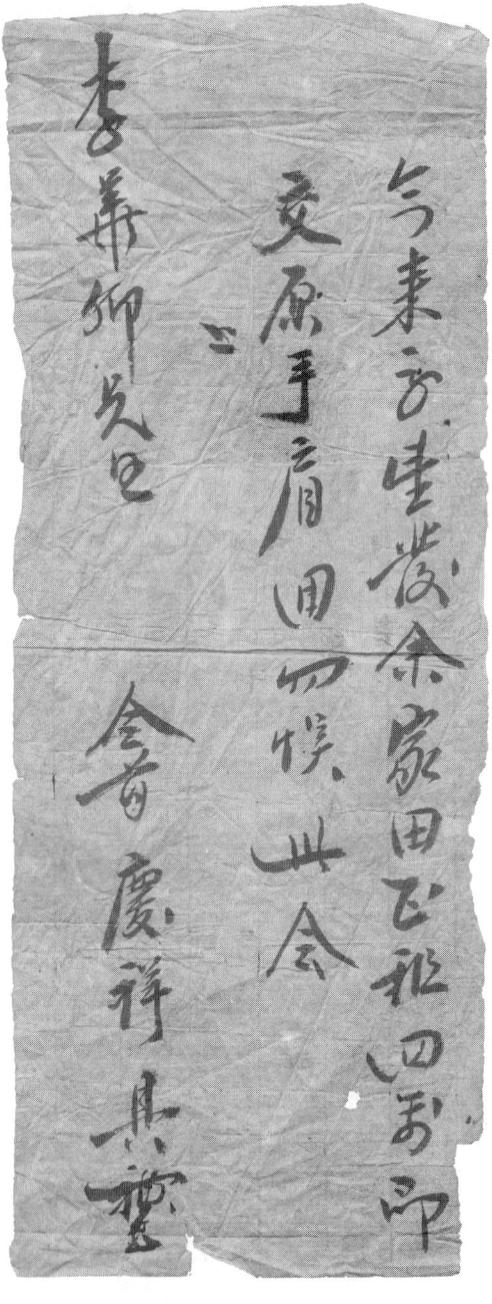

秋口镇油岭村 B 30 · 留言条 · 庆祥与李华仰

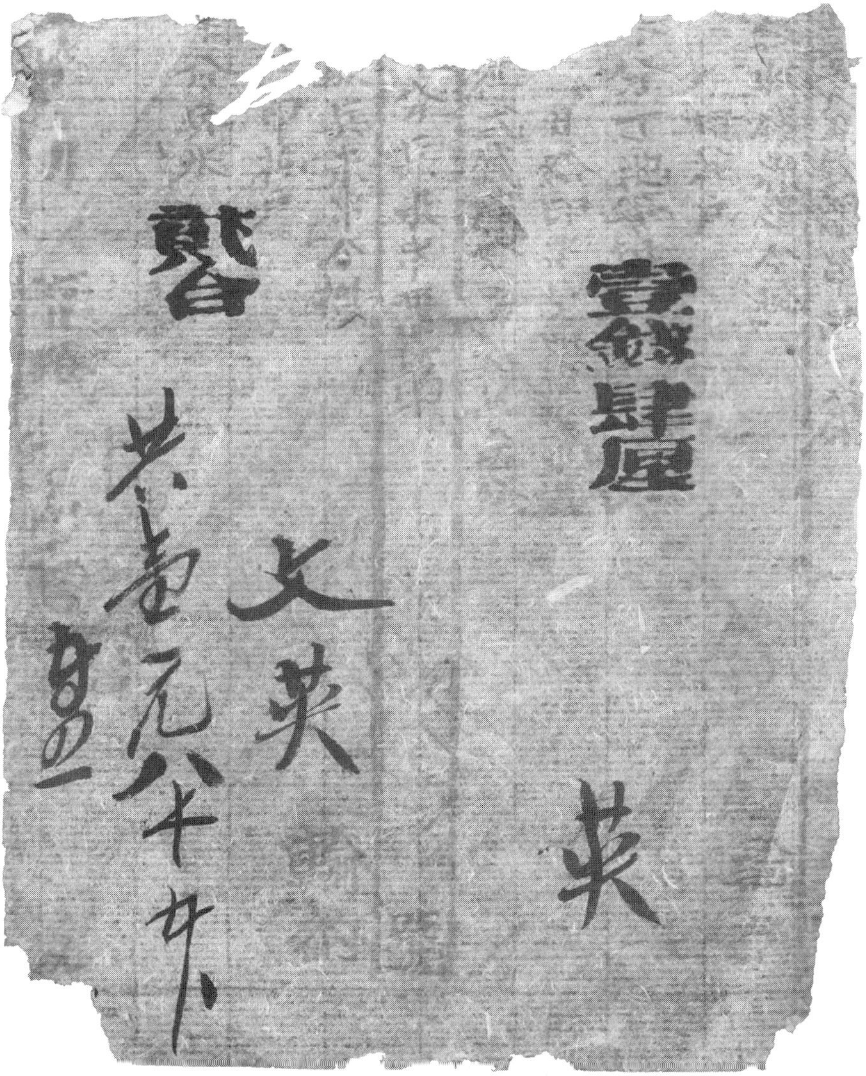

秋门镇油岭村 B 40 · 纳米执照 · 文英

秋口镇油岭村 B 41 · 纳米执照 · 大江

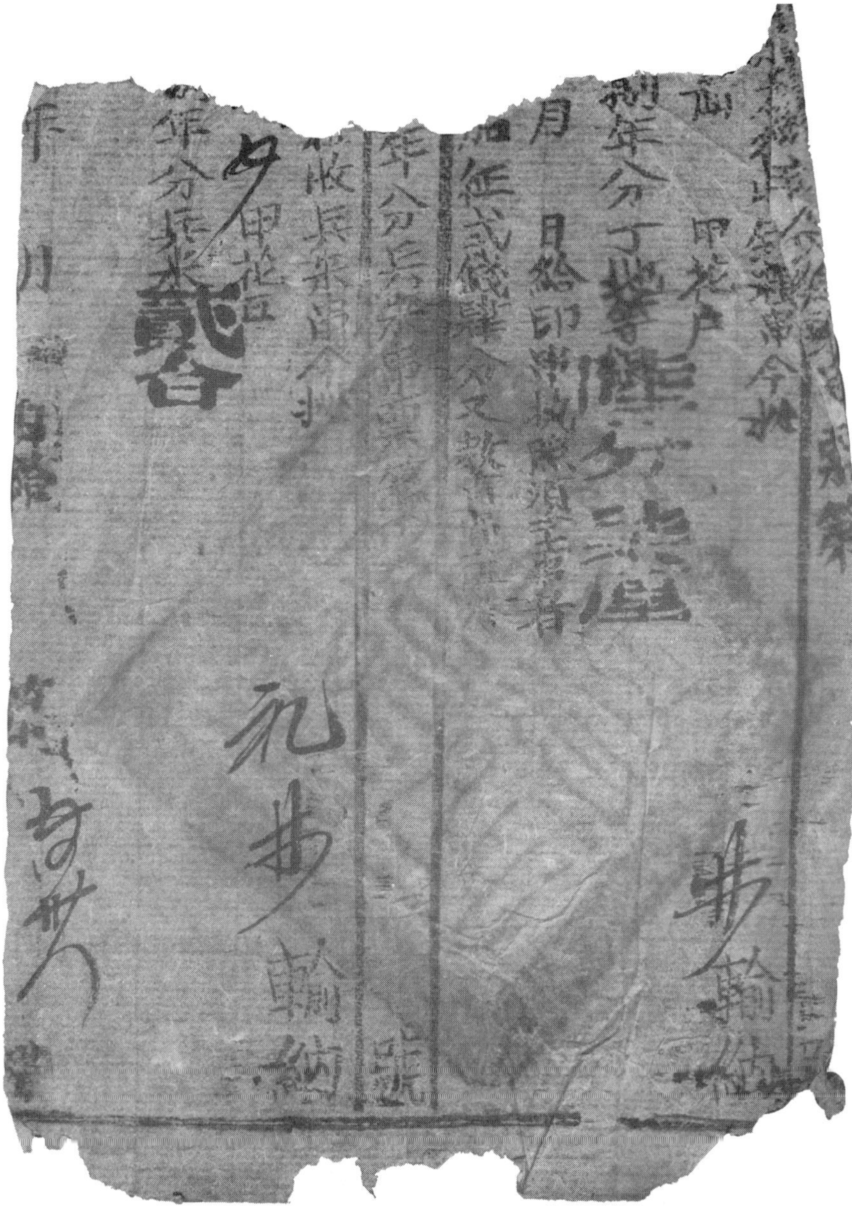

秋口镇油岭村 B 45 · 纳米执照 · 礼林

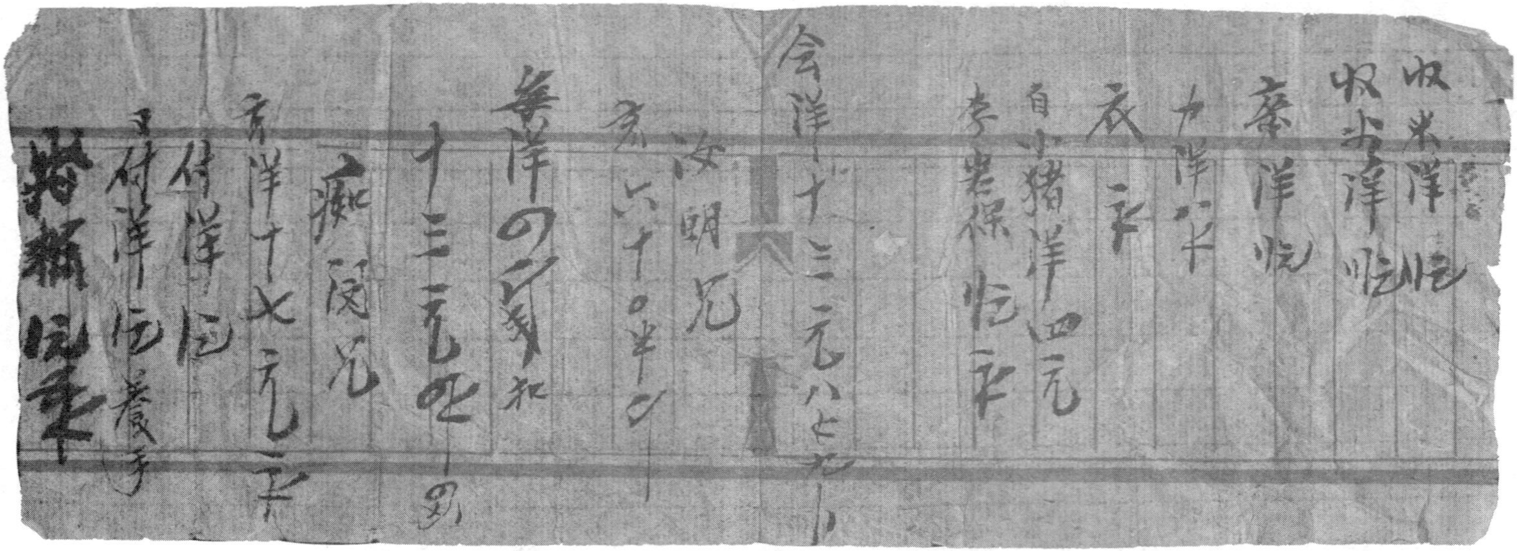

秋口镇油岭村 B 71 · 账单

叩謝但 漢文如茶前至于節日情由尊兄談言時我纏繹自至

往往發至有借字取出字底下往事未知我到屯二日們仰又到屯見他

人閃全邀梧頭說我府理由二人合共托人謀種種行交他是年銀根

不行難種出以種各事不和們仰事情日日說我擅任負責我在屯行

用度多消將來和解此事以後不可有情中愛嫩們梧未知我在屯朝

中記日念尊兄各事早行別當有可不聽尊信知其設心

我在屯宗中情形理由心知未法親戚此事全用來痛因何事于節

因家鄉理代男盡淨們充甚要處柔見候有事由來回托尊兄談知

此事我脫便女兹形由家困何處人見語令康男茶梅理們出

仰尊我知心事盡 達上

恵安

弟 犁寄 頓首

秋口镇油岭村 B 85 · 书信 · □犁寄与俞汉文

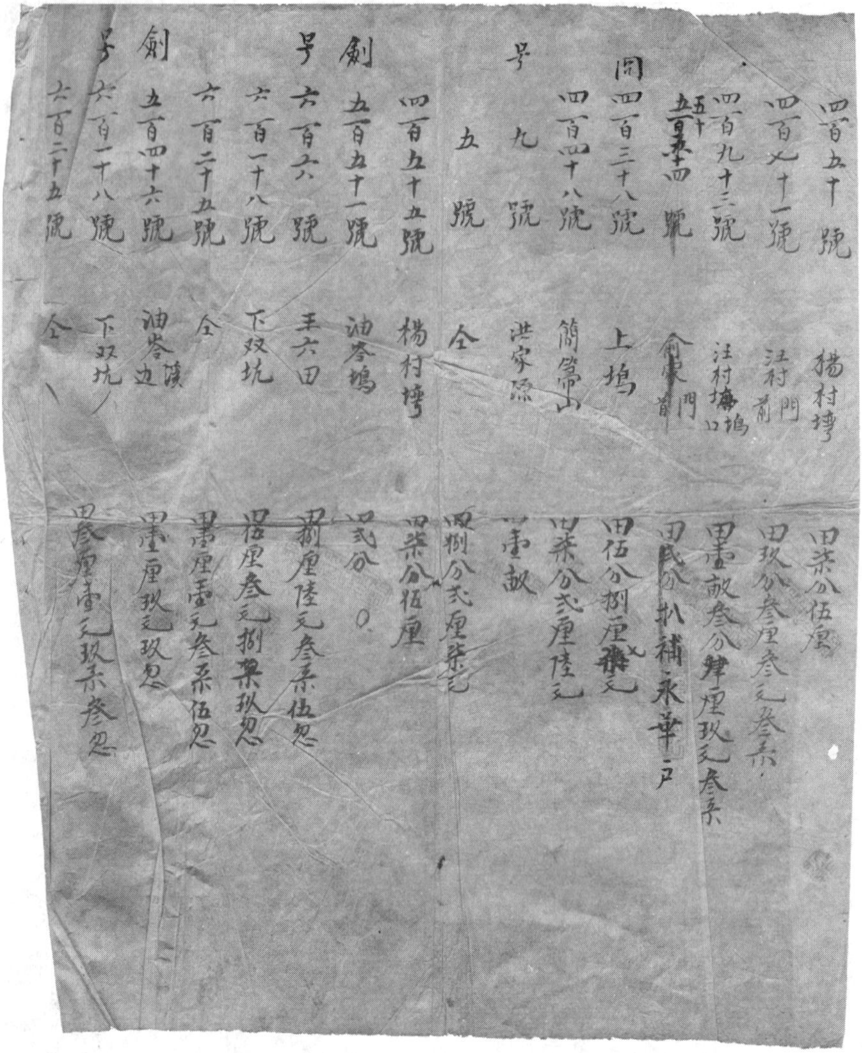

四百五十號　楊村塝　田柒分伍厘
四百八十一號　汪村前門　田玖分叁厘叁毛叁系
四百九十三號　汪村墈口塢　墨畝叁分肆厘玖毛叁系
五百五十四號　俞家門前　田式分扒補永華戶
同　四百三十八號　上塢　田伍分捌厘玖毛
四百四十八號　簡篙山　田柒分式厘陸毛
号　九號　洪家源　地壹畝
五號　仝　地捌分式厘柒毛
四百五十五號　楊村塝　田柒分伍厘
劍　五百五十一號　油岑塢　地式分
号　六百六號　王六田　地捌厘陸毛叁系伍忽
六百一十八號　下双坑　地厘叁毛捌系玖忽
六百二十五號　仝　墨厘壹毛叁系伍忽
劍　五百四十六號　油岑墳边　墨厘玖毛玖忽
号　六百一十八號　下双坑　田壹厘壹毛玖系叁忽
六百二十五號　仝

秋口镇油岭村 B 89 · 土地清单

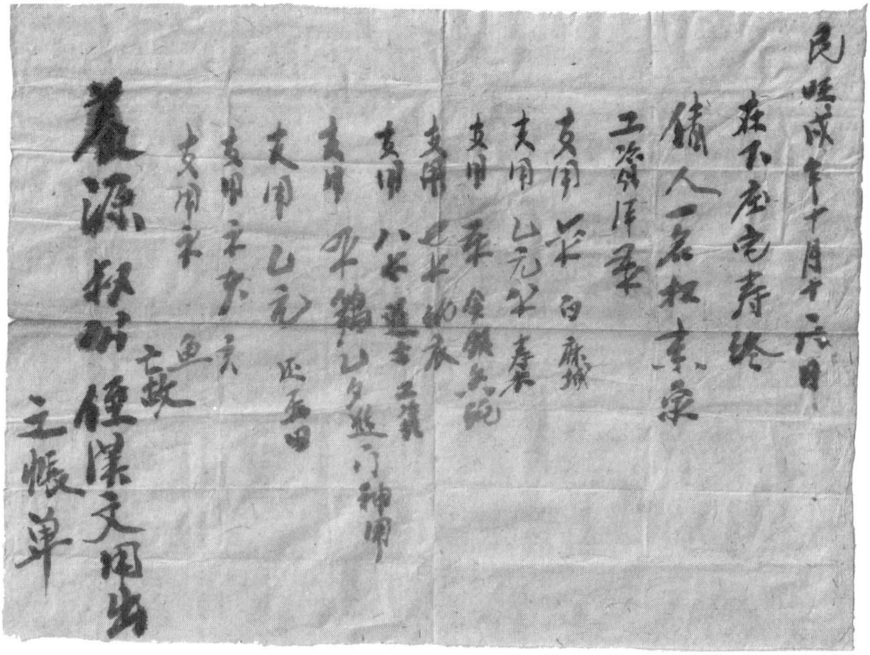

秋口镇油岭村 B 95 · 账单 · 俞汉文

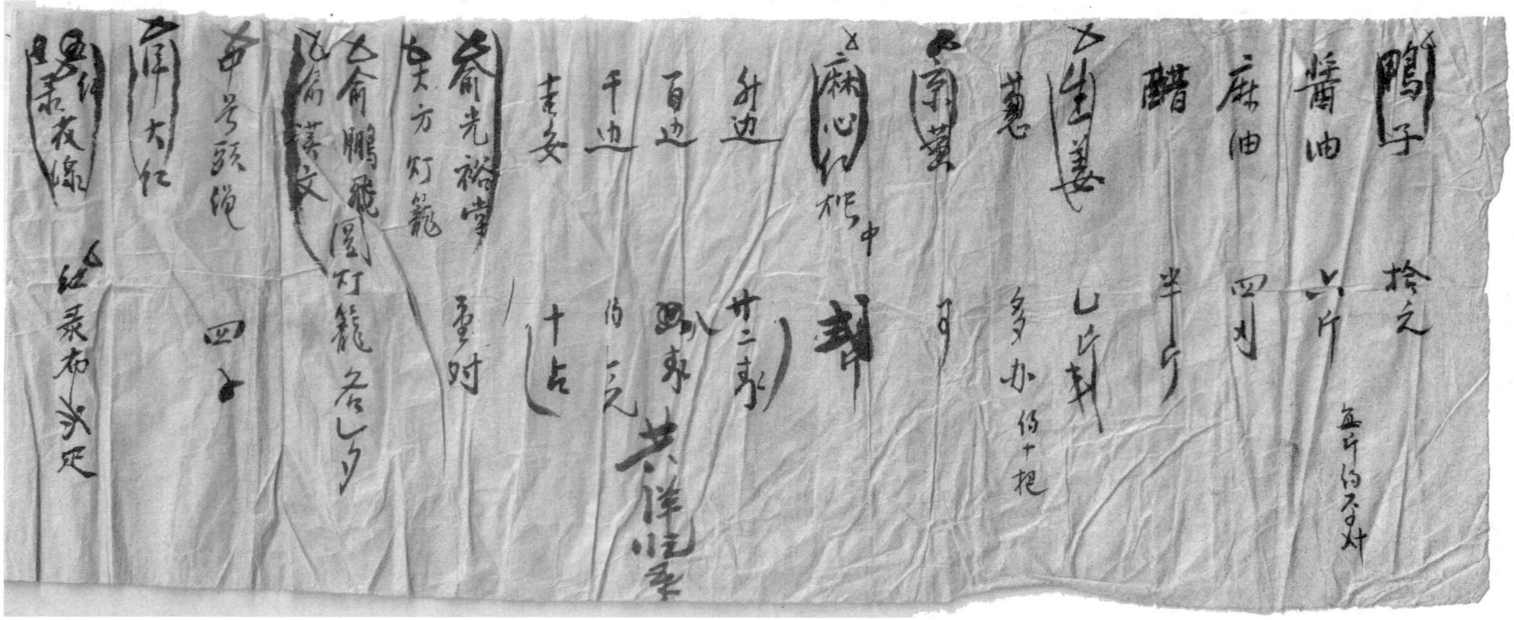

秋口镇油岭村 B 98-i · 流水账（右半部分）

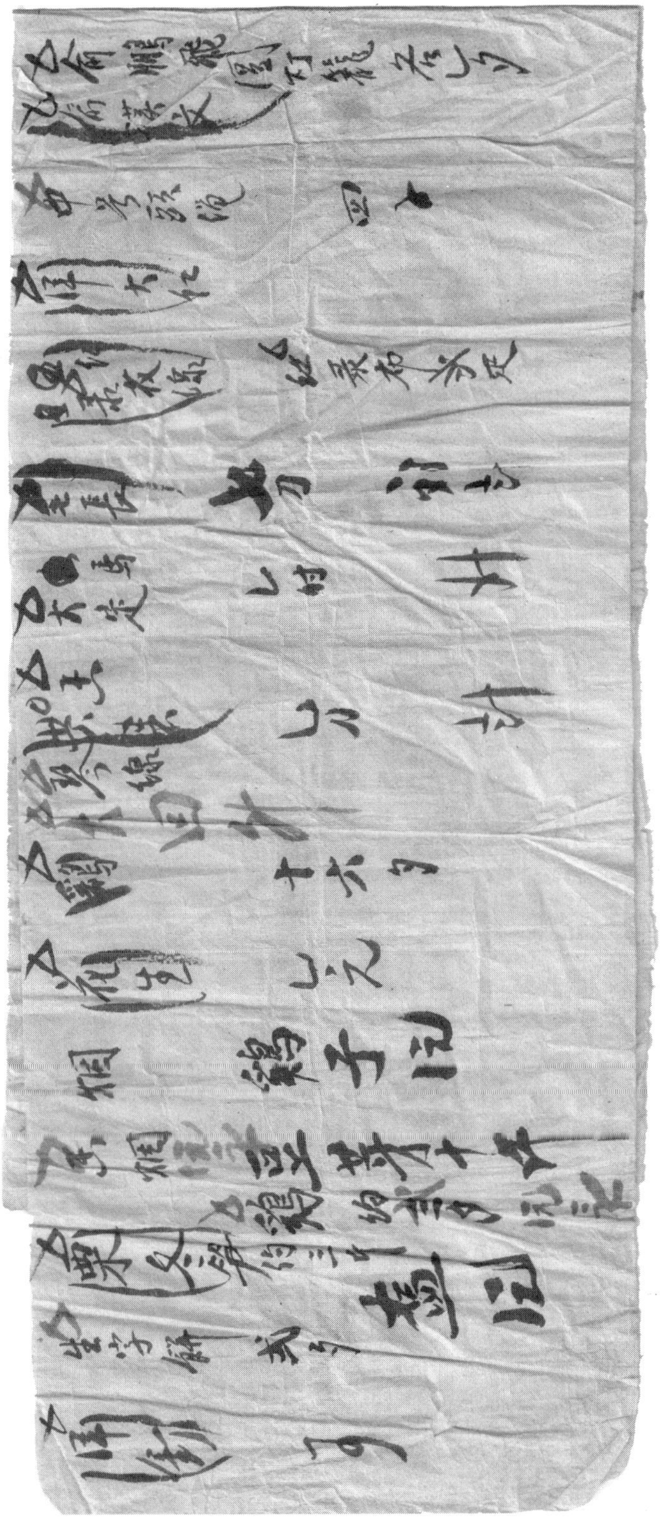

秋口镇油岭村 B 98-ii · 流水账（左半部分）

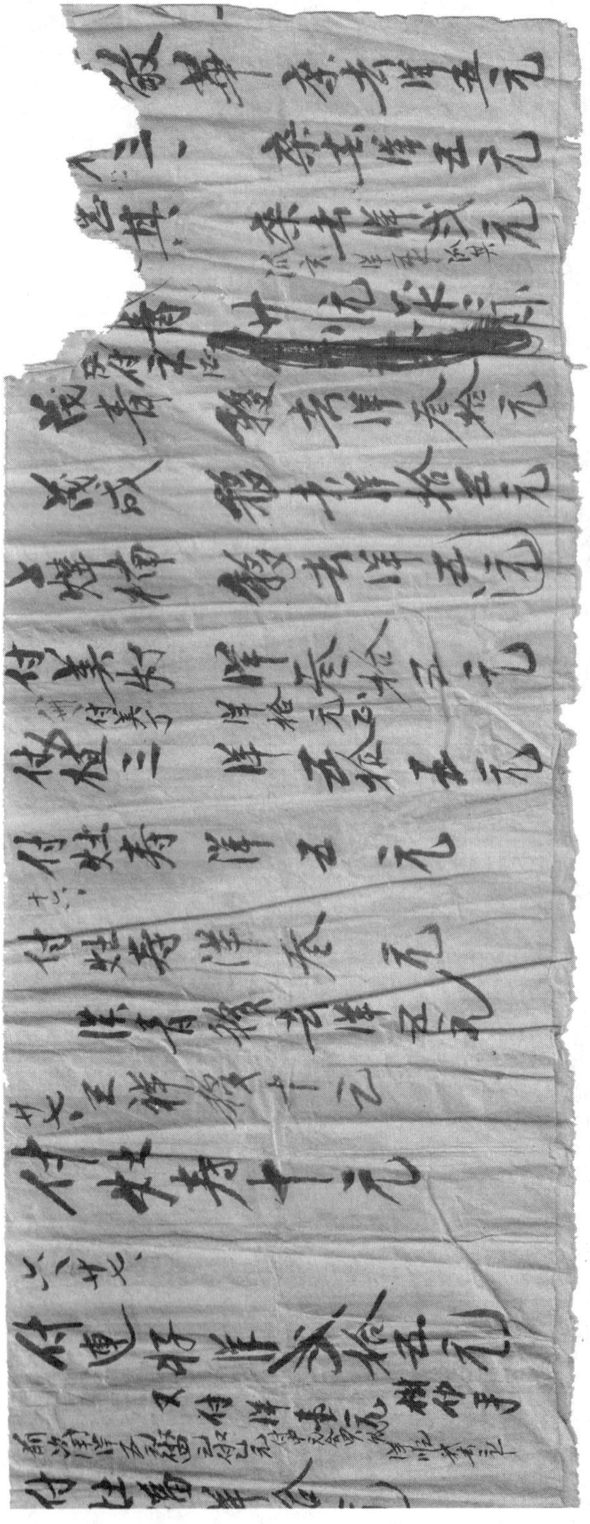

秋口镇油岭村 B 101-i · 流水账（右边部分）

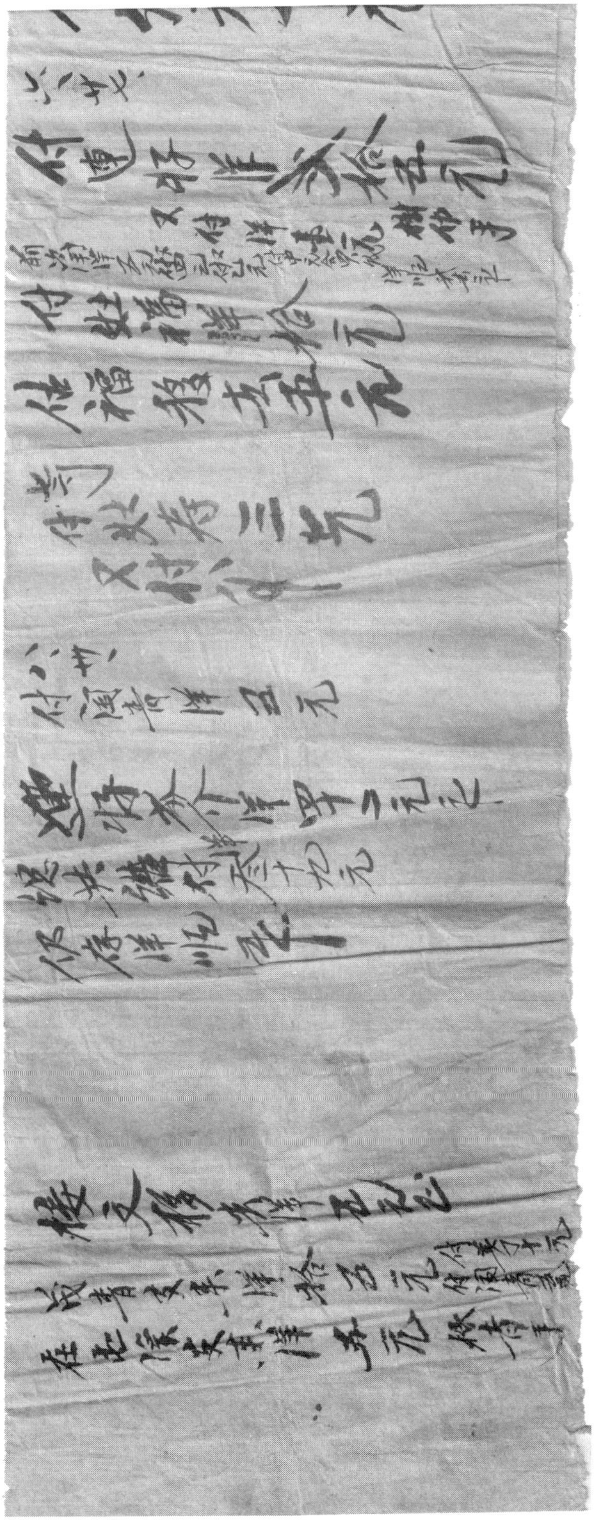

秋口镇油岭村 B 101-ii · 流水账（中间部分）

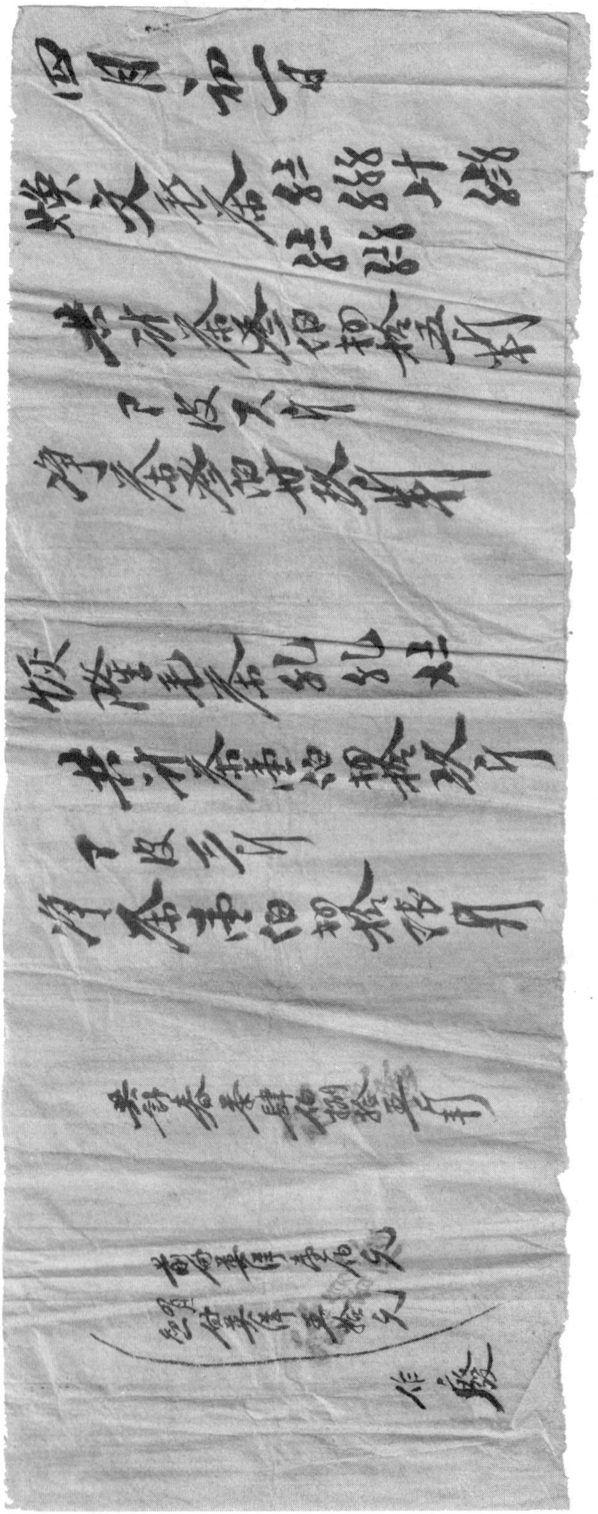

秋口镇油岭村 B 101-iii · 流水账（左边部分）

秋口镇仔槎村陈家 1—29

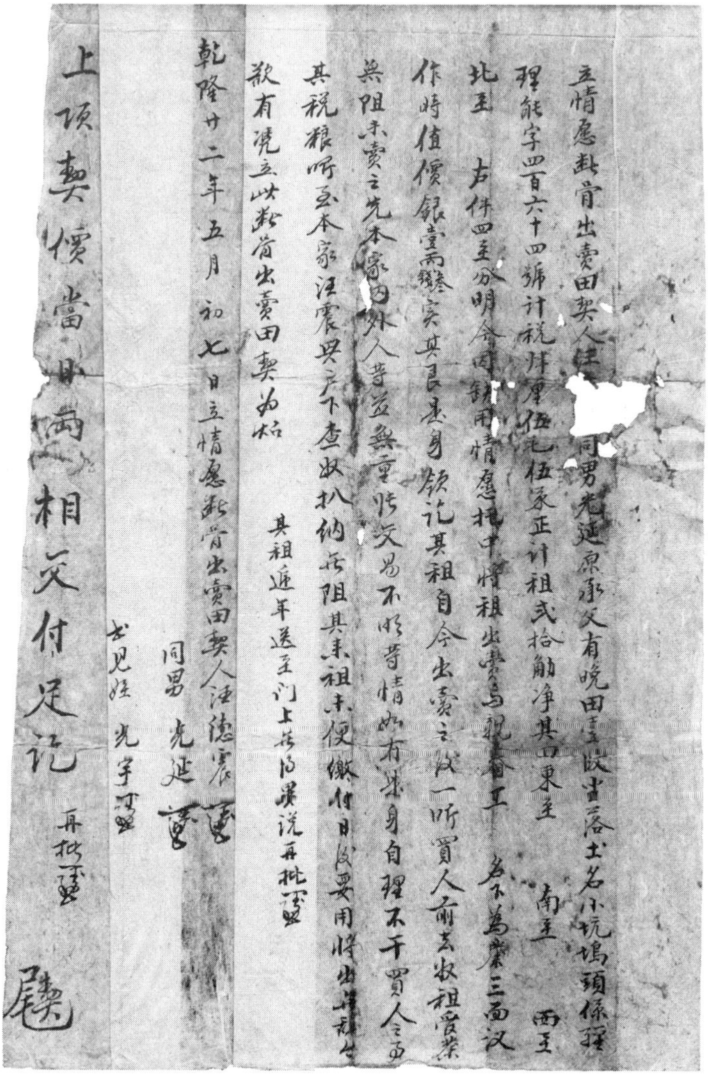
立情愿断骨出賣田契人汪[illegible]同男光延，原承父有晚田壹段，坐落土名小坑塢頭，係理能字四百六十四號，計稅肆厘伍毛伍系正，計租弍拾觔净。其田東至 南至 西至 北至 今併四至分明，今因欠用，情愿托中將祖出賣與親眷王 名下爲業，三面议作時值價銀壹兩叁錢整，其艮是身領訖。其租自今出賣之後，一听買人前去收租管業無阻。未賣之先，本家內外人等並無重張交易，不明等情，如有，係身自理，不干買人之事。其稅粮听至本家汪震典户下查收扒纳無阻。其來祖未便缴付，日後要用將出[illegible]。欲有憑，立此断骨出賣田契為始。

其祖近年逐至门上無阻，異说再批（押）

乾隆廿二年五月初七日立情愿断骨出賣田契人汪德震（押）

同男 光延（押）

中見姪 光宇（押）

上項契價當日兩相交付足訖 再批（押）

秋口镇仔槎村陈家 12 · 乾隆二十二年 · 断骨出卖田契 · 汪德震卖与亲眷王〼

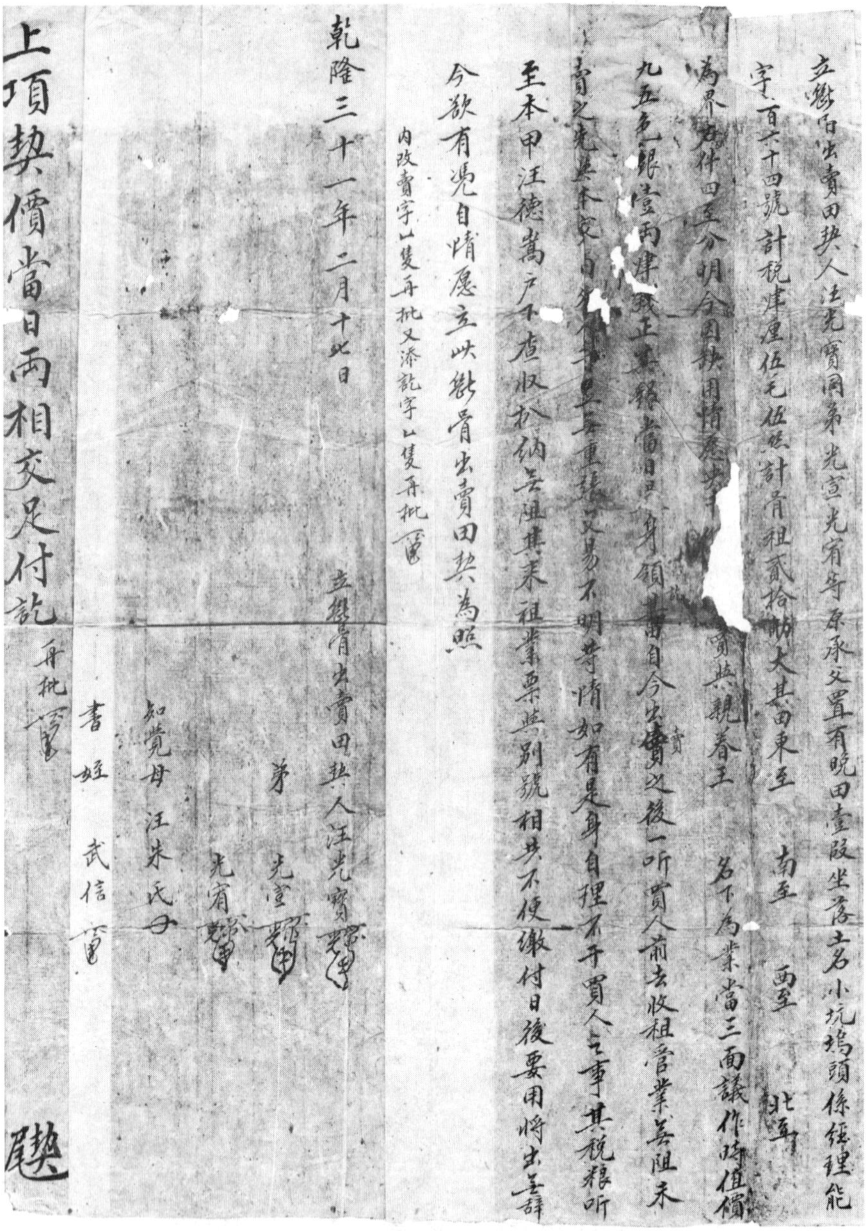

立斷骨出賣田契人汪光寶同弟光宣、光宥等，原承父置有晚田壹段，坐落土名小坑鴉頭，係經理能字一百六十四號，計稅肆厘伍毛伍絲，計骨租貳拾觔大。其田東至　　南至　　西至　　北至　　為界。今將四至分明，今因缺用，情愿央中出賣與親眷王　名下為業，當三面議作時值價九五色銀壹兩肆錢正，其銀當日是身領訖。自今出賣之後，一聽買人前去收租管業，無阻。未賣之先，與本家內外人等並無重張交易不明等情，如有，是身自理，不干買人之事。其稅粮听至本甲汪德萬戶下查收扒納，無阻。其來祖業票與別號相共，不便繳付，日後要用，將出無辭。今欲有憑，自情愿立此斷骨出賣田契為照。

内改賣字一隻，再批。又添訖字一隻，再批。（押）

乾隆三十一年二月十九日　立斷骨出賣田契人汪光寶（押）

弟　光宣（押）

光宥（押）

知覺母　汪朱氏（押）

書姪　武信（押）

上項契價當日兩相交足付訖。再批（押）

騎縫契

秋口镇仔槎村陈家 28 · 乾隆三十一年 · 断骨出卖田契 · 汪光宝卖与亲眷王☑

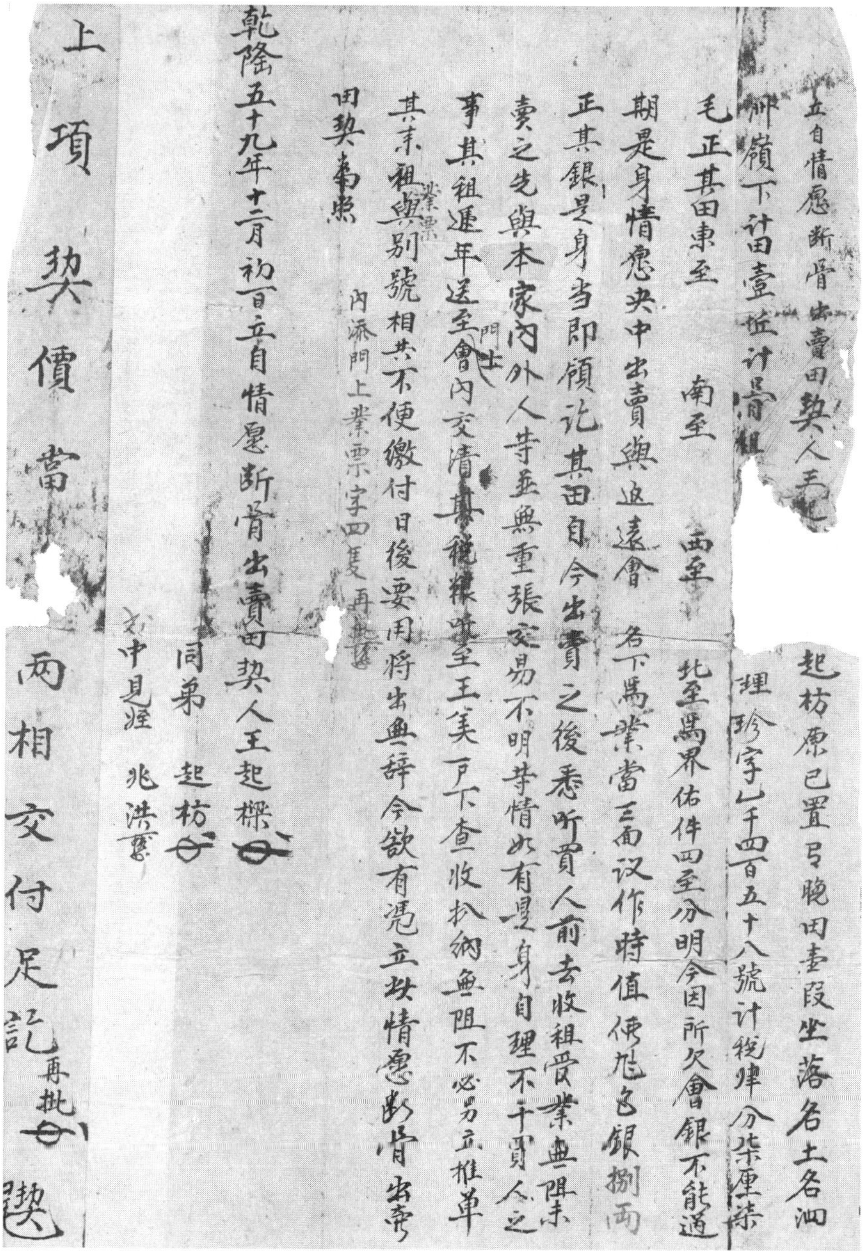
立自情愿断骨出賣田契人王起 起枋原已置号晚田壹段坐落土名泗
洲嶺下计田壹坵计骨租 理珍字山千四百五十八號计稅肆分柒厘柒
毛正其田東至 南至 西至 北至馬界佑件四至分明今因所欠會銀不能道
期是身情愿央中出賣與返遠會 名下爲業當三面议作時值價九色銀捌兩
正其銀是身当即領訖其田自今出賣之後悉听買人前去收租管業無阻未
賣之先與本家內外人等並無重張交易不明等情如有是身自理不干買人之
事其租逐年送至會內門士交清其稅粮照至王美戶下查收扒納無阻不必另立推单
其未祖與業票别號相共不便繳付日後要用將出無辞今欲有凭立此情愿断骨出賣
田契永照 內添門上業票字四隻 再批
乾隆五十九年十二月初一日立自情愿断骨出賣田契人王起樑
同弟 起枋
中見侄 兆洪
上項契價當兩相交付足訖 再批
契

秋口镇仔槎村陈家 11 · 乾隆五十九年 · 断骨出卖田契 · 王起梁卖与返远会

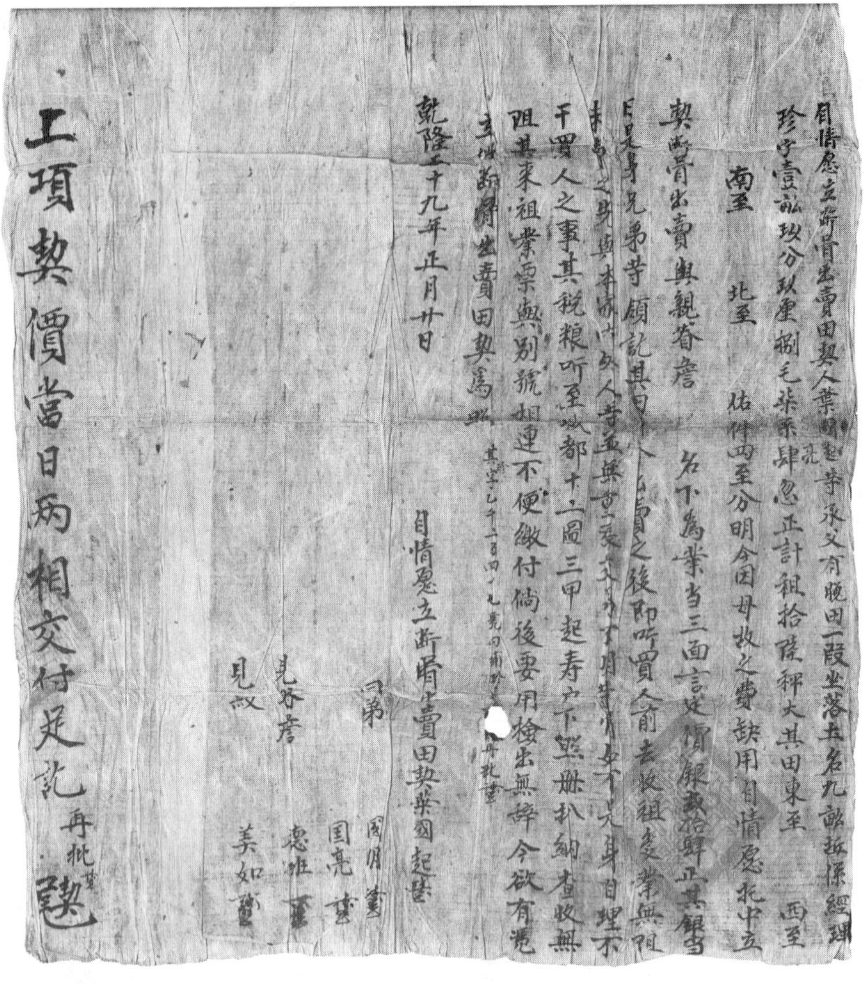

自情愿立断骨出賣田契人葉國起等承父有晚田一段坐落土名九畝坵係經理珍字壹畝玖分玖厘捌毛柒系肆忽正計租拾陸秤大其田東至　西至　南至　北至　佑件四至分明今因母故之費缺用自情愿托中立契断骨出賣與親眷詹　名下為業当三面言定價銀貳拾肆兩正其銀当日是身兄弟等領訖其田[illegible]賣之後即听買人前去收租變業無阻未賣之先與本家内外人等並無重[illegible]交易[illegible]如有身自理不干買人之事其稅粮听至本都十二圖三甲起寿户下照册扒納查收無阻其來祖業票與别號相連不便繳付倘後要用檢出無碎今欲有憑立此断骨出賣田契為照

其字乙千二百四十九號[illegible]　再批

乾隆五十九年正月廿日　自情愿立断骨出賣田契葉國起

同弟　國用

国亮

見眷詹　憲班

見叔　美如

上項契價當日兩相交付足訖　再批

秋口镇仔槎村陈家 13 · 乾隆五十九年 · 断骨出卖田契 · 叶国起卖与亲眷詹☐

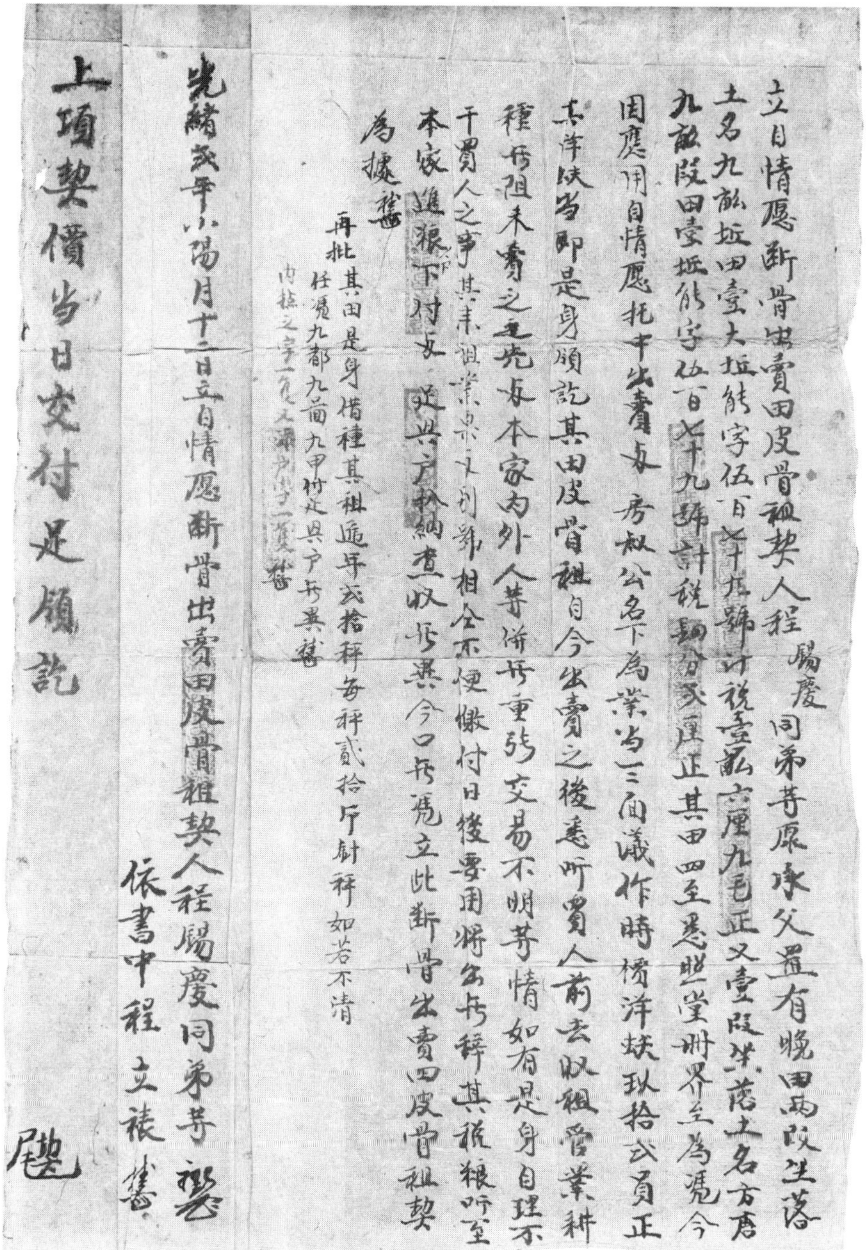

立自情愿断骨出賣田皮骨租契人程錫慶同弟等原承父置有晚田两坵坐落土名九畝坵田壹大坵能字伍百六十九號計税壹畝六厘九毛正又壹段坐落土名方唐九畝段田壹坵能字伍百七十九號計税壹畝肆分叁厘正其田四至悉照堂册界至為憑今因應用自情愿托中出賣與房叔公名下為業当三面議作時價洋蚨玖拾弍員正其洋蚨当即是身領訖其田皮骨租自今出賣之後悉听買人前去收租管業耕種毋阻未賣之先與本家内外人等并無重張交易不明等情如有是身自理不干買人之事其來祖業來脚與别號相連不便繳付日後要用將出無辭其税粮听至本家進粮下付與廷興户扒納查收無異今口無憑立此断骨出賣田皮骨租契為據

再批 其田是身借種其租遞年弍拾秤每秤貳拾斤斛秤如若不清任憑九都九啚九甲村廷興户無異

内抹之字一個又添户字一隻

光緒弍年小陽月十三日立自情愿断骨出賣田皮骨租契人程錫慶同弟等

依書中程立祺

上項契價当日交付足領訖

秋口镇仔槎村陈家 18 · 光绪二年 · 断骨出卖田皮骨租契 ·
程锡庆同弟等卖与房叔公

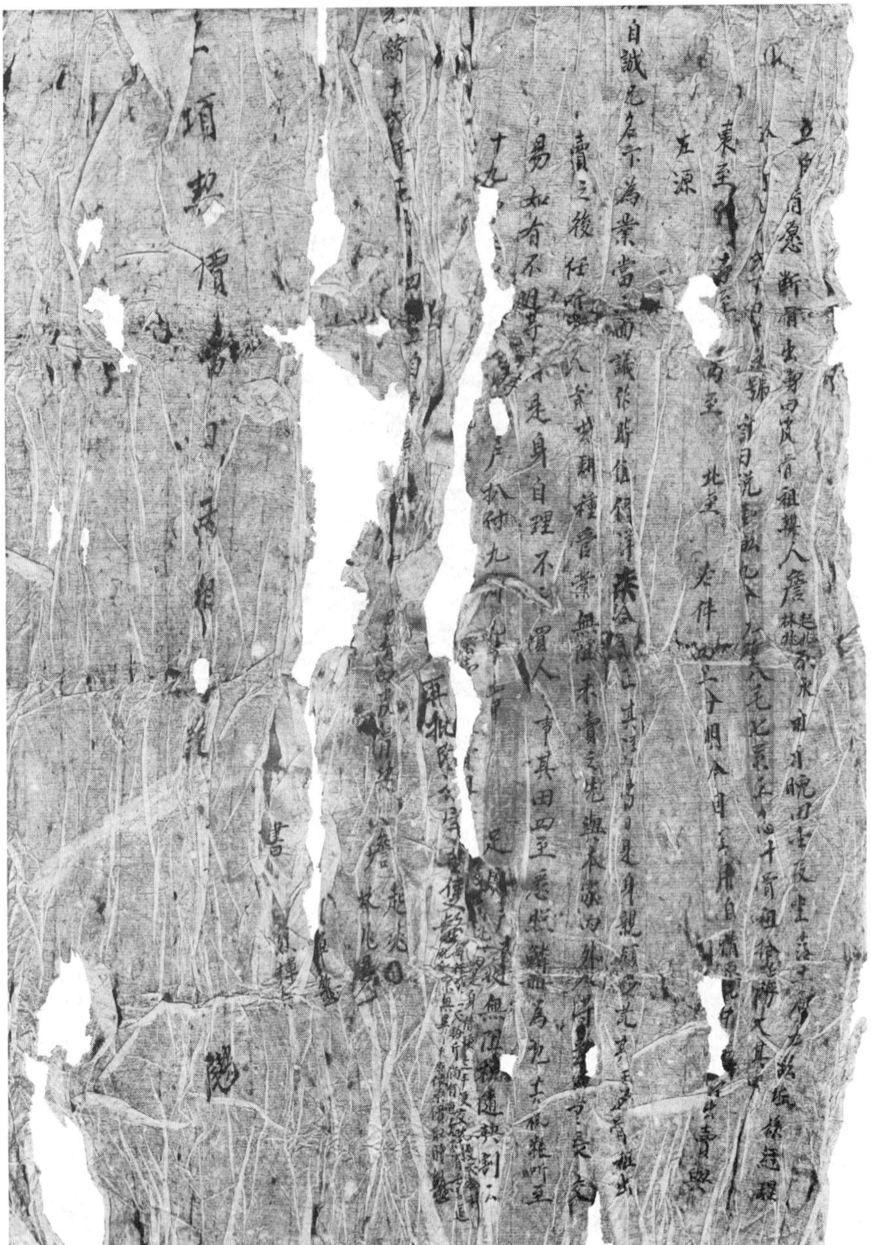

秋口镇仔槎村陈家 5 · 光绪十二年 · 断骨出卖田皮骨租契 ·
詹起兆、詹林兆卖与自诚兄

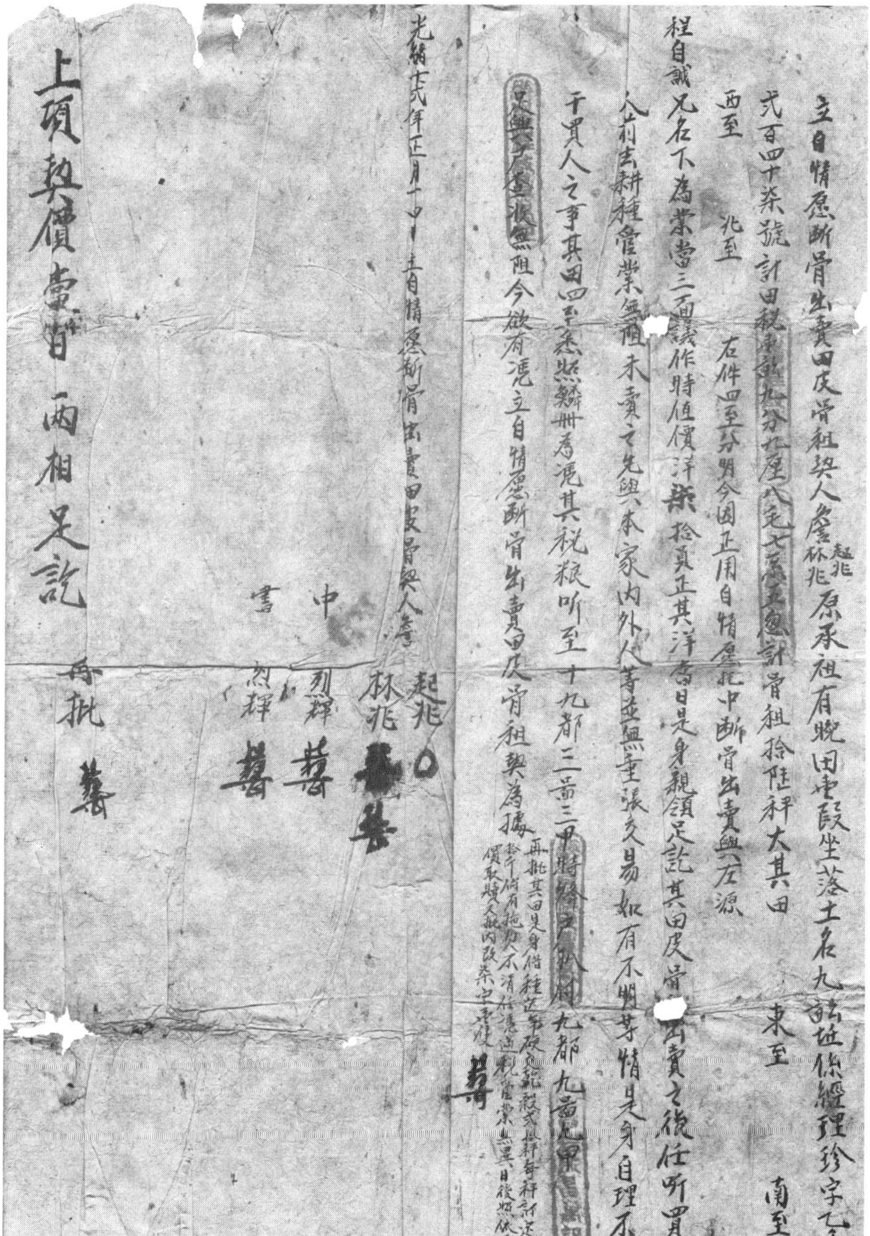

立自情愿断骨出卖田皮骨租契人詹起兆、林兆，原承祖有晚田壹段，坐落土名九諒坵，係經理珍字乙千

弍百四十柒號，計田稅壹畝九分九厘八毛七系五忽，計骨租拾陆秤大。其田東至　南至

西至　北至　右件四至分明。今因正用，自情愿托中断骨出賣與左源

程自誠兄名下為業，當三面議作時值價洋柒拾員正，其洋當日是身親領足訖。其田皮骨出賣之後，任听買

人前去耕種管業無阻。未賣之先，與本家内外人等並無重張交易，如有不明等情，是身自理，不

干買人之事。其田四至悉照鱗冊為憑。其稅粮听至十九都二啚三甲詹時發户[illegible]九都九啚九甲[illegible]

[illegible]無阻。今欲有憑，立自情愿断骨出賣田皮骨租契為據。

再批：其田是身借種，送年硬交乾穀弍拾秤，每秤計足弍拾斤，倘有拖欠，不消[illegible]，[illegible]取贖，[illegible]日後照依原價取贖。又批：内改柒字[illegible]。（押）

光緒十二年正月十四日　立自情愿断骨出賣田皮骨契人　詹起兆（押）　林兆（押）

中　烈輝（押）

書　烈輝（押）

上項契價當日兩相足訖

再批（押）

秋口镇仔槎村陈家 21 · 光绪十二年 · 断骨出卖田皮骨租契 ·
詹起兆、詹林兆卖与程自诚

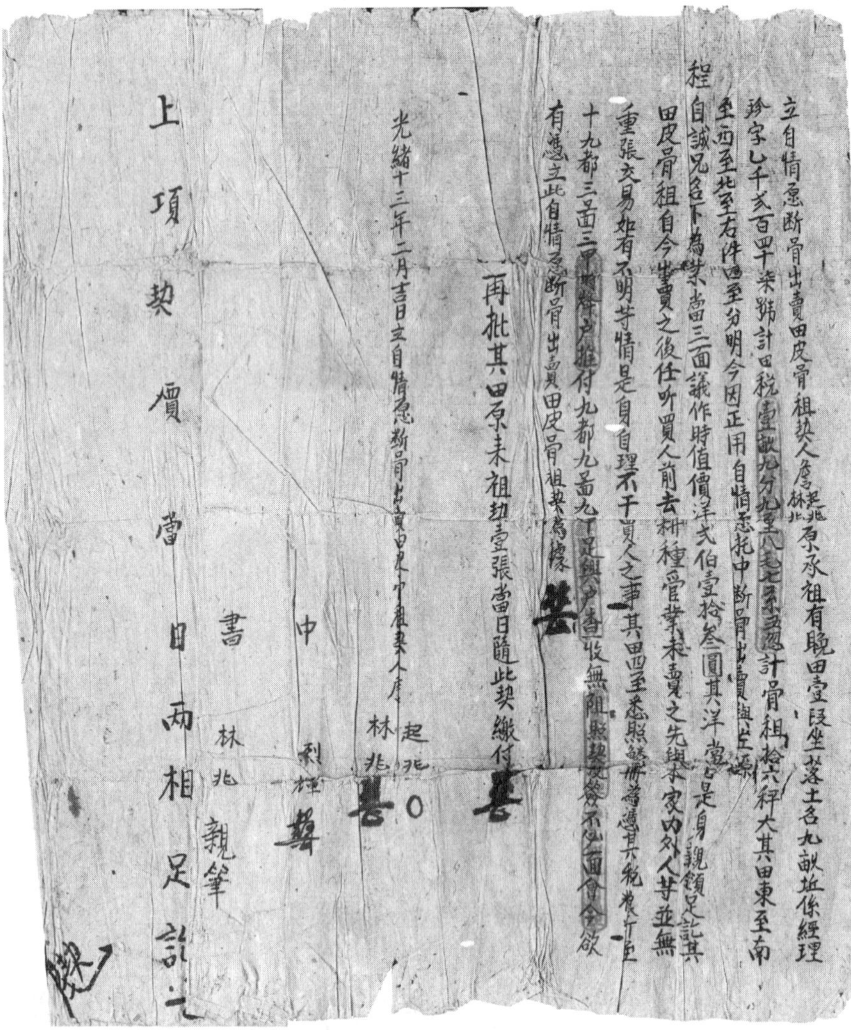
立自情愿断骨出賣田皮骨租契人詹起兆林兆原承祖有晚田壹段坐落土名九畝坵係經理珍字乙千弍百四十柒號計田稅壹畝九分九厘八毛七系五忽計骨租拾六秤大其田東至南至西至北至右件四至分明今因正用自情愿托中断骨出賣與上源程自誠兄名下為業當三面議作時值價洋弍伯壹拾叁圓其洋當日是身親領足訖其田皮骨租自今出賣之後任聽買人前去耕種管業未賣之先與本家内外人等並無重張交易如有不明等情是身自理不干買人之事其田四至悉照鱗册為憑其稅粮今立十九都三啚三甲詹燦户推付九都九啚九甲足興户查收無阻照契交收不必面會今欲有憑立此自情愿断骨出賣田皮骨租契為據

再批其田原来祖契壹張當日随此契繳付

光緒十三年二月吉日立自情愿断骨出賣田皮骨租契人詹起兆 林兆

中 烈煋

書 林兆親筆

上項契價當日兩相足訖

秋口镇仔槎村陈家 4 · 光绪十三年 · 断骨出卖田皮骨租契 ·
詹起兆、詹林兆卖与程自诚兄

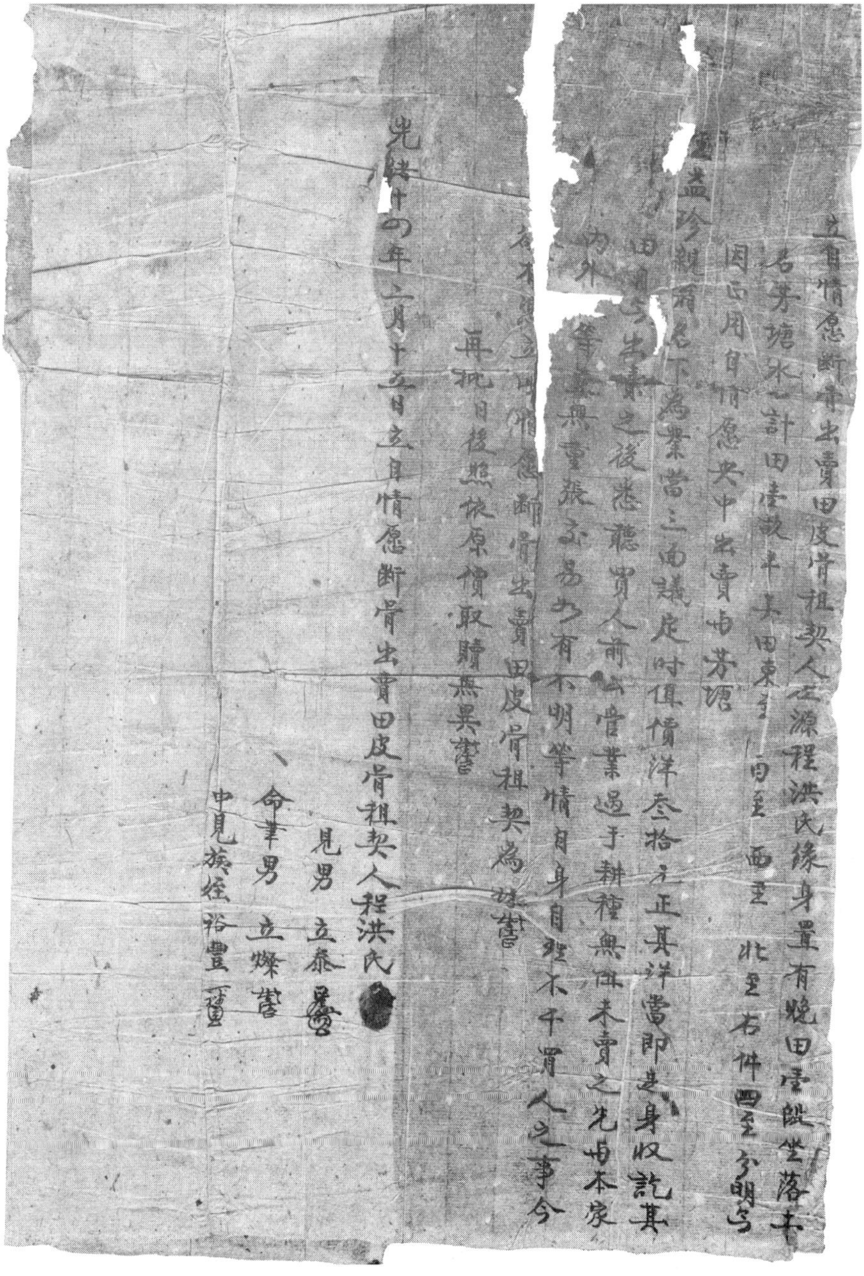

立自情愿断骨出賣田皮骨租契人在源程洪氏，緣身置有晚田壹號，坐落土名芳塘水口，計田壹號，東至　南至　西至　北至　，右件四至分明。今因正用，自情愿央中出賣與王益珍親眷名下為業，當三面議定時值價洋叁拾元正，其洋當即是身收訖。其[illegible]田自今出賣之後，悉聽買人前去管業，過手耕種無阻。未賣之先，與本家内外等人無重張不明，如有不明等情，自身自理，不干買人之事。今欲有憑，立此情愿断骨出賣田皮骨租契為據。

再批：日後照依原價取贖無異。書

光緒十四年二月十五日立自情愿断骨出賣田皮骨租契人程洪氏

見男　立泰　書

命書男　立燦　書

中見族侄　裕豐

秋口镇仔槎村陈家 19 · 光绪十四年 · 断骨出卖田皮骨租契 · 程洪氏卖与王益珍

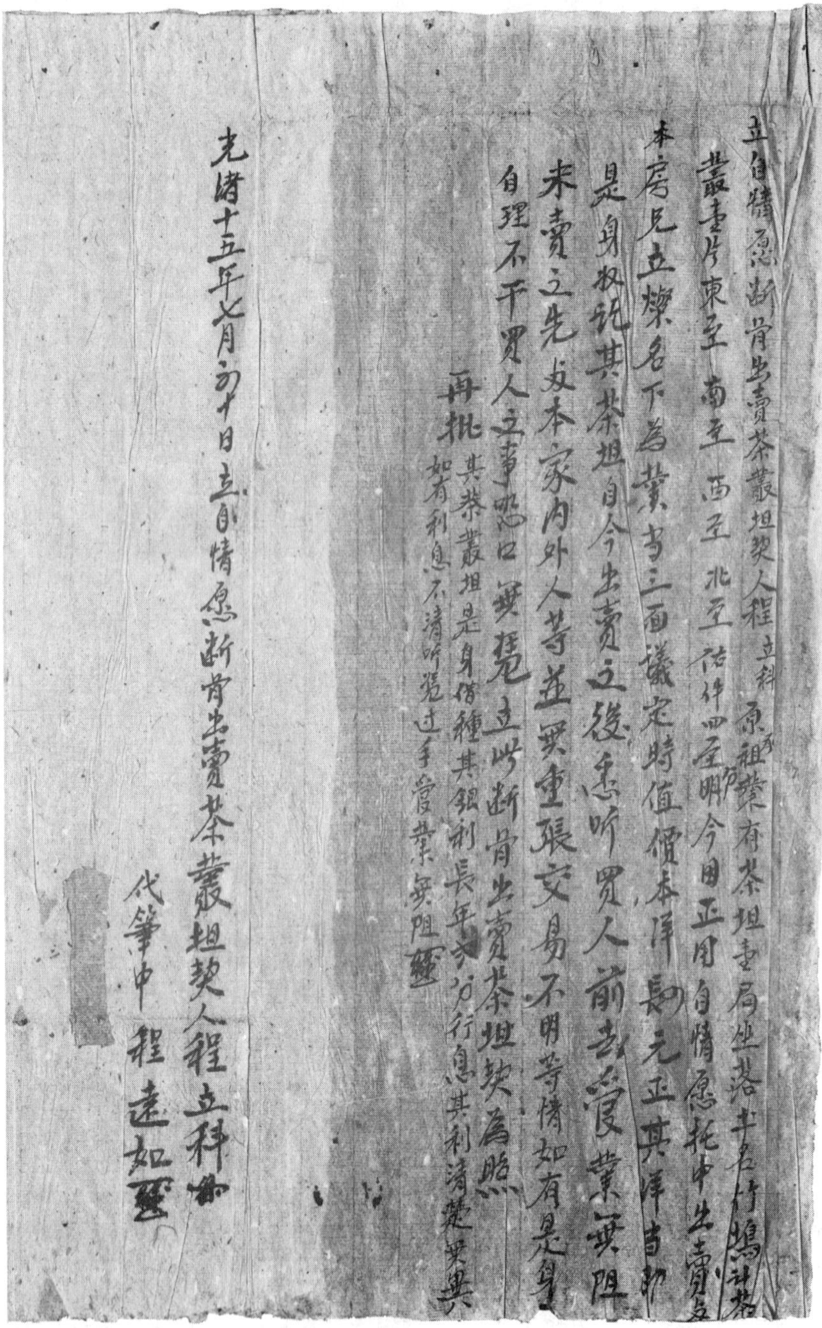
立自情愿断骨出賣茶叢坦契人程立科，原祖遺有茶坦壹局，坐落土名竹塢坵茶
叢壹片，東至　南至　西至　北至　計伴四至明，今因正用，自情愿托中出賣與
本房兄立燦名下為業，當日三面議定時值價本洋[illegible]元正，其洋当即
是身收訖。其茶坦自今出賣之後，悉听買人前去管業無阻。
未賣之先，及本家内外人等並無重張交易不明等情，如有是身
自理，不干買人之事。恐口無憑，立此断骨出賣茶坦契為照。
再批：其茶叢坦是身借種，其銀利長年加二行息，其利清楚無異。
如有利息不清，听憑过手管業無阻。押
光緒十五年七月初十日立自情愿断骨出賣茶叢坦契人程立科押
代筆中　程遠如押

秋口镇仔槎村陈家 10 · 光绪十五年 · 断骨出卖茶丛坦契 · 程立科卖与本房兄立灿

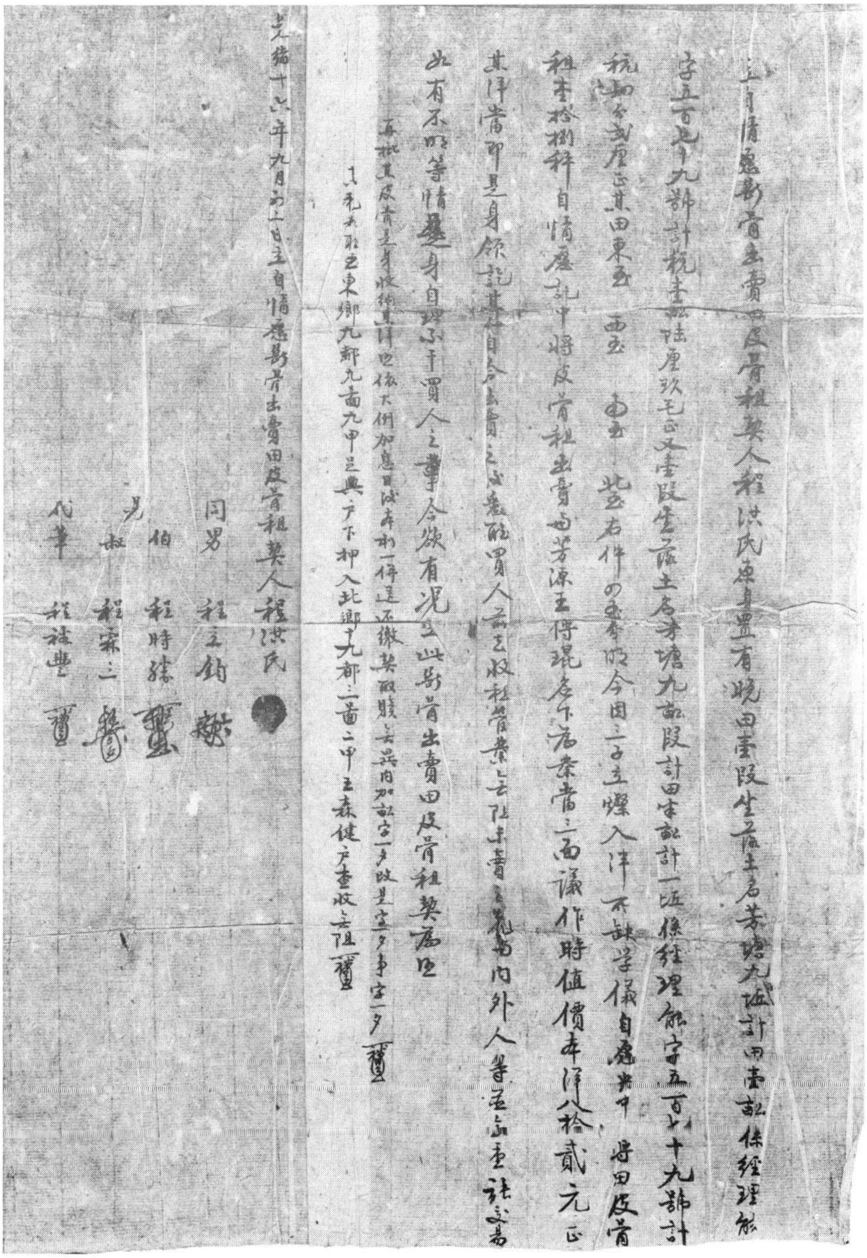

立自情愿断骨出卖田皮骨租契人程洪氏，今身置有晚田壹段，坐落土名芳塘九坵，计田壹亩，係经理能字五百七十九號，计税壹亩陆厘玖毛正；又壹段，坐落土名芳塘九亩段，计田半亩，计一坵，係经理能字五百七十九號，计税[illegible]贰厘正。其田东至 西至 南至 北至 右件四至分明，今因[illegible]入洋不敷，[illegible]自愿央中将田皮骨租壹拾捌秤，自情愿托中将皮骨租出卖与芳源王侍琨名下为业，当三面议作时值价本洋八拾贰元正。其洋当即是身领讫，其租自今出卖之后，任凭买人收租管业无阻。未卖之先，与内外人等并无重张交易。如有不明等情，是身自理，不干买人之事。今欲有凭，立此断骨出卖田皮骨租契为照。

再批：其皮骨是身收领，其洋照依大例加息，回赎本利一併送还，缴契取赎无异。内加註字一个，改呈字一个，涂字一个。押

其税在东乡九都九图九甲王兴户下，推入北乡十九都二图二甲王森健户查收无阻。押

光绪十六年九月初十日立自情愿断骨出卖田皮骨租契人程洪氏

同男 程立钧

伯 程时禄

叔 程宗三 押

代笔 程裕丰 押

秋口镇仔槎村陈家 17 · 光绪十六年 · 断骨出卖田皮骨租契 ·
程洪氏卖与芳源王侍琨

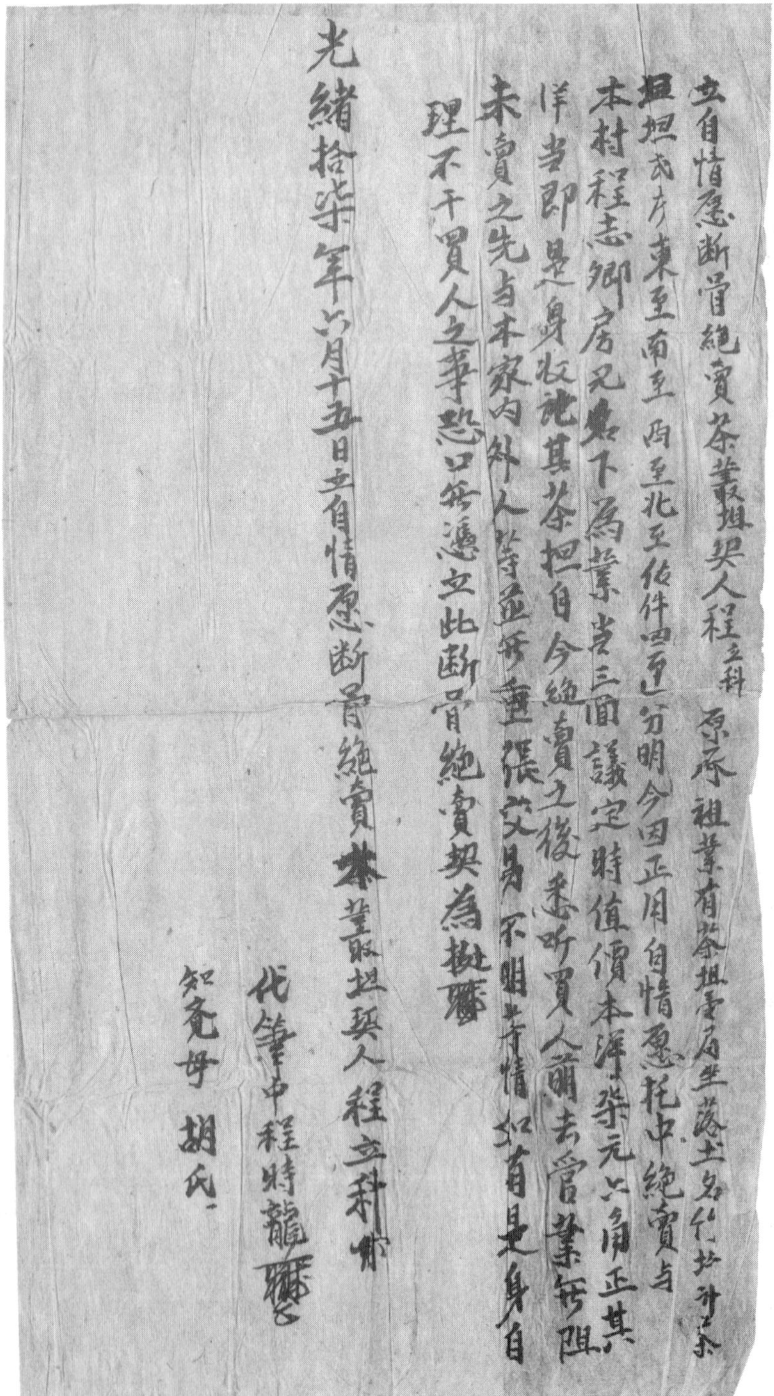
立自情愿断骨绝賣茶叢坦契人程立科，原存祖業有茶坦壹局，坐落土名仁坎，计茶
坦，坦弍片，東至　南至　西至　北至　依件四至分明。今因正用，自情愿托中绝賣与
本村程志卿房兄名下為業，当三面議定時值價本洋叁元六角正，其
洋当即是身收訖。其茶坦自今绝賣之後，悉听買人前去管業，無阻。
未賣之先，与本家内外人等並無重張交易。不明等情，如有，是身自
理，不干買人之事。恐口無憑，立此断骨绝賣契為據。
光緒拾柒年六月十五日立自情愿断骨绝賣茶叢坦契人　程立科（押）
代筆中　程時龍（押）
知見母　胡氏（押）

秋口镇仔槎村陈家 9 · 光绪十七年 · 断骨绝卖茶丛坦契 · 程立科卖与程志卿

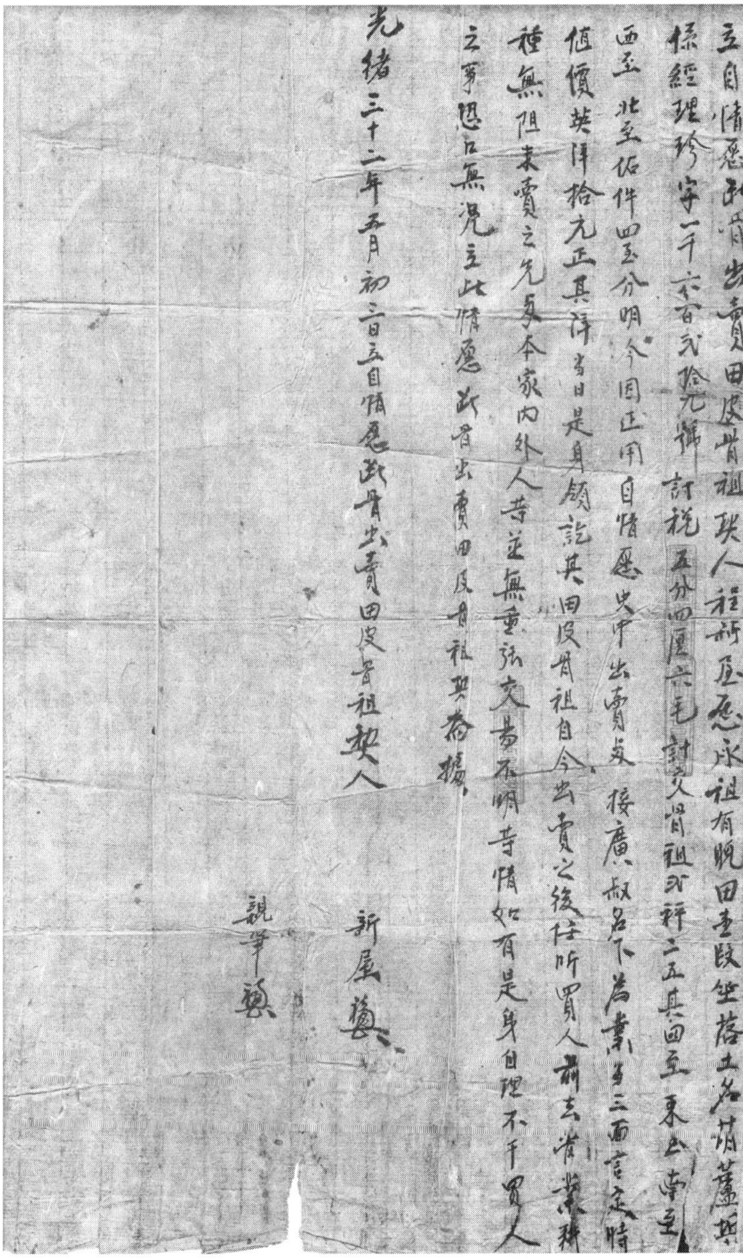
立自情愿断骨出賣田皮骨租契人程新屋，愿承祖有晚田壹段，坐落土名蒲蘆塅，係經理珍字一千六百弍拾九號，計稅五分四厘六毛，計骨租弍秤二五，其田四至：東至　南至　西至　北至，佑件四至分明。今因正用，自情愿央中出賣與接廣叔名下為業，當三面言定，時值價英洋拾元正，其洋當日是身領訖。其田皮骨租自今出賣之後，任听買人前去管業耕種，無阻。未賣之先，與本家内外人等並無重張交易，不明等情，如有，是身自理，不干買人之事。恐口無凭，立此情愿断骨出賣田皮骨租契存據。

光緒三十二年五月初二日立自情愿断骨出賣田皮骨租契人　新屋（押）

親筆（押）

秋口镇仔槎村陈家 16 · 光绪三十二年 · 断骨出卖田皮骨租契 · 程新屋卖与接广叔

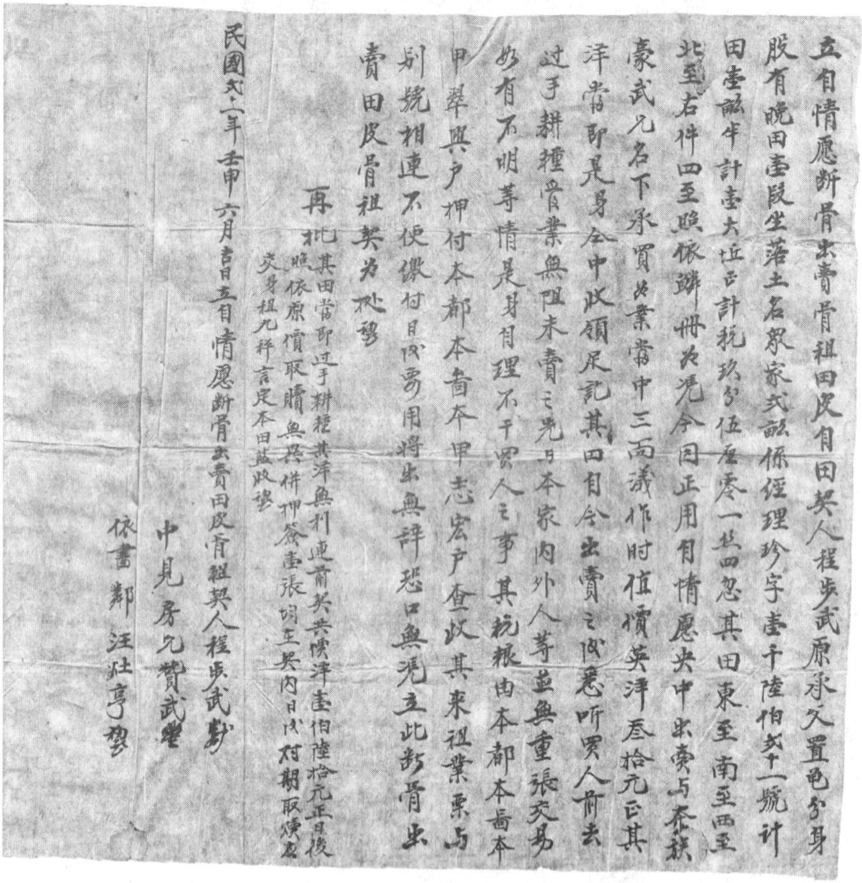
立自情愿断骨出賣骨租田皮自田契人程步武原承父置色分身股有晚田壹段坐落土名叙家弍亩係經理珍字壹千陆佰弍十一號計田壹亩半計壹大坵正計税玖分伍厘零一毛四忽其田東至南至西至北至右件四至照依鱗冊為凭今因正用自情愿央中出賣与本族豪武兄名下承買為業當中三面議作时值價英洋叁拾元正其洋當即是身仝中收領足訖其田自今出賣之後悉听買人前去过手耕種管業無阻未賣之先与本家内外人等並無重張交易如有不明等情是身自理不干買人之事其税粮由本都本啚本甲翠興户押付本都本啚本甲志宏户查收其來祖業票与别號相連不便繳付日後要用將出無辞恐口無凭立此断骨出賣田皮骨租契為拠

再批其田當即过手耕種其洋無利連前契共價洋壹佰陆拾元正日後照依原價取贖無異併押簽壹張俱在契内日後对期取贖處交身祖兄祥言定本田照此拠

民國弍十二年壬申六月吉日立自情愿断骨出賣田皮骨租契人程步武

中見房兄賛武

依書鄭汪灶亭

秋口镇仔槎村陈家 6 · 民国二十二年 · 断骨出卖骨租田皮契 · 程步武卖与本族豪武兄

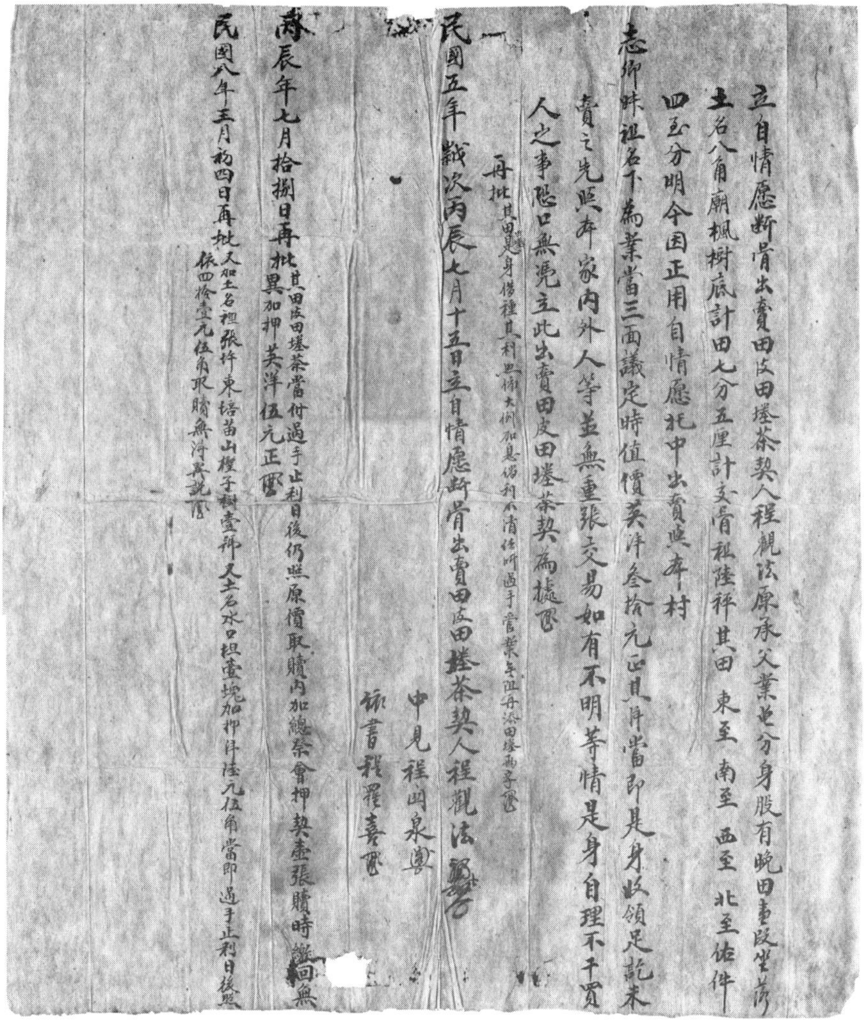
立自情愿斷骨出賣田皮田塝茶契人程觀法，原承父業已分身股有晚田壹段，坐落
土名八角廟楓樹底，計田七分五厘，計交骨租陸秤。其田 東至 南至 西至 北至佑件
四至分明。今因正用，自情愿托中出賣與本村
志鄉名下為業。當三面議定時值價英洋叁拾元正。其洋當即是身收領足訖。未
賣之先，與本家內外人等並無重張交易。如有不明等情，是身自理，不干買
人之事。恐口無憑，立此出賣田皮田塝茶契為據。
再批：其田是身傍種，其利照依大例加息，倘利不清，任聽過手管業，無阻，毋添田塝再字。
民國五年歲次丙辰七月十五日立自情愿斷骨出賣田皮田塝茶契人程觀法（押）
中見 程凼泉（押）
依書 程翟喜（押）
丙辰年七月拾捌日再批：其田皮田塝茶當付過手，止利，日後仍照原價取贖，內加總祭會押契壹張，贖時繳回無異，加押英洋伍元正（押）
民國八年五月初四日再批：又加土名裡張杵東培苗山桯子樹壹秤，又土名水口坦壹塊，加押洋陆元伍角，當即過手，止利，日後照依四拾壹元伍角取贖，無得異說（押）

秋口镇仔槎村陈家 24 · 民国五年 · 断骨出卖田皮田塝茶契 · 程观法卖与志乡

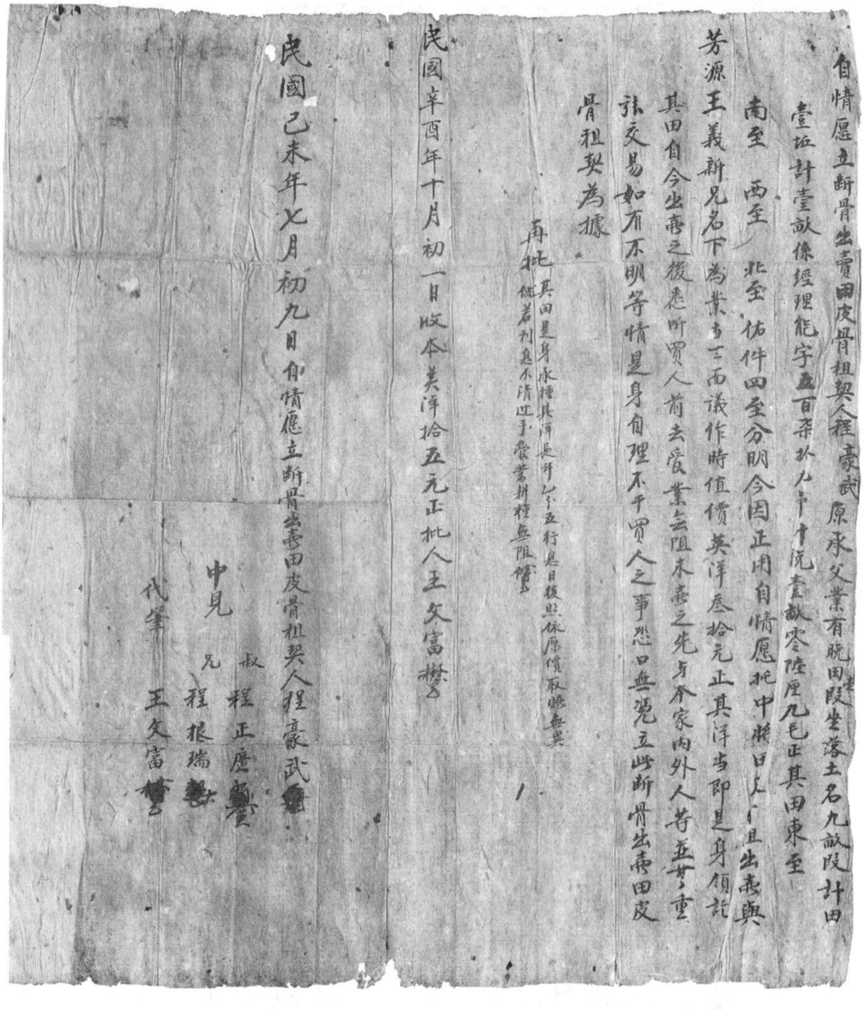

秋口镇仔槎村陈家 20 · 民国八年 · 断骨出卖田皮骨租契 · 程豪武卖与王义新兄

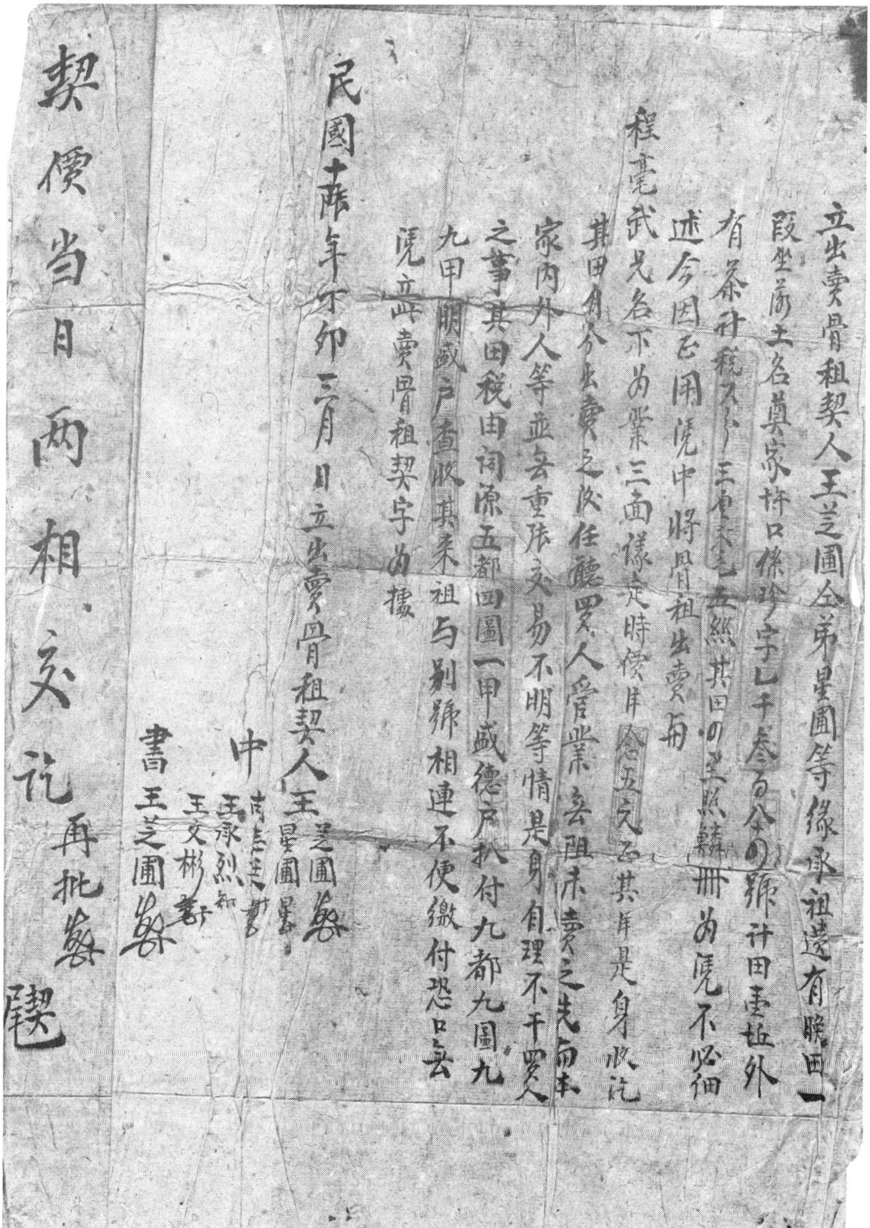

立出賣骨租契人王芝圃仝弟星圃等緣承祖遺有晚田一
段坐落土名莫家坑口係珍字乙千叁百八四號計田壹坵外
有茶科税一分三厘六毛五絲其田四至照鱗冊為凭不必細
述今因正用凭中將骨租出賣與
程毫武兄名下為業三面議定時價洋念五元正其洋是身收訖
其田自今出賣之後任聽買人管業無阻未賣之先與本
家內外人等並無重張交易不明等情是身自理不干買人
之事其田税由祠源五都四圖一甲盛德戶扒付九都九圖九
九甲明盛戶查收其米祖与别號相連不便繳付恐口無
凭立此賣骨租契字為據

民國十六年丁卯三月　日立出賣骨租契人王芝圃（押）
　　　　　　　　　　　　　　　　　　　星圃（押）
中　胡志忠（押）
　　王承烈（知）
　　王文彬（押）
書　王芝圃（押）

契價當日兩相交訖再批（押）

秋口镇仔槎村陈家7·民国十六年·出卖骨租契·王芝圃等卖与程毫武

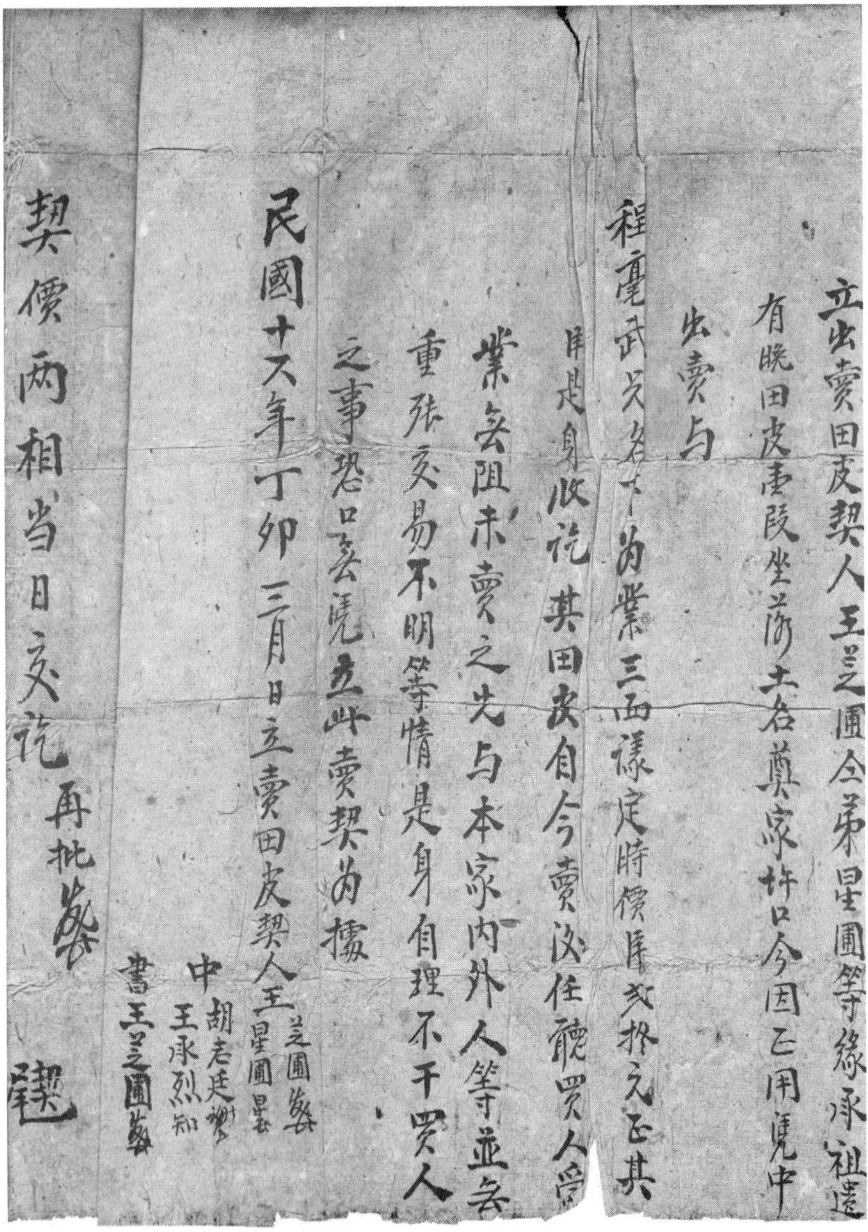

立出賣田皮契人王芝圃仝弟星圃等緣承祖遺
有晚田皮壹段坐落土名蕻家圩口今因乏用凴中
出賣与
程毫武名下為業三面議定時價洋弍拾元正其
洋是身收訖其田皮自今賣後任聽買人管
業無阻未賣之先与本家內外人等並無
重張交易不明等情是身自理不干買人
之事恐口無凴立此賣契為據
民國十六年丁卯三月　日立賣田皮契人王芝圃（押）
星圃（押）
中　胡老廷（押）
王承烈（知）
書　王芝圃（押）
契價兩相當日交訖　再批（押）

秋口镇仔槎村陈家 8 · 民国十六年 · 出卖田皮契 · 王芝圃等卖与程毫武

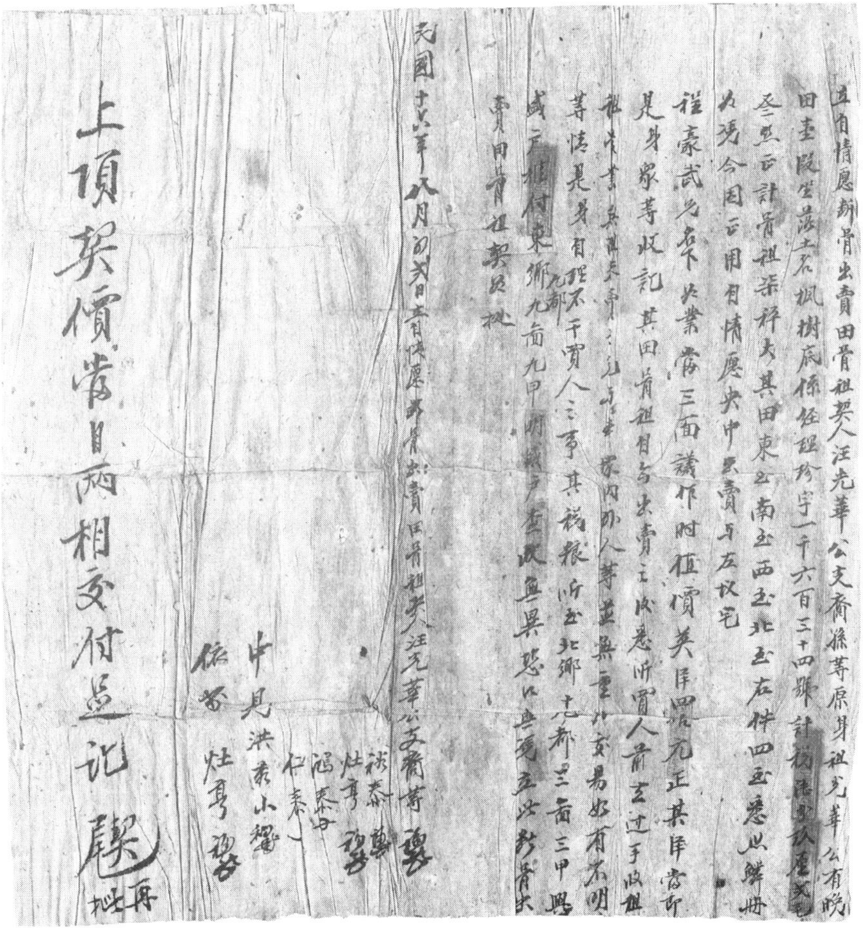

立自情愿斷骨出賣田骨租契人汪光華公支裔孫等原身祖光華公有晚
田壹段坐落土名楓樹底係經理珍字一千六百三十四號計稅[illegible]
叁[illegible]正計骨租柒秤大其田東至南至西至北至左伴四至悉以鱗冊
為凭今因正用自情愿央中出賣与左杕宅
程豪武名下為業當三面議作時值價英洋[illegible]元正其洋當即
是身衆等收訖其田骨租自今出賣之後悉听買人前去过手收租
租[illegible]家内外人等並無重張交易如有不明
等情是身自理不干買人之事其稅粮所至北鄉十七都三啚三甲興
盛户推付東鄉九都九啚九甲[illegible]户收無異恐口無凭立此斷骨
賣田骨租契存照

民國十六年八月初六日立自情愿斷骨出賣田骨租契人汪光華公支裔等（押）

中見 洪泰小（押） 祿泰（押） 灶亨（押） 鴻泰（押） 和泰（押）

依書 灶亨（押）

上項契價當日兩相交付足訖 契 再批

秋口镇仔槎村陈家 23 · 民国十六年 · 断骨出卖田骨租契 · 汪光华卖与程豪武

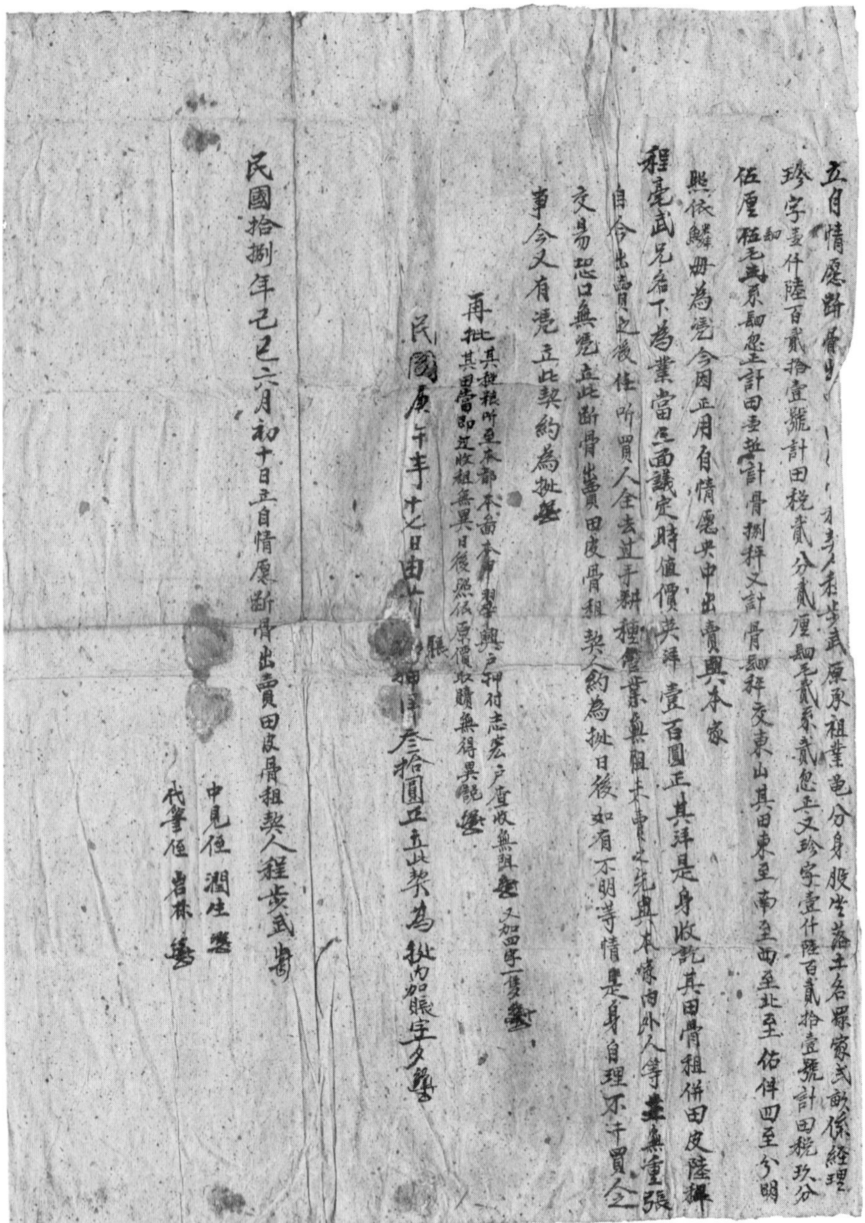

立自情愿断骨出賣人程步武原承祖業已分身股坐落土名[illegible]家弍畝係經理珍字壹仟陸百貳拾壹號計田稅貳分貳厘細毛貳系貳忽正文珍字壹仟陸百貳拾壹號計田稅玖分伍厘細伍毛貳系細忽正計田壹畝計骨捌秤又計骨細秤交東山其田東至南至西至北至佑伴四至分明照依鱗冊為凴今因正用自情愿央中出賣與本家程毫武兄名下為業當三面議定時值價英洋壹百圓正其洋是身收訖其田骨租併田皮陸秤自今出賣之後任听買人全去过手耕種管業無阻未賣之先與本家內外人等並無重張交易恐口無凴立此斷骨出賣田皮骨租契約為批日後如有不明等情是身自理不干買人之事今又有凴立此契約為批

再批其批租所至本都本畝本甲[illegible]興户神付志宏户查收無阻 又加四字一隻

其田當即立收租無異日後照依原價取贖無得異說

民國庚午年十七日由[illegible]加貼[illegible]叁拾圓正立此契為批 內加貼字乡

民國拾捌年己巳六月初十日立自情愿斷骨出賣田皮骨租契人程步武

中見侄 潤生

代筆侄 岩林

秋口镇仔槎村陈家 2 · 民国十八年 · 断骨出卖田皮骨租契 · 程步武卖与程毫武兄

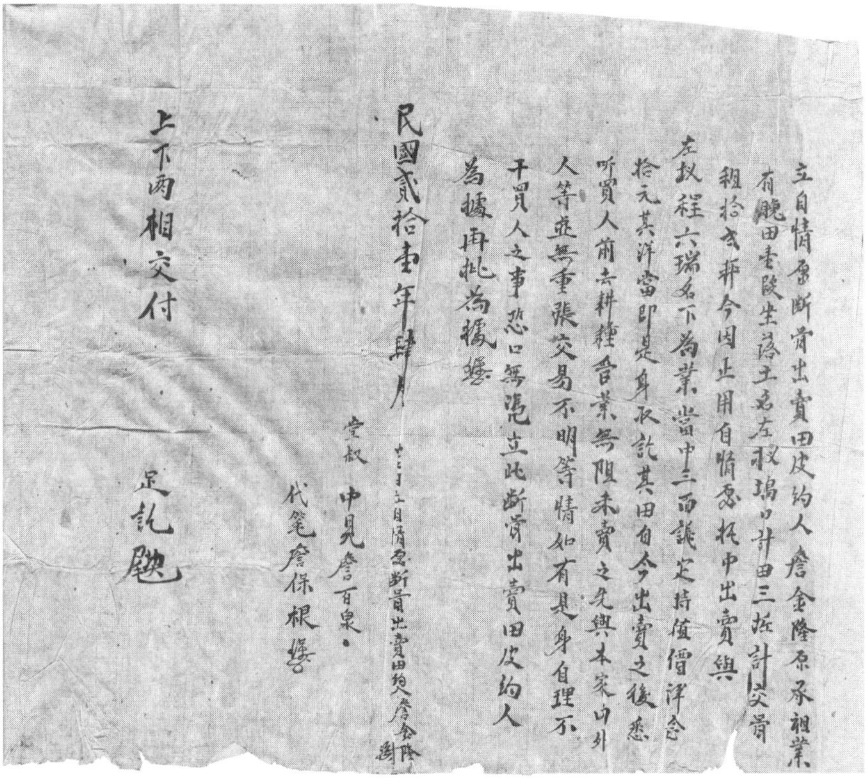

立自情愿断骨出賣田皮约人詹金隆原承祖業
有晚田壹段坐落土名左叔塢口計田三坵計交骨
租拾弍秤今因正用自情愿托中出賣與
左叔程六瑞名下為業當中三面議定時值價洋念
拾元其洋當即是身收訖其田自今出賣之後悉
听買人前去耕種管業無阻未賣之先與本家内外
人等並無重張交易不明等情如有是身自理不
干買人之事恐口無憑立此断骨出賣田皮约人
為據再批為據 押

民國貳拾壹年肆月　十二月立日情愿断骨出賣田约人詹金隆 押

堂叔 中見詹百泉

代筆詹保根 押

上下兩相交付　足訖 押

秋口镇仔槎村陈家 14 · 民国二十一年 · 断骨出卖田皮约 · 詹金隆卖与程六瑞

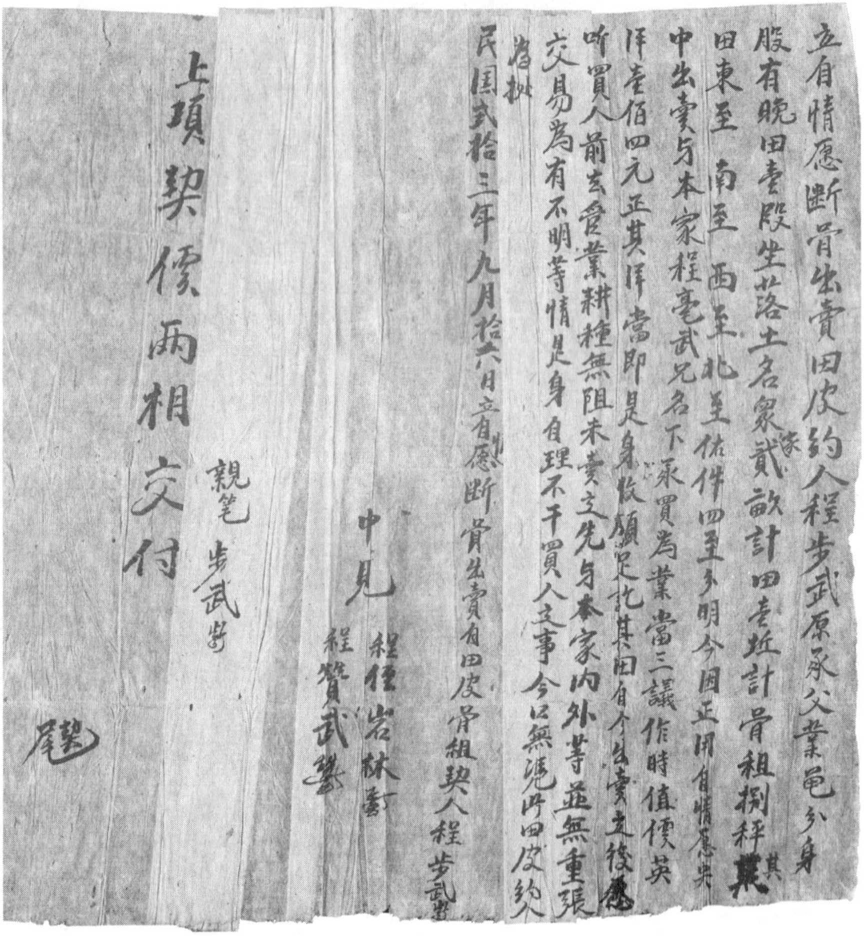
立自情愿斷骨出賣田皮約人程步武原承父業邑乡身
股有晚田壹段坐𡉚路土名象貳畝計田壹坵計骨租𥢶秤其
田東至 南至 西至 北至 佑件四至分明今因正用自情愿央
中出賣与本家程毫武兄名下承買為業當三議作時值價英
洋壹佰四元正其洋當即是身收領足訖其田自今出賣之後悉
听買人前去管業耕種無阻未賣之先与本家内外等並無重張
交易為有不明等情是身自理不干買人之事今口無憑立此田皮約
為據
民国貳拾三年九月拾六日立自愿斷骨出賣有田皮骨租契人程步武

中見 程佳岩林
程贊武

親笔 步武

上項契價兩相交付

秋口镇仔槎村陈家 22 · 民国二十三年 · 断骨出卖田皮约 ·
程步武卖与本家程亳武

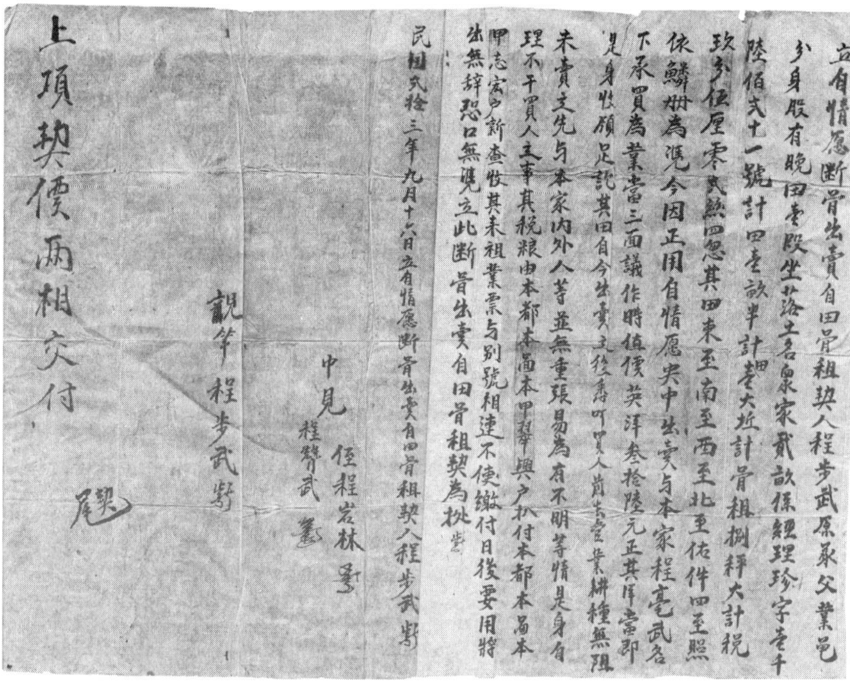

秋口镇仔槎村陈家 25 · 民国二十三年 · 断骨出卖自田皮骨租契 ·
程步武卖与本家程亳武

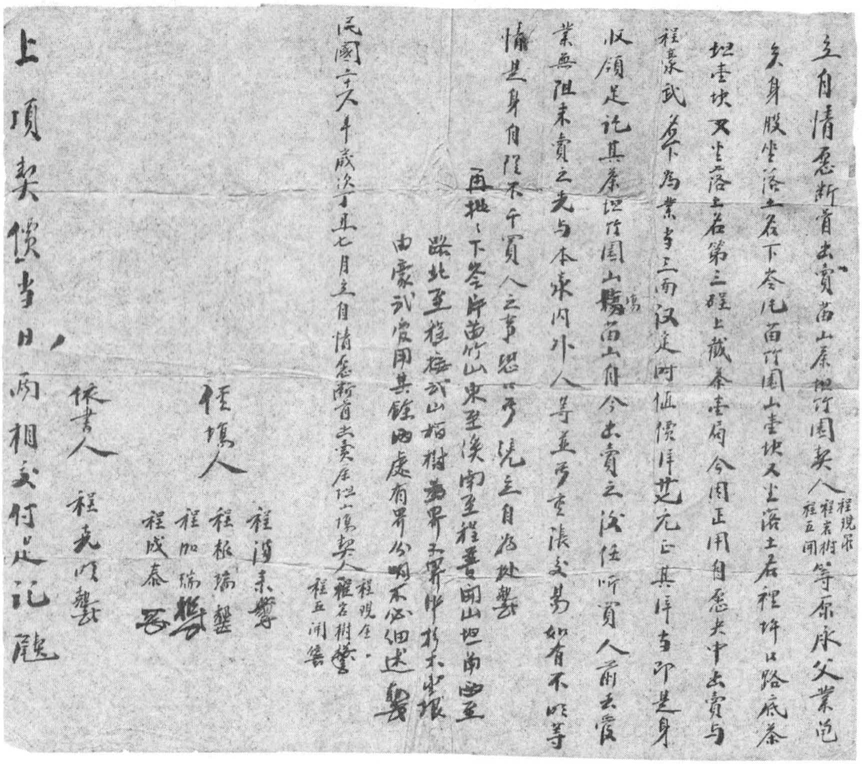

立自情愿断骨出卖苗山茶坦竹园契人程观全 程右树 程五闲等原承父业邑
名身股坐落土名下岺坑苗竹园山壹块又坐落土名程坪口路底茶
坦壹块又坐落土名第三碓上截茶壹丘今因正用自愿央中出卖与
程豪武名下为业当三面议定时值价洋艹元正其洋当即是身
收领足讫其茶坦竹园山场苗山自今出卖之后任听买人前去管
业无阻未卖之先与本家内外人等并无重张交易如有不明等
情是身自理不干买人之事恐口无凭立自为照
再批：下岺坑苗竹山东至溪南至程普开山坦南西至
路北至程枝武山指树为界又界即杉木坐垠
由豪武管用其余两处有界分明不必细述
民国二十六年岁次丁丑七月 立自情愿断骨出卖茶坦山坞契人 程观全 程右树 程五闲
凭中人 程源来 程根瑞 程加瑞 程成泰
依书人 程更顺
上项契价当日两相交付足讫

秋口镇仔槎村陈家 27 · 民国二十六年 · 断骨出卖苗山茶坦竹园契 ·
程观全等卖与程豪武

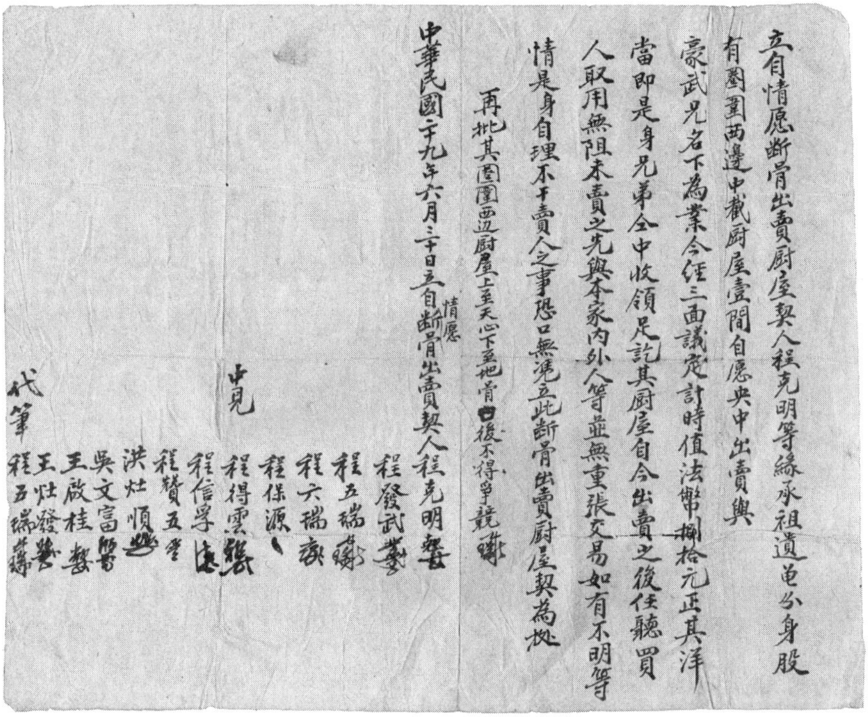

立自情愿断骨出賣厨屋契人程克明等緣承祖遺已分身股有園圍西邊中截厨屋壹間自愿央中出賣與

豪武兄名下為業今經三面議定計時值法幣捌拾元正其洋當即是身兄弟仝中收領足訖其厨屋自今出賣之後任聽買人取用無阻未賣之先與本家內外人等並無重張交易如有不明等情是身自理不干買人之事恐口無憑立此斷骨出賣厨屋契為據

再批其園圍西邊厨屋上至天心下至地骨〇後不得爭競（押）

中華民國廿九年六月三十日立自情愿断骨出賣契人程克明（押）

程發武（押）

程五瑞（押）

程六瑞（押）

程保源（押）

中見 程得雲（押）

程信孚（押）

程贊五（押）

洪灶順（押）

吳文富（押）

王啟桂（押）

王灶發（押）

代筆 程五瑞（押）

秋口镇仔槎村陈家 26・民国二十九年・断骨出卖厨屋契・程克明等卖与豪武兄

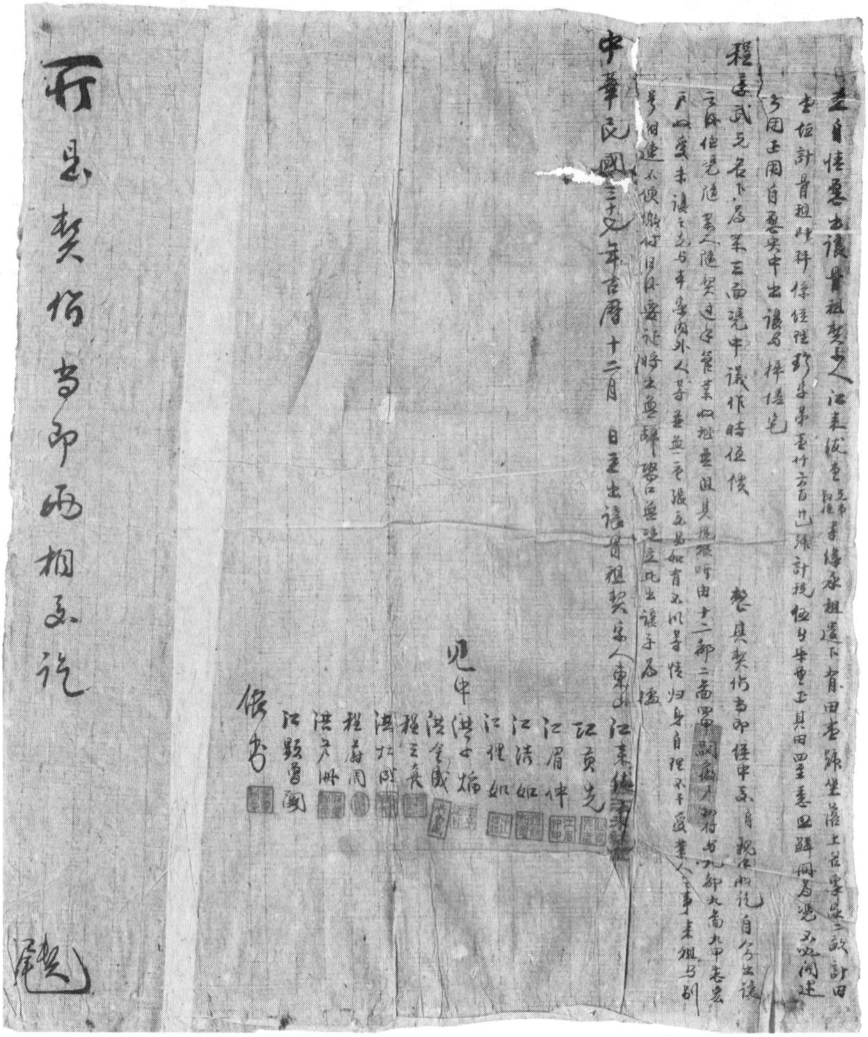

秋口镇仔槎村陈家 3 · 民国三十七年 · 出让骨租契 · 江来绂让与程豪武

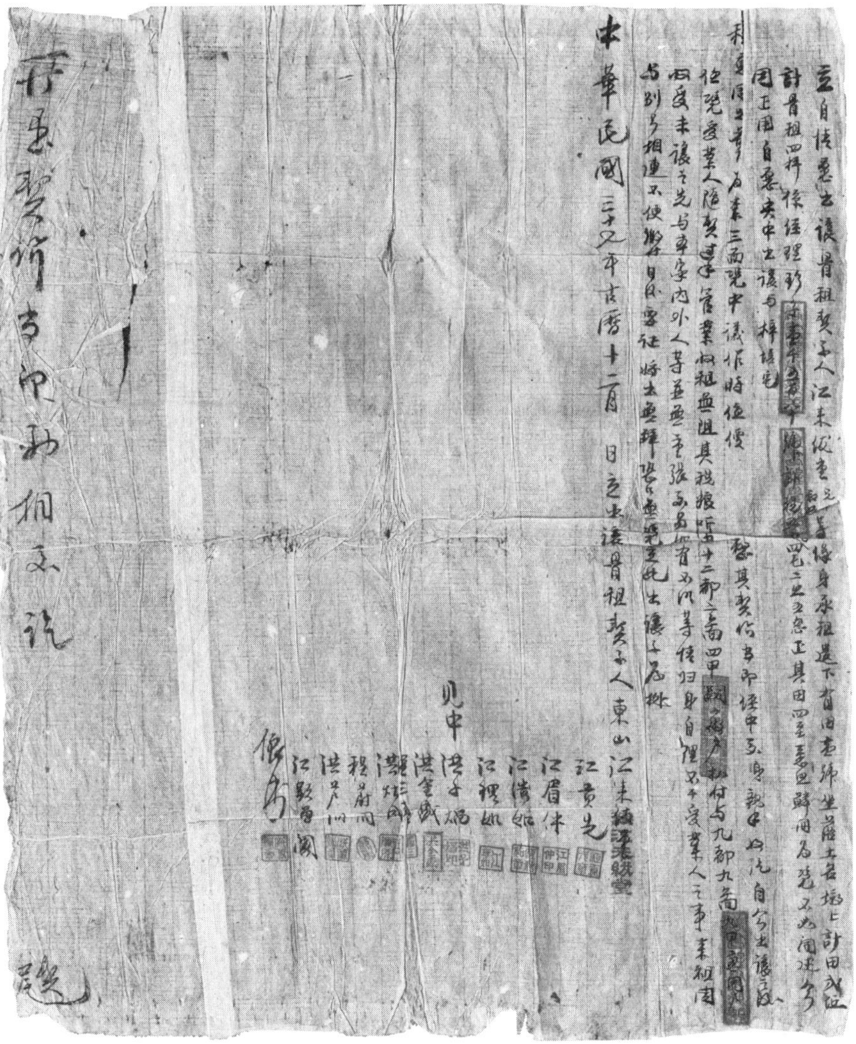

秋口镇仔槎村陈家 15 · 民国三十七年 · 出让骨柤契 · 江米绂卖与程应周

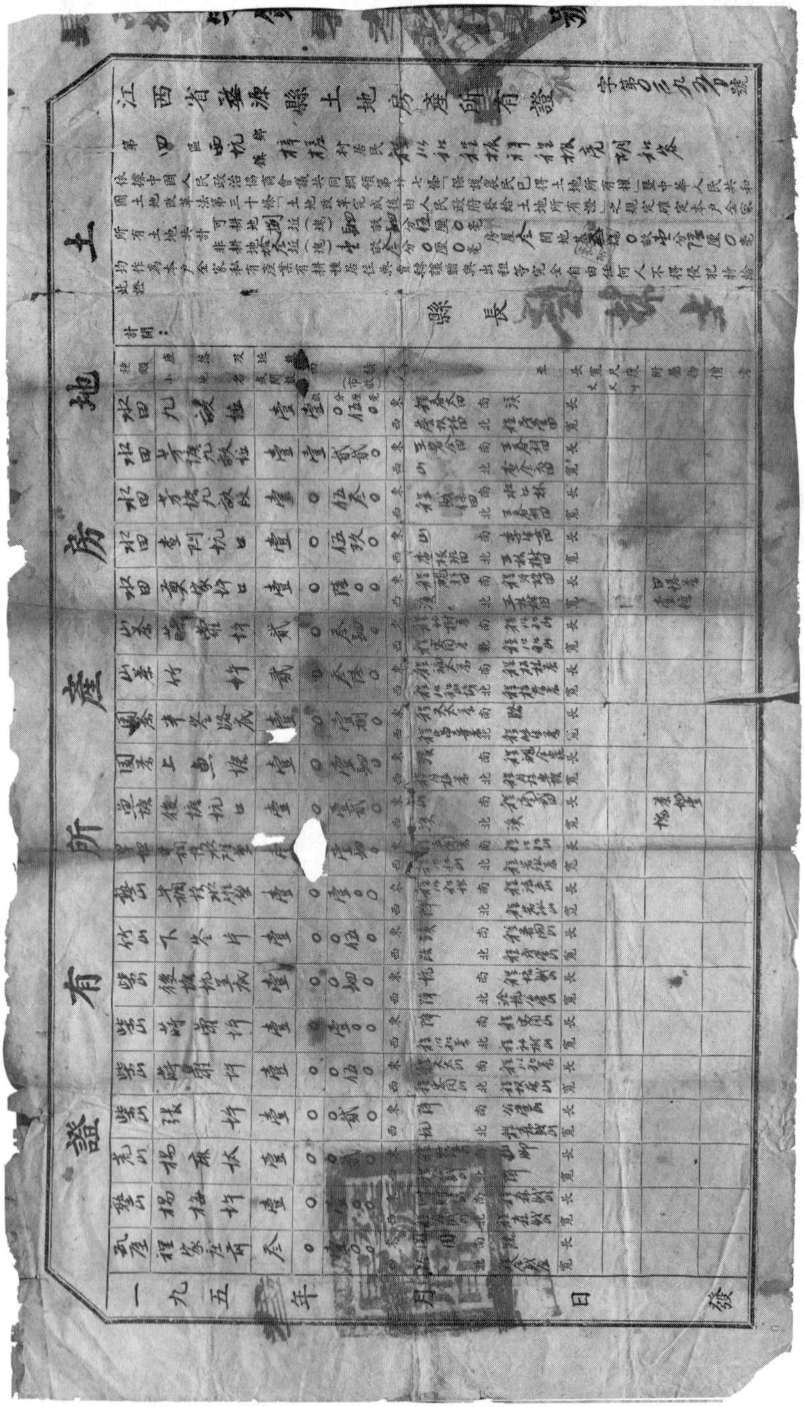

土地房產所有證

江西省婺源縣土地房產所有證

字第 號

第 區 鄉(鎮) 村居民

依據中國人民政治協商會議共同綱領第廿七條「保護農民已得土地所有權」暨中華人民共和國土地改革法第三十條「土地改革完成後由人民政府發給土地所有證」之規定確定本戶全家所有土地共計 可耕地 非耕地 房屋 間 地基 均作為本戶全家私有產業有耕種居住典賣轉讓贈與出租等完全自由任何人不得侵犯特給此證

縣長

計開：

一九五 年 月 日 發

秋口镇仔槎村陈家 29 · 一九五三年 · 土地房产所有证

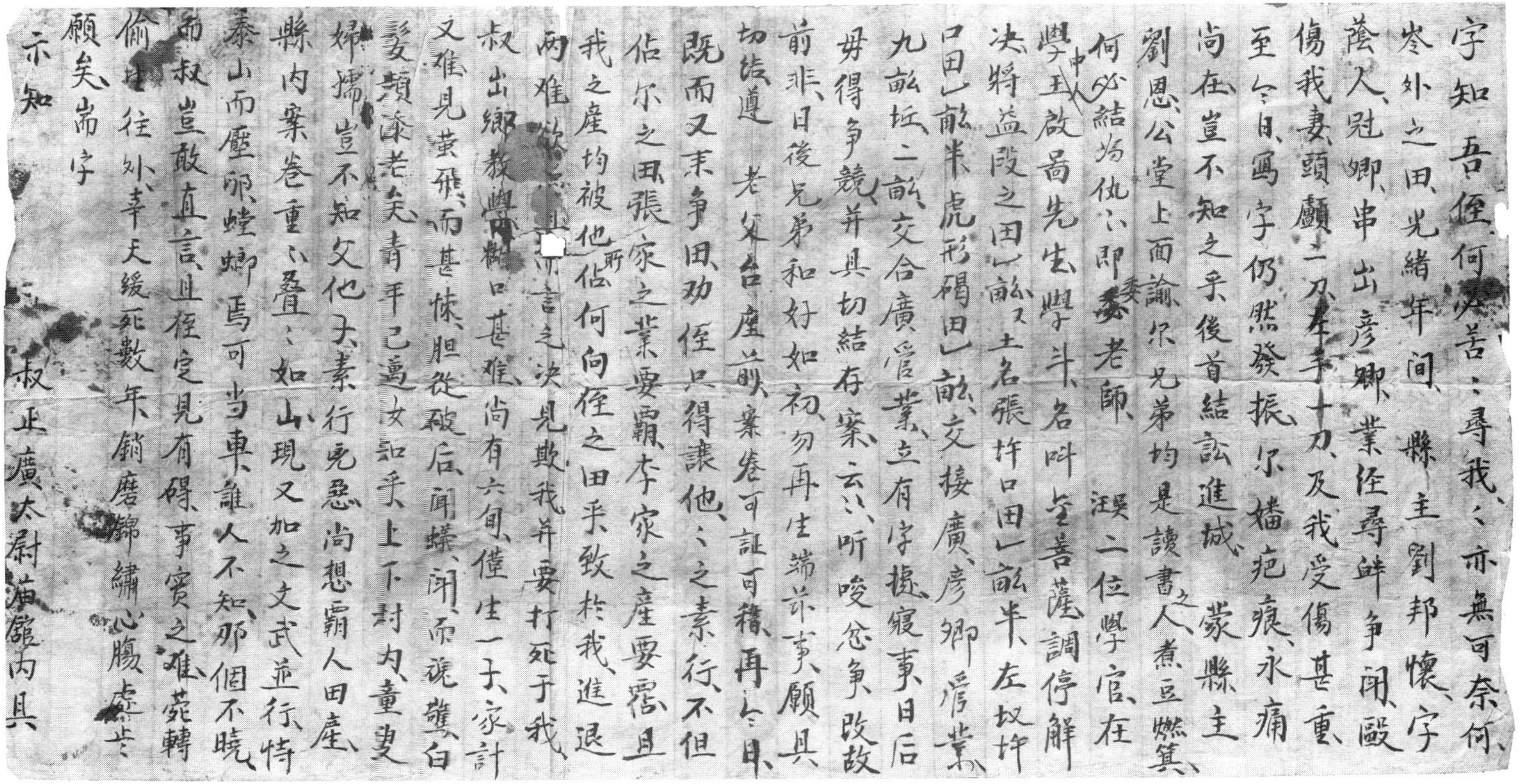
字知吾侄何苦〻尋我〻〻亦無可奈何、
岑外之田、光緒年间、縣主劉邦懷、字
蔭人、號卿串、出彥卿業侄尋衅爭閙毆
傷我妻頭顱二刀、左手一刀、及我受傷甚重、
至今日瑪字仍然發振、尔猶疤痕永痛
尚在、豈不知之乎、後首結訟進城、蒙縣主
劉恩公堂上面諭、尔兄弟均是讀書之人、煮豆燃萁、
何必結爲仇〻、即委老師、汪吳二位學官在
學中玉啟昌先生學斗、名叫至善、薩調停解
決、將益段之田〻畝又土名張坑口田一畝半、左坟坑
口田〻畝半、虎形碣田〻畝、交接廣、彥卿管業、
九畝坵二畝、交合廣管業、立有字據、寢事日后
毋得爭競、并具切結存案云〻、听唆忿爭改故
前非、日後兄弟和好如初、勿再生端茲事、願具
切結遵、老父台座前案卷可証可稽、再今日、
既而又來爭田、劝侄只得讓他〻之素行、不但
佔尔之田、張家之業要霸、李家之產要霸、且
我之產均被他所佔、何向侄之田來致於我、進退
兩难、決〻言之、決見敗、我并要打死于我
叔出鄉教學、撇口甚难、尚有六旬、僅生一子、家計
又难、見黄飛、而甚悚、胆從破后、聞蝶、聞、而魂驚、白
髮蘋添、老矣、青年已邁、汝知乎、上下封內、童叟
婦孺、豈不知文他之素行、兇惡、尚想霸人田產、
縣內案卷重〻疊〻、如山现又加之文武並行、恃
泰山而壓卵、螳螂焉可当車、誰人不知、那個不曉、
而叔豈敢直言、且侄定見有碍、事實之难、覔轉
偷生、往外、幸天緩死數年、銷磨錦繡心腸、虛步
願矣、尚字
示知
叔 正廣太尉滿館內具

秋口镇仔槎村陈家 1 · 具投状

秋口镇吴家 1—25

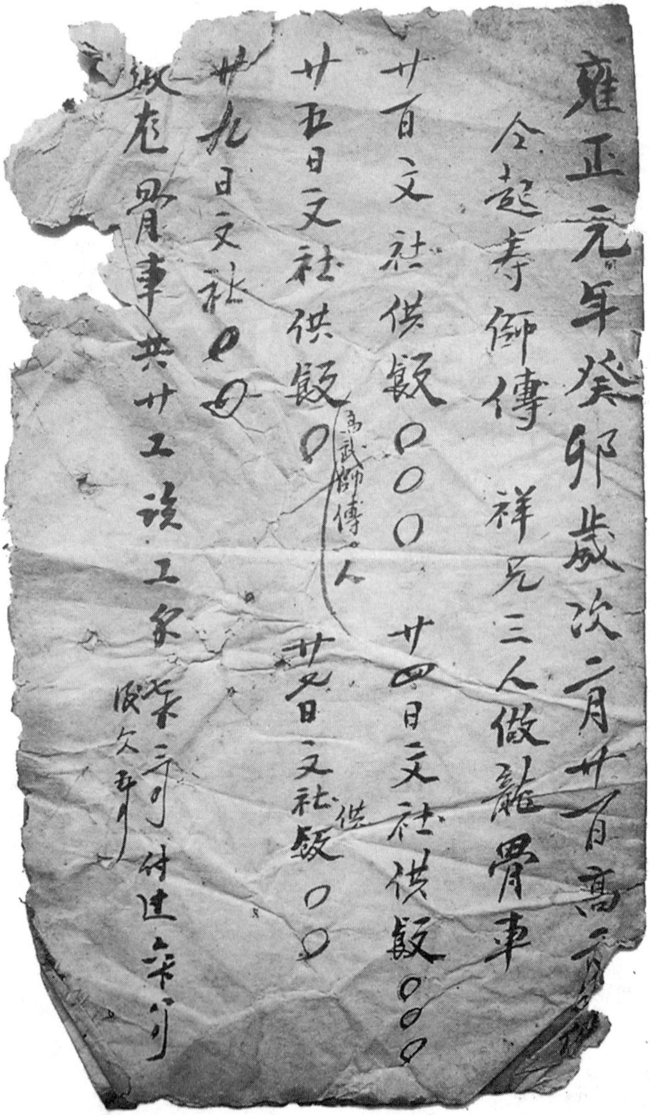
雍正元年癸卯歲次二月廿六日
仝起寿師傅 祥兄三人做龍骨車
廿三日文社供飯○○○ 廿四日文社供飯○○○
廿五日文社供飯○ 廿六日文社供飯○○
廿九日文社○○
龍骨車共廿工 該工家

秋口镇吴家 8-1 · 雍正元年 · 排日账

四師傅十六日○文社　十七日　文社　十八日○文福　十九日○点田家　文社

廿日○文社　廿一日○文社　廿二日理心買楼　廿四日○文社

貳拾貳日　裏師傅　鬢　○文福　廿三日○文福　廿四日○文社

廿五日○文社　廿六日○文福膳

秋口镇吴家 8-2 · 雍正元年 · 排日账

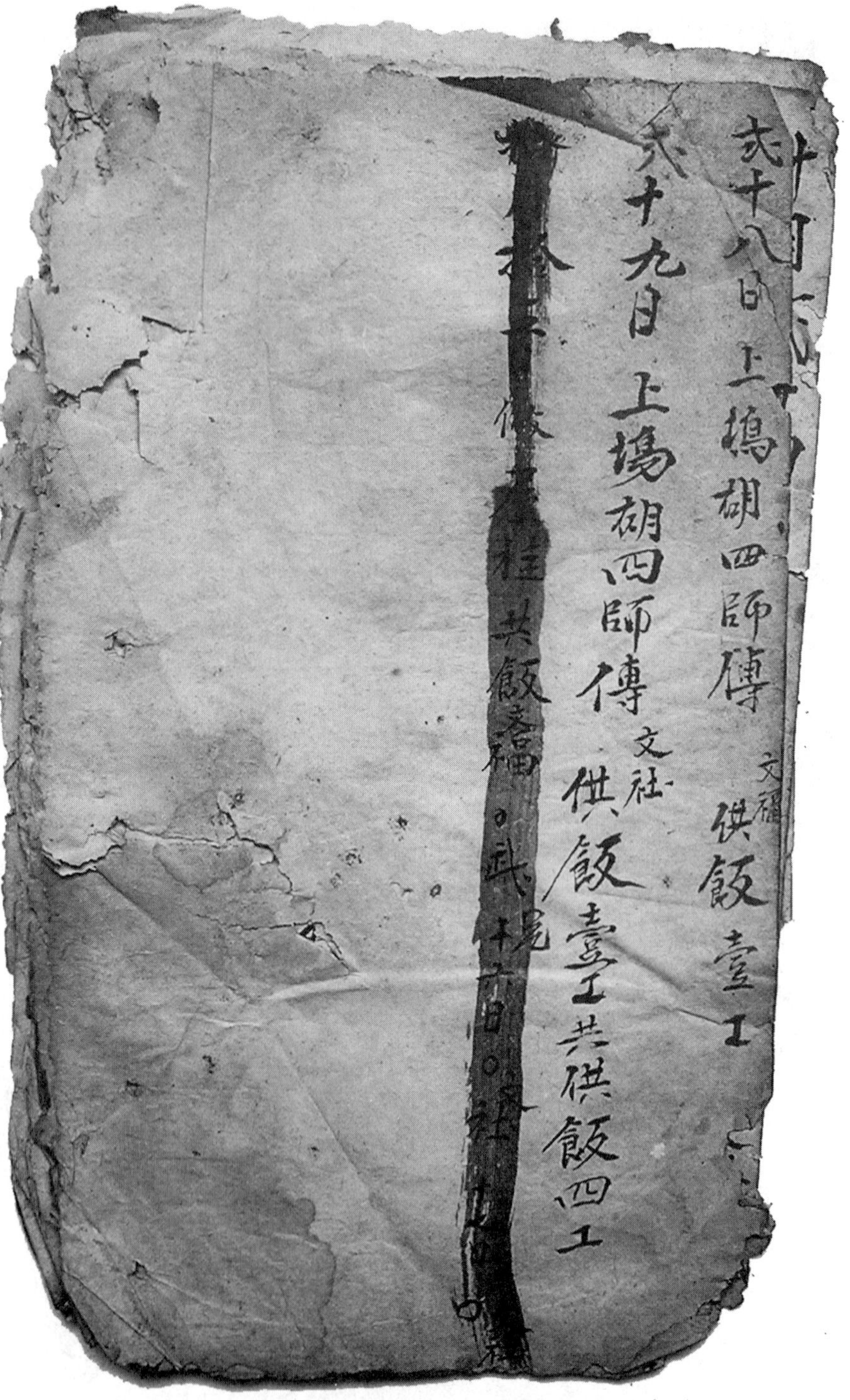

弍十八日 上塢胡四師傅 文福 供飯壹工
弍十九日 上塢胡四師傅 文社 供飯壹工 共供飯四工

秋口镇吴家 8-3 · 雍正元年 · 排日账

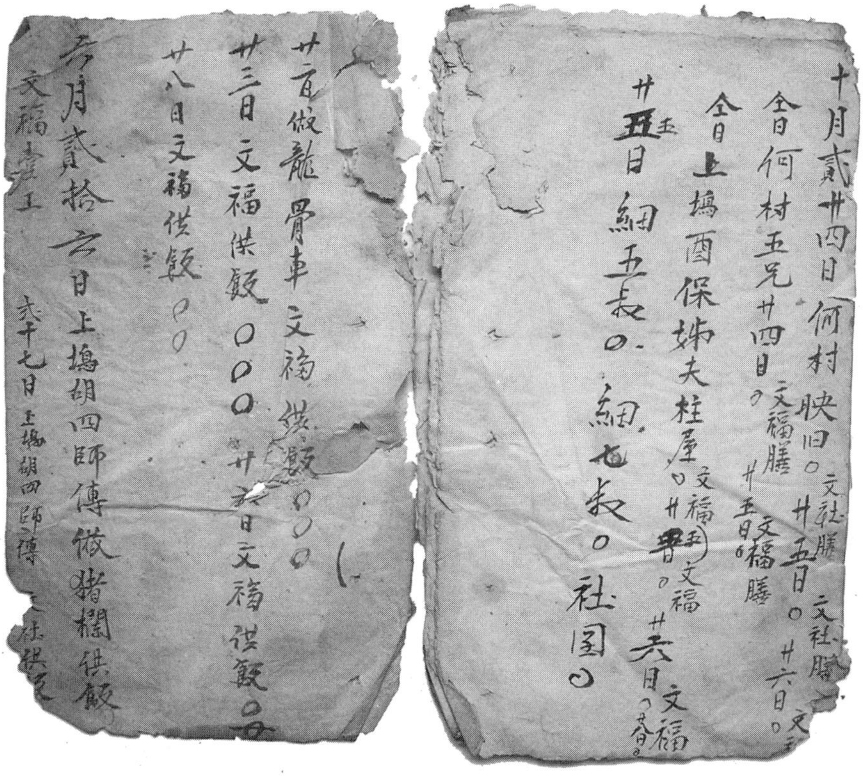
十月貳廿四日何村映旧○ 文社膳 廿五日○ 文社膳 廿六日○ 文
仝日何村五兄廿四日○ 文福膳 廿五日○ 文福膳
仝日上塢酉保姊夫桂屋○ 文福 廿五日○ 文福 廿六日○ 文福
廿五日細五表○ 細七表○ 社園○
廿五日做龍骨車文福供飯○○○
廿三日文福供飯○○○ 廿四日文福供飯○○
廿八日文福供飯○○
六月貳拾六日上塢胡四師傅做豬欄供飯
文福壹工
式十七日上塢胡四師傅 文社供飯

秋口镇吴家 8-4 · 雍正元年 · 排日账

文社十七日
[redacted]

秋口镇吴家 8-5 · 雍正元年 · 排日账

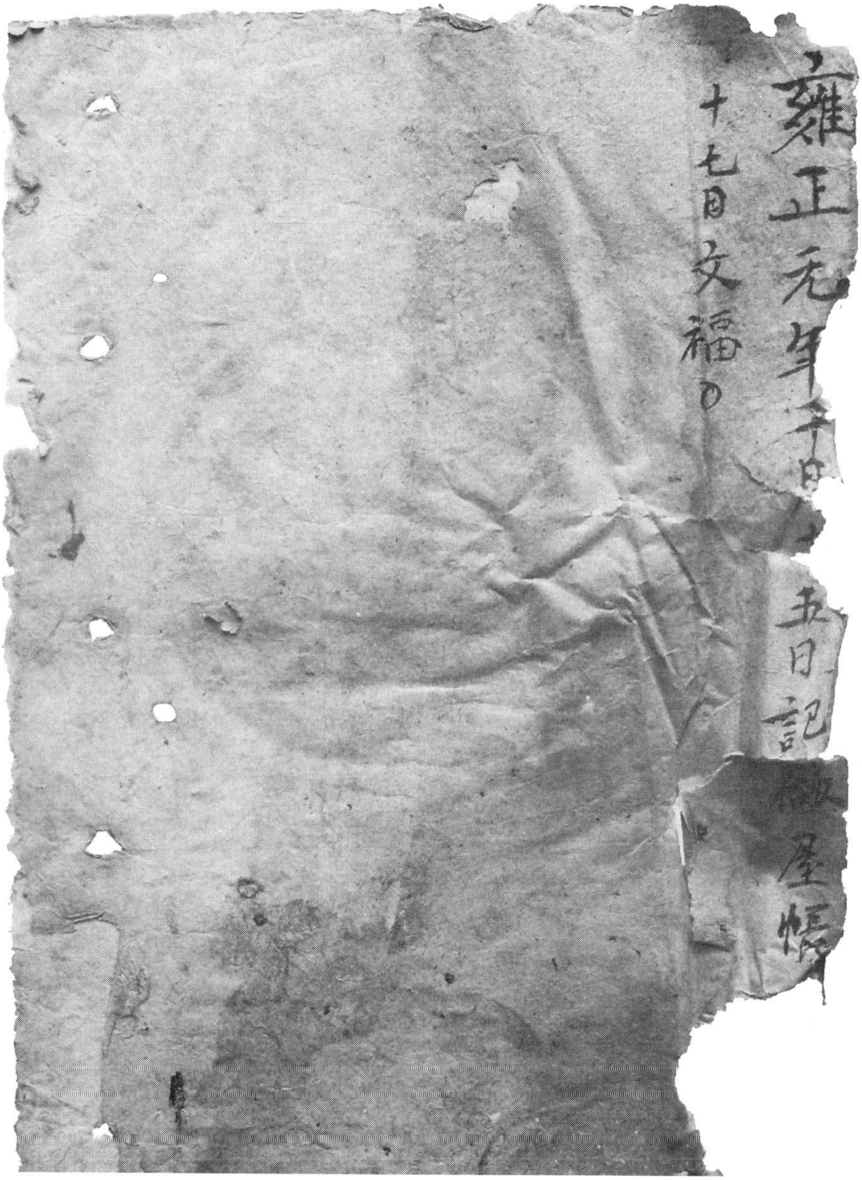

秋口镇吴家 15-1 · 雍正元年 · 做屋账 · 文福

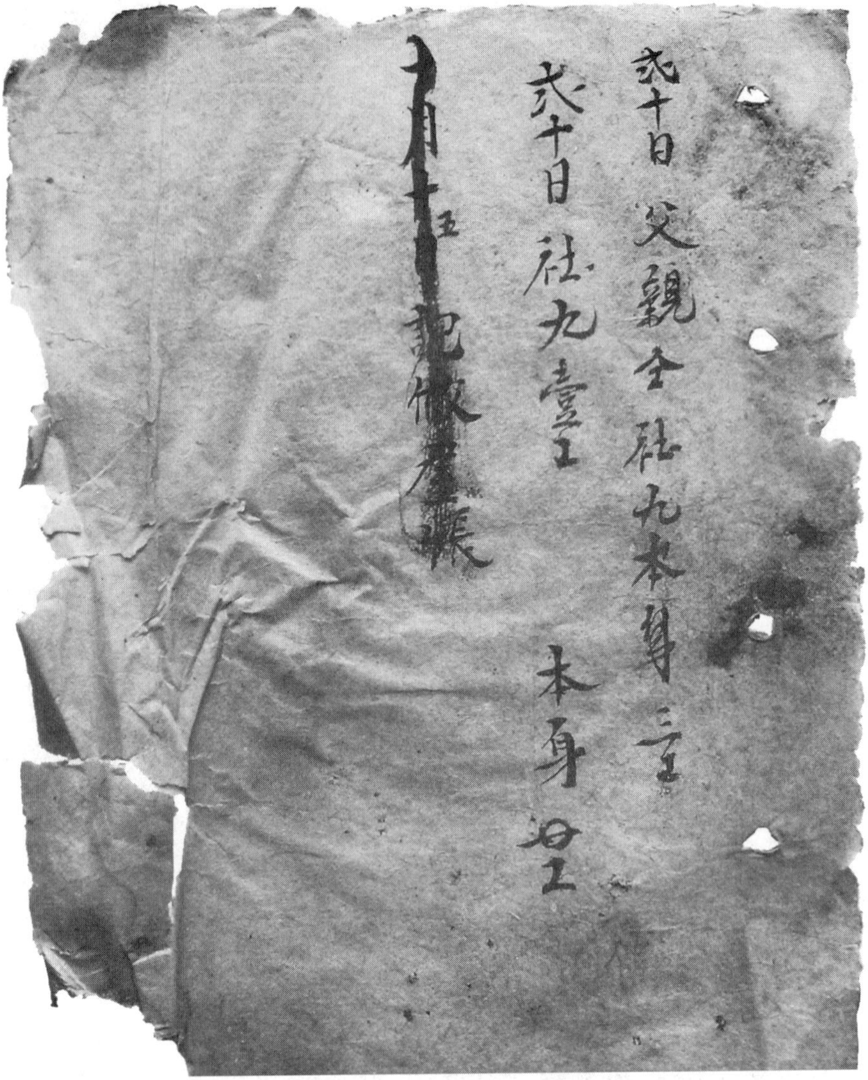

弍十日 父親全社九本身三工

弍十日 社九壹工 本身廿工

十月十五 記做屋帳

秋口镇吴家 15-2 · 雍正元年 · 做屋账 · 文福

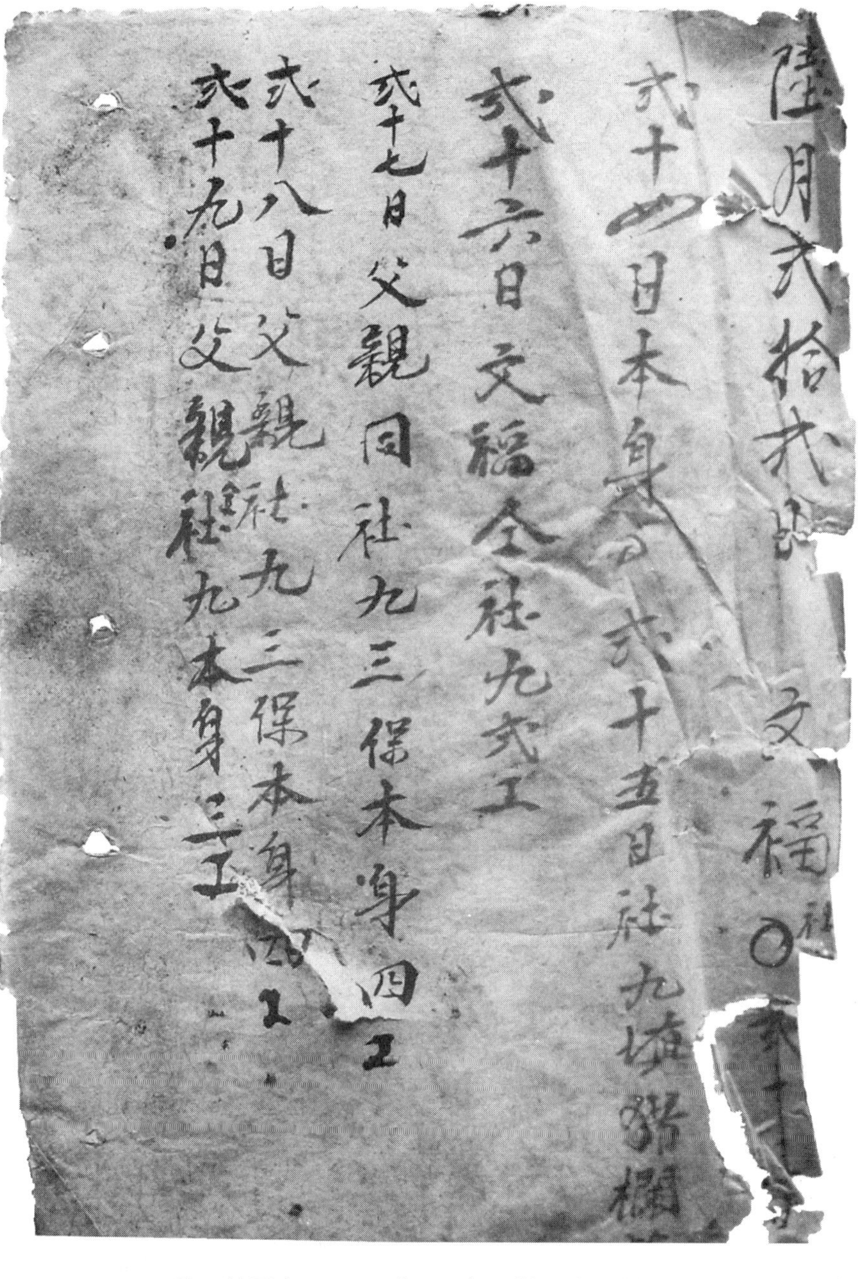
陸月弍拾弍日 文福〇
弍十四日本身 弍十五日社九墙磉欄
弍十六日文福仝社九弍工
弍十七日父親同社九三保本身四工
弍十八日父親社九三保本身四工
弍十九日父親社九本身三工

秋口镇吴家 15-3 · 雍正元年 · 做屋账 · 文福

弍十九日 三平伯仝社德 細鄒 三工

弍十日 三平伯仝社德 細鄒 三工

弍十壹日 社德工 細鄒 四工

雍正伍年八月二十二日 達擎兄仝廣旧 鈄水械 社供

飯〇〇 廿三日 達擎兄仝廣旧 鈄水械 福供飯 〇〇

廿四日 達擎兄仝廣旧 鈄水械 福供飯 〇〇

廿五日 達擎兄仝廣旧 鈄水械 福供

秋口镇吴家 15-4 · 雍正元年 · 做屋账 · 文福

蓋屋俞喜兄　十九日〇伕做文程　[illegible]日〇[illegible]

廿日〇伕做福　廿一日〇伕做社　共三工半

該蓋屋工錢長[illegible]可算

秋口镇吴家 15-5 · 雍正元年 · 做屋账 · 文福

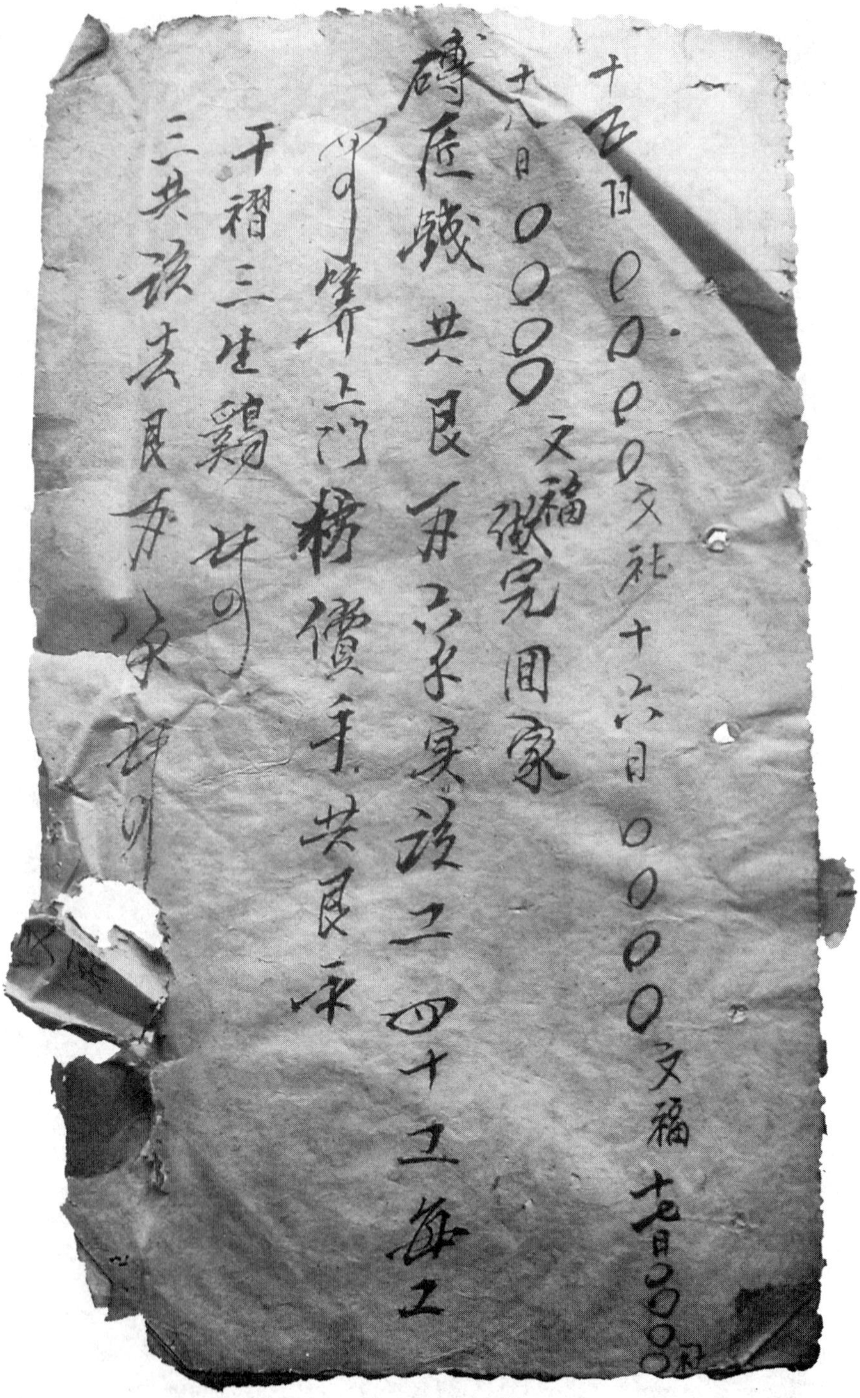
十五日〇〇〇〇文社 十六日〇〇〇〇文福 十七日〇〇〇〇社
十八日〇〇〇〇文福 做完回家
磚匠錢共艮一兩二錢實該工四十工每工
四工[illegible]上門楞價手共艮一錢
干稻三 生鷄廿四
三共該去艮一兩[illegible]廿四

秋口镇吴家 15-6 · 雍正元年 · 做屋账 · 文福

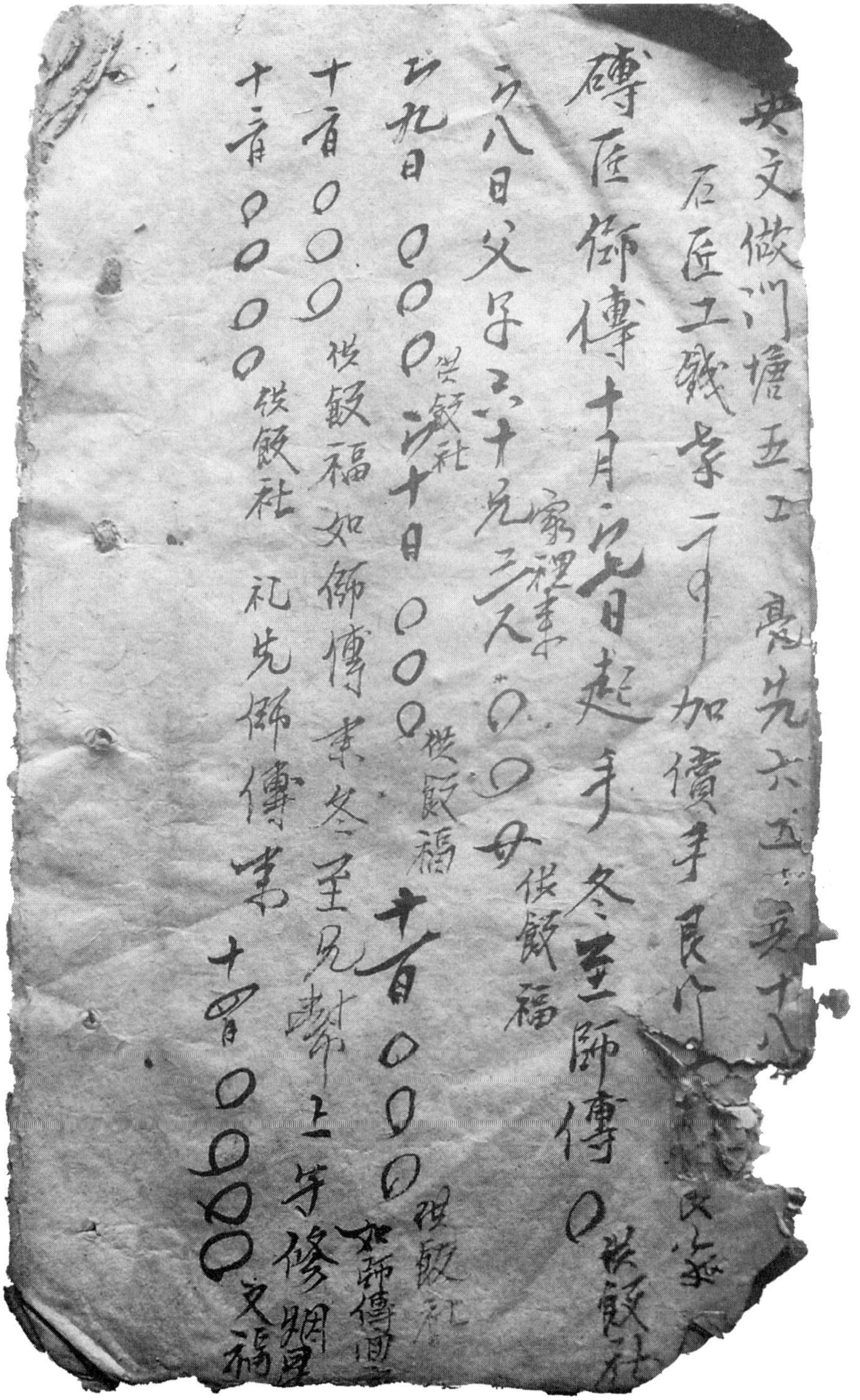

吴文做门墙五工 先六五 十八

石匠工钱季一千 加价季艮

砖匠师傅十月廿八日起手 冬至师傅〇 供饭社

廿八日父子二十九 三人〇〇 廿 供饭福 家里事

廿九日〇〇〇 供饭社 廿十日〇〇〇 供饭福 十二日〇〇〇 供饭社

十二日〇〇〇 供饭福 如师傅来冬至见帮工上午修 如师傅回

十三日〇〇〇 供饭社 礼先师傅帮 十二日〇〇〇 文福

秋口镇吴家 15-7 · 雍正元年 · 做屋账 · 文福

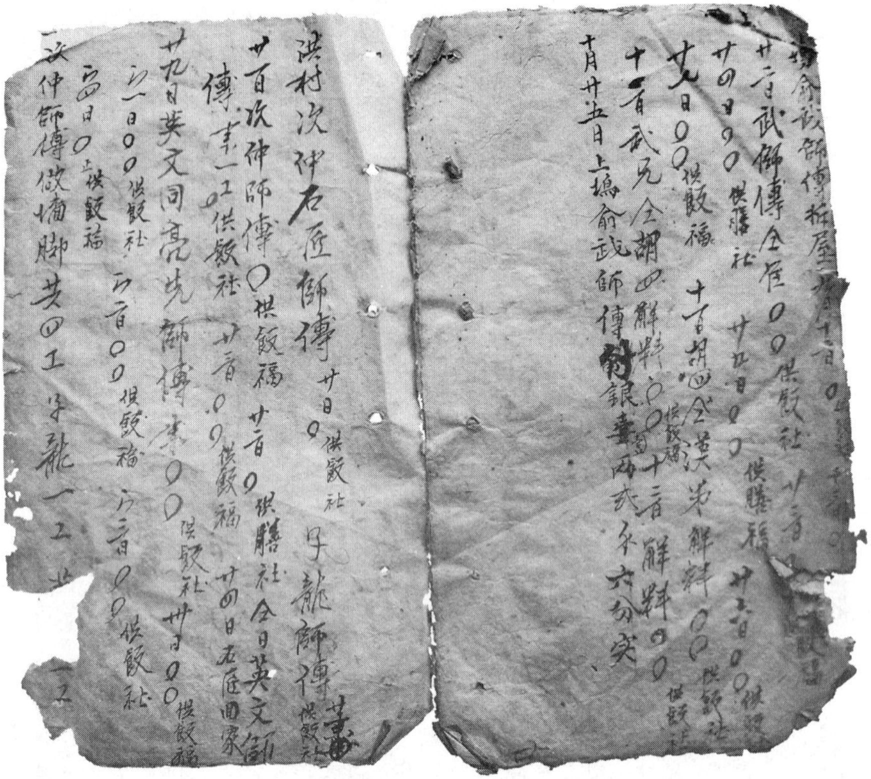

[illegible]俞詠師傅拆屋[illegible]十一日○[illegible]
廿三日武佛傳全在○○ 供飯社 廿三日[illegible]
廿四日○○ 供膳社 廿五日○○ 供膳福 廿六日○○ 供[illegible]
廿七日○○ 供飯福 十一月初一日胡四全黄汉弟解料○○ 供飯社
十一月初二日武兄全胡四解料○○ 供飯福 十二日解料○○ 供飯社
十月廿五日上塢俞詠師傅付銀壹两貳錢六分实

洪村次仲石匠師傅 廿日○ 供飯社 早龍師傅 供飯社
廿一日次仲師傅○ 供飯福 廿二日○ 供膳社 全日英文師
傅来一工供飯社 廿三日○○ 供飯福 廿四日石匠回家
廿九日英文同亮先師傅来○○ 供飯社 卅日○○ 供飯福
初一日○○ 供飯社 初二日○○ 供飯福 初三日○○ 供飯社
初四日○ 上供飯福
次仲師傅做墻脚共四工 早龍一工 共[illegible]

秋口镇吴家 15-8 · 雍正元年 · 做屋账 · 文福

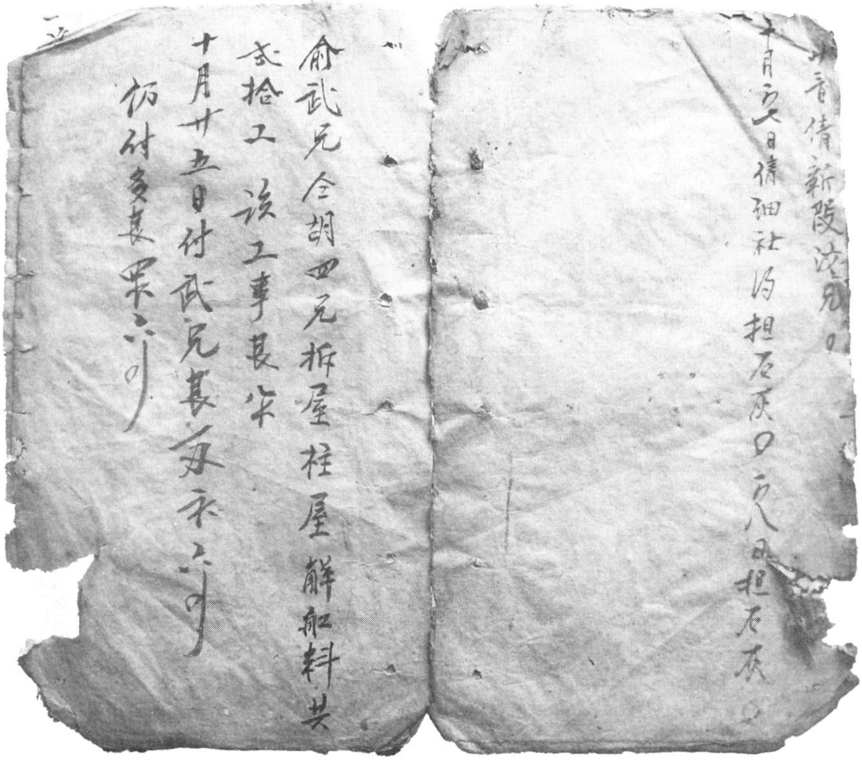

十一日倩新筱泛兄〇
十月六日倩细社汤担石灰〇六八日担石灰〇
俞武兄仝胡四兄拆屋柱屋觧舡料共
貳拾工　該工事長[illegible]
十月廿五日付武兄艮[illegible]
仍付多艮[illegible]

秋口镇吴家 15-9 · 雍正元年 · 做屋账 · 文福

上塢程保兄十四日〇 廿日〇 廿四日柱屋〇
新股四叔十六日〇 十七日〇
大生兄十六日〇 細生兄十六日〇 廿九廿四日柱屋〇
太兄十六日〇 其孫屋〇 覌音兄十六日〇
大弟十六日〇 聚弟十六日〇 十七日〇
程明兄十七日〇
良十七日〇
身梽磚瓦共卅九工半

秋口镇吴家 15-10 · 雍正元年 · 做屋账 · 文福

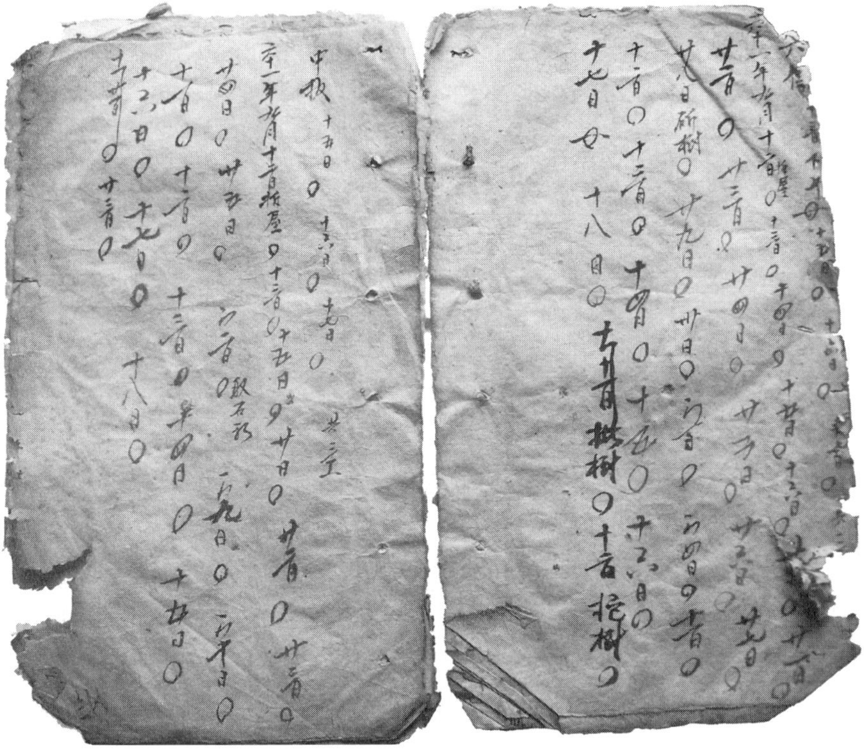

秋口镇吴家 15-11 · 雍正元年 · 做屋账 · 文福

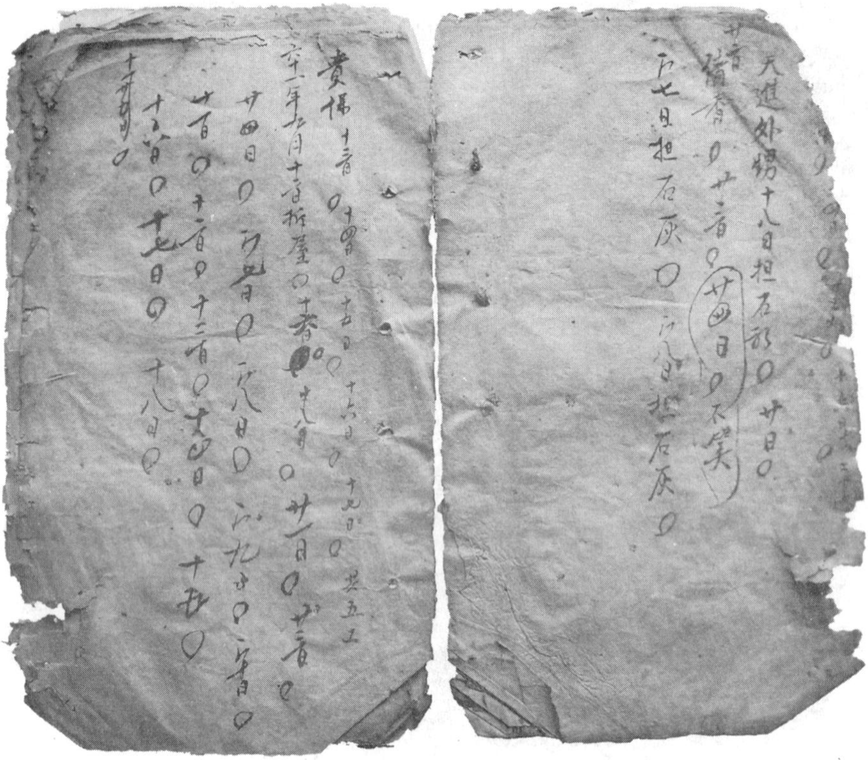

天進外甥十八日担石部〇 廿日〇
廿三 猪春〇 廿二日〇 廿四日〇不算
正七日担石灰〇 初八日担石灰〇

貴福 十三日〇 十四日〇 十五日〇 十六日〇 十九日〇 共五工
辛丑年十二月十七日拆屋〇 十九日〇 十九日〇 廿一日〇 廿二日〇
廿四日〇 初七日〇 初八日〇 初九日〇 初十日〇
廿六日〇 十一日〇 十二日〇 十五日〇 十六日〇
十三日〇 十七日〇 十八日〇
十二月廿日〇

秋口镇吴家 15-12 · 雍正元年 · 做屋账 · 文福

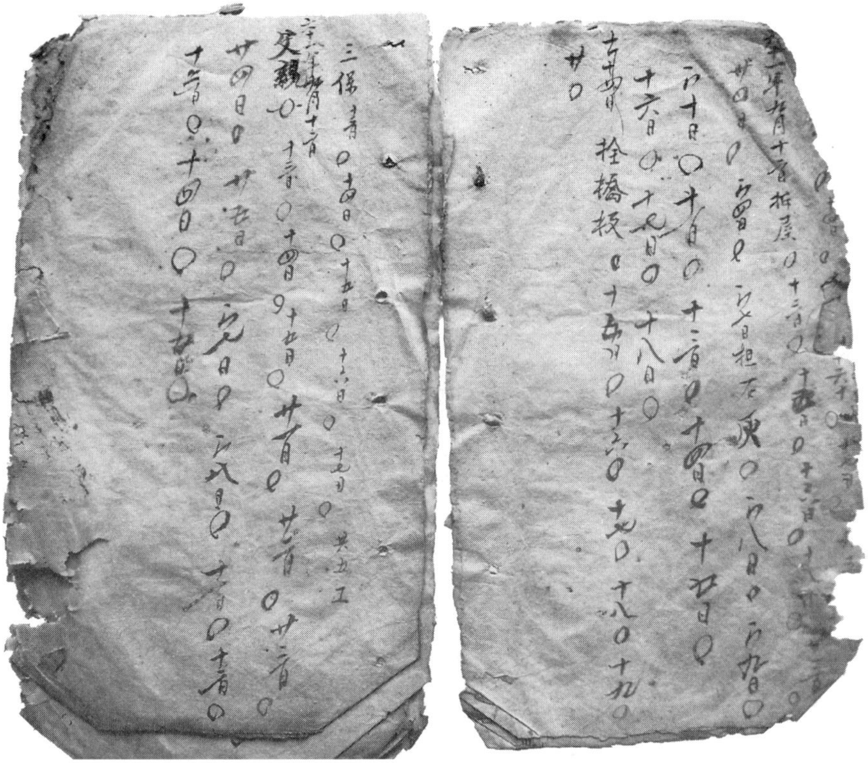

秋口镇吴家 15-13 · 雍正元年 · 做屋账 · 文福

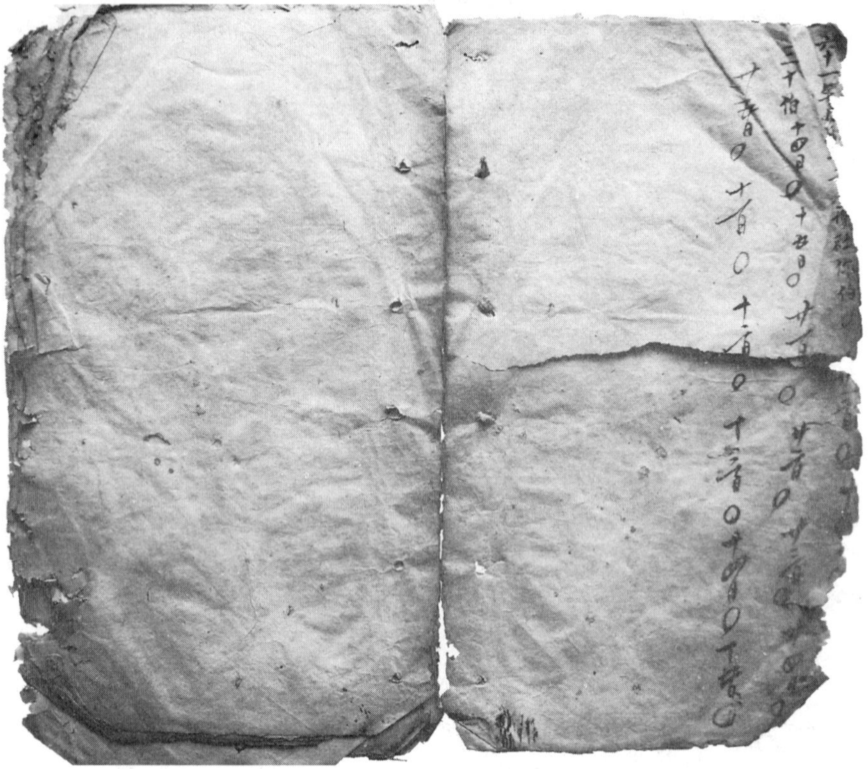

秋口镇吴家 15-14 · 雍正元年 · 做屋账 · 文福

秋口镇吴家 15-15 · 雍正元年 · 做屋账 · 文福

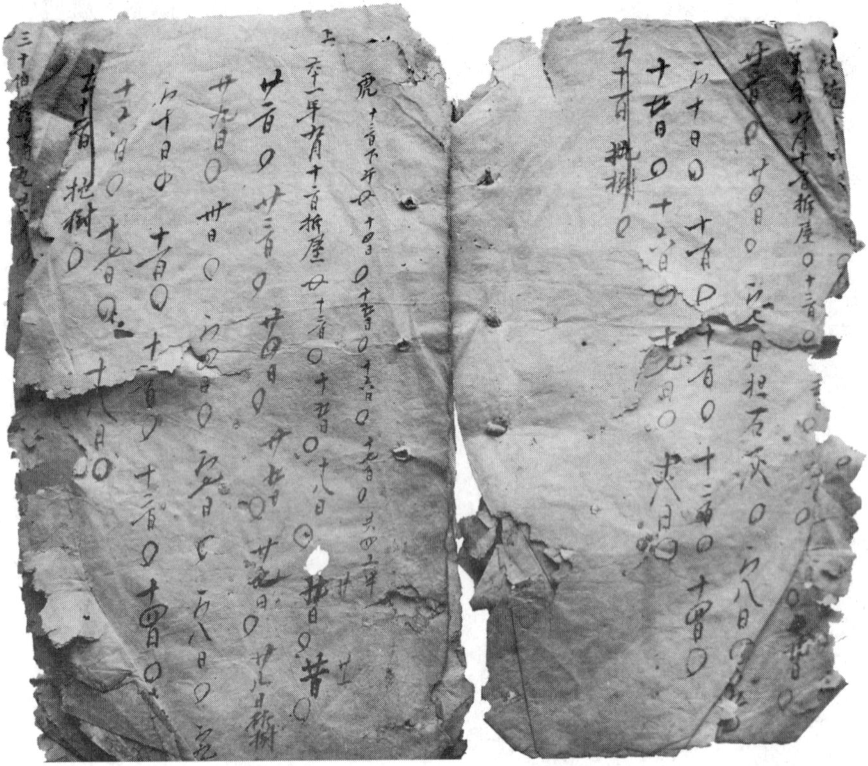

秋口镇吴家 15-16 · 雍正元年 · 做屋账 · 文福

秋口镇吴家 15-17 · 雍正元年 · 做屋账 · 文福

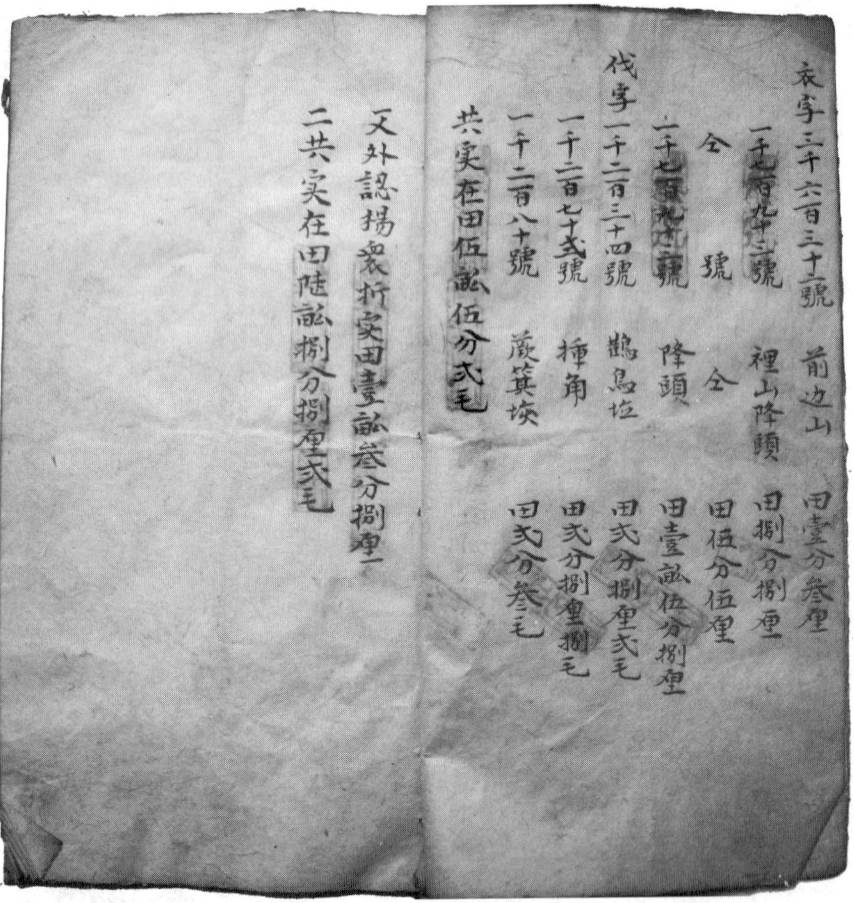

衣字三千六百三十二號 前边山 田壹分叁厘
一千七百九十二號 裡山降頭 田捌分捌厘一
仝 號 仝 田伍分伍厘
一千七百九十七號 降頭 田壹畝伍分捌厘
伐字一千二百三十四號 鵝鳥垃 田弍分捌厘弍毛
一千二百七十弍號 揮角 田弍分捌厘捌毛
一千二百八十號 蕨箕垓 田弍分叁毛
共实在田伍畝伍分弍毛
又外認揚衆折实田壹畝叁分捌厘一
二共实在田陆畝捌分捌厘弍毛

秋口镇吴家 22-1 · 雍正元年 · 税粮实征册 · 吴泰盛户金菊股

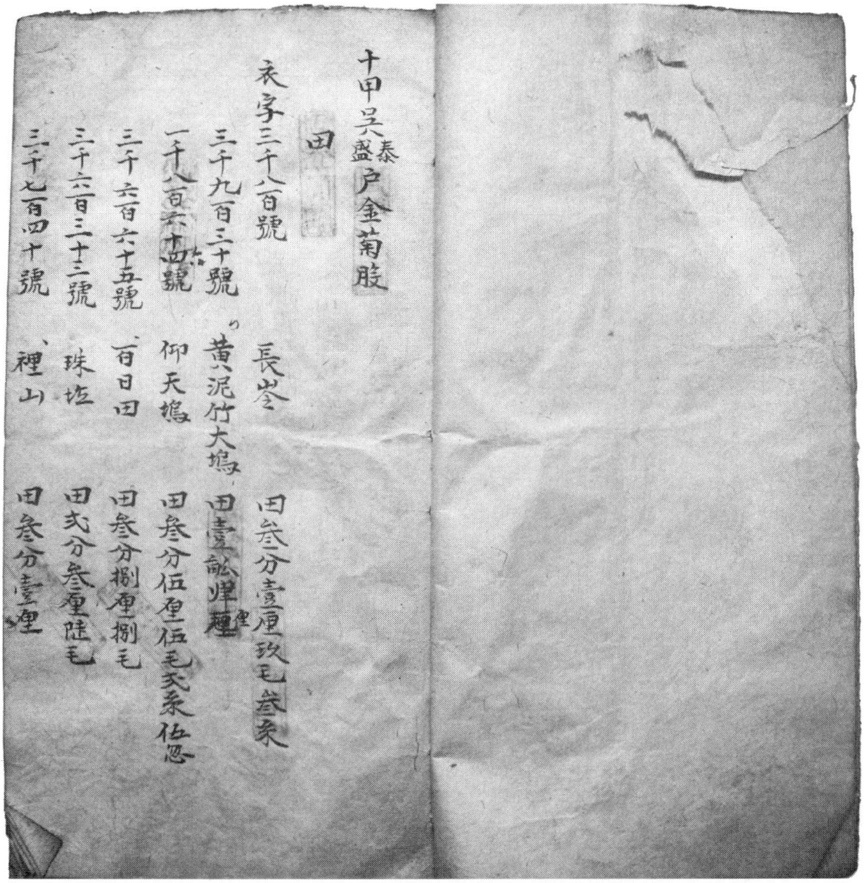
十甲吳泰盛户金菊股

田

衣字三千八百號　長岑　田叁分壹厘玖毛叁系

三千九百三十號　黄泥竹大塢　田壹畝伴厘

一千八百六十四號　仰天塢　田叁分伍厘伍毛叁系伍忽

三千六百六十五號　百日田　田叁分捌厘捌毛

三千六百三十三號　珠坵　田弍分叁厘陆毛

三千七百四十號　裡山　田叁分壹厘

秋口镇吴家 22-2 · 雍正元年 · 税粮实征册 · 吴泰盛户金菊股

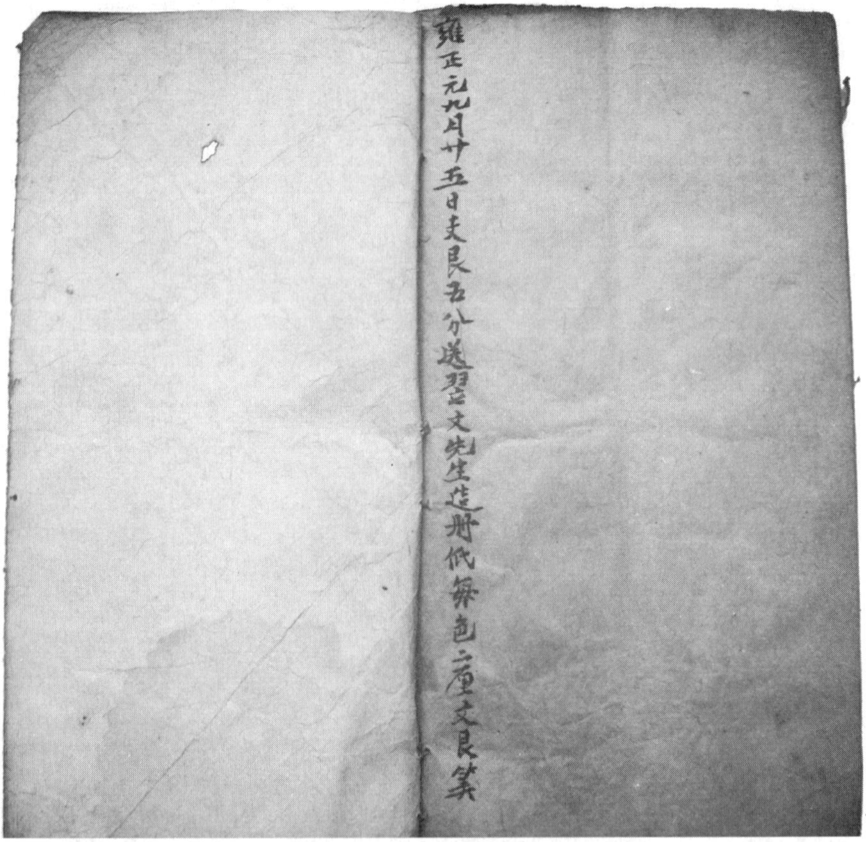
雍正元九月廿五日支艮五分送翠文先生造册纸笔色二厘支艮笑

秋口镇吴家 22-3 · 雍正元年 · 税粮实征册 · 吴泰盛户金菊股

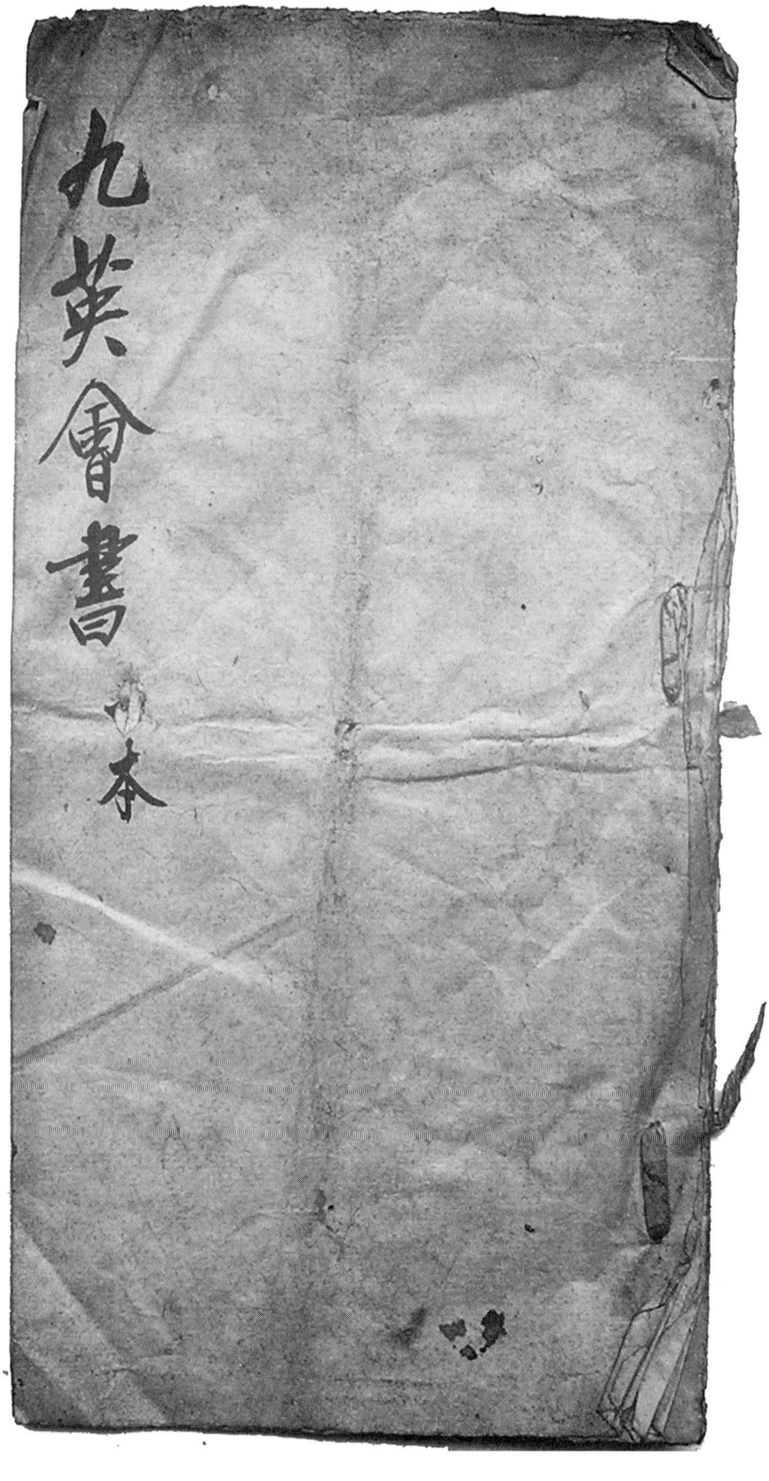

秋口镇吴家 20–1 · 乾隆七年 · 九英会书 · 吴尔庚同侄胜斌

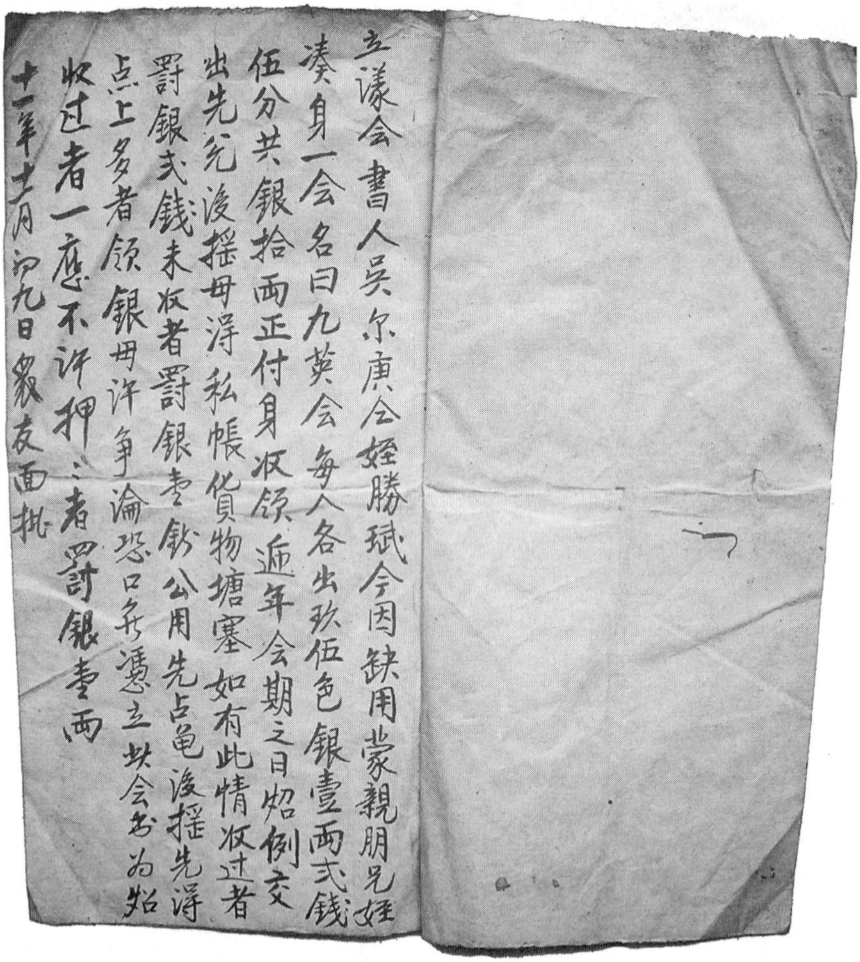
立議会書人吴尔庚仝姪勝斌今因缺用蒙親朋兄姪
凑身一会名曰九英会每人各出玖伍色銀壹两弍錢
伍分共銀拾两正付身收領遞年会期之日炤例交
出先収後摇毋得私帳貨物塘塞如有此情收过者
罰銀弍錢未收者罰銀壹錢公用先占龟後摇先得
点上多者領銀毋許争論恐口無憑立此会书为炤
收过者一應不許押々者罰銀壹两
十一年十二月初九日衆友面批

秋口镇吴家 20-2 · 乾隆七年 · 九英会书 · 吴尔庚同侄胜斌

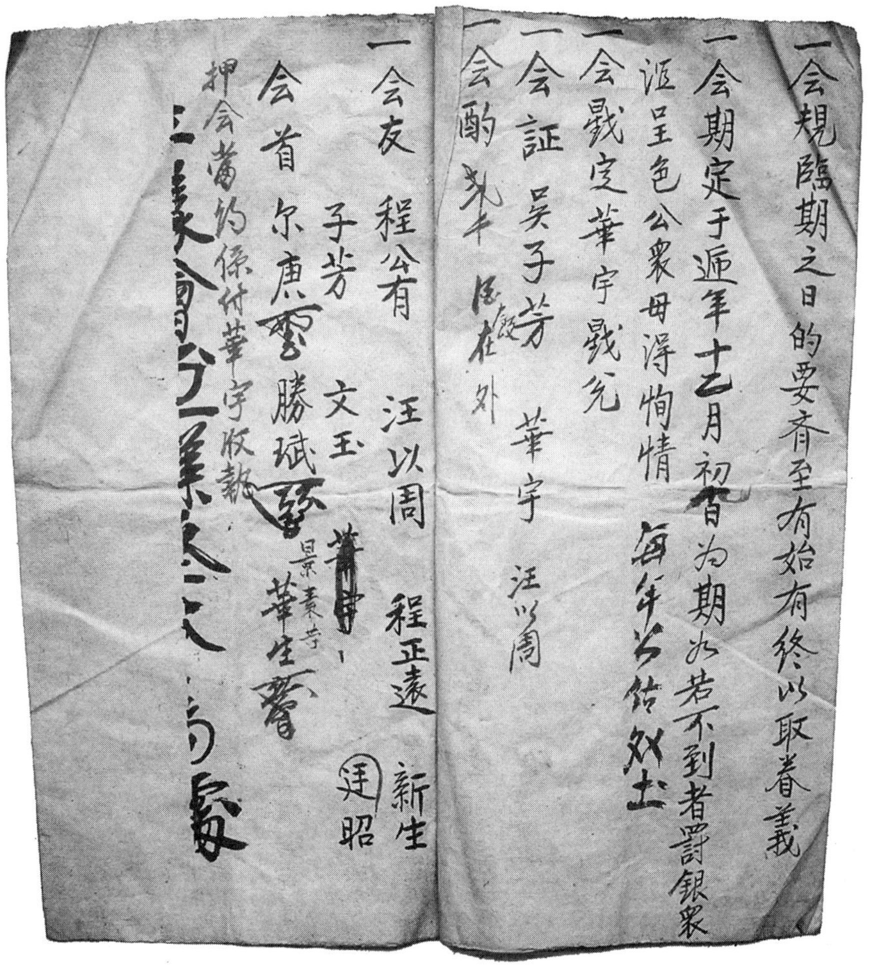
一会規臨期之日的要齊至有始有終以取耆義
一会期定于逓年十二月初旬為期如若不到者罰銀衆逓呈色公衆毋得徇情
一会戳定華宇戳允
一会証 吴子芳 華宇 汪以周
一会友 程公有 汪以周 程正遠 新生 子芳 文玉 廷昭
一会首 尔庚 勝斌 華生
押会簿约係付華宇收執

秋口镇吴家 20-3 · 乾隆七年 · 九英会书 · 吴尔庚同侄胜斌

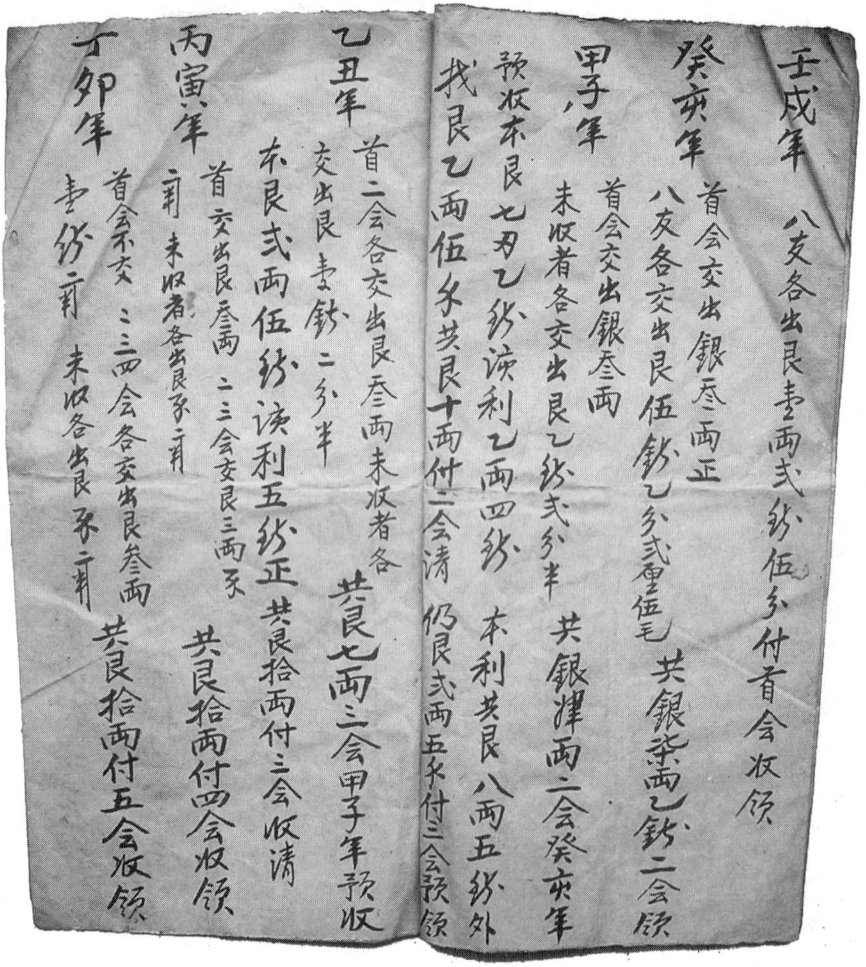
壬戌年 八友各出良壹两弍钱伍分付首会收领
癸亥年 首会交出银叁两正
八友各交出良伍钱乙分弍厘伍毛 共银柒两乙钱 二会领
甲子年 首会交出银叁两
未收者各交出良乙钱弍分半 共银肆两二会癸亥年
预收本良七两乙钱读利乙两四钱 本利共良八两五钱外
找良乙两伍分共良十两付二会清 仍良弍两五分付三会预领
乙丑年 首二会各交出良叁两未收者各
交出良壹钱二分半 共良七两三会甲子年预收
本良弍两伍钱读利五钱正 共良拾两付三会收清
丙寅年 首交出良叁两 二三会交良三两又
肆 未收者各出良柒钱 共良拾两付四会收领
丁卯年 首会不交 二三四会各交出良叁两
壹钱肆 未收各出良柒钱 共良拾两付五会收领

秋口镇吴家 20-4 · 乾隆七年 · 九英会书 · 吴尔庚同侄胜斌

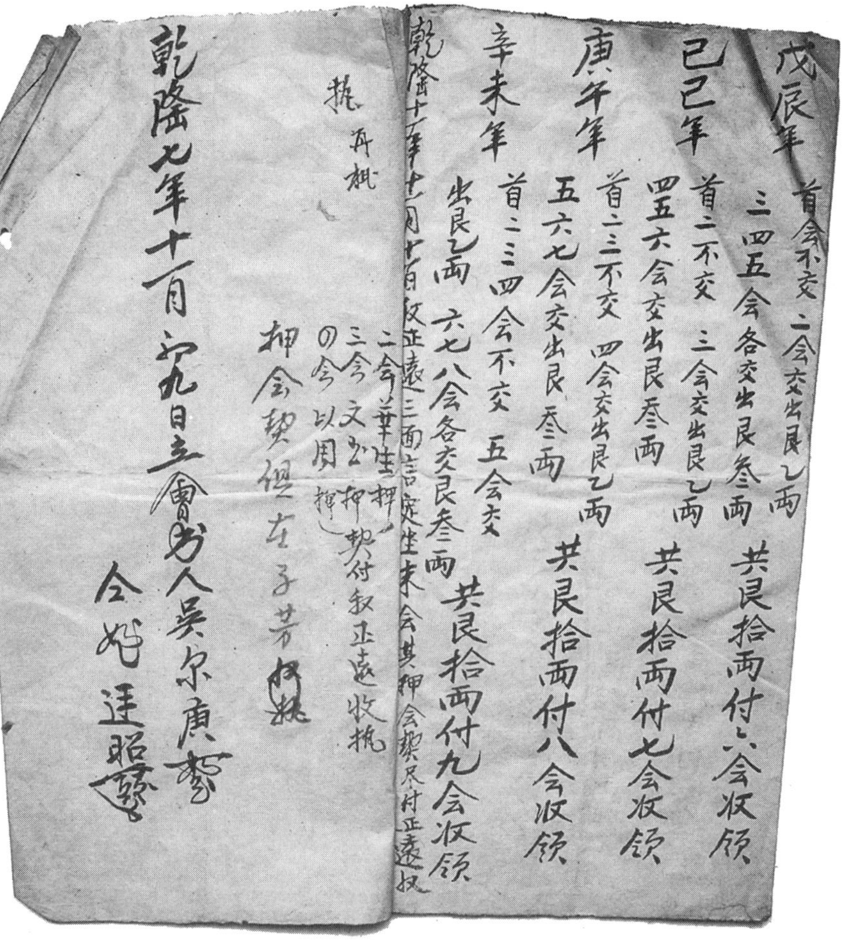
戊辰年 首会不交 二会交出艮乙两
三四五会各交出艮叁两 共艮拾两付六会收领
己巳年 首二不交 三会交出艮乙两
四五六会交出艮叁两 共艮拾两付七会收领
庚午年 首二三不交 四会交出艮乙两
五六七会交出艮叁两 共艮拾两付八会收领
辛未年 首二三四会不交 五会交
出艮乙两 六七八会各交艮叁两 共艮拾两付九会收领
乾隆十一年十二月廿一日收正远三两言定往来会其押会契尽付正远收
二会華生押 三会文公押 四会以周押 契付叔正远收执
押会契俱在子芳押
批 再批
乾隆七年十一月廿九日立會书人吴尔庚（押）
仝姪 廷昭（押）

秋口镇吴家 20-5 · 乾隆七年 · 九英会书 · 吴尔庚同侄胜斌

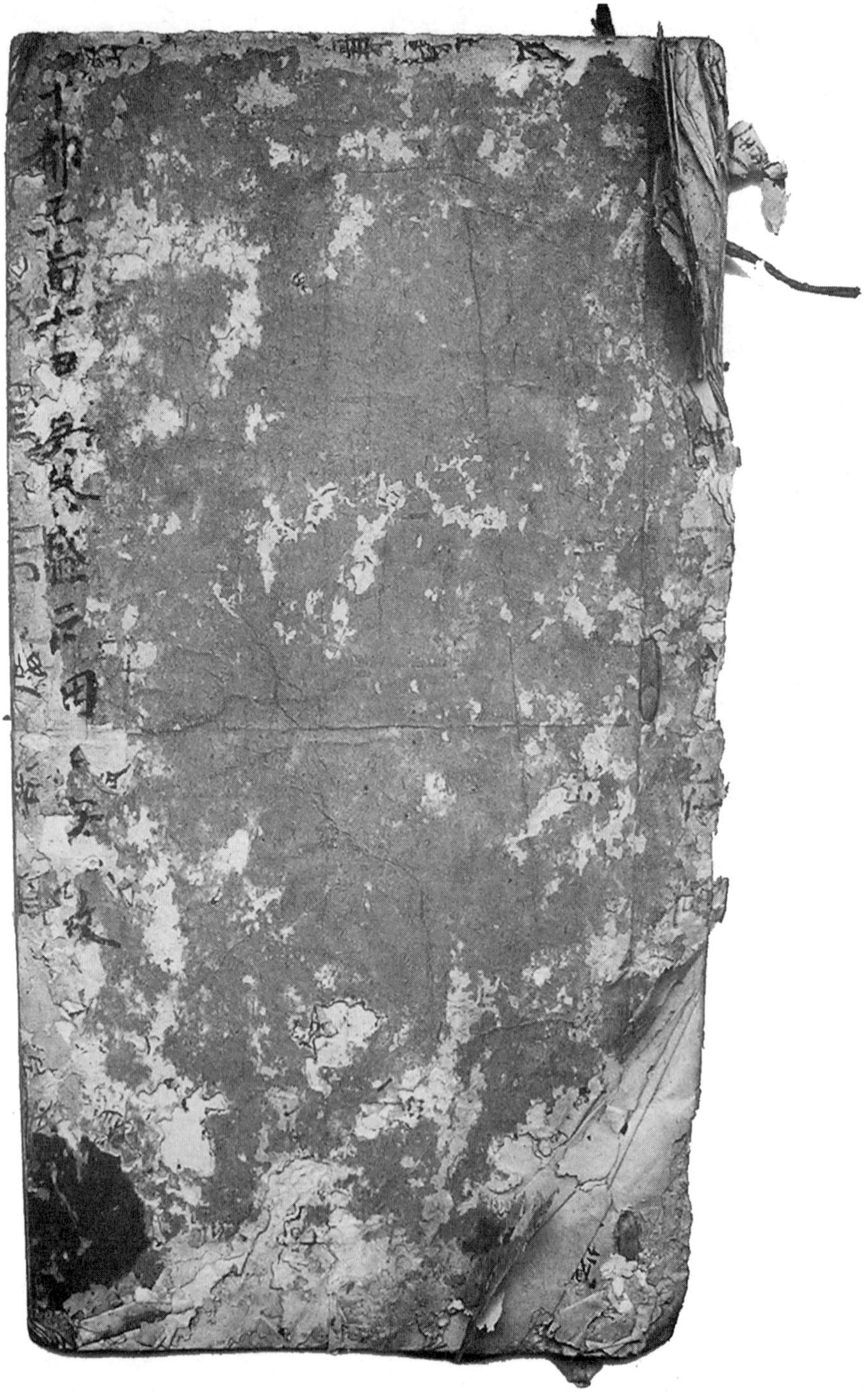

秋口镇吴家 2-1 · 乾隆十七年 · 税粮实征册 · 吴泰盛户胜柱股

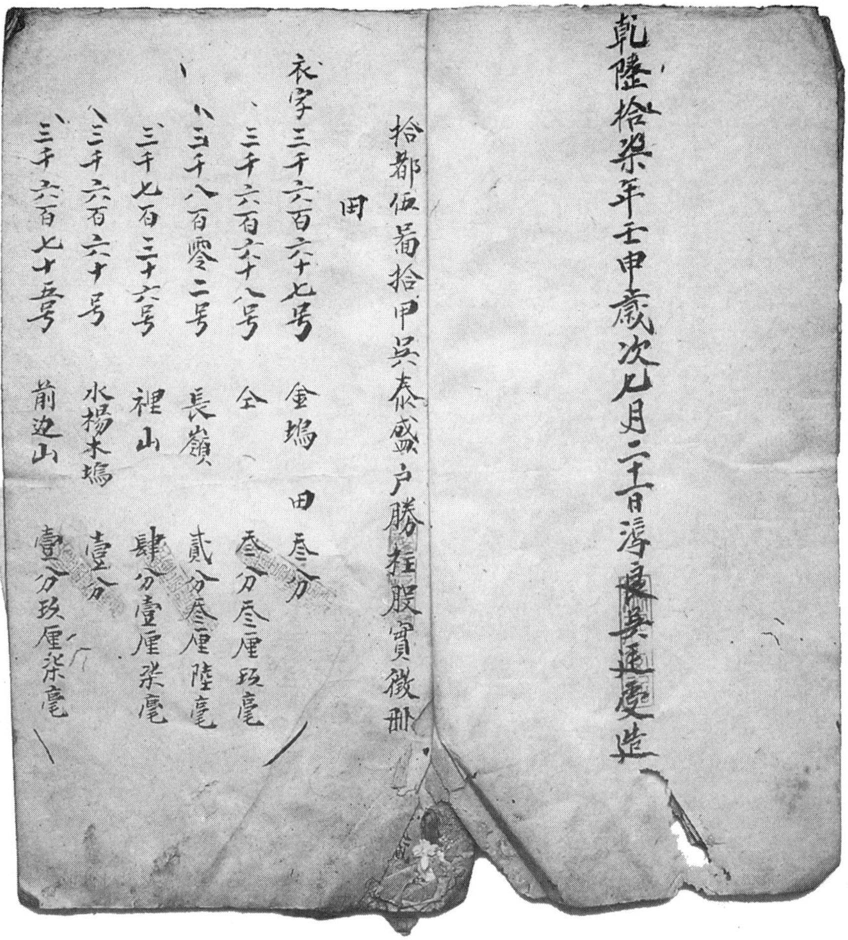

乾隆拾柒年壬申歲次九月二十日浮良吳廷慶造

拾都伍啚拾甲吳泰盛户勝柱股實徵册

田

衣字三千六百六十七号　金塢　田叁分

三千六百六十八号　仝　叁分叁厘玖毫

三千八百零二号　長嶺　貳分叁厘陸毫

三千七百三十六号　裡山　肆分壹厘柒毫

三千六百六十号　水楊木塢　壹分

三千六百七十五号　前边山　壹分玖厘柒毫

秋口镇吴家 2-2 · 乾隆十七年 · 税粮实征册 · 吴泰盛户胜柱股

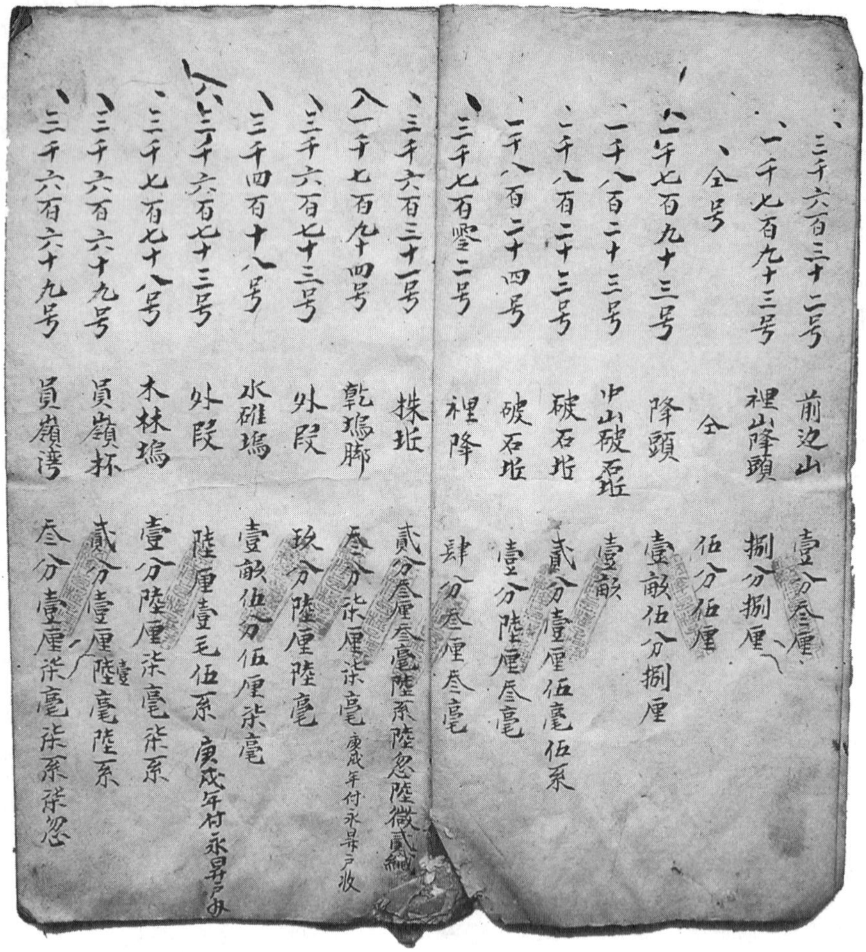
、三千六百三十二号 前边山 壹分叁厘
、一千七百九十三号 裡山降頭 捌分捌厘
、全号 仝 伍分伍厘
、二千七百九十三号 降頭 壹畝伍分捌厘
、一千八百二十三号 中山破石坵 壹畝
、二千八百二十三号 破石坵 貳分壹厘伍毫伍系
、一千八百二十四号 破石坵 壹分陸厘叁毫
、三千七百零二号 裡降 肆分叁厘叁毫
、三千六百三十一号 株坵 貳分叁厘叁毫陸系陸忽陸微貳纖
入一千七百九十四号 乾塢脚 叁分柒厘柒毫 庚戌年付永昇户收
、三千六百七十三号 外段 玖分陸厘陸毫
、三千四百十八号 水碓塢 壹畝伍分伍厘柒毫
入三千六百七十三号 外段 陸厘壹毛伍系 庚戌年付永昇户收
、三千七百七十八号 木林塢 壹分陸厘柒毫柒系
、三千六百六十九号 員嶺杯 貳分壹厘陸毫陸系
、三千六百六十九号 員嶺灣 叁分壹厘柒毫柒系柒忽

秋口镇吴家 2-3 · 乾隆十七年 · 税粮实征册 · 吴泰盛户胜柱股

、三千七百六十号　江二山　肆分肆厘

入一千七百九十四号　乾塢　叁分柒厘柒毫　庚戌年付永昇户收

、三千八百六十九号　三原田　贰分玖厘付本甲

、三千八百七十二号　西边山三原田　伍分　付本甲

、一千八百八十九号　打水坳　玖分壹厘捌毫

、一千八百八十号　打水坳　叁分贰厘柒毫

、三千伍百七十八号　白沙坑　壹亩零叁厘付本甲

入伐字一千二百三十四号　田鹅鸟坵　贰分捌厘贰毫　庚戌年付永昇户收

、一千二百七十二号　捶角　贰分捌厘捌毫

、一千二百七十二号　捶角　伍分玖厘

、一千二百八十号　蕨箕坑　贰分叁厘

入一千八百二十号　乌麦山　捌分叁厘

、一千六百三十六号　前山　叁分伍厘伍毫　庚戌年付永昇户收

、一千七百六十八号　黄日降　伍分零肆毫叁系

、二千六百四十六号　前山　壹分肆厘

、一千七百九十三号　黄日降大岖里　壹亩伍分玖厘伍毫

秋口镇吴家 2-4 · 乾隆十七年 · 税粮实征册 · 吴泰盛户胜柱股

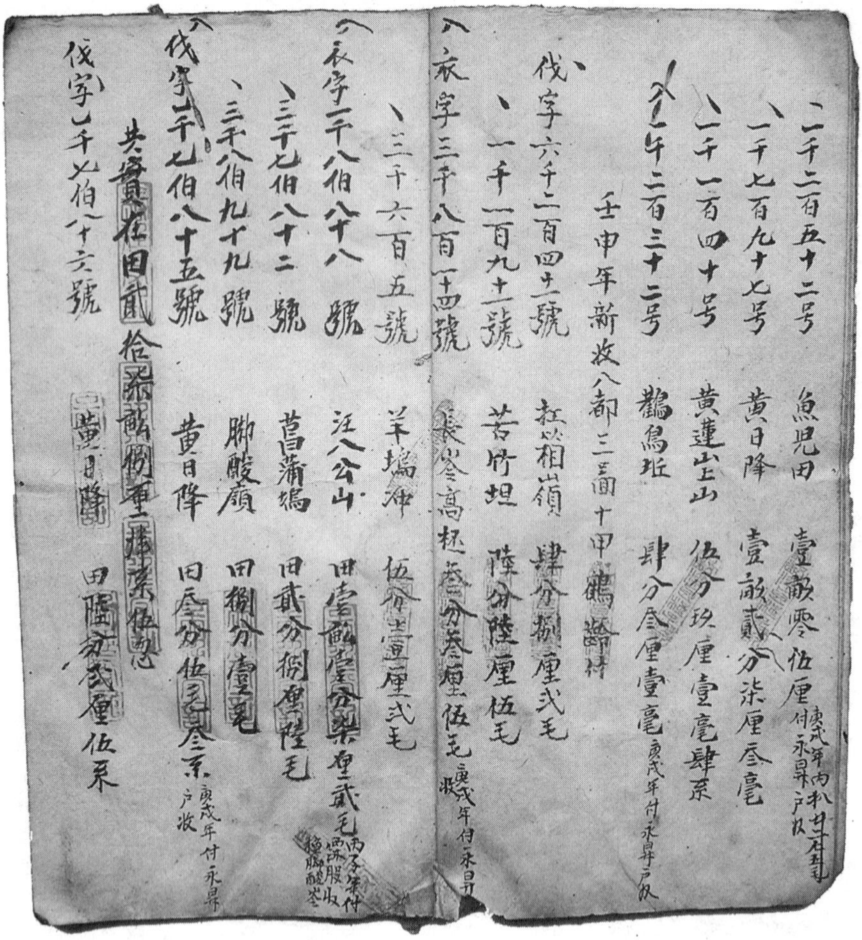
一千二百五十二号 魚児田 壹畝零伍厘 庚戌年內扒……付永昇户收
一千七百九十七号 黄日降 壹畝貳分柒厘叁毫
一千一百四十号 黄蓮尖山 伍分玖厘壹毫肆系
一千二百三十二号 鸛鳥坵 肆分叁厘壹毫 庚戌年付永昇户收
壬申年新收八都三啚十甲鸛齡村
伐字六千二百四十二號 杠樹嶺 肆分捌厘弍毛
一千一百九十一號 苦竹坦 陸分陸厘伍毛
衣字三千八百一十四號 長冬高杌 叁分叁厘伍毛 庚戌年付永昇收
三千六百五號 羊塢冲 伍分壹厘弍毛
衣字一千八百八十八號 汪八公山 田壹畝陸分柒厘貳毛
三千七佰八十二號 菖蒲塢 田貳分捌厘陸毛
三千八佰九十九號 脚酸墳 田捌分壹毫
伐字一千七佰八十五號 黄日降 田叁分伍厘叁系 庚戌年付永昇户收
共實在田貳拾柒畝捌厘……
伐字一千七佰八十六號 黄日降 田陸分弍厘伍系

秋口镇吴家 2–5 · 乾隆十七年 · 税粮实征册 · 吴泰盛户胜柱股

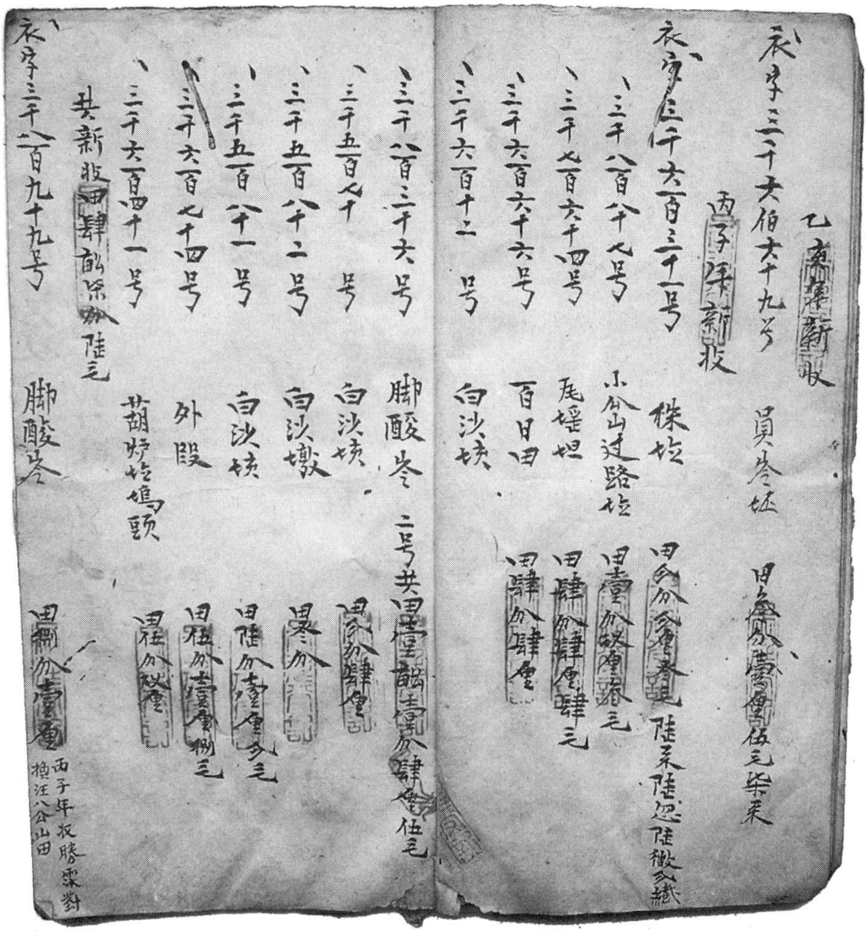

秋口镇吴家 2-6 · 乾隆十七年 · 税粮实征册 · 吴泰盛户胜柱股

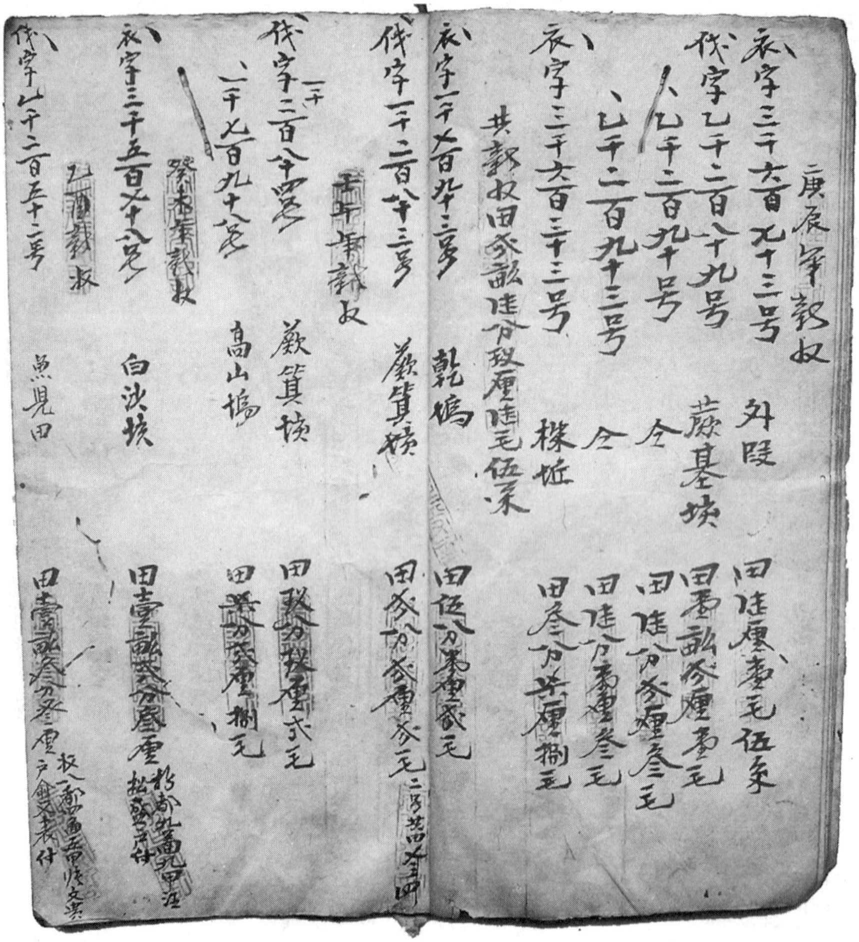

秋口镇吴家 2-7 · 乾隆十七年 · 税粮实征册 · 吴泰盛户胜柱股

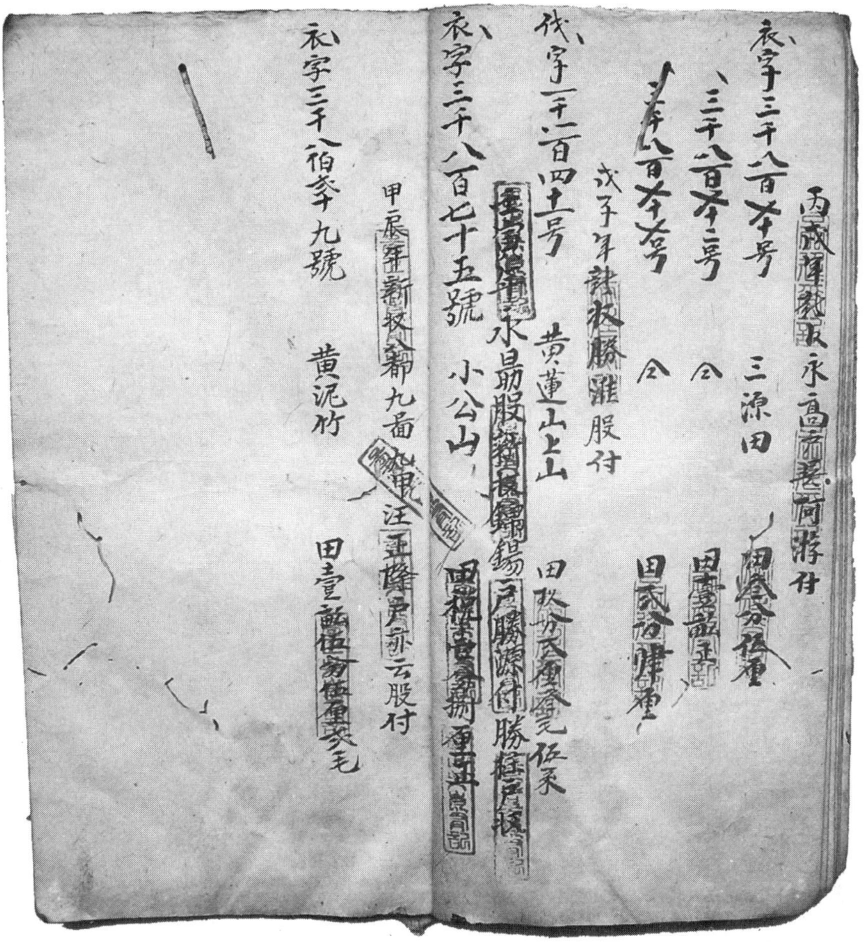

秋口镇吴家 2-8 · 乾隆十七年 · 税粮实征册 · 吴泰盛户胜柱股

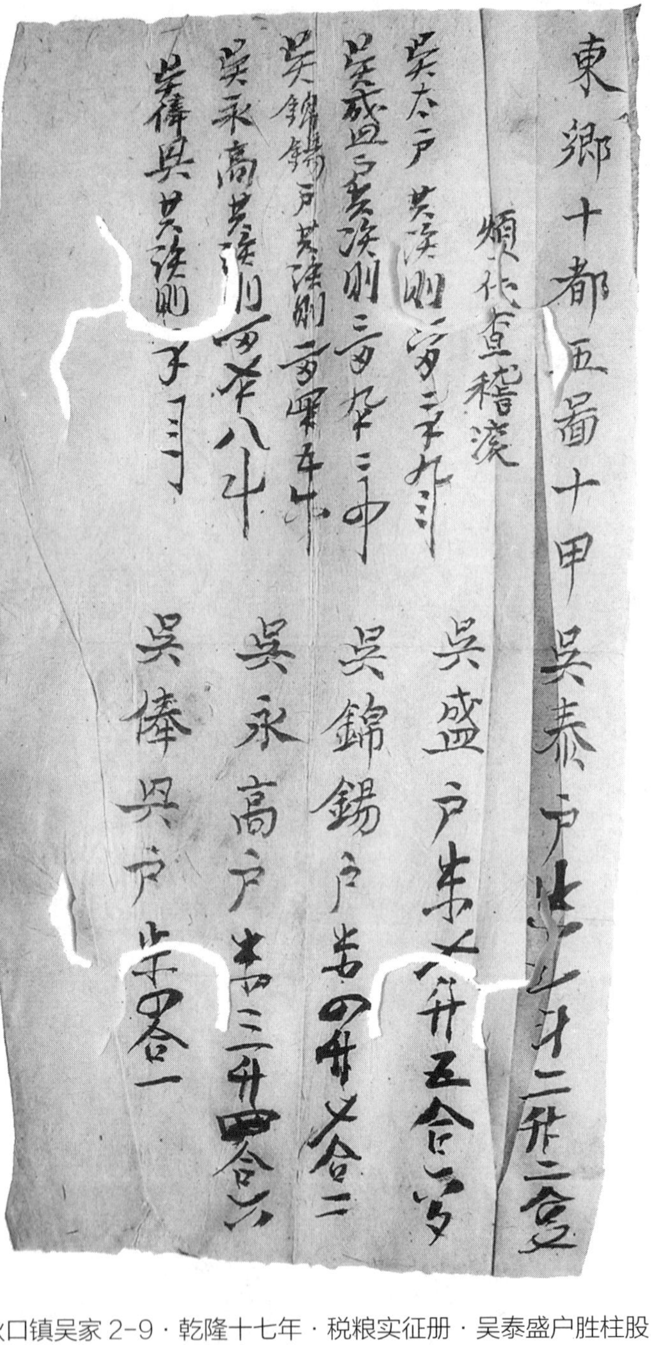
東鄉十都五啚十甲吳泰戶[illegible]斗二升二合五

煩代查稽核

吳泰戶 共該則[illegible]

吳盛戶 共該則[illegible]

吳錦錫戶 共該則[illegible]

吳永高 共該則[illegible]八斗

吳俸吳 共該則[illegible]

吳盛戶[illegible]升五合[illegible]

吳錦錫戶[illegible]升[illegible]合二

吳永高戶[illegible]三升四合六

吳俸吳戶[illegible]合一

秋口镇吴家 2-9 · 乾隆十七年 · 税粮实征册 · 吴泰盛户胜柱股

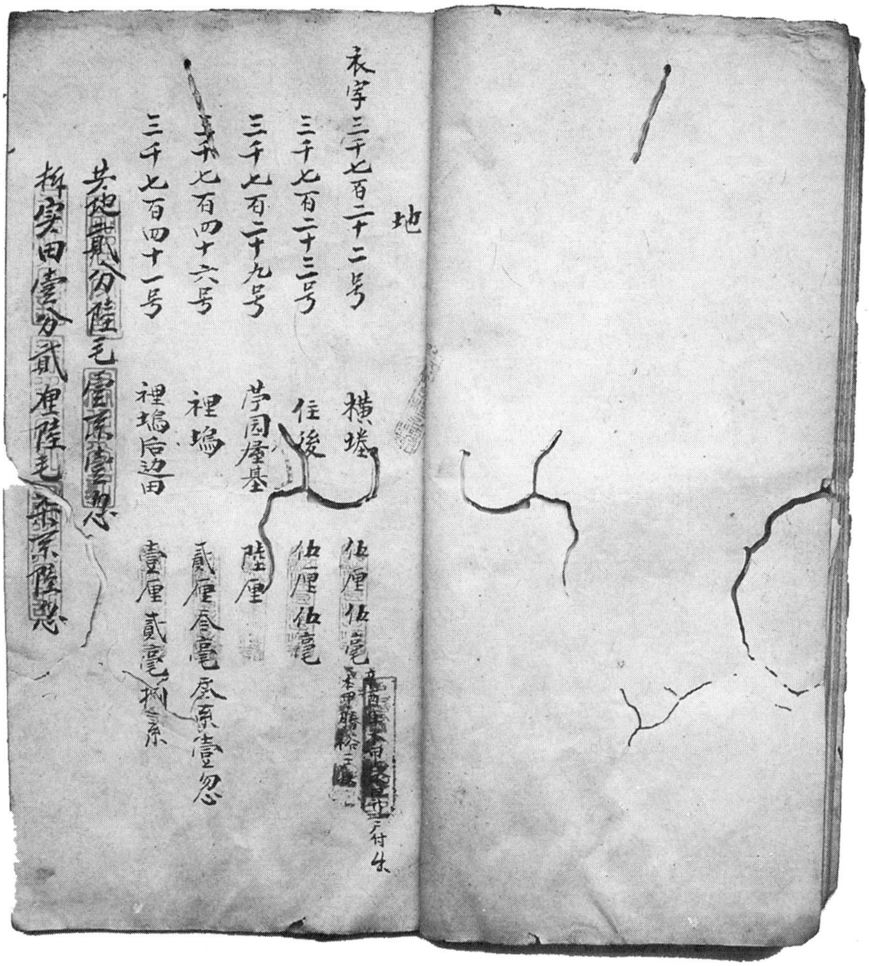
地
衣字三千七百二十二号　横塍　伍厘伍毫　付生
三千七百二十三号　住後　伍厘伍毫
三千七百二十九号　学园屋基　陆厘
三千七百四十六号　裡塢　贰厘叁毫柒系壹忽
三千七百四十一号　裡塢后边田　壹厘贰毫捌系
共地贰分陆毛柒系壹忽
折实田壹分贰厘陆毛柒系陆忽

秋口镇吴家 2-10 · 乾隆十七年 · 税粮实征册 · 吴泰盛户胜柱股

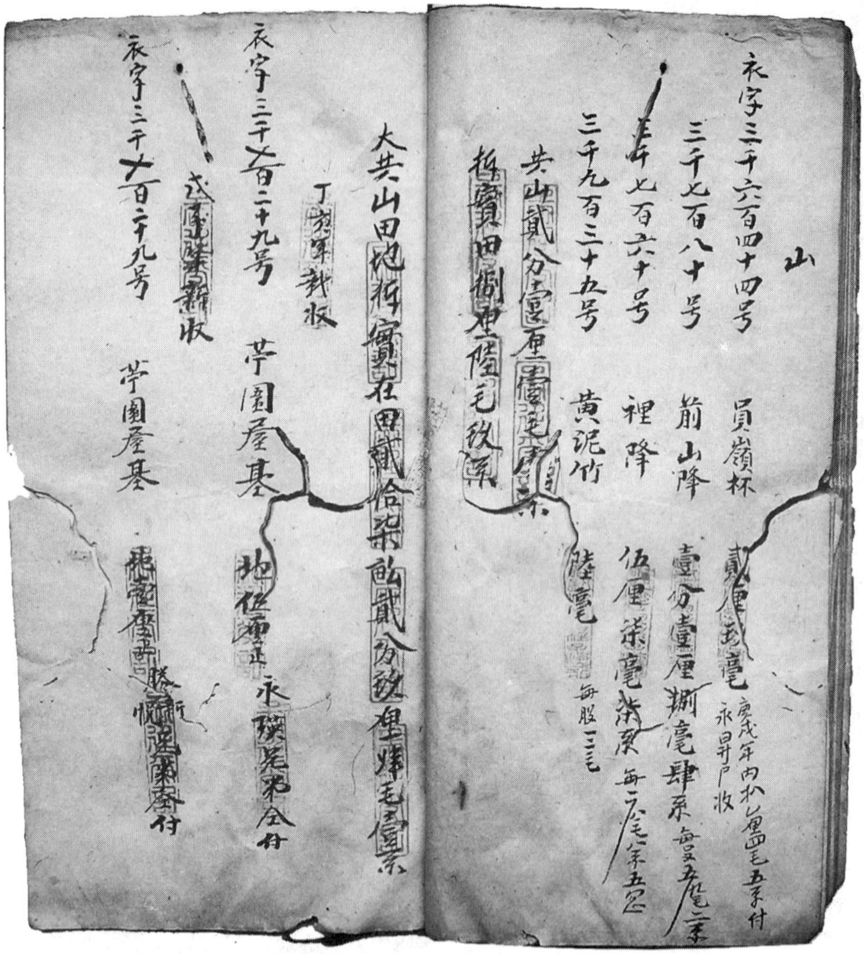
山
衣字三千六百四十四号 員嶺杯
三千七百八十号 前山降 壹分壹厘捌毫肆系
三千七百六十号 裡降 伍厘柒毫柒系
三千九百三十五号 黃泥竹 陸毫
衣字三千八百二十九号 苧園屋基
衣字三千七百二十九号 苧園屋基

秋口镇吴家 2-11 · 乾隆十七年 · 税粮实征册 · 吴泰盛户胜柱股

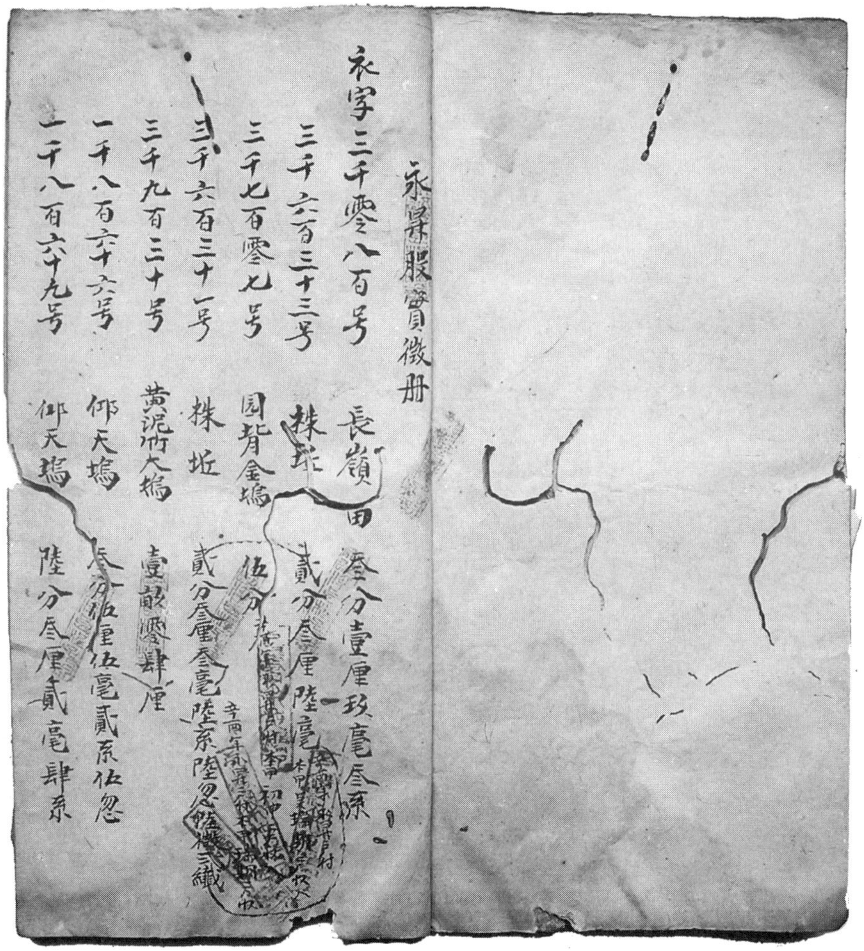
永字股實徵册
永字二千零八百号 長嶺 田 叁分壹厘玖毫叁系
三千六百三十三号 株坵 貳分叁厘陸毫一
三千七百零九号 園背金塢 伍分
三千六百三十一号 株坵 貳分叁厘叁毫陸系陸忽伍微三纖
三千九百二十号 黄泥術大塢 壹畝零肆厘
一千八百六十六号 仰天塢 叁分伍厘伍毫貳系伍忽
一千八百六十九号 仰天塢 陸分叁厘貳毫肆系

秋口镇吴家 2-12 · 乾隆十七年 · 税粮实征册 · 吴泰盛户胜柱股

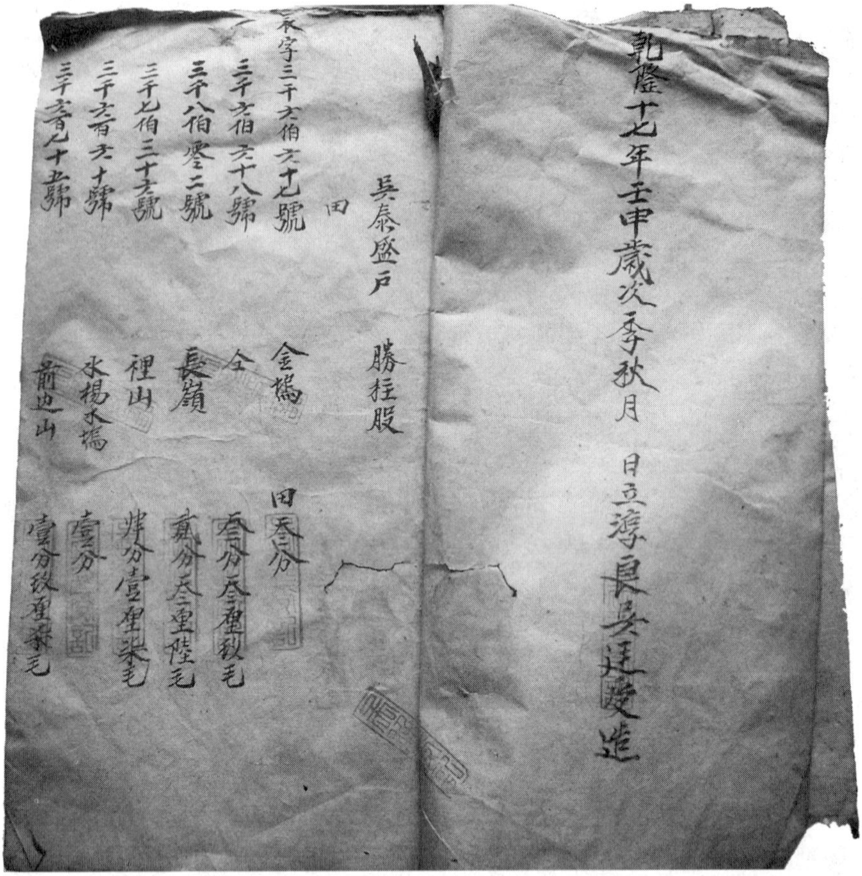
乾隆十七年壬申歲次季秋月 日立簿
吴泰盛戶 勝柱股
田

秋口镇吴家 16-1 · 乾隆十七年 · 田粮册 · 吴泰盛户胜柱股

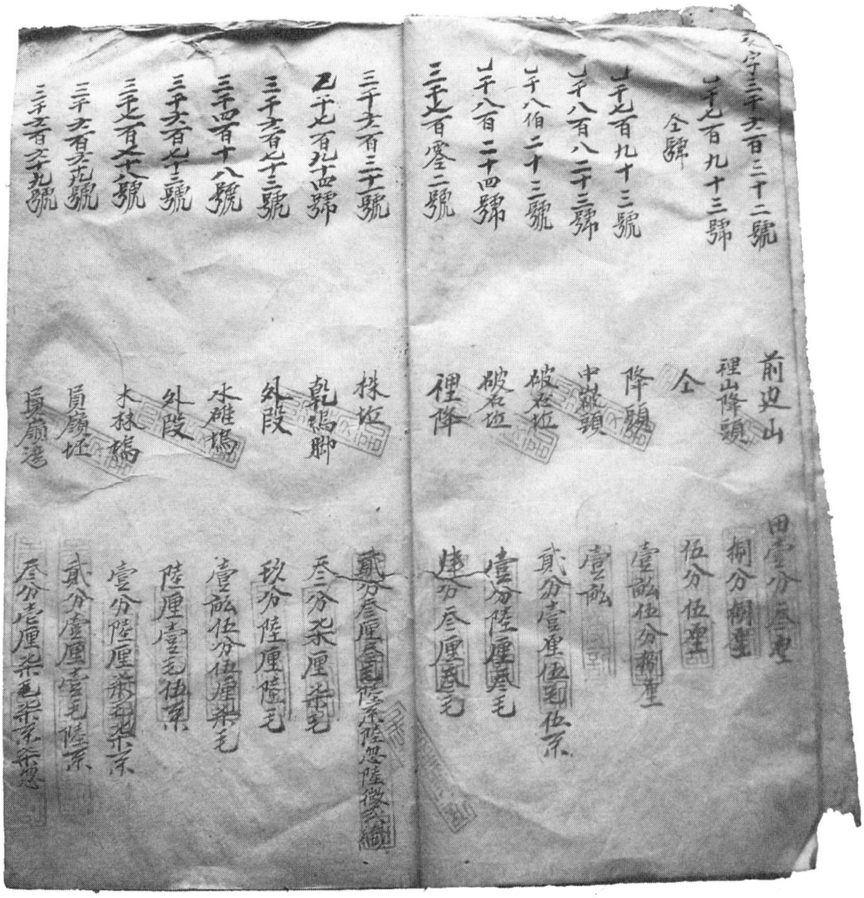

天字三千六百三十二號
山千七百九十三歸
全歸
山千七百九十三號
山千八百八十三歸
山千八伯二十三號
山千八百二十四歸
三千七百零二號

前边山
裡山降頭
仝
降頭
中嶺頭
破石坵
破石坵
裡降

田壹分叁厘
捌分捌厘
伍分伍厘
壹畝伍分捌厘
壹畝
貳分壹厘伍毛伍系
壹分陸厘叁毛
肆分叁厘貳毛

三千六百三十二號
乙千七百九十四歸
三千六百七十三號
三千四百十八號
三千六百七十三號
三千七百六十七號
三千六百六十九號
三千六百六十九號

株坵
乾鴉脚
外段
水碓塢
外段
木林塢
員嶺坵
員嶺邊

貳分叁厘叁毛陸系陸忽陸微弍纖
叁分柒厘柒毛
玖分陸厘陸毛
壹畝伍分伍厘柒毛
陸厘壹毛伍系
壹分陸厘柒毛柒系
貳分壹厘壹毛陸系
叁分壹厘柒毛柒系柒忽

秋口镇吴家 16-2 · 乾隆十七年 · 田粮册 · 吴泰盛户胜柱股

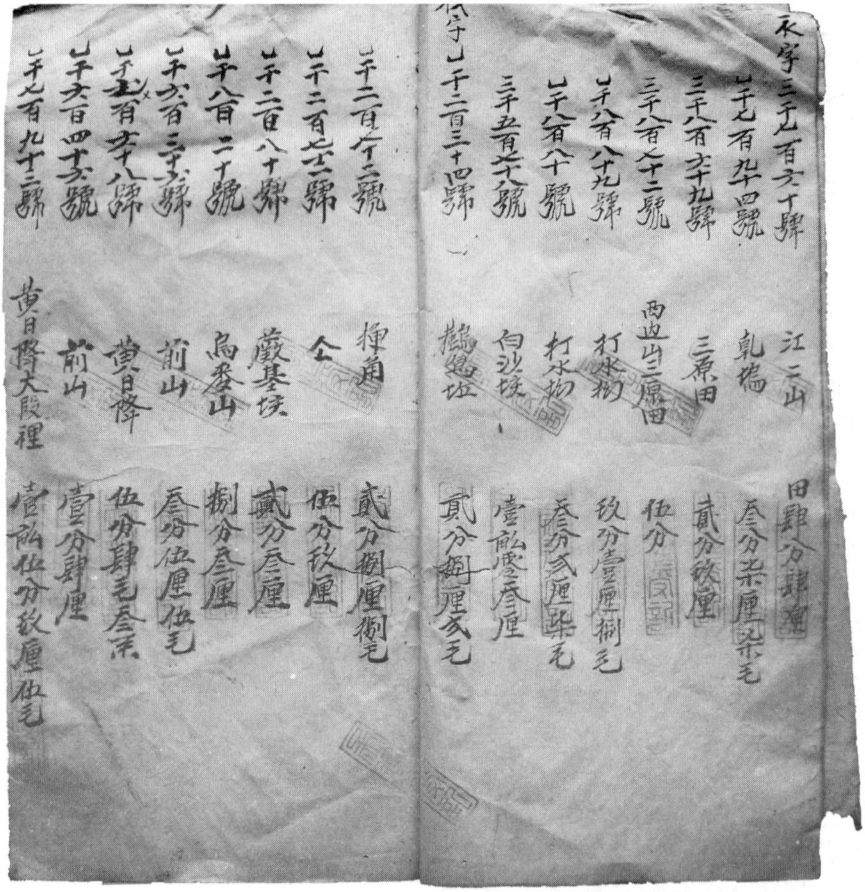

衣字三千七百六十歸	江二山	田肆分肆釐
山千七百九十四號	乾塢	叁分柒釐柒毛
三千八百六十九歸	三原田	貳分玖釐
三千八百六十二號	西边山三原田	伍分
山千八百八十九歸	打水坳	玖分壹釐捌毛
山千八百八十號	打水坳	叁分貳釐柒毛
三千五百六十八號	白沙坵	壹畝[illegible]叁釐
山千二百三十四歸	鵝鴉坵	貳分捌釐貳毛
山千二百六十二號	揮角	貳分捌釐捌毛
山千二百七十二歸	公	伍分玖釐
山千二百八十歸	巖基坵	貳分叁釐
山千八百二十號	烏麥山	捌分叁釐
山千六百三十六歸	前山	叁分伍釐伍毛
山千五百六十八歸	黄日降	伍分肆毛叁系
山千六百四十六號	前山	壹分肆釐
山千七百九十三歸	黄日降大段裡	壹畝伍分玖釐伍毛

秋口镇吴家 16-3 · 乾隆十七年 · 田粮册 · 吴泰盛户胜柱股

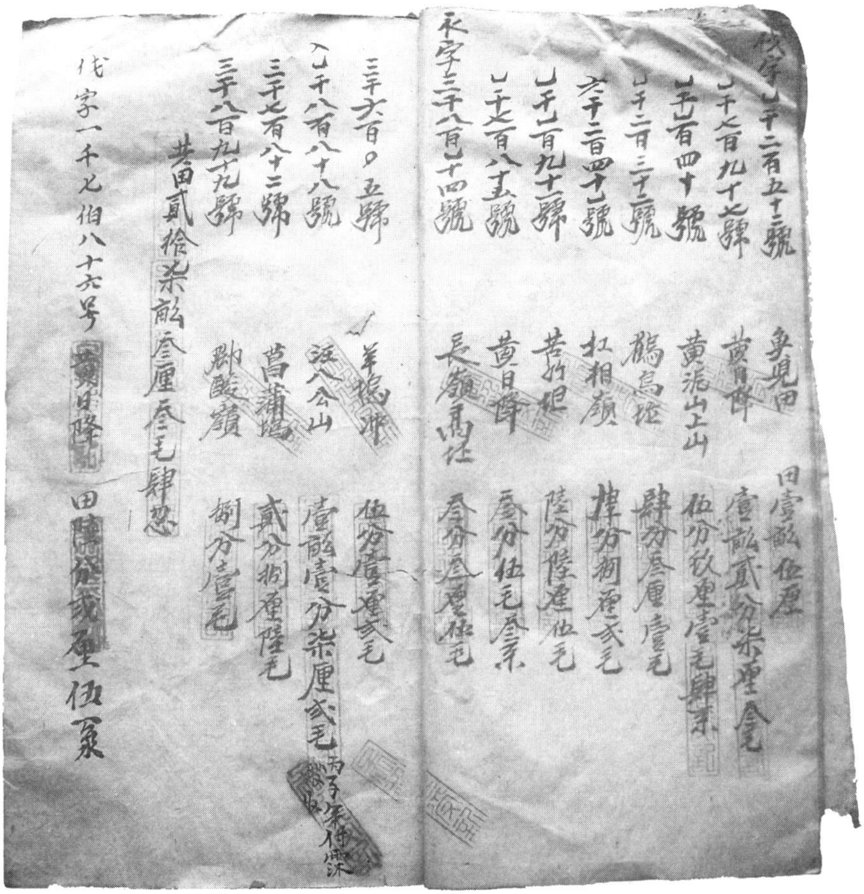
秋字山千二百五十二號 多見田 田壹畝伍厘
山千七百九十七號 黃背降 壹畝貳分柒厘叁毛
山千山百四十號 黃泥山上山 伍分玖厘壹毛肆系
山千二百三十二號 鵝鳥坵 肆分叁厘壹毛
六千二百四十山號 扛相嶺 捌分捌厘貳毛
山千山百九十二號 苦竹坵 陸分陸厘伍毛
山千七百八十五號 黃日降 叁分伍毛叁系
永字三千八百山十四號 長嶺高坵 叁分叁厘伍毛
三千六百〇五號 羊鵠坑 伍分壹厘貳毛
八山千八百八十八號 汪八公山 壹畝壹分柒厘貳毛
三千七百八十二號 菖蒲塢 貳分捌厘陸毛
三千八百九十九號 鄭酸嶺 捌分壹毛
共田貳拾柒畝叁厘叁毛肆忽
代字一千七佰八十六号 黃日降 田陸分伍厘伍系

秋口镇吴家 16-4 · 乾隆十七年 · 田粮册 · 吴泰盛户胜柱股

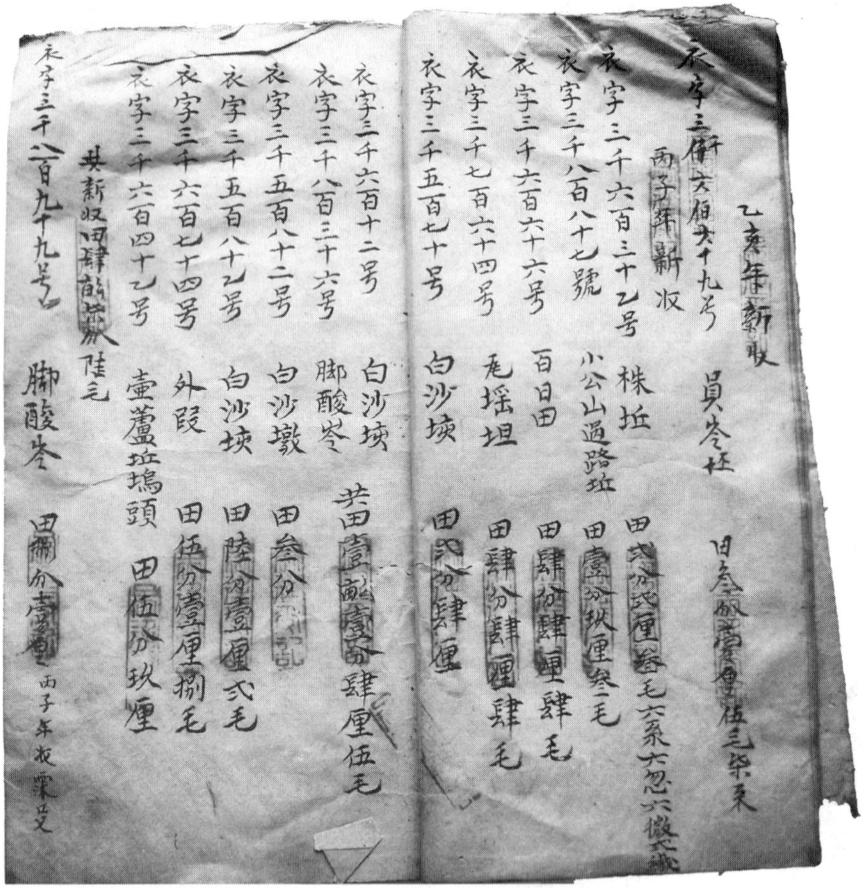

秋口镇吴家 16-5 · 乾隆十七年 · 田粮册 · 吴泰盛户胜柱股

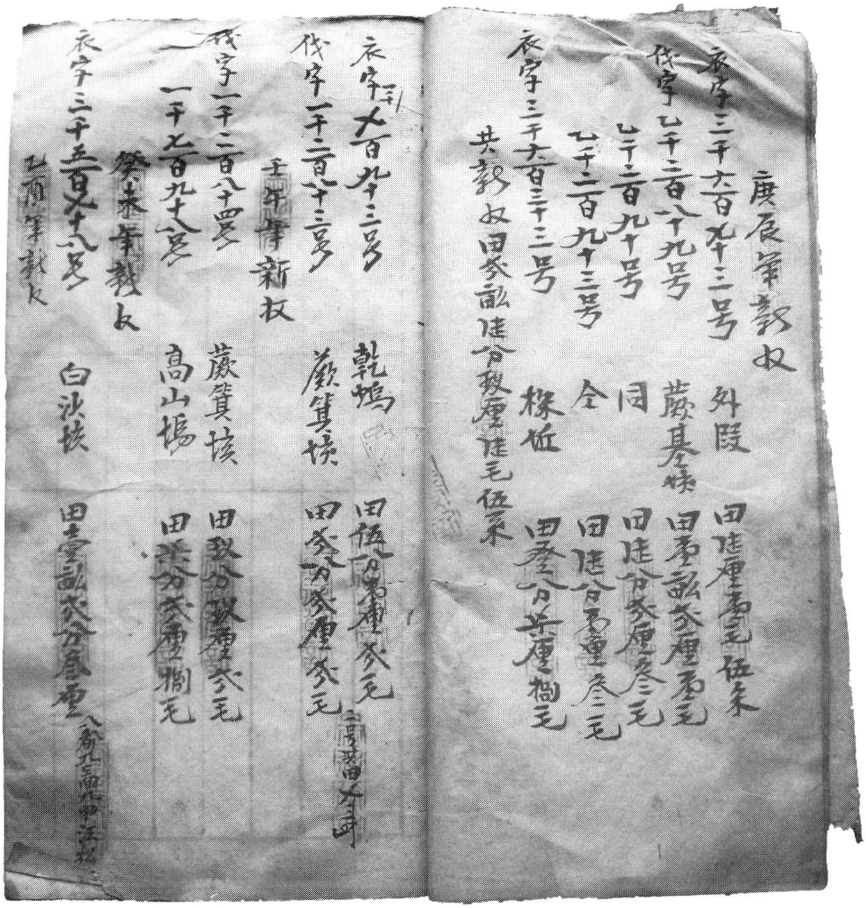

秋口镇吴家 16-6 · 乾隆十七年 · 田粮册 · 吴泰盛户胜柱股

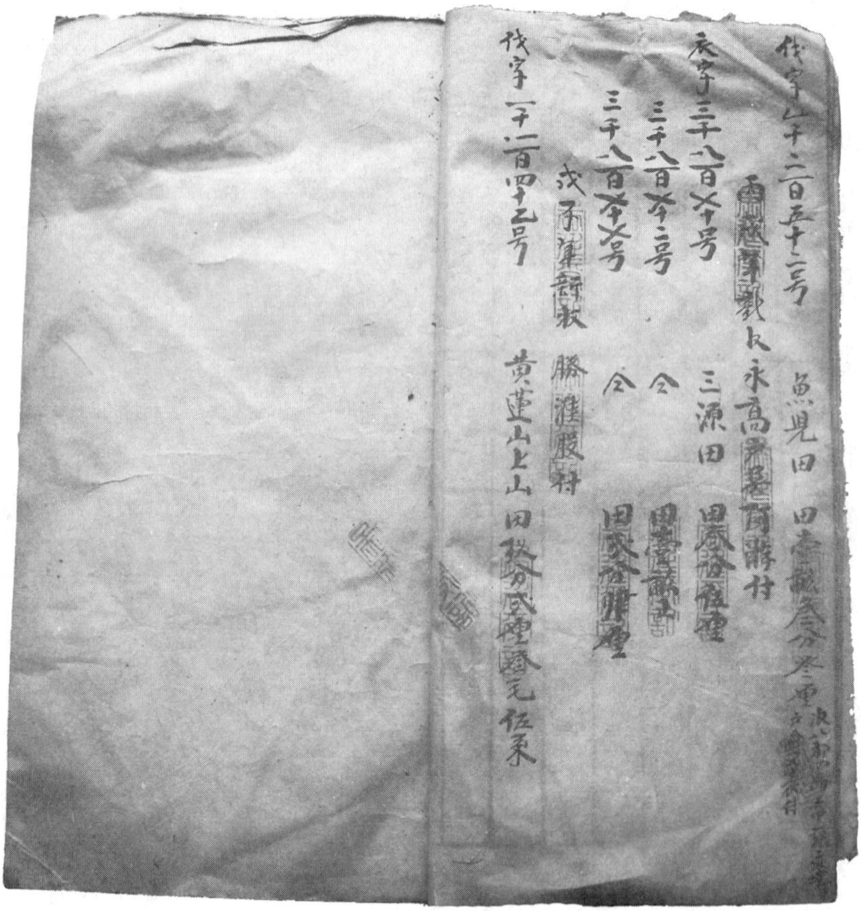

秋口镇吴家 16-7 · 乾隆十七年 · 田粮册 · 吴泰盛户胜柱股

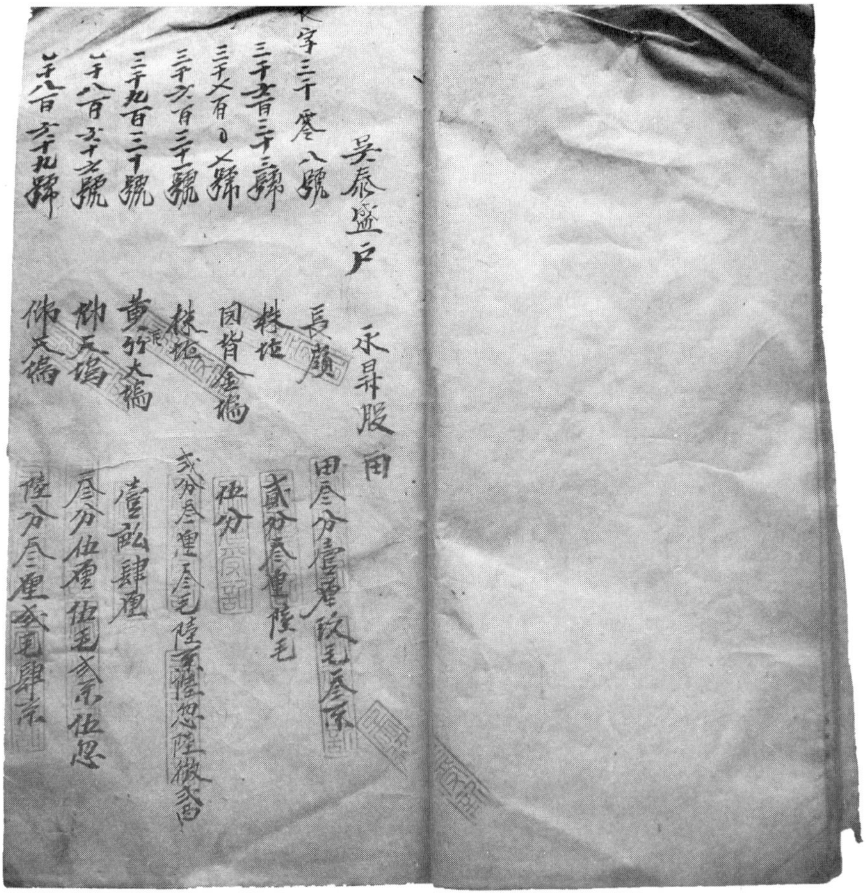
吴泰盛户 承昇股 田
□字三千零八號 長嶺 田叁分壹厘玖毛叁系
三千壹百三十三號 株坵 貳分叁厘陸毛
三千六百〇六號 園背金塢 伍分
三千六百三十一號 株坵塢 式分叁厘叁毛陸系陸忽陸微
三千九百三十號 黄竹大塢 壹畝肆厘
三千八百六十六號 茆大塢 叁分伍厘伍毛式系伍忽
三千八百六十九號 佛大塢 陸分叁厘式毛肆系

秋口镇吴家 16-8 · 乾隆十七年 · 田粮册 · 吴泰盛户胜柱股

秋口镇吴家 16-9 · 乾隆十七年 · 田粮册 · 吴泰盛户胜柱股

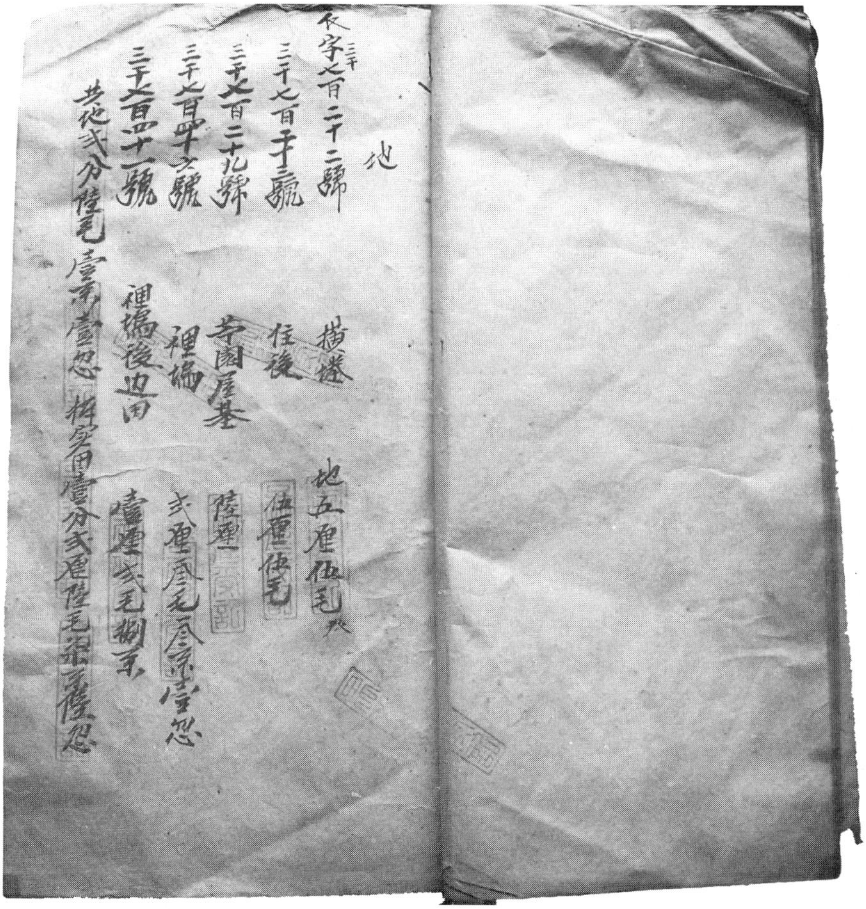
地
衣字三千七百二十二號　横塍　地五厘伍毛
三千七百二十一號　住後　伍厘伍毛
三千七百二十九號　寺園屋基　陸厘
三千七百四十六號　裡墻　貳厘叁毛叁系叁忽
三千七百四十一號　裡墻後边田　壹厘貳毛捌系
共地貳分陸毛壹系壹忽　科實田壹分貳厘陸毛柒系陸忽

秋口镇吴家 16-10 · 乾隆十七年 · 田粮册 · 吴泰盛户胜柱股

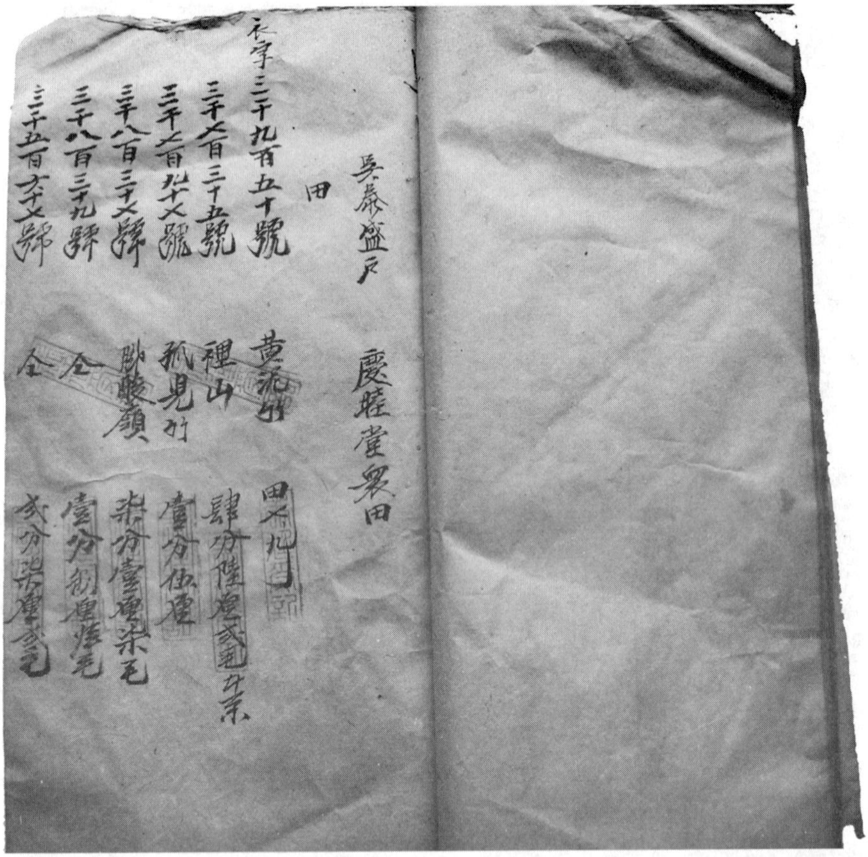

秋口镇吴家 16-11 · 乾隆十七年 · 田粮册 · 吴泰盛户胜柱股

伐字山千五百三十號　和尚垓　田捌分伍厘玖毛
山千五百三十四號　仝　壹分伍厘玖毛
一千山百八十六號　橋下　柒分壹厘
長字山千九百十一號　栗木塢　壹畝
山千九百十一號　仝　叁分柒厘叁毛
三千四百三十二號　松木坞　贰分六厘叁毛伍系
三千四百三十三號　仝　壹分柒厘伍毛
三千四百三十四號　仝　壹分肆厘

三千九百二十六號　黄泥塝　肆分玖厘貳毛
三千九百二十八號　仝　叁分肆厘伍毛
三千七百山十四號　祖山茶园　山壹分柒厘叁毛
三千五百八十三號　白泥垓　柒分伍厘
千八百六十八號　井大塢　伍分玖厘玖毛捌系
山田共拾頃　在田捌畝貳分捌厘陸毛貳系陸忽

秋口镇吴家 16-12 · 乾隆十七年 · 田粮册 · 吴泰盛户胜柱股

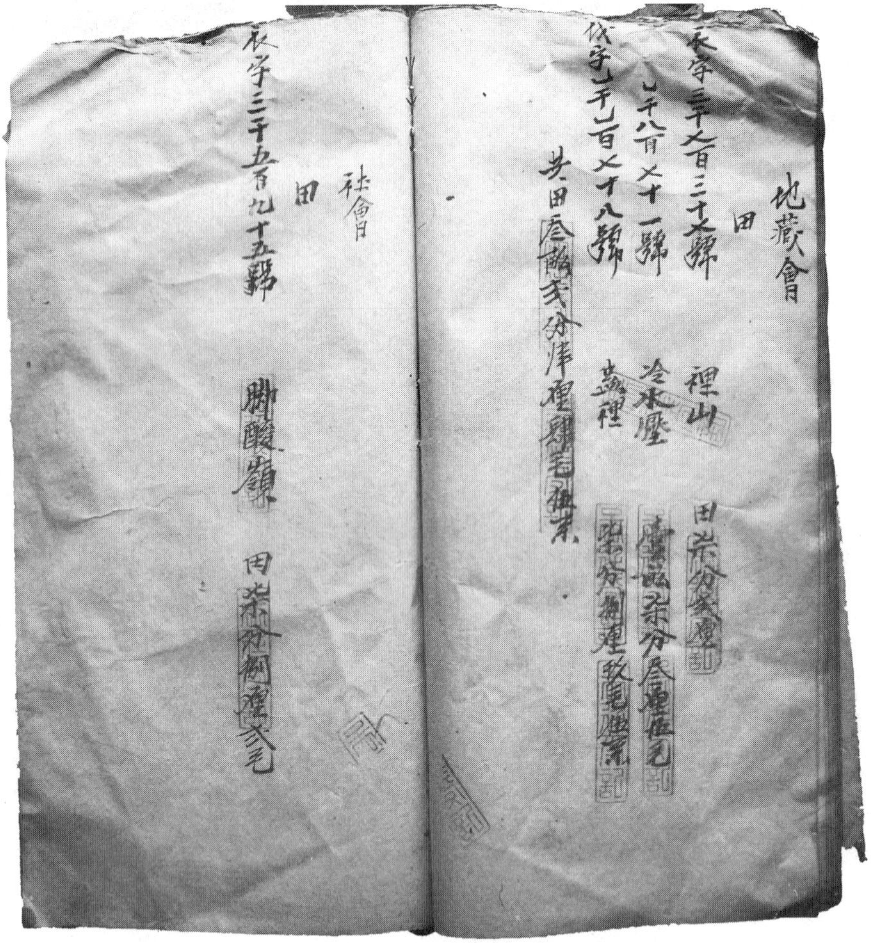

秋口镇吴家 16-13 · 乾隆十七年 · 田粮册 · 吴泰盛户胜柱股

秋口镇吴家 12-1 · 乾隆五十六年 · 税粮实征册 · 吴胜桂户入开兆户

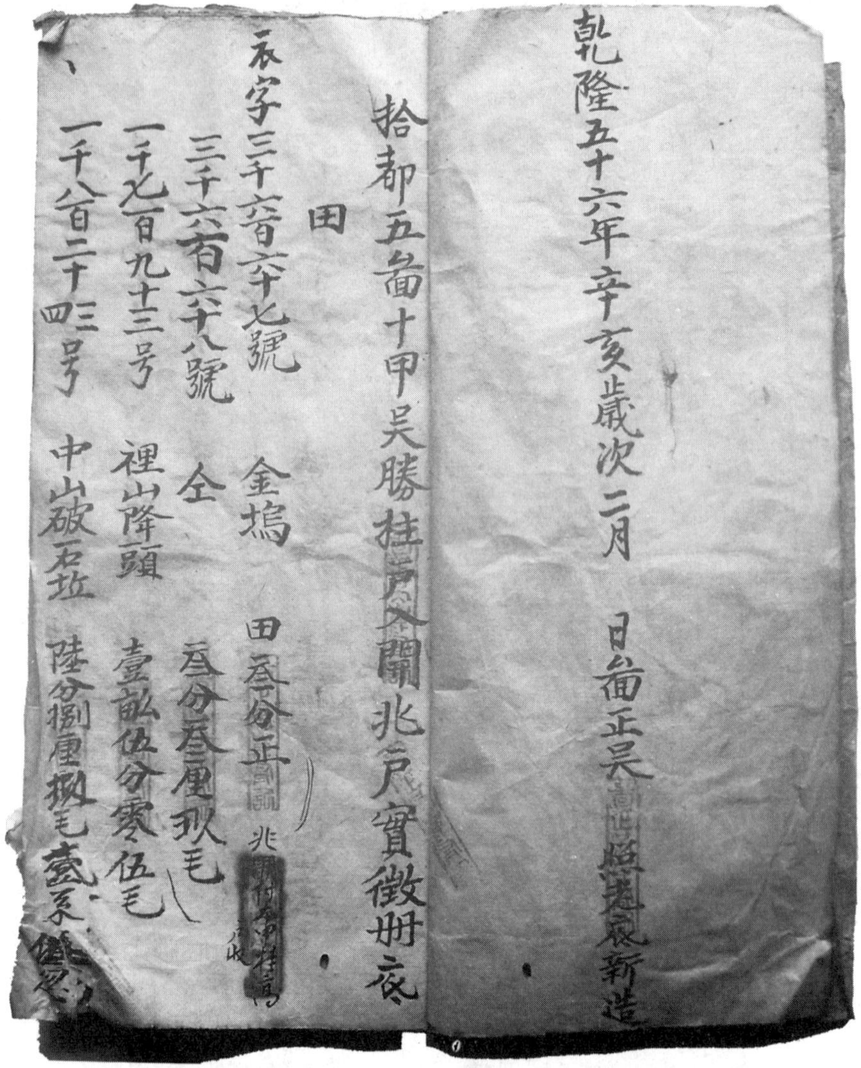

秋口镇吴家 12-2 · 乾隆五十六年 · 税粮实征册 · 吴胜桂户入开兆户

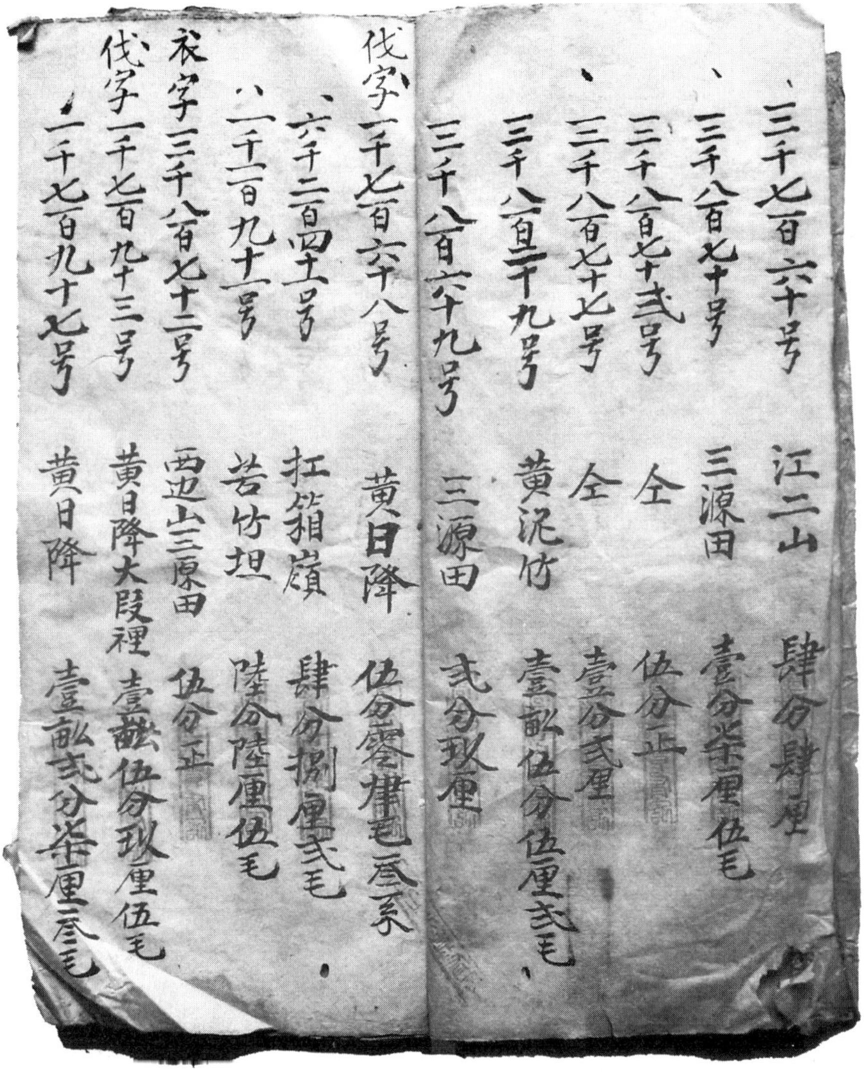

、三千七百六十号 江二山 肆分肆厘

、三千八百七十号 三源田 壹分柒厘伍毛

、三千八百七十弍号 仝 伍分正

、三千八百七十七号 仝 壹分弍厘

三千八百二十九号 黄泥竹 壹亩伍分伍厘弍毛

三千八百六十九号 三源田 弍分玖厘

伐字一千七百六十八号 黄日降 伍分零肆毛叁系

、六千二百四十二号 扛箱岭 肆分捌厘弍毛

、一千二百九十一号 苦竹坦 陆分陆厘伍毛

衣字三千八百七十二号 西边山三原田 伍分正

伐字一千七百九十三号 黄日降大段里 壹亩伍分玖厘伍毛

一千七百九十七号 黄日降 壹亩弍分柒厘二叁毛

秋口镇吴家 12-3 · 乾隆五十六年 · 税粮实征册 · 吴胜桂户入开兆户

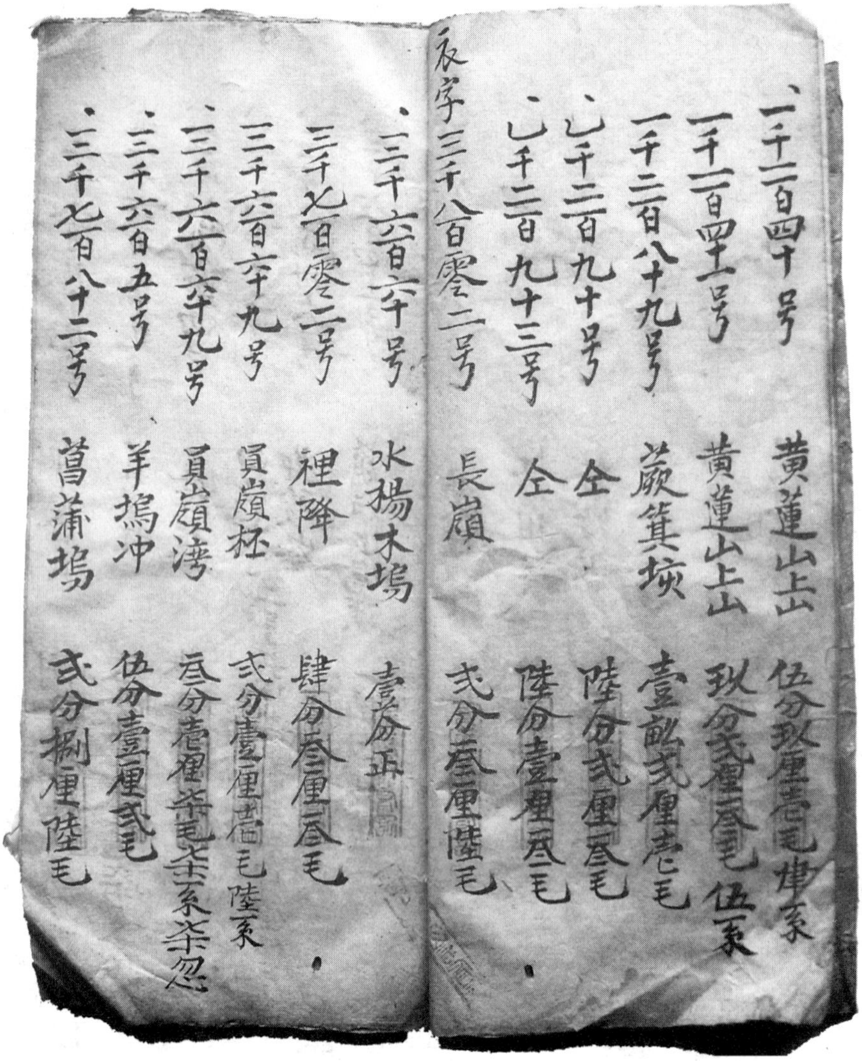

一千二百四十号　黄蓮山上　伍分玖厘壹毛肆系
一千二百四十一号　黄蓮山上　玖分贰厘叁毛伍系
一千二百八十九号　蕨箕坵　壹畝贰厘壹毛
一千二百九十号　仝　陸分贰厘叁毛
一千二百九十三号　仝　陸分壹厘叁毛
衣字三千八百零二号　長嶺　贰分叁厘陸毛
三千六百六十号　水楊木塢　壹分五
三千七百零二号　裡降　肆分叁厘叁毛
三千六百六十九号　員嶺杯　贰分壹厘壹毛陸系
三千六百六十九号　員嶺湾　叁分壹厘柒毛柒系柒忽
三千六百五号　羊塢冲　伍分壹厘贰毛
三千七百八十二号　菖蒲塢　贰分捌厘陸毛

秋口镇吴家 12-4 · 乾隆五十六年 · 税粮实征册 · 吴胜桂户入开兆户

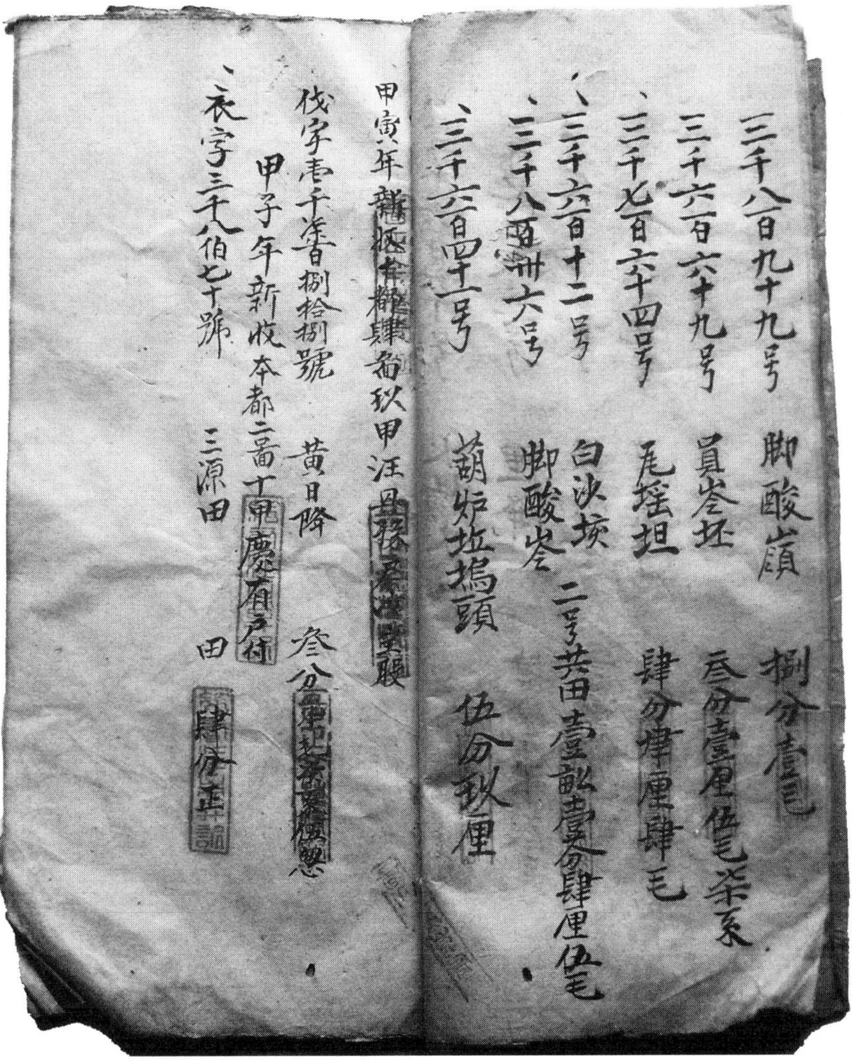

三千八百九十九号 脚酸嶺 捌分壹毛

三千六百六十九号 員岑坯 叁分壹厘伍毛柒系

、三千七百六十四号 尾瑶坦 肆分肆厘肆毛

、三千六百十二号 白泼坑

、三千八百卅六号 脚酸岑 二号共田壹畝壹分肆厘伍毛

、三千六百四十一号 葫芦坵搗頭 伍分玖厘

甲寅年離派本都肆畬秋甲汪昌孫丞陞戶

伐字壹千叁百捌拾捌號 黃日降 叁分[illegible]

甲子年新收本都二畬十甲慶有戶

、衣字三千八伯七十號 三源田 田 肆分正

秋口镇吴家 12-5 · 乾隆五十六年 · 税粮实征册 · 吴胜桂户入开兆户

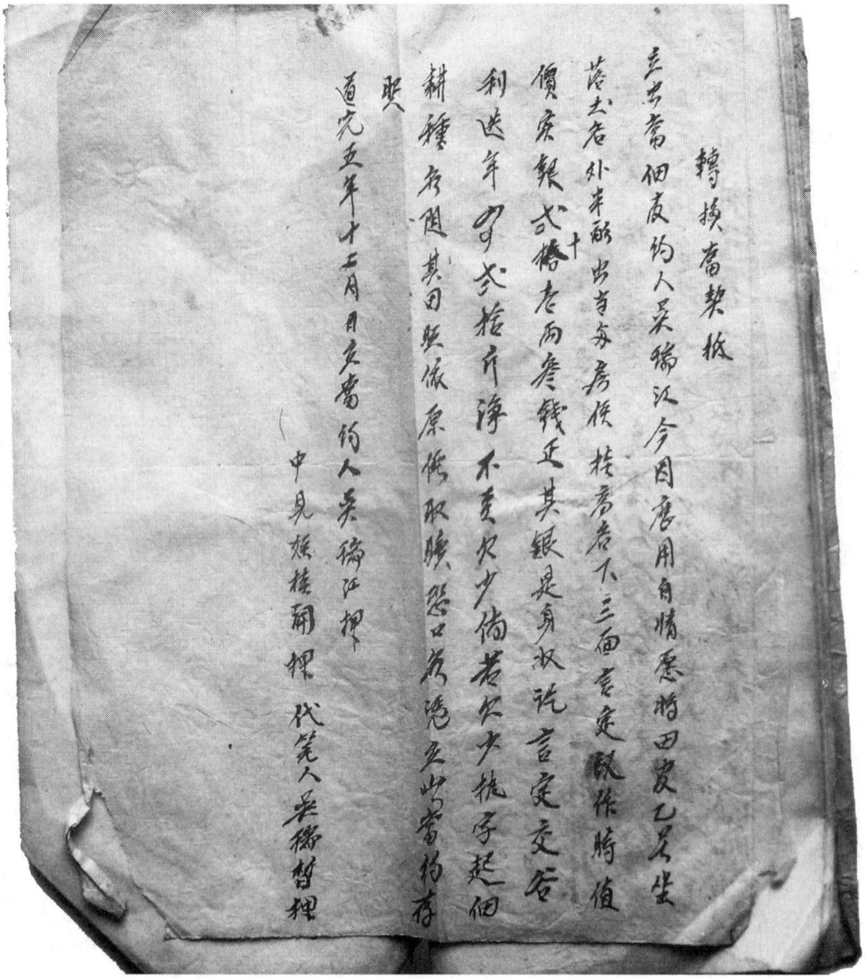
轉換當契紙

立出當佃皮約人吳瑞江今因應用自情愿將田皮乙處坐

落土名外米𡉚出当分房侯桂房名下三面言定議作時值

價實銀弍拾叁両叁錢正其銀是身收訖言定交谷

利送年穀弍拾斤淨不及欠少倘若欠少挑谷起佃

耕種應退其田照依原價取贖恐口無憑立此當約存

照

道光五年十二月日立當約人吳瑞江押

中見族桂蘭押 代筆人吳瑞哲押

秋口镇吴家 12-6 · 乾隆五十六年 · 税粮实征册 · 吴胜桂户入开兆户

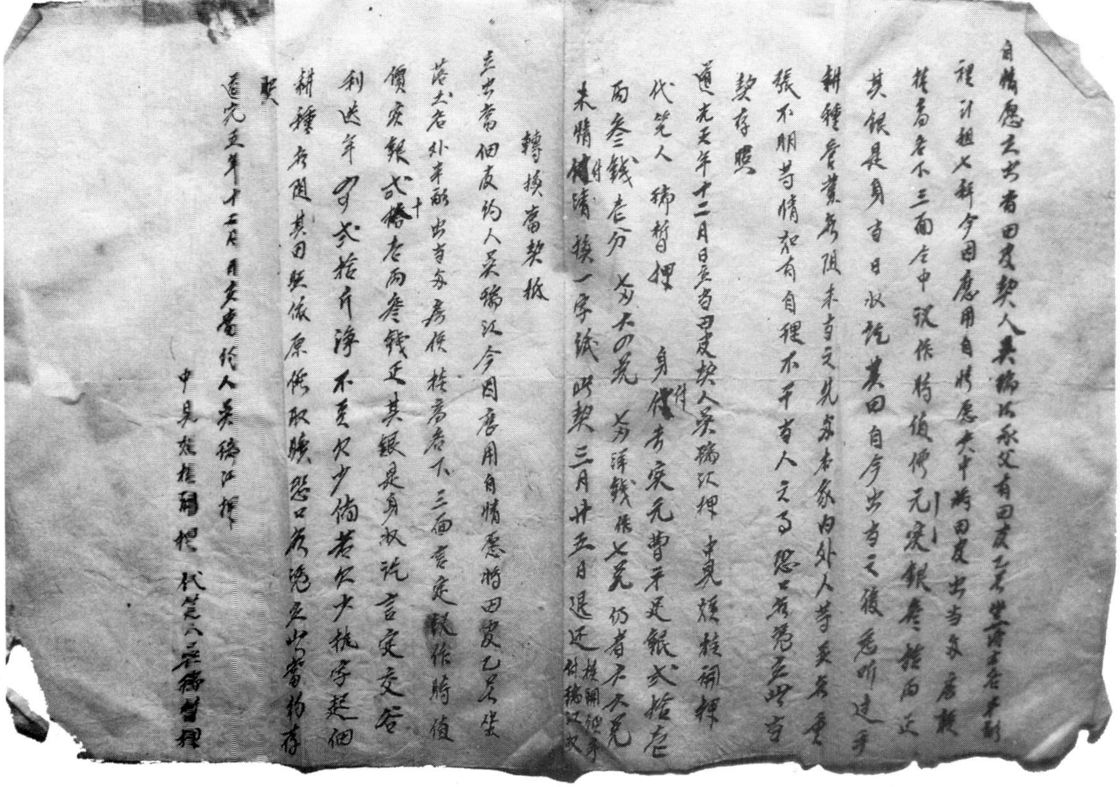

秋口镇吴家 12-7 · 乾隆五十六年 · 税粮实征册 · 吴胜桂户入开兆户

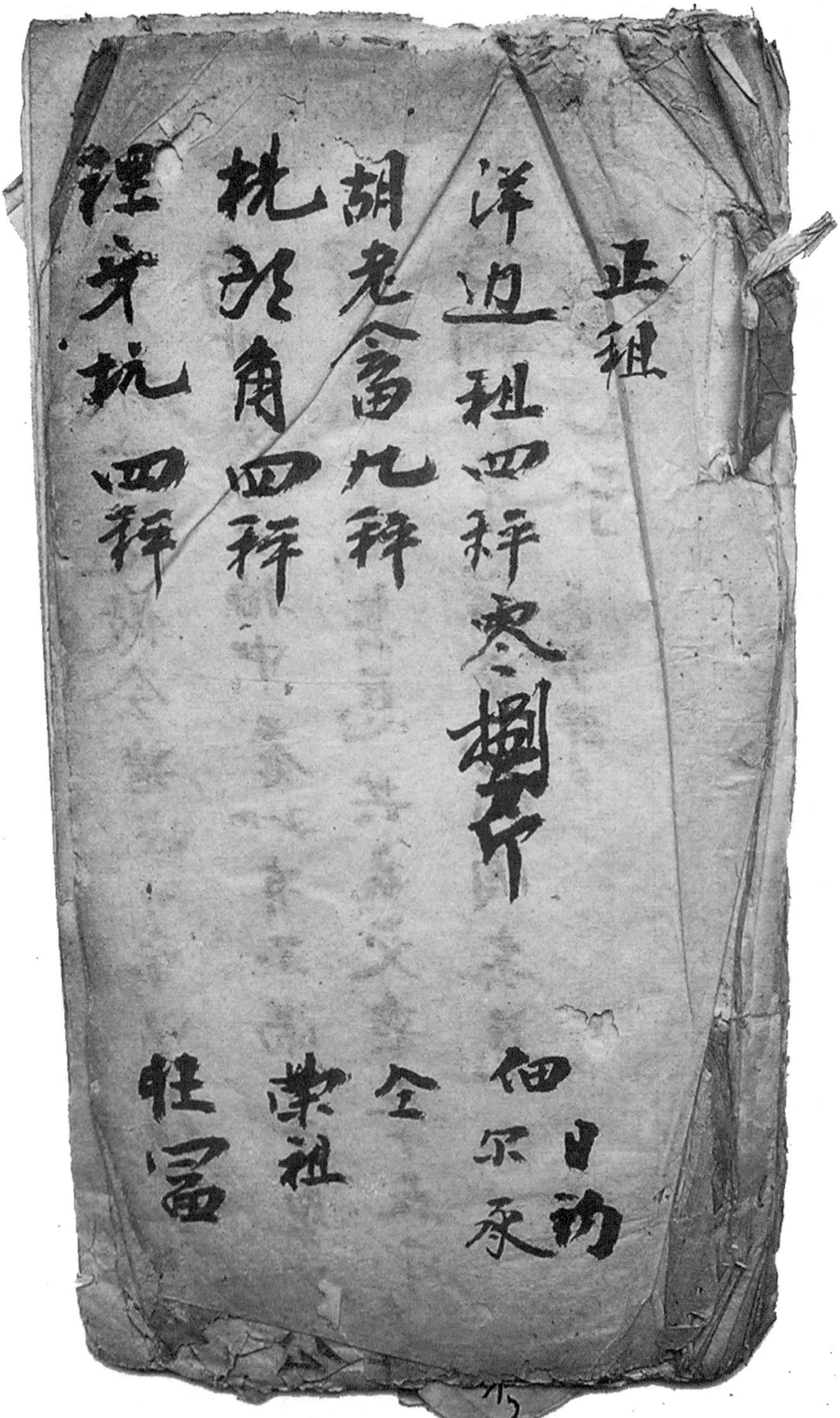

正租
洋边租四秤
胡老畲九秤
角四秤
四秤
佃尔承
全
荣祖
旺富

秋口镇吴家 5-1 · 咸丰元年至光绪十五年 · 胡帅会簿 · 廷楨等

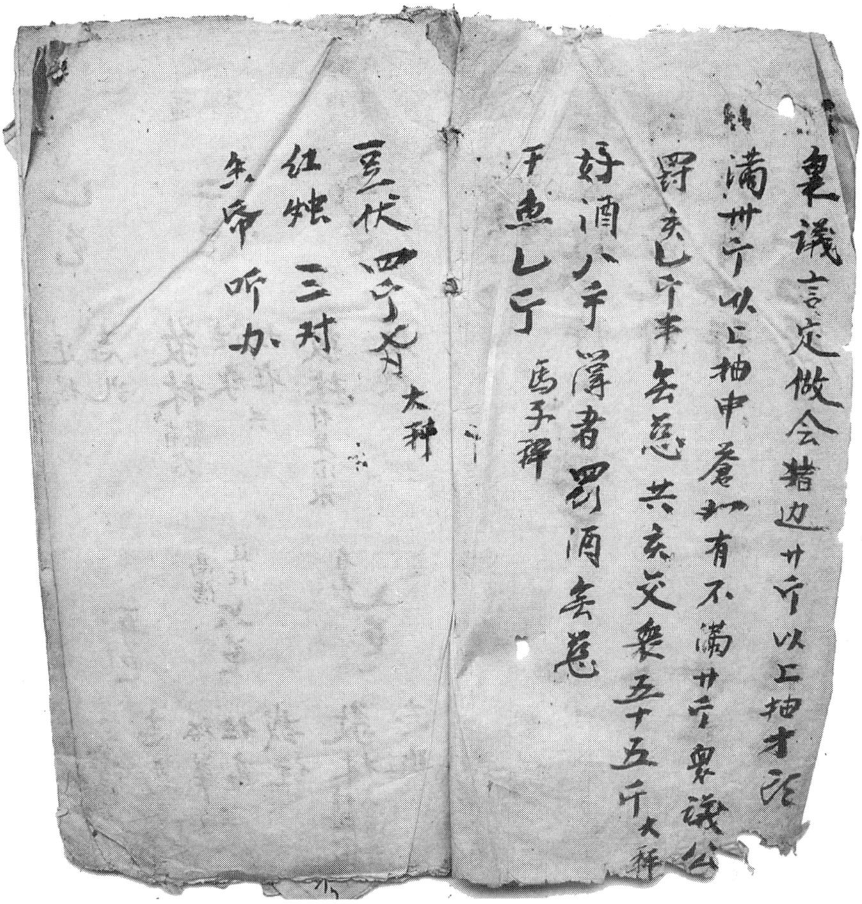

衆議言定做会猪边廿斤以上抽才[illegible]
滿廿斤以上抽[illegible]如有不滿廿斤衆議公
罰[illegible]七斤半[illegible]共[illegible]交衆五十五斤大秤
好酒八斤[illegible]者罰酒[illegible]
干魚七斤　馬子秤
豆腐四斤[illegible]　大秤
红烛三对
[illegible]听办

秋口镇吴家 5　2　咸丰元年至光绪十五年，胡帅会簿，廷桢等

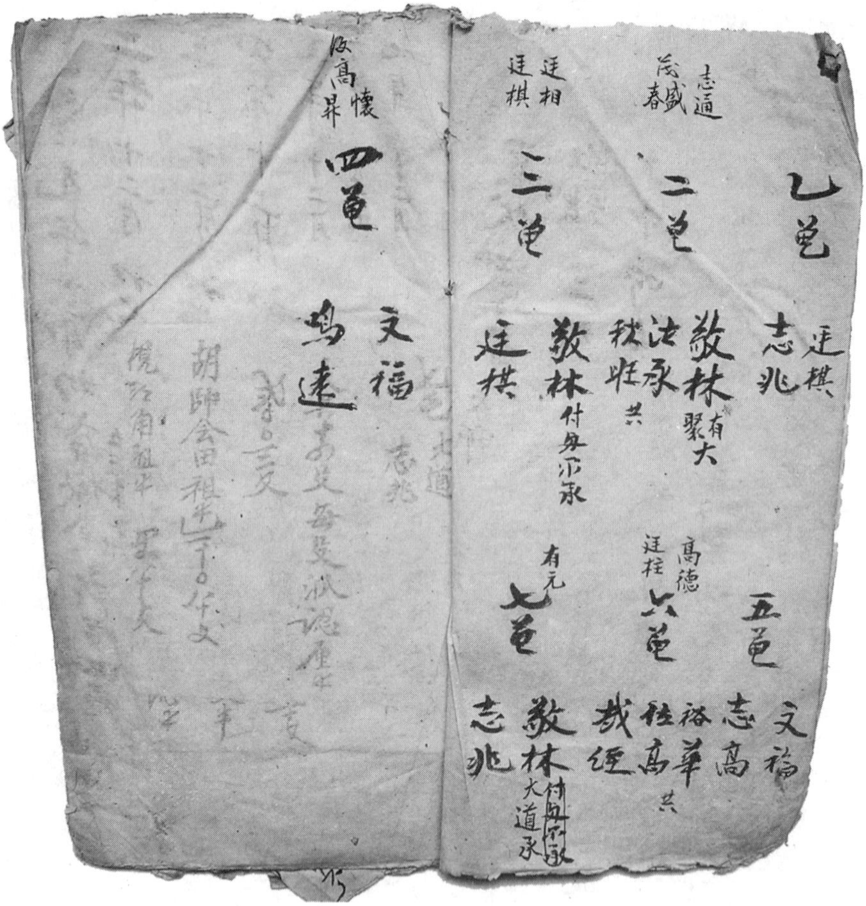

秋口镇吴家 5-3 · 咸丰元年至光绪十五年 · 胡帅会簿 · 廷棋等

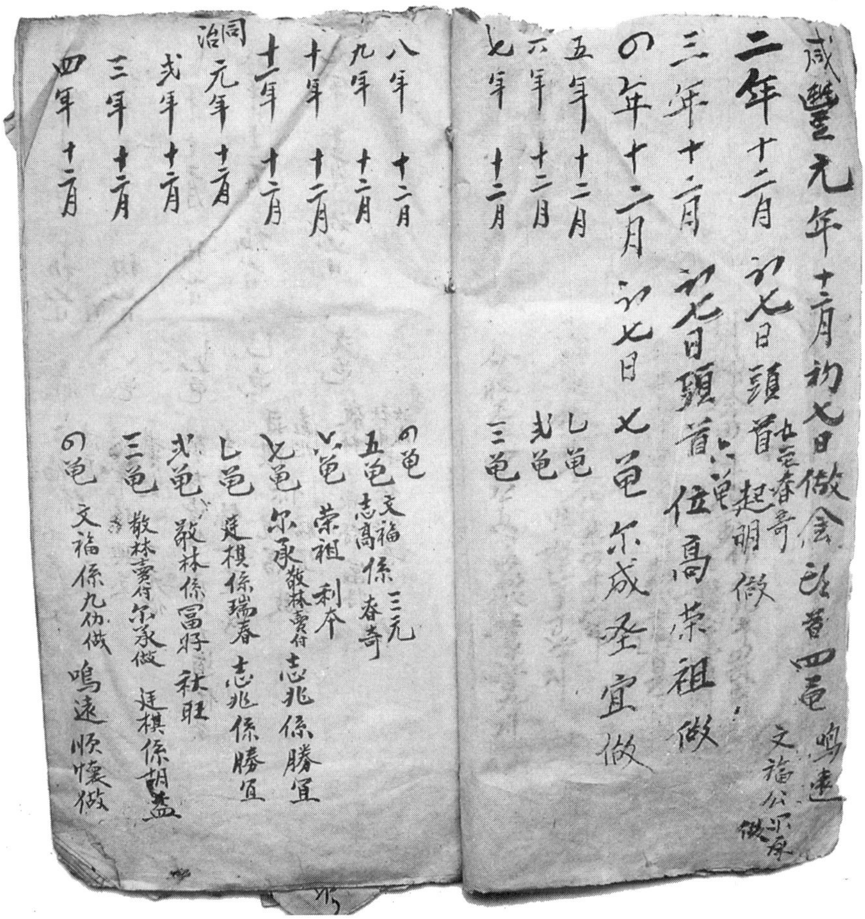

秋口镇吴家 5-4 · 咸丰元年至光绪十五年 · 胡帅会簿 · 廷棋等

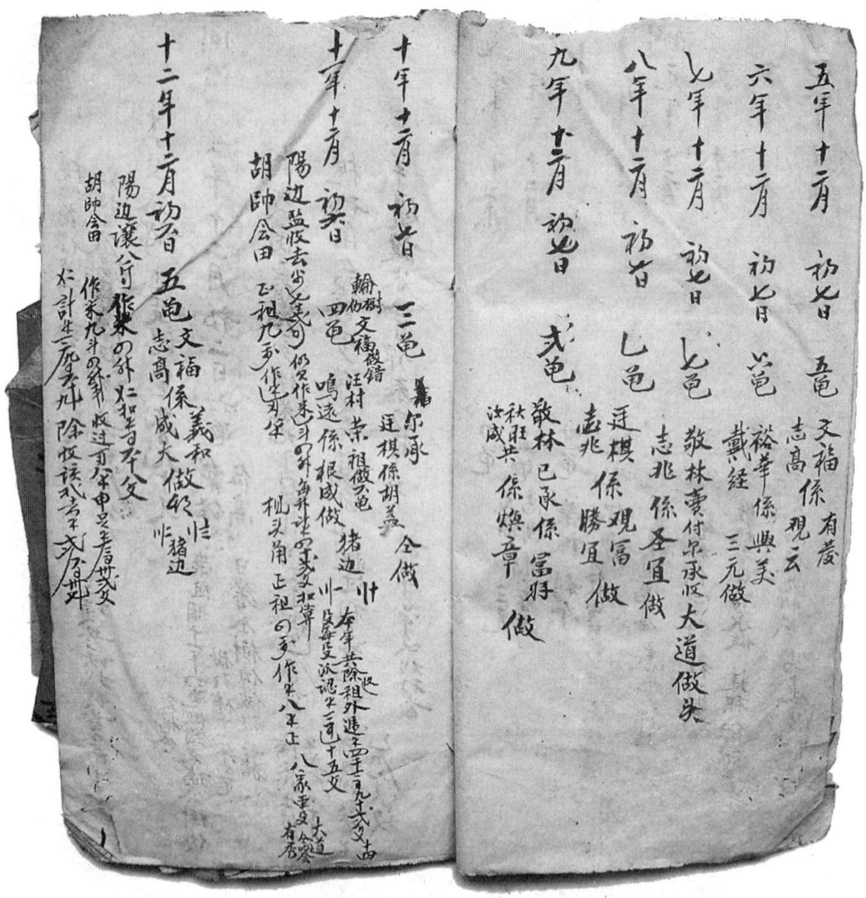

秋口镇吴家 5-5 · 咸丰元年至光绪十五年 · 胡帅会簿 · 廷椇等

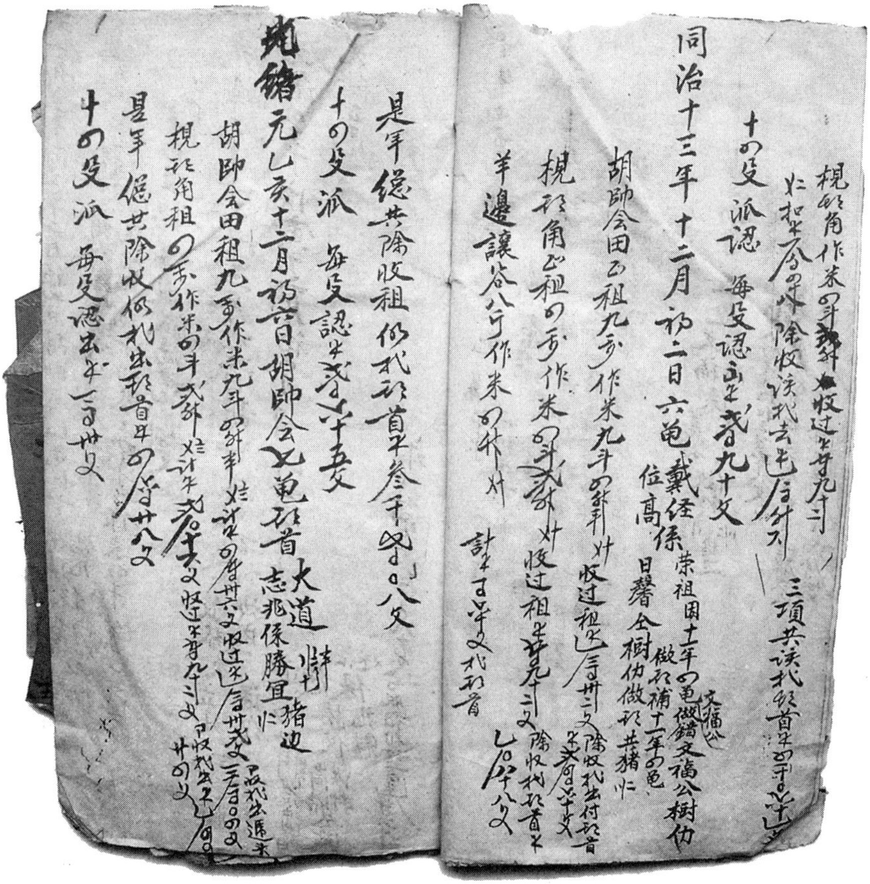

同治十三年十二月初二日

胡帥会田

十四支派 每支認

光緒元乙亥十二月初一日胡帥会

十四支派 每支認

是年總共除收祖

胡帥会田祖九分作米九斗

十四支派

秋口镇吴家 5-6 · 咸丰元年至光绪十五年 · 胡帅会簿 · 廷棋等

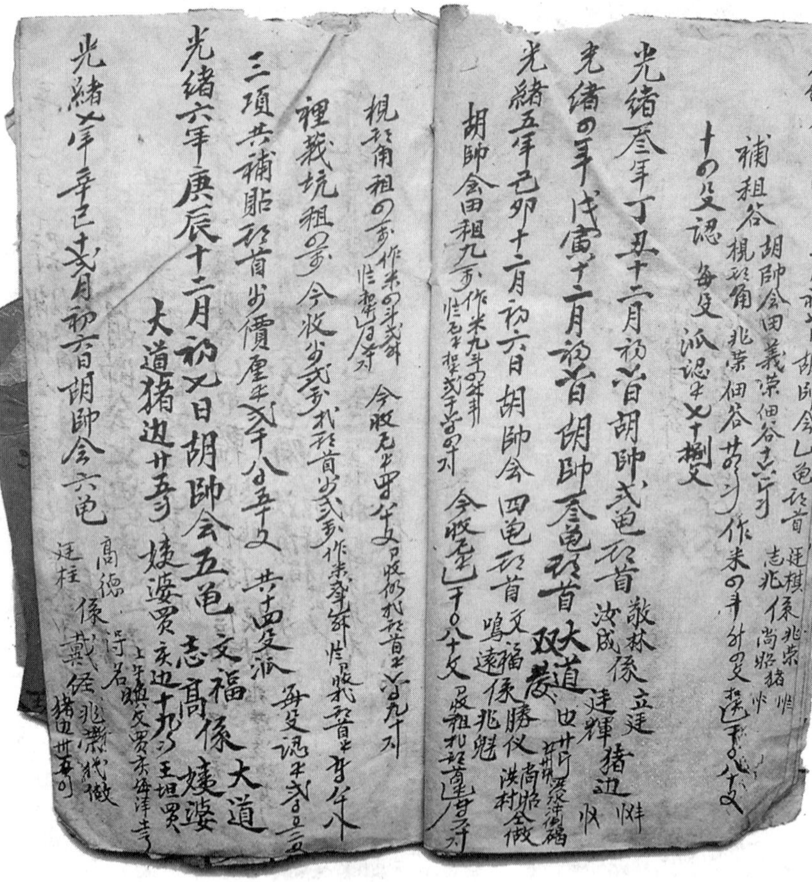

秋口镇吴家 5-7 · 咸丰元年至光绪十五年 · 胡帅会簿 · 廷棋等

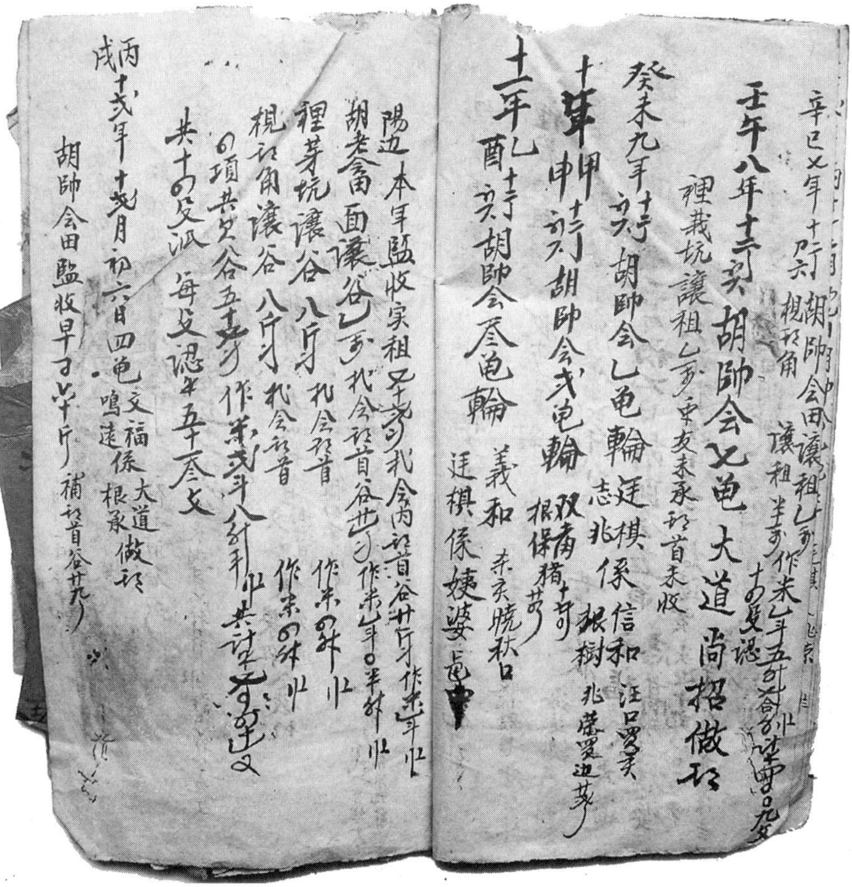
辛巳七年十月六日 胡帥会田讓租
規ⅹ角 讓租半 作米
壬午八年十二月 胡帥会七色 大道 尚招 做頭
裡栽坑讓租 東友來承頭首未收
癸未九年十二月 胡帥会七色輪 廷棋 志兆 係 信和 汪口罗美
十年甲申十二月 胡帥会戊色輪 双南 根保 豬十斤 根樹 兆荣 罗边荣
十一年乙酉十二月 胡帥会叁色輪 義和 赤天 晓 秋口
廷棋 係 姨婆
陽边 本年監收实租
胡老會面讓谷
裡芽坑讓谷 八斤
視ⅹ角讓谷 八斤
項共谷五十
共十 每 五斗叁文
丙戌十二年十一月初六日四色 文福 鳴遠 係 大道 根承 做頭
胡帥会田監收早

秋口镇吴家 5-8 · 咸丰元年至光绪十五年 · 胡帅会簿 · 廷棋等

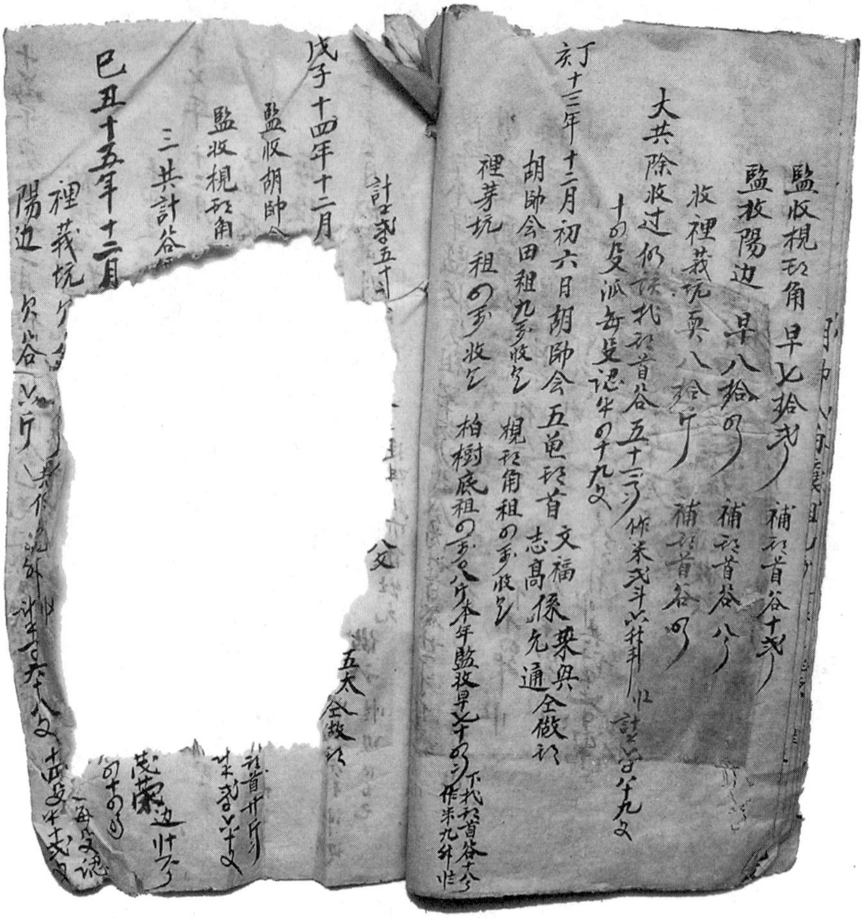

秋口镇吴家 5-9 · 咸丰元年至光绪十五年 · 胡帅会簿 · 廷棋等

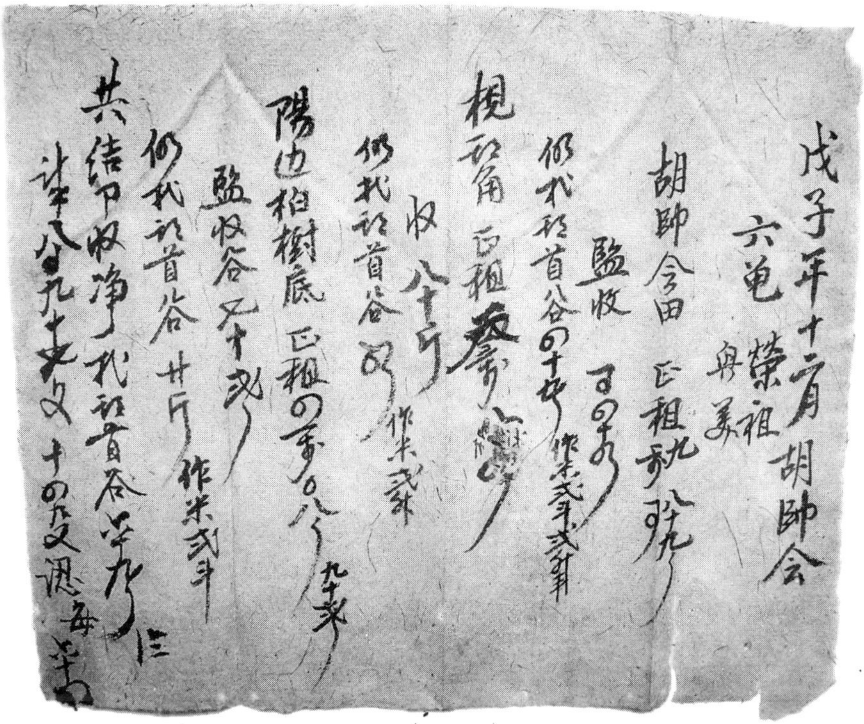
戊子年十二月 胡帥会
六邑 榮祖 與美
胡帥会田 正租九[illegible]
監收 [illegible]
仍找租首谷[illegible] 作米弍斗弍升
梘秈角 正租[illegible]
收 八十斤
仍找租首谷[illegible] 作米弍斗
陽边柏樹底 正租[illegible] 九十文
監收谷[illegible]
仍找租首谷 廿斤 作米弍斗
共结仍收净找租首谷[illegible]
计[illegible]文 十[illegible]文 [illegible]每[illegible]

秋口镇吴家 5-10 · 咸丰元年至光绪十五年 · 胡帅会簿 · 廷椇等

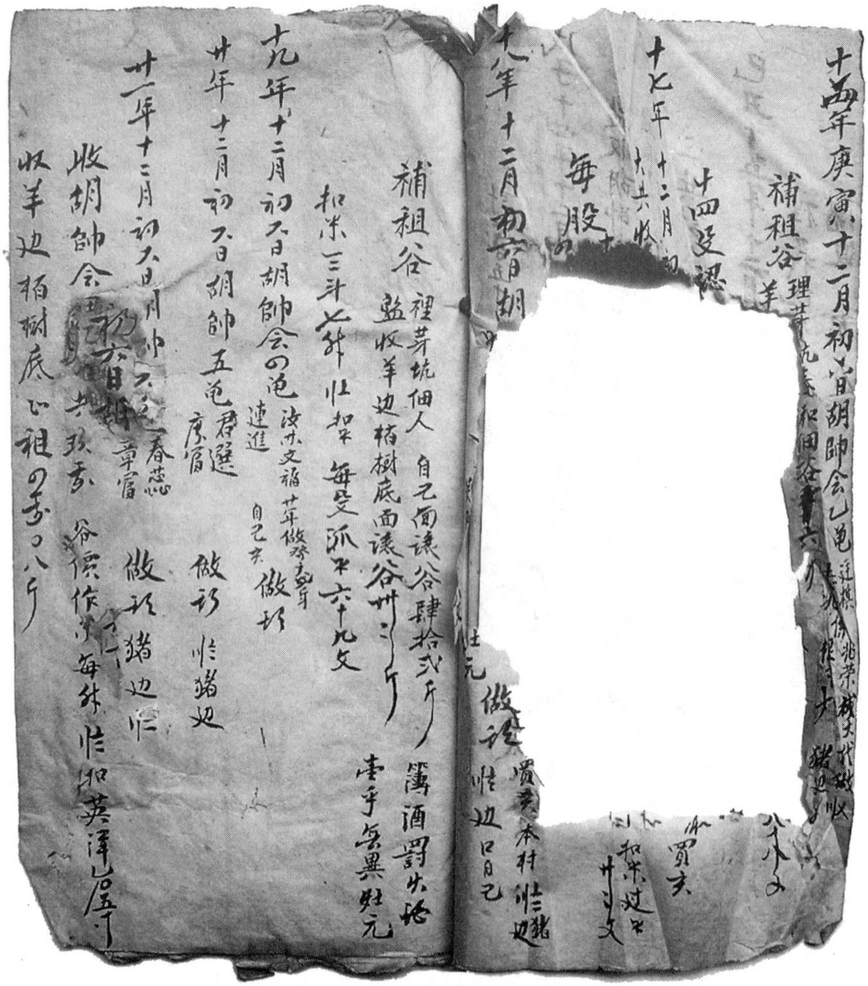

秋口镇吴家 5-11 · 咸丰元年至光绪十五年 · 胡帅会簿 · 廷棋等

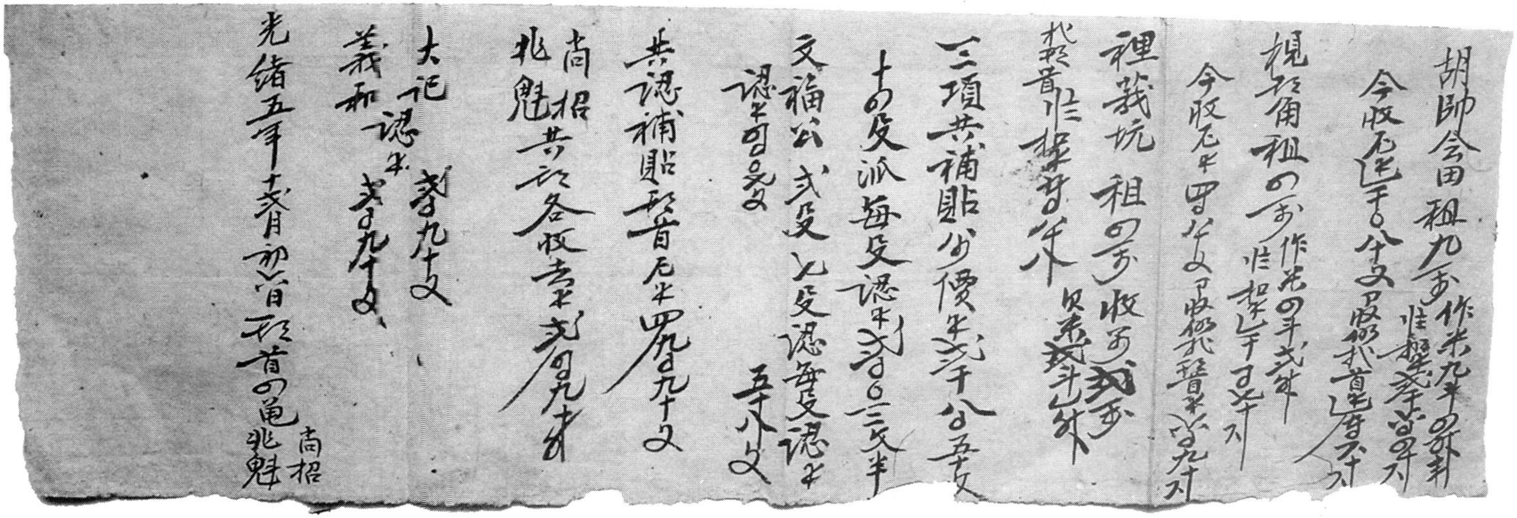

秋口镇吴家 5-12 · 咸丰元年至光绪十五年 · 胡帅会簿 · 廷椇等

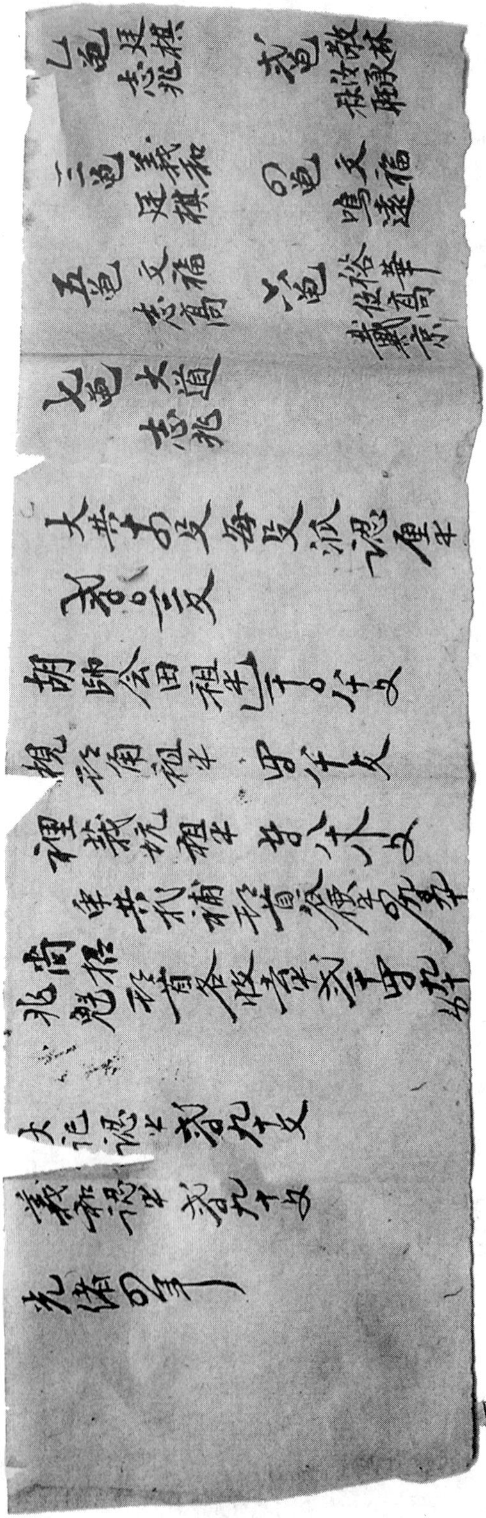

秋口镇吴家 5-13 · 咸丰元年至光绪十五年 · 胡帅会簿 · 廷棋等

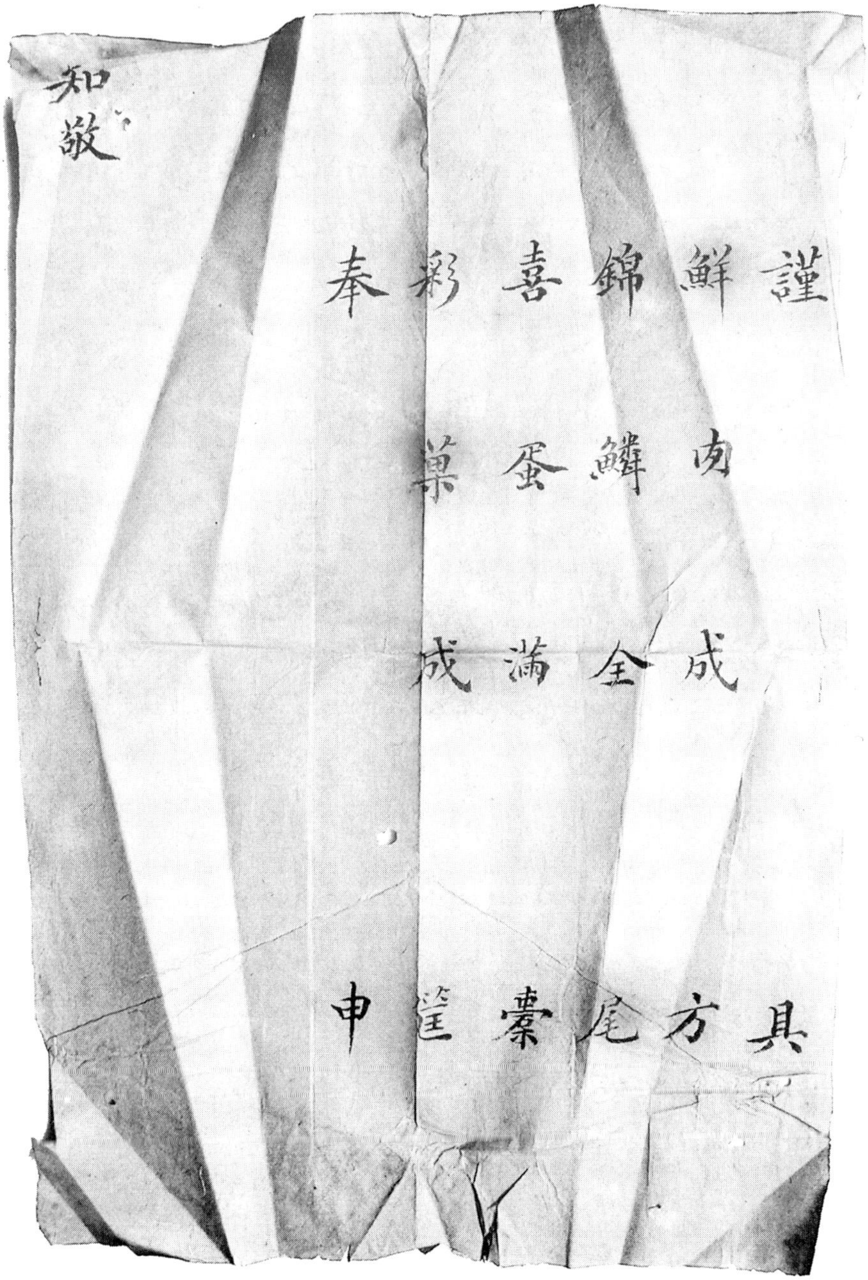
謹具
鮮肉成方
錦鱔全尾
喜蛋滿槖
彩菓成筵
奉申
知敬

秋口镇吴家 5-14 · 咸丰元年至光绪十五年 · 胡帅会簿 · 廷棋等

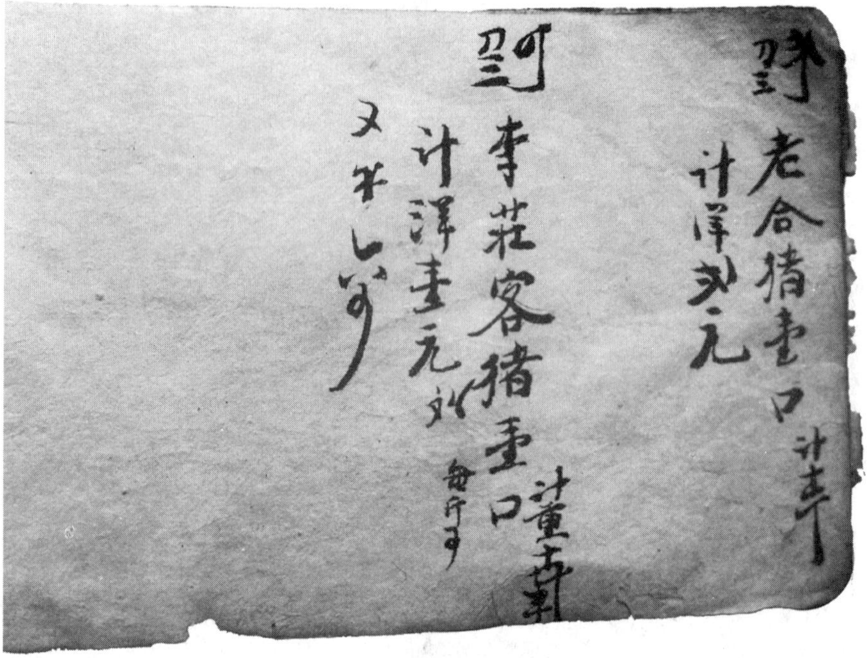

秋口镇吴家 14-1 · 同治五年至光绪十二年 · 排日账

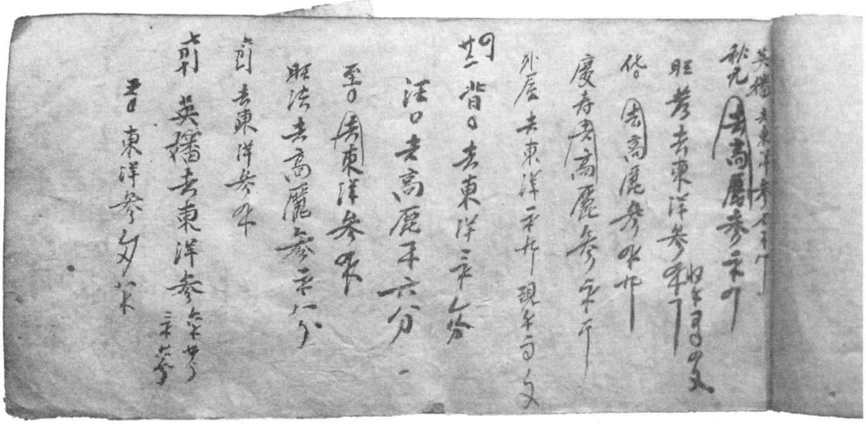
英播去東洋參 [illegible]
秋九 去高麗參 [illegible]
旺 考去東洋參 [illegible] 文
佐 去高麗參 [illegible]
慶壽去高麗參 [illegible]
外層 去東洋 [illegible] 現 [illegible] 文
廿一 背口 去東洋 [illegible]
法口 去高麗 [illegible] 六分
至口 去東洋參 [illegible]
旺法 去高麗參 [illegible]
六月 去東洋參 [illegible]
六月 英播去東洋參 [illegible]
十二 東洋參 [illegible]

秋口镇吴家 14-2 · 同治五年至光绪十二年 · 排日账

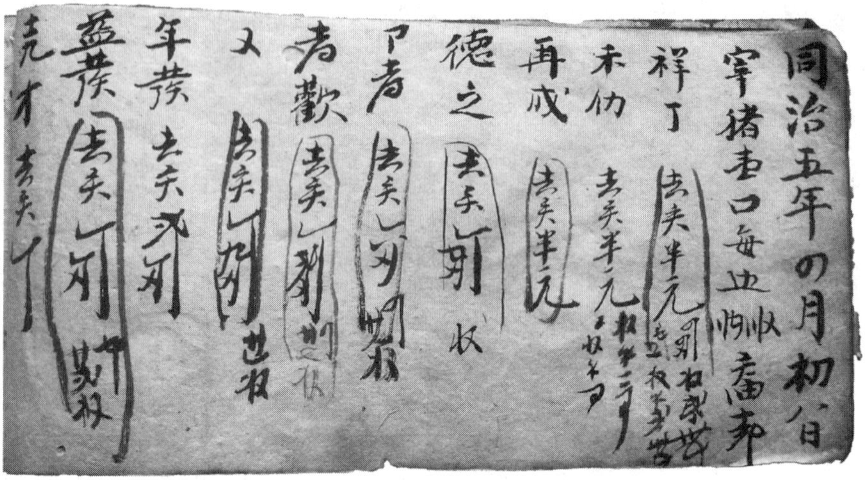

秋口镇吴家 14-3 · 同治五年至光绪十二年 · 排日账

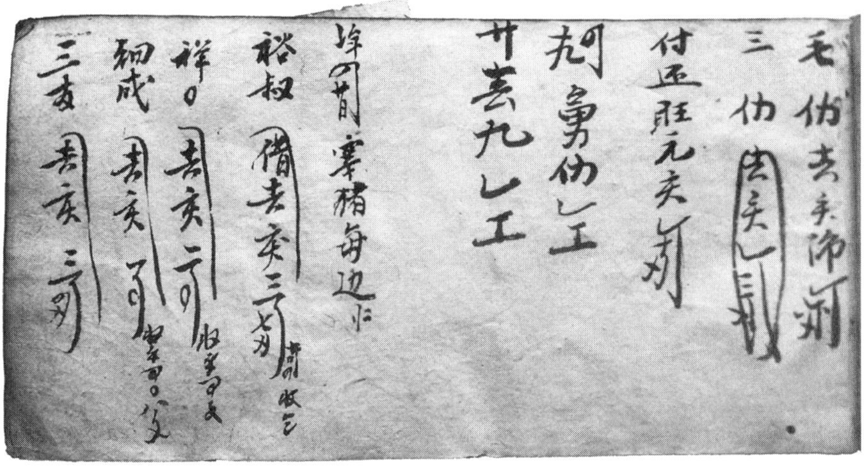

秋口镇吴家 14-4 · 同治五年至光绪十二年 · 排日账

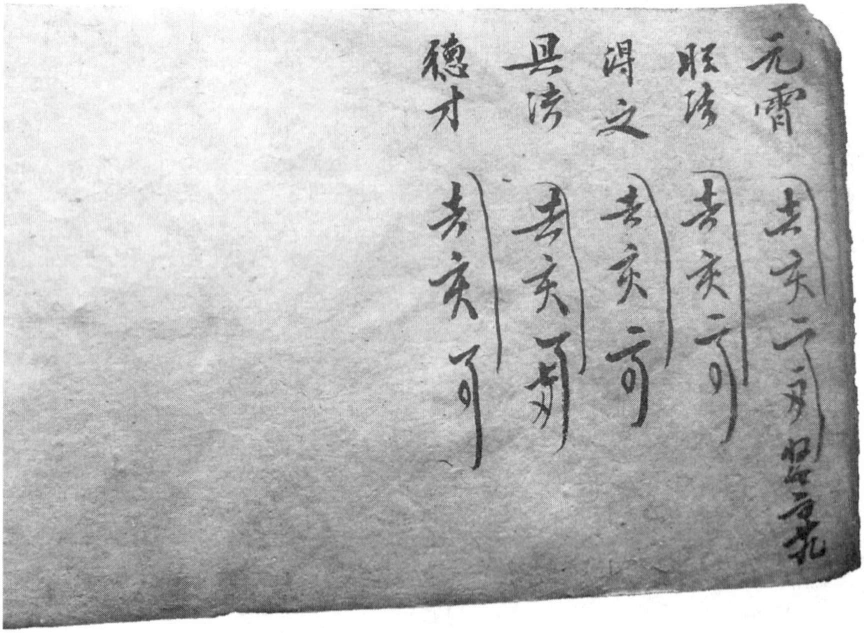

秋口镇吴家 14-5 · 同治五年至光绪十二年 · 排日账

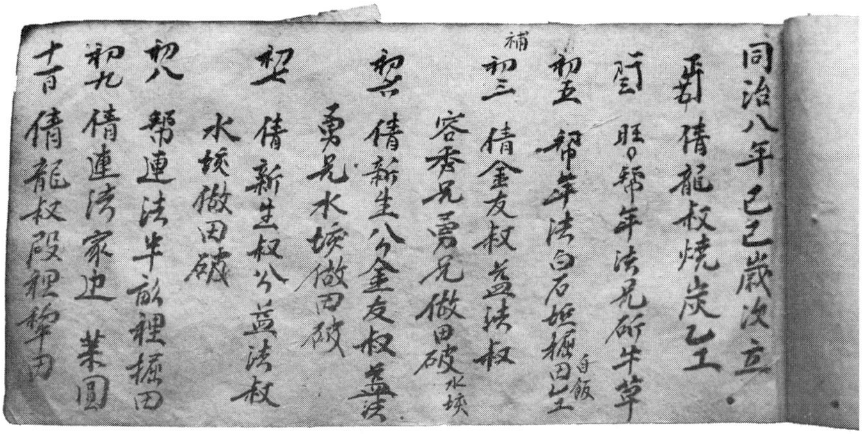
同治八年己巳歲次立
五初一 倩龍叔燒炭乚工
初四 旺o帮年法兄斫牛草
初五 帮年法白石姬㧟田乚工 自飯
補 初三 倩金友叔益法叔
容香兄勇兄做田破 水埃
初六 倩新生八分金友叔益法
勇兄水埃做田破
初七 倩新生叔公益法叔
水埃做田破
初八 帮連法半畝裡㧟田
初九 倩連法家边 菜園
十一 倩龍叔段裡犁田

秋口镇吴家 14-6 · 同治五年至光绪十二年 · 排日账

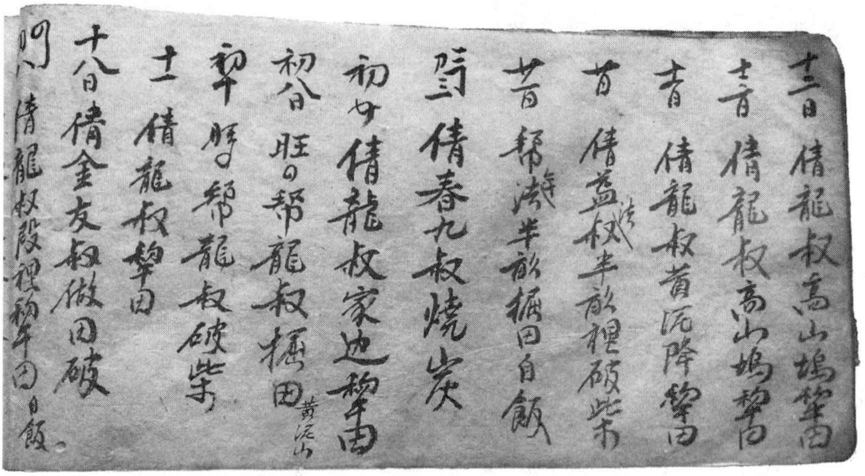

秋口镇吴家 14-7 · 同治五年至光绪十二年 · 排日账

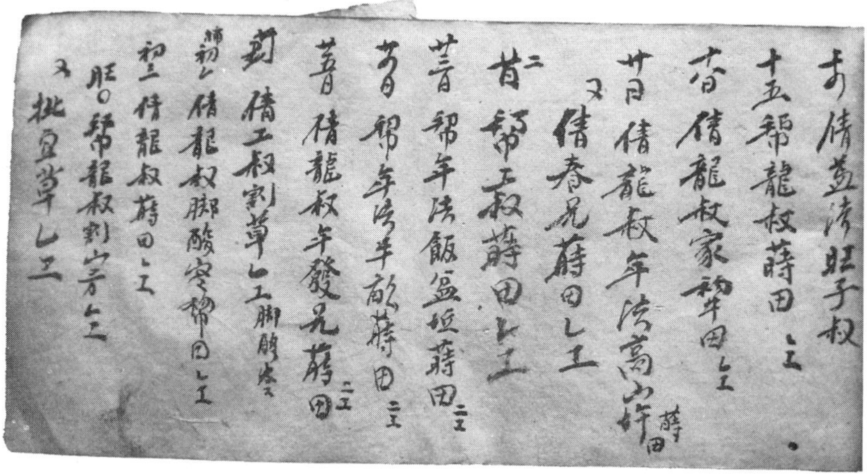

十四 倩益清旺子叔 一工
十五 帮龍叔蒔田 一工
十六 倩龍叔家蒔田 一工
廿日 倩龍叔年法高山蒔田
又 倩春兄蒔田乚工
廿一 帮玉叔蒔田乚工
廿二 帮年法飯盆坵蒔田二工
廿三 帮年法年敵蒔田二工
廿四 倩龍叔年發兄蒔田二工
廿五 倩玉叔割草乚工 脚酸燥
初一 倩龍叔脚酸空椑田乚工
初二 倩龍叔蒔田乚工
初四 帮龍叔割山背乚工
又 批豆草乚工

秋口镇吴家 14-8 · 同治五年至光绪十二年 · 排日账

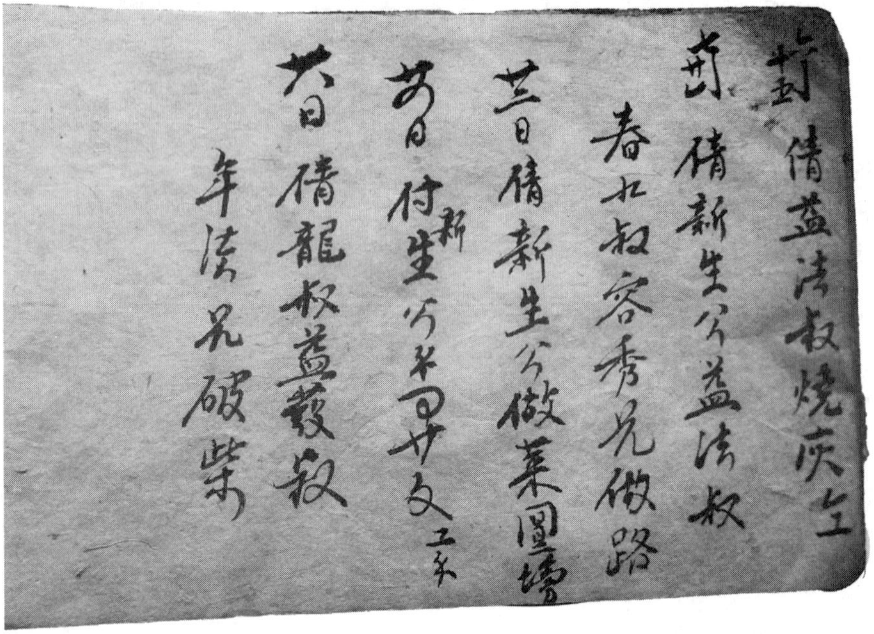

秋口镇吴家 14-9 · 同治五年至光绪十二年 · 排日账

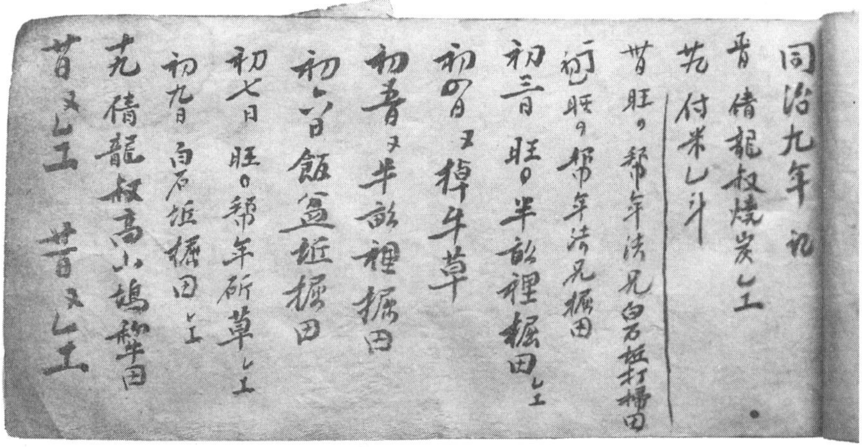

同治九年 記
廿一日 倩龍叔燒炭乙工
先付米乙斗
廿日 旺○帮年法兄白石坵打樺田
初一日 旺○帮年法兄樺田
初三日 旺○半畝裡樺田乙工
初四日 又樟牛草
初五日 又半畝裡樺田
初六日 飯盒坵樺田
初七日 旺○帮年斫草乙工
初九日 白石坵樺田乙工
十九 倩龍叔高山鳩架田
廿日 又乙工 廿一日 又乙工

秋口镇吴家 14-10 · 同治五年至光绪十二年 · 排日账

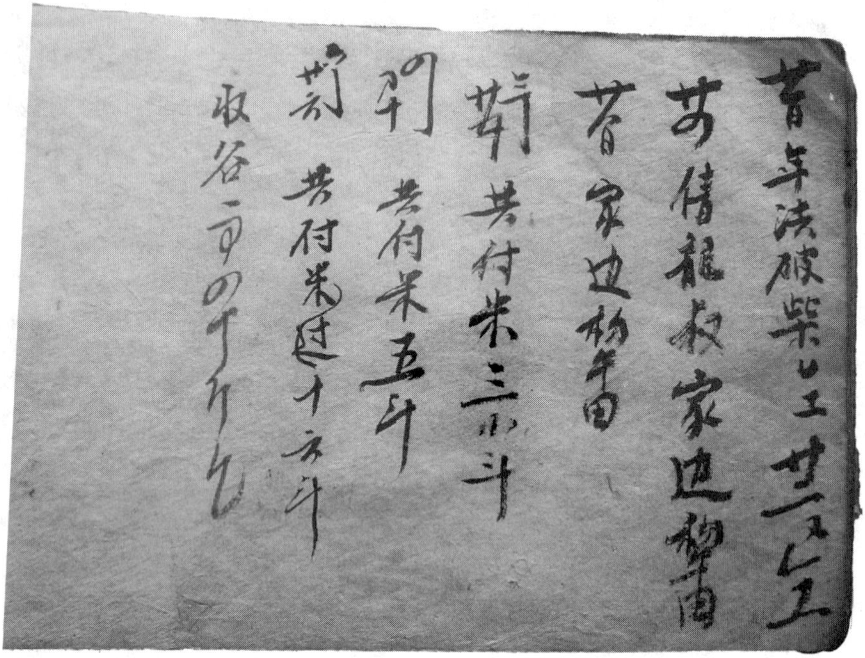

秋口镇吴家 14-11 · 同治五年至光绪十二年 · 排日账

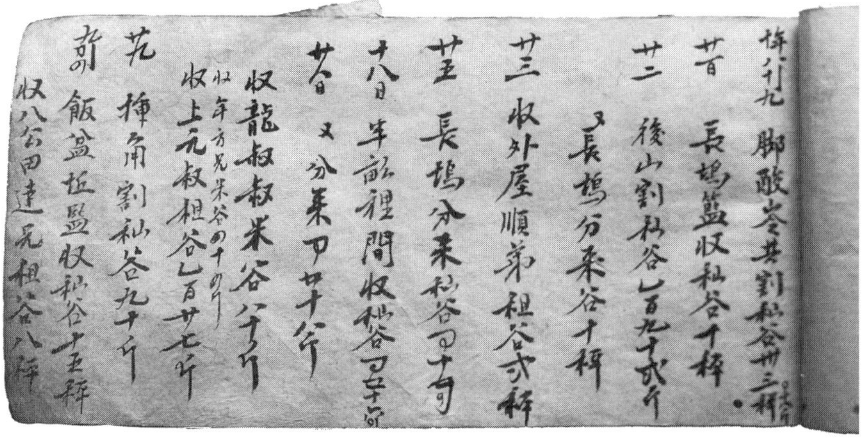

廿九 脚酸岑共劉私谷卅三秤
廿日 長塢藍收私谷十秤
廿二 後山劉私谷六百九十弍斤
又長塢分柔谷十秤
廿三 收外屋順弟租谷弍秤
廿五 長塢分柔私谷四十兩
十八日 牛欄裡間收私谷四百斤
廿四 又分菓四廿斤
收龍叔叔米谷八十斤
收年方兄米谷四十四斤
收上元叔租谷六百廿七斤
廿九 揮角劉私谷九十斤
廿八 飯盆坵塈收私谷十五秤
收八公田達兄租谷八秤

秋口镇吴家 14-12 · 同治五年至光绪十二年 · 排日账

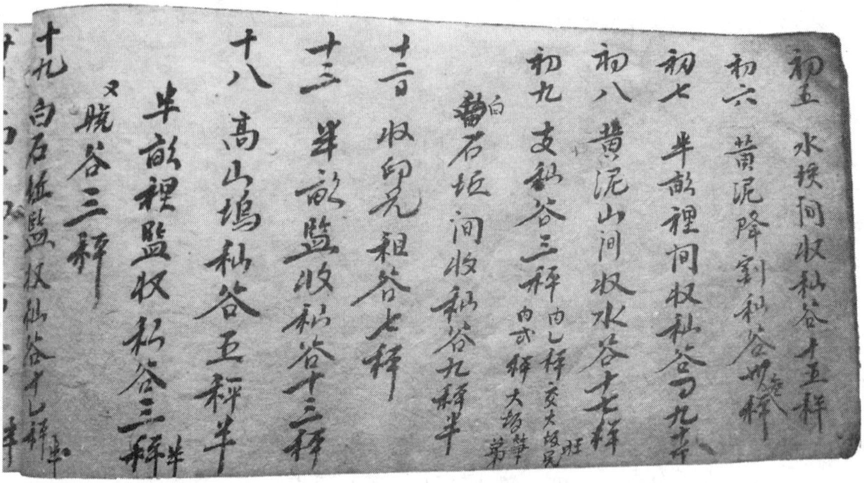

秋口镇吴家 14-13 · 同治五年至光绪十二年 · 排日账

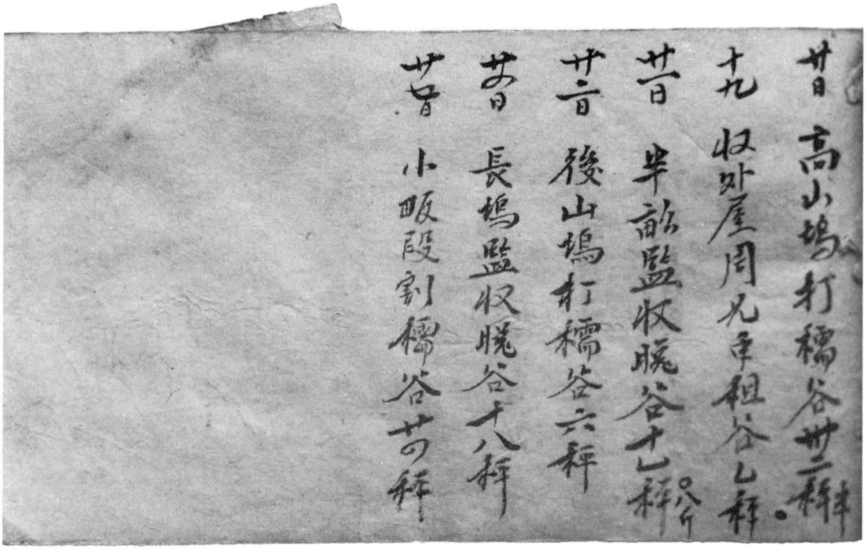

十八日　高山塢打糯谷卅二秤
十九　收外屋周九爭租谷七秤
廿日　畢畝監收晚谷十七秤八斤
廿一日　後山塢打糯谷六秤
廿二日　長塢監收晚谷十八秤
廿三日　小畈段劉糯谷廿四秤

秋口镇吴家 14-14 · 同治五年至光绪十二年 · 排日账

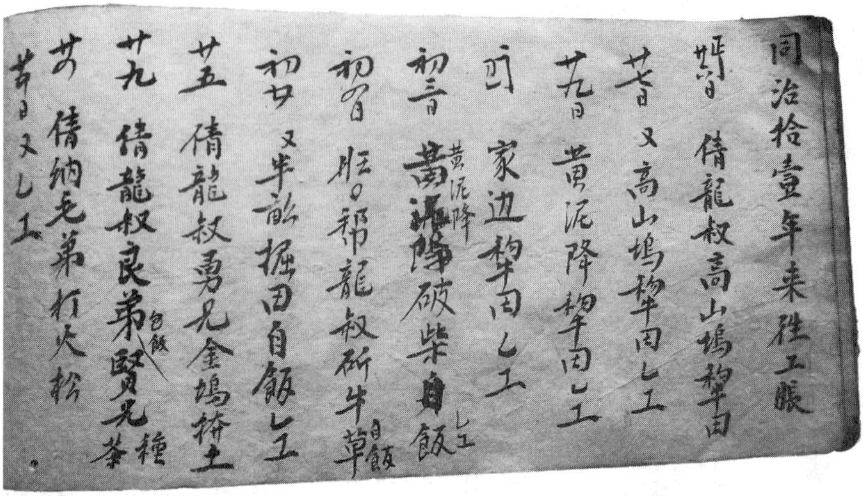

秋口镇吴家 14-15 · 同治五年至光绪十二年 · 排日账

初二 倩新生孟法叔做田破
又倩龍叔黄泥山犂田
初三 又倩龍叔犂田

秋口镇吴家 14-16 · 同治五年至光绪十二年 · 排日账

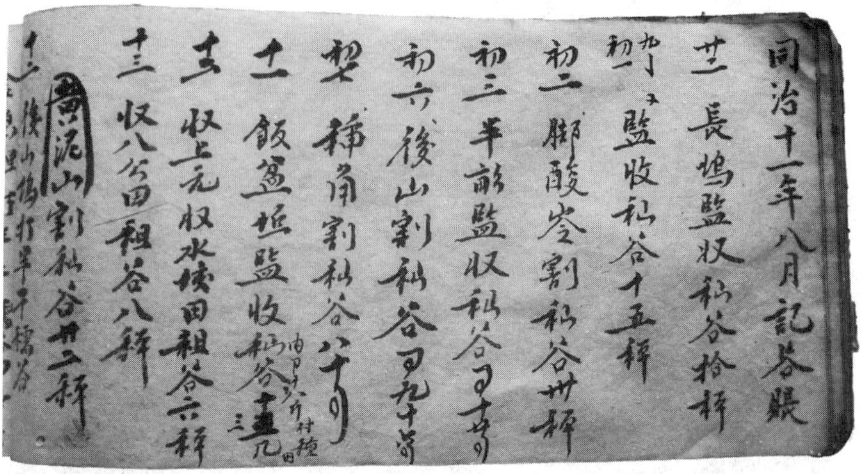

秋口镇吴家 14-17 · 同治五年至光绪十二年 · 排日账

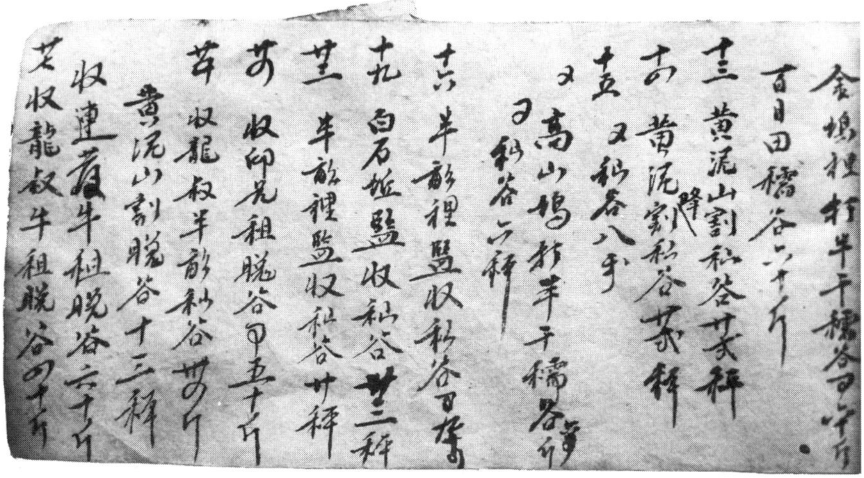

金塢裡扦半干糯谷百六十斤
百日田糯谷六十斤
十三 黃泥山劉私谷廿式秤
十四 黃泥劉降私谷廿式秤
十五 又私谷八斗
又 高山塢扦半干糯谷□斤
又 私谷六秤
十六 半畝裡監收私谷百斤
十九 白石坵監收私谷廿三秤
廿二 半畝裡監收私谷廿秤
廿四 收印先祖脫谷百五十斤
廿七 收龍叔半畝私谷卅斤
黃泥山劉脫谷十三秤
收連發半租脫谷六十斤
廿八 收龍叔半租脫谷四十斤

秋口镇吴家 14-18 · 同治五年至光绪十二年 · 排日账

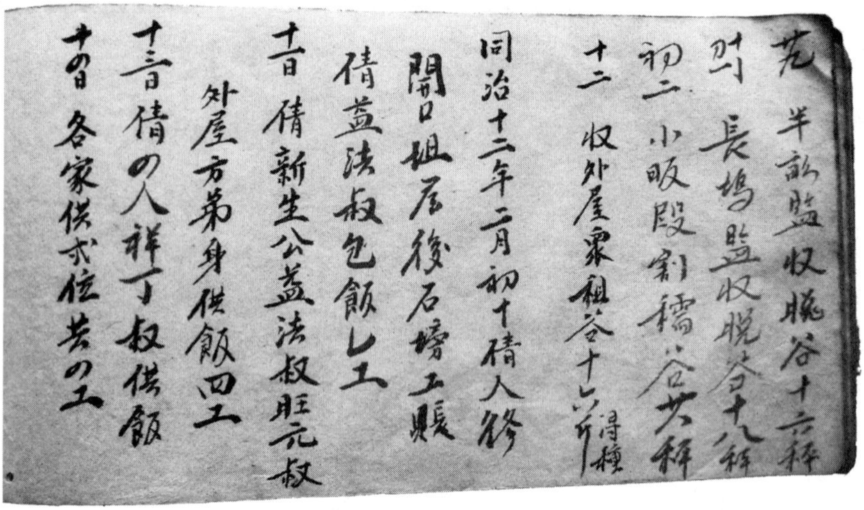

廿九 半訟監收晩谷十六秤
卅 長塢監收晩谷十八秤
初二 小畈段割穤谷廿六秤
十二 收外屋衆租谷十七斤 得種
同治十二年二月初十倩人修
閘口垻屋後石墈工賬
倩益法叔包飯七工
十一日 倩新生公、益法叔、旺元叔
外屋方弟身供飯四工
十三日 倩の人祥丁叔供飯
十四日 各家供式位共の工

秋口镇吴家 14-19 · 同治五年至光绪十二年 · 排日账

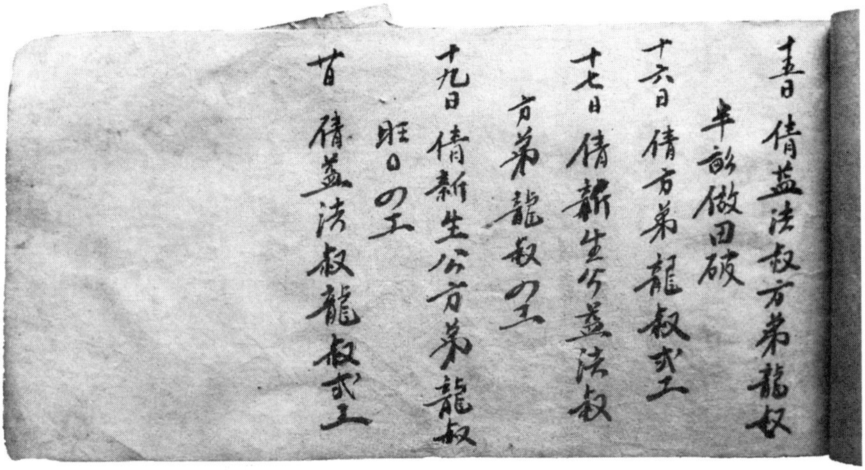

十五日 倩益法叔方弟龍叔
半畝做田破
十六日 倩方弟龍叔弍工
十七日 倩新生公益法叔
方弟龍叔の工
十九日 倩新生公方弟龍叔
旺日の工
廿日 倩益法叔龍叔弍工

秋口镇吴家 14-20 · 同治五年至光绪十二年 · 排日账

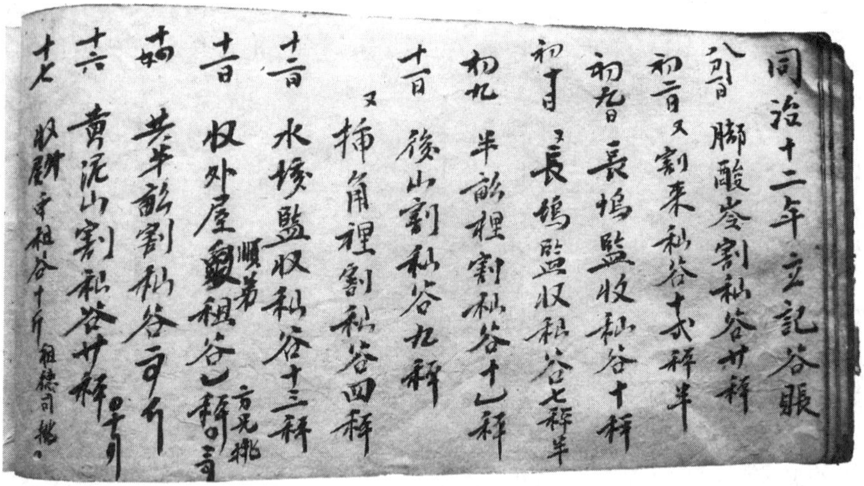

秋口镇吴家 14-21 · 同治五年至光绪十二年 · 排日账

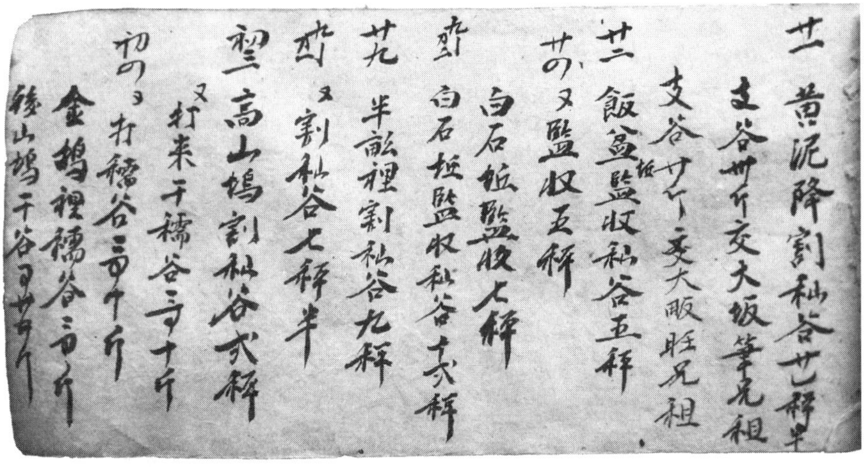

廿一 黄泥降割秈谷廿七秤半
支谷卅斤交大坂筆兄祖
支谷廿斤交大畈旺兄祖
廿二 飯盆塆收秈谷五秤
廿四 又塆收五秤
白石坵塆收七秤
廿六 白石坵塆收秈谷十弍秤
廿九 半畝裡割秈谷九秤
卅 又割秈谷七秤半
初一 高山塢割秈谷弍秤
又打来干糯谷三百十斤
初四 又打糯谷三百十斤
金塢裡糯谷三百斤
後山塢干谷一百廿五斤

秋口镇吴家 14-22 · 同治五年至光绪十二年 · 排日账

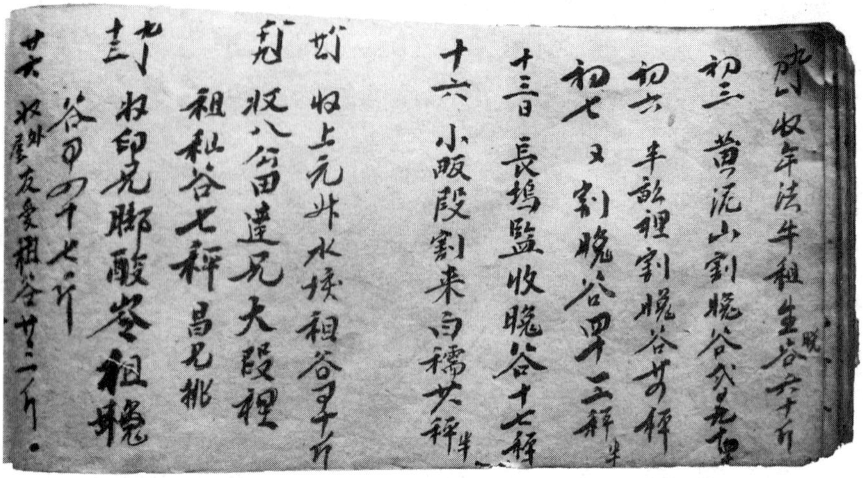

秋口镇吴家 14-23 · 同治五年至光绪十二年 · 排日账

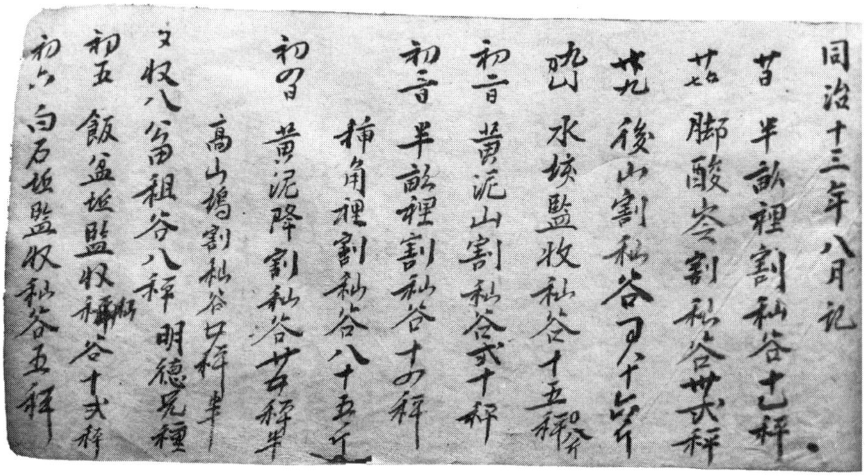
同治十三年八月記
廿日 半畝裡割私谷十七秤
廿七 脚酸岺割私谷卅弍秤
廿九 後山割私谷又八十六斤
卅日 水垓監收私谷十五秤斤
初二 黄泥山割私谷弍十秤
初三 半畝裡割私谷十四秤
楠角裡割私谷八十五斤
初四 黄泥降割私谷廿四秤半
高山嶋割私谷廿秤半
又收八公畓祖谷八秤 明德見種
初五 飯盆垭監收私谷十弍秤
初六 白石垭監收私谷五秤

秋口镇吴家 14-24 · 同治五年至光绪十二年 · 排日账

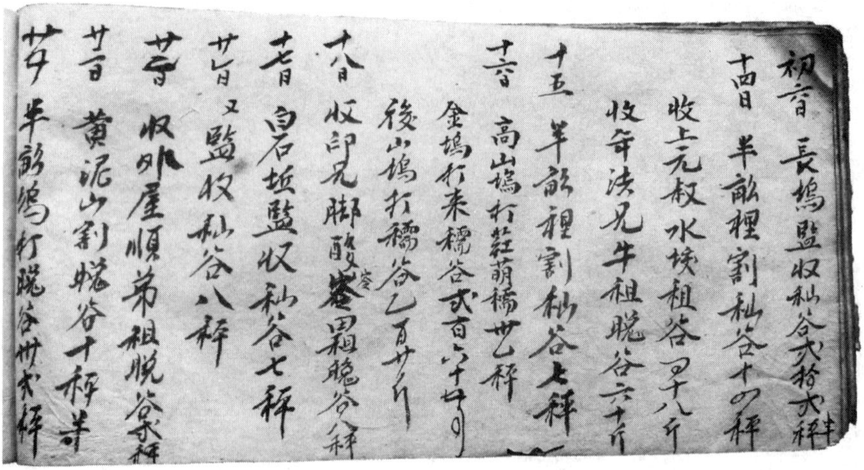
初六日 長塢監收秈谷大秤大秤
十四日 半畝裡割秈谷十四秤
收上元叔水塅租谷四十八斤
收年法兄牛租晚谷六十斤
十五 半畝裡割秈谷七秤
十六日 高山塢打莊萌糯廿乙秤
金塢打來糯谷弍百六十斤
後山塢打糯谷乙百廿斤
十八日 收印兄腳酸叟霜晚谷八秤
十九日 白石坵監收秈谷七秤
廿日 又監收秈谷八秤
廿一日 收外屋順弟租晚谷秤
廿二日 黄泥山割晚谷十秤半
廿三日 半畝塢打晚谷卅弍秤

秋口镇吴家 14-25 · 同治五年至光绪十二年 · 排日账

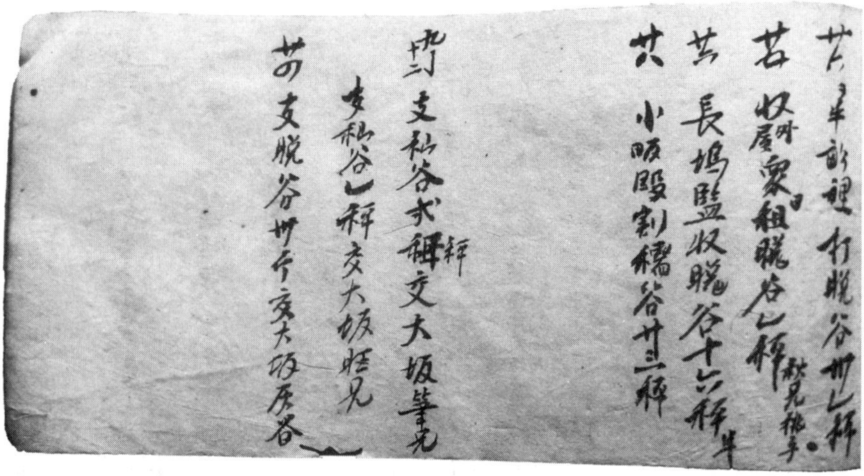

廿六日早新理打脱谷卅七秤
廿七 收厨屋冢祖晒谷七秤 秋兄挑手
廿八 長塢坵收晒谷十六秤半
廿九 小畈段割糯谷廿三秤
九月初一 支秋谷弍秤交大坂筆兄
支秋谷七秤交大坂旺兄
初二 支脱谷卅斤交大坂庆谷

秋口镇吴家 14-26 · 同治五年至光绪十二年 · 排日账

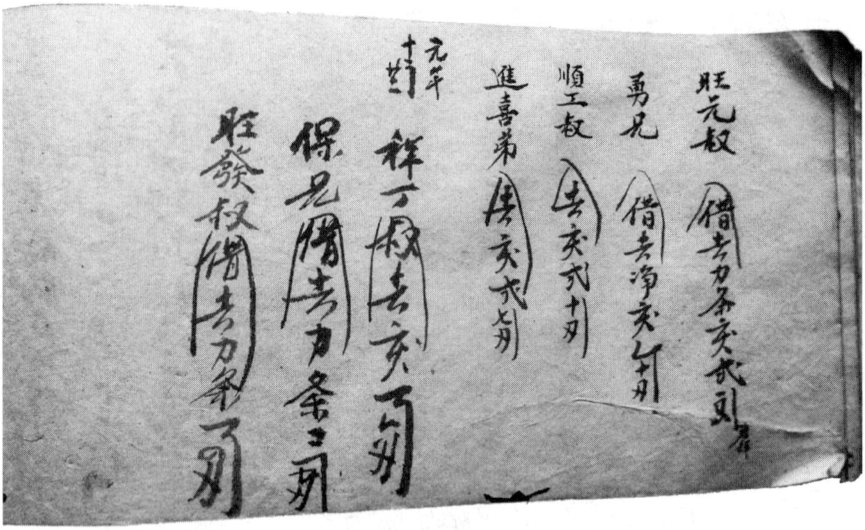

秋口镇吴家 14-27 · 同治五年至光绪十二年 · 排日账

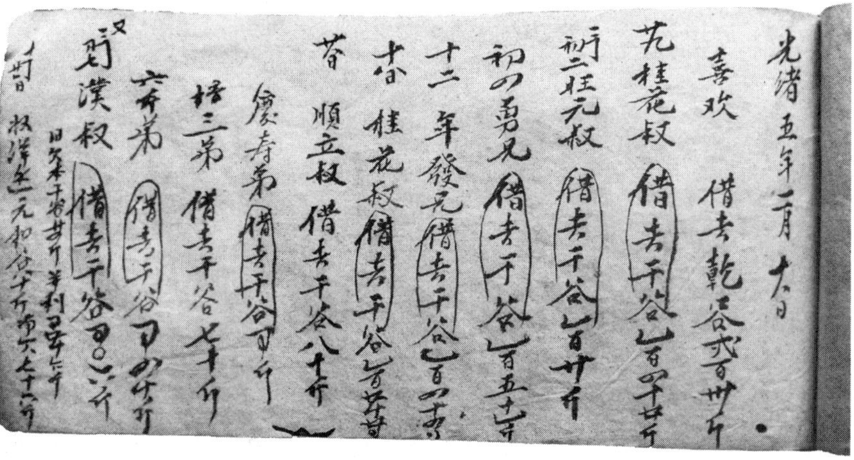

秋口镇吴家 14-28 · 同治五年至光绪十二年 · 排日账

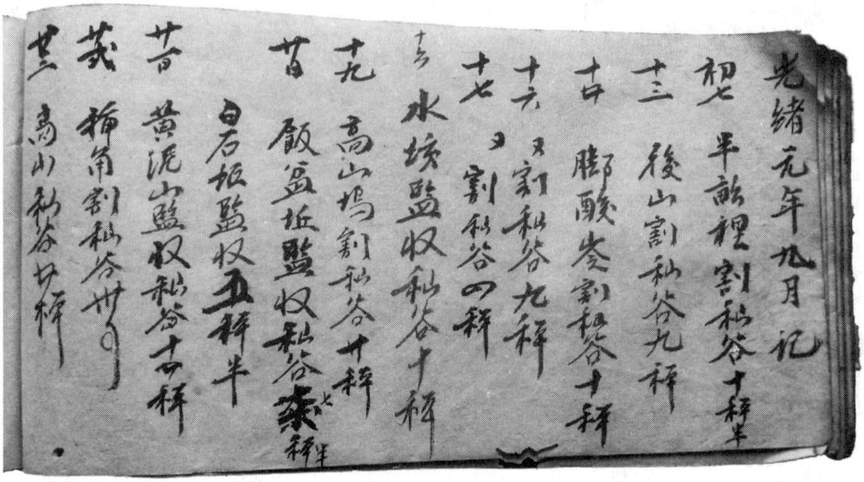

秋口镇吴家 14-29 · 同治五年至光绪十二年 · 排日账

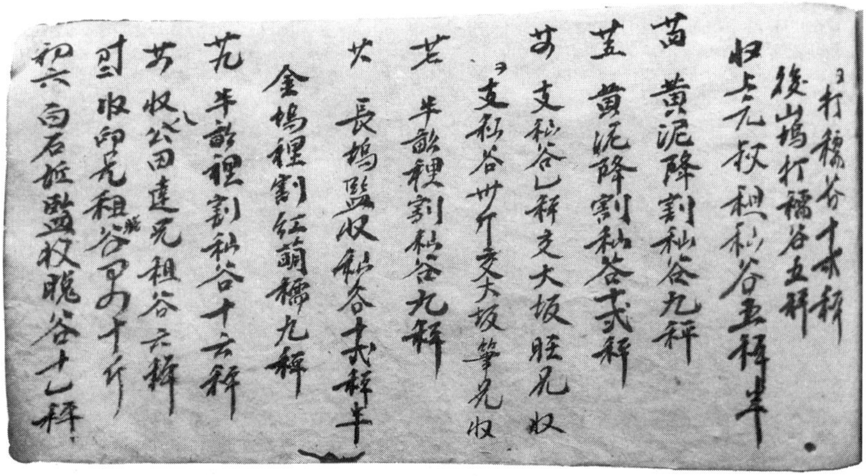

打糯谷十弍秤
後山塢打糯谷五秤
收上元叔租秈谷五秤半
廿四 黄泥降割秈谷九秤
廿五 黄泥降割秈谷弍秤
廿六 支秈谷七秤支大坂旺元收
又支秈谷廿斤支大坂筆元收
廿七 半畝裡割秈谷九秤
廿八 長塢塍收秈谷十弍秤半
金塢裡割紅萌糯九秤
廿九 半畝裡割秈谷十六秤
卅 收公田達元租谷六秤
卅日 收印元租谷早□十斤
初六 白石坵塍收晚谷十七秤

秋口镇吴家 14-30 · 同治五年至光绪十二年 · 排日账

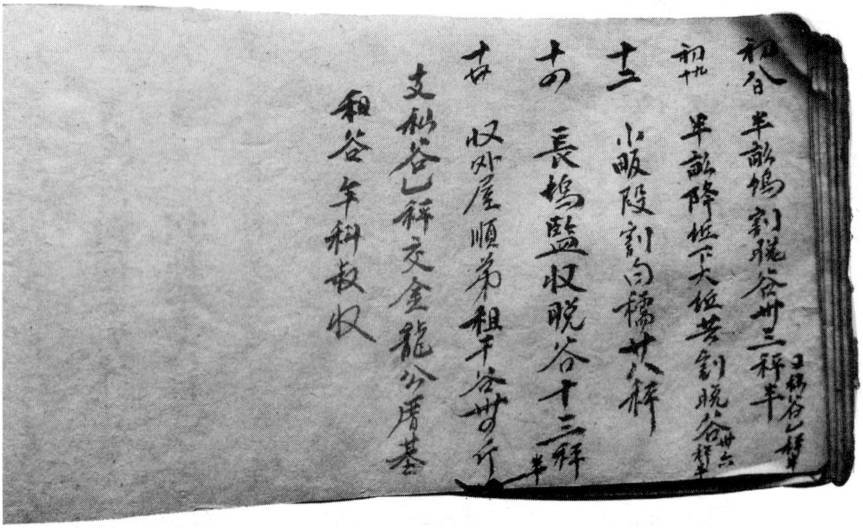

初八 半畝塢劉脱谷卅三秤半 又收谷乙秤半
初九 半畝降坵下大坵 黄劉晚谷卅六秤半
十二 小畈段劉白穤廿八秤
十四 長塢監收晚谷十三秤半
十五 收外屋順弟租半谷卅斤
支秈谷乙秤交金龍公膺基
租谷 年科叔收

秋口镇吴家 14-31 · 同治五年至光绪十二年 · 排日账

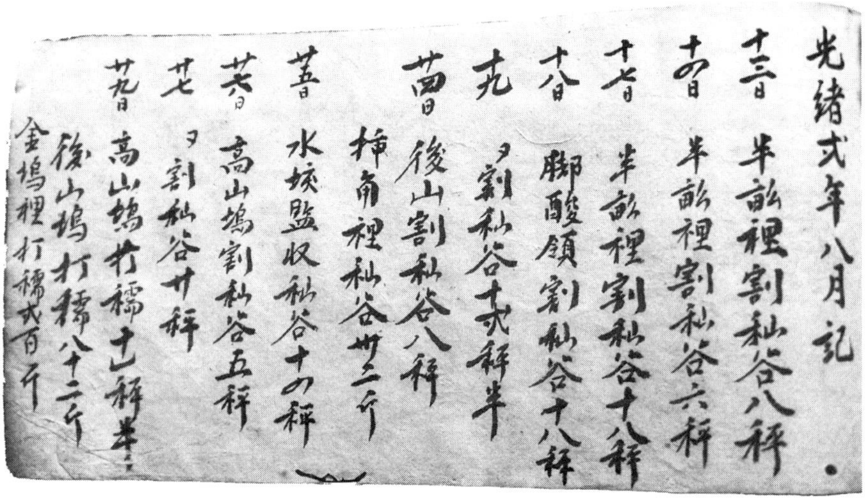

光绪弍年八月記
十三日 半畝裡割私谷八秤
十四日 半畝裡割私谷六秤
十七日 半畝裡割私谷十八秤
十八日 脚酸領割私谷十八秤
十九 又割私谷十弍秤半
廿四日 後山割私谷八秤
柿角裡私谷卅二斤
廿五日 水垸監收私谷十四秤
廿六日 高山塢割私谷五秤
廿七 又割私谷廿秤
廿九日 高山塢打穤十三秤半
後山塢打穤八十二斤
金塢裡打穤弍百斤

秋口镇吴家 14-32 · 同治五年至光绪十二年 · 排日账

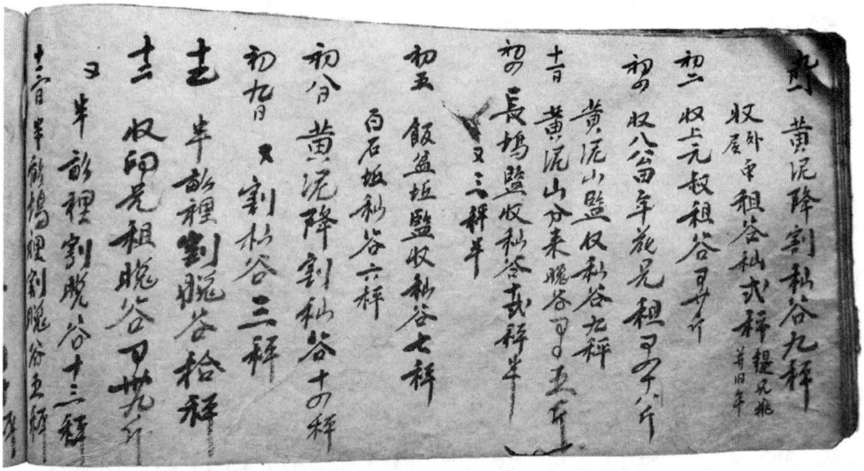

秋口镇吴家 14-33 · 同治五年至光绪十二年 · 排日账

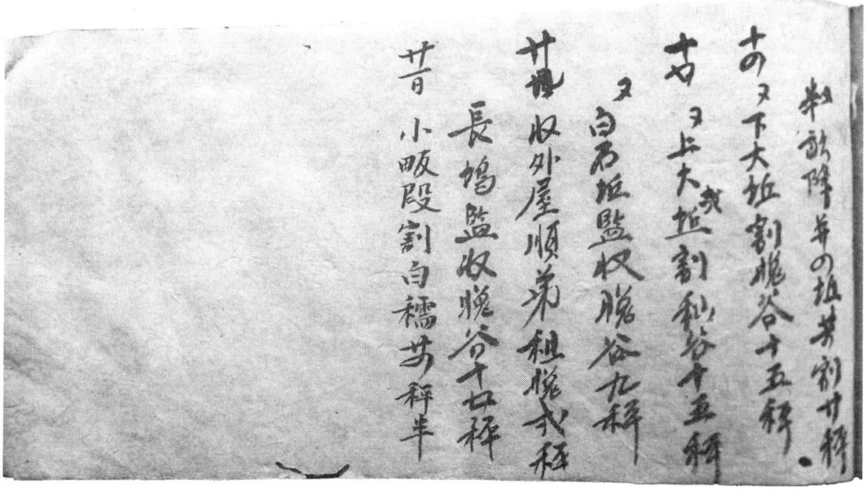

秋口镇吴家 14-34 · 同治五年至光绪十二年 · 排日账

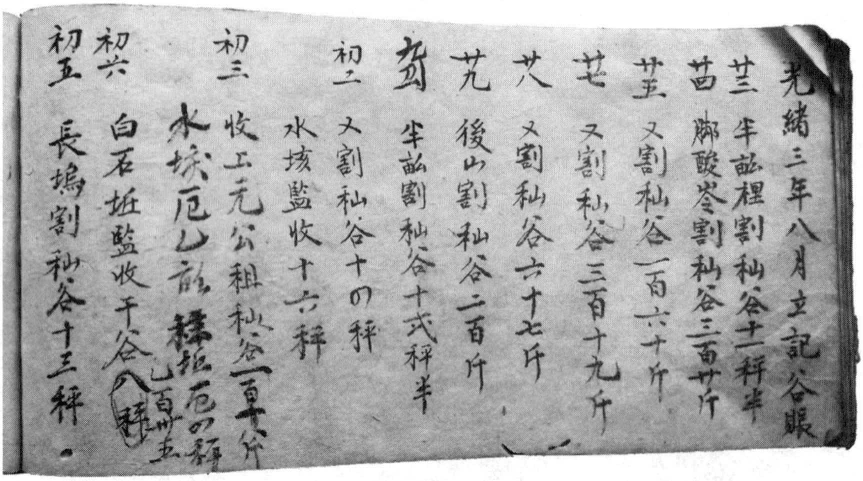
光緒三年八月立記谷賬
廿三 半畝裡割秈谷十一秤半
廿四 脚酸岺割秈谷三百廿斤
廿五 又割秈谷一百六十斤
廿七 又割秈谷三百十九斤
廿八 又割秈谷六十七斤
廿九 後山割秈谷二百斤
菊 半畝割秈谷十弍秤半
初二 又割秈谷十四秤
水垓監收十六秤
初三 收工元公租秈谷一百十斤
水垓厄山龍 秤坵厄四秤 山百卅五
初六 白石坵監收干谷八秤
初五 長塢割秈谷十三秤

秋口镇吴家 14-35 · 同治五年至光绪十二年 · 排日账

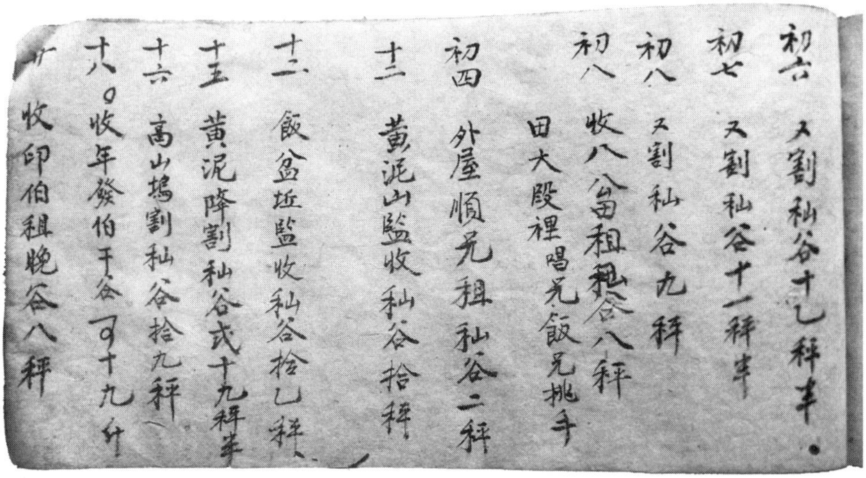
初六 又割私谷十乙秤半。
初七 又割私谷十一秤半
初八 又割私谷九秤
初八 收八公田租私谷八秤
田大段裡唱兄、飯兄挑手
初四 外屋順兄租私谷二秤
十二 黄泥山監收私谷拾秤
十二 飯盆坵監收私谷拾乙秤
十五 黄泥降割私谷弍十九秤半
十六 高山塢割私谷拾九秤
十八 收年發伯干谷丁十九斤
廿 收印伯租晚谷八秤

秋口镇吴家 14-36・同治五年至光绪十二年・排日账

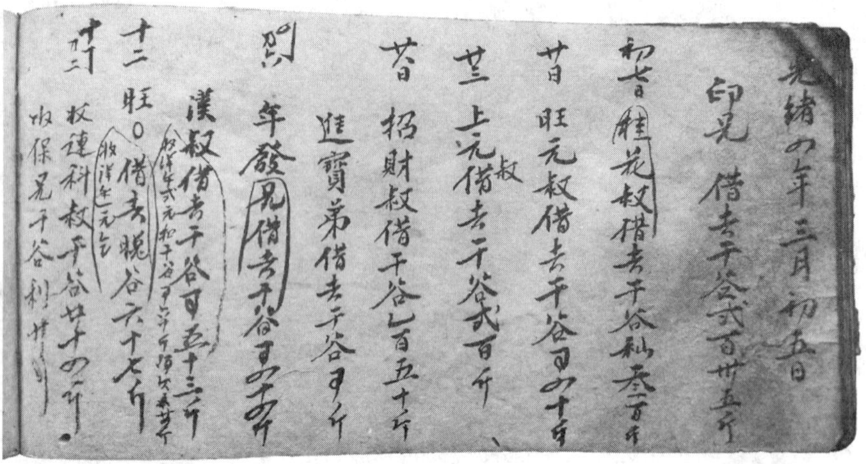

秋口镇吴家 14-37 · 同治五年至光绪十二年 · 排日账

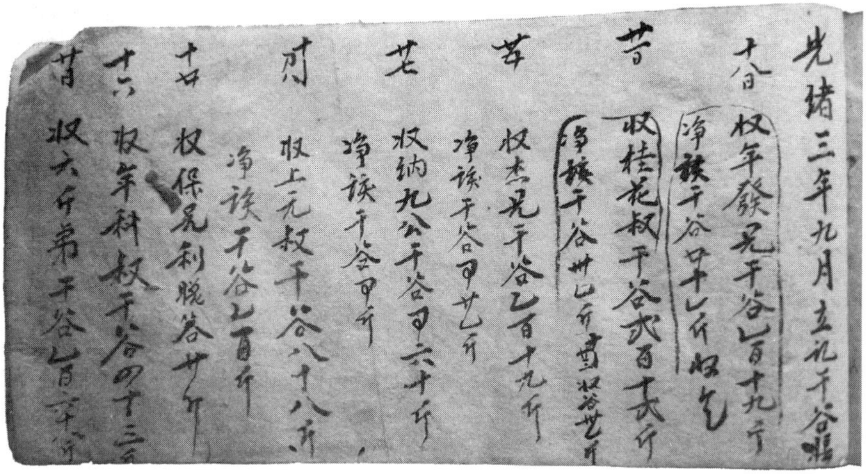

秋口镇吴家 14-38 · 同治五年至光绪十二年 · 排日账

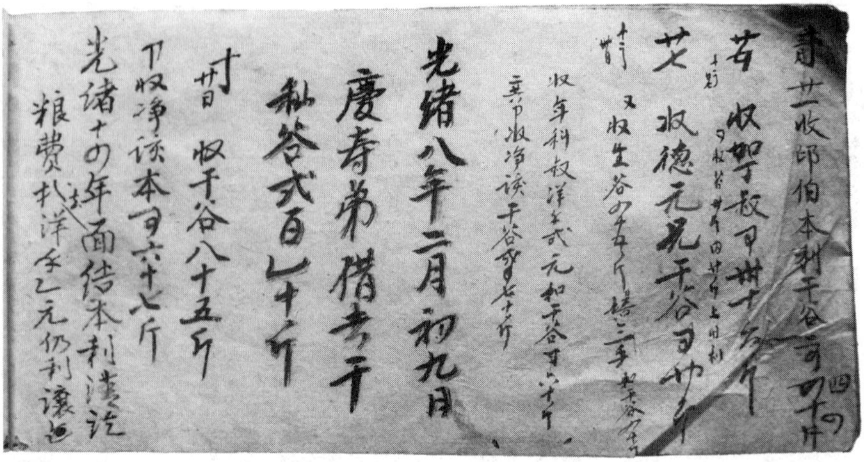

秋口镇吴家 14-39 · 同治五年至光绪十二年 · 排日账

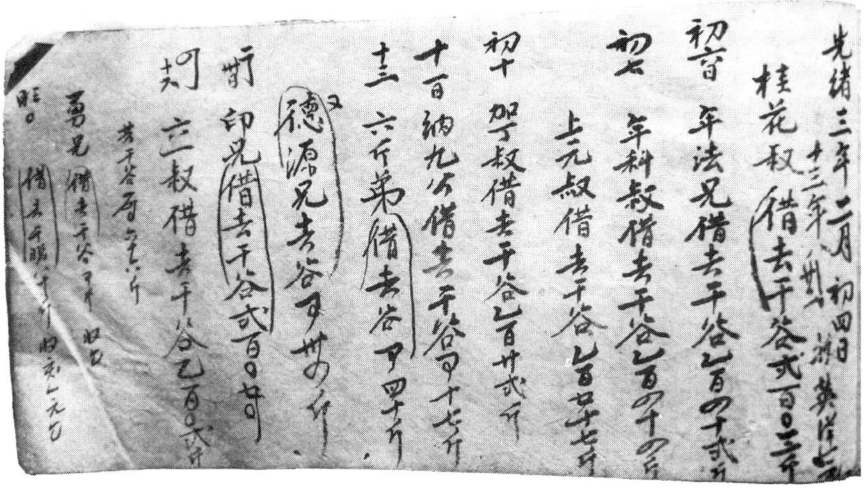

秋口镇吴家 14-40 · 同治五年至光绪十二年 · 排日账

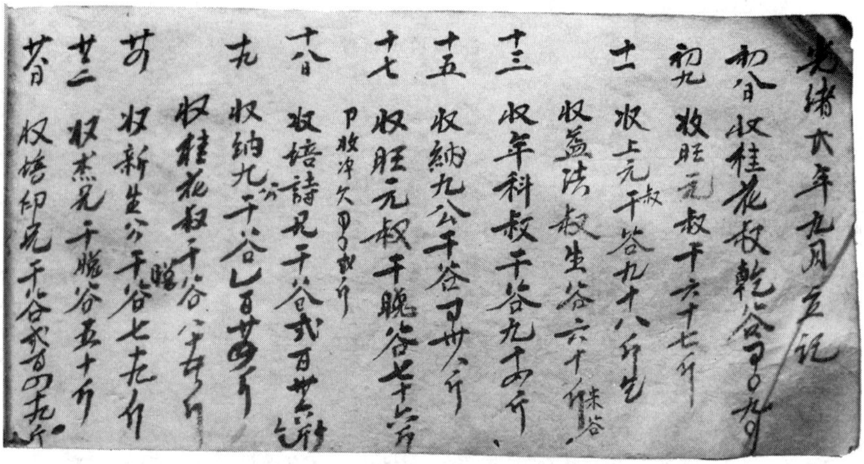

秋口镇吴家 14-41 · 同治五年至光绪十二年 · 排日账

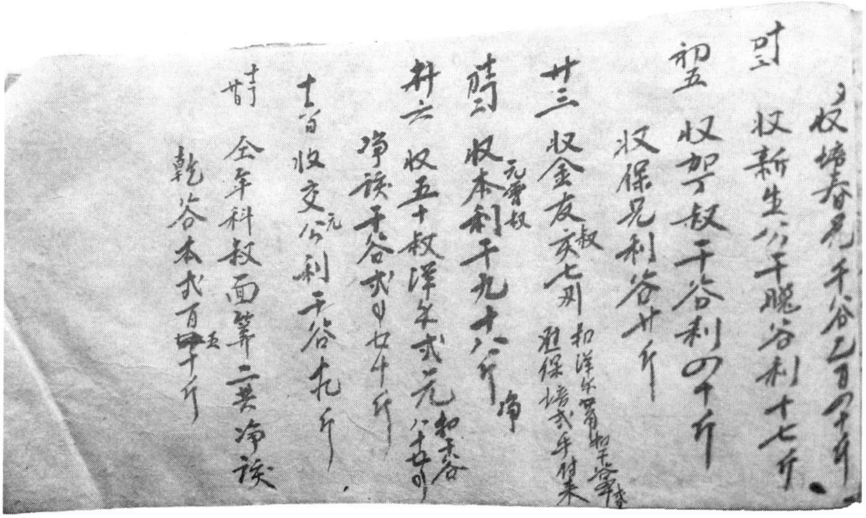

又收培春兄千谷乙百四十斤
廿一 收新生八千脆谷利十七斤
初五 收賀叔千谷利四十斤
收保兄利谷廿斤
廿三 收金友叔交七刄 扣洋除 又保培式手付来
廿五 收本利千九十八斤 净
廿六 收五十叔洋年式元 扣太谷八十斤
净谈千谷式百七十斤
十四 收交公元利千谷九斤
十二 全年科叔面算二共净谈
乾谷本式百五十斤

秋口镇吴家 14-42 · 同治五年至光绪十二年 · 排日账

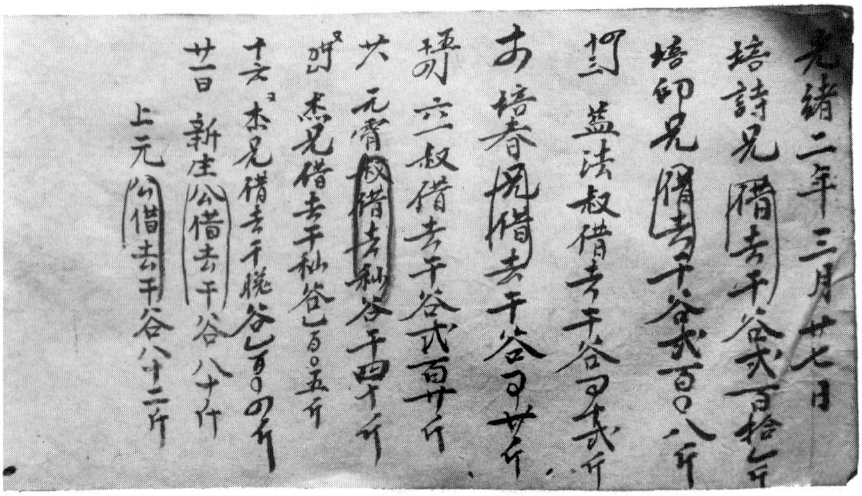

光绪二年三月廿七日
培詩兄借去干谷弍百拾斤
培印兄借去干谷弍百〇八斤
初三 盖法叔借去干谷百弍斤
十一 培春兄借去干谷百廿斤
十五 六一叔借去干谷弍百廿斤
六 元霄叔借去秈谷干四十斤
四 杰兄借去干秈谷一百〇五斤
十六 杰兄借去干晚谷一百〇四斤
廿日 新庄公借去干谷八十斤
上元公借去干谷八十二斤

秋口镇吴家 14-43 · 同治五年至光绪十二年 · 排日账

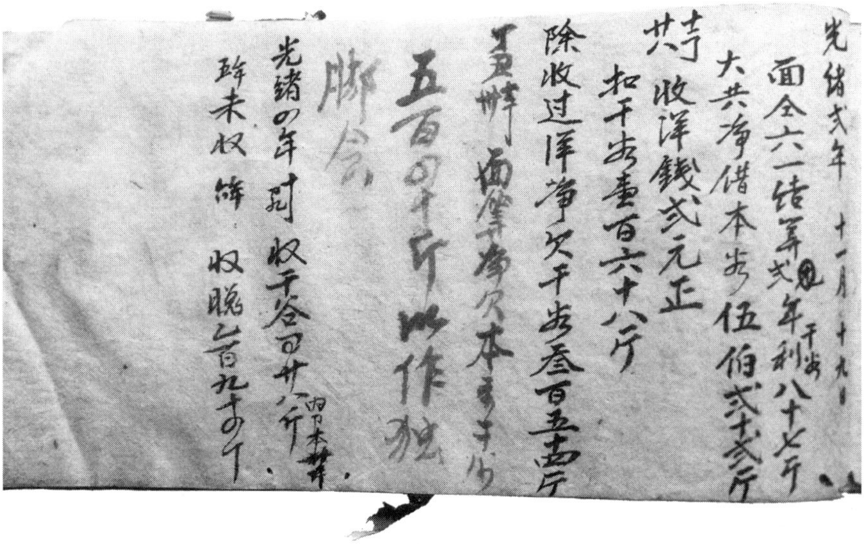

秋口镇吴家 14-44 · 同治五年至光绪十二年 · 排日账

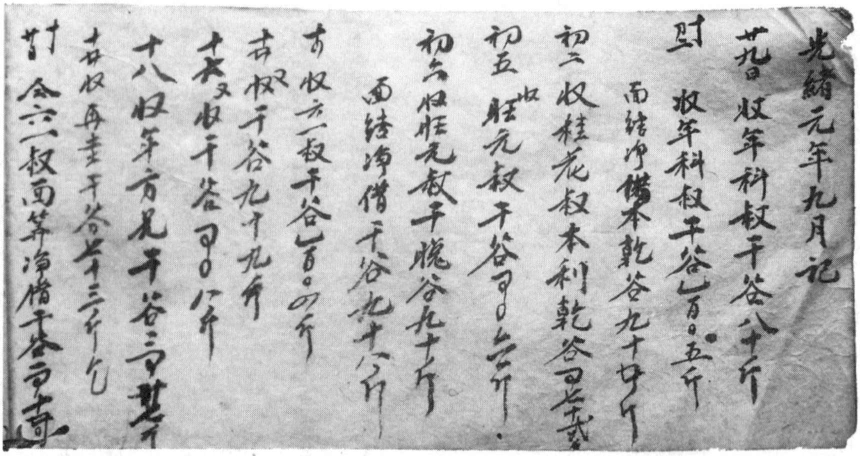
光緒元年九月記
廿九日 收年科叔干谷八十斤
卅日 收年科叔干谷〡百〇五斤
面结净借本乾谷九十[illegible]斤
初二 收桂花叔本利乾谷〢百七十贰斤
初五 收旺元叔干谷〢百〇[illegible]斤
初六 收旺元叔干晚谷九十斤
面结净借干谷九十八斤
十三 收六一叔干谷〡百〇[illegible]斤
十四 收又干谷九十九斤
十五 又收干谷〢百〇八斤
十八 收年方兄干谷三〢[illegible]
十七 收再奎干谷七十三斤

秋口镇吴家 14-45 · 同治五年至光绪十二年 · 排日账

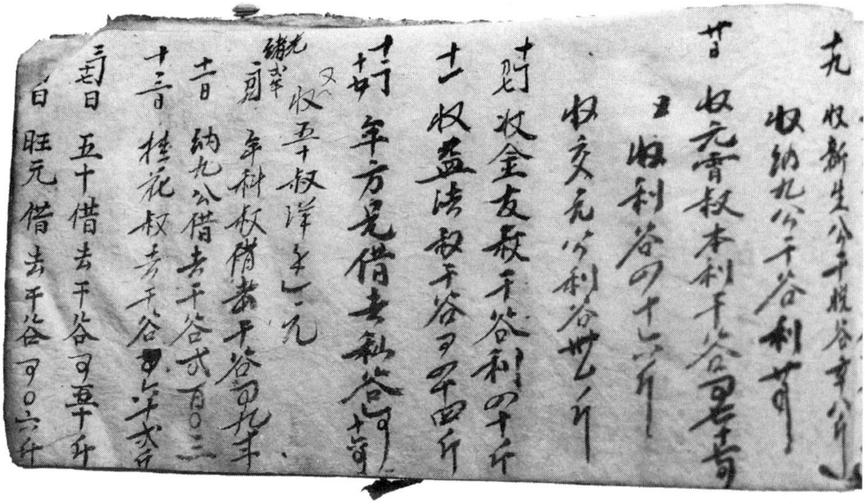

秋口镇吴家 14-46 · 同治五年至光绪十二年 · 排日账

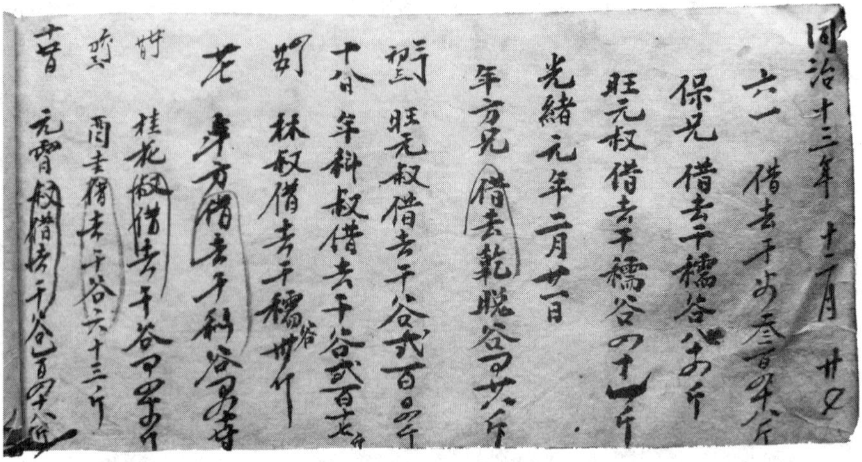

秋口镇吴家 14-47 · 同治五年至光绪十二年 · 排日账

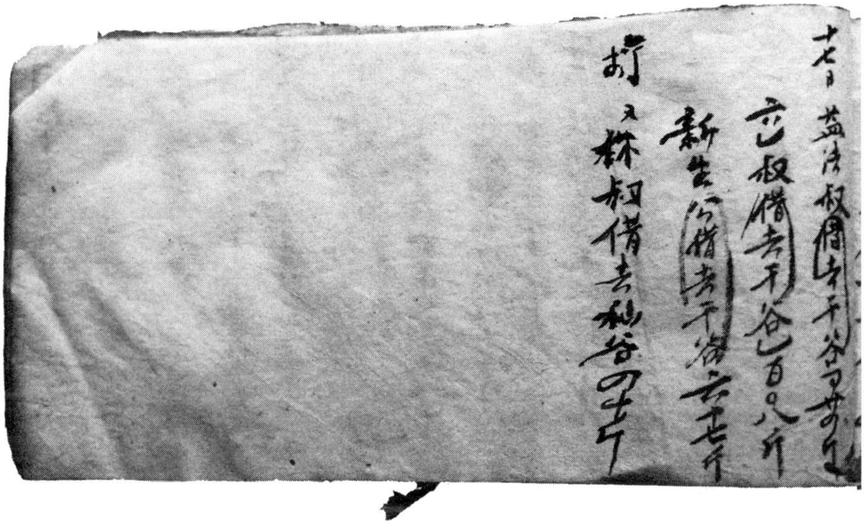

十七日 益法叔借去干谷一百廿斤
亡叔借去干谷一百〇八斤
新生侄借去干谷六十七斤
打
又 林叔借去秈谷四十斤

秋口镇吴家 14-48 · 同治五年至光绪十二年 · 排日账

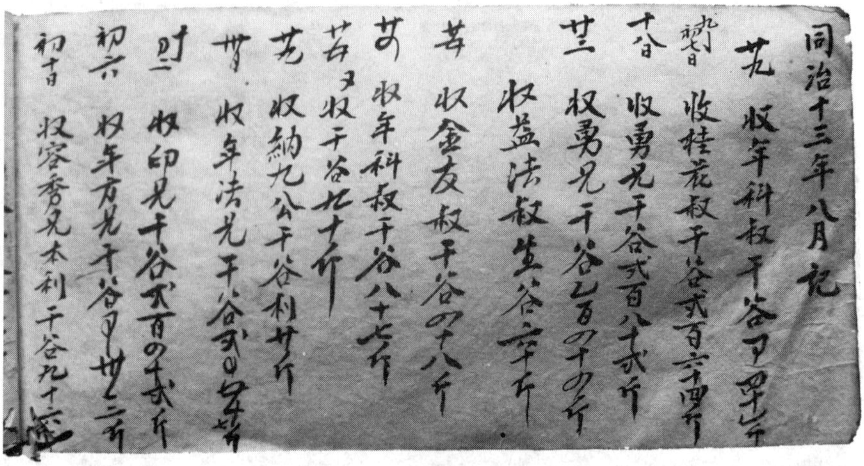

同治十三年八月记

廿九 收年科叔干谷[illegible]斤

九月初七日 收桂花叔干谷式百六十四斤

初十日 收勇兄干谷式百八十式斤

廿三 收勇兄干谷乙百四十四斤

收益法叔生谷六十斤

廿五 收金友叔干谷四十八斤

廿六 收年科叔干谷八十七斤

廿六 又收干谷廿十斤

廿九 收納九公干谷利廿斤

卅日 收年法兄干谷式[illegible]

十月初二 收印兄干谷式百四十式斤

初六 收年方兄干谷[illegible]廿二斤

初十日 收容秀兄本利干谷九十[illegible]

秋口镇吴家 14-49 · 同治五年至光绪十二年 · 排日账

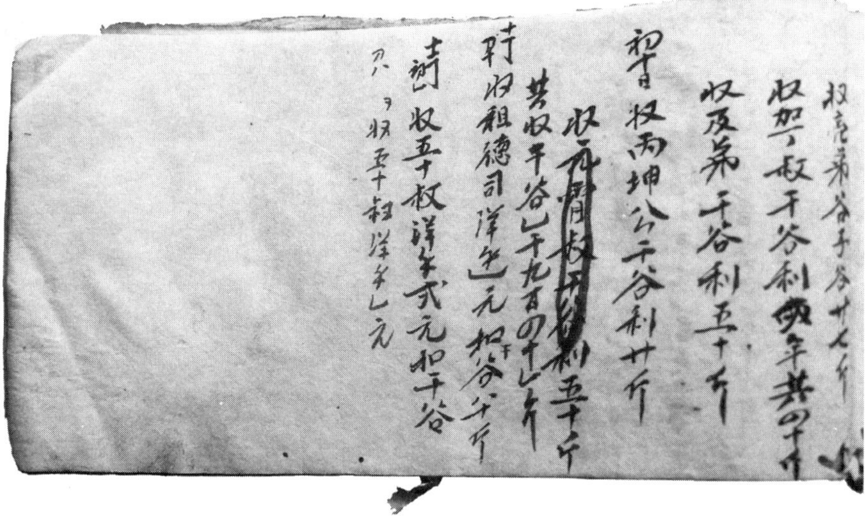
收亮弟谷千谷廿七斤
收四丫叔干谷利两年共四十斤
收友弟干谷利五十斤
初十日收丙坤公干谷利廿斤
收元胥叔干谷利五十斤
共收干谷三千九百四十三斤
十三日收祖德司洋钱三元扣干谷八十斤
十四日收五十叔洋钱贰元扣干谷
又八日收五十叔洋钱三元

秋口镇吴家 14-50 · 同治五年至光绪十二年 · 排日账

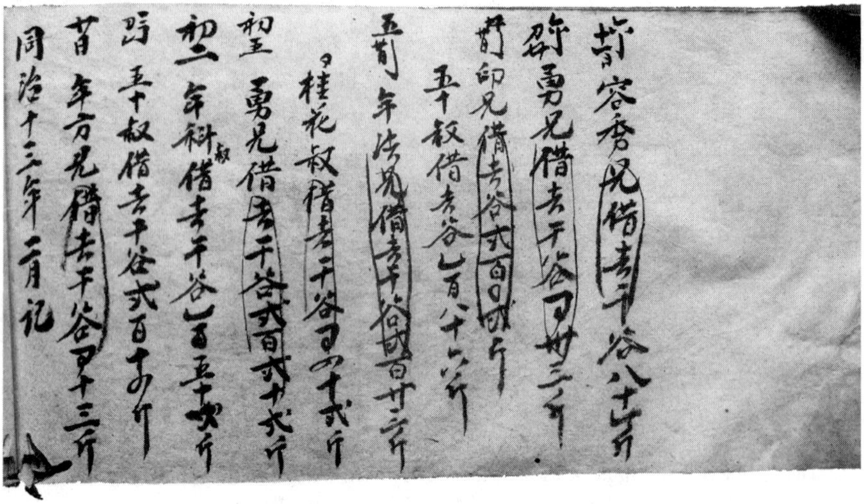
[illegible]容秀兄借去干谷八十[illegible]斤
[illegible]勇兄借去干谷[illegible]廿三斤
[illegible]印兄借去谷弍百[illegible]斤
五十叔借去谷[illegible]百八十[illegible]斤
五[illegible]年法兄借去干谷弍百廿[illegible]斤
桂花叔借去干谷[illegible]十弍斤
初五 勇兄借去干谷弍百弍十[illegible]斤
初[illegible] 年科叔借去干谷[illegible]百五十[illegible]斤
[illegible] 五十叔借去干谷弍百[illegible]斤
[illegible] 年方兄借去干谷[illegible]十三斤
同治十三年二月记

秋口镇吴家 14-51 · 同治五年至光绪十二年 · 排日账

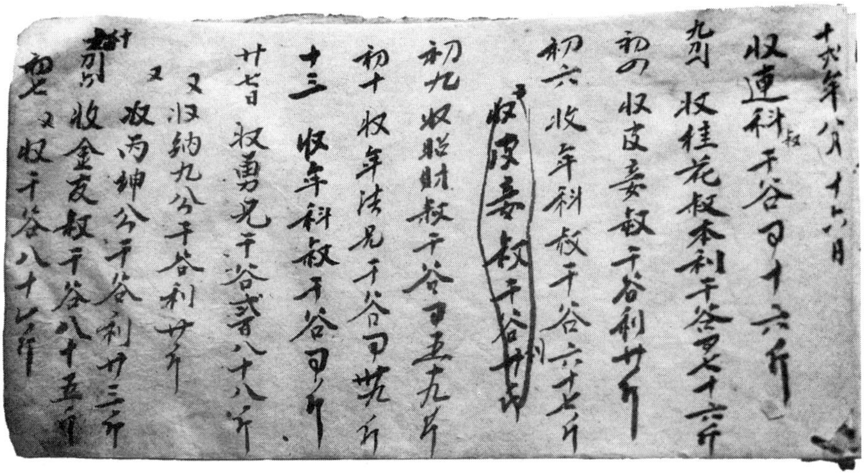
十六年八月十六日
收連科叔干谷百十六斤
九月 收桂花叔本利干谷百七十六斤
初四 收皮妾叔干谷利廿斤
初六 收年科叔干谷六十七斤
收皮妾叔干谷廿斤
初九 收貽財叔干谷百五九斤
初十 收年法兄干谷百卅九斤
十三 收年科叔干谷百斤
廿七日 收勇兄干谷贰百八十八斤
又 收納九公干谷利廿斤
又 收丙坤公干谷利廿三斤
十月 收金友叔干谷八十五斤
初七 又 收干谷八十七斤

秋口镇吴家 14-52 · 同治五年至光绪十二年 · 排日账

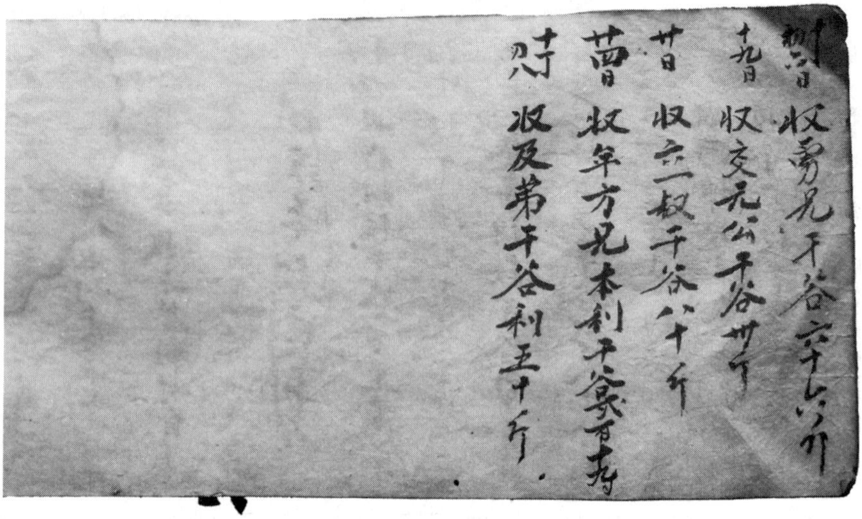
初三日 收舅兄干谷六十六斤
十九日 收交元公干谷卅斤
廿日 收六一叔干谷八十斤
廿四日 收年方兄本利干谷贰百寿
廿八日 收及弟干谷利五十斤

秋口镇吴家 14-53 · 同治五年至光绪十二年 · 排日账

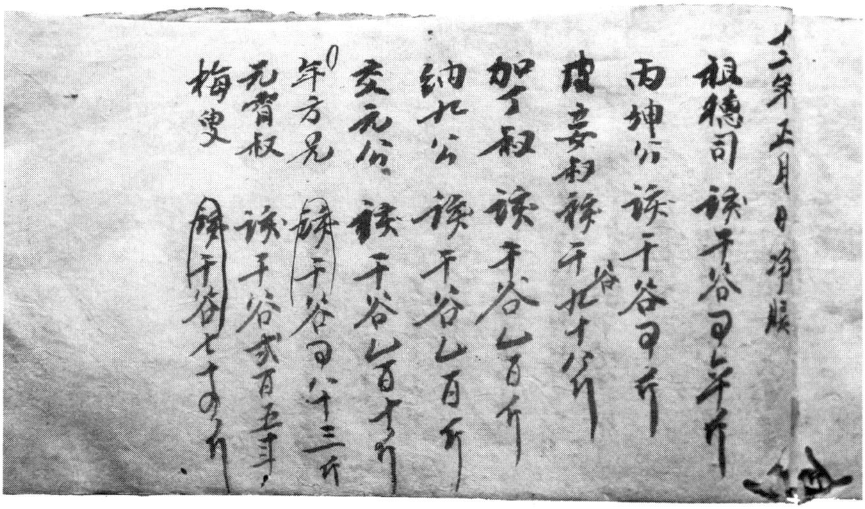

秋口镇吴家 14-54 · 同治五年至光绪十二年 · 排日账

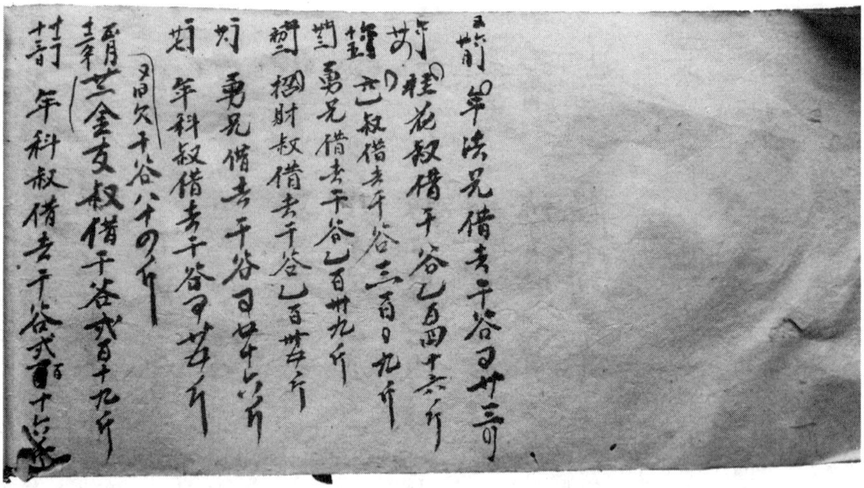

[illegible] 年法兄借去干谷百廿三斤
[illegible] 桂花叔借干谷乙百四十六斤
[illegible] 叔借去干谷三百〇九斤
[illegible] 勇兄借去干谷乙百卅九斤
[illegible] 掴财叔借去干谷乙百廿五斤
[illegible] 勇兄借去干谷百廿六斤
[illegible] 年科叔借去干谷百廿五斤
又日欠干谷八十〇斤
[illegible] 芝全支叔借干谷弍百十九斤
[illegible] 年科叔借去干谷弍百十六斤

秋口镇吴家 14-55 · 同治五年至光绪十二年 · 排日账

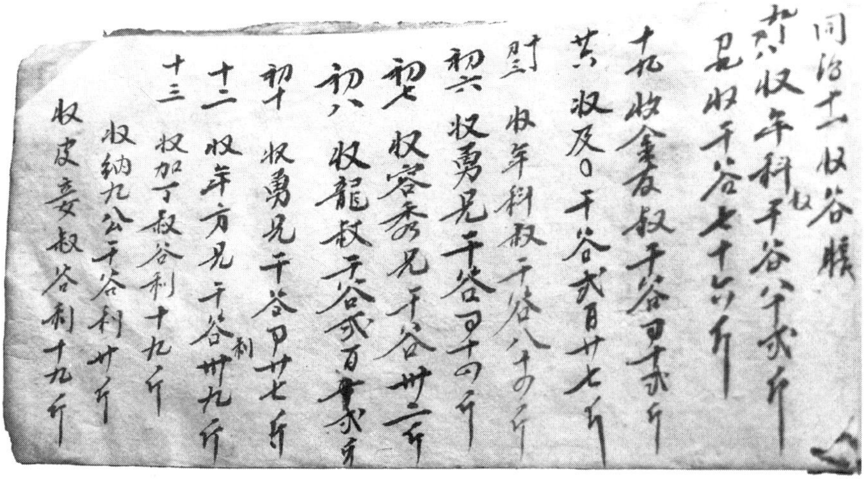

同治十一收谷賬
廿六收年科叔干谷八十贰斤
是收干谷七十六斤
十九收金春叔干谷百十贰斤
廿六收及0干谷贰百廿七斤
十月三收年科叔干谷八十四斤
初六收勇兄干谷百十四斤
初七收容秀兄干谷卅二斤
初八收龍叔干谷贰百壹贰斤
初十收勇兄干谷百廿七斤
十二收年方兄干谷利卅九斤
十三收加丁叔谷利十九斤
收納九公干谷利廿斤
收皮妾叔谷利十九斤

秋口镇吴家 14-56 · 同治五年至光绪十二年 · 排日账

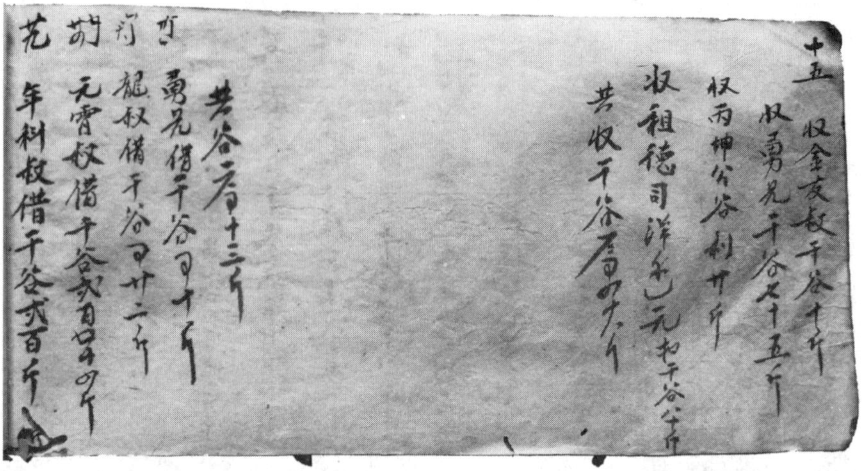
十五
收金友叔干谷十斤
收勇兄干谷七十五斤
收丙坤公谷利廿斤
收祖德司洋(钱)元扣干谷八十斤
共收干谷百四十八斤
共谷一百十三斤
勇兄借干谷百十斤
龍叔借干谷百廿二斤
元霄叔借干谷贰百四十四斤
年科叔借干谷贰百斤

秋口镇吴家 14-57 · 同治五年至光绪十二年 · 排日账

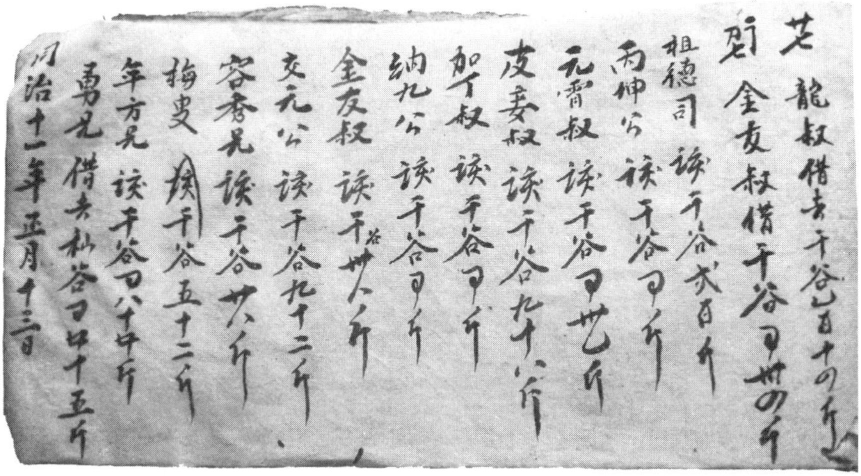
芝龍叔借去干谷乙百十四斤
烈金友叔借干谷百卅四斤
祖德司 該干谷貳百斤
丙坤公 該干谷百斤
元霄叔 該干谷百廿乙斤
皮妻叔 該干谷九十八斤
加丁叔 該干谷百斤
納九公 該干谷百斤
金友叔 該干谷卅八斤
交元公 該干谷九十二斤
容香兄 該干谷廿八斤
梅叟 該干谷五十二斤
年方兄 該干谷百八十四斤
勇兄 借去私谷百四十五斤
同治十一年正月十三日

秋口镇吴家 14-58 · 同治五年至光绪十二年 · 排日账

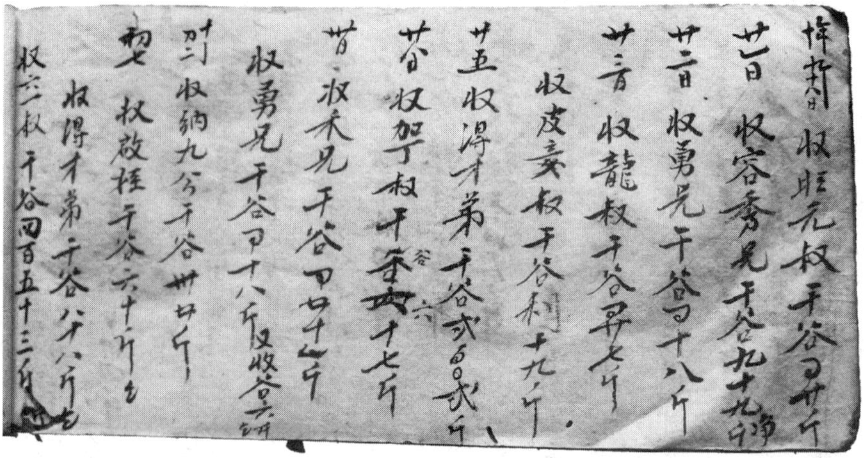
廿一日 收旺元叔干谷百廿斤
廿日 收容秀兄干谷九十九斤净
廿二日 收勇兄干谷百十八斤
廿三日 收龍叔干谷冴七斤
收皮亥叔干谷利十九斤
廿五 收得才弟干谷弍百弍斤
廿六 收架叔干谷六十七斤
廿七 收禾兄干谷百廿七斤
收勇兄干谷百十八斤又收谷六斤
卅日 收納九公干谷卅廿斤
初七 收啟桂干谷六十斤乜
收得才弟干谷八十八斤乜
收六叔干谷四百五十三斤

秋口镇吴家 14-59 · 同治五年至光绪十二年 · 排日账

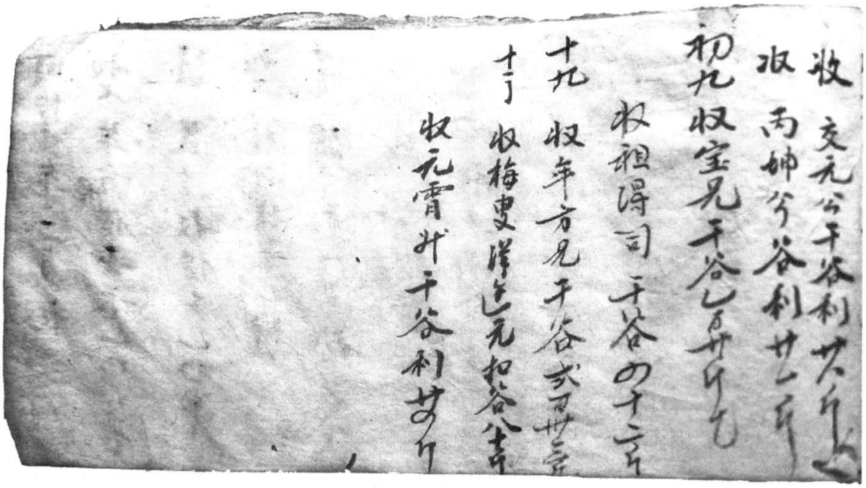
收交元公干谷利廿八斤
收丙坤兮谷利廿一斤
初九 收宝兄干谷乚百廿斤乜
收祖得司干谷四十六斤
十九 收年方兄干谷弍百廿斤
十〇 收梅吏澤生元和谷八斤
收元霄兄干谷利廿斤

秋口镇吴家 14-60 · 同治五年至光绪十二年 · 排日账

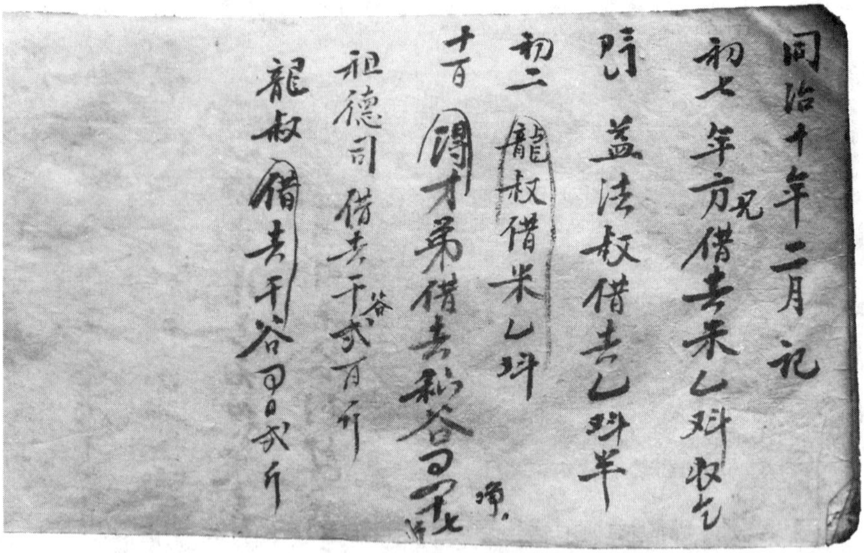
同治十年二月記
初七 年方兄借去米乙斗收乞
廿一 益法叔借去乙斗半
初二 龍叔借米乙斗
十日 得才弟借去秈谷[illegible]
祖德司借去干谷貳百斤
龍叔借去干谷[illegible]貳斤

秋口镇吴家 14-61 · 同治五年至光绪十二年 · 排日账

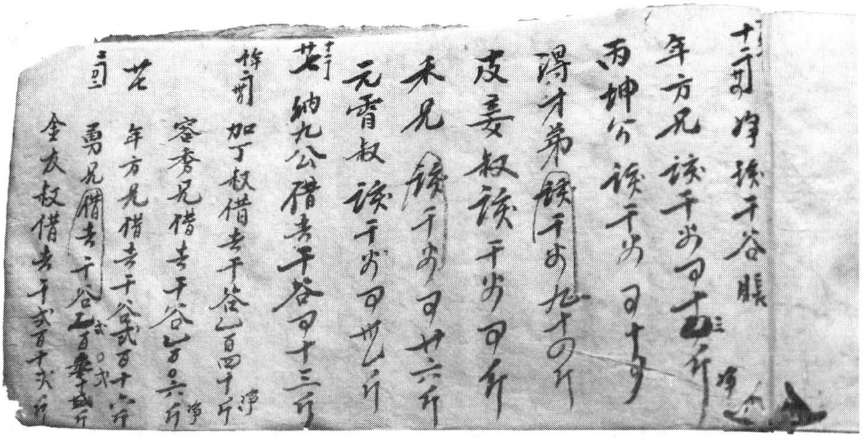

秋口镇吴家 14-62 · 同治五年至光绪十二年 · 排日账

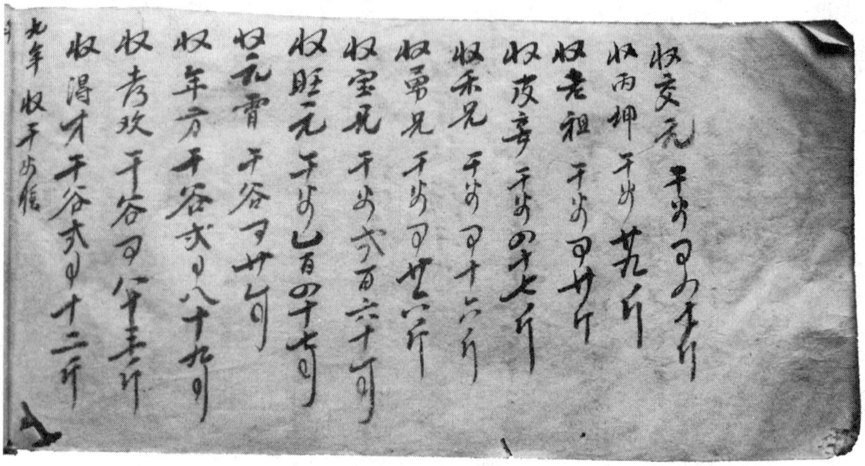

秋口镇吴家 14-63 · 同治五年至光绪十二年 · 排日账

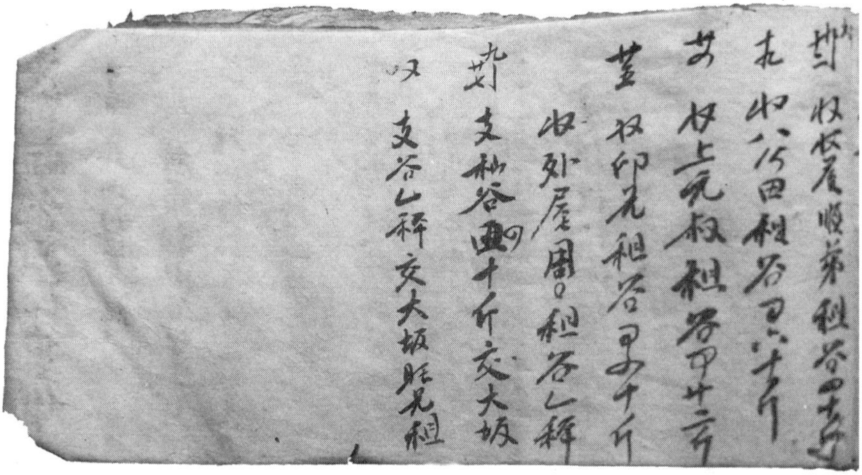
廿一 收长屋暖弟租谷四十五斤
廿二 收八仙田租谷四十斤
廿三 收上元叔租谷四十六斤
廿四 收印光租谷四十斤
收外屋围租谷一秤
九月廿一 支秋谷四十斤交大坂
又 支谷一秤交大坂旺兄租

秋口镇吴家 14-64 · 同治五年至光绪十二年 · 排日账

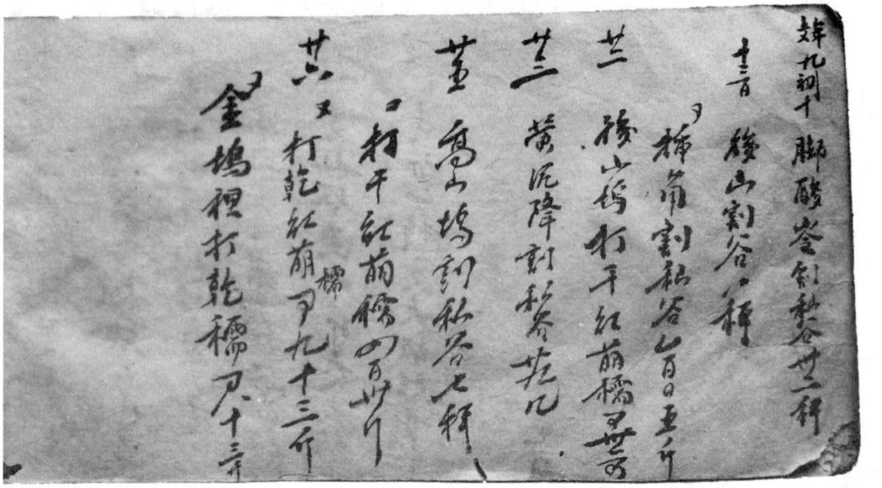

秋口镇吴家 14-65 · 同治五年至光绪十二年 · 排日账

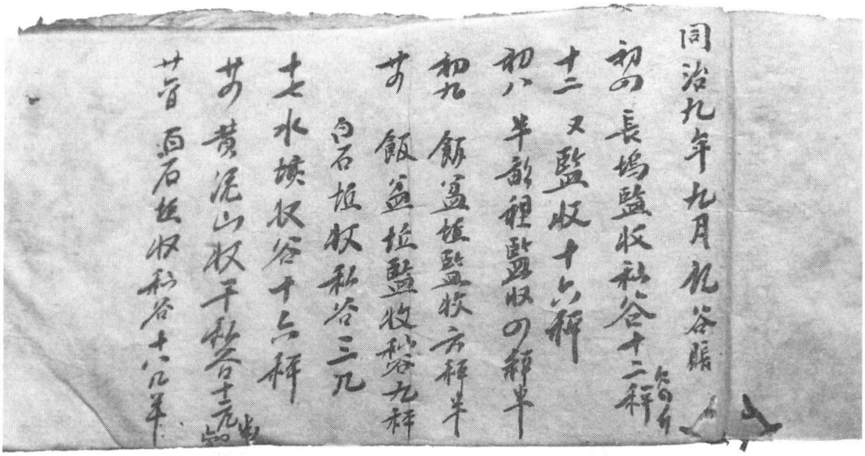
同治九年九月礼谷賬
初四 長塢監收秋谷十二秤 欠谷斤
十二 又監收十六秤
初八 半畝裡監收四秤半
初九 飯蘯垣監收六秤半
廿六 飯益垣監收秋谷九秤
白石垣收秋谷三九
廿七 水塘收谷十六秤
廿六 黃泥山收干秋谷十九
廿八 面石垣收秋谷十八半

秋口镇吴家 14-66 · 同治五年至光绪十二年 · 排日账

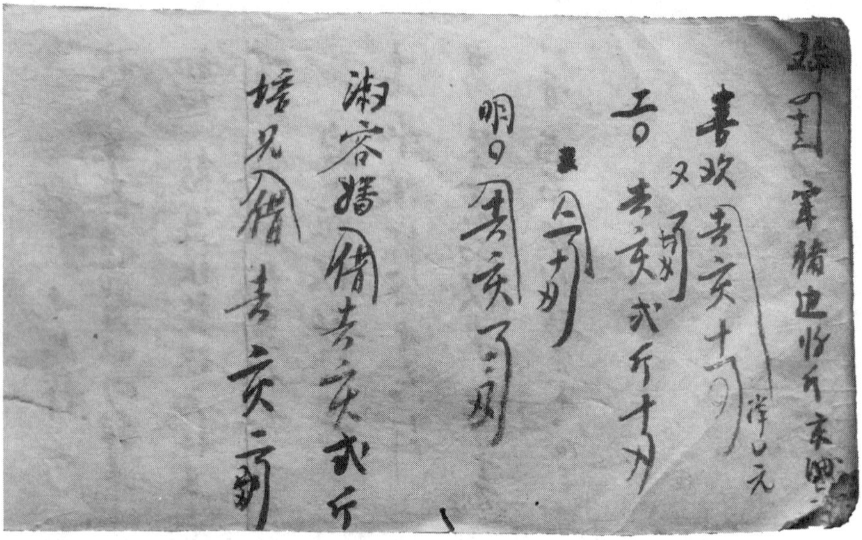

秋口镇吴家 14-67 · 同治五年至光绪十二年 · 排日账

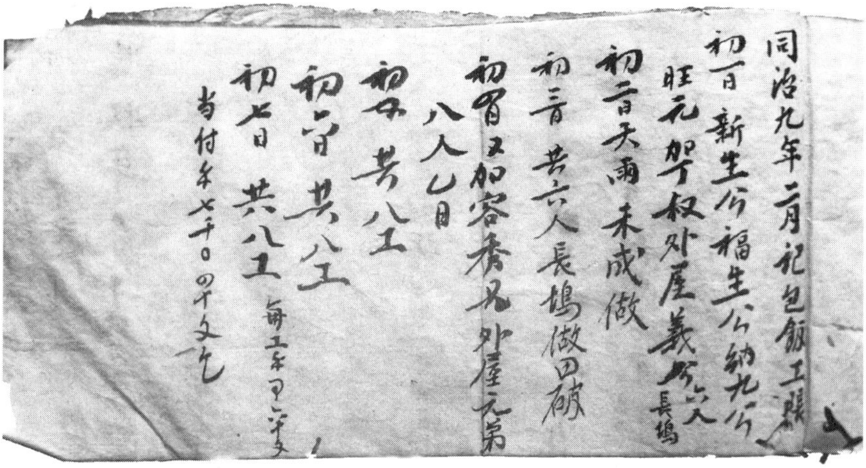
同治九年二月記包飯工賬
初一日 新生公 福生公 納九公
旺元 架叔 外屋義公 六人 長鴣
初二日天雨 未成做
初三日 共六人 長鴣做田磅
初四日又加容秀兄 外屋元弟
八人乙日
初五日 共八工
初六日 共八工
初七日 共八工 每工米[illegible]文
当付米七千〇四十文乞

秋口镇吴家 14-68 · 同治五年至光绪十二年 · 排日账

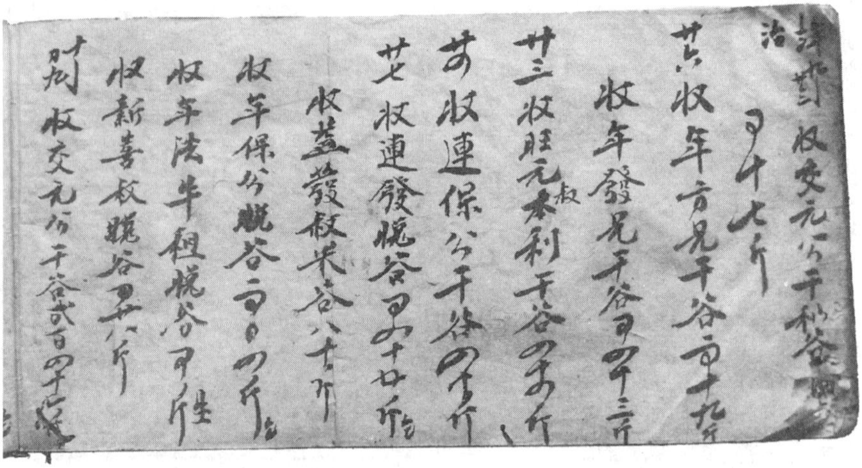

秋口镇吴家 14-69 · 同治五年至光绪十二年 · 排日账

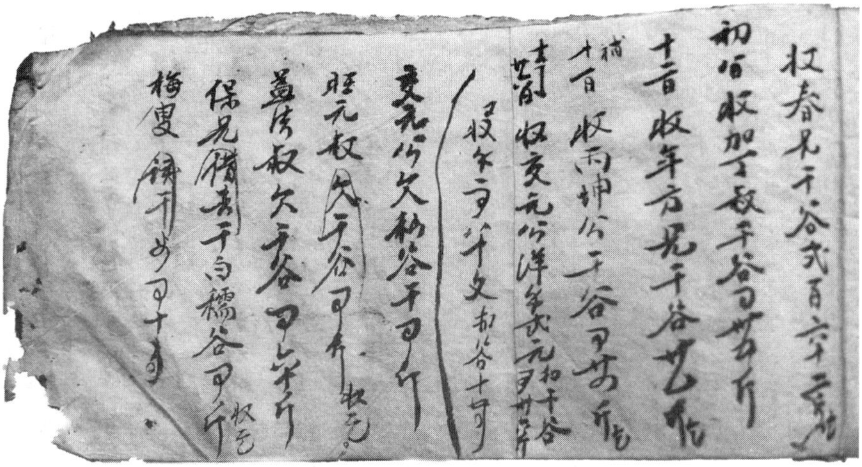

秋口镇吴家 14-70 · 同治五年至光绪十二年 · 排日账

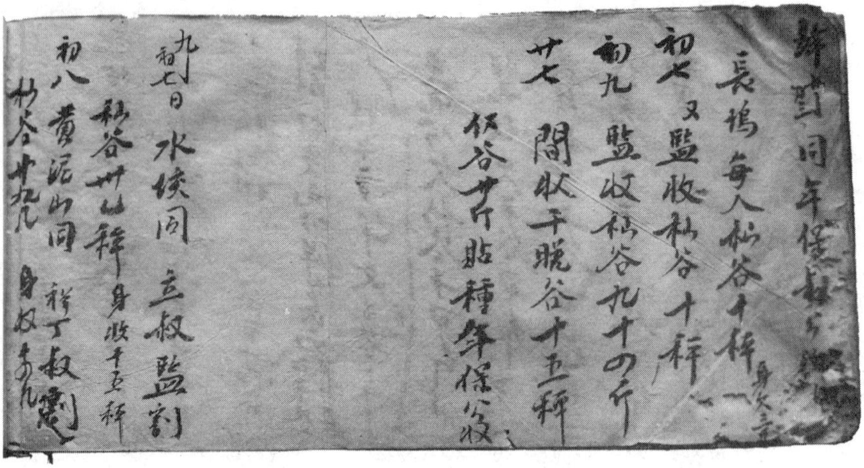
辭歲同年保公收
長鳩每人秈谷十斤　身欠
初七　又監收秈谷十秤
初九　監收秈谷九十四斤
廿七　間收干晚谷十五秤
秈谷廿斤貼種　爭保公收
九月初七日　水碓同　立叔監　劉
秈谷廿八秤　身收十五秤
初八　黄泥山同　科丁叔　劉
秈谷廿九斤　身收秈九

秋口镇吴家 14–71 · 同治五年至光绪十二年 · 排日账

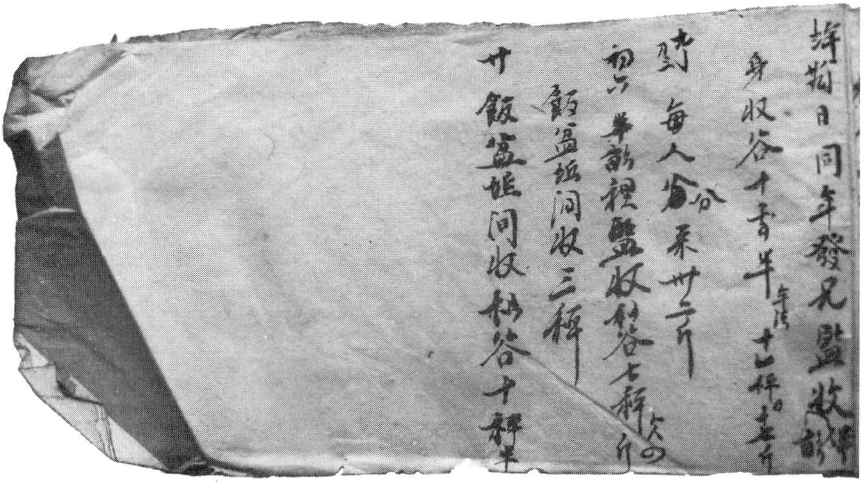

秋口镇吴家 14-72 · 同治五年至光绪十二年 · 排日账

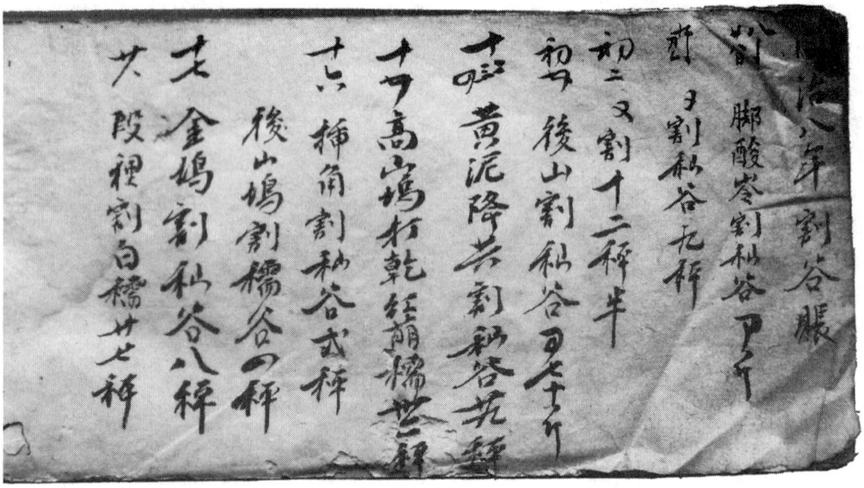
同治八年割谷賬
八月 脚酸岺割秋谷[illegible]斤
初一 又割秋谷九秤
初二 又割十二秤半
初四 後山割秋谷[illegible]十斤
十四 黄泥降共割秋谷廿五秤
十五 高山塢打乾紅蒲糯卅秤
十六 標角割秋谷貳秤
後山塢割糯谷四秤
十七 金塢割秋谷八秤
廿 大段裡割白糯廿七秤

秋口镇吴家 14-73 · 同治五年至光绪十二年 · 排日账

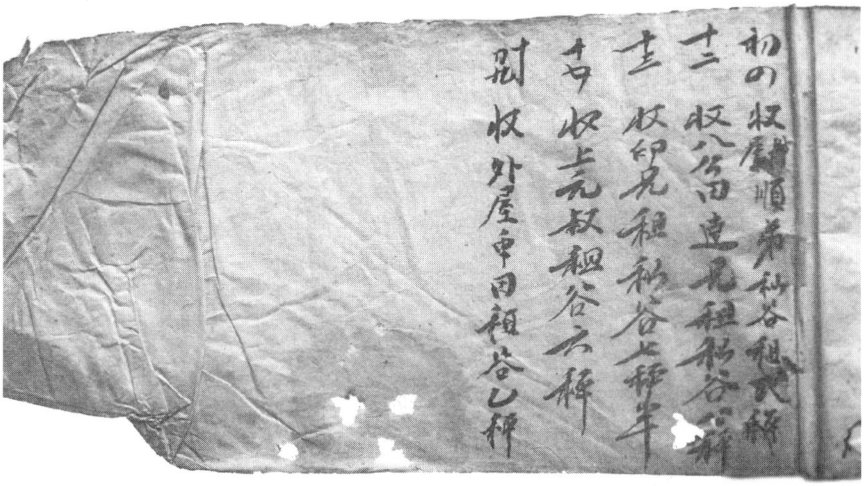
初四收屋背顺弟秋谷租弍秤
十二收八角田達见租秋谷六秤
十三收卯兄租秋谷七秤半
十五收壬元叔租谷六秤
廿一收外屋东田租谷乙秤

秋口镇吴家 14-74 · 同治五年至光绪十二年 · 排日账

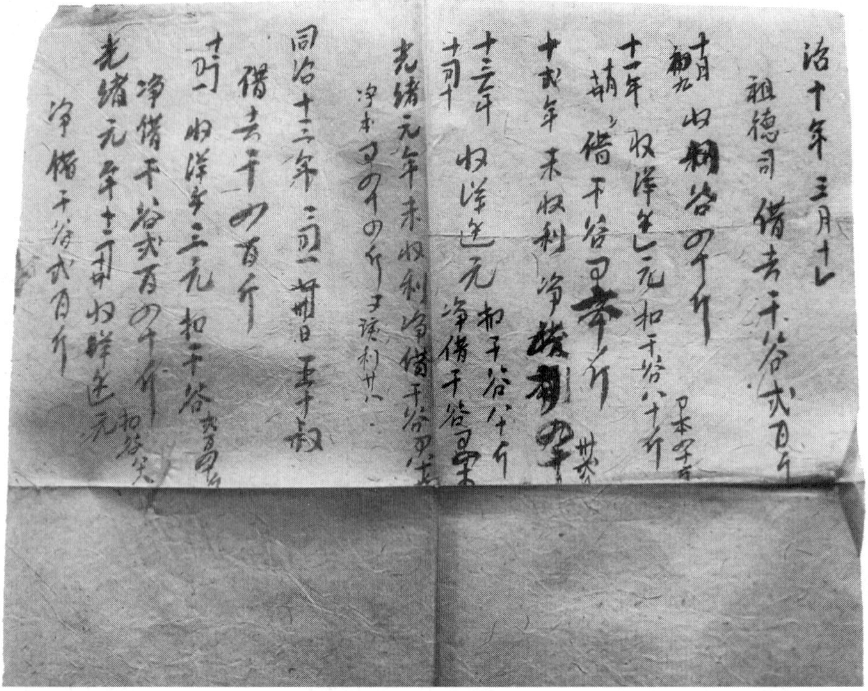

秋口镇吴家 14-75 · 同治五年至光绪十二年 · 排日账

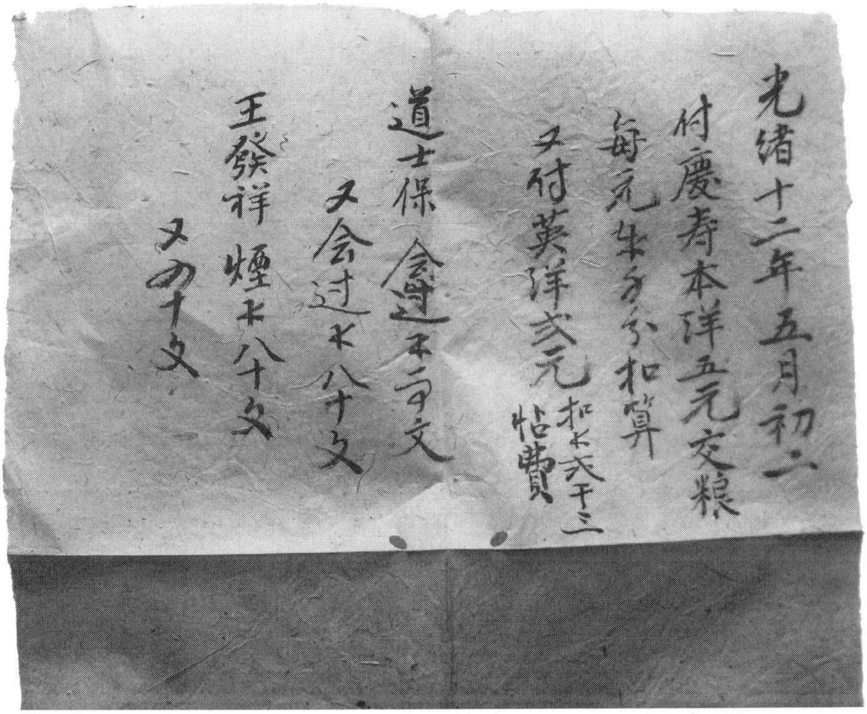
光绪十二年五月初二
付慶寿本洋五元交粮
每元朱[illegible]分六扣算
又付英洋弍元扣钱弍千三
帖費
道士保會過钱[illegible]百文
又会过钱八十文
王發祥煙钱八十文
又四十文

秋口镇吴家 14-76 · 同治五年至光绪十二年 · 排日账

秋口镇吴家 25-1 · 光绪二十二年 · 分家文书 · 吴程氏

盖闻我祖耕種為業勤儉成良高居三代未各合烟祖父桂高
乃曾遠父之子也幸其上天庇蔭祖德重重恩我澤遠長流宗支
蕃盛葉茂根堅是吾 高祖之德也 祖暨配詹氏持家既克儉克勤
已成事業產創百鈞重新屋宇年三旬外生氏夫茂榜夫年六齡翁
作古予夫幼配詹氏夫年十六詹氏溘命累及姑嫜而成结讼费

秋门镇吴家 25-2 · 光绪二十二年 · 分家文书 · 吴程氏

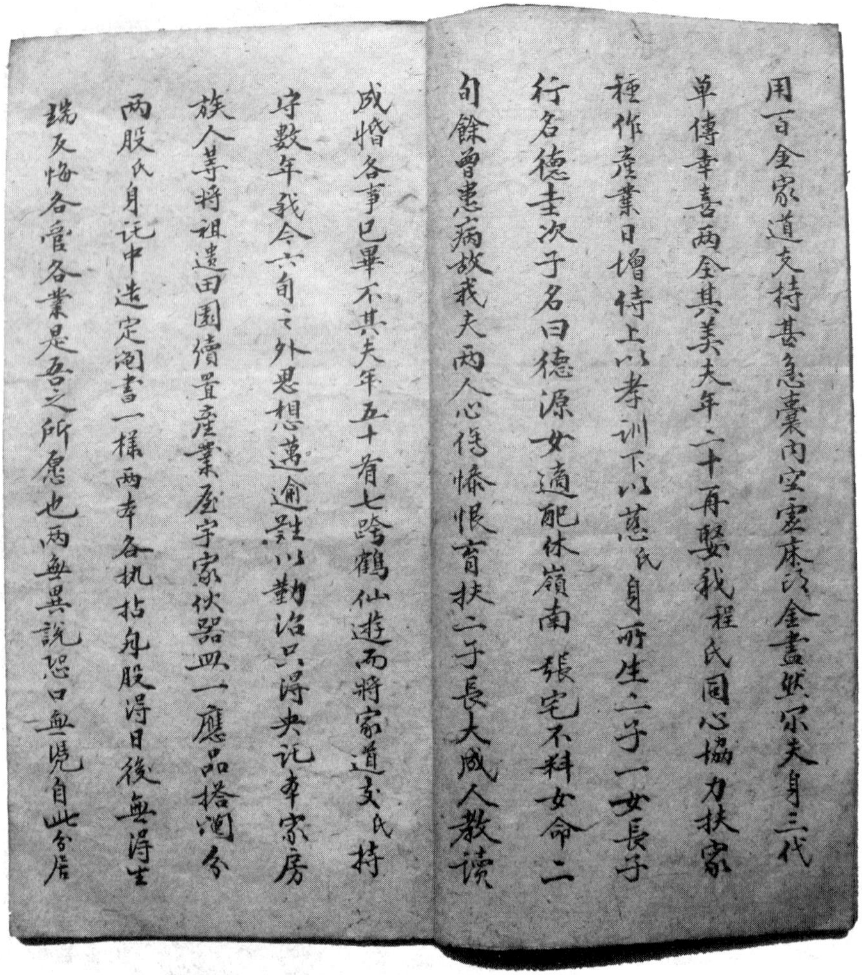
用百金家道支持甚急囊内空虛麻金盡然余夫身三代
單傳幸喜兩全其美夫年二十再娶我程氏同心協力扶家
種作產業日增侍上以孝訓下以慈氏身所生二子一女長子
行名德圭次子名曰德源女適配休嶺南張宅不料女命二
旬餘曾患病故我夫兩人心傷慘恨育扶二子長大成人教讀
成婚各事已畢不其夫年五十有七跨鶴仙遊所將家道支氏持
守數年我今六旬之外思想萬遇難以勤治只得央託本家房
族人等將祖遺田園續置產業屋宇家伙器皿一應品搭鬮分
兩股氏身託中造定鬮書一樣兩本各執拈鬮股得日後無得生
端反悔各管各業是吾之所愿也兩無異說恐口無憑自此分居

秋口镇吴家 25-3 · 光绪二十二年 · 分家文书 · 吴程氏

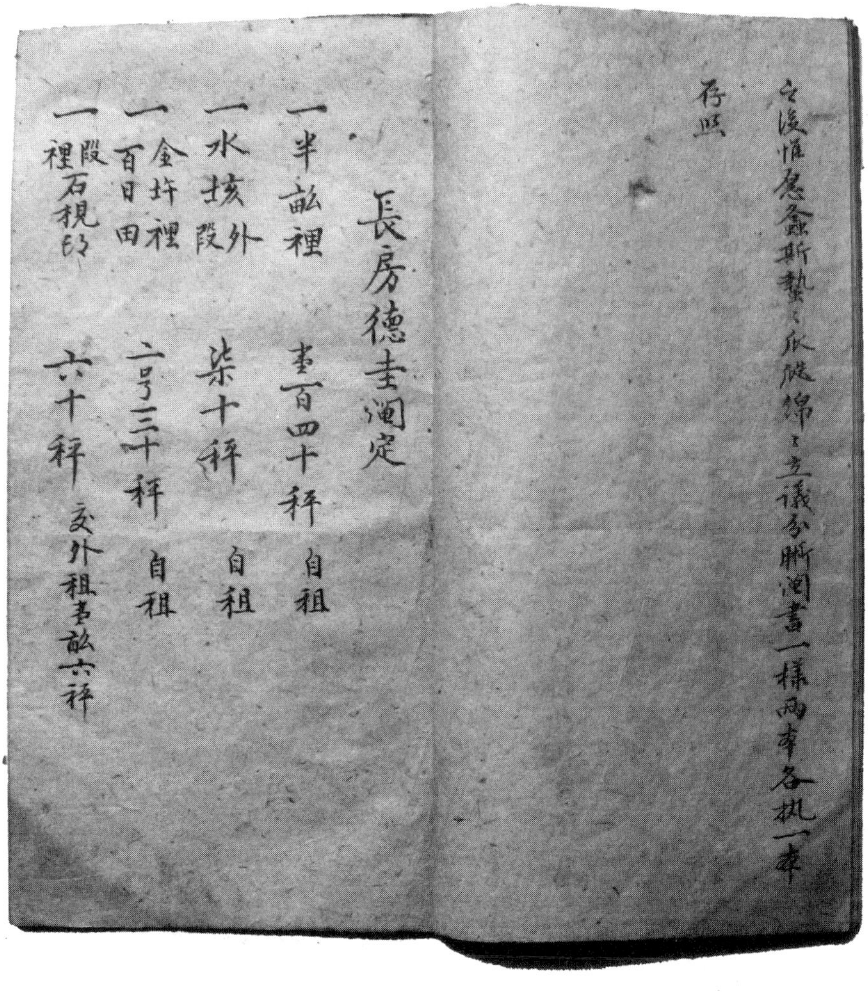
今後惟愿螽斯蟄蟄瓜瓞綿綿立議分關阄書一樣兩本各執一本
存照

長房德圭阄定

一半畝裡 壹百四十秤 自租

一水核外段 柒十秤 自租

一金圷裡百日田 [illegible]三十秤 自租

一段石硯坵裡 六十秤 交外祖壹畝六秤

秋口镇吴家 25-4 · 光绪二十二年 · 分家文书 · 吴程氏

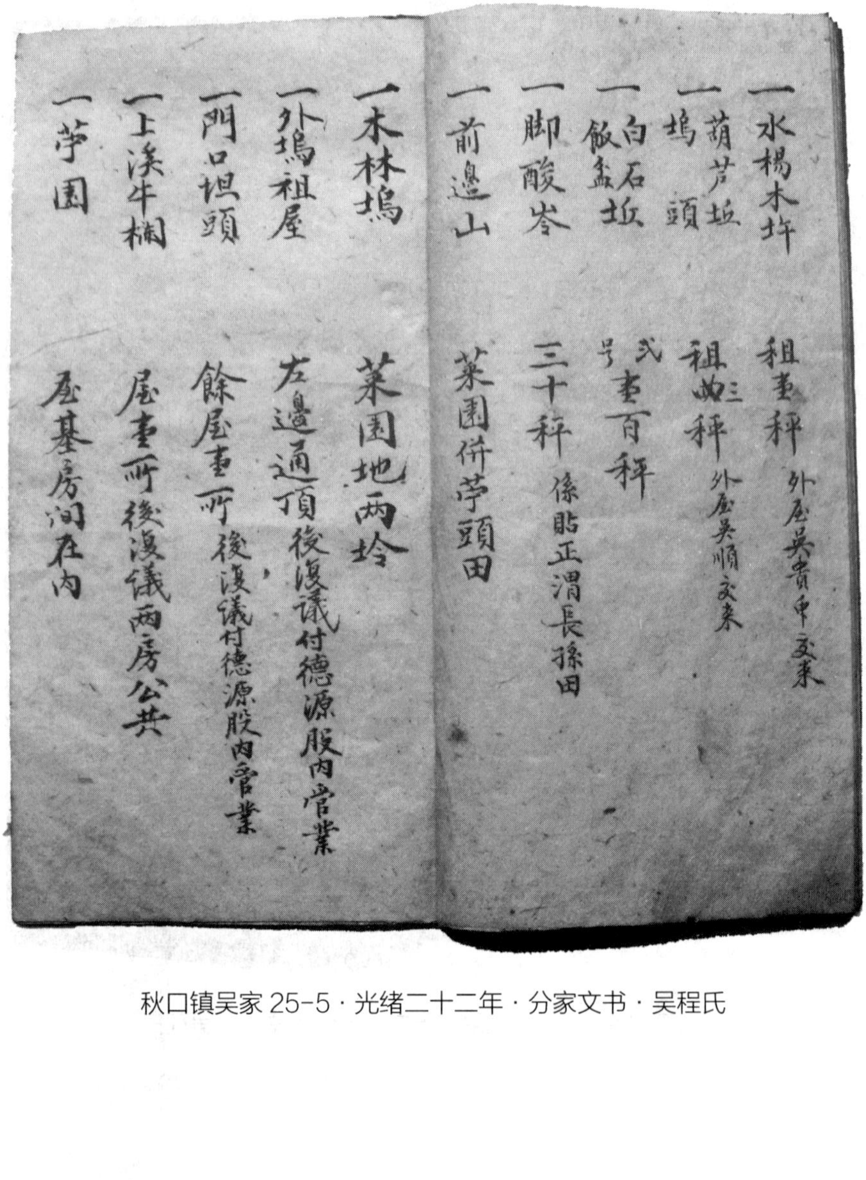
一水楊木圿　租壹秤　外屋吳貴申交來
一葫芦坵塢頭　租四秤三　外屋吳順交來
一白石飯盂坵　弍号壹百秤
一脚酸岑　三十秤　係貼正渭長孫田
一前邊山　菜園併苧頭田
一木林塢　菜園地兩坅
一外塢祖屋　左邊通頂後復議付德源股内管業
一門口坦頭　餘屋壹所　後復議付德源股内管業
一上溪牛欄　屋壹所後復議兩房公共
一苧園　屋基房間在内

秋口镇吴家 25-5 · 光绪二十二年 · 分家文书 · 吴程氏

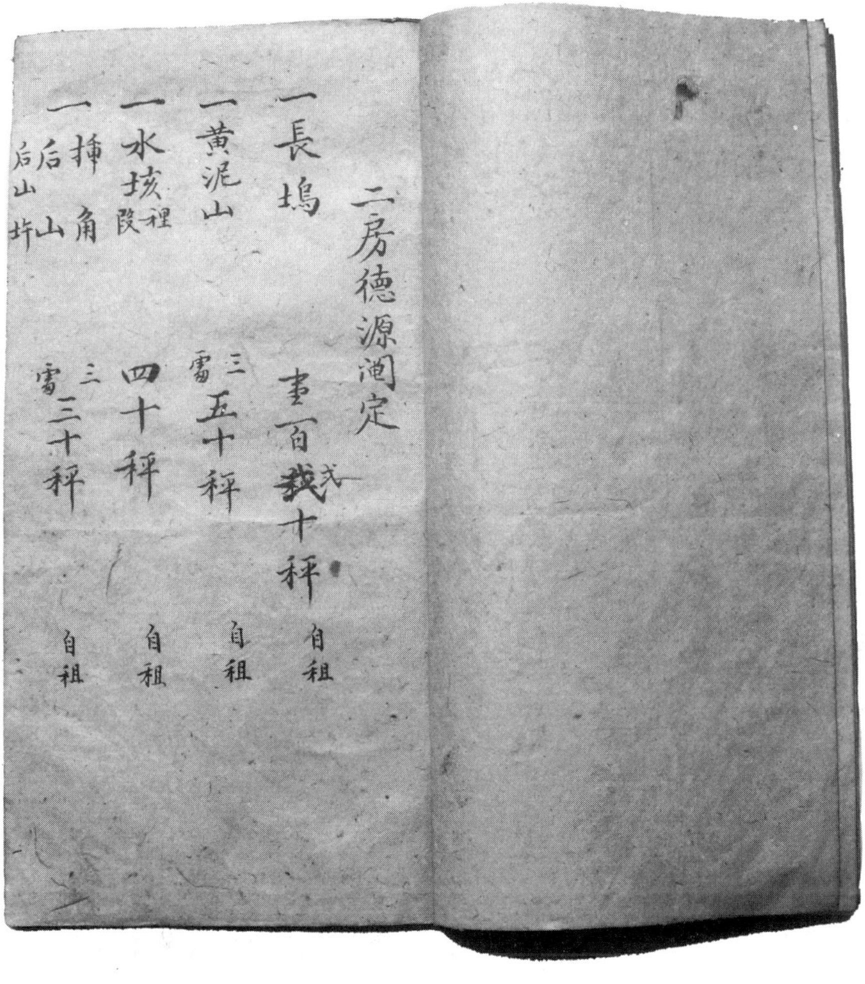

二房德源阄定

一長塢　壹百弍十秤　自祖

一黄泥山　雷三　五十秤　自祖

一水坑裡段　四十秤　自祖

一揷角　雷三　三十秤　自祖

一后山　后山圻

秋口镇吴家 25-6 · 光绪二十二年 · 分家文书 · 吴程氏

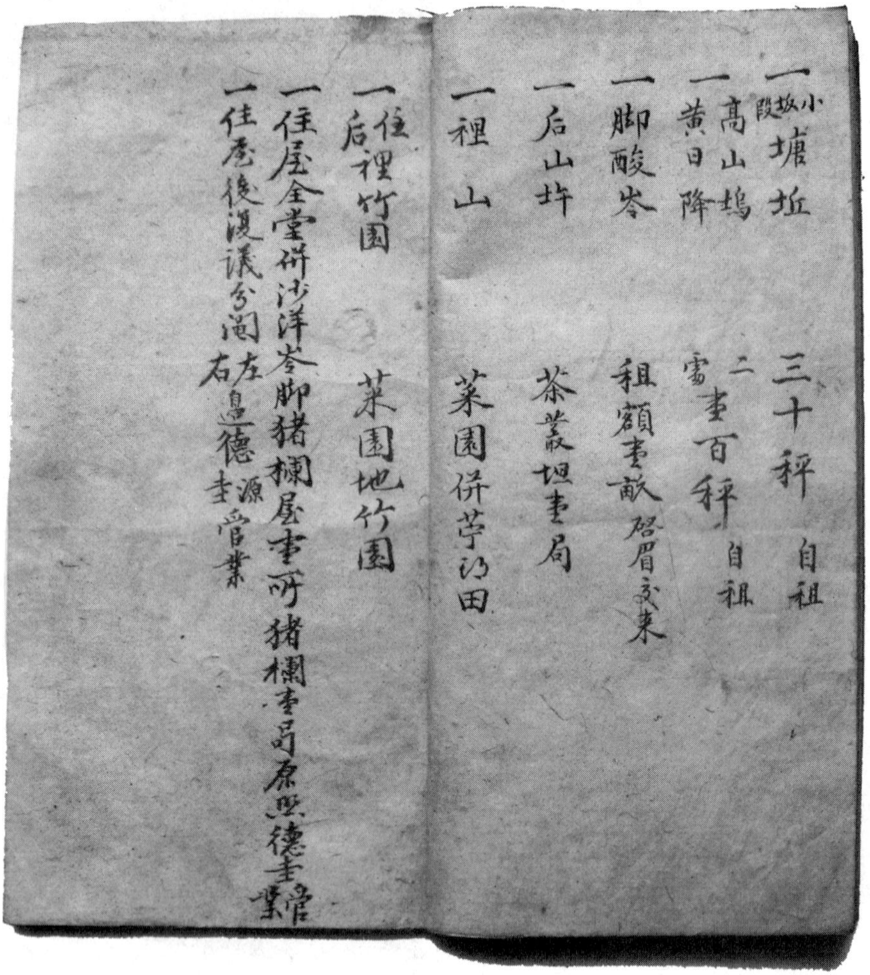
一小坂段塘垃 三十秤 自祖
一高山塢 黄日降 二壹百秤 自祖
一脚酸岺 租額壹畝 启眉交来
一后山㘵 茶叢坦壹局
一裡山 菜園併莩乃田
一住后裡竹園 菜園地竹園
一住屋全堂併沙洋岺脚猪欄屋壹所 猪欄壹間原照德壹管業
一住屋後復議分閹
秋口镇吴家 25-7 · 光绪二十二年 · 分家文书 · 吴程氏

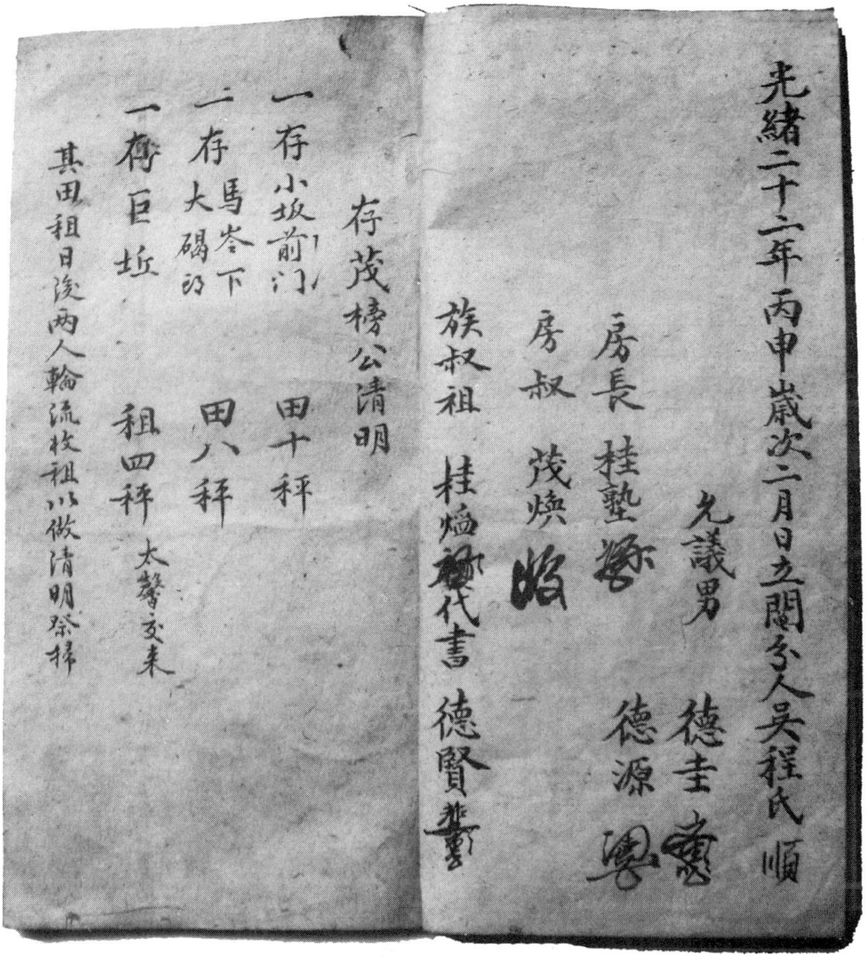
光緒二十二年丙申歲次二月日立閹分人吴程氏 順
允議男 德圭
房長 桂塾 德源
房叔 茂煥
族叔祖 桂熖 代書 德賢

存茂榜公清明
一存小坂前门 田十秤
一存大碣圳 馬峇下 田八秤
一存巨坵 祖四秤 太馨交来
其田祖日後兩人輪流收祖以做清明祭掃

秋口镇吴家 25-8 · 光绪二十二年 · 分家文书 · 吴程氏

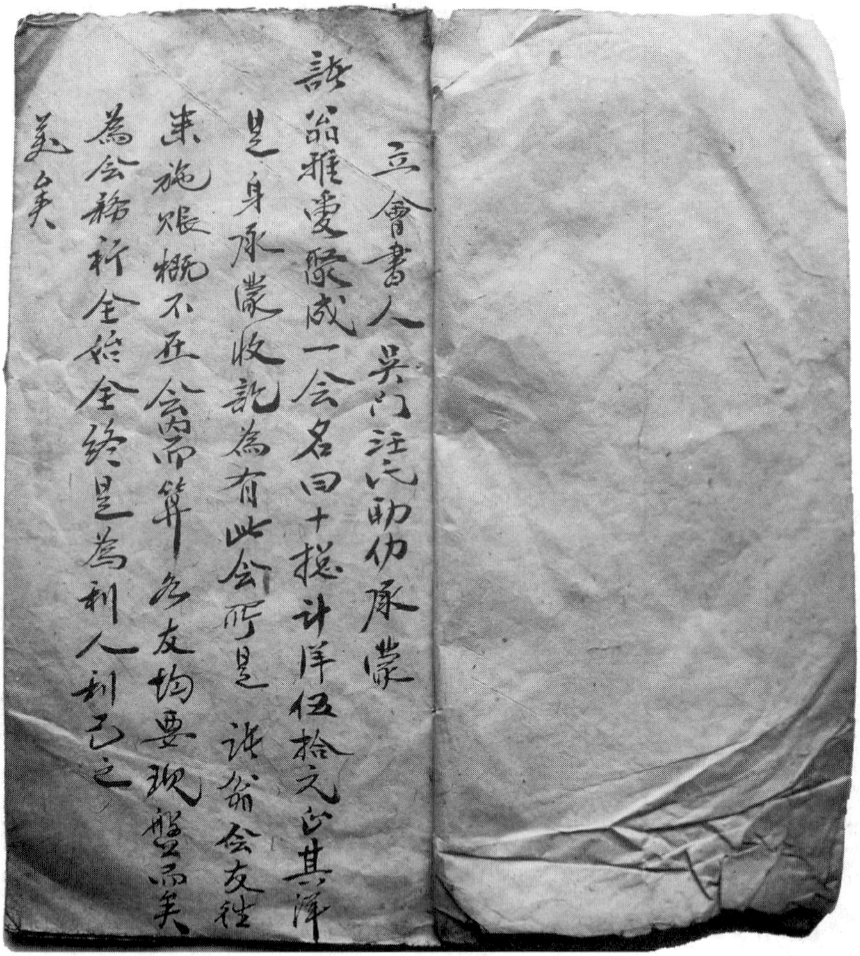

立會書人吳门汪氏助仍承蒙
諸翁推愛聚成一会名曰十摇计洋伍拾元正其洋
是身承蒙收訖為有此会所是 諸翁会友往
来施恨槪不在会而算各友均要現盤而矣
為会務祈全始全终是為利人利己之
美矣

秋口镇吴家 11-1 · 民国十一年 · 会书 · 吴门汪氏

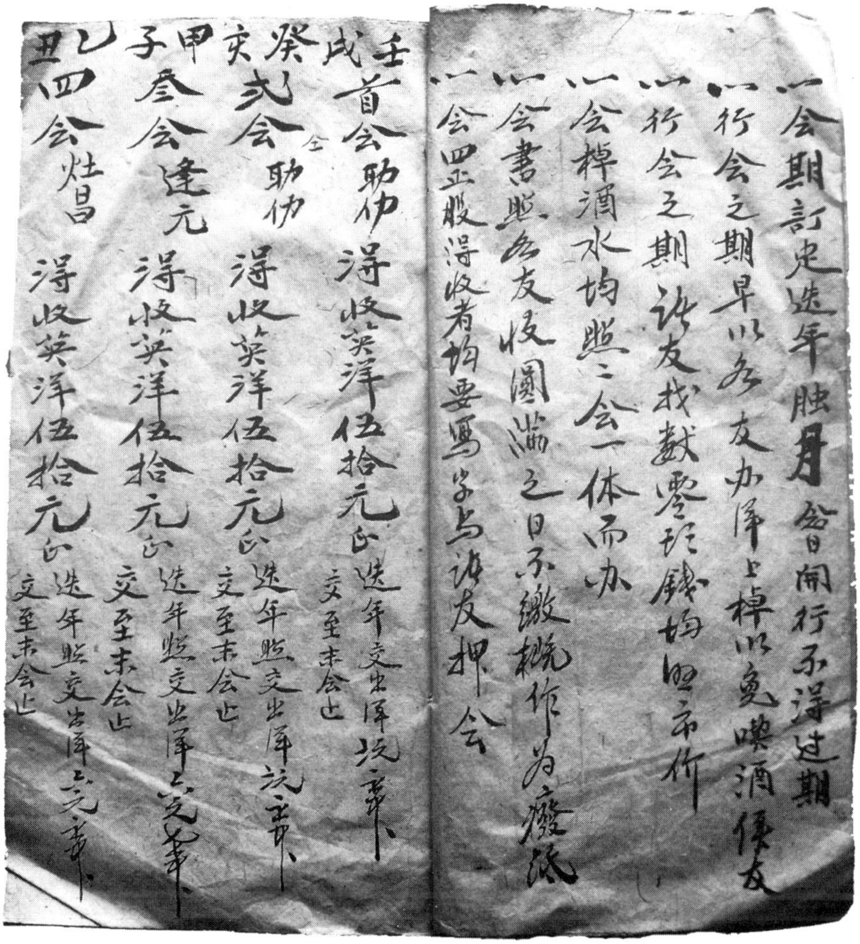

一会期訂定逐年胐月谷日開行不得過期
一行会之期早以各友办洋上棹以免喫酒候友
一行会之期請友找數零碎錢均照市价
一会棹酒水均照二会一体而办
一会書照各友收圓滿之日不繳概作為廢紙
一会四股得收者均要寫字与請友押会

壬戌 首会 助仂 得收英洋伍拾元正 逐年交出洋玖元五角 交至末会止
癸亥 式会 仝 助仂 得收英洋伍拾元正 逐年照交出洋玖元五角 交至末会止
甲子 叁会 逢元 得收英洋伍拾元正 逐年照交出洋六元五角 交至末会止
乙丑 四会 灶昌 得收英洋伍拾元正 逐年照交出洋六元五角 交至末会止

秋口镇吴家 11-2 · 民国十一年 · 会书 · 吴门汪氏

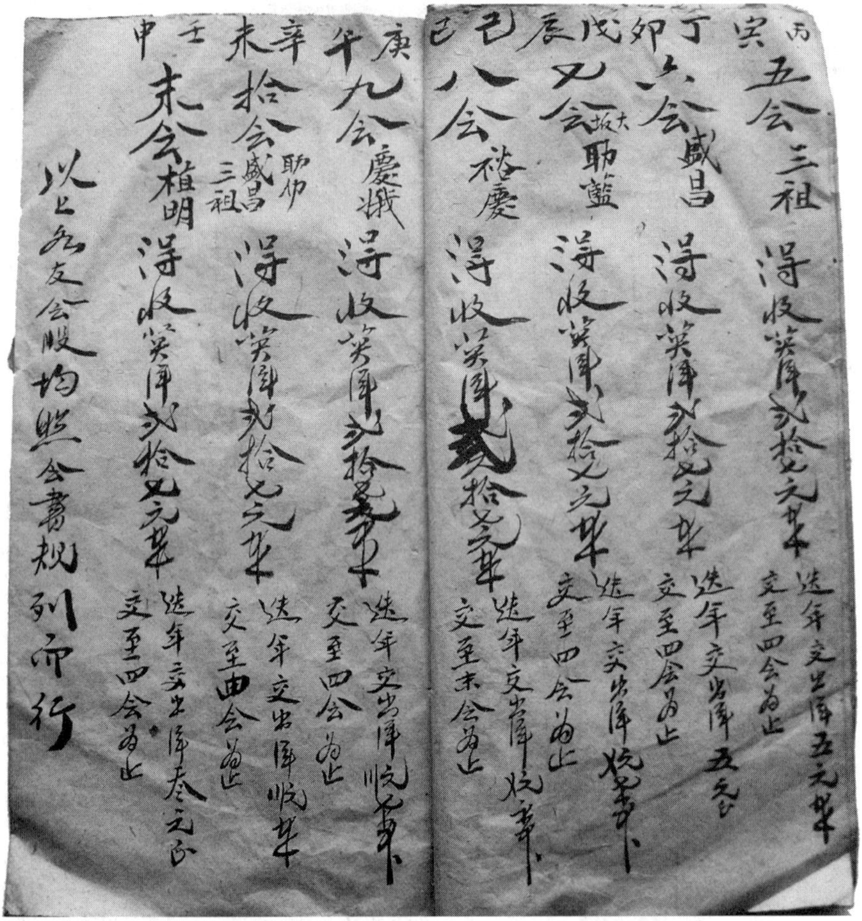
丙寅 五会 三祖 得收英洋贰拾元正 送年交出洋五元正 交至四会为止

丁卯 六会 盛昌 得收英洋贰拾元正 送年交出洋五元正 交至四会为止

戊辰 七会 大坂 聊蓝 得收英洋贰拾元正 送年交出洋陆元正 交至四会为止

己巳 八会 裕慶 得收英洋贰拾元正 送年交出洋陆元正 交至末会为止

庚午 九会 慶缄 得收英洋贰拾元正 送年交出洋陆元正 交至四会为止

辛未 拾会 聊仍 盛昌 三祖 得收英洋贰拾元正 送年交出洋陆元正 交至四会为止

壬申 末会 植明 得收英洋贰拾元正 送年交出洋叁元正 交至四会为止

以上各友会股均照会書规例而行

秋口镇吴家 11-3 · 民国十一年 · 会书 · 吴门汪氏

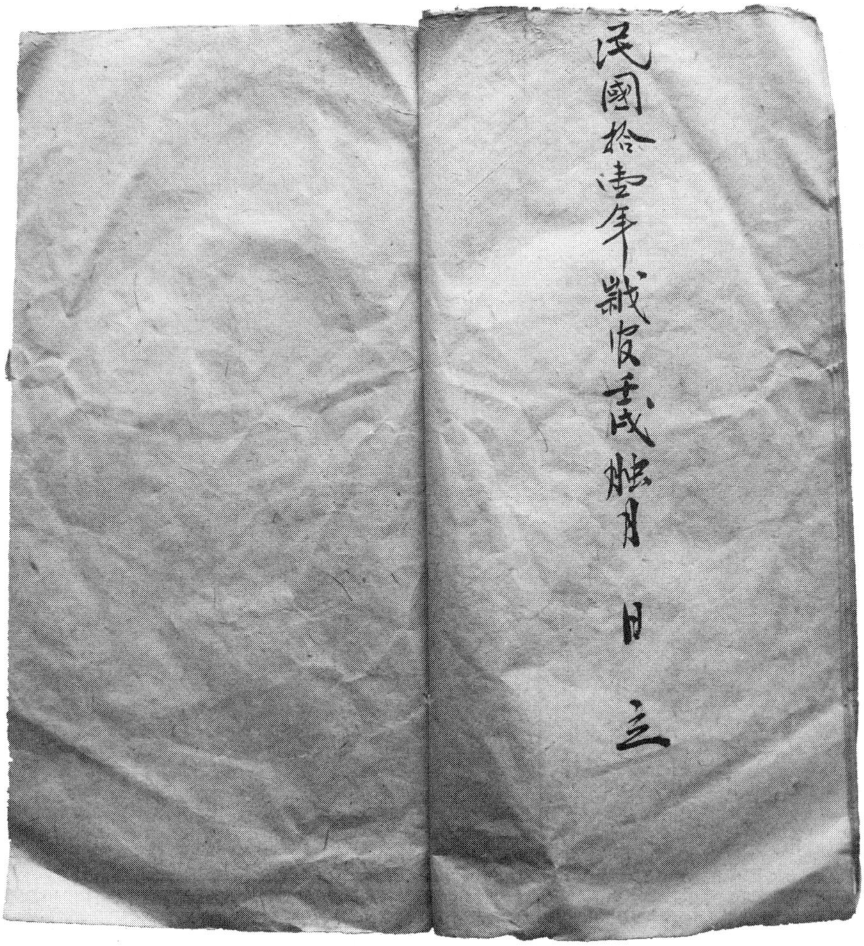

秋口镇吴家 11-4 · 民国十一年 · 会书 · 吴门汪氏

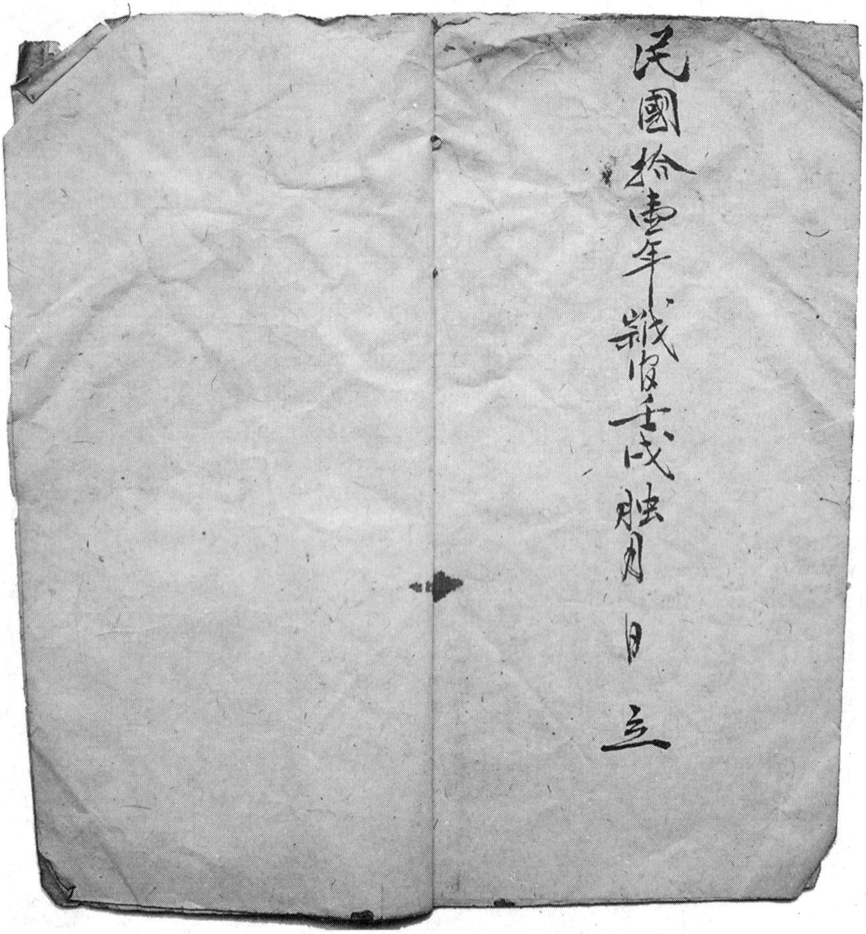
民國拾壹年歲次壬戌桂月　日立

秋口镇吴家 17-1 · 民国十一年 · 会书 · 吴门汪氏助仂

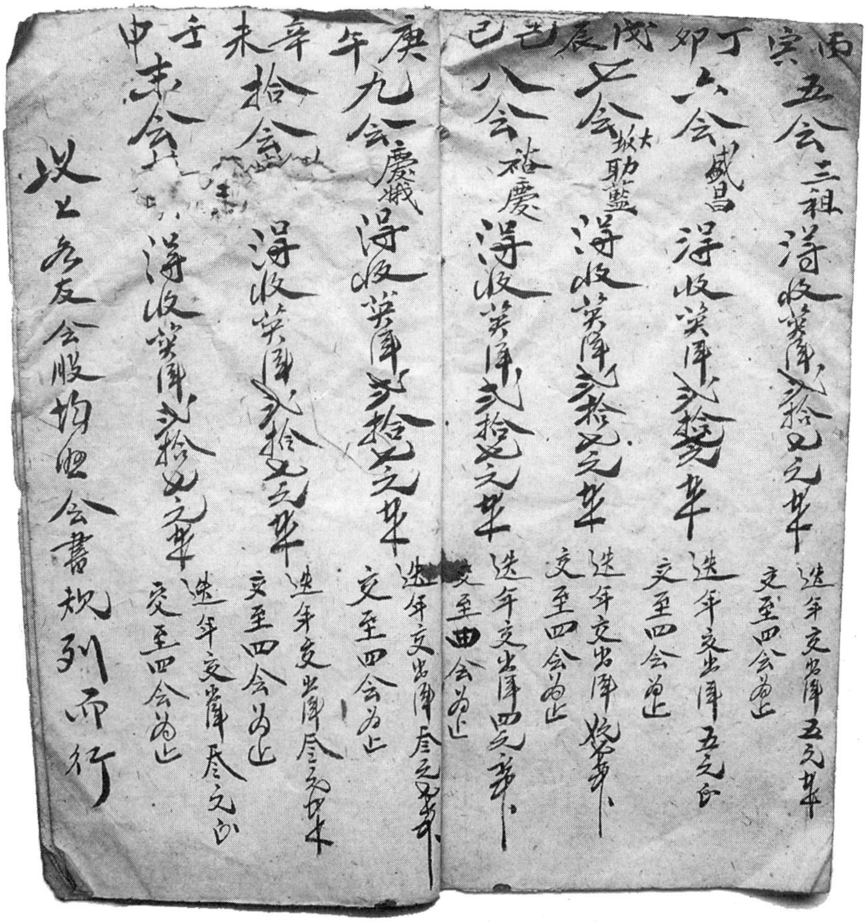

丙寅五会　三祖　得收英洋贰拾五元正　逐年交出洋五元正　交至四会为止
丁卯六会　盛昌　得收英洋贰拾叁元正　逐年交出洋五元正　交至四会为止
戊辰七会　大椒助蓝　得收英洋贰拾五元正　逐年交出洋叁元正　交至四会为止
己巳八会　裕庆　得收英洋贰拾五元正　逐年交出洋四元正　交至四会为止
庚午九会　庆娥　得收英洋贰拾五元正　逐年交出洋叁元正　交至四会为止
辛未拾会　得收英洋贰拾五元正　逐年交出洋叁元正　交至四会为止
壬申末会　得收英洋贰拾五元正　逐年交出洋叁元正　交至四会为止
以上各友会股均照会书规列而行

秋口镇吴家 17-2 · 民国十一年 · 会书 · 吴门汪氏助仂

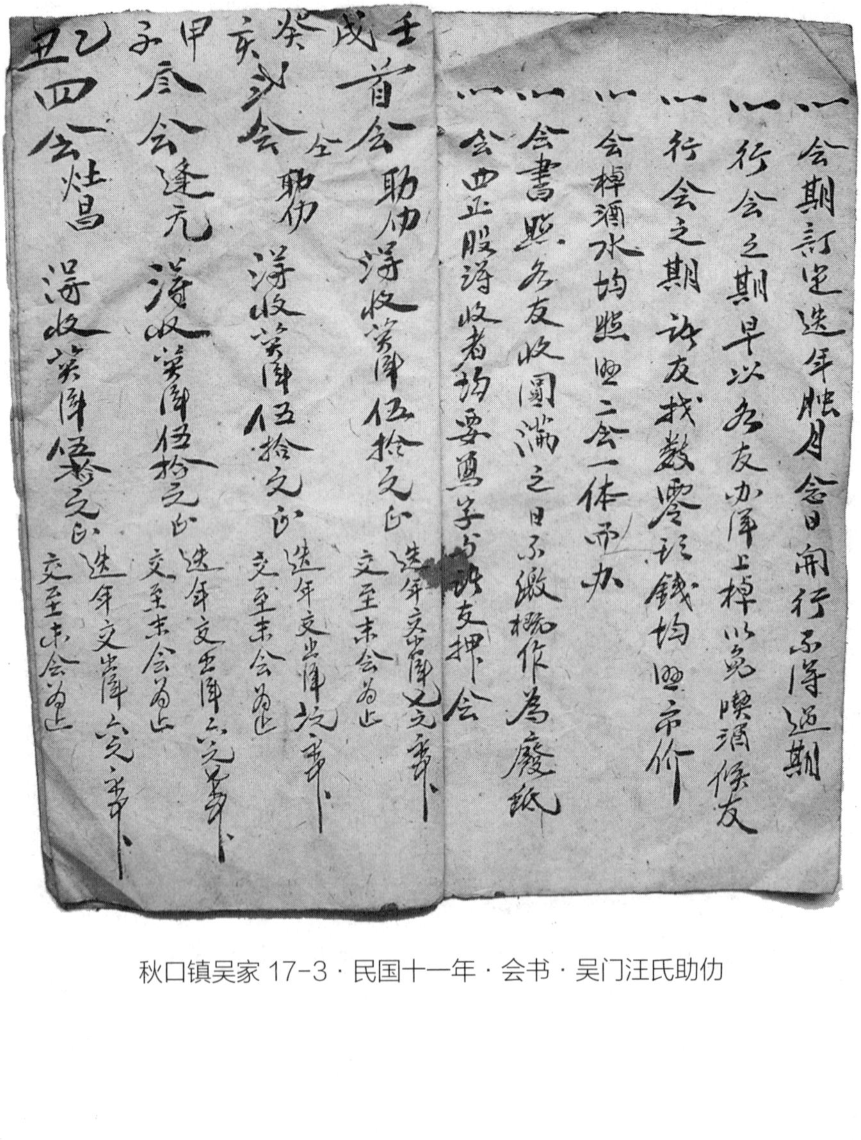

一会期订定逐年腊月念日开行不得过期
一行会之期早以各友办洋上棹以免唤酒候友
一行会之期诸友找数零碎钱均照市价
一会棹酒水均照二会一体而办
一会书照各友收圆满之日不缴概作为废纸
一会四正股得收者均要邀字号诸友押会

壬戌 首会 助仂 得收英洋伍拾元正 逐年交出洋九元五角 交至末会为止
癸亥 二会 全 助仂 得收英洋伍拾元正 逐年交出洋九元五角 交至末会为止
甲子 三会 逢元 得收英洋伍拾元正 逐年交出洋六元五角 交至末会为止
乙丑 四会 灶昌 得收英洋伍拾元正 逐年交出洋六元五角 交至末会为止

秋口镇吴家 17-3 · 民国十一年 · 会书 · 吴门汪氏助仂

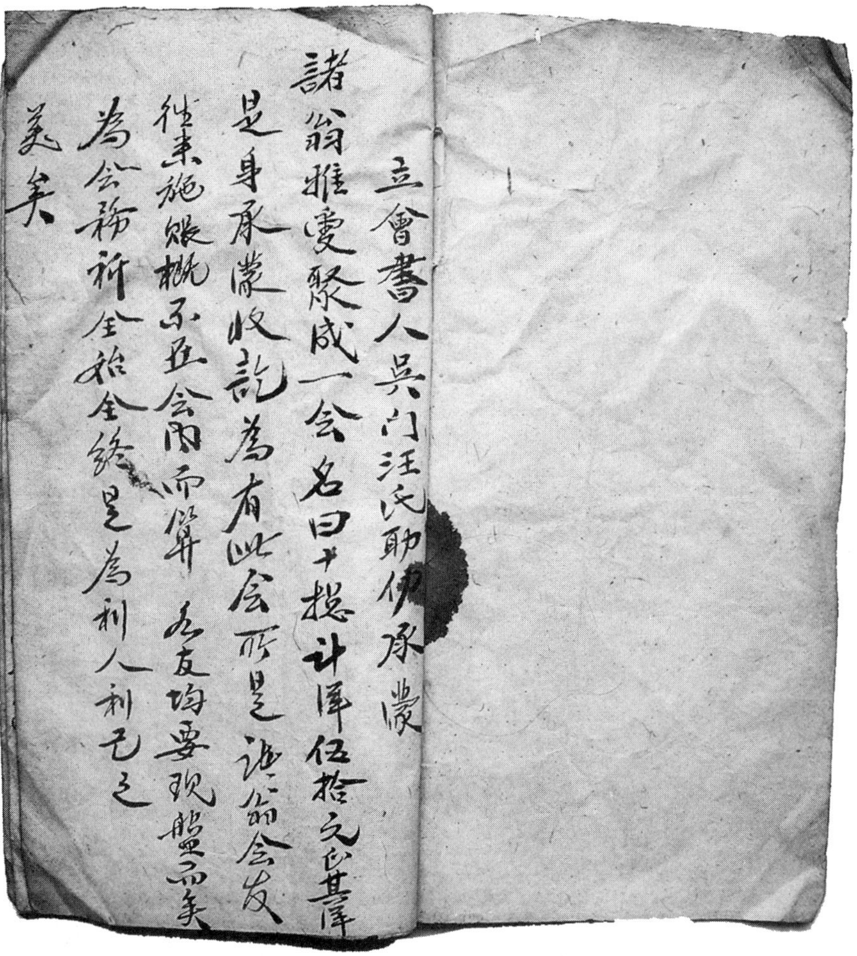

立會書人吳门汪氏助仂承蒙
諸翁推愛聚成一会名曰十揔計洋伍拾元正其洋
是手承蒙收訖為有此会所是諸公翁会友
往来施恩概不在会内而算　各友均要现盤而美
為会務祈全始全終是為利人利己之
美矣

秋口镇吴家 17-4 · 民国十一年 · 会书 · 吴门汪氏助仂

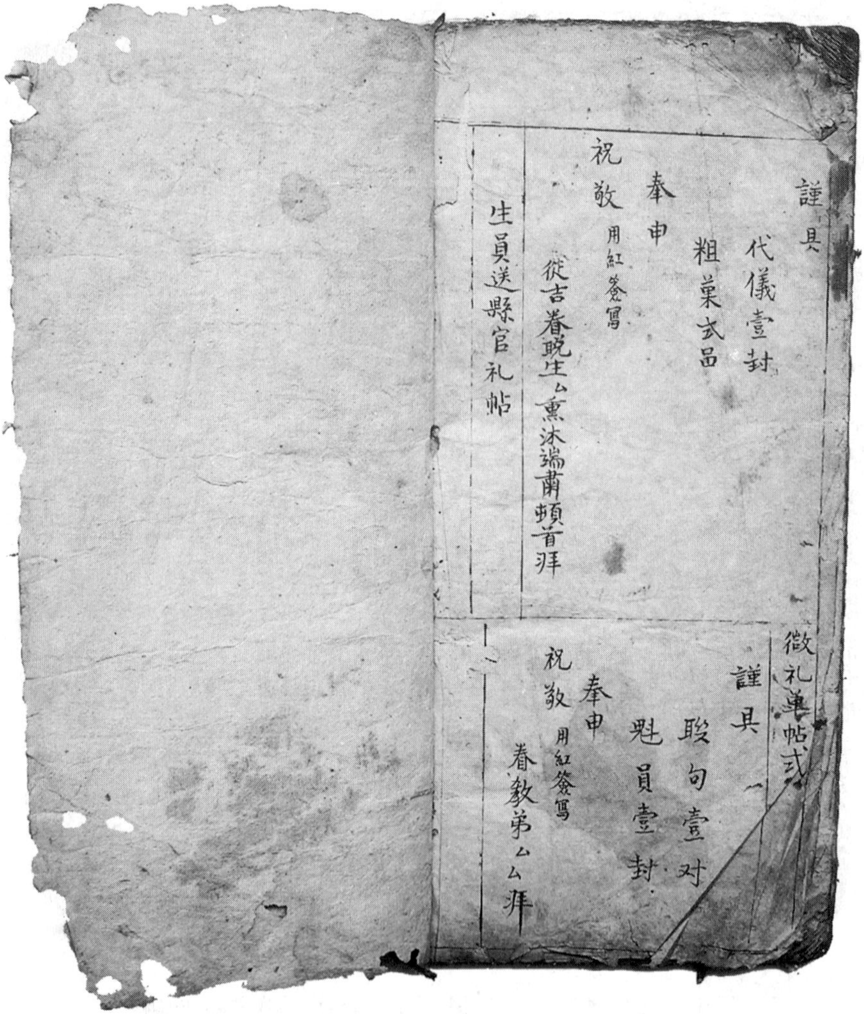

謹具
代儀壹封
粗菓弍品
奉申
祝敬 用紅簽寫
從吉眷晚生厶熏沐端肅頓首拜
生員送縣官礼帖

徵礼單帖式
謹具
聯句壹对
魁員壹封
奉申
祝敬 用紅簽寫
眷教弟厶厶拜

秋口镇吴家 1–1 · 帖式、常用活套 · 吴从正记

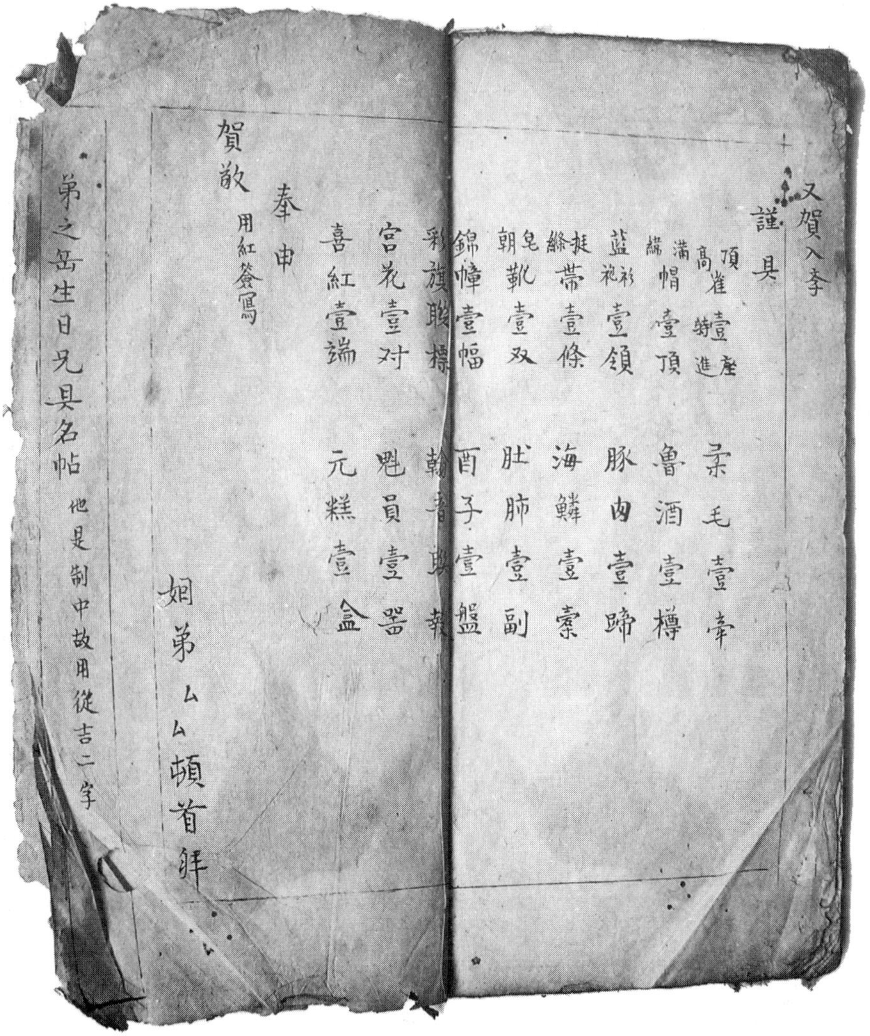

秋口镇吴家12·帖式、常用活套·吴从正记

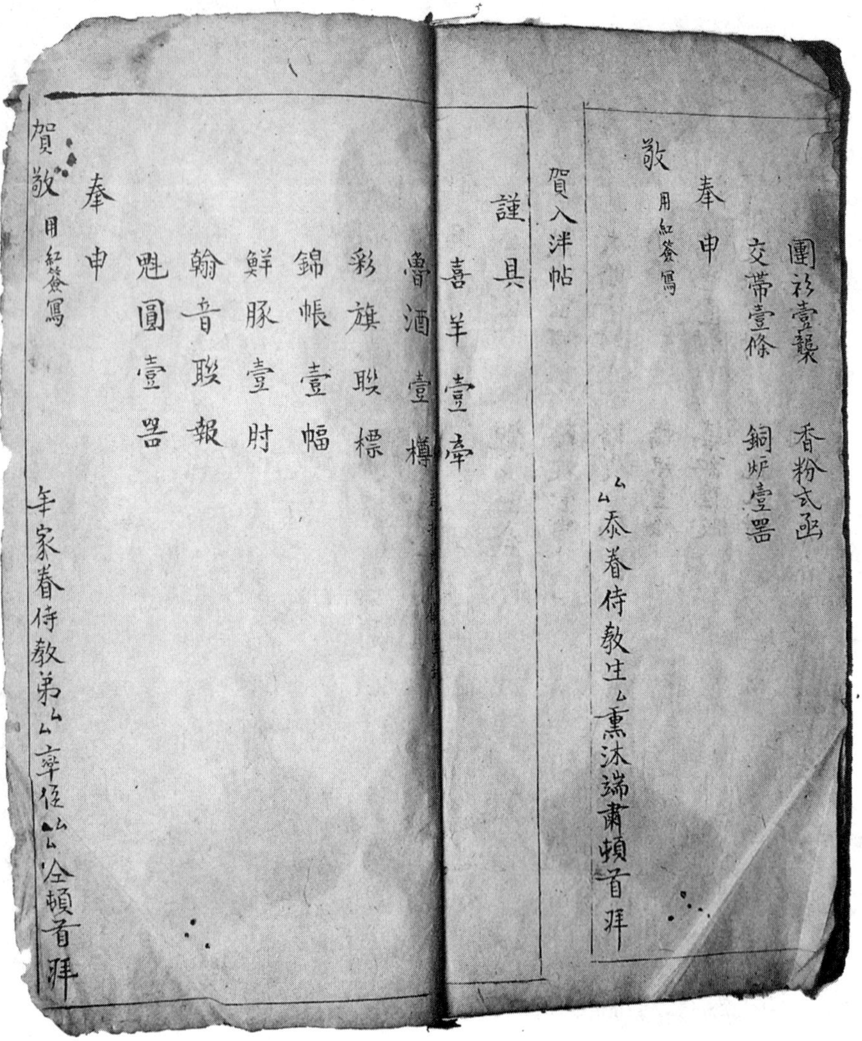
團衫壹襲　香粉弍函
交帶壹條　銅炉壹器
奉申
敬 用紅簽寫
厶厶忝眷侍教生厶厶熏沐端肅頓首拜

賀入泮帖
謹具
喜羊壹牽
魯酒壹樽
彩旗聯標
錦帳壹幅
鮮豚壹肘
翰音聯報
魁圓壹器
奉申
賀敬 用紅簽寫
年家眷侍教弟厶厶率侄厶厶仝頓首拜

秋口镇吴家 1-3 · 帖式、常用活套 · 吴从正记

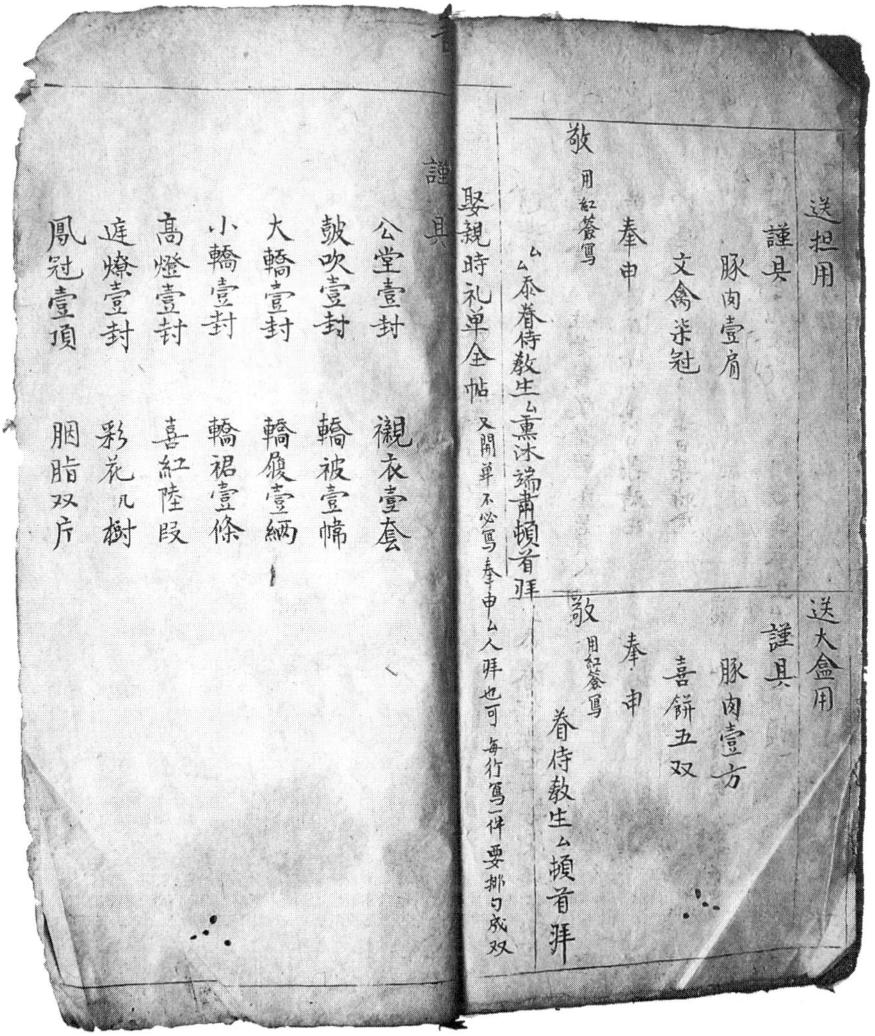
送担用
謹具
豚肉壹肩
文禽柒冠
奉申
敬 用紅簽寫
ム
ム忝眷侍教生ム熏沐端肅頓首拜

送大盒用
謹具
豚肉壹方
喜餅五双
奉申
敬 用紅簽寫
眷侍教生ム頓首拜

娶親時礼單全帖 又開單不必寫奉申ム人拜也可 每行寫一件要排匀成双

謹具
公堂壹封　襯衣壹套
鼓吹壹封　轎被壹幃
大轎壹封　轎褥壹絪
小轎壹封　轎裙壹條
高燈壹封　喜紅陸段
遊燎壹封　彩花几樹
鳳冠壹頂　胭脂双斤

秋口镇吴家 1-4 · 帖式、常用活套 · 吴从正记

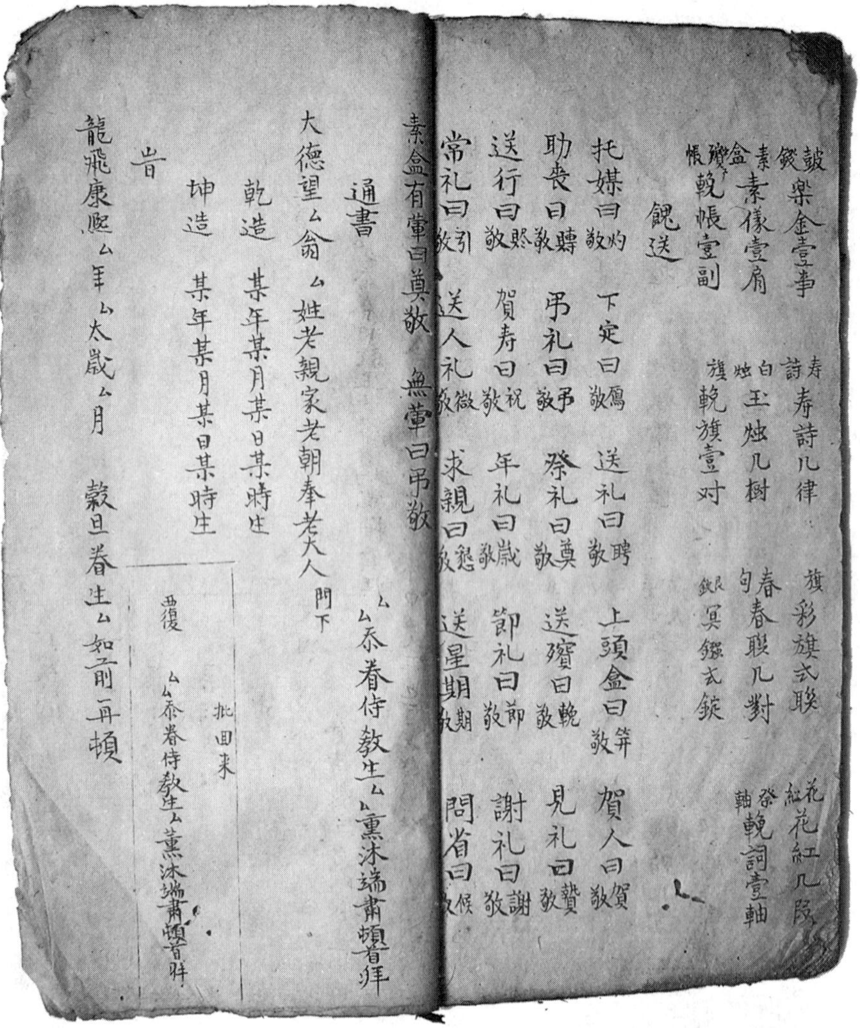

鼓鈸 鼓樂全壹事
壽詩 壽詩几律
旗 彩旗弍聯
花紅 花紅几段
素盒 素儀壹肩
白燭 玉燭几樹
春句 春聯几對
祭軸 輓詞壹軸
輓帳 輓帳壹副
旗 輓旗壹对
錠 冥鏹弍錠
餽送
托媒曰敬灼 下定曰敬鴈 送礼曰敬聘 上頭盒曰敬笄 賀人曰敬賀
助喪曰敬賻 弔礼曰敬弔 祭礼曰敬奠 送殯曰敬輓 見礼曰敬贄
送行曰敬贐 賀寿曰敬祝 年礼曰敬歲 節礼曰敬節 謝礼曰敬謝
常礼曰敬引 送人礼敬微 求親曰敬懇 送星期敬期 問省曰敬候
素盒有葷曰奠敬 無葷曰弔敬
通書 某某忝眷侍教生某某薰沐端肅頓首拜
大德望某翁某姓老親家老朝奉老大人 門下
乾造 某年某月某日某時生
坤造 某年某月某日某時生
旨
龍飛康熙某年某太歲某月 穀旦眷生某如前再頓
覆 批回來
某某忝眷侍教生某薰沐端肅頓首拜

秋口镇吴家 1-5 · 帖式、常用活套 · 吴从正记

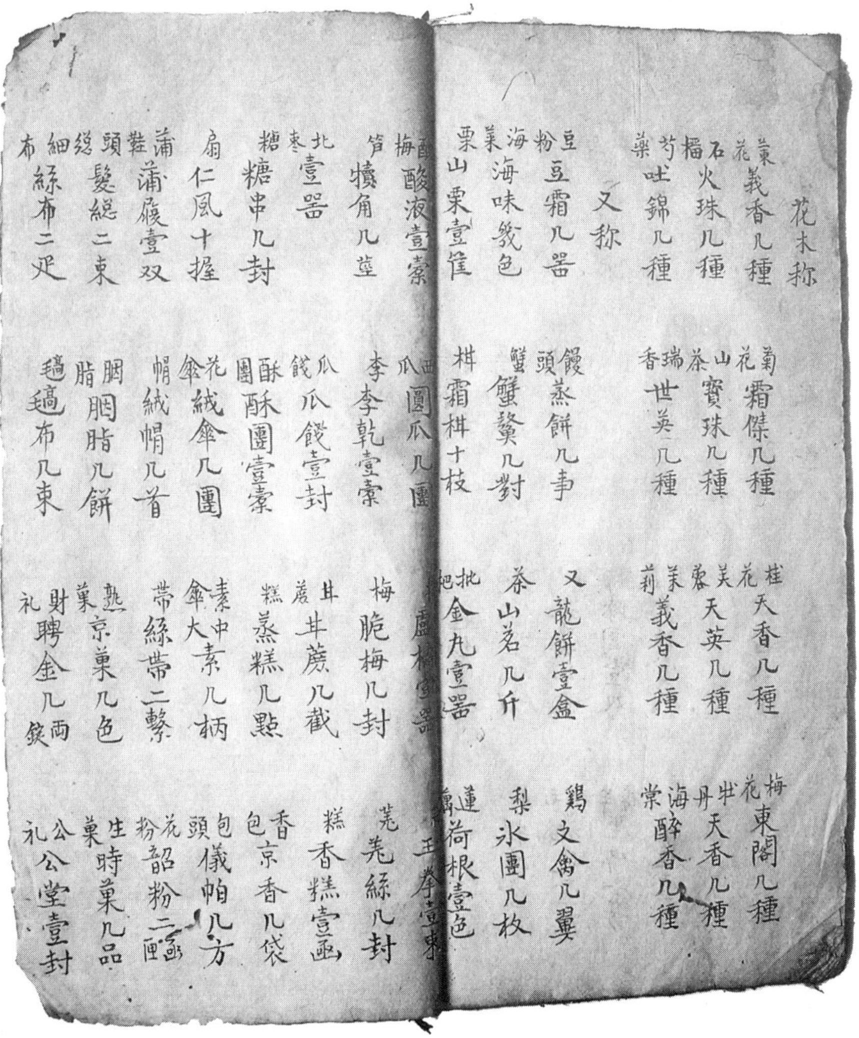
花木称
東花 義香几種
石榴 火珠几種
芍藥 吐錦几種
又称
豆粉 豆霜几器
海菜 海味几色
栗 山栗壹筐
梅酉 酸液壹橐
笋 樍角几莖
北枣 壹器
糖 糖串几封
扇 仁風十握
蒲鞋 蒲屐壹双
頭髮 髮総二束
細布 絲布二疋
菊花 霜傑几種
山茶 寶珠几種
瑞香 世英几種
饅頭 蒸餅几事
蟹 蟹螯几對
柑 霜柑十枚
西瓜 圓瓜几團
李 李乾壹橐
瓜餞 瓜餞壹封
酥團 酥團壹橐
花傘 絨傘几團
帽 絨帽几首
胭脂 胭脂几餅
䌷布 䌷布几束
桂花 天香几種
吳萸 天英几種
茉莉 義香几種
又 龍餅壹盒
茶 山茗几斤
枇杷 金丸壹器
橘 盧橘壹器
梅 脆梅几封
韭菜 韭蔟几截
糕 蒸糕几點
素中傘大 素几柄
帶 絲帶二繫
熟菓 京菓几色
財礼 聘金几兩錢
梅花 東閣几種
牡丹 天香几種
海棠 醉香几種
鷄 文禽几翼
梨 冰團几枚
蓮藕 荷根壹色
桂 王桂壹束
莧 莧絲几封
糕 香糕壹函
香包 京香几袋
包頭 儀帕几方
花粉 韶粉二匣
生菓 時菓几品
公礼 公堂壹封

秋口镇吴家 1-6 · 帖式、常用活套 · 吴从正记

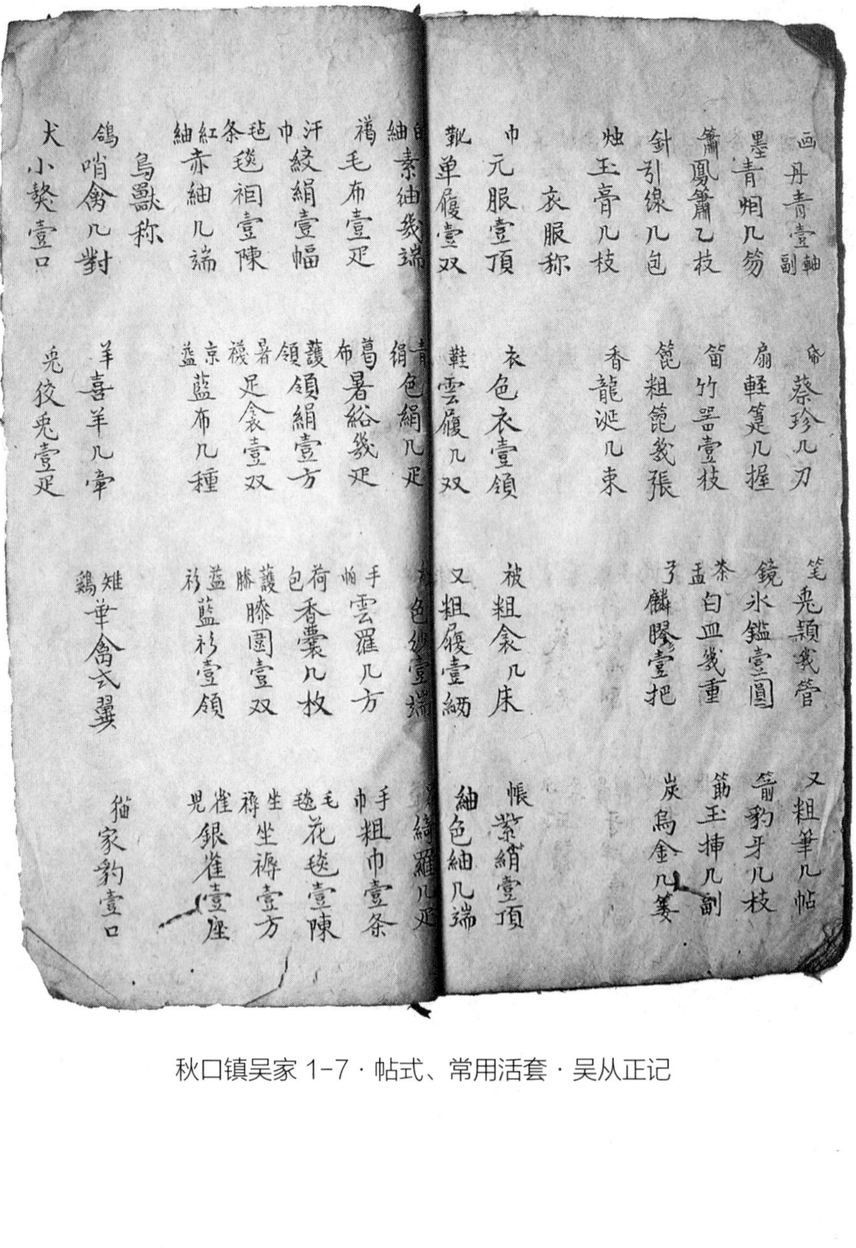

画 丹青壹副
墨 青烟几笏
簫 鳳簫乙枝
針 引線几包
烛 玉膏几枝
衣服称
巾 元服壹頂
靴 单履壹双
紬 素紬幾端
褐 毛布壹疋
汗巾 绞綃壹幅
毡条 毯裀壹陳
紅紬 赤紬几端
鳥獸称
鴿 哨禽几對
犬 小獒壹口

刀 蔡珍几刀
扇 軽箑几握
笛 竹器壹枝
箆 粗箆幾張
香 龍涎几束
衣 色衣壹領
鞋 雲履几双
青绢 色绢几疋
葛布 暑絺幾疋
護領 領絹壹方
暑襪 足衾壹双
京藍 藍布几種
羊 喜羊几牽
兎 狡兎壹疋

筆 兎穎幾管
鏡 氷鑑壹圓
茶盃 白皿幾重
子 麟膠壹把
被 粗衾几床
又 粗履壹緉
紗 色紗壹端
手帕 雲羅几方
荷包 香囊几枚
護膝 膝圍壹双
藍衫 藍衫壹領
雉鷄 華禽弍隻

又 粗筆几帖
箭 豹牙几枝
筯 玉捭几副
炭 烏金几簍
帳 紫綃壹頂
紬 色紬几端
綾 綺羅几疋
手巾 粗巾壹条
毛毯 花毯壹陳
坐褥 坐褥壹方
雀兒 銀雀壹座
猫 家豹壹口

秋口镇吴家 1-7 · 帖式、常用活套 · 吴从正记

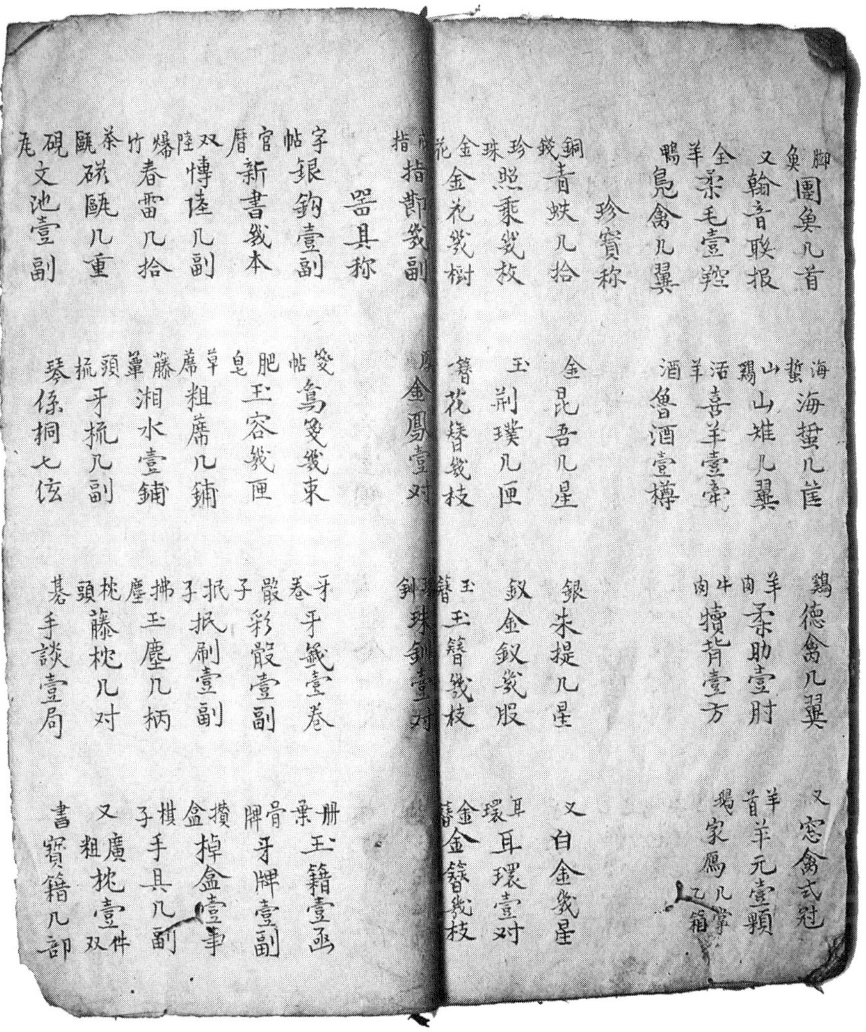
腳魚 圓魚几首
又 翰音聯報
全羊 柔毛壹羫
鴨 鳧禽几翼
珍寶称
銅錢 青蚨几拾
珍珠 照乘几枚
金花 金花几樹
指[illegible] 指節几副
海蜇 海蜇几筐
山鷄 山雉几翼
活羊 喜羊壹牽
酒 魯酒壹樽
金 昆吾几星
玉 荊璞几匣
簪 花簪几枝
[illegible] 金鳳壹对
鷄 德禽几翼
羊肉 柔助壹肘
牛肉 犢背壹方
銀 朱提几星
釵 金釵几股
玉簪 玉簪几枝
珠釧 珠釧壹对
又 窓禽式冠
羊首 羊元壹顆
鴈 家鴈几掌 乙箱
又 白金几星
耳環 耳環壹对
金簪 金簪几枝
器具称
字帖 銀鉤壹副
官曆 新書几本
双陸 博佬几副
爆竹 春雷几拾
茶甌 磁甌几重
硯[illegible] 文池壹副
帖簽 鸞箋几束
肥皂 玉容几匣
草薦 粗薦几鋪
藤簟 湘水壹鋪
頭梳 牙梳几副
琴 係桐七絃
牙卷 牙籤壹卷
骰子 彩骰壹副
抿子 抿刷壹副
拂塵 玉塵几柄
枕頭 藤枕几对
碁 手談壹局
册籍 玉籍壹函
骨牌 牙牌壹副
攢盒 掉盒壹事
棋子 手具几副
又 粗廣枕壹件双
書 寳籍几部

秋口镇吴家 1-8 · 帖式、常用活套 · 吴从正记

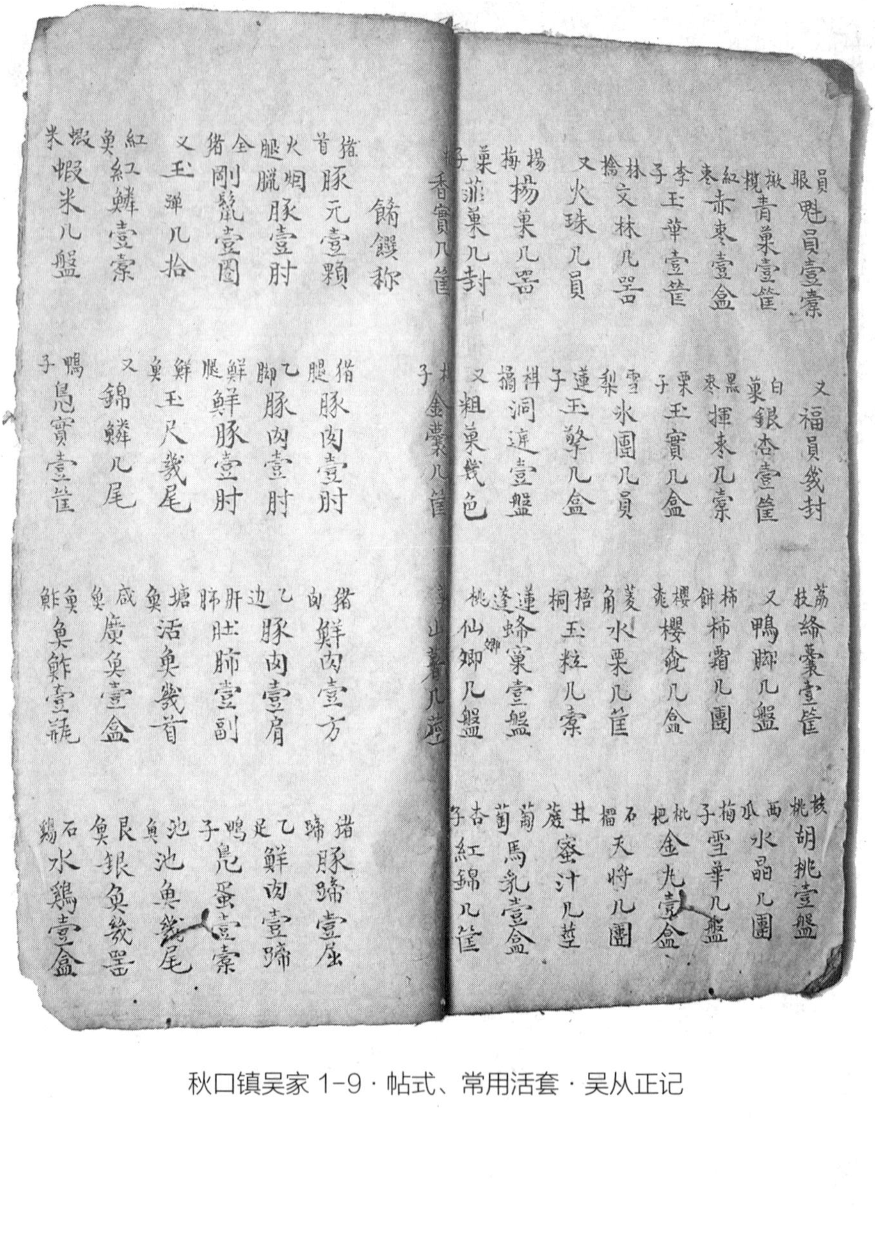

員眼 魁員壹槖
撇欖 青菓壹筐
紅棗 赤棗壹盒
李子 玉華壹筐
林檎 文林几器
又 火珠几員
楊梅 揚菓几器
菓 菲菓几封
将 香實几筐

又 福員幾封
白菓 銀杏壹筐
黑棗 揮棗几槖
栗子 玉實几盒
雪梨 冰團几員
蓮子 玉擎几盒
枓櫥 洞達壹盤
又 粗菓幾色
[illegible]子 金藁几筐

荔枝 絳囊壹筐
又 鴨脚几盤
柿餅 柿霜几團
櫻桃 櫻飣几盒
菱角 水栗几筐
梧桐 玉粒几槖
蓮蓬 蜂窠壹盤
桃 仙卿（娜）几盤
[illegible] 山著几莖

核桃 胡桃壹盤
西瓜 水晶几團
梅子 雪華几盤
枇杷 金丸壹盒
石榴 天將几團
甘蔗 蜜汁几莖
葡萄 馬乳壹盒
杏子 紅錦几筐

饈饌称

猪首 豚元壹顆
火腿 胴朧豚壹肘
全猪 剛鬣壹圈
又 玉彈几拾
紅魚 紅鱗壹槖
蝦米 蝦米几盤

猪腿 豚肉壹肘
乙脚 豚肉壹肘
鮮腿 鮮豚壹肘
鮮魚 玉尺幾尾
又 錦鱗几尾
鴨子 鳧實壹筐

猪肉 鮮肉壹方
乙边 豚肉壹肩
肝肺 肚肺壹副
塘魚 活魚幾首
咸魚 廣魚壹盒
魚鮓 魚鮓壹[illegible]

猪蹄 豚蹄壹[illegible]
乙足 鮮肉壹蹄
鴨子 鳧蛋壹槖
池魚 池魚幾尾
良魚 銀魚幾器
石鷄 水鷄壹盒

秋口镇吴家 1-9 · 帖式、常用活套 · 吴从正记

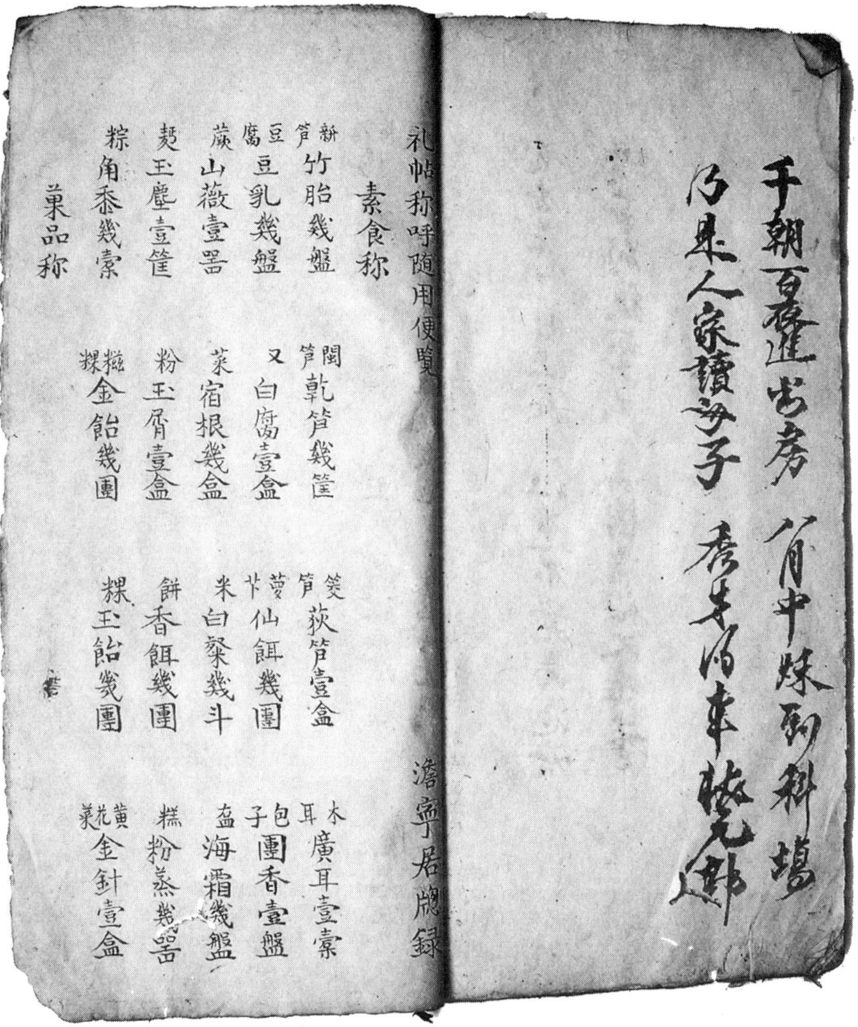
礼帖称呼随用便览
素食称
新笋 竹胎幾盤
豆腐 豆乳幾盤
蕨 山薇壹器
麪 玉塵壹筐
粽 角黍幾橐
菓品称
閩笋 乾笋幾筐
又 白腐壹盒
菜 宿根幾盒
粉 玉屑壹盒
糍粿 金飴幾團
茭笋 荻笋壹盒
萝卜 仙餌幾團
米 白粲幾斗
餅 香餌幾團
粿 玉飴幾團
木耳 廣耳壹橐
包子 團香壹盤
塩 海霜幾盤
糕 粉蒸幾器
黃花菜 金針壹盒
滄亭居脫録

秋口镇吴家 1-10 · 帖式、常用活套 · 吴从正记

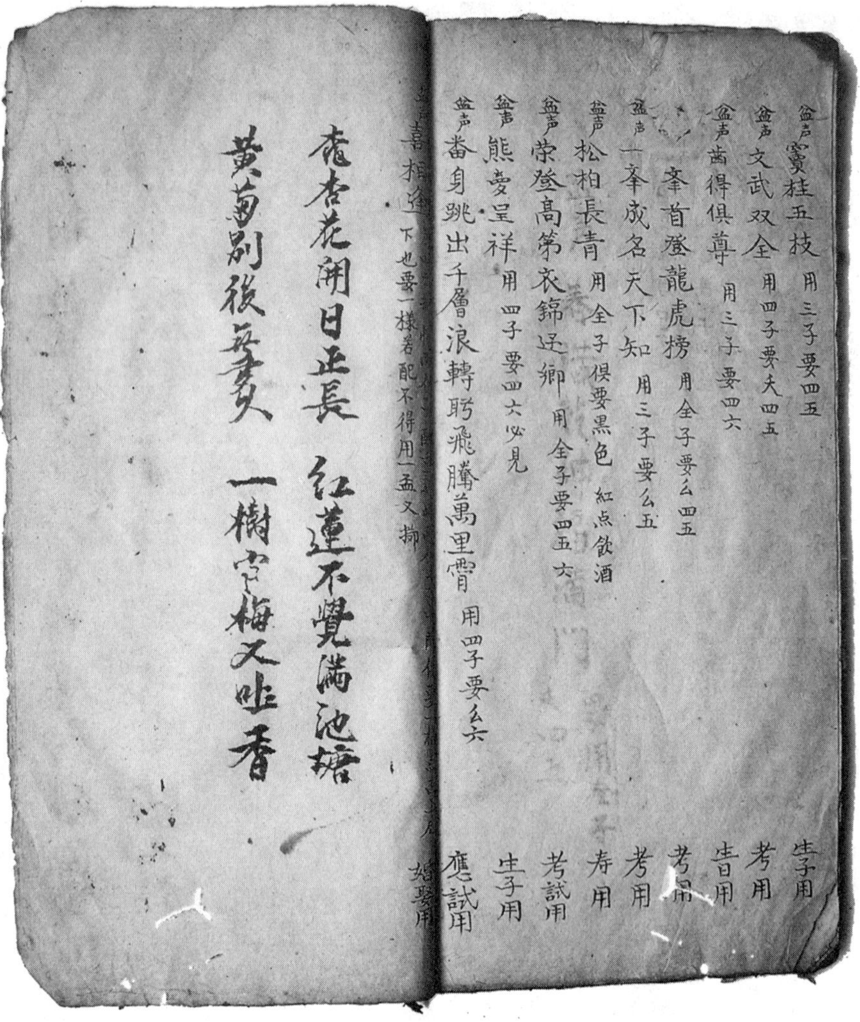

秋口镇吴家 1-11 · 帖式、常用活套 · 吴从正记

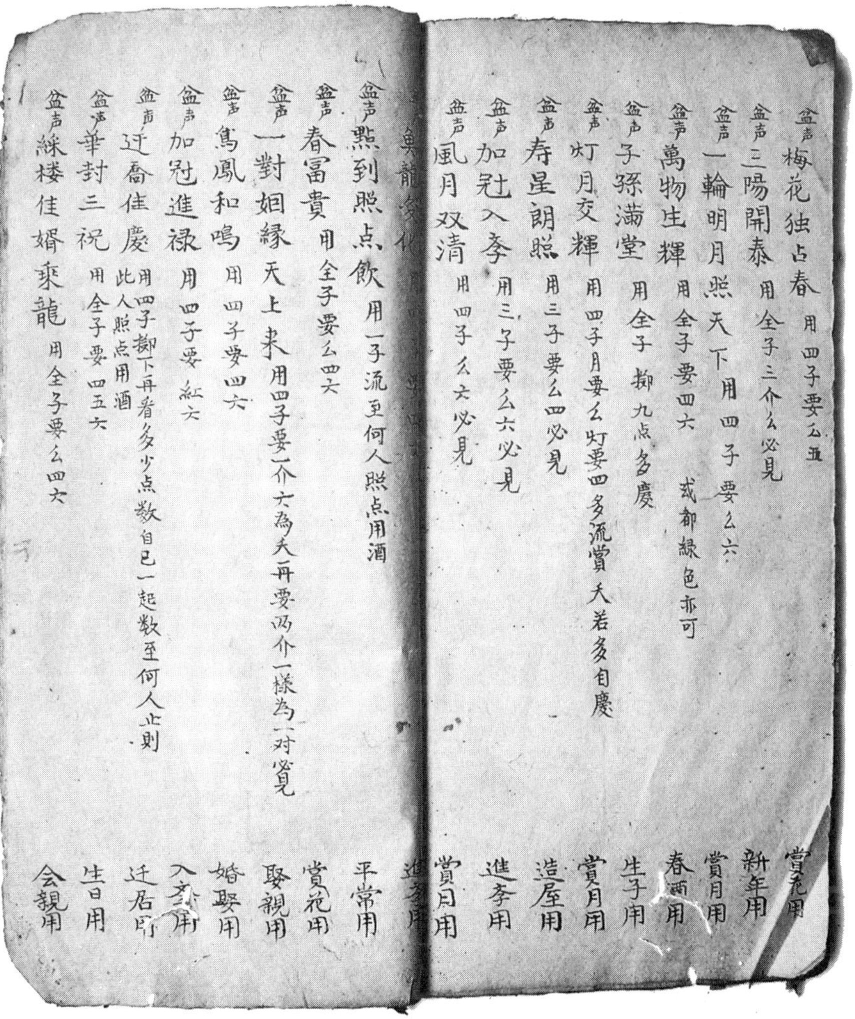

盃声梅花独占春 用四子要么五 賞花用

盃声三陽開泰 用全子三介么必見 新年用

盃声一輪明月照天下 用四子要么六 賞月用

盃声萬物生輝 用全子要四六 或都緑色亦可 春酒用

盃声子孫滿堂 用全子 擲九点多慶 生子用

盃声灯月交輝 用四子月要么灯要四多流賞天若多自慶 賞月用

盃声寿星朗照 用三子要么四必見 造屋用

盃声加冠入斈 用三子要么六必見 進斈用

盃声風月双清 用四子么六必見 賞月用

魚龍変化 [illegible] 進斈用

盃声點到照点飲 用一子流至何人照点用酒 平常用

盃声春富貴 用全子要么四六 賞花用

盃声一對姻缘天上来 用四子要一介六為天再要两介一樣為一对覓 娶親用

盃声鳯凰和鳴 用四子要四六 婚娶用

盃声加冠進禄 用四子要紅六 入斈用

盃声迁喬佳慶 用四子擲下再看多少点数自已一起数至何人止則此人照点用酒 迁居用

盃声華封三祝 用全子要四五六 生日用

盃声絲楼佳婿乘龍 用全子要么四六 会親用

秋口镇吴家 1-12 · 帖式、常用活套 · 吴从正记

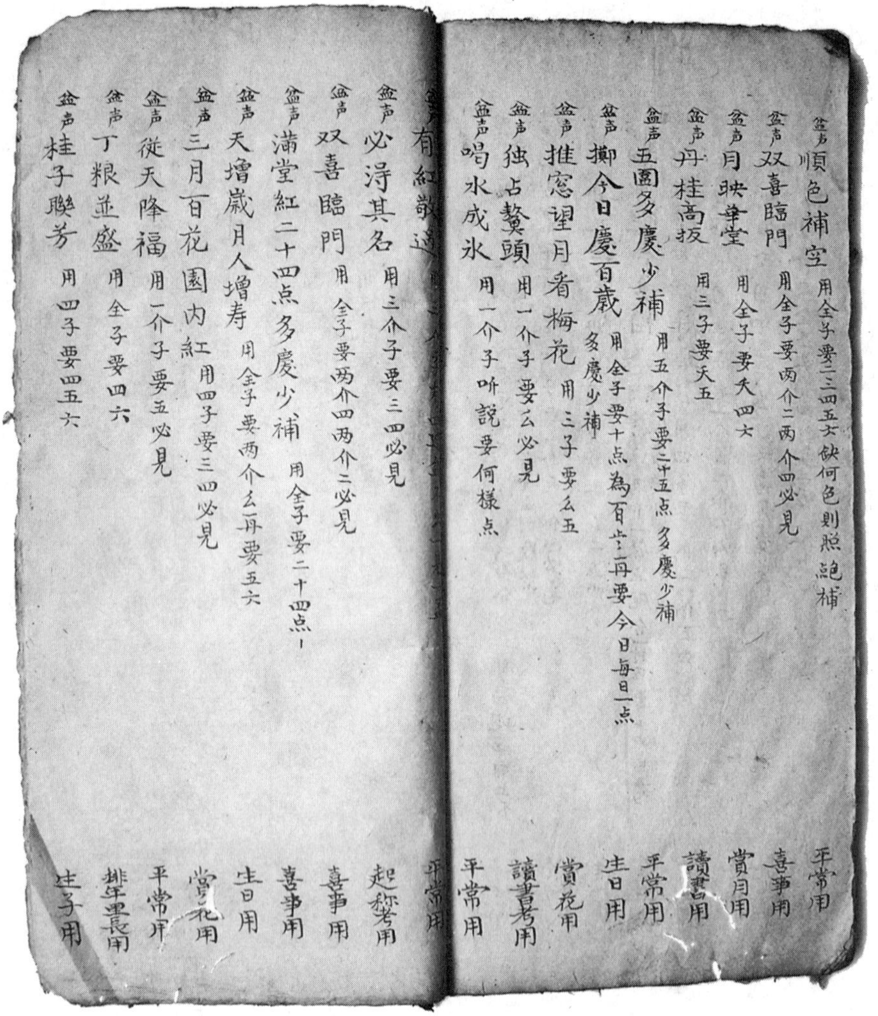

盆声顺色補空 用全子要二三四五六缺何色則照絶補
盆声双喜臨門 用全子要两个二两个四必見
盆声月映華堂 用全子要夫四六
盆声丹桂高拔 用三子要夫五
盆声五圖多慶少補 用五个子要二五点多慶少補
盆声撕今日慶百歲 用全子要十点為百旦再要今日每一点
盆声推窓望月看梅花 多慶少補 用三子要么五
盆声独占鰲頭 用一个子要么必見
盆声唱水成氷 用一个子聽說要何樣点
盆声 有紅敬迩
盆声必得其名 用三个子要三四必見
盆声双喜臨門 用全子要两个四两个二必見
盆声滿堂紅二十四点多慶少補 用全子要二十四点一
盆声天增歲月人增壽 用全子要两个么再要五六
盆声三月百花園内紅 用四子要三四必見
盆声從天降福 用一介子要五必見
盆声丁粮並盛 用四子要四五六
盆声桂子聯芳 生子用

平常用
喜事用
賞月用
讀書用
平常用
讀書用
賞花用
生日用
喜事用
喜事用
起黎用
平常用

賞花用
生日用
排年眞用
生子用

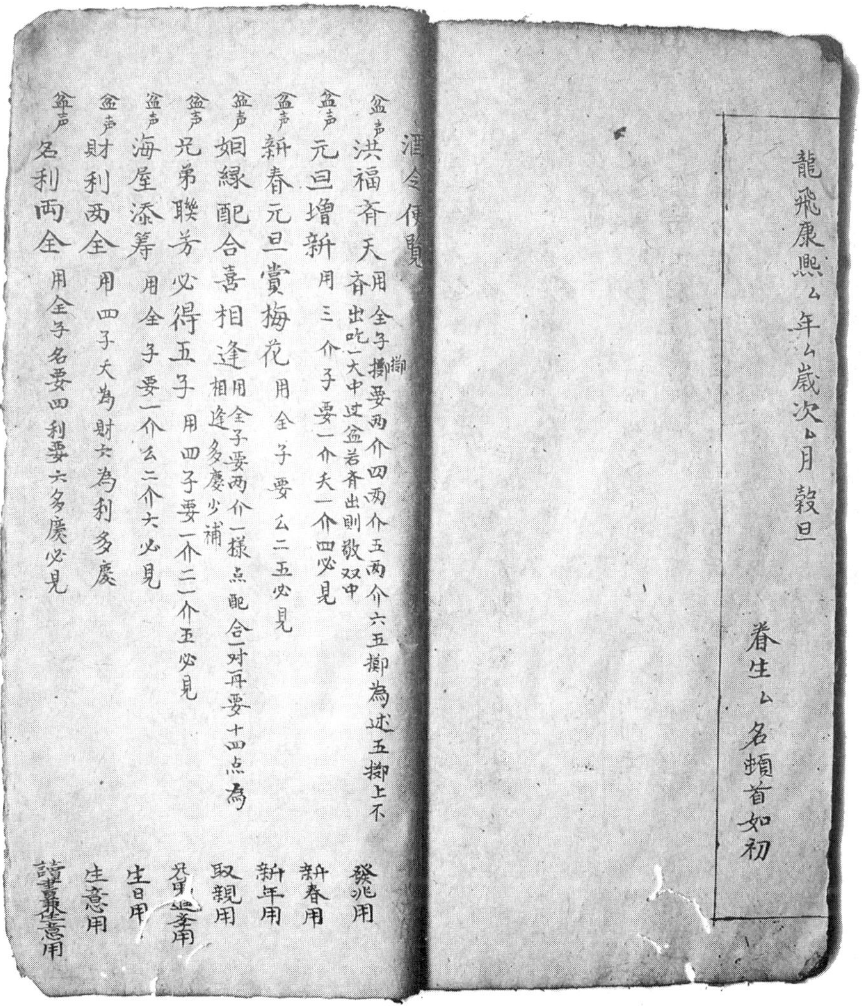
龍飛康熙ㄙ年ㄙ歲次ㄙ月穀旦
眷生ㄙ名頓首如初
酒令便覽
盆声 洪福齐天 用全子擲要两个四两个五两个六五擲為述五擲上不齐出吃一大中过盆若齐出则敬双中
盆声 元旦增新 用三个子要一个夭一个四必見
盆声 新春元旦賞梅花 用全子要么二五必見
盆声 姻緣配合喜相逢 用全子要两个一様点配合一对再要十四点為相逢多慶少補
盆声 兄弟聯芳必得五子 用四子要一个二个五必見
盆声 海屋添筹 用全子要一个么二个六必見
盆声 財利两全 用四子夭為財六為利多慶
盆声 名利两全 用全子名要四利要六多慶必見
發兆用
新春用
新年用
取親用
生日用
生意用
讀書兼生意用

秋口镇吴家 1 14・帖式、常用活套・吴从正记

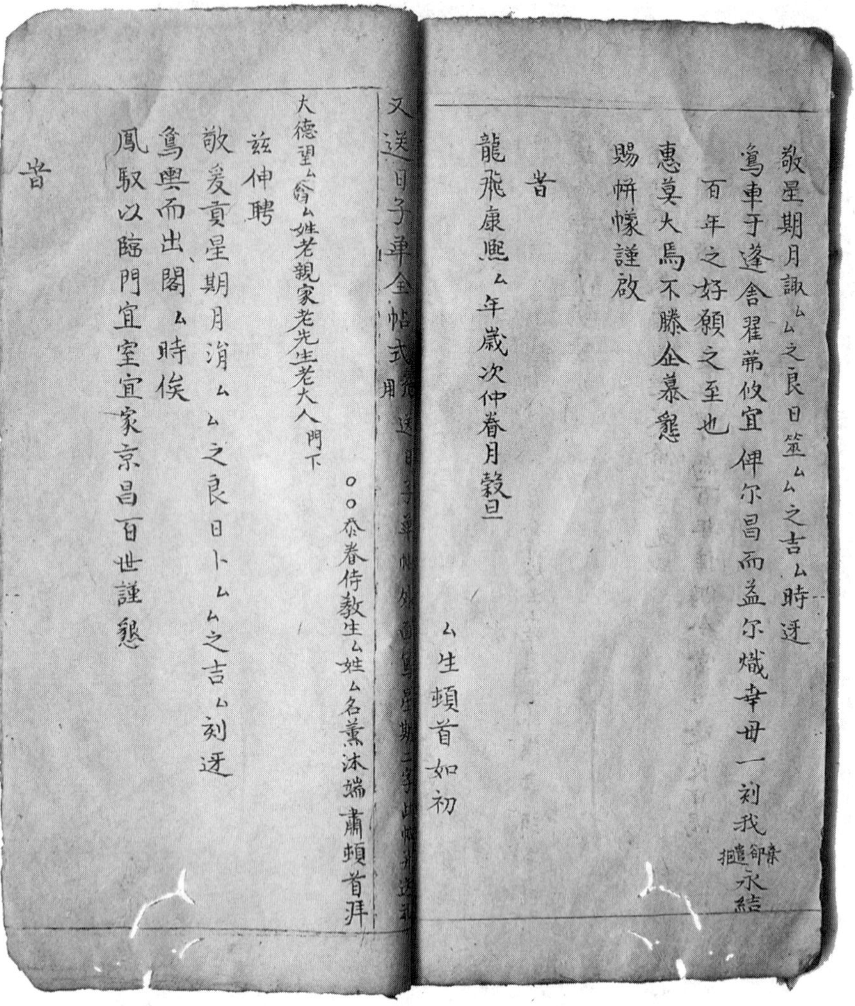

敬星期月諏ㄙㄙ之良日筮ㄙㄙ之吉ㄙ時迓
鸞車于蓬舍翟茀攸宜俾尔昌而益尔熾幸毋一刻我永結
百年之好願之至也
惠莫大焉不勝企慕懇
賜𢘻慷謹啟
旹
龍飛康熙ㄙ年歲次仲春月穀旦
ㄙ生頓首如初

又送日子单全帖式用
大德望ㄙ翁ㄙ姓老親家老先生老大人門下
○○忝眷侍教生ㄙ姓ㄙ名薰沐端肅頓首拜
兹仲聘
敬爰貢星期月涓ㄙㄙ之良日卜ㄙㄙ之吉ㄙ刻迓
鸞輿而出閣ㄙ時俟
鳳馭以臨門宜室宜家京昌百世謹懇
旹

秋口镇吴家 1-15 · 帖式、常用活套 · 吴从正记

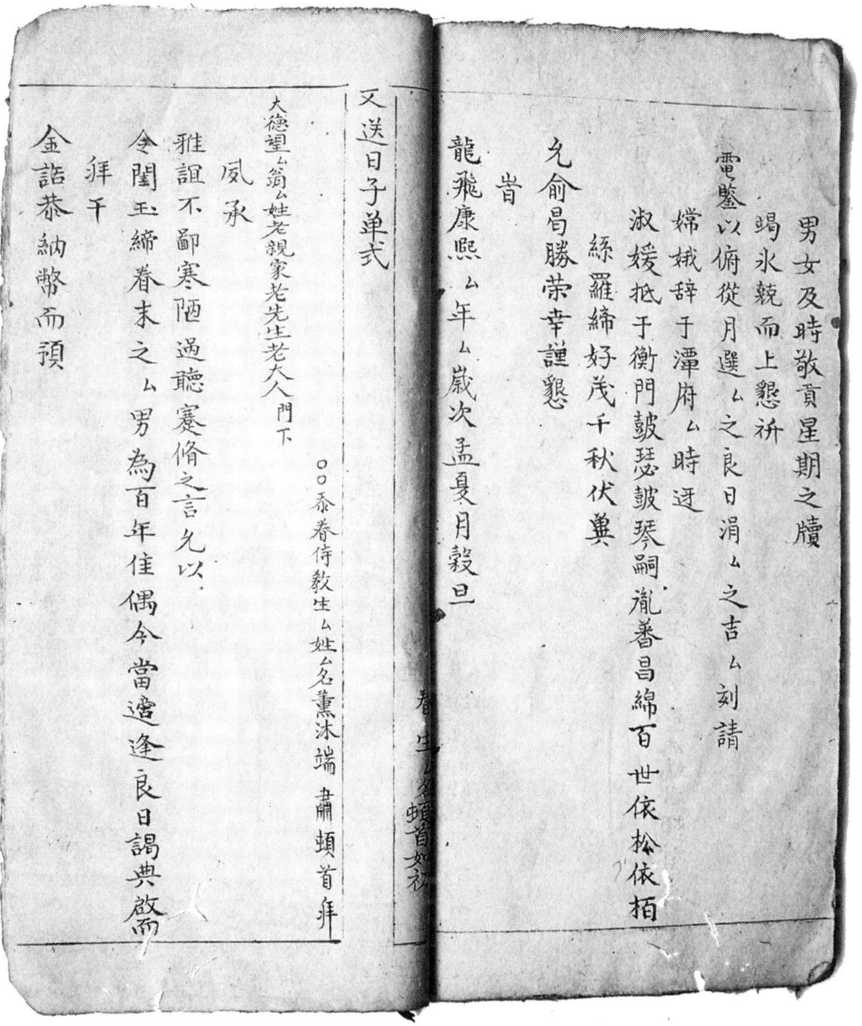
男女及時敬貢星期之牘
竭氷兢而上懇祈
電鑒以俯從月選ㄙ之良日涓ㄙ之吉ㄙ刻請
嫦娥辞于潭府ㄙ時迓
淑媛抵于衡門鼓瑟皷琴嗣胤蕃昌綿百世依松依栢
絲羅締好茂千秋伏冀
允俞曷勝荣幸謹懇
旨
龍飛康熙ㄙ年ㄙ歲次孟夏月穀旦
眷生ㄙ名頓首拜

又送日子单式
〇〇忝眷侍教生ㄙ姓ㄙ名薰沐端肅頓首拜
大德望ㄙ翁ㄙ姓老親家老先生老大人門下
夙承
雅誼不鄙寒陋過聽蹇脩之言允以
令閨玉締眷末之ㄙ男為百年佳偶今當適逢良日謁典齋
拜干
金諾恭納幣而預

秋门镇吴家 1-16 · 帖式、常用活套 · 吴从正记

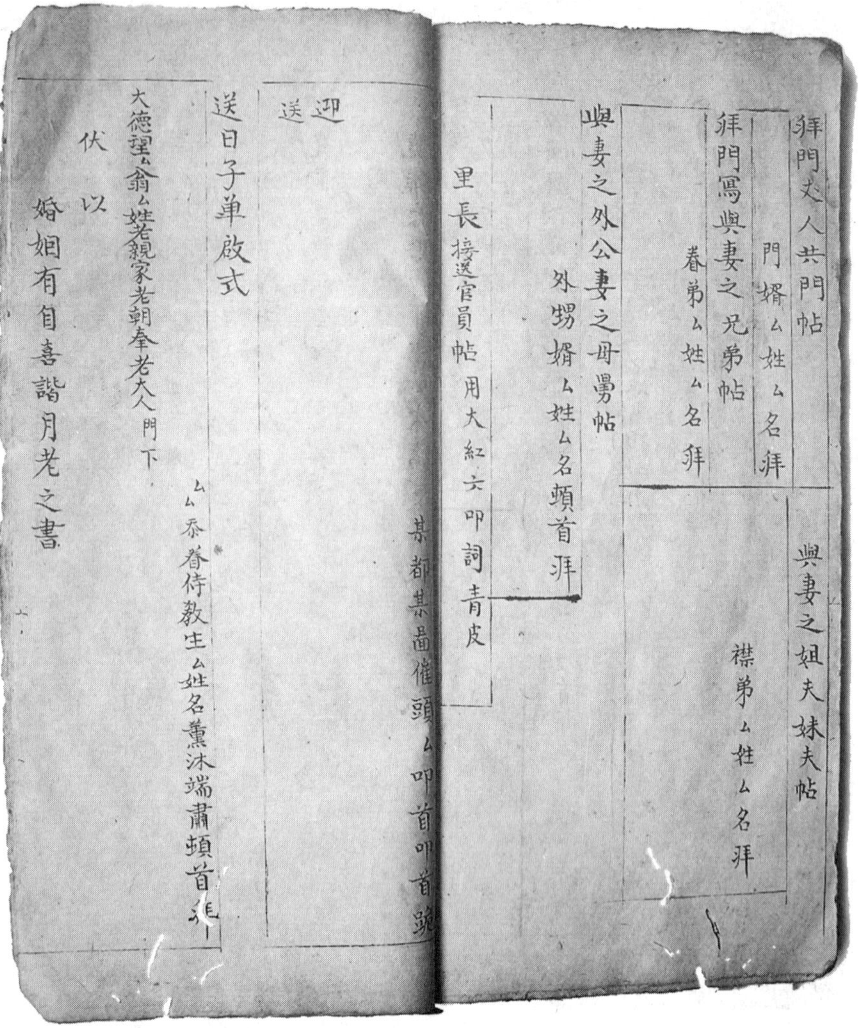

秋口镇吴家 1-17 · 帖式、常用活套 · 吴从正记

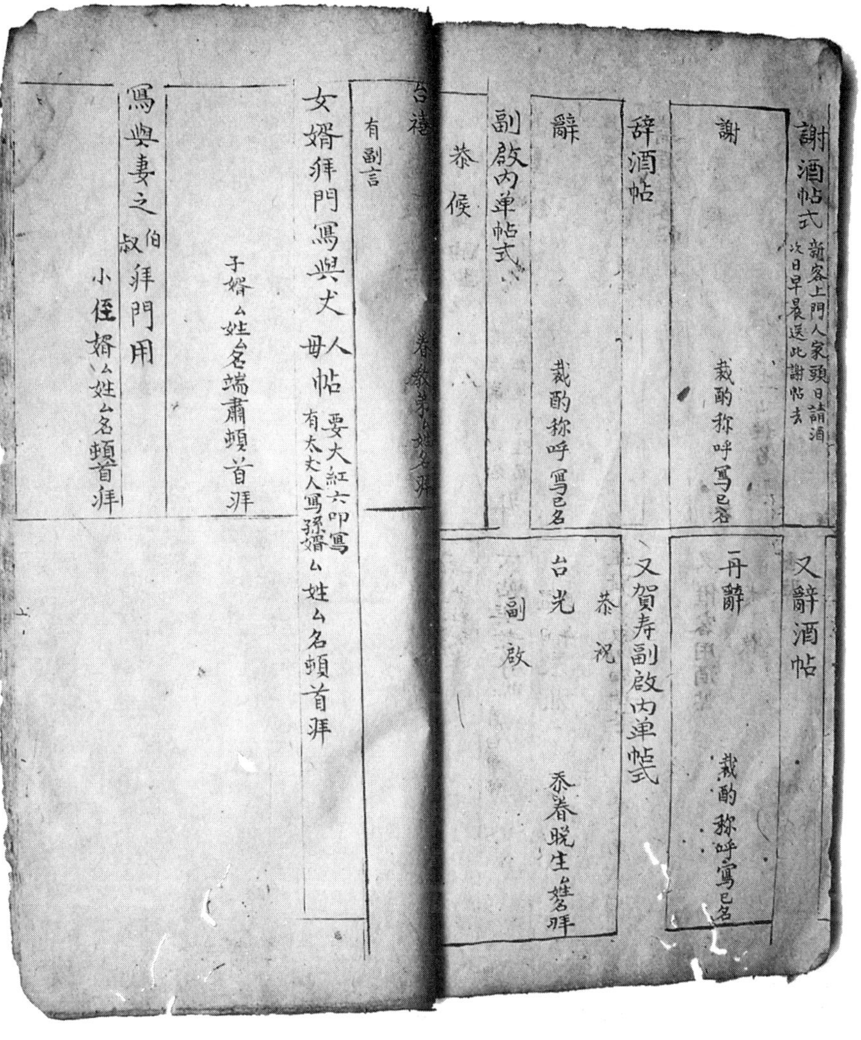
谢酒帖式 新客上門人家頭日請酒次日早晨送此謝帖去

謝

裁酌称呼寫己名

辭酒帖

辭

裁酌称呼寫己名

副啟内单帖式

恭候

台禧

眷教弟ム姓名拜

又辭酒帖

一再辭

裁酌称呼寫己名

又賀寿副啟内单帖式

恭祝

台光

副啟

忝眷晚生ム姓名拜

有副言

女婿拜門寫與丈人母帖 要大紅六叩寫 有太丈人寫孫婿ム姓ム名頓首拜

子婿ム姓ム名端肅頓首拜

寫與妻之伯叔拜門用

小侄婿ム姓ム名頓首拜

秋口镇吴家 1-18 · 帖式、常用活套　吴从正记

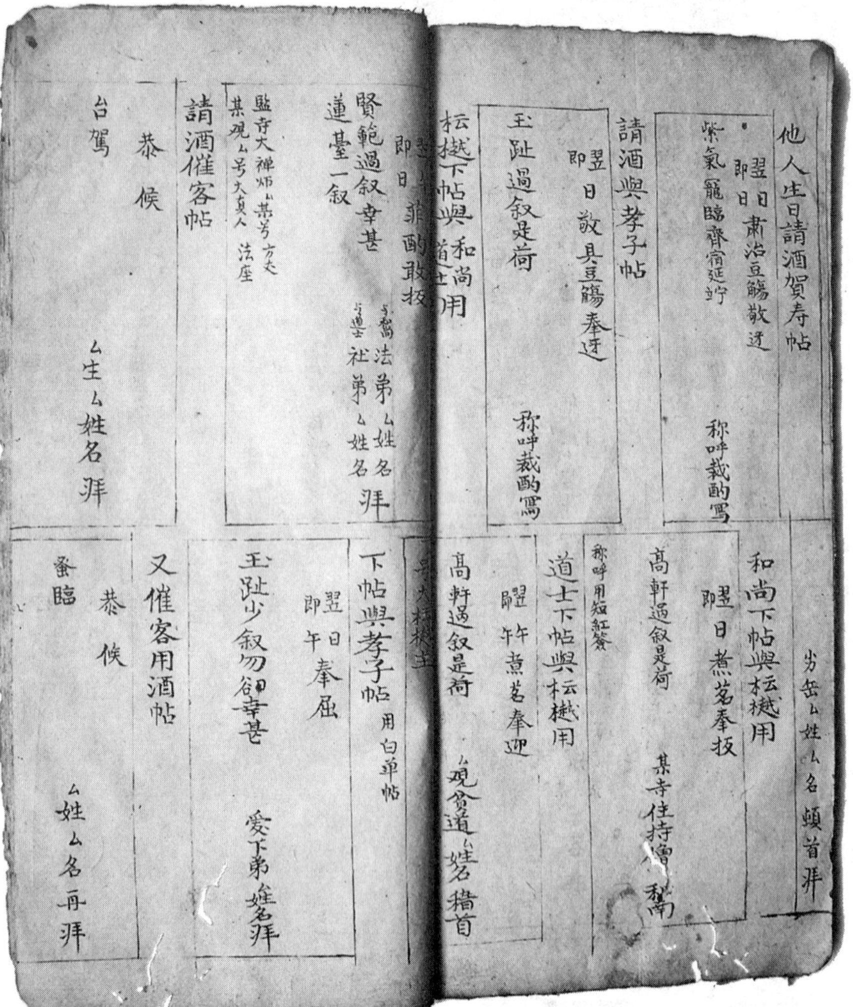
他人生日請酒賀寿帖
翌日 肅治豆觴敬迓
即日
紫氣寵臨齊宿延佇
稱呼栽酌写
請酒與孝子帖
翌日 敬具豆觴奉迓
即日
玉趾過叙是荷
稱呼栽酌写
柸樾下帖與和尚用 道士
翌日 菲酌敢扳
即日
賢範過叙幸甚
蓮臺一叙
ム當法弟ム姓名拜
ム蓮社
監寺大禪师ム某号方丈
某观ム号大真人 法座
請酒催客帖
恭候
台駕
ム生ム姓名拜
劣岳ム姓ム名頓首拜
和尚下帖與柸樾用
翌日 煮茗奉扳
即日
高軒過叙是荷
某寺住持僧ム稽首
稱呼用短紅簽
道士下帖與柸樾用
翌日 午 煮茗奉迎
即午
高軒過叙是荷
ム观贫道ム姓名稽首
某大柸樾主
下帖與孝子帖 用白单帖
翌日 午 奉屈
即午
玉趾少叙勿卻幸甚
愛下弟ム姓名拜
又催客用酒帖
恭候
蚤臨
ム姓ム名再拜

秋口镇吴家 1-19 · 帖式、常用活套 · 吴从正记

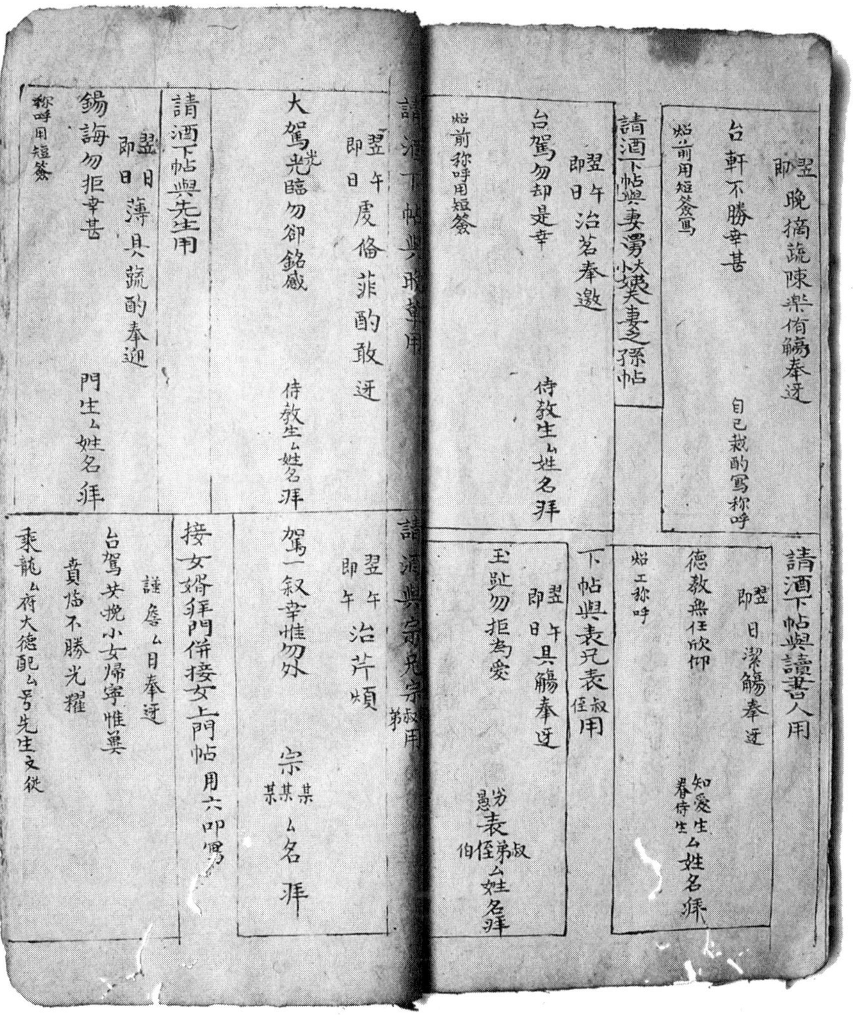

請酒下帖與職事用
翌午 即日 虔備菲酌敢迓
大駕光臨勿卻銘感
侍教生厶姓名拜

請酒下帖與先生用
翌日 即日 薄具疏酌奉迎
錫誨勿拒幸甚
門生厶姓名拜
称呼用短簽

翌 即 晚摘蔬陳樂侑觴奉迓
台軒不勝幸甚
自己裁酌寫称呼
照前用短簽寫

請酒下帖與妻舅大姨夫妻之孫帖
翌午 即日 治茗奉邀
台駕勿却是幸
侍教生厶姓名拜
照前称呼用短簽

請酒下帖與讀書人用
翌 即 日 潔觴奉迓
德教無任欣仰
知愛生 眷侍生 厶姓名拜
照工称呼

下帖與表兄表侄叔用
翌午 即日 具觴奉迓
玉趾勿拒為愛
愚劣 表 伯侄弟叔 厶姓名拜

請酒與宗兄宗弟叔用
翌午 即午 治芹頓
駕一叙幸惟勿外
宗 某某某 厶名拜

接女婿拜門併接女上門帖 用六叩寫
謹詹厶日奉迓
台駕芙挽小女帰寧惟冀
貴臨不勝光耀
秉龍厶府大德配厶号先生文從

秋口镇吴家 1-20 · 帖式、常用活套 · 吴从正记

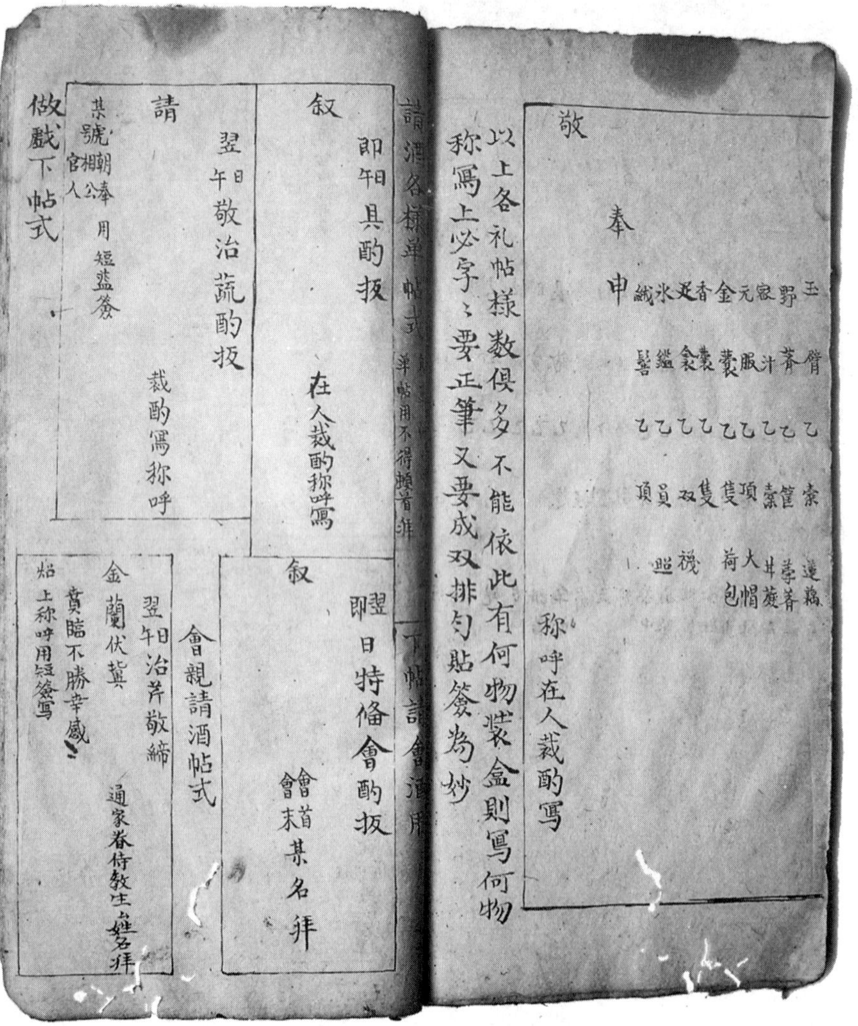

敬
奉
申
玉臂乙索
野荠乙筐
元汁乙項
金服乙隻
香蓑乙隻
冰鑑乙員
蓮藕
荸荠
大帽
荷包
称呼在人裁酌写
以上各礼帖様数偎多不能依此有何物装盒則写何物
称写上必字〻要正筆又要成双排匀貼簽為妙
請酒各様单帖式 单帖用不得頓首拜
下帖請會酒席
叙
即日具酌扳
在人裁酌称呼写
請
翌日敬治蔬酌扳
裁酌写称呼
某號 朝奉 相公 官人 用短藍簽
做戲下帖式
叙
翌日 即日 特備會酌扳
會首 會末 某名拜
會親請酒帖式
翌日治芹敬締
金蘭伏冀
賁臨不勝幸感
通家眷侍教生姓名拜
帖上称呼用短簽写

秋口镇吴家 1-21 · 帖式、常用活套 · 吴从正记

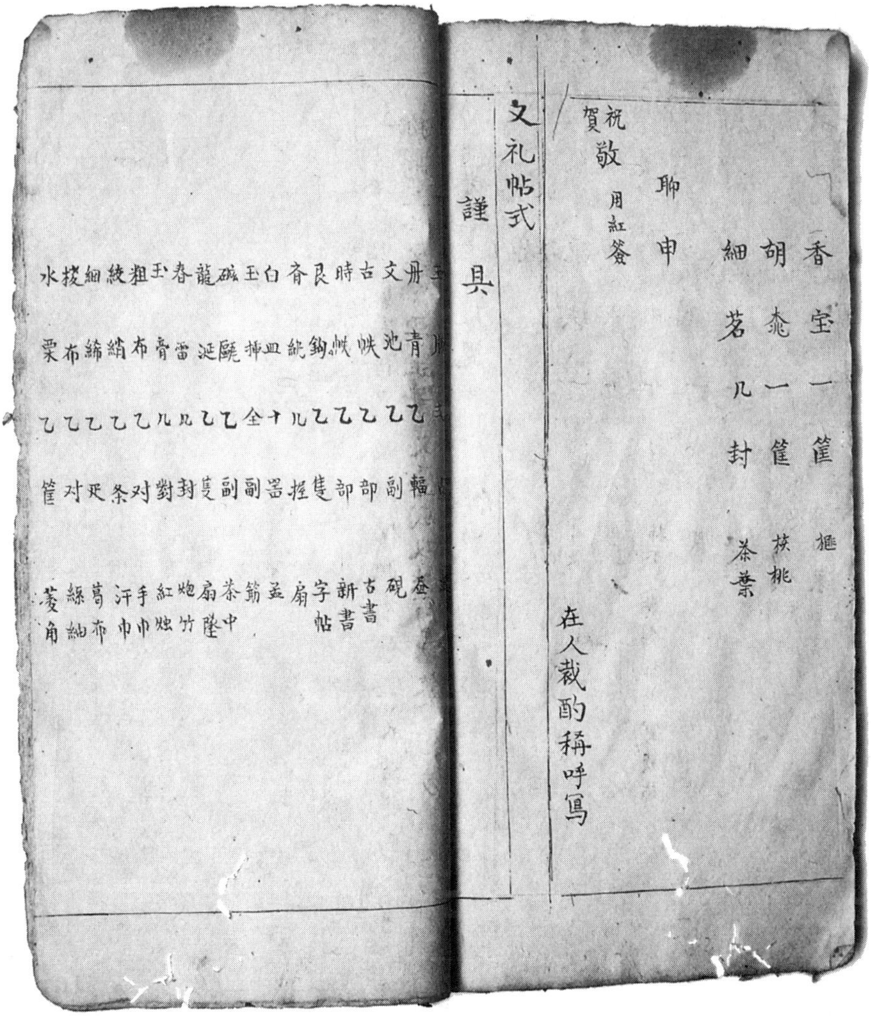

秋门镇吴家 1-22 · 帖式、常用活套 · 吴从正记

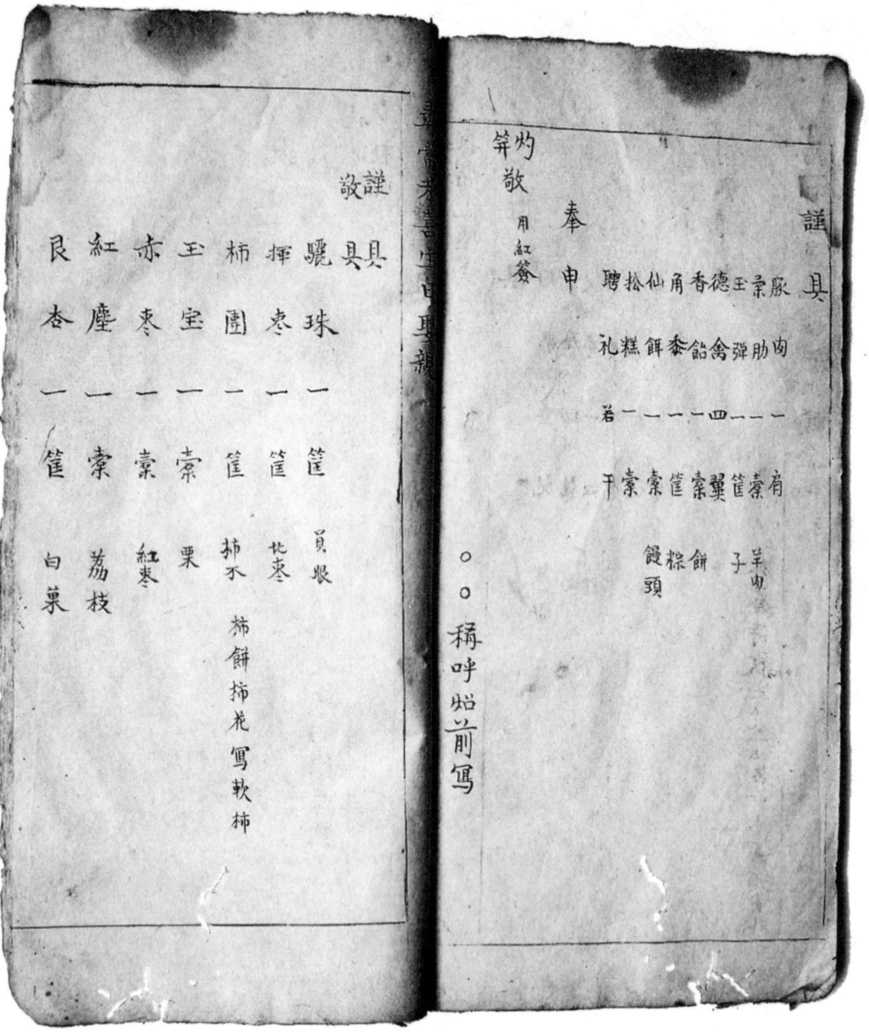

秋口镇吴家 1-23 · 帖式、常用活套 · 吴从正记

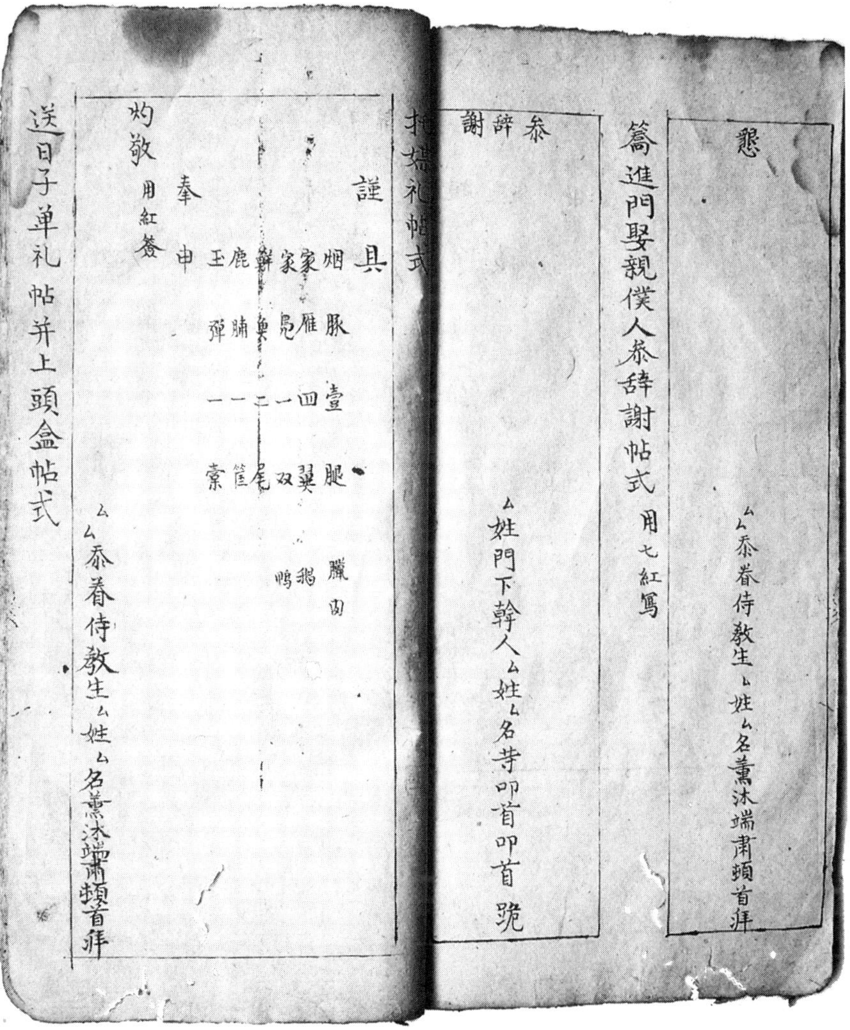
懇

ㄙㄙ忝眷侍教生ㄙ姓ㄙ名薰沐端肅頓首拜

篙進門娶親僕人忝辞謝帖式 用七紅寫

忝

辞

謝

ㄙ姓門下幹人ㄙ姓ㄙ名等叩首叩首號

押婚礼帖式

謹具

烟豚壹腿 臘肉

家雁四翼 鵝

家鳧一双 鴨

鮮魚二尾

鹿脯一筐

玉弾一索

奉申

灼敬 用紅簽

ㄙㄙ忝眷侍教生ㄙ姓ㄙ名薰沐端肅頓首拜

送日子单礼帖并上頭盒帖式

秋口镇吴家 1-24 · 帖式、常用活套 · 吴从正记

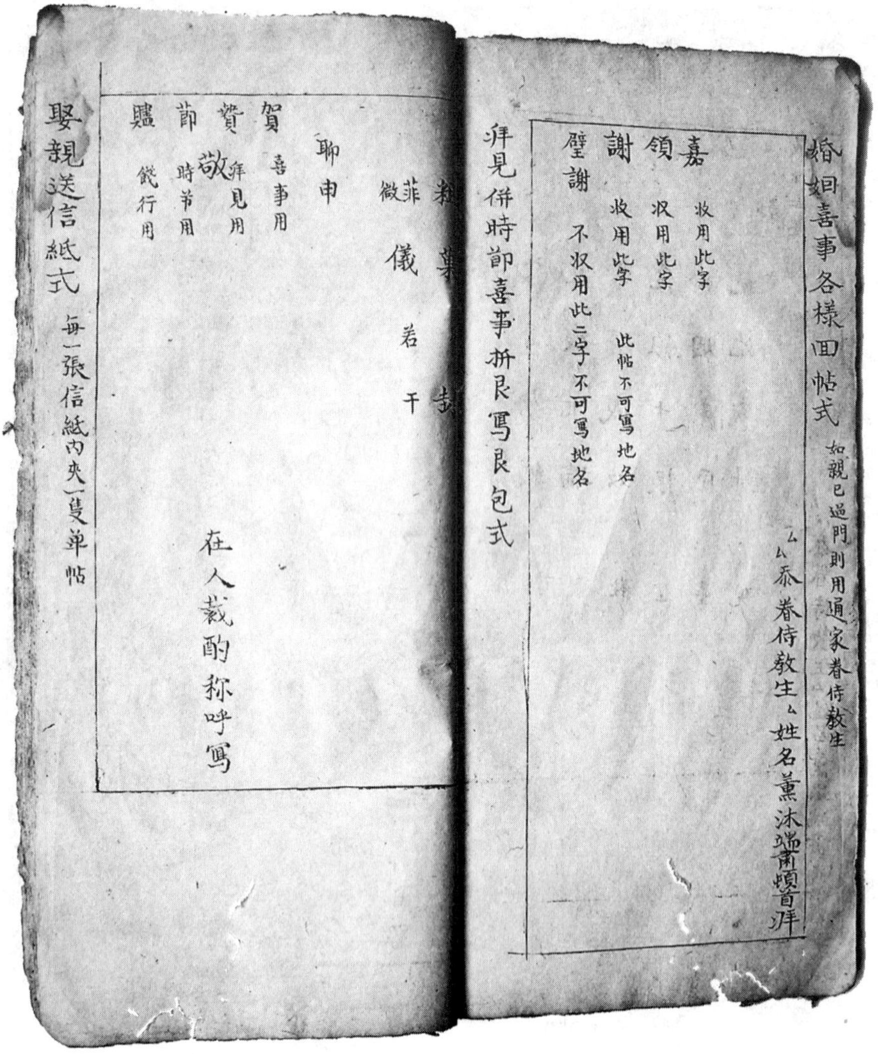

秋口镇吴家 1-25 · 帖式、常用活套 · 吴从正记

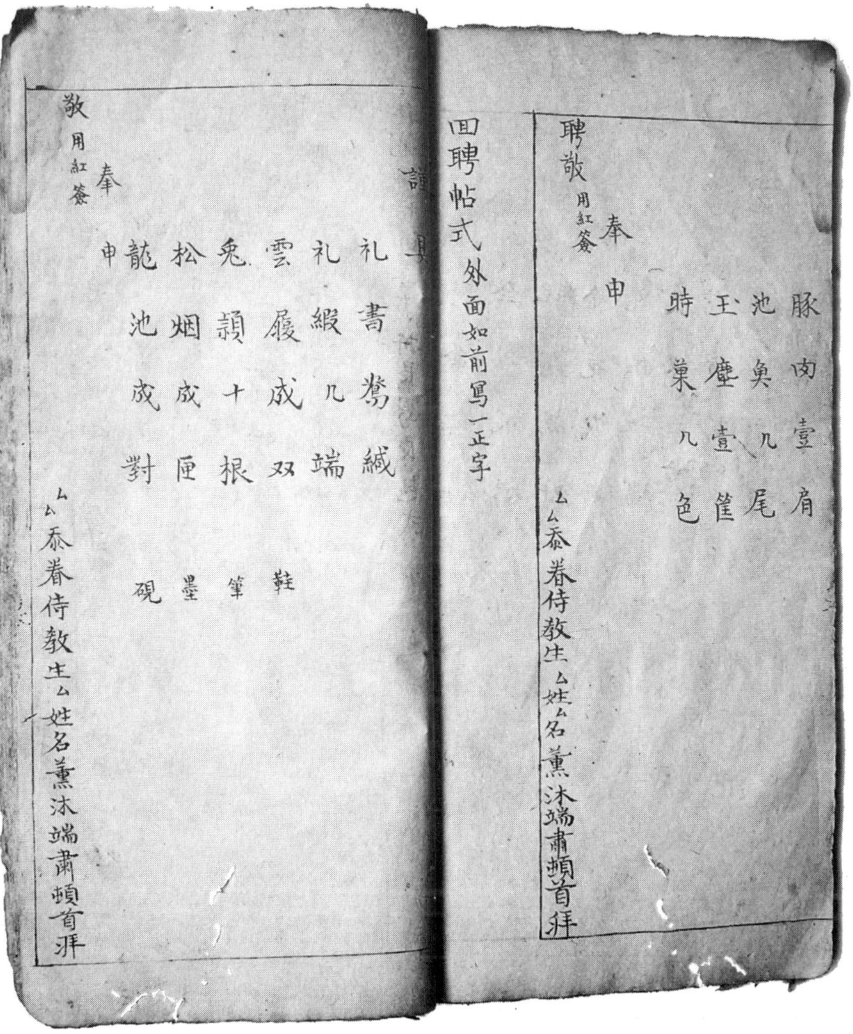

謹具
礼書鸞緘
礼緞几端
雲履成双
兔頴十根
松烟成匣
龍池成對
鞋 筆 墨 硯
敬 用紅簽
奉申
厶厶忝眷侍教生厶姓名薰沐端肅頓首拜

回聘帖式 外面如前寫一正字
豚肉壹肩
池魚几尾
玉塵壹筐
時菓几色
聘敬 用紅簽
奉申
厶厶忝眷侍教生厶姓厶名薰沐端肅頓首拜

秋口镇吴家 1-26 · 帖式、常用活套 · 吴从正记

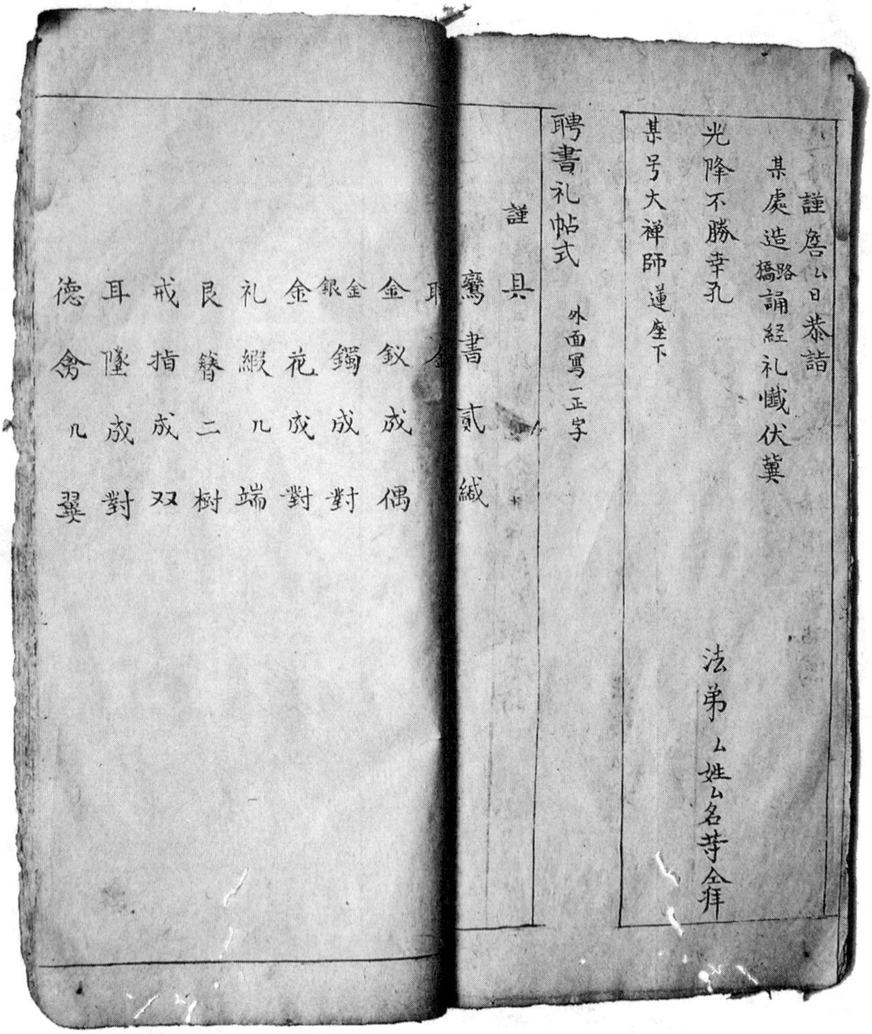
謹詹ㄙ日恭詣
某處造橋路誦經礼懺伏冀
光降不勝幸孔
某号大禪師蓮座下
法弟ㄙ姓ㄙ名等仝拜
聘書礼帖式 外面寫一正字
謹具
鸞書貳緘
聘金
金釵成偶
金銀鐲成對
金花成對
礼緞几端
良簪二樹
戒指成双
耳墜成對
德禽几翼

秋口镇吴家 1–27 · 帖式、常用活套 · 吴从正记

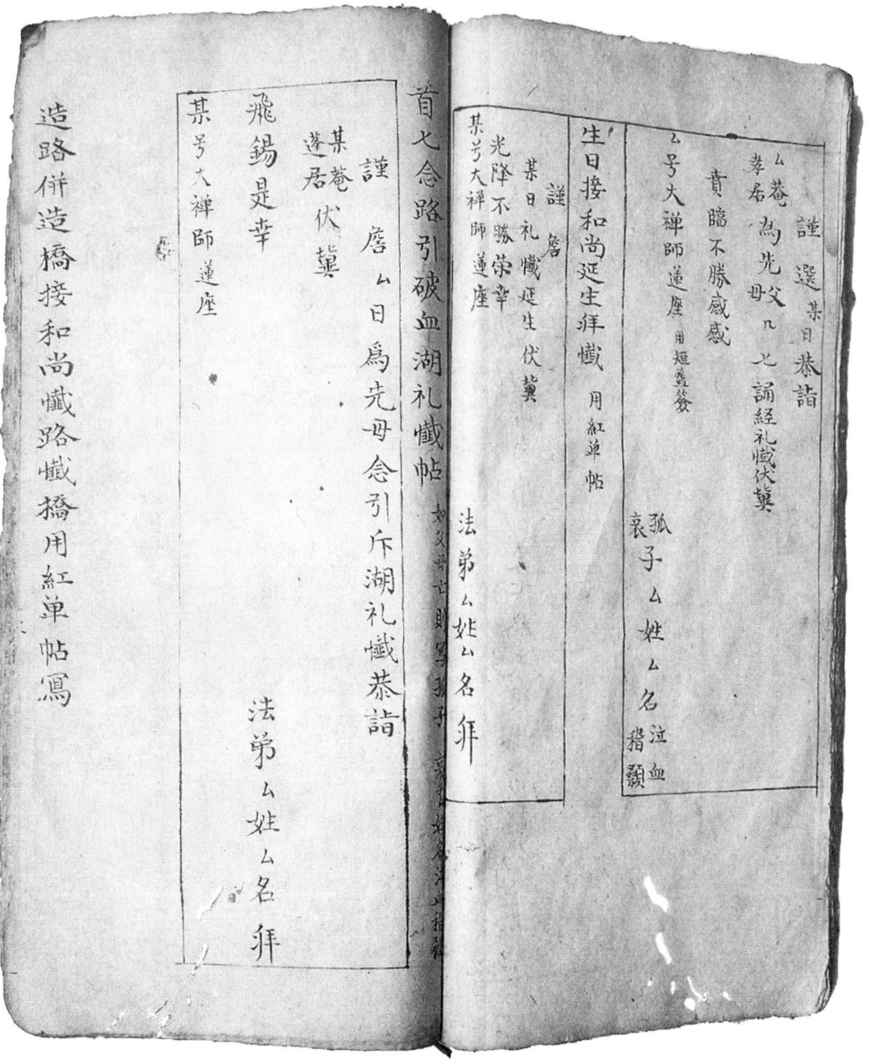

謹選某日恭詣
厶菴孝居為先父母几筵誦經礼懺伏冀
貴臨不勝感感
厶号大禅師蓮座 用短蓋簽
孤哀子厶姓厶名泣血稽顙

生日接和尚延生拜懺 用紅单帖
謹啓某日礼懺延生伏冀
光降不勝榮幸
某号大禅師蓮座
法弟厶姓厶名拜

首七念路引破血湖礼懺帖 如父母亡則寫孤子……
謹啓厶日爲先母念引斥湖礼懺恭詣
某菴蓮居伏冀
飛錫是幸
某号大禅師蓮座
法弟厶姓厶名拜

造路併造橋接和尚懺路懺橋用紅单帖寫

秋口镇吴家 1-28・帖式、常用活套・吴从正记

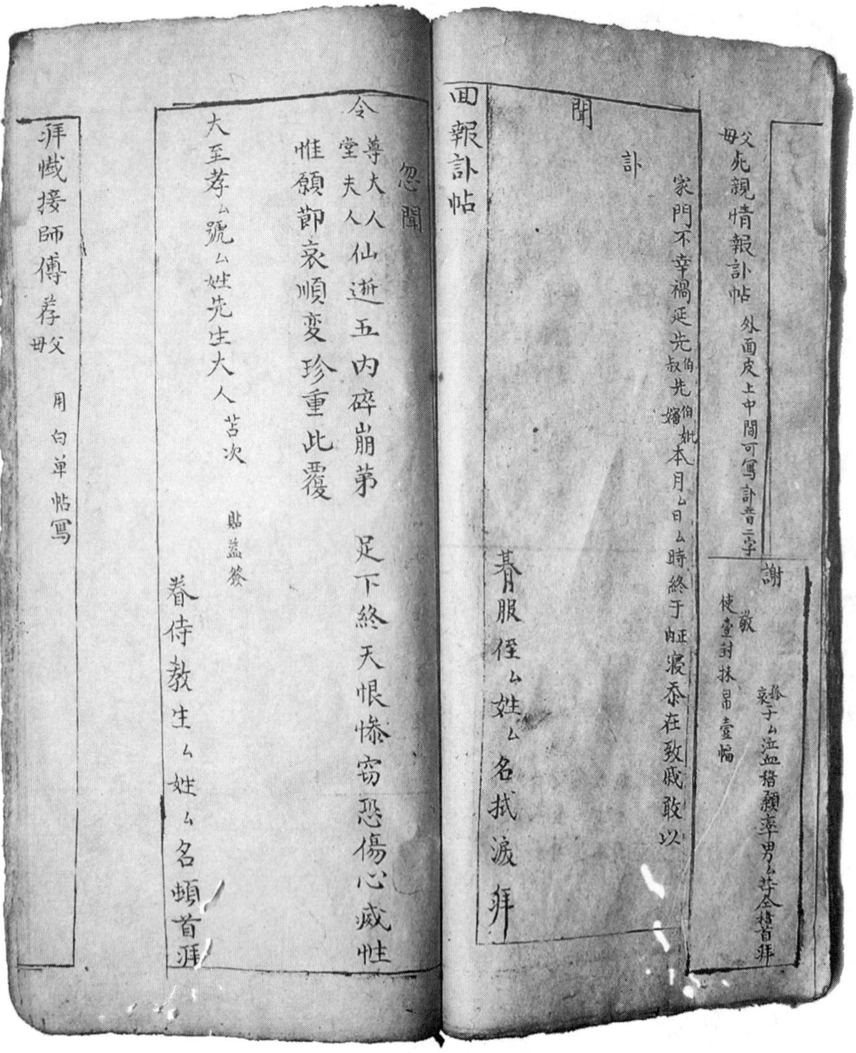

秋口镇吴家 1-29 · 帖式、常用活套 · 吴从正记

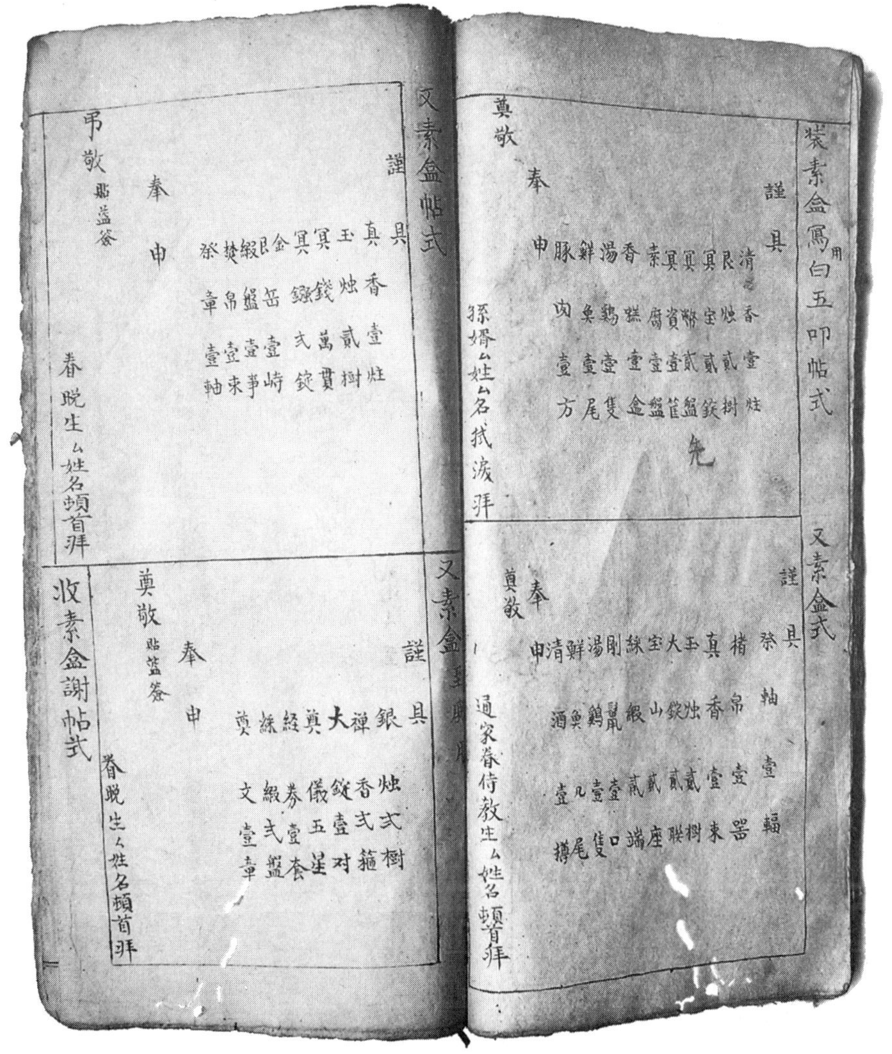
奠素盒寫白五叩帖式（用）
謹具
清香壹炷
良烛貳樹
冥宝貳錠
冥帑資壹盤
素腐壹筐
香糕壹盤
湯鷄壹盒
鮮魚壹隻
豚肉壹尾
方
奠敬
奉申
先
孫婿ㄙ姓ㄙ名拭淚拜

又素盒式
謹具
祭軸壹幅
楮帛壹器
真香壹束
玉烛貳樹
大錠貳聯
宝山貳座
綵緞貳端
剛鬣壹口
湯鷄壹隻
鮮魚壹尾
清酒壹罇
奠敬
奉申
通家眷侍教生ㄙ姓名頓首拜

又素盒帖式
謹具
真香壹炷
玉烛貳樹
冥錢萬貫
冥鏹弍錠
金艮峁壹峙
緞盤壹事
楚帛壹束
祭章壹軸
弔敬 貼盖簽
奉申
眷晚生ㄙ姓名頓首拜

又素盒
謹具
銀烛弍樹
禪香弍箍
大錠壹对
奠儀五星
經券壹套
綵緞弍盤
奠文壹章
奠敬 貼盖簽
奉申
眷晚生ㄙ姓名頓首拜

收素盒謝帖式

秋口镇吴家 1 30 · 帖式、常用活套 · 吴从正记

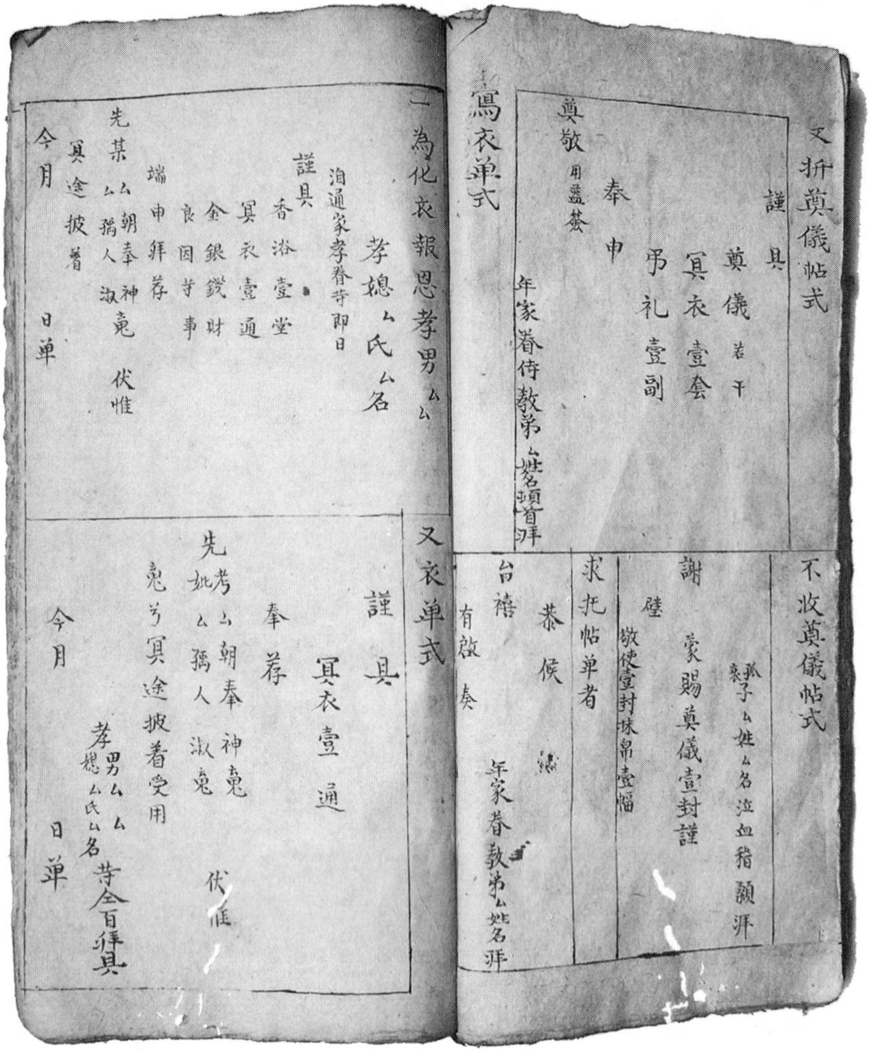
又折奠儀帖式
謹具
奠儀若干
冥衣壹套
帋礼壹副
奉申
奠敬 用盂蓋
年家眷侍教弟ㄙ姓名頓首拜
寫衣单式
一為化衣報恩孝男ㄙㄙ
孝媳ㄙ氏ㄙ名
洎通家孝眷等即日
謹具
香浴壹堂
冥衣壹通
金銀錢財
良因等事
端申拜荐
先某ㄙ朝奉神魂 伏唯
ㄙ孺人淑鬼
冥途披着
今月 日单
不收奠儀帖式
孤哀子ㄙ姓ㄙ名泣血稽顙拜
謝
蒙賜奠儀壹封謹
璧
敬使壹封妹帛壹幅
求托帖单者
恭候
台禧
有啟奏
年家眷教弟ㄙ姓名拜
又衣单式
謹具 冥衣壹通
奉荐
先考ㄙ朝奉神魂
先妣ㄙ孺人淑鬼
鬼兮冥途披着受用 伏唯
孝男ㄙㄙ
孝媳ㄙ氏ㄙ名 等全百拜具
今月 日单

秋口镇吴家 1-31 · 帖式、常用活套 · 吴从正记

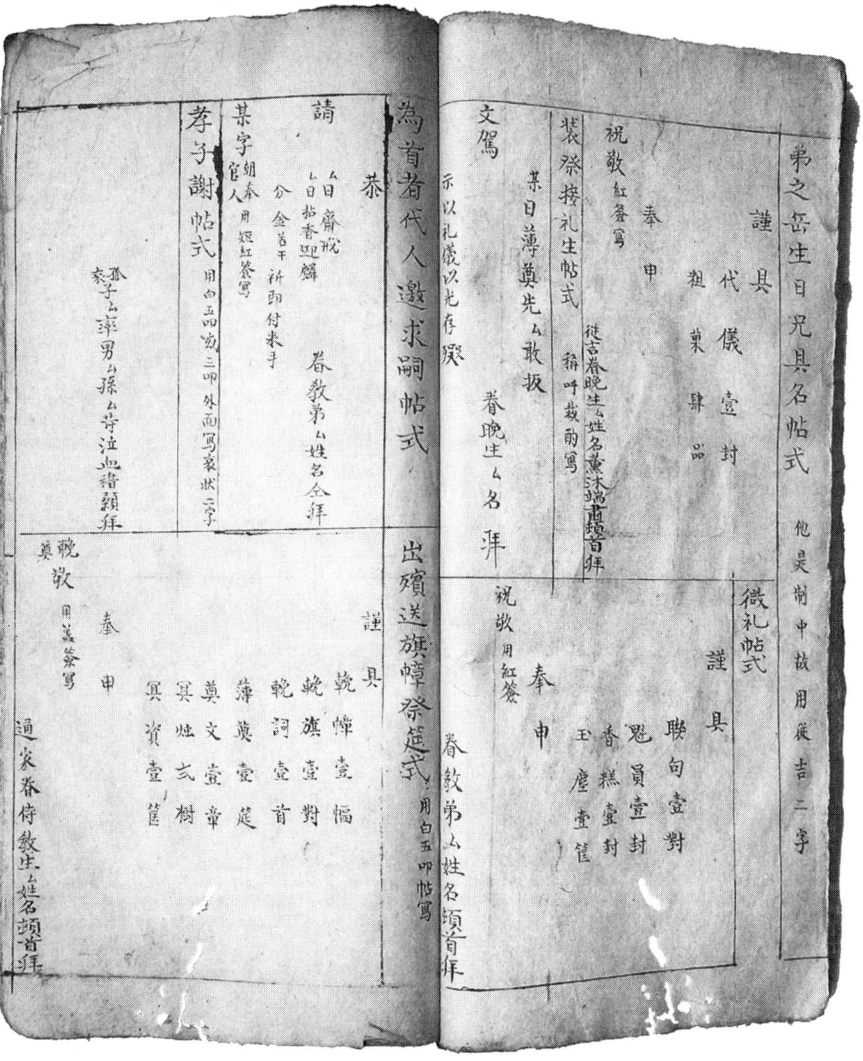
弟之岳生日兄具名帖式 他是制中故用从吉二字
谨具
代仪壹封
粗菓肆品
奉申
祝敬 红签写
从吉眷晚生ㄙ姓名薰沐端肅頓首拜
装祭接礼生帖式 称呼裁函写
某日薄奠先ㄙ敢扳
文駕
示以礼儀以光存殁
眷晚生ㄙ名拜
微礼帖式
谨具
聯句壹對
魁員壹封
香糕壹封
玉塵壹筐
奉申
祝敬 用紅簽
眷教弟ㄙ姓名頓首拜
為首者代人邀求嗣帖式
恭
請
ㄙ日齋戒
ㄙ日拈香迎鱗
分金若干祈即付来手
眷教弟ㄙ姓名仝拜
某字 姐奉 官人 用短紅簽写
孝子謝帖式 用白五品或三叩 外面写哀状二字
孤哀子ㄙ率男ㄙ孫ㄙ等泣血稽顙拜
出殯送旗幛祭筵式 用白五叩帖写
谨具
輓幛壹幅
輓旗壹對
輓詞壹首
薄奠壹筵
奠文壹章
冥烛玄樹
冥資壹筐
奉申
輓奠敬 用藍簽写
通家眷侍教生ㄙ姓名頓首拜

秋山镇吴家 1-32 · 帖式、常用活套 · 吴从正记

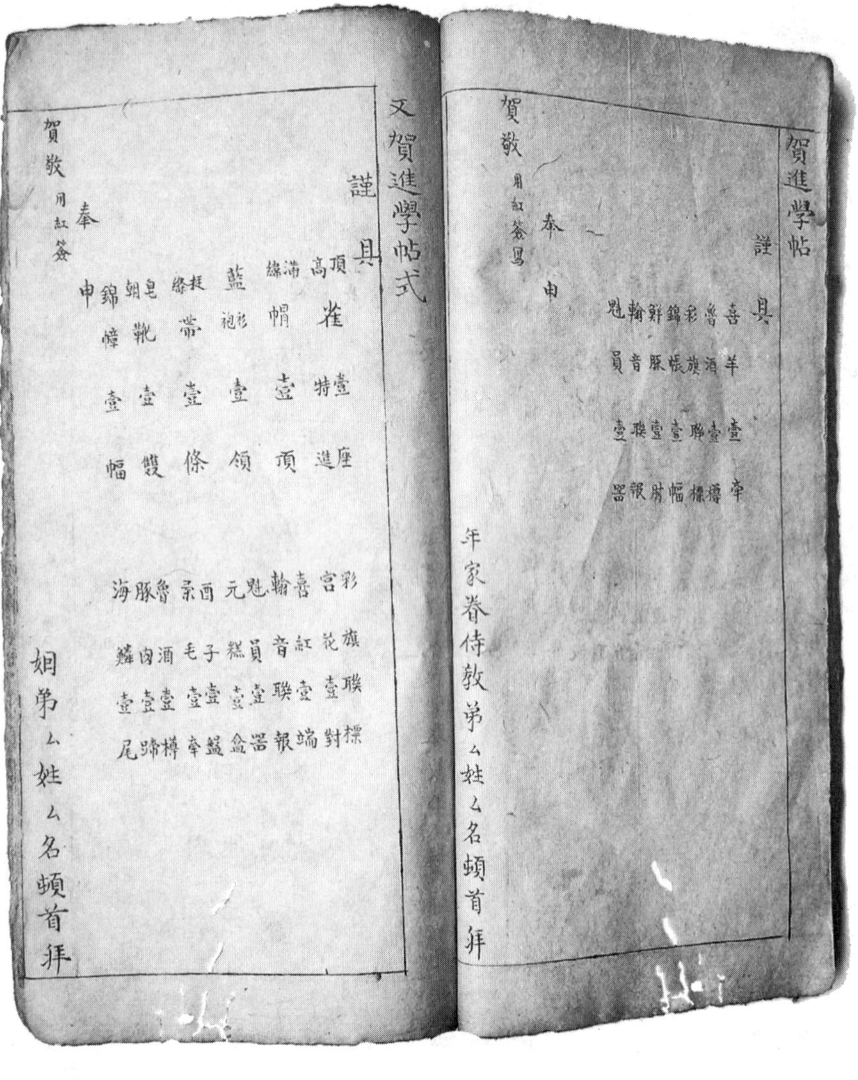
賀進學帖
謹具
喜羊壹牽
魯酒壹罇
彩旗聯標
錦帳壹幅
鮮豚壹肘
翰音聯報
魁員壹器
奉申
賀敬 用紅簽寫
年家眷侍教弟厶姓厶名頓首拜

又賀進學帖式
謹具
頂高 雀 特壹 進座
滿綠 帽 壹 頂
藍 彩袍 壹 領
挺絲 帶 壹 條
皂朝 靴 壹 雙
錦 幛 壹 幅
申
彩旗聯標
宮花壹對
喜紅壹端
翰音聯報
魁員壹器
元糕壹盒
酉子壹盤
汞毛壹牽
魯酒壹樽
豚肉壹蹄
海鱗壹尾
奉
賀敬 用紅簽
姻弟厶姓厶名頓首拜

秋口镇吴家 1-33 · 帖式、常用活套 · 吴从正记

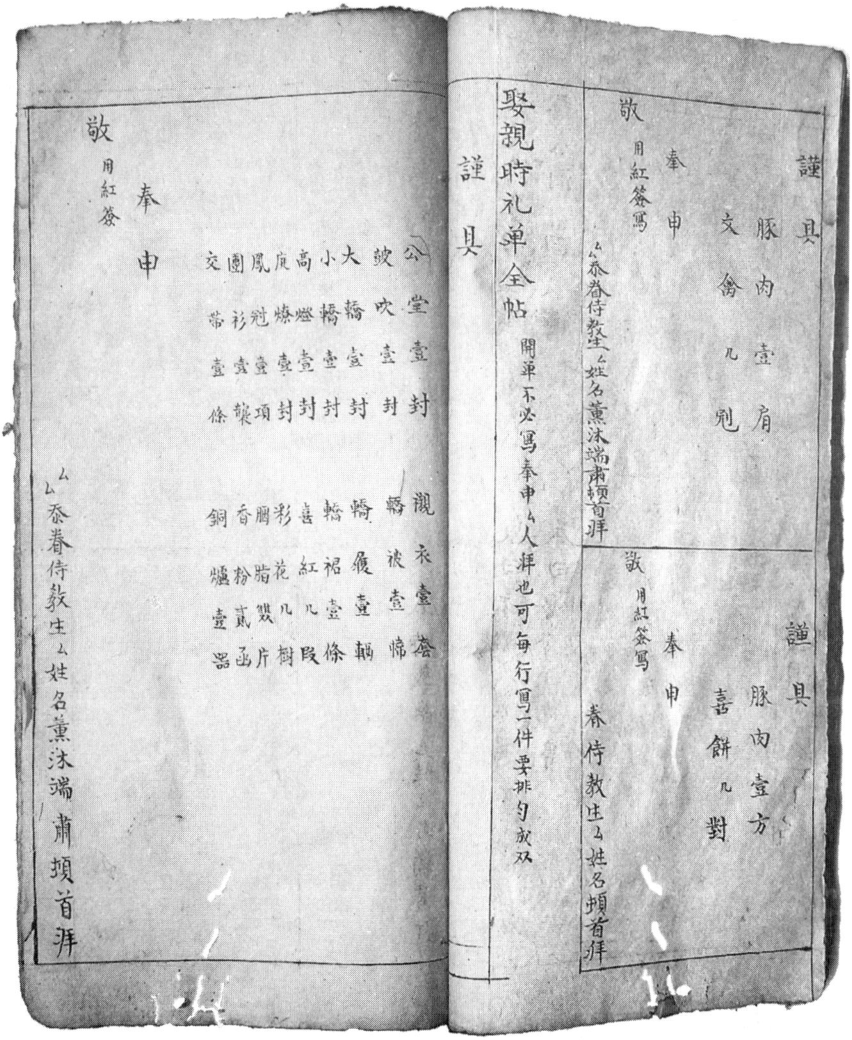

敬
用紅簽
奉
申
公堂壹封
鼓吹壹封
大轎壹封
小轎壹封
高燈壹封
庭燎壹封
鳳冠壹項
團衫壹襲
交帶壹條
襯衣壹套
轎被壹幅
轎簾壹輛
轎裙壹條
喜紅几段
彩花几樹
胭脂雙片
香粉貳函
銅爐壹器
ㄙㄙ忝眷侍教生ㄙ姓名薰沐端肅頓首拜
謹具
娶親時礼单全帖
開單不必寫奉申ㄙ人拜也可每行寫一件要排匀成双
謹具
豚肉壹肩
文禽几冠
敬
用紅簽寫
奉
申
ㄙㄙ忝眷侍教生ㄙ姓名薰沐端肅頓首拜
謹具
豚肉壹方
喜餅几對
敬
用紅簽寫
奉
申
眷侍教生ㄙ姓名頓首拜

秋口镇吴家 1-34 · 帖式、常用活套 · 吴从正记

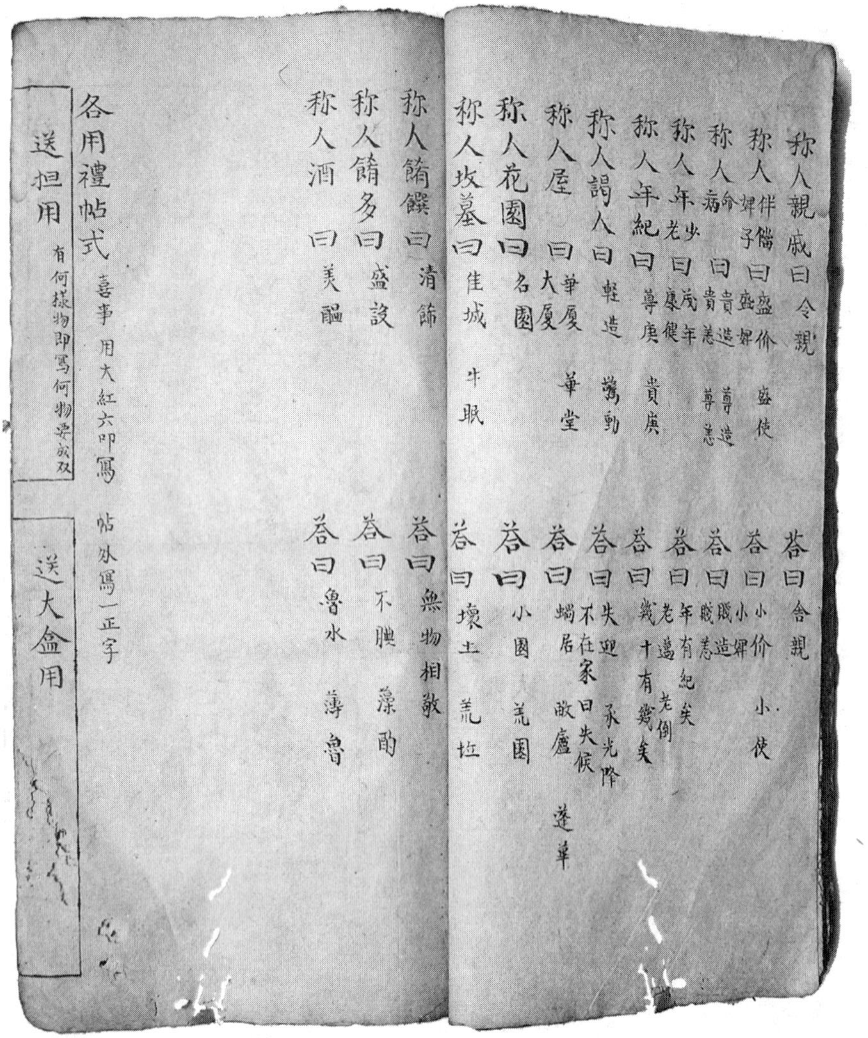
各用禮帖式 喜事用大紅六叩寫 帖外寫一正字

送担用 有何採物即寫何物要成双

送大盒用

稱人親戚曰令親 荅曰舍親

稱人伴儅婢子曰盛价盛婢 盛使 荅曰小价小婢 小使

稱人病命曰貴恙貴造 尊恙尊造 荅曰賤恙賤造

稱人年老少曰康健茂年 荅曰年有紀矣 老邁老倒

稱人年紀曰尊庚 貴庚 荅曰幾十有幾矣

稱人謁人曰輕造 驚動 荅曰失迎 承光降 不在家曰失候

稱人屋曰華厦大厦 華堂 荅曰蝸居 敝廬 蓬蓽

稱人花園曰名園 荅曰小園 荒園

稱人坟墓曰佳城 牛眠 荅曰壞土 荒坵

稱人餚饌曰清飾 荅曰無物相敬

稱人餚多曰盛設 荅曰不腆 潦酌

稱人酒曰美醞 荅曰魯水 薄魯

秋口镇吴家 1-35 · 帖式、常用活套 · 吴从正记

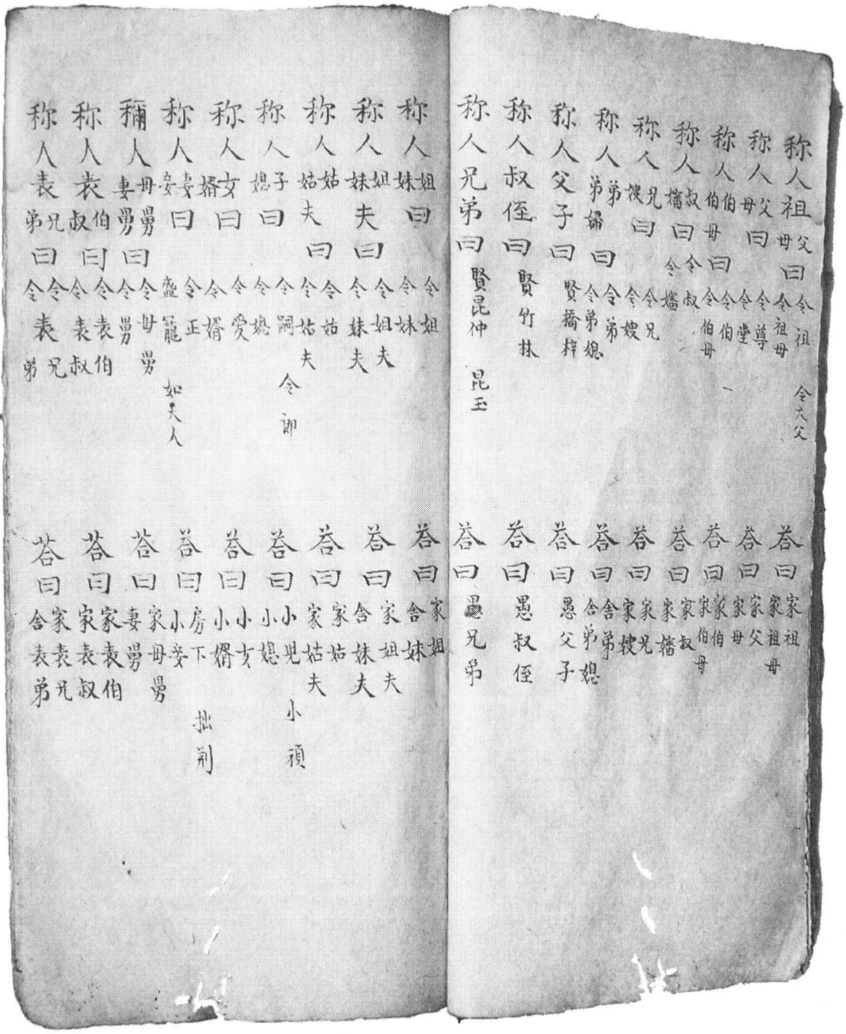
称人祖父母曰令祖 令大父 令祖母
称人父母曰令尊 令堂
称人伯伯母曰令伯 令伯母
称人叔婶曰令叔 令婶
称人兄嫂曰令兄 令嫂
称人弟弟妇曰令弟 令弟媳
称人父子曰賢橋梓
称人叔侄曰賢竹林
称人兄弟曰賢昆仲 昆玉
称人姐妹曰令姐 令妹
称人姐夫妹夫曰令姐夫 令妹夫
称人姑姑夫曰令姑 令姑夫
称人子媳曰令嗣 令郎 令媳
称人女婿曰令爱 令婿
称人妻妾曰令正 令寵 如夫人
稱人母舅妻舅曰令母舅 令舅
称人表伯表叔曰令表伯 令表叔
称人表兄表弟曰令表兄 令表弟

答曰家祖 家祖母
答曰家父 家母
答曰家伯 家伯母
答曰家叔 家婶
答曰家兄 家嫂
答曰舍弟 舍弟媳
答曰愚父子
答曰愚叔侄
答曰愚兄弟
答曰家姐 舍妹
答曰家姐夫 舍妹夫
答曰家姑 家姑夫
答曰小儿 小媳 小頑
答曰小女 小婿
答曰房下 小妾 拙荆
答曰家母舅 妻舅
答曰家表伯 家表叔
答曰家表兄 舍表弟

秋口镇吴家 1-36 · 帖式、常用沽套 · 吴从止记

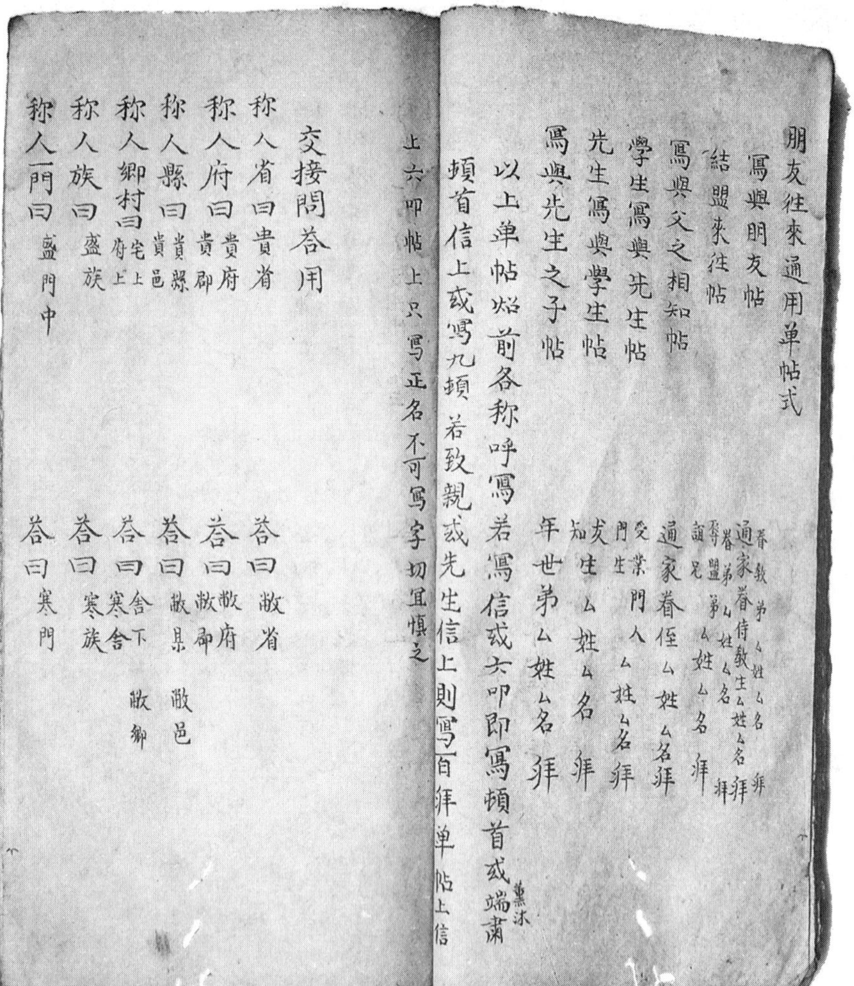

朋友往來通用單帖式

寫與朋友帖

結盟來往帖

寫與父之相知帖

學生寫與先生帖

先生寫與學生帖

寫與先生之子帖

以上單帖俱前各稱呼寫若寫信或六叩即寫頓首或端肅薰沐頓首信上或寫九頓若致親或先生信上則寫百拜單帖上信上六叩帖上只寫正名不可寫字切宜慎之

眷教弟ㄙ姓ㄙ名拜

通家眷侍教生ㄙ姓ㄙ名拜

眷弟ㄙ姓ㄙ名拜

盟弟 誼兄ㄙ姓ㄙ名拜

通家眷侄ㄙ姓ㄙ名拜

受業 門生 門人ㄙ姓ㄙ名拜

友生 知生ㄙ姓ㄙ名拜

年世弟ㄙ姓ㄙ名拜

交接問答用

稱人省曰貴省　答曰敝省

稱人府曰貴府 貴郡　答曰敝府 敝郡

稱人縣曰貴縣 貴邑　答曰敝縣 敝邑

稱人鄉村曰府上 宅上　答曰舍下 寒舍 敝鄉

稱人族曰盛族　答曰寒族

稱人門曰盛門中　答曰寒門

秋口镇吴家 1-37 · 帖式、常用活套 · 吴从正记

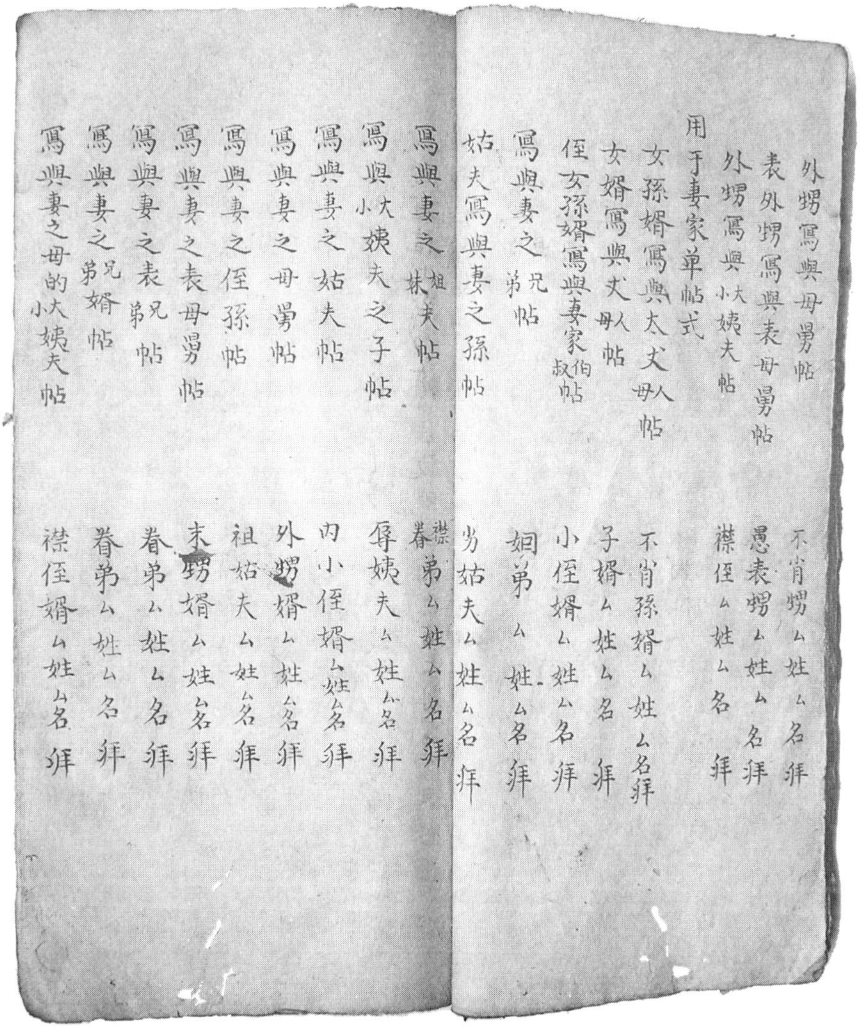
外甥寫與母舅帖
表外甥寫與表母舅帖
外甥寫與大小姨夫帖
用于妻家單帖式
女孫婿寫與太丈人母帖
女婿寫與丈人母帖
侄女孫婿寫與妻家伯叔帖
寫與妻之兄弟帖
姑夫寫與妻之孫帖
寫與妻之姐妹夫帖
寫與大小姨夫之子帖
寫與妻之姑夫帖
寫與妻之母舅帖
寫與妻之侄孫帖
寫與妻之表母舅帖
寫與妻之表兄弟帖
寫與妻之兄弟婿帖
寫與妻之母的大小姨夫帖

不肖甥ㄙ姓ㄙ名拜
愚表甥ㄙ姓ㄙ名拜
襟侄ㄙ姓ㄙ名拜
不肖孫婿ㄙ姓ㄙ名拜
子婿ㄙ姓ㄙ名拜
小侄婿ㄙ姓ㄙ名拜
姻弟ㄙ姓ㄙ名拜
劣姑夫ㄙ姓ㄙ名拜
襟眷弟ㄙ姓ㄙ名拜
辱姨夫ㄙ姓ㄙ名拜
内小侄婿ㄙ姓ㄙ名拜
外甥婿ㄙ姓ㄙ名拜
祖姑夫ㄙ姓ㄙ名拜
末甥婿ㄙ姓ㄙ名拜
眷弟ㄙ姓ㄙ名拜
眷弟ㄙ姓ㄙ名拜
襟侄婿ㄙ姓ㄙ名拜

秋口镇吴家 1-38 · 帖式、常用沽套 · 吴从止记

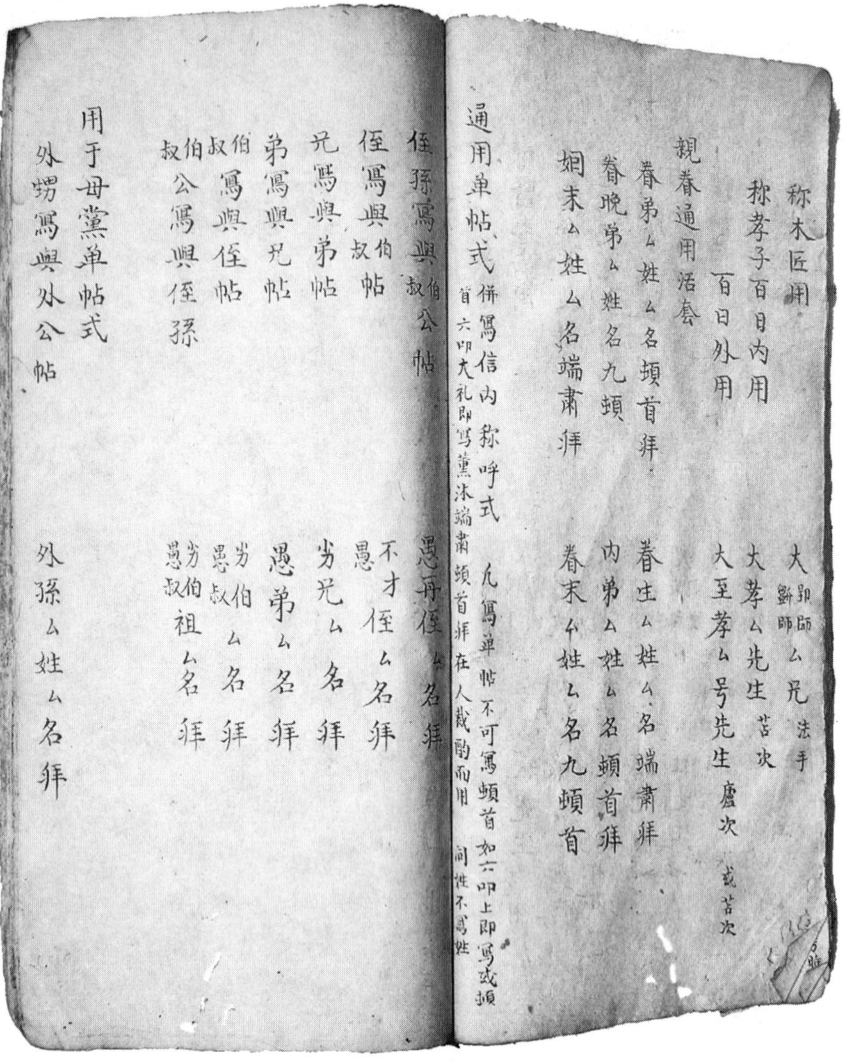
称木匠用　大郢師斲師ム兄 法手
称孝子百日内用　大孝ム先生 苫次
百日外用　大至孝ム号先生 廬次 或苫次
親眷通用活套
眷弟ム姓ム名頓首拜　眷生ム姓ム名端肅拜
眷晚弟ム姓名九頓　内弟ム姓ム名頓首拜
姻末ム姓ム名端肅拜　眷末ム姓ム名九頓首
通用单帖式 併寫信内称呼式　凡寫单帖不可寫頓首 如六叩上即寫或頓
首六叩大礼即写薰沐端肅頓首拜在人裁酌而用　同姓不寫姓
侄孫寫與叔伯公帖　愚再侄ム名拜
侄寫與叔伯帖　愚 不才侄ム名拜
兄寫與弟帖　劣兄ム名拜
弟寫與兄帖　愚弟ム名拜
伯叔寫與侄帖　劣伯 愚叔ム名拜
伯叔公寫與侄孫　劣伯 愚叔祖ム名拜
用于毋黨单帖式
外甥寫與外公帖　外孫ム姓ム名拜

秋口镇吴家 1-39 · 帖式、常用活套 · 吴从正记

称秀才用
称舉人用
称監生用
称貢士用
称鄉官用
称年長用
称讀書人之父用
年長称年少用
称做生意人用
称做詩人用
称醫先生用
称筭命之人用
称地理先生用
称做卦先生用
称畫工用
称和尚用
称道士用
称道官用

大即元ㄙ号ㄙ姓先生執事遇考時用
案元ㄙ号ㄙ姓先生侍史
大春元魁元ㄙ号ㄙ姓先生侍史
大京元部元ㄙ号ㄙ姓先生侍史
大貢元ㄙ号ㄙ姓先生侍史
大柱石ㄙ号ㄙ姓老先生老大人座前
大德望卬望ㄙ号ㄙ姓老先生門下
大儲封封君ㄙ号ㄙ姓老先生大人執事
大英俊豪傑ㄙ号先生大人侍右
大時望泉伯ㄙ号大人行軒
大詩宗詞宗ㄙ姓先生吟壇
大國手醫國ㄙ号ㄙ姓先生杏林
大叅玄座中ㄙ号ㄙ姓先生座右
大玄觀辨方ㄙ号ㄙ姓先生侍右
大詹尹君平ㄙ号ㄙ姓先生座右
大入神畫史ㄙ号ㄙ姓先生座右
ㄙ号大圓師禪師蓮座下
大真人法師ㄙ号先生雷部下
大天師道籙ㄙ号先生法座

秋口镇吴家 1-40 · 帖式、常用活套 · 吴从正记

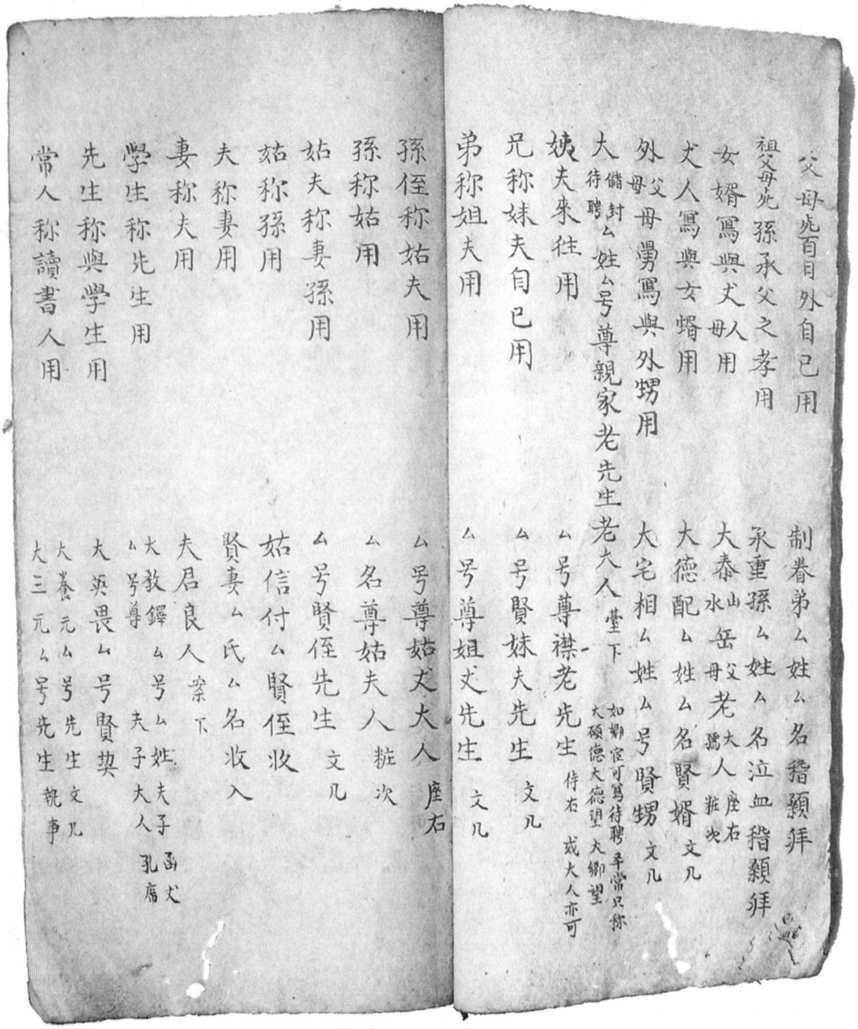

父母死百日外自己用
制眷弟厶姓厶名稽顙拜

祖父母死孫承父之孝用
承重孫厶姓厶名泣血稽顙拜

女婿寫與丈人丈母用
大泰山水岳父母老大人孺人座右粧次

丈人寫與女婿用
大德配厶姓厶名賢婿文几

外父母舅寫與外甥用
大宅相厶姓厶号賢甥文几

大儲封待聘厶姓厶号尊親家老先生老大人臺下
如鄉宦可寫待聘 平常只稱大碩德大德望 大鄉望 或大人亦可

姨夫來往用
厶号尊襟老先生侍右

兄称妹夫自己用
厶号賢妹夫先生文几

弟称姐夫用
厶号尊姐丈先生文几

孫侄称姑夫用
厶号尊姑丈大人座右

孫称姑用
厶名尊姑夫人粧次

姑夫称妻孫用
厶号賢侄先生文几

姑称孫用
姑信付厶賢侄收

夫称妻用
賢妻厶氏厶名收入

妻称夫用
夫君良人案下

學生称先生用
大教鐸厶号厶姓夫子大人函丈
厶号尊夫子大人孔席

先生称與學生用
大英畏厶号賢契

常人称讀書人用
大養元厶号先生文几
大三元厶号先生執事

秋口镇吴家 1-41 · 帖式、常用活套 · 吴从正记

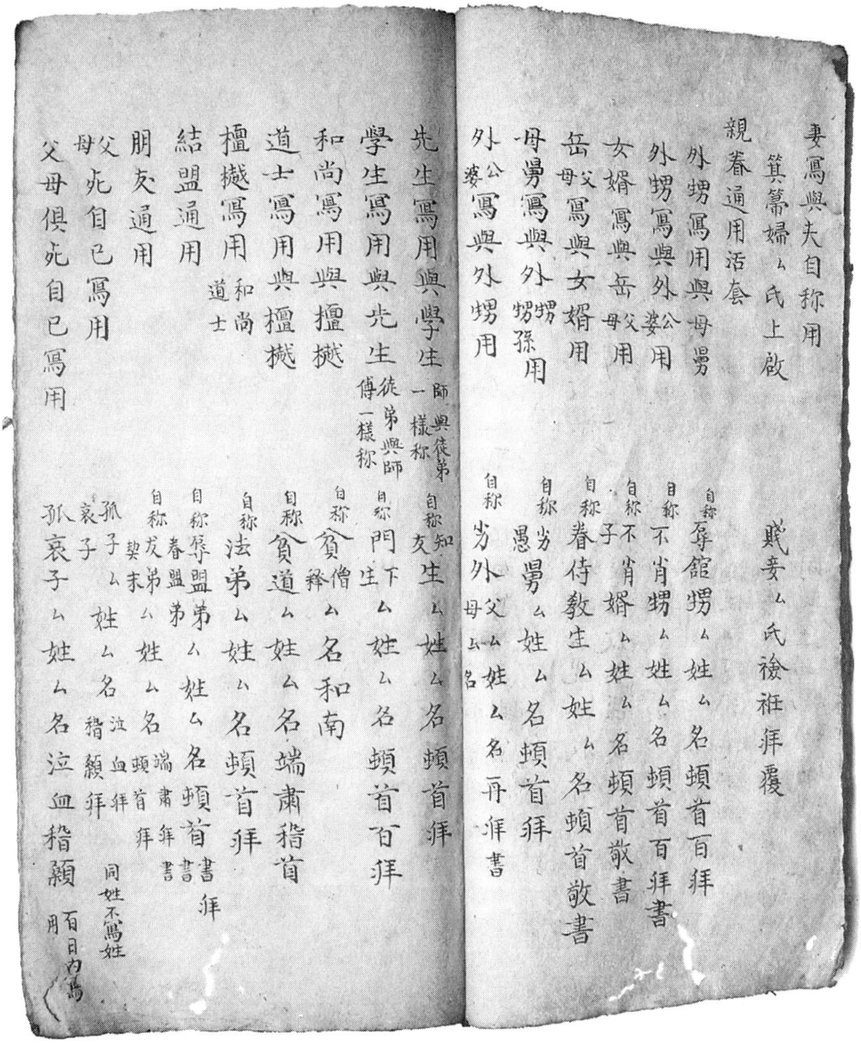

妻寫與夫自称用　賤妾ㄙ氏斂衽拜覆
箕箒婦ㄙ氏上啟
親眷通用活套
外甥寫用與母舅　自称 尊館甥ㄙ姓ㄙ名頓首百拜
外甥寫與外公婆用　自称 不肖甥ㄙ姓ㄙ名頓首百拜書
女婿寫與岳父母用　自称 不肖婿子ㄙ姓ㄙ名頓首敬書
岳父母寫與女婿用　自称 眷侍教生ㄙ姓ㄙ名頓首敬書
母舅寫與外甥甥孫用　自称 劣愚舅ㄙ姓ㄙ名頓首拜
外公婆寫與外甥用　自称 劣外父母ㄙ姓ㄙ名再拜書
先生寫用與學生 師與徒弟一樣称　自称 知友生ㄙ姓ㄙ名頓首拜
學生寫用與先生 徒弟與師傅一樣称　自称 門下生ㄙ姓ㄙ名頓首百拜
和尚寫用與檀樾　自称 貧僧釋ㄙ名和南
道士寫用與檀樾　自称 貧道ㄙ姓ㄙ名端肅稽首
檀樾寫用 和尚 道士　自称 法弟ㄙ姓ㄙ名頓首拜
結盟通用　自称 尊盟弟ㄙ姓ㄙ名頓首書拜
自称 春盟弟ㄙ姓ㄙ名端書拜書
朋友通用　自称 友弟契末ㄙ姓ㄙ名頓首拜
父母亡自已寫用　孤子 哀子ㄙ姓ㄙ名泣血稽顙拜 同姓不寫姓
父母俱亡自已寫用　孤哀子ㄙ姓ㄙ名泣血稽顙 百日内寫用

秋口镇吴家 1-42 · 帖式、常用活套 · 吴从正记

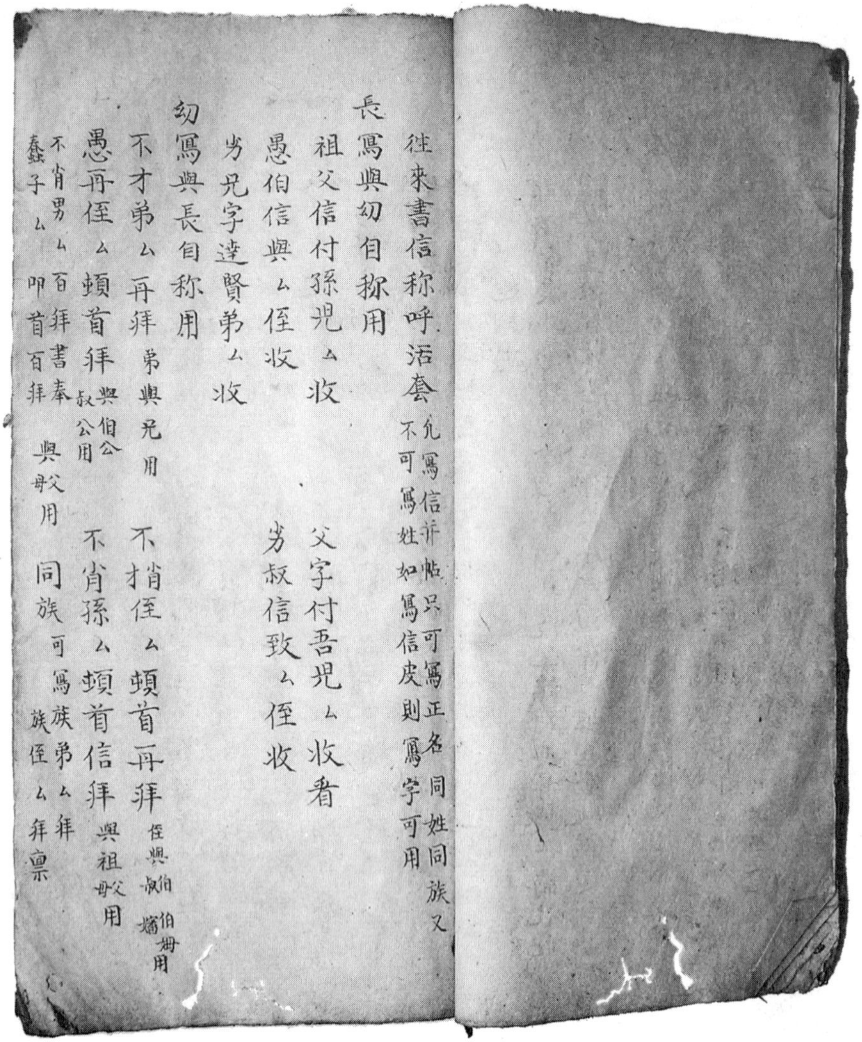

往來書信稱呼活套　凡寫信并帖只可寫正名同姓同族又不可寫姓如寫信皮則寫字可用

長寫與幼自称用

祖父信付孫兒厶收　父字付吾兒厶收看

愚伯信與厶侄收　劣叔信致厶侄收

劣兄字達賢弟厶收

幼寫與長自称用

不才弟厶再拜　弟與兄用

不揹侄厶頓首再拜　侄與伯伯姆用　叔嬸

愚再侄厶頓首拜　與伯公叔公用

不肖孫厶頓首信拜　與祖父母用

不肖男厶百拜書奉

蠢子厶叩首百拜　與父母用

同族可寫族弟厶拜

族侄厶拜禀

秋口镇吴家 1-43 · 帖式、常用活套 · 吴从正记

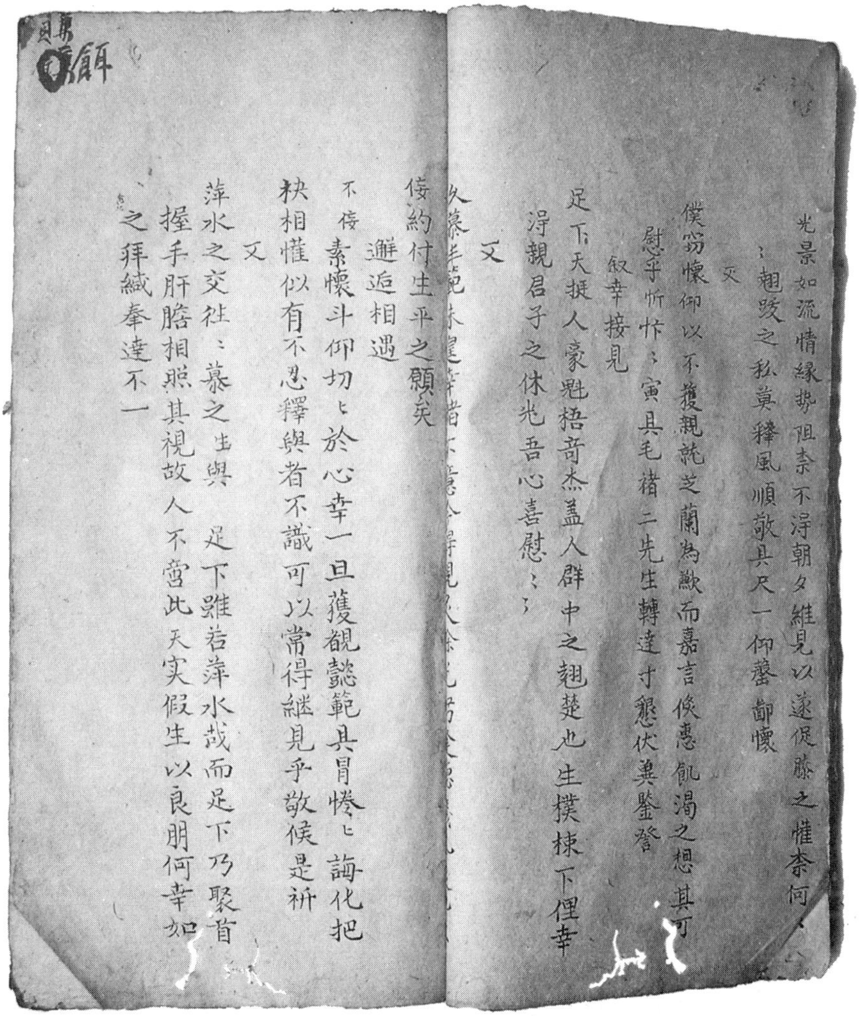
光景如流情緣勢阻奈不浔朝夕維見以遂偎膝之懽奈何
々翹跂之私莫釋風順敬具尺一仰罄衷懷

又

僕竊懷仰以不獲親就芝蘭為歉而嘉言倏惠飢渴之想其可
慰乎忻忭々寅具毛褚二先生轉達寸懇伏冀鑒督
敘幸接見
足下天挺人豪魁梧奇杰盖人群中之翹楚也生樸棣下俚幸
浔親君子之休光吾心喜慰々々

又

久慕芳範未遑晉謁不意今得見[illegible]
倖約付生平之願矣
邂逅相遇
不倖素懷斗仰切々於心幸一旦獲覩懿範具冒惓々誨化把
袂相懽似有不忍釋與者不識可以常得繼見乎敬候是祈

又

萍水之交往々慕之生與足下雖若萍水哉而足下乃聚首
握手肝膽相照其視故人不啻此天实假生以良朋何幸如
之拜緘奉達不一

秋口镇吴家 1 44 · 帖式、常用活套 · 吴从正记

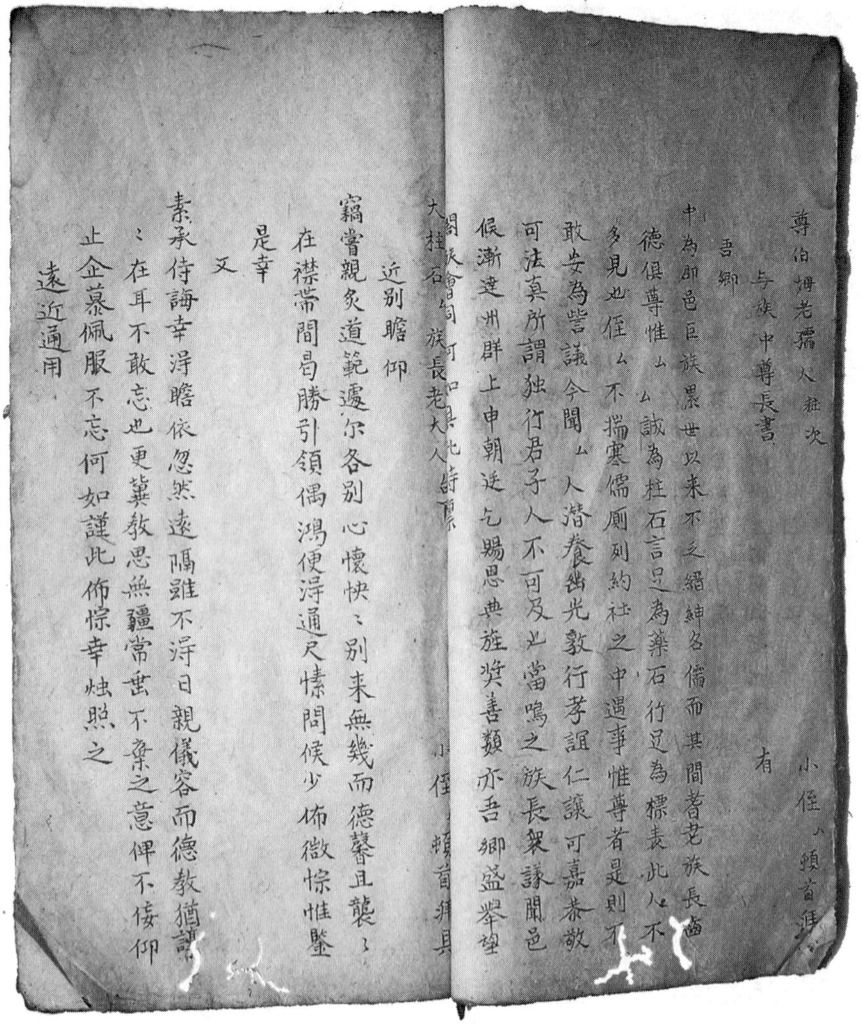
尊伯姆老孺人粧次　小侄厶頓首拜
与族中尊長書　有
吾鄉
中為郡邑巨族累世以来不乏縉紳名儒而其間耆老族長齒
德俱尊惟厶厶誠為柱石言足為藥石行足為標表此人不
多見也侄厶不揣寒儒厠列約社之中遇事惟尊者是則不
敢妄為訾議今聞厶人潛養幽光敦行孝誼仁讓可嘉恭敬
可法真所謂独行君子人不可及也當鳴之族長衆議闔邑
偎漸達州群上申朝廷乞賜恩典旌奬善類亦吾鄉盛舉望
閤族會同可口具此時稟
大柱石　族長老大人　小侄厶頓首拜具
近别瞻仰
竊嘗親炙道範遽尔各别心懷怏〻别来無幾而德馨且襲〻
在襟帶間曷勝引領偶鴻便得通尺愫問候少佈微悰惟鑒
是幸
又
素承侍誨幸得瞻依忽然遠隔雖不得日親儀容而德教猶諄
〻在耳不敢忘也更冀教思無疆常垂不棄之意俾不倭仰
止企慕佩服不忘何如謹此佈悰幸烛照之
遠近通用

秋口镇吴家 1-45 · 帖式、常用活套 · 吴从正记

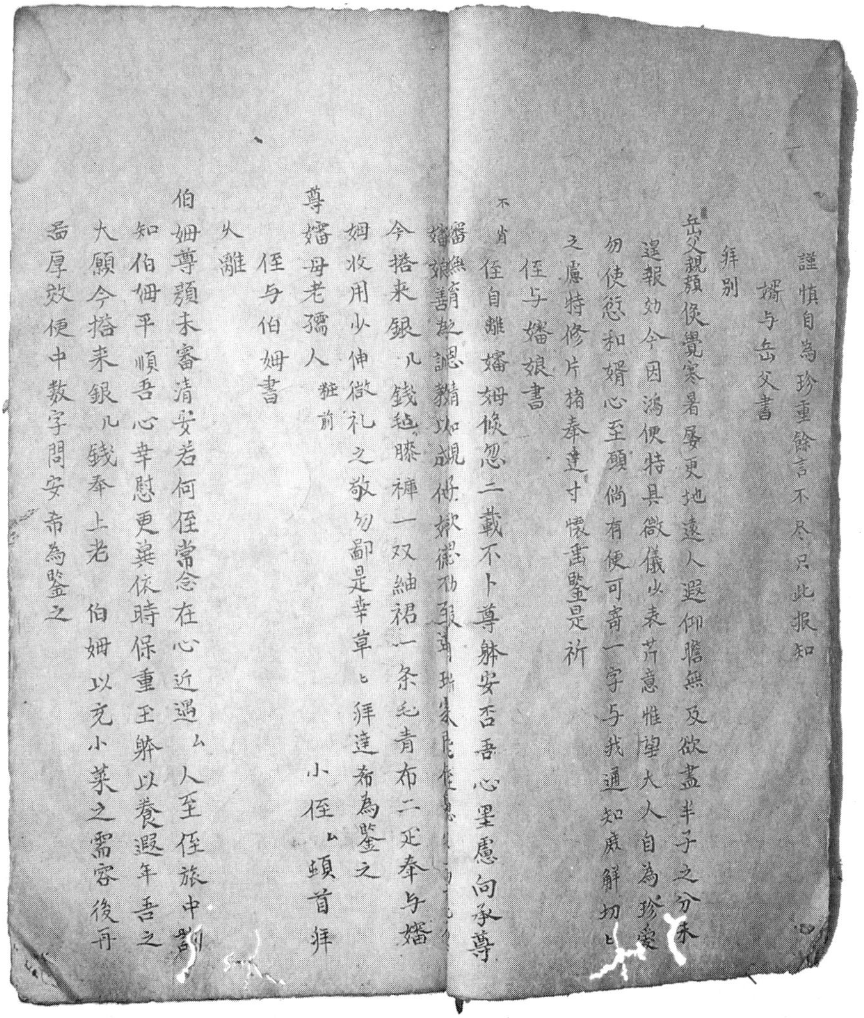

謹慎自為珍重餘言不尽只此振知

婿与岳父書

拜別

岳父親顔倏覺寒暑屡更地遠人遐仰瞻無及欲盡半子之分未

遑報効今因鴻便特具微儀以表芹意惟望大人自為珍愛

勿使惢和婿心至願倘有便可寄一字与我通知庶解切ㄜ

之慮特修片楮奉達寸懷書鑒是祈

侄与嬸娘書

不肖侄自離嬸姆倏忽二載不卜尊躰安否吾心罣慮向承尊

[illegible]

今搭来銀几錢毡滕褲一双紬裙一条毛青布二疋奉与嬸

姆收用少伸微礼之敬勿鄙是幸草ㄜ拜達希為鑒之

尊嬸母老孺人 粧前　小侄ㄙ頓首拜

侄与伯姆書

久離

伯姆尊顔未審清安若何侄常念在心近遇ㄙ人至侄旅中訊

知伯姆平順吾心幸慰更冀依時保重玉躰以養遐年吾之

大願今搭来銀几錢奉上老 伯姆以充小菜之需容後再

爲厚效便中数字問安希為鑒之

秋山镇吴家 1-46 · 帖式、常用活套 · 吴从正记

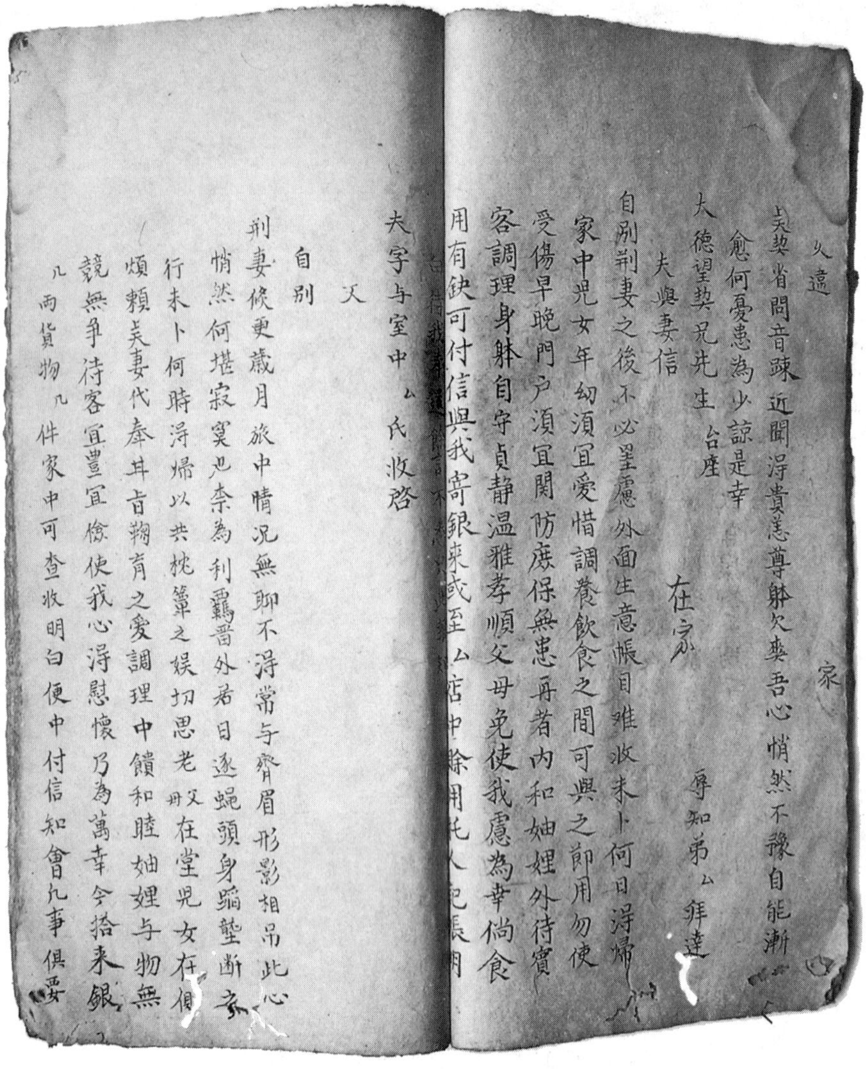
久違 家
吳契省問音疎 近聞浔貴恙尊躰欠安吾心悄然不豫自能漸
愈何憂患為少諒是幸
大德望契兄先生 台座 辱知弟ム 拜達
夫與妻信 在家
自别荊妻之後不必罣慮外面生意帳目难收未卜何日浔帰
家中兒女年幼須宜愛惜調養飲食之間可與之節用勿使
受傷早晚門户須宜関防庶保無患再者内和妯娌外待賓
客調理身躰自守貞静温雅孝順父母免使我慮為幸倘食
用有缺可付信與我寄銀來或至ム店中除用托人[illegible]明
[illegible]
夫字与室中ム氏收啓
又
自别
荊妻倏更歲月旅中情況無聊不浔常与齊眉形影相吊此心
悄然何堪寂寞况柰為利羈留外鄉日逐蝇頭身[illegible]
行未卜何時浔帰以共枕簟之娱切思老父母在堂兒女在側
煩賴吳妻代奉并旨鞠育之愛調理中饋和睦妯娌与物無
競無争待客宜豊宜儉使我心浔慰懷乃為萬幸今捎來銀
几两貨物几件家中可查收明白便中付信知會凡事俱要

秋口镇吴家 1-47 · 帖式、常用活套 · 吴从正记

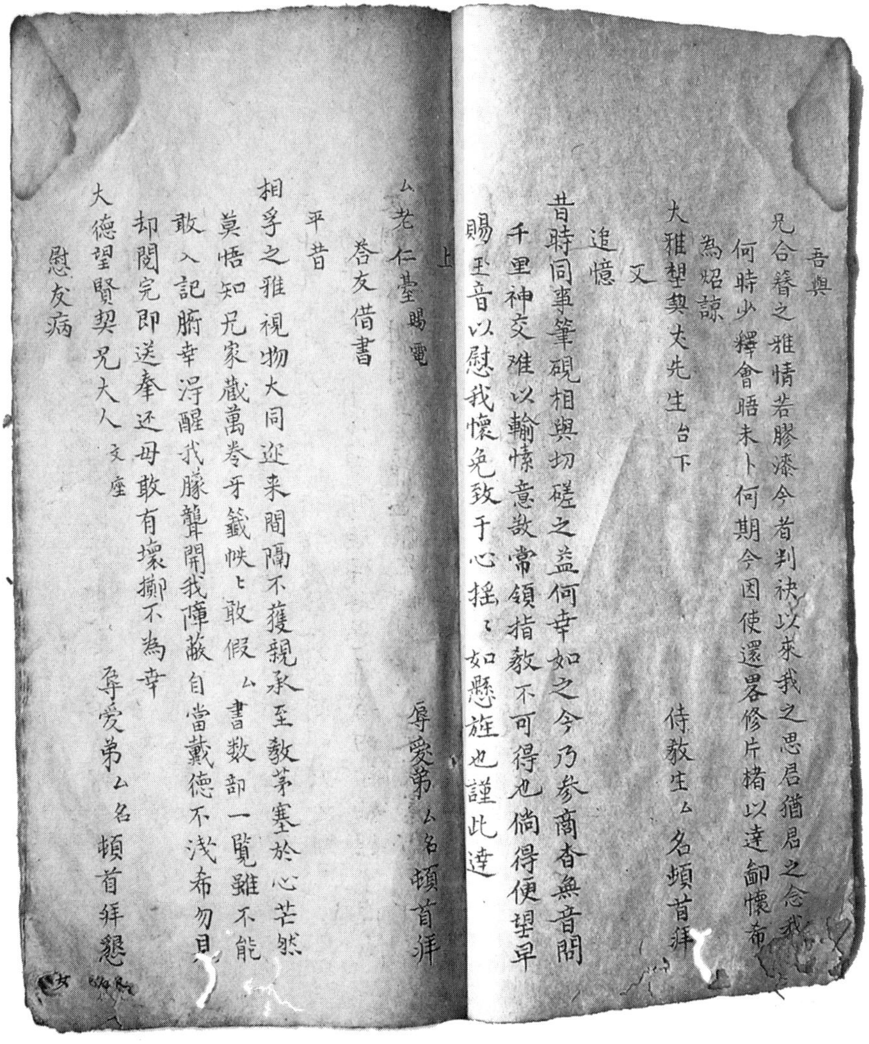

上
厶老仁臺賜覽
荅友借書
平昔
相爭之雅視物大同迩來間隔不獲親承至教茅塞於心茫然
莫悟知兄家藏萬卷牙籤帙帙敢假厶書數部一覽雖不能
敢入記腑幸浔醒我朦聾開我障蔽自當戴德不淺希勿見
却閱完即送奉还毋敢有壞擲不為幸
大德望賢契兄大人文座　　尊愛弟厶名頓首拜懇
慰友病

吾與
兄合簪之雅情若膠漆今者判袂以來我之思君猶君之念我
何時少釋會晤未卜何期今因使還畧修片楮以達餉懷希
為炤諒
大雅契契丈先生台下　　侍教生厶名頓首拜
又
追憶
昔時同事筆硯相與切磋之益何幸如之今乃参商杳無音問
千里神交难以輸悰意欲常領指教不可得也倘得便望早
賜玉音以慰我懷免致于心搖搖如懸旌也謹此達
尊愛弟厶名頓首拜

秋口镇吴家 1-48 · 帖式、常用活套 · 吴从正记

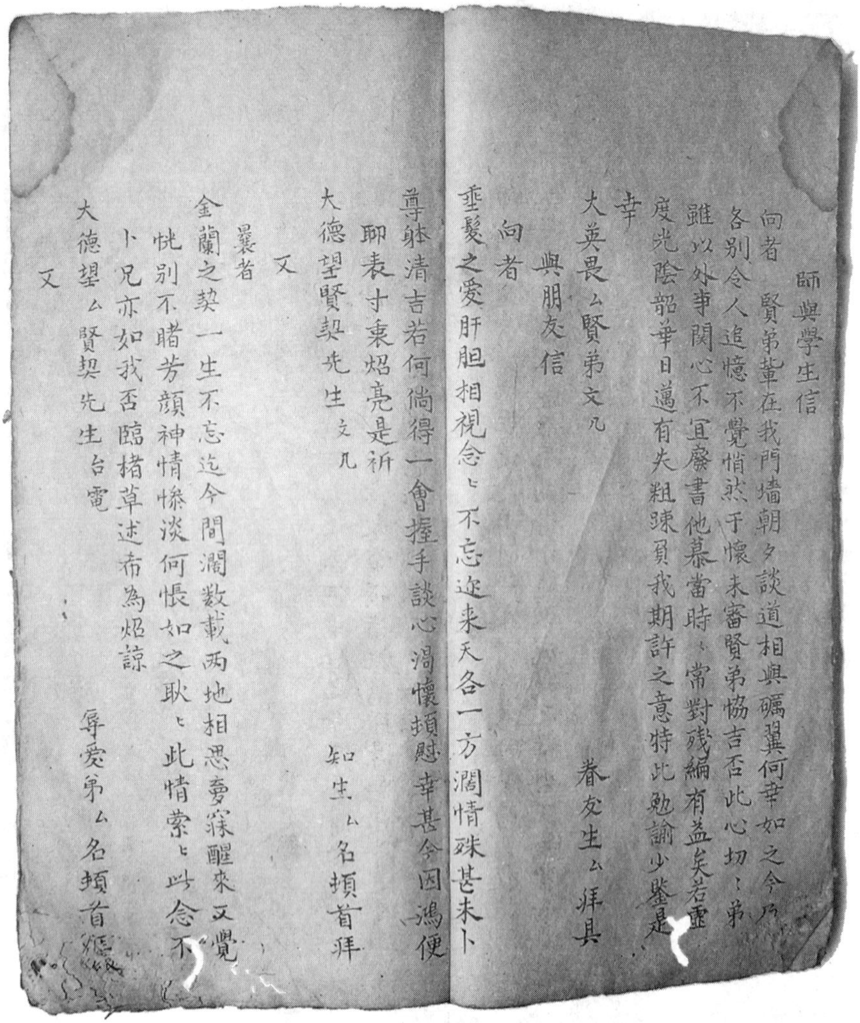
師與學生信
向者　賢弟輩在我門墻朝夕談道相與礪翼何幸如之今厶
各别令人追憶不覺悄然于懷未審賢弟協吉否此心切〻弟
雖以外事關心不宜廢書他慕當時〻常對殘編有益矣若虛
度光陰韶華日邁有失粗疎負我期許之意特此勉諭少鑒是
幸
大英畏厶賢弟文几
眷友生厶拜具
與朋友信
向者
垂髮之愛肝胆相視念〻不忘迩来天各一方濶情殊甚未卜
尊躰清吉若何倘得一會握手談心渴懷頓慰幸甚今因鴻便
聊表寸衷炤亮是祈
大德望賢契先生文几
知生厶名頓首拜
又
曩者
金蘭之契一生不忘迄今間濶数載两地相思夢寐醒來又覺
恍别不睹芳顏神情慘淡何悵如之耿〻此情萦〻此念不
卜兄亦如我否臨楮草述希為炤諒
大德望厶賢契先生台電
辱愛弟厶名頓首
又

秋口镇吴家 1-49 · 帖式、常用活套 · 吴从正记

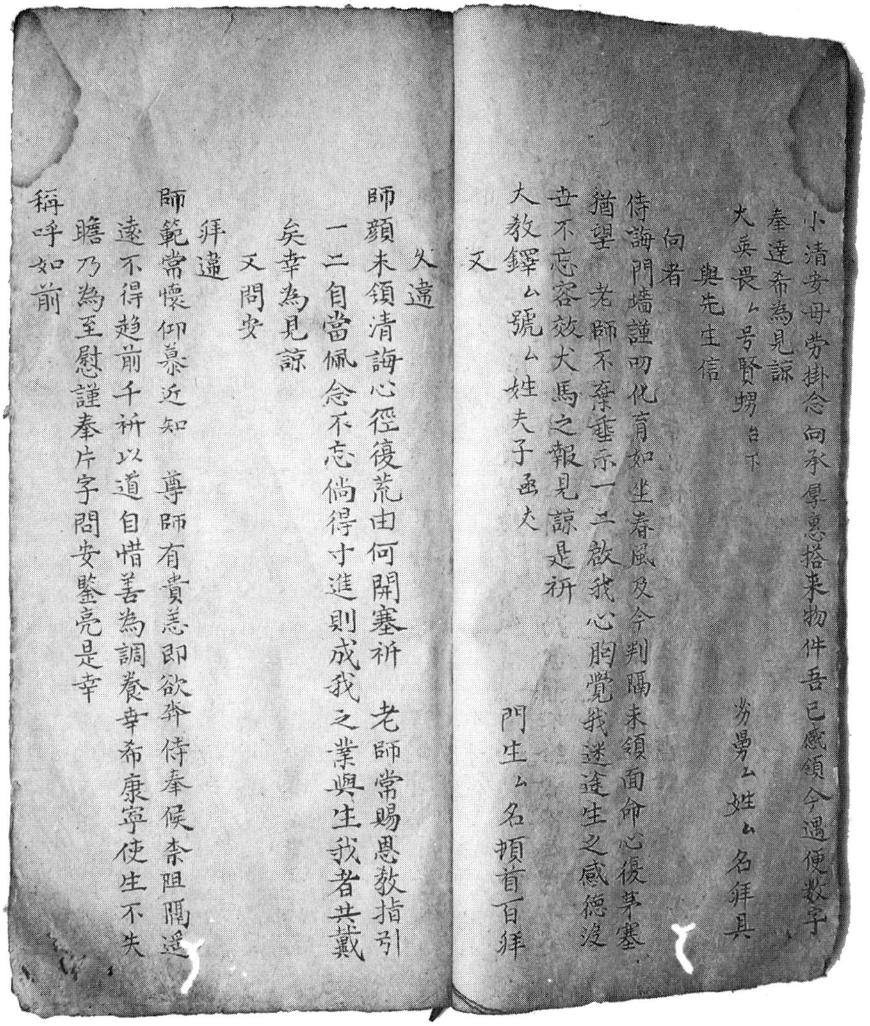
小清安毋劳掛念向承厚惠搭来物件吾已感領今遇便数字
奉達希為見諒
大英畏ㄙ号賢甥台下
劳舅ㄙ姓ㄙ名拜具
與先生信
向者
侍誨門墻謹叨化育如坐春風及今判隔未領面命心復茅塞
猶望 老師不棄垂示一二啟我心胸覺我迷途生之感德沒
世不忘容效犬馬之報見諒是祈
大教鐸ㄙ號ㄙ姓夫子函丈
門生ㄙ名頓首百拜
又
久違
師顏未領清誨心徑復荒由何開塞祈 老師常賜恩教指引
一二自當佩念不忘倘得寸進則成我之業與生我者共戴
矣幸為見諒
又問安
拜違
師範常懷仰慕近知 尊師有貴恙即欲奔侍奉候柰阻隔遥
遠不得趋前千祈以道自惜善為調養幸希康寧使生不失
瞻乃為至慰謹奉片字問安鑒亮是幸
稱呼如前

秋口镇吴家 1-50 · 帖式、常用沽套 · 吴从正记

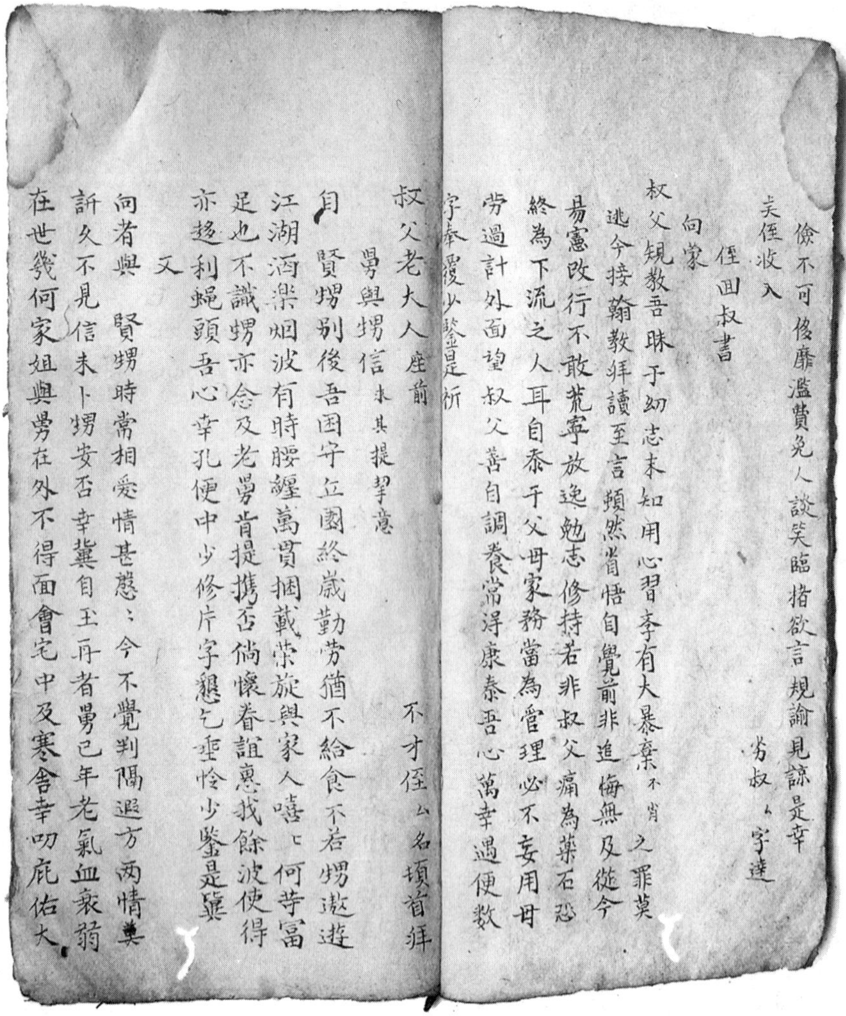
儉不可侈靡濫費免人談笑臨楮欲言規諭見諒是幸

吴侄收入　　劣叔ㄙ字達

侄回叔書

向蒙

叔父規教吾眛于幼志未知用心習業有大暴棄不肖之罪莫逃今接翰教拜讀至言頓然省悟自覺前非追悔無及從今易憲改行不敢荒寧放逸勉志修持若非叔父痛為藥石恐終為下流之人耳自恭于父母家務當為營理必不妄用毋劳過計外面望叔父善自調養常得康泰吾心萬幸遇便數字奉覆少鑒是祈

叔父老大人座前　　不才侄ㄙ名頓首拜

舅與甥信 求其提挈意

自賢甥別後吾困守丘園終歲勤劳猶不給食不若甥遨遊江湖酒樂烟波有時腰纏萬貫捆載榮旋與家人嘻嘻何等富足也不識甥亦念及老舅肯提携否倘懷眷誼惠我餘波使得亦趁利蝇頭吾心幸孔便中少修片字懇乞垂怜少鑒是冀

文

向者與賢甥時常相愛情甚懃懃今不覺判隔遐方兩情莫訴久不見信未卜甥安否幸冀自玉再者舅已年老氣血衰弱在世幾何家姐與舅在外不得面會宅中及寒舍幸叨庇佑大

·秋口镇吴家 1-51 · 帖式、常用活套 · 吴从正记

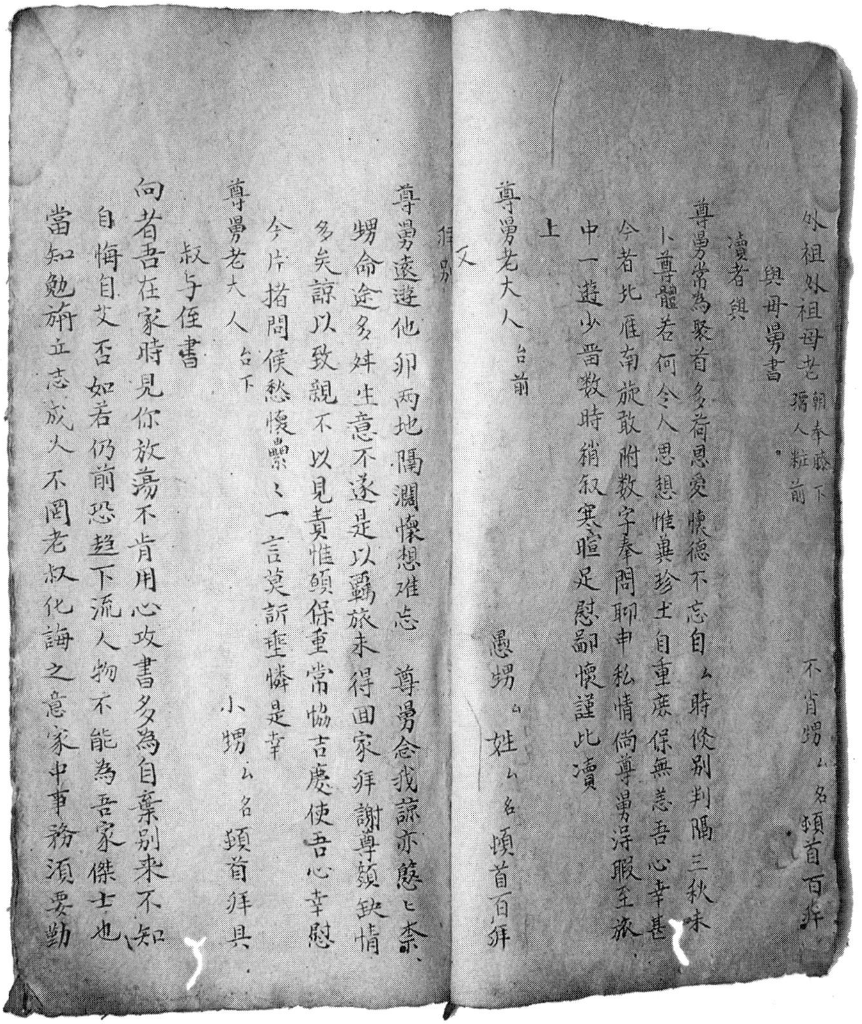

外祖外祖母老 朝奉膝下 孺人粧前
與母舅書
讀者與
尊舅常為聚首多荷恩愛懷德不忘自ㄙ時倏别判隔三秋味
卜尊體若何令人思想惟冀珍士自重庶保無恙吾心幸甚
今者北雁南旋敢附数字奉問聊申私情倘尊舅浔暇至旅
中一遊少晤数時稍叙寒暄足慰鄙懷謹此瀆
上
不肖甥ㄙ名 頓首百拜
尊舅老大人 台前
愚甥ㄙ 姓ㄙ名 頓首百拜
又 作别
尊舅遠遊他卯兩地隔濶懷想难忘 尊舅念我諒亦戀戀奈
甥命途多舛生意不遂是以羈旅未得回家拜謝尊顏缺情
多矣諒以致親不以見責惟願保重常協吉慶使吾心幸慰
今片楮問候愁懷纍纍一言莫訴垂憐是幸
尊舅老大人 台下
小甥ㄙ名 頓首拜具
叔与侄書
向者吾在家時見你放蕩不肯用心攻書多為自棄别来不知
自悔自艾否如若仍前恐趨下流人物不能為吾家傑士也
當知勉勵立志成人不罔老叔化誨之意家中事務須要勤

秋口镇吴家 1-52 · 帖式、常用活套 · 吴从正记

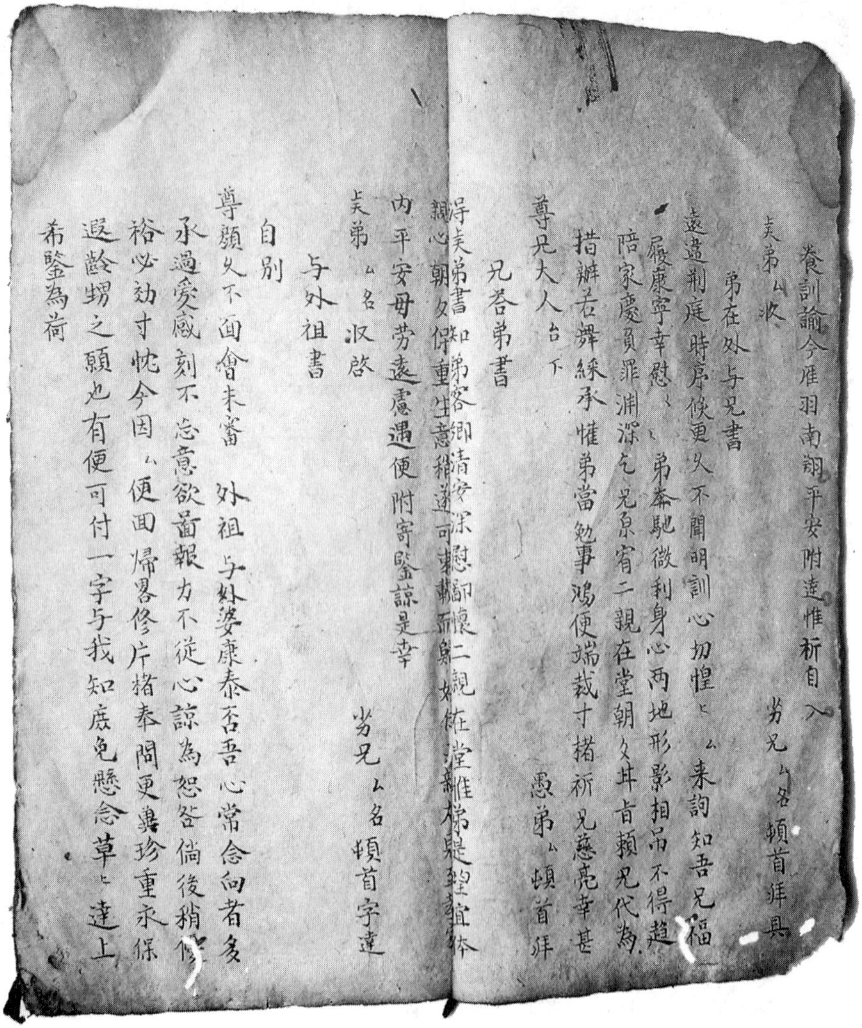
養訓諭今雁羽南翔平安附達惟祈自入　劣兄厶名頓首拜具
吴弟厶收

弟在外与兄書
遠違荊庭時序倏更久不聞明訓心切惶〻　厶来詢知吾兄福
履康寧幸慰〻〻　弟奔馳微利身心两地形影相吊不得趋
陪家慶負罪淵深〻　兄京宵二親在堂朝夕井旨賴兄代為
措辦若舜絲承惟弟當勉事鴻便端裁寸楮祈兄慈亮幸甚
尊兄大人台下　愚弟厶頓首拜

兄答弟書
得吴弟書知弟客鄉清安深慰鄙懷二親在堂雖梯提望宜体
親心朝夕保重生意稍遂可歸而歸如離梯望
内平安毋劳遠慮遇便附寄鑒諒是幸　劣兄厶名頓首字達
吴弟厶名収啓

与外祖書
自別
尊顏久不面會未審　外祖与外婆康泰否吾心常念向者多
承過愛感刻不忘意欲圖報力不從心諒為怨咎倘後稍
裕必効寸忱今因厶便回帰略修片楮奉問更冀珍重永保
遐齡甥之願也有便可付一字与我知庶免懸念草〻達上
希鑒為荷

秋口镇吴家 1-53 · 帖式、常用活套 · 吴从正记

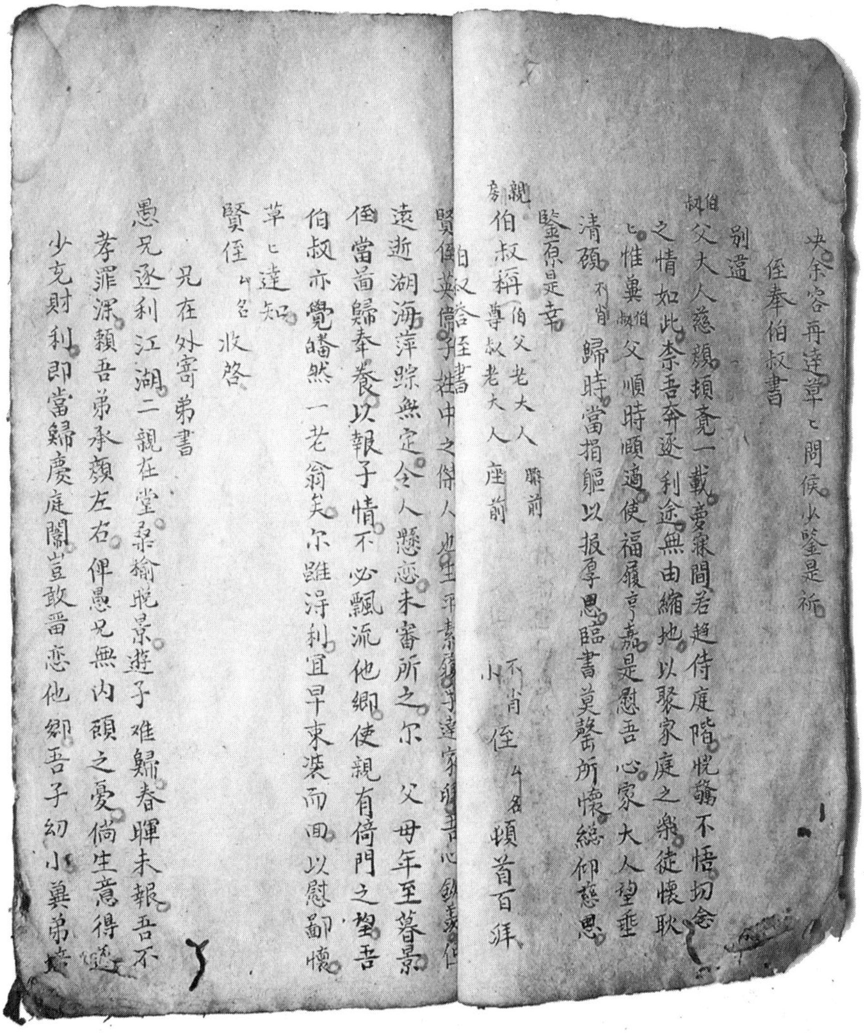
央余容再達草〻間候以鑒是祈

侄奉伯叔書

別遣

伯叔父大人慈顏頓竟一載夢寐間若趨侍庭階恍驚不悟切念

之情如此柰吾奔逐利途無由縮地以聚家庭之樂徒懷耿

〻惟冀伯叔父順時頤適使福履亨嘉是慰吾心冢大人望垂

清頤不肖歸時當捐軀以報厚恩臨書莫罄所懷總仰慈恩

鑒原是幸

親房伯叔稱 伯父老大人 尊叔老大人 膝前 座前 不肖 小 侄 某名 頓首百拜

伯叔答侄書

賢侄英儕子姓中之傑人也生平素……達家……吾心欽羨……

遠逝湖海萍踪無定令人懸戀未審所之尔 父母年年至暮景

侄當當歸奉養以報子情不必飄流他鄉使親有倚門之望吾

伯叔亦覺皤然一老翁矣尔雖浔利宜早束裝而回以慰鄙懷

草〻達知

賢侄某名 收啓

兄在外寄弟書

愚兄逐利江湖二親在堂桑榆晚景遊子难歸春暉未報吾不

孝罪深賴吾弟承顏左右俾愚兄無內顧之憂倘生意得遂

少克財利即當歸慶庭闈豈敢留戀他鄉吾子幼小冀弟培

秋口镇吴家 1-54 · 帖式、常用活套 · 吴从止记

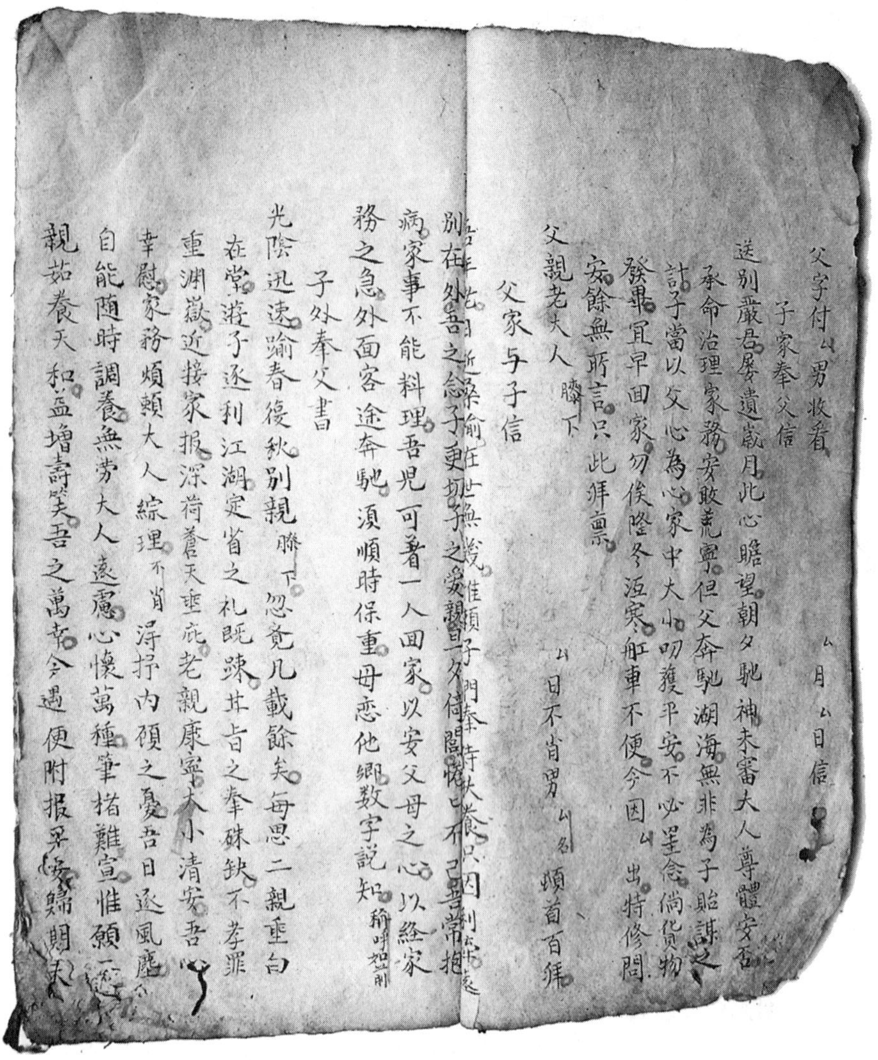

父字付厶男收看　　厶月厶日信

子家奉父信

送別嚴君屢遺歲月此心瞻望朝夕馳神未審大人尊體安否
承命治理家務安敢荒寧但父奔馳湖海無非為子貽謀之
計子當以父心為心家中大小叨獲平安不必罣念倘貨物
發畢宜早回家勿俟隆冬沍寒舡車不便今因厶出特修問
安餘無所言只此拜禀
父親老大人膝下　　厶日不肖男厶名頓首百拜

父家与子信

吾年老[illegible]日近桑榆在世無幾惟願子門奉侍扶養只因[illegible]利[illegible]
別在外吾之念子更切子之愛親旦夕倚閭悵悵不已吾常抱
病家事不能料理吾兒可着一人回家以安父母之心以經家
務之急外面客途奔馳須順時保重毋恋他鄉數字說知　稱呼如前

子外奉父書

光陰迅速踰春復秋別親膝下忽竟凡載餘矣每思二親垂白
在堂遊子逐利江湖定省之礼既疎甘旨之奉殊缺不孝罪
重淵嶽近接家報深荷蒼天垂庇老親康寧大小清安吾心
幸慰家務煩賴大人綜理不肖得抒內顧之憂吾日逐風塵分
自能隨時調養無勞大人遠慮心懷萬種筆楮難宣惟願一路
親茹養天和益增壽筭吾之萬幸今遇便附報平安歸期未[illegible]

秋口镇吴家 1–55 · 帖式、常用活套 · 吴从正记

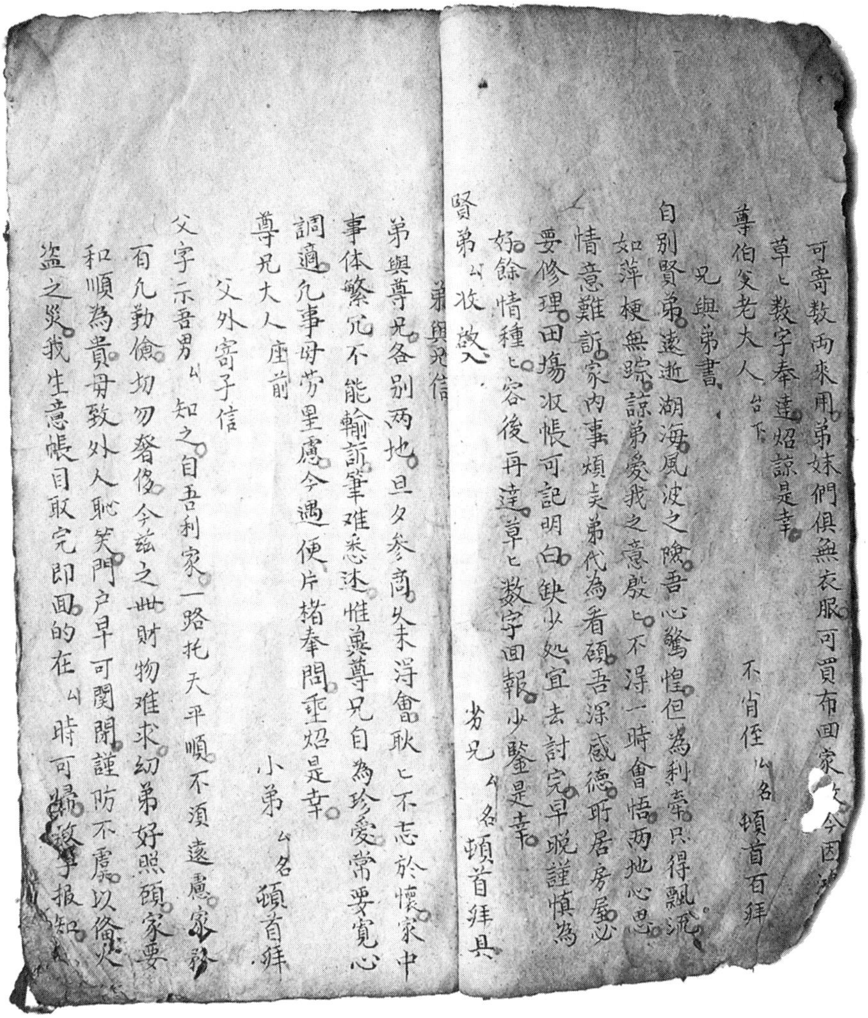
可寄数两来用弟妹們俱無衣服可買布回家做今因…
草〻数字奉達炤諒是幸
尊伯父老大人 台下　不肖侄 ㄙ名 頓首百拜
兄與弟書
自別賢弟遠逝湖海風波之險吾心驚惶但為利牽只得飄流
如萍梗無踪諒弟愛我之意殷〻不得一時會晤两地心思
情意難訴家内事煩〻矣弟代為看顧吾深感德所居房屋必
要修理田塲収帳可記明白缺少処宜去討完早晩謹慎為
妙餘情種〻容後再達草〻数字回報少鑒是幸
賢弟 ㄙ 收啓　劣兄 ㄙ名 頓首拜具
弟與兄信
弟與尊兄各別两地旦夕參商久未得會耿〻不忘於懷家中
事体繁冗不能輸訴筆难悉述惟冀尊兄自為珍愛常要寬心
調適凡事毋劳星慮今遇便片楮奉問並炤是幸
尊兄大人座前　小弟 ㄙ名 頓首拜
父外寄子信
父字示吾男 ㄙ 知之自吾別家一路托天平順不須遠慮家務
百凡勤儉切勿奢侈今茲之世財物难求幼弟好照顧家要
和順為貴毋致外人恥笑門户早可関閉謹防不虞以備火
盜之災我生意帳目取完即回的在 ㄙ 時可歸致字报知

秋口镇吴家 1-56 · 帖式、常用活套 · 吴从正记

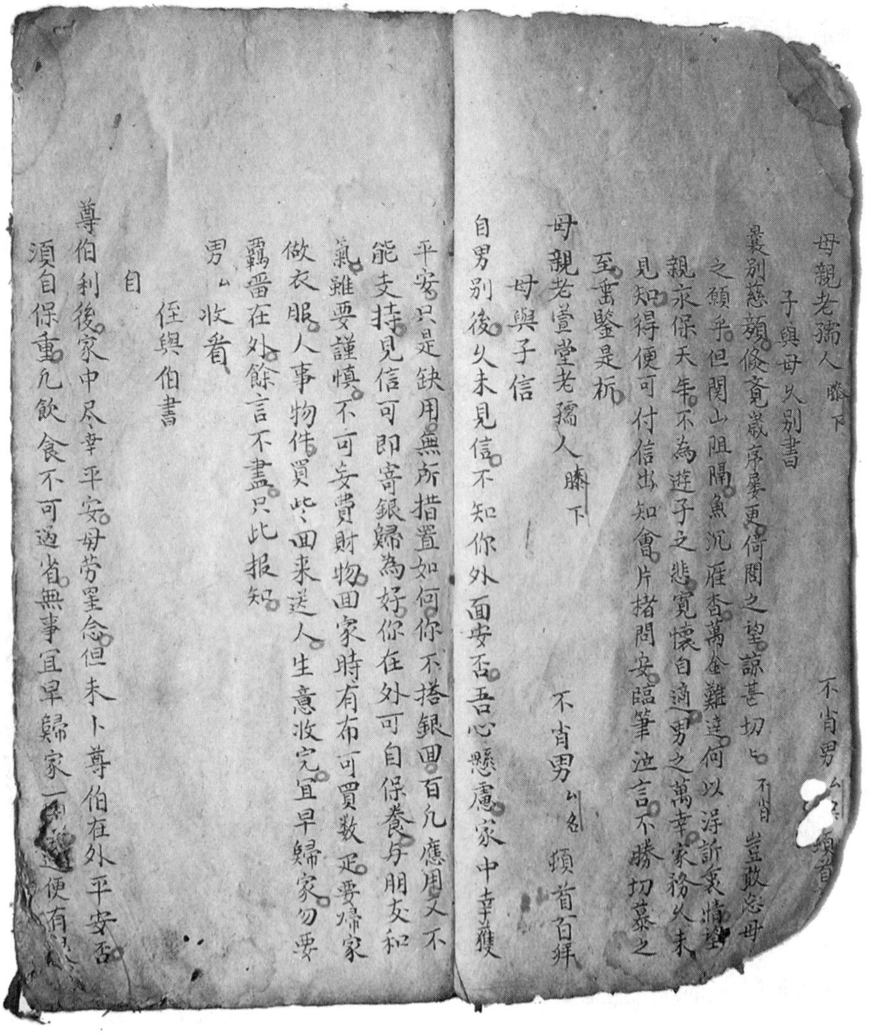
母親老孺人膝下　不肖男ㄙ[illegible]頓首
子與母久别書
曩别慈顔倏竟歲序屢更倚閭之望諒甚切〻不肖豈敢忘母
之顔乎但関山阻隔魚沉雁杳萬金難達何以浮訢衷情望
親永保天年不為遊子之悲寬懷自適男之萬幸家務久未
見知得便可付信出知會片楮問安臨筆泣言不勝切慕之
至燭鑒是祈
母親老萱堂老孺人膝下　不肖男ㄙ名　頓首百拜
母與子信
自男别後久未見信不知你外面安否吾心懸慮家中幸獲
平安只是缺用無所措置如何你不搭銀回百凡應用又不
能支持見信可即寄銀歸為好你在外可自保養与朋友和
氣雖要謹慎不可妄費財物回家時有布可買数疋要帰家
做衣服人事物件買些回来送人生意收完宜早歸家勿要
覊留在外餘言不盡只此報知
男ㄙ收看
侄與伯書
自
尊伯利後家中尽幸平安毋劳罣念但未卜尊伯在外平安否
須自保重凡飲食不可過省無事宜早歸家一[illegible]遇便有[illegible]

秋口镇吴家 1-57 · 帖式、常用活套 · 吴从正记

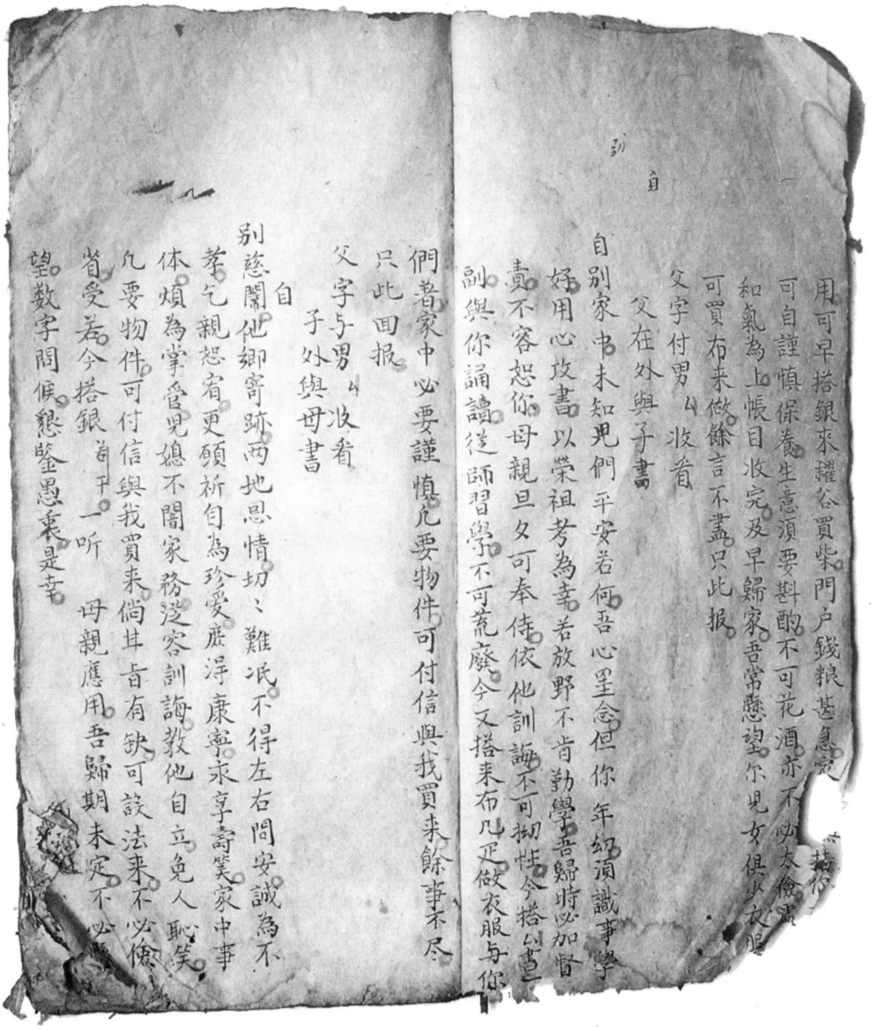
用可早搭銀来糴谷買柴門户钱粮甚急
可自謹慎保養生意須要斟酌不可花酒亦不必太儉
和氣為上帳目收完及早歸家吾常懸望尔兒女俱以衣服
可買布来做餘言不盡只此报
父字付男厶收看
父在外與子書
自别家书未知兒們平安若何吾心罣念但你年幼須識事學
好用心攻書以榮祖考為高若放野不肯勤學吾歸時必加督
責不容恕你母親旦夕可奉侍依他訓誨不可拗性今搭厶書
副與你誦讀從師習學不可荒廢今又搭来布几疋做衣服与你
們着家中必要謹慎凡要物件可付信與我買来餘事不尽
只此回報
父字与男厶收看
子外與母書
自
别慈闈他鄉寄跡兩地恩情切〻難泯不得左右問安誠為不
孝乞親恕宥更願祈自為珍愛處浔康寧永享壽筭家中事
体煩為掌管兒媳不闇家務從容訓誨教他自立免人恥笑
凡要物件可付信與我買来倘其旨有缺可設法来不必儉
省受若今搭銀若干一听 母親應用吾歸期未定不必懸
望數字問候懇鑒愚衷是幸

秋口镇吴家 1-58 · 帖式、常用活套 · 吴从正记

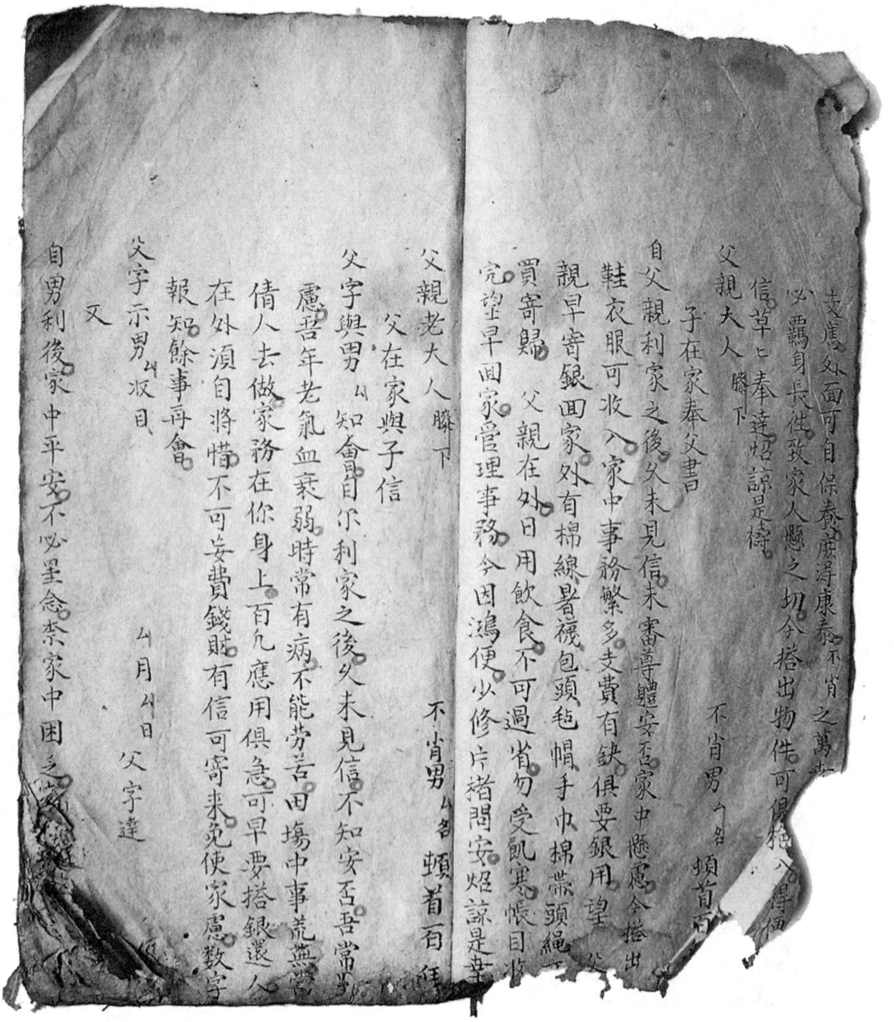
支應外面可自保養康泰不肖之萬
必羈身長往致家人懸之切今搭出物件可得捨入得価
信草草奉達焰諒是禱
父親大人 膝下
不肖男ム名 頓首百
子在家奉父書
自父親利家之後久未見信未審尊體安否家中懸慮今搭出
鞋衣服可收入家中事務繁多支費有缺俱要銀用望 父
親早寄銀回家外有棉線暑襪包頭毡帽手巾棉帶頭繩
買寄歸 父親在外日用飲食不可過省勿受飢寒悵目收
完望早回家管理事務今因鴻便少修片楮問安焰諒是幸
父親老大人 膝下
不肖男ム名 頓首百拜
父在家與子信
父字與男ム知會自你利家之後久未見信不知安否吾常
慮吾年老氣血衰弱時常有病不能勞苦田場中事荒蕪
倩人去做家務在你身上百凡應用俱急可早要搭銀還人
在外須自將惜不可妄費錢財有信可寄来免使家慮數字
報知餘事再會
父字示男ム収目
ム月ム日 父字達
又
自男利後家中平安不必罣念奈家中困乏

秋口镇吴家 1-59 · 帖式、常用活套 · 吴从正记

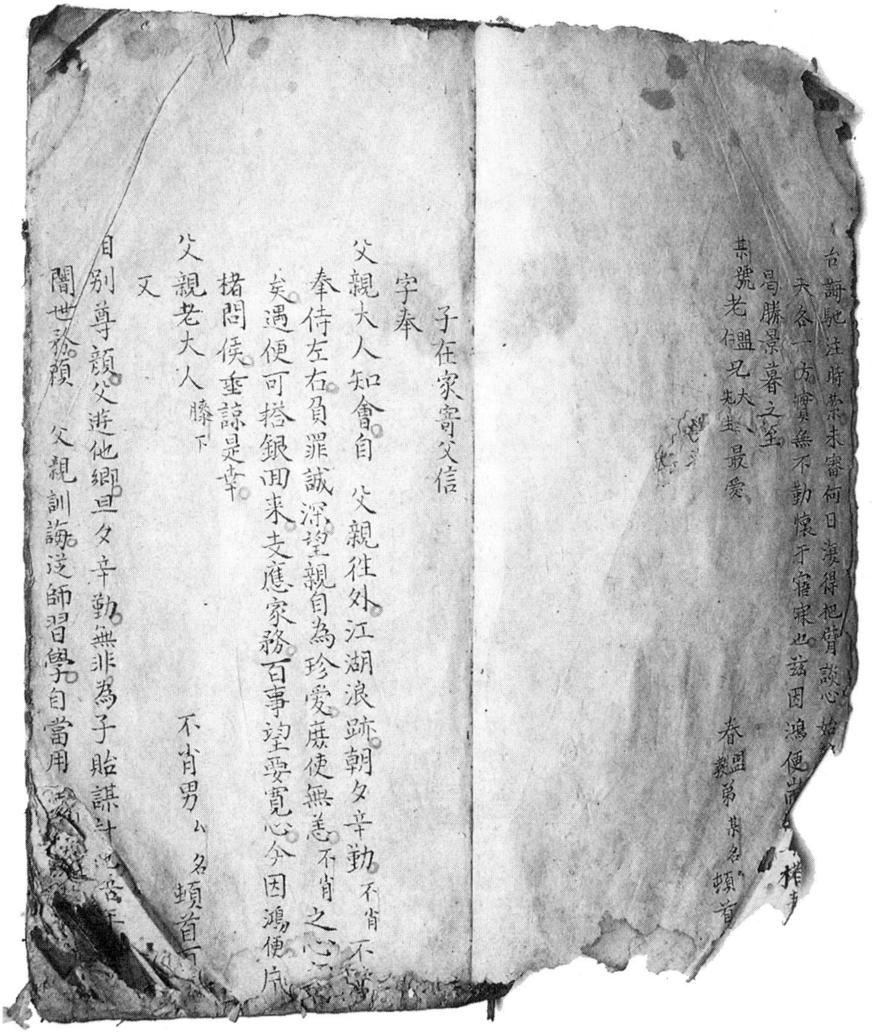
台誨馳注時縈未審何日復得把臂談心始
天各一方實無不動懷于寤寐也茲因鴻便肅
曷勝景暮之至
耑號老盟兄大先生最愛
春盟教弟某名頓首
子在家寄父信
字奉
父親大人知會自 父親往外江湖浪跡朝夕辛勤不肖
奉侍左右負罪誠深望親自為珍愛庶使無恙不肖之心
矣遇便可搭銀両来支應家務百事望要寬心今因鴻便肅
稟問候垂諒是幸
父親老大人膝下
不肖男某名頓首
又
自別尊顏父遊他鄉旦夕辛勤無非為子貽謀計
闔世務煩 父親訓誨送師習學自當用

秋口镇吴家 1-60 · 帖式、常用沽套 · 吴从正记

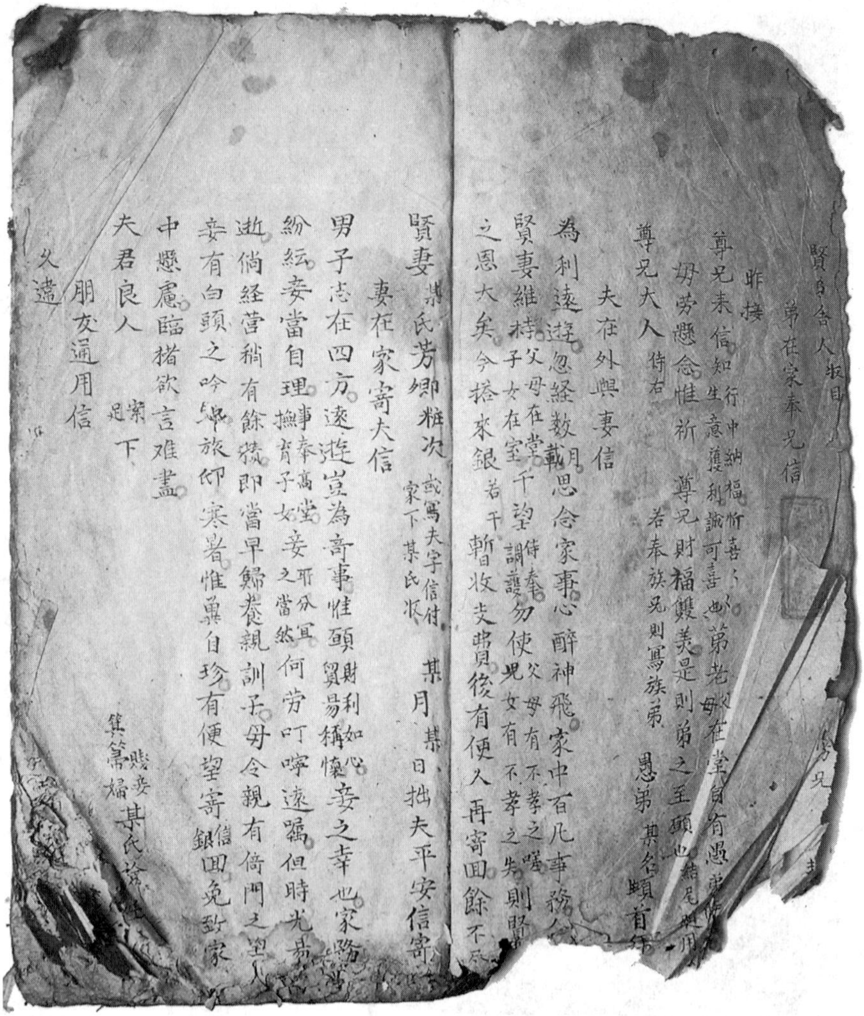
賢弟舍人妝目
弟在家奉兄信
昨接
尊兄來信知行中納福忻喜〻生意獲利誠可喜也弟老母在堂自有愚弟侍[illegible]
毋勞懸念惟祈尊兄財福雙美是則弟之至願也結兄與用
若奉族兄則寫族弟
尊兄大人侍右 愚弟某名頓首
夫在外與妻信
為利遠遊忽経数月載思念家事心醉神飛家中百凡事務
賢妻維持父母在堂子女在室千望侍奉調護勿使父母有不孝之嗟兒女有不孝之失則賢
之恩大矣今捎來銀若干暫收支費後有便人再寄回餘不[illegible]
賢妻某氏芳卿粧次 或寫夫字信付家下某氏收 某月某日拙夫平安信寄
妻在家寄夫信
男子志在四方遠遊豈為奇事惟願財利如心貿易稱懷妾之幸也家務
紛紜妾當自理事奉高堂撫育子女妾之職分當然宜何勞叮嚀遠囑但時光易
逝倘経營稍有餘積即當早歸養親訓子毋令親有倚門之望人
妾有白頭之吟客旅仰寒暑惟冀自珍有便望寄信銀回免致家
中懸慮臨楮欲言难盡
夫君良人案下足下 集箒婦賤妾某氏斂衽
朋友通用信
久違

秋口镇吴家 1-61 · 帖式、常用活套 · 吴从正记

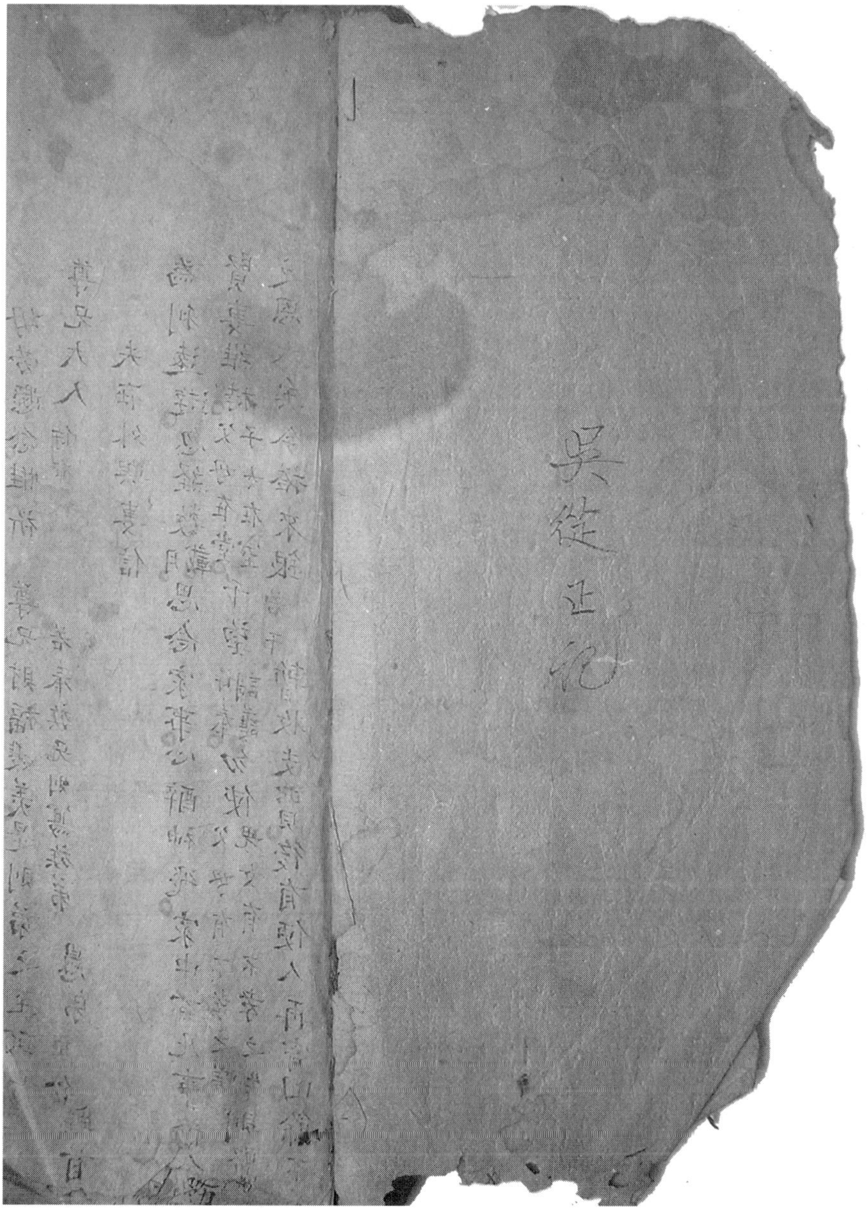
吴從正记

秋口镇吴家 1-62 · 帖式、常用活套 · 吴从正记

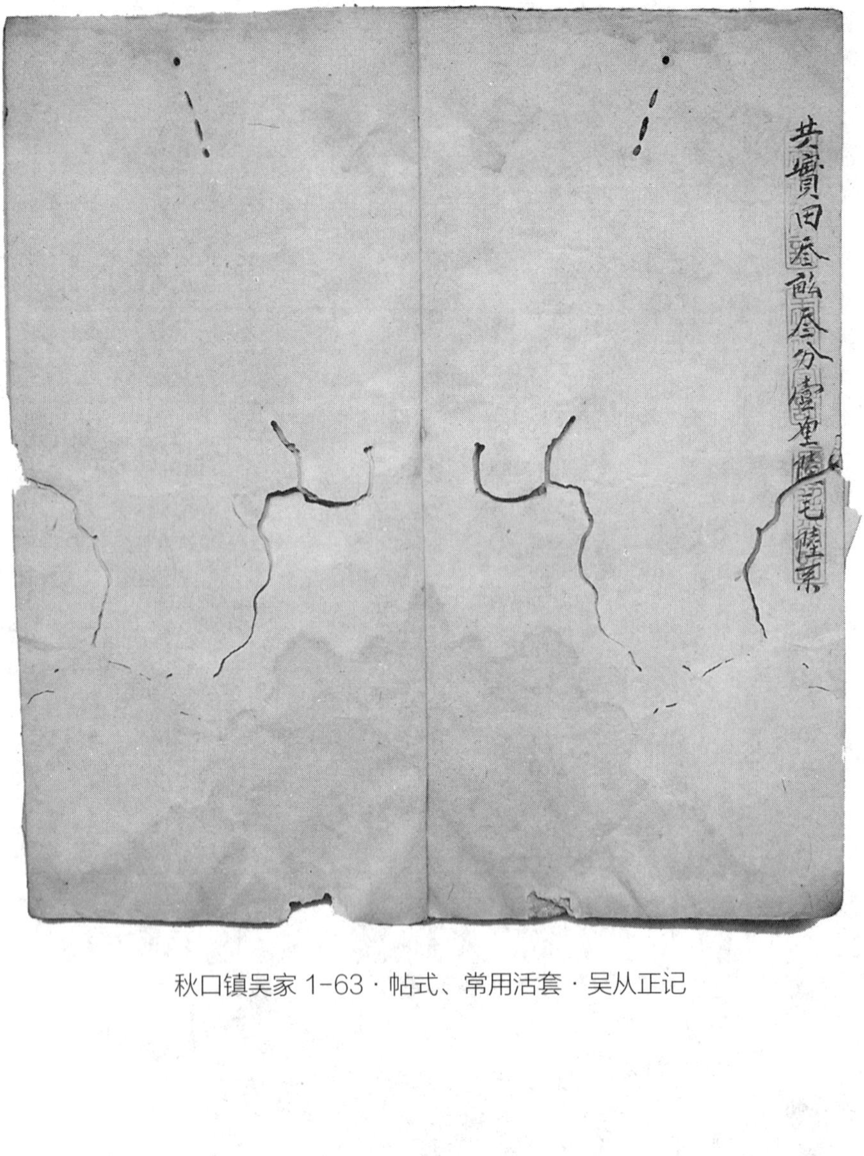

秋口镇吴家 1-63 · 帖式、常用活套 · 吴从正记

秋口镇吴家 3-1 · 鸿源吴氏家谱

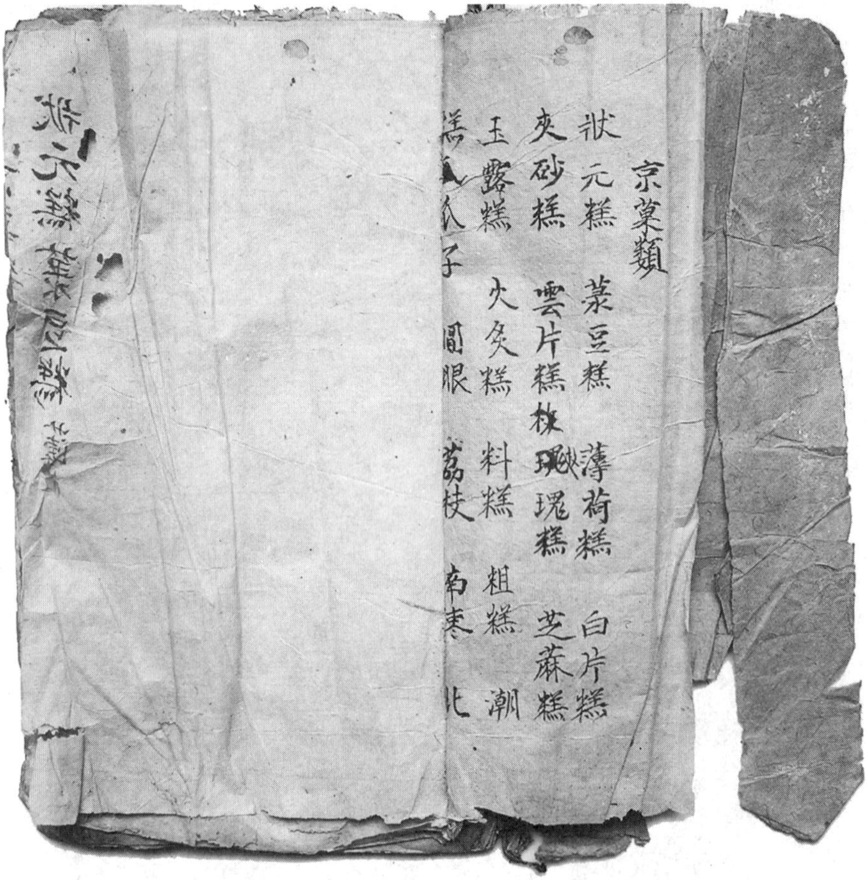

京菓類

狀元糕　菉豆糕　薄荷糕　白片糕

夾砂糕　雲片糕　玫瑰糕　芝麻糕

玉露糕　火炙糕　料糕　粗糕　潮

糕　瓜子　圓眼　荔枝　南棗　北

秋口镇吴家 3-2 · 鸿源吴氏家谱

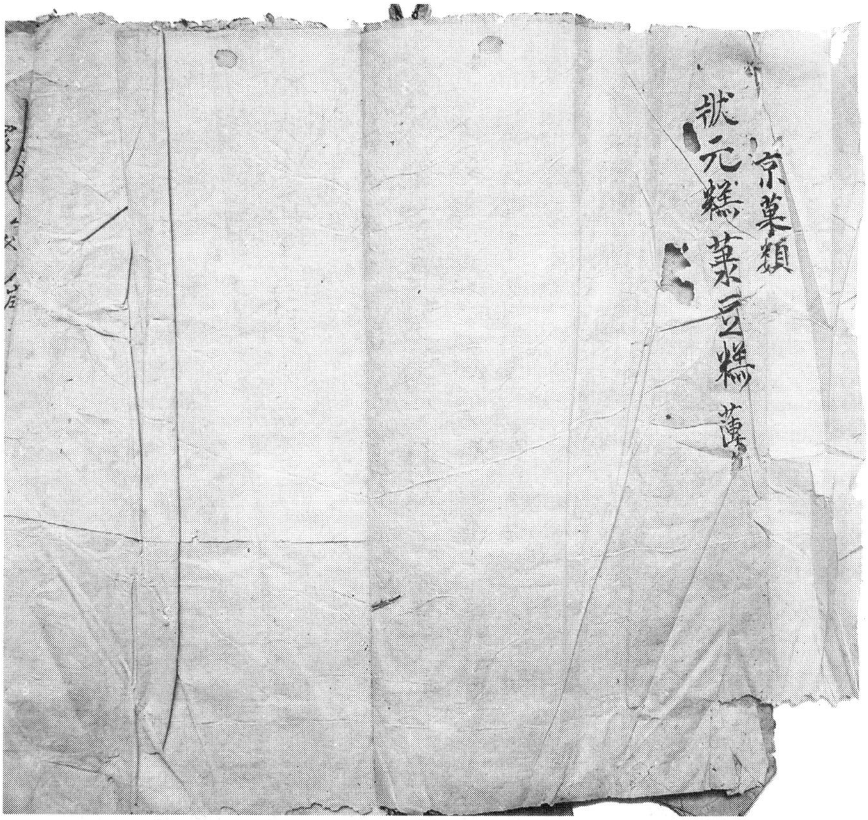
京菓類
狀元糕 菉豆糕 薄

秋口镇吴家 3-3 · 鸿源吴氏家谱

秋口镇吴家 3-4 · 鸿源吴氏家谱

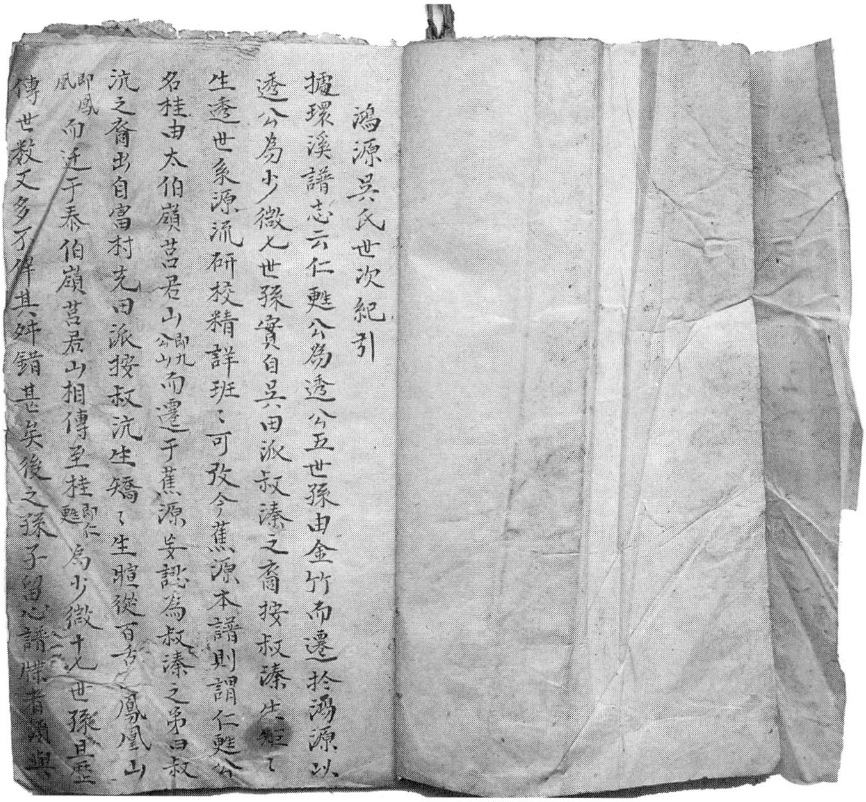
鴻源吴氏世次紀引

據環溪譜志云仁甦公爲透公五世孫由金竹而遷於鴻源以透公爲少微七世孫實自吴田派叔溱之裔按叔溱生珽〻生透世系源流硏校精詳班〻可攷今蕉源本譜則謂仁甦公名桂由太伯嶺莒君山即九公山而遷于蕉源妄認爲叔溱之弟曰叔沆之裔出自富村充田派按叔沆生矯〻生暄從百[illegible]鳳凰山即鳳凰而迁于泰伯嶺莒君山相傳至桂即仁甦爲少微十九世孫且歷傳世數又多不符其舛錯甚矣後之孫子留心譜牒者須與

秋口镇吴家 3-5 · 鸿源吴氏家谱

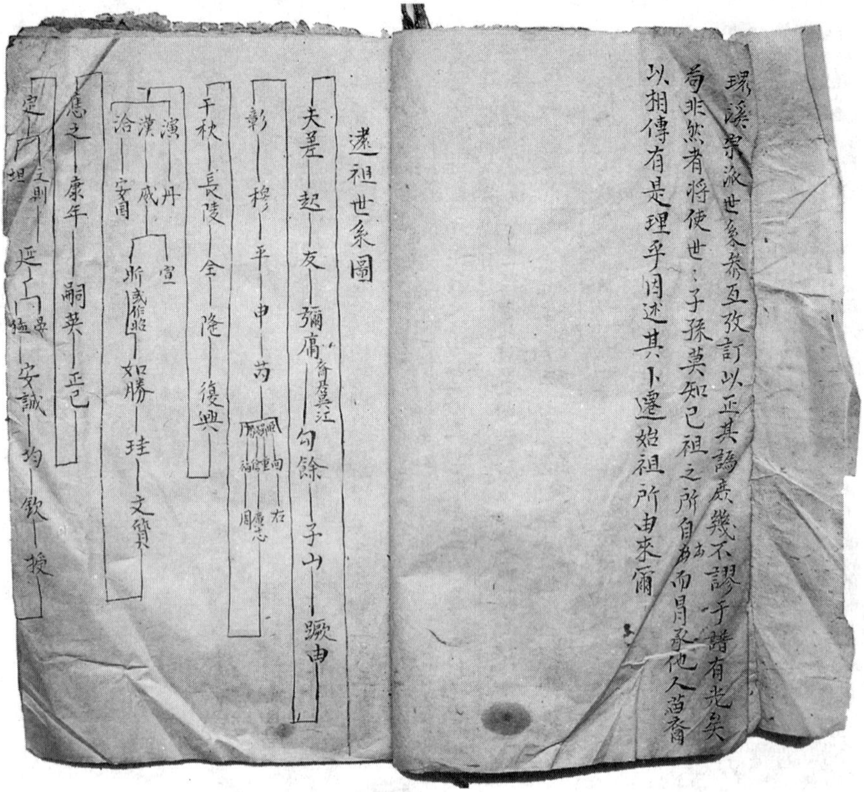

秋口镇吴家 3-6 · 鸿源吴氏家谱

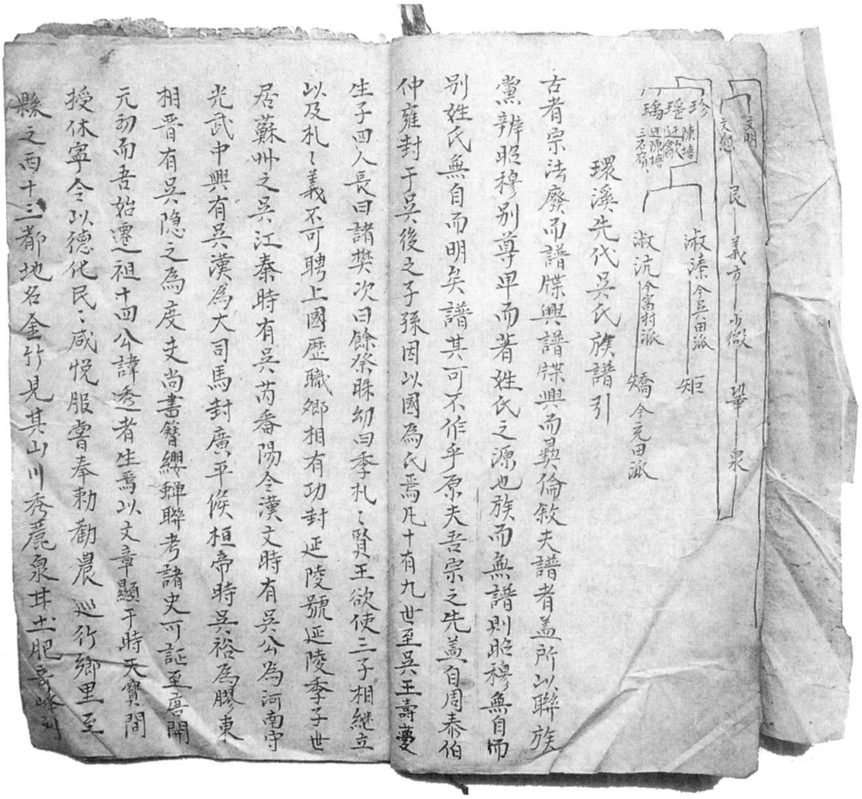

文明　文德—良—義方—少微—肇—泉
珍　陳塘　迁歙
瑺　迁源塘　三石嶺
瑀
淑溱今吳田派—矩
淑沆今富村派—矯今元田派

環溪先代吳氏族譜引

古者宗法廢而譜牒興譜牒興而彝倫叙夫譜者蓋所以聯族黨辨昭穆別尊卑而著姓氏之源也族而無譜則昭穆無自而別姓氏無自而明矣譜其可不作乎原夫吾宗之先蓋自周泰伯仲雍封于吳後之子孫因以國為氏焉凡十有九世至吳王壽夢生子四人長曰諸樊次曰餘祭眛幼曰季札札賢王欲使三子相継立以及札札義不可聘上國歷職卿相有功封延陵號延陵季子世居蘇州之吳江秦時有吳芮番陽令漢文時有吳公為河南守光武中興有吳漢為大司馬封廣平侯桓帝時吳祐為膠東相晋有吳隱之為度支尚書簪纓蟬聯考諸史可証至唐開元初而吾始遷之祖十四公諱遷者生焉以文章顯于時天寶間授休寧令以德化民民咸悅服嘗奉勅勸農巡行鄉里至縣之西十三都地名金竹見其山川秀麗泉甘土肥奇峰列

秋口镇吴家 3-7 · 鸿源吴氏家谱

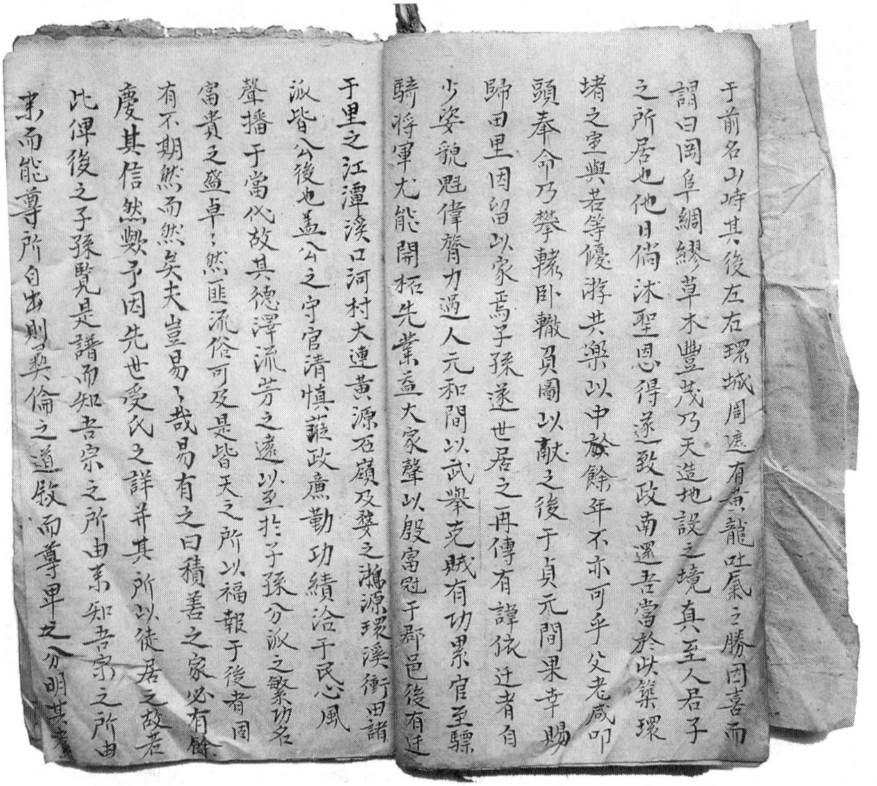

于前名山峙其後左右環城周遠有魚龍吐氣之勝因喜而
謂曰岡阜綢繆草木豐茂乃天造地設之境真至人君子
之所居也他日倘沐聖恩得遂政南還吾當於以築環
堵之堂與若等優游共樂以中詠餘年不亦可乎父老咸叩
頭奉命乃攀轅卧轍員闉以獻之後于貞元間果幸賜
歸田里因留以家焉子孫遂世居之再傳有譚依迁者有
少婆貌魁偉膂力過人元和間以武舉克賊有功累官至驃
騎將軍尤能開拓先業至大家聲以殷富冠于鄰邑後有迁
于里之江潭溪口河村大連黃源石碩及麥之鵝源瓛溪街田諸
派皆公後也蓋公之守官清慎蒞政焦勤功績洽于民心風
聲播于當代故其德澤流芳之遠必至於子孫分叔之繁功名
富貴之盛卓卓然匪流俗可及是皆天之所以福報于後者固
有不期然而然矣夫皇易了哉有之曰積善之家必有餘
慶其信然歟予因先世世爱氏之詳并其所以徙居之故者
此俾後之子孫覽是譜而知吾宗之所由來知吾家之所由
東而能尊所自出則彝倫之道敦而尊卑之分明其爱

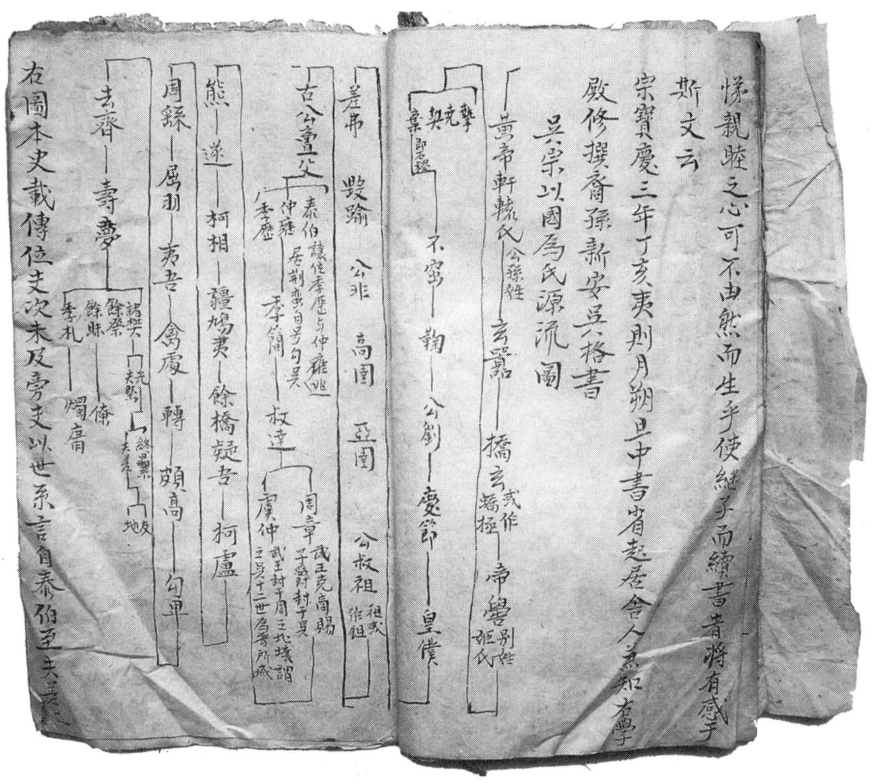

秋口镇吴家 3-9 · 鸿源吴氏家谱

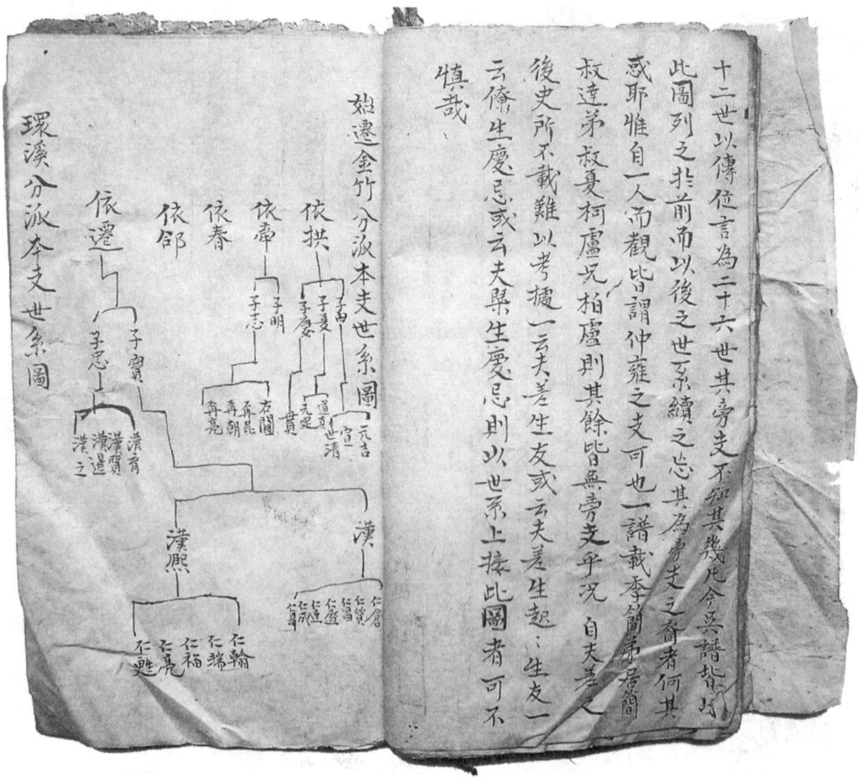

秋口镇吴家 3-10 · 鸿源吴氏家谱

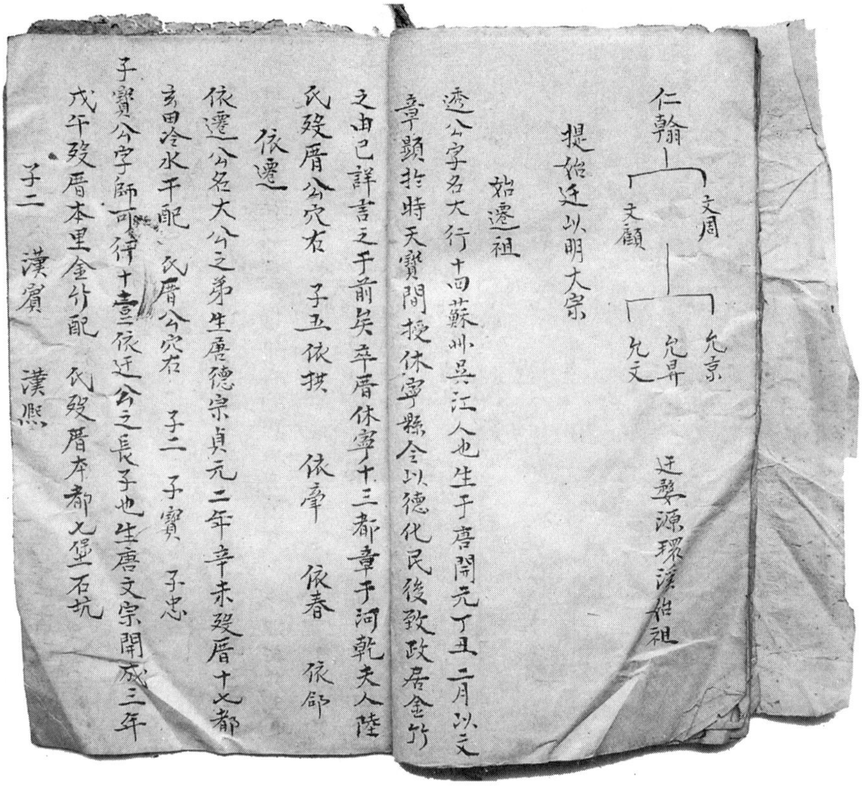
仁翰
文周
文顧
允京
允昇
允文

迁婺源環溪始祖

提始迁以明大宗

始遷祖

透公字名大行十四蘇州吳江人也生于唐開元丁丑二月以文章顯於時天寶間授休寧縣令以德化民後致政居金竹之由已詳言之于前矣卒厝休寧十三都章于河乾夫人陸氏殁厝公穴右　子五　依拱　依章　依春　依郇

依遷

依遷公名大公之弟生唐德宗貞元二年辛未殁厝十七都亥田冷水干配　氏厝公穴右　子二　子寶　子忠

子寶公字師可行十壹依迁公之長子也生唐文宗開成三年戊午殁厝本里金竹配　氏殁厝本都乙堡石坑

子二　漢賓　漢熙

秋口镇吴家 3-11 · 鸿源吴氏家谱

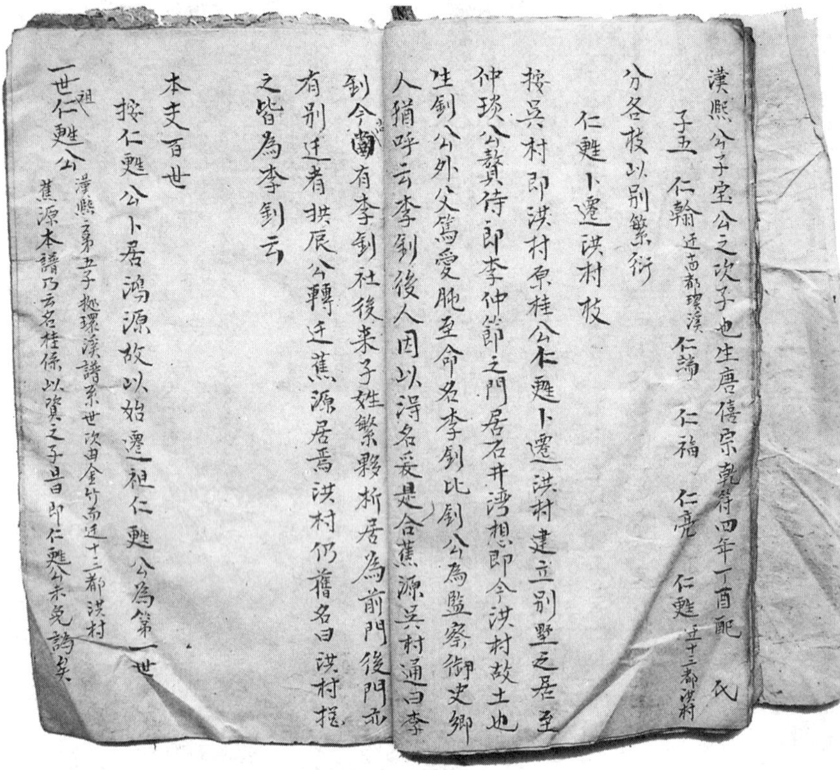
漢熙公子室公之次子也生唐僖宗乾符四年丁酉配 氏
子五 仁翰迁西都環溪 仁端 仁福 仁亮 仁甦迁十三都洪村
分各枝以别繁衍
仁甦卜遷洪村枝
按吳村即洪村原桂公仁甦卜遷洪村建立别墅之居至
仲琰公贅侍郎李仲節之門居石井灣想即今洪村故土也
生釗公外父篤愛胒至命名李釗比釗公為監察御史鄉
人猶呼云李釗後人因以得名爰是合蕉源吳村通曰李
釗今尙有李釗社後来子姓繁夥析居為前門後門亦
有别迁者拱辰公轉迁蕉源居焉洪村仍舊名曰洪村搃
之皆為李釗云
本支百世
按仁甦公卜居鴻源故以始遷祖仁甦公為第一世
一世祖仁甦公 漢熙之第五子據環溪譜系世次由金竹而迁十三都洪村
蕉源本譜乃云名桂係以賓之子昌即仁甦公未免謬矣

秋口镇吴家 3-12 · 鸿源吴氏家谱

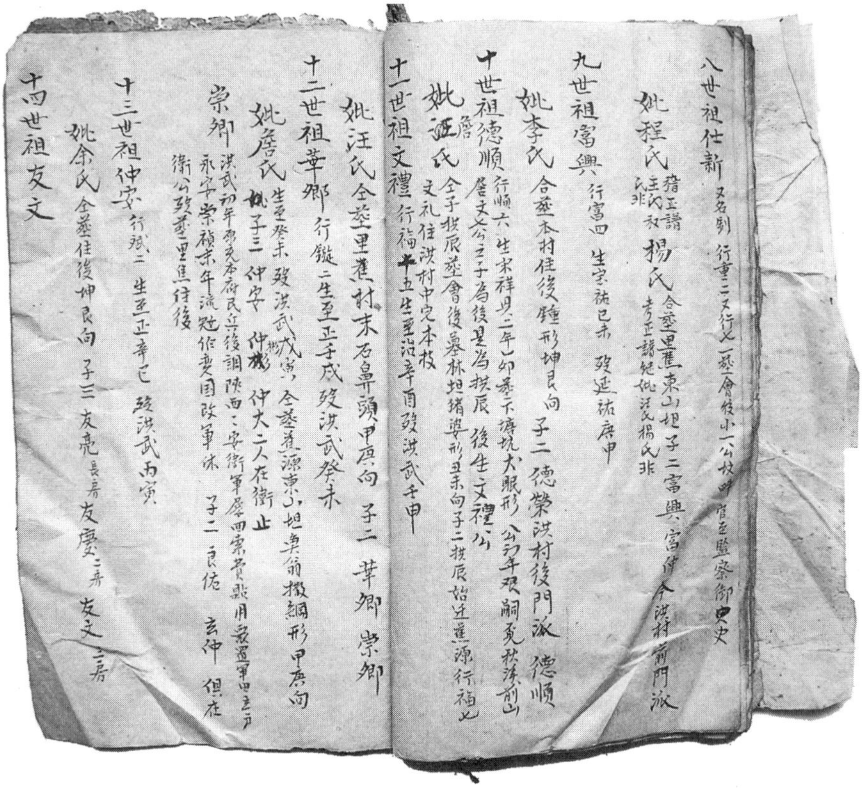

八世祖仕新 又名別 行童二又行文 葬會後小公坟□首邑監察御史
姚程氏 猎玉谱 註沈永 楊氏 吉正韶妣沈楊氏非 □富貴人洑村前門淑

九世祖富興 行富四 生卒祇巳未 葬祔庚申

姚李氏 合葬本村住後隨形坤艮向 子二 德棠洪村後門淑 德順

十世祖順 行順六 生卒祥男二年乙卯葬下塘坑大眼形 公卯年殁嗣亮乾隆前山

姚詹氏 合子披辰葬會後□葬林坦塝鯉形丑未向子二披辰始迁進源行福也

十一世祖文禮 行福十五生卒見洪辛酉葬洪武壬申

姚汪氏 合葬里潢村末石鼻頭甲庚向 子二 華鄉 崇鄉

十二世祖華鄉 行鑑二生至手戍殁洪武癸未

姚詹氏 生卒癸未 葬洪武戍寅 合葬蒲源東山坦奥前撥鯧形甲庚向 仲子二 仲衣 仲椒

崇鄉 洪武初年鄧克布民兵調陝西 安衛軍屬四衆貴殁用發置軍四卫巴 衛公致葬里潢往後 子二 良佐 玄仲 俱在

十三世祖仲衣 行殘二 生至正辛巳 殁洪武丙寅

姚余氏 合葬住後坤艮向 子三 友亮 長房 友慶 三房 友文 二房

十四世祖友文

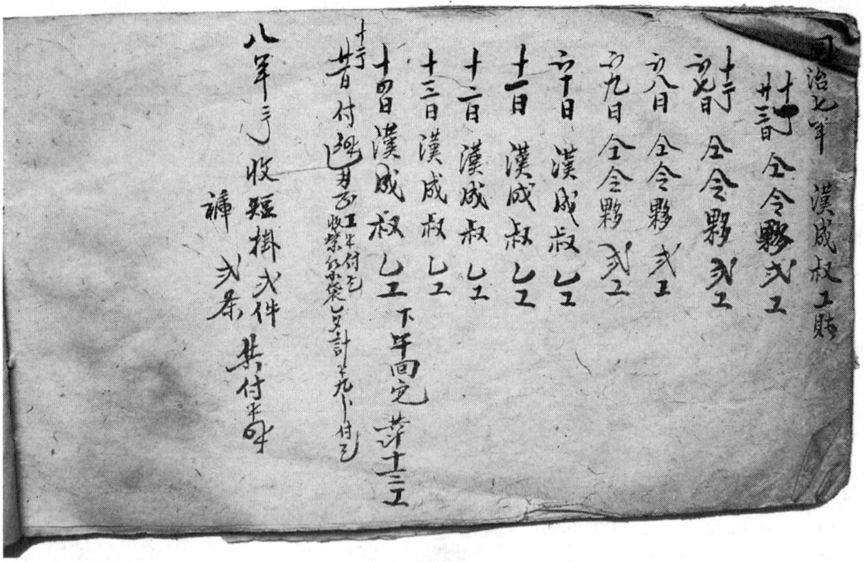

秋口镇吴家 4-1 · 同治七年 · 流水账 · 汉成叔工帐

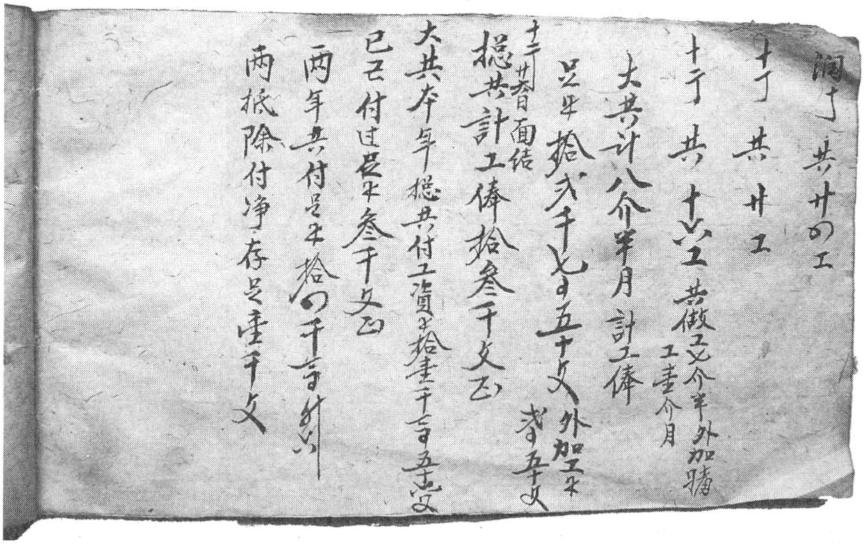

閏十月 共廿四工

十一月 共 廿工

十二月 共 十六工 共做工七个半 外加騎工壹个月

大共计八个半月 計工俸

足錢 拾弍千七百五十文 外加工錢叁千五十文

十二月廿四日面结

總共計工俸拾叁千文正

大共本年總共付工資錢拾壹千一百五十文

已已付过足錢叁千文正

兩年共付足錢拾四千一百廿文

兩抵除付淨存足錢壹千文

秋口镇吴家 4-2 · 同治七年 · 流水账 · 汉成叔工帐

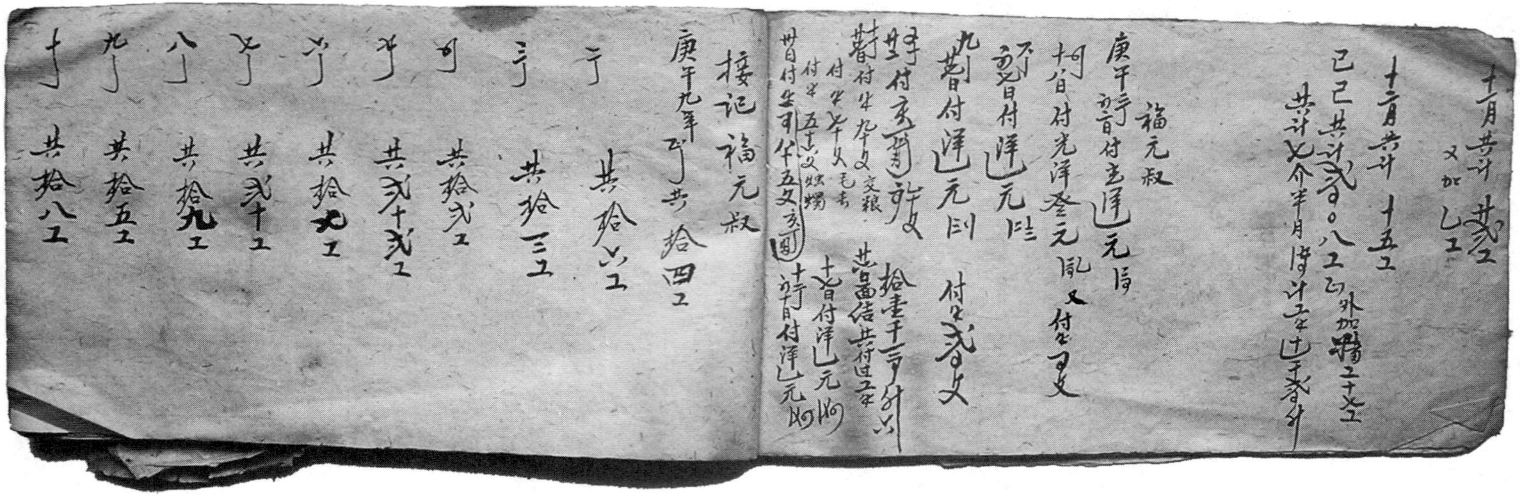

秋口镇吴家 4-3 · 同治七年 · 流水账 · 汉成叔工帐

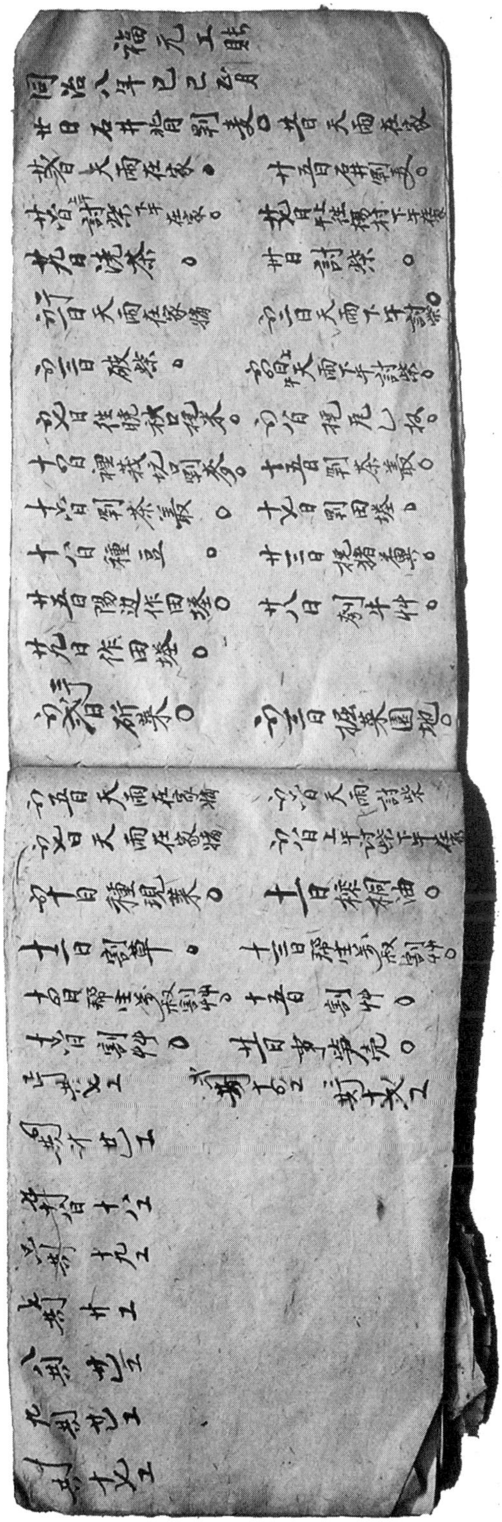

秋口镇吴家 4-4 · 同治七年 · 流水账 · 汉成叔工帐

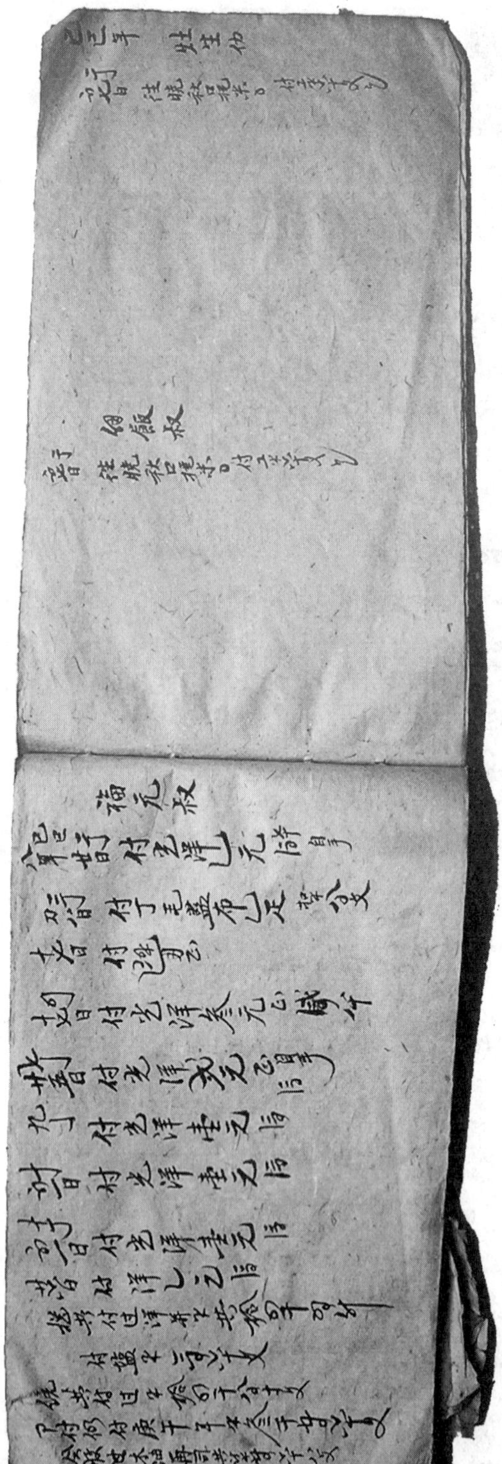

秋口镇吴家 4-5 · 同治七年 · 流水账 · 汉成叔工帐

秋口镇吴家 4-6 · 同治七年 · 流水账 · 汉成叔工帐

秋口镇吴家 4-7 · 同治七年 · 流水账 · 汉成叔工帐

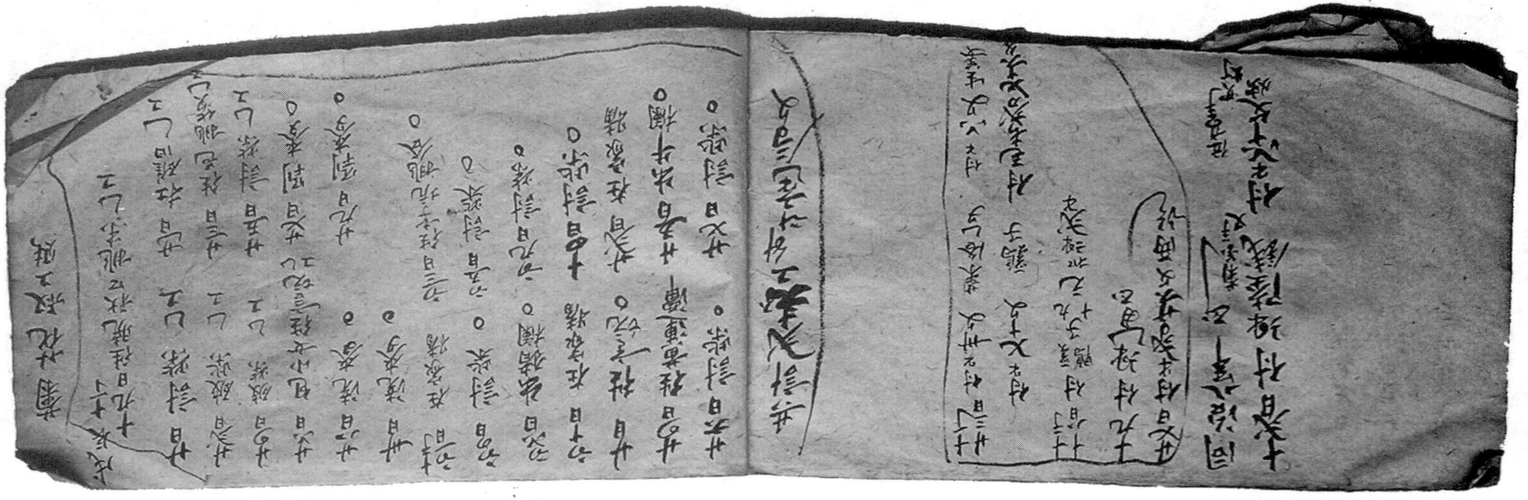

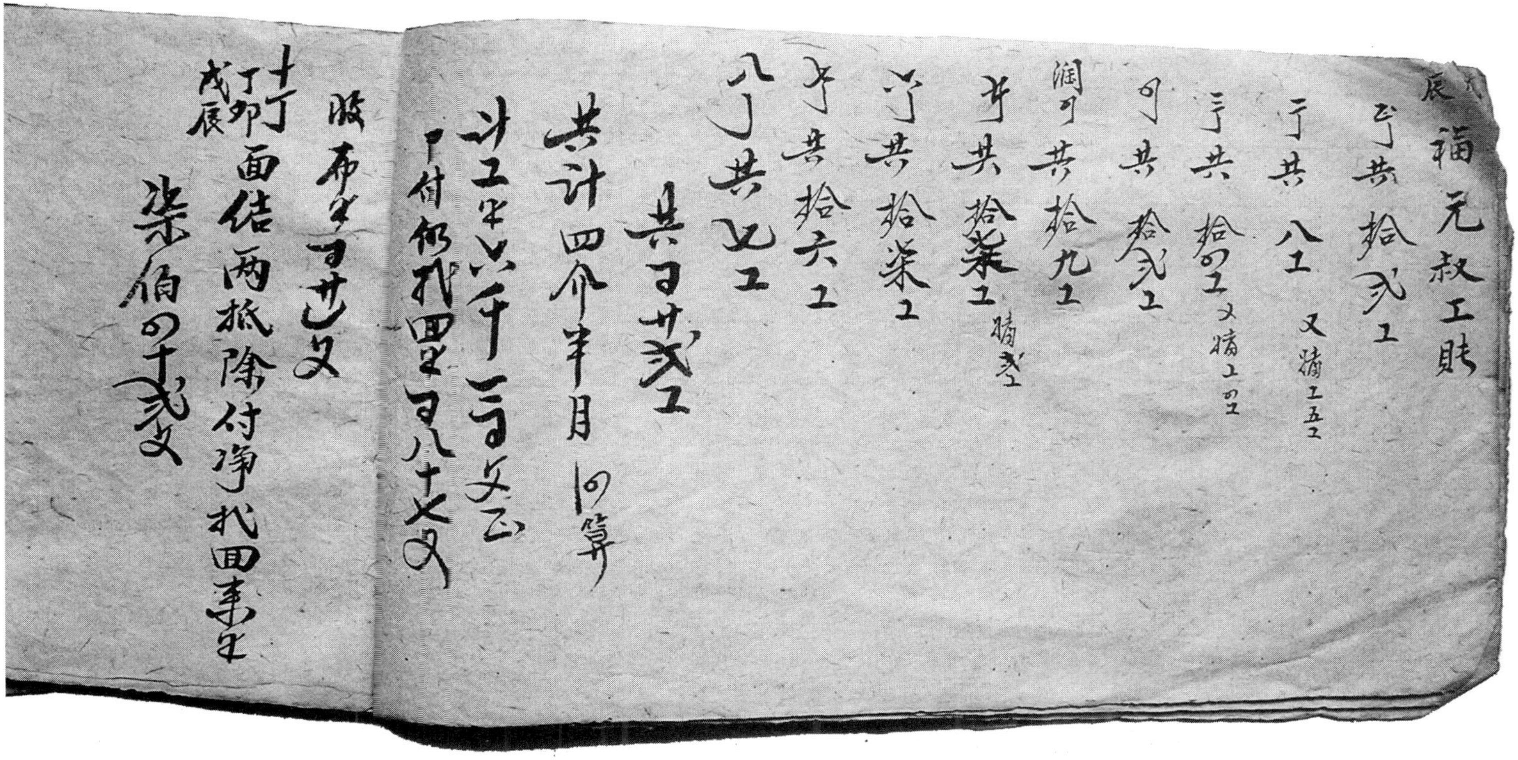

秋口镇吴家 4-8 · 同治七年 · 流水账 · 汉成叔工帐

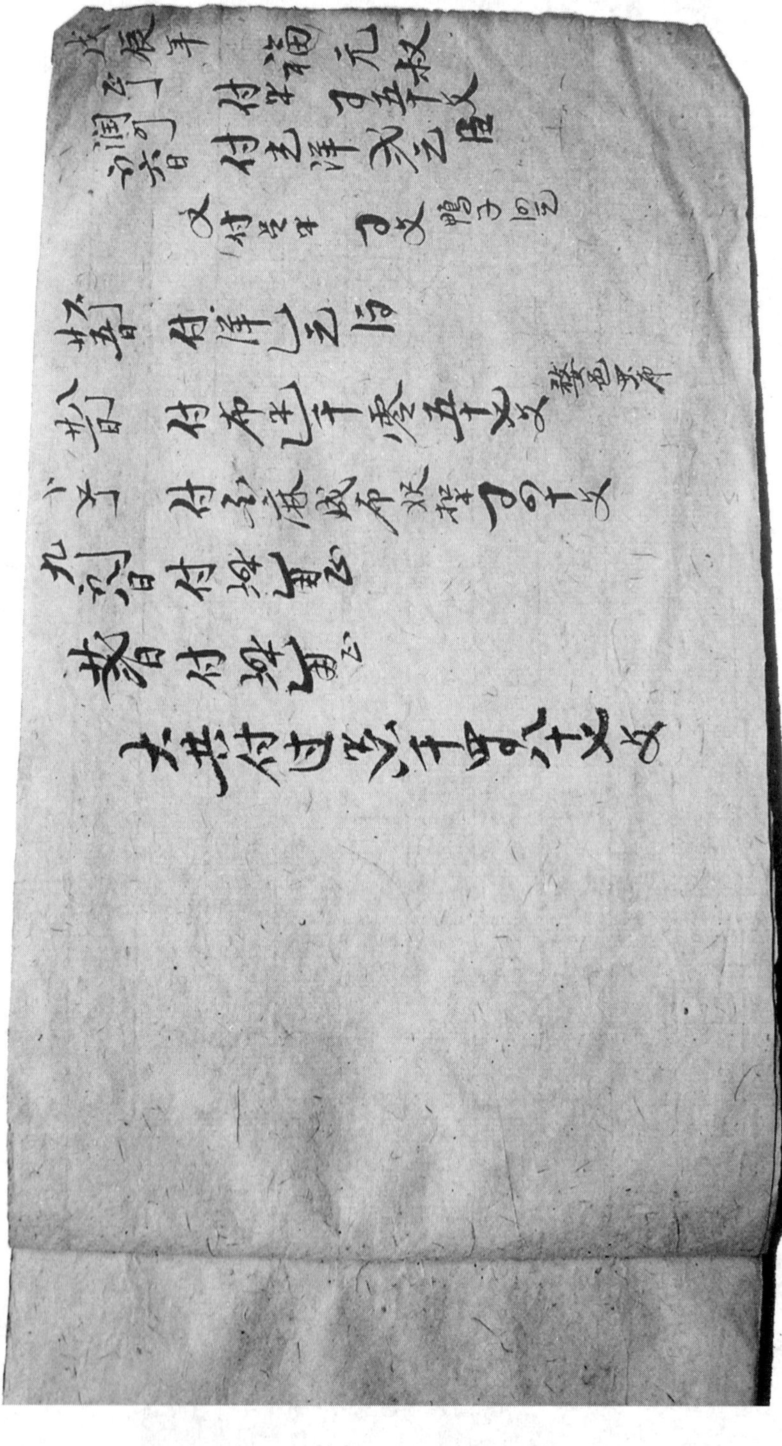

秋口镇吴家 4-9・同治七年・流水账・汉成叔工帐

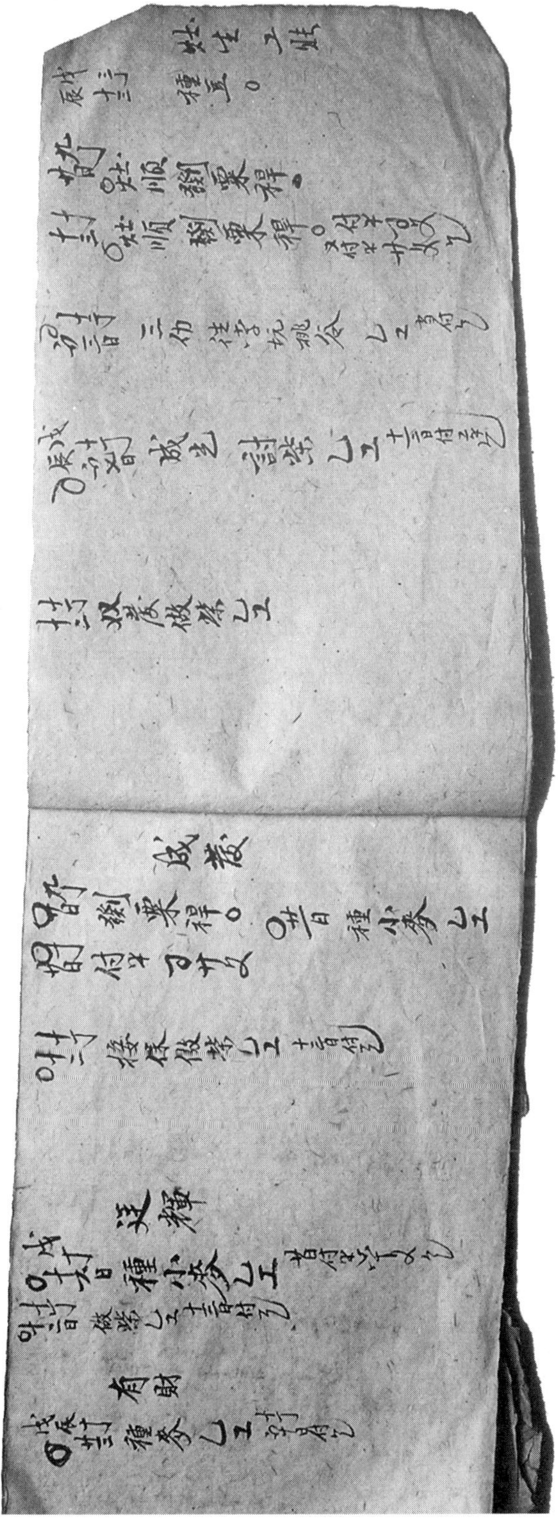

秋口镇吴家 4-10 · 同治七年 · 流水账 · 汉成叔工帐

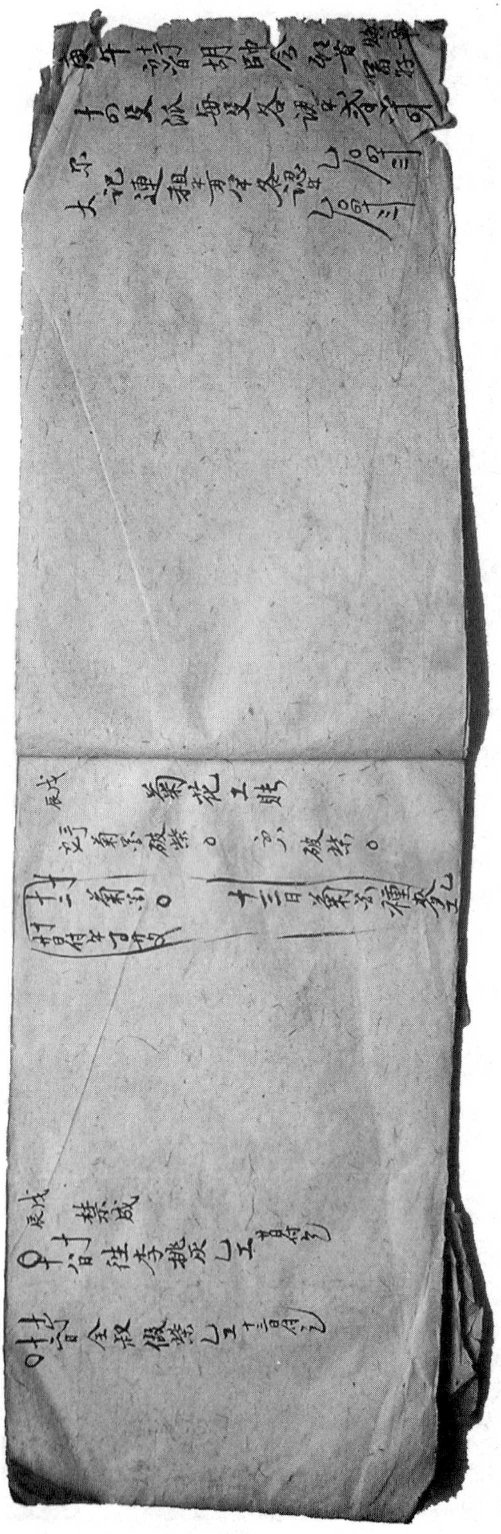

秋口镇吴家 4-11 · 同治七年 · 流水账 · 汉成叔工帐

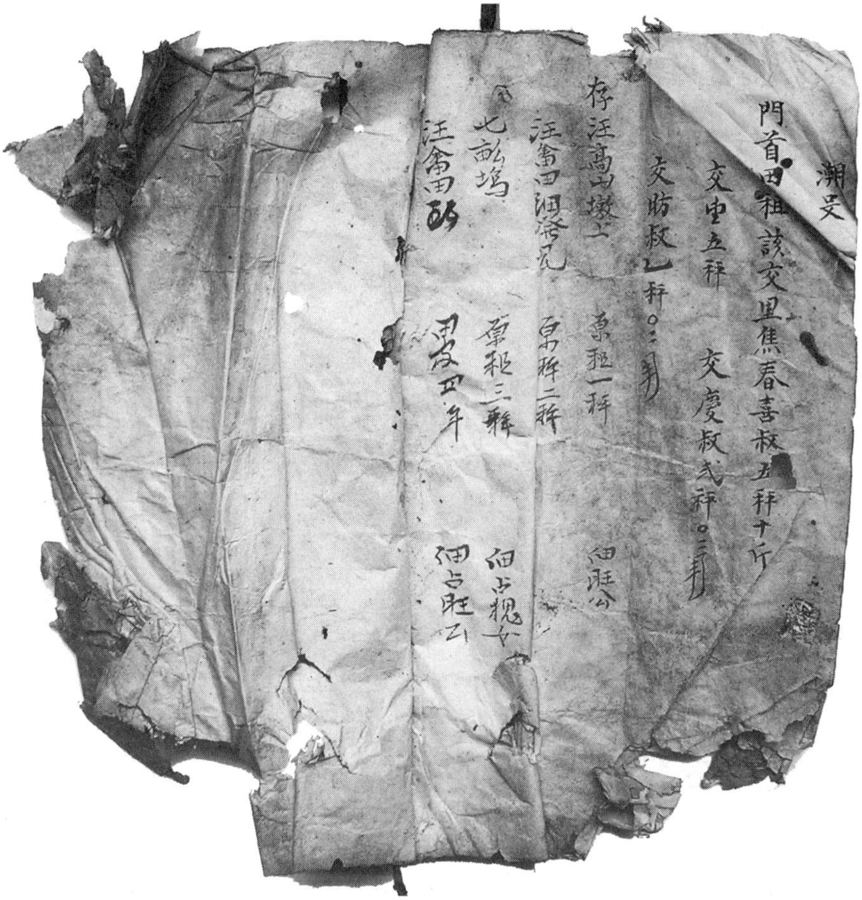
潮受
門首田租該交里焦春喜叔五秤十斤
交由五秤　交慶叔弍秤〇三斤
交昉叔乙秤〇三斤
存汪高山墩上　桌租一秤　佃旺公
汪家田洞塝[illegible]　桌秤二秤
七畝塢　桌租三秤　佃占槐女
汪家田[illegible]　田皮四秤　佃占旺公

秋口镇吴家 9-1 · 土地租额簿 · 吴宇江

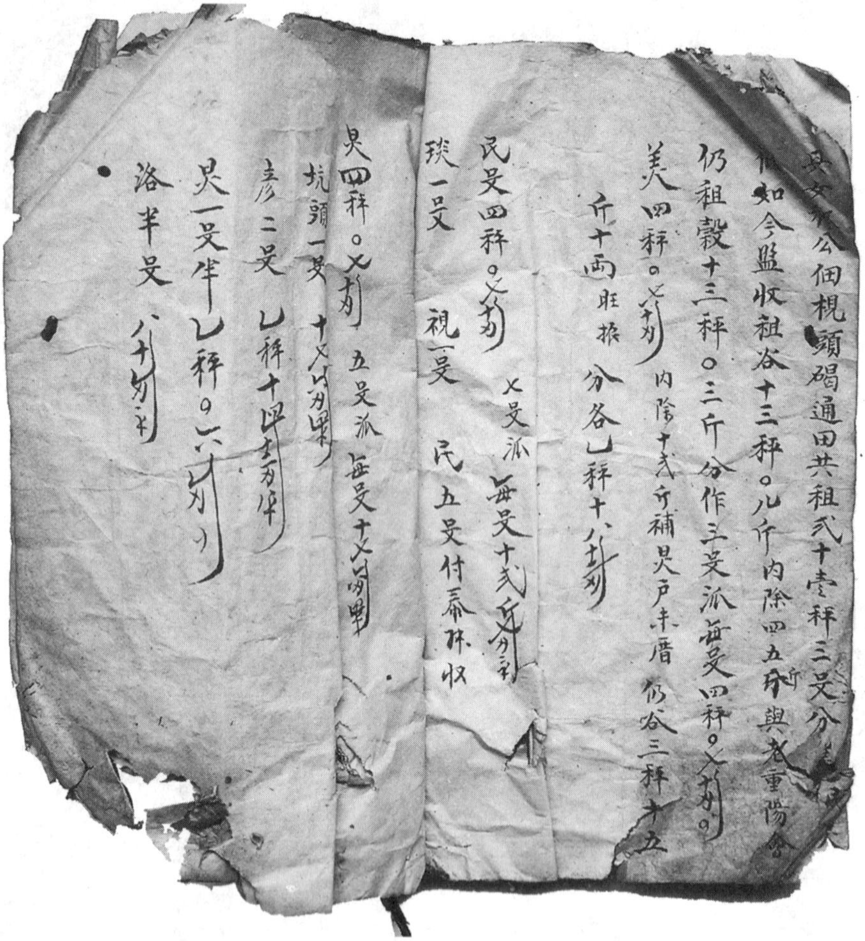

秋口镇吴家 9-2 · 土地租额簿 · 吴宇江

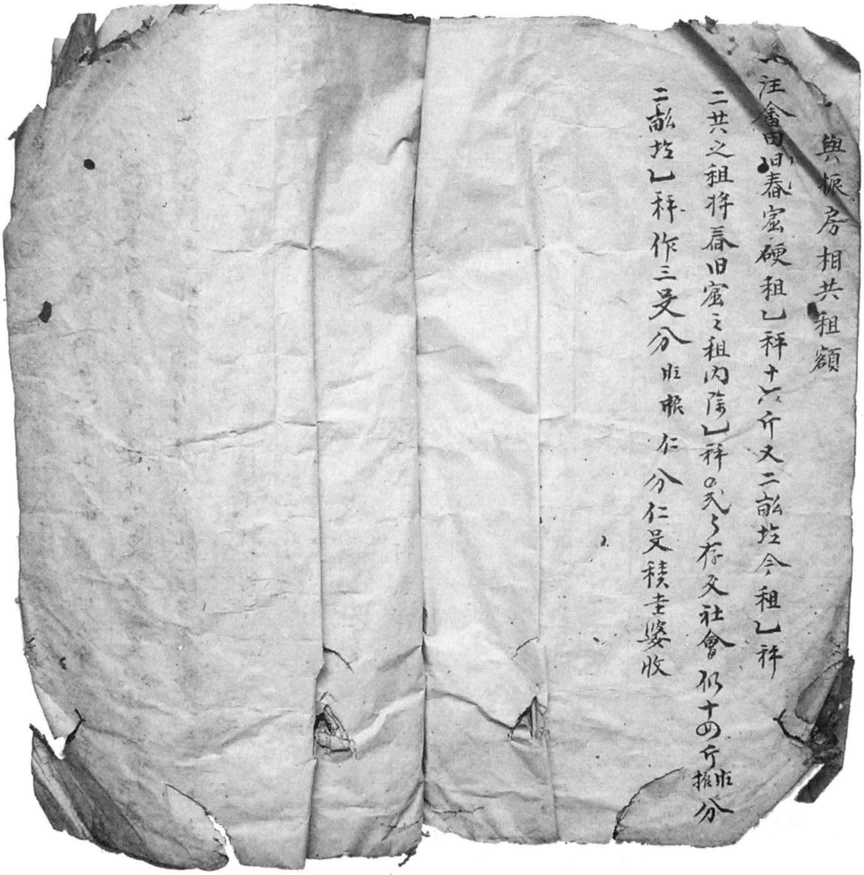
與振房相共租額
汪金田旧春窑硬租乚秤十六斤又二畝坵今租乚秤
二共之租将春田窑之租内除乚秤四弍乚存又社會仍十四斤振旺分
二畝坵乚秤作三叉分旺根仁分仁叉積圭婆收

秋口镇吴家 9-3 · 土地租额簿 · 吴宇江

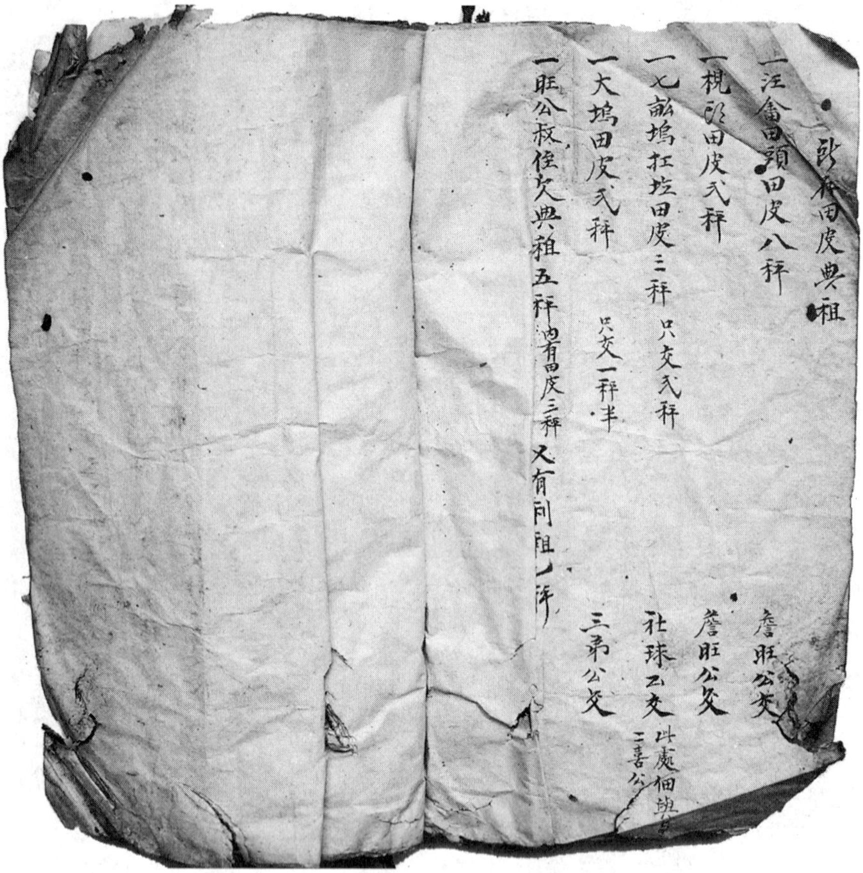

一卧□田皮典租
一汪畲田頭田皮八秤　詹旺公交
一梘□田皮弍秤　詹旺公交
一七畝塢扛坵田皮三秤　只交弍秤　社球五交　此處佃與□三喜公
一大塢田皮弍秤　只交一秤半　三弟公交
一旺公叔侄交典租五秤　內有田皮三秤　又有同租一秤

秋口镇吴家 9-4 · 土地租额簿 · 吴宇江

一□首溪边原十分
江□源栗木塢原四秤 早甚田共有田坵 三分ㄟ田身源ㄟ支佃叉
江畬田下段原四秤
汪高山脇裡ㄟ秤十九
一巴焦塢原ㄟ秤 早三分ㄟ
一泗洲背原弍秤 早三分ㄟ
□□佃
印公佃
詹旺ㄟ佃
拜廾種
龍生佃
福林ㄟ佃

秋口镇吴家 9-5 · 土地租额簿 · 吴宇江

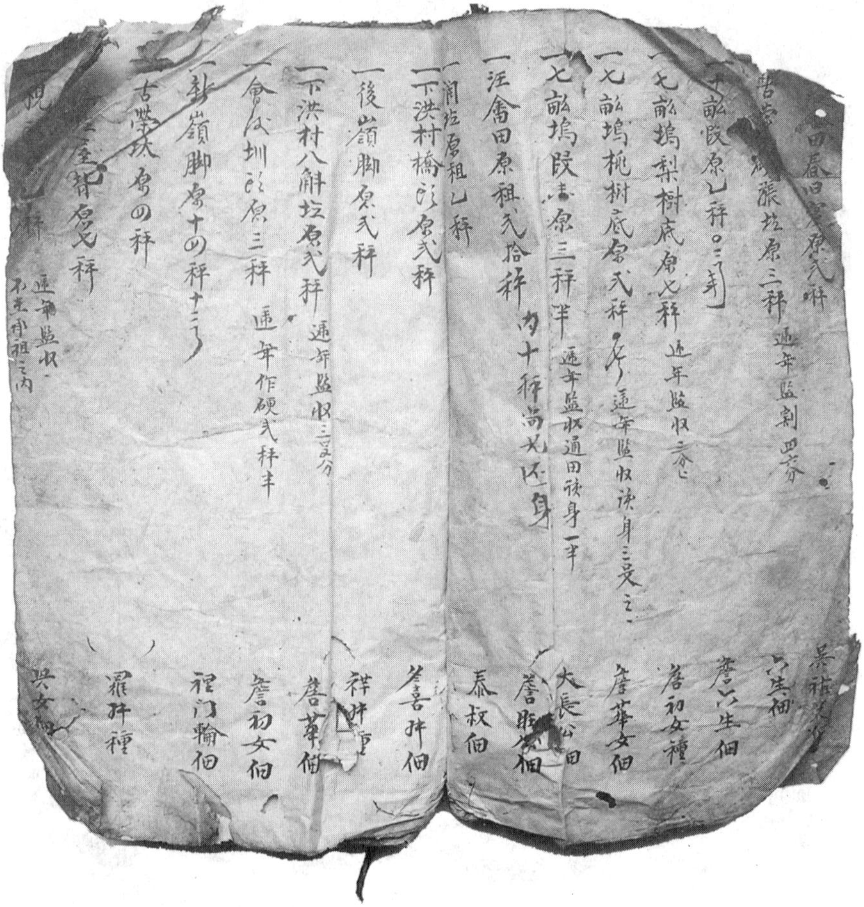

回屋□□原弐□

曹家㘭藤坞原三秤 近年監剝四分

一亡畝㘭原山秤○二分

一亡畝塢梨樹底原七秤 近年監收壹□

一亡畝塢桃樹底原弐秤半 通年監收谜身三爻之一

一亡畝塅原三秤半 通年監收通田谜身一半

一汪舍田原租弍拾秤 共十秤尚欠谜身

一涧坛原租山秤

一下洪村橋下原弍秤

一後嶺脚原弍秤

一下洪村八鮮坛原弍秤 通年監收三爻分

一會成圳坑原三秤 通年作硬弍秤半

一對嶺脚原十四秤十三〕

一古榮太号四秤

□秤 近年監收 不未仰租之內

□秤 □原弋秤

吳祺佃
六生佃
詹心生佃
詹初女禮
詹華女佃
大長公田
詹賜公佃
秦叔佃
詹喜拌佃
祥拌□
詹菜佃
詹初女佃
程門翰佃
羅拌禮
吳女佃

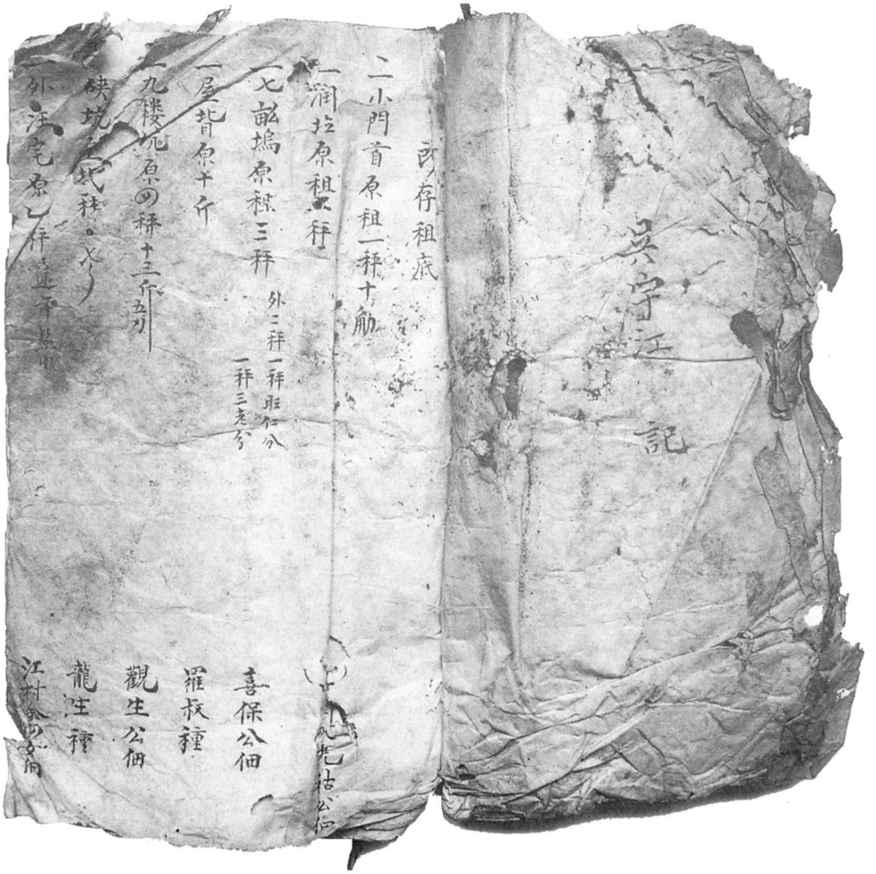
吴宇江
記
所存租底
二一小門首原租一秤十觔
一潤坵原租一秤
一七畝塢原租三秤
外二秤一秤莊仁公
一秤三老分
一屋背原十斤
一九樓坑原四秤十三斤
一碤坑[illegible]秤
一外汪[illegible]原[illegible]秤
喜保公佃
羅叔種
觀生公佃
龍生種

秋口镇吴家 9-7 · 土地租额簿 · 吴宇江

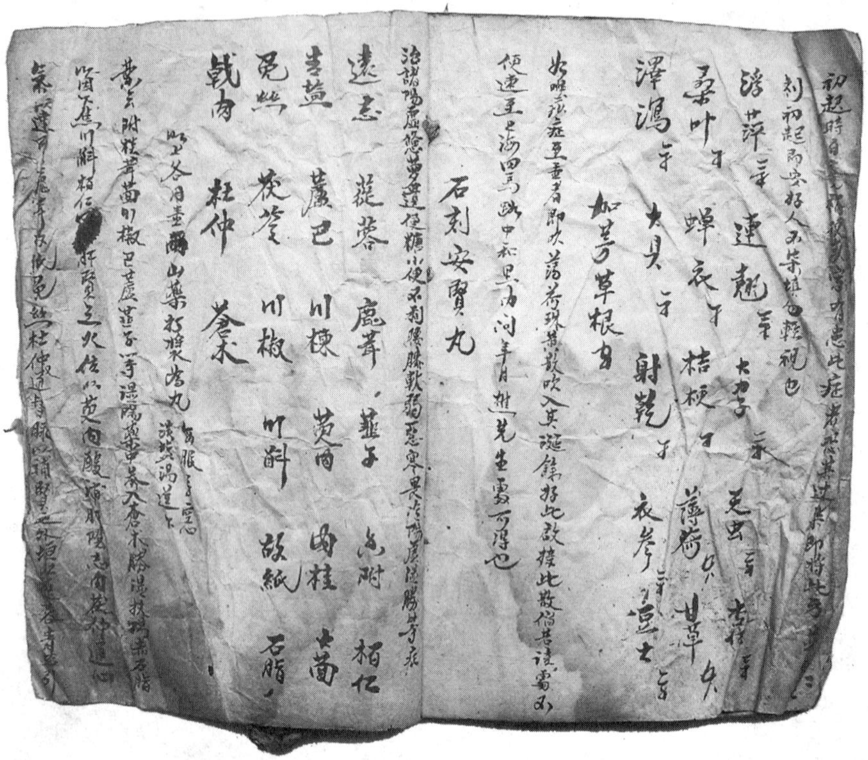

秋口镇吴家 10-1 · 药书（附书信）· 有财

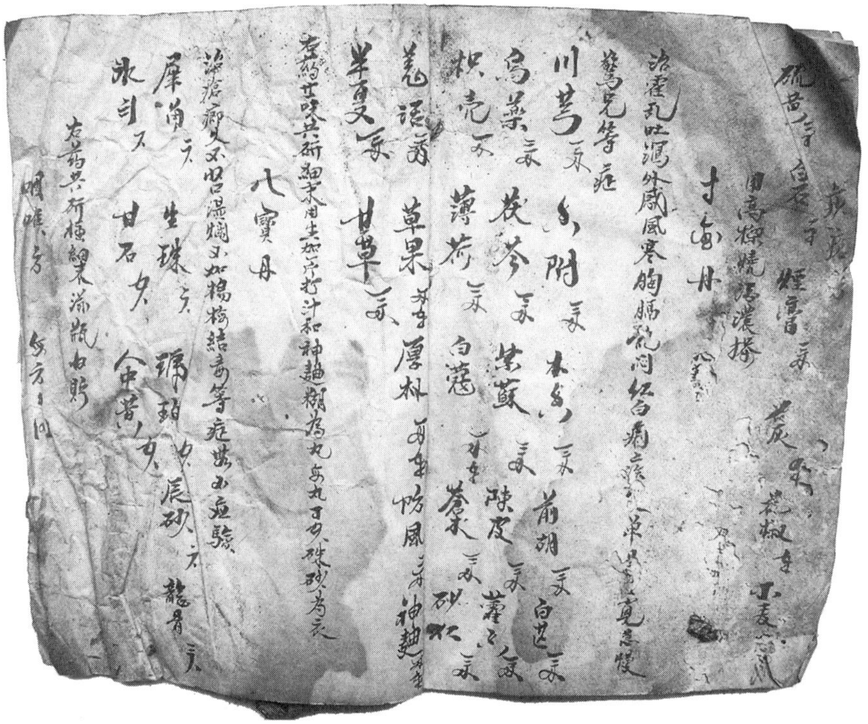
硫黄 白芷 煙膏 炭 花椒 小麦
同膏煉燒濃搽
寸金丹
治霍乱吐泻外感風寒胸膈飽悶红白痢疾
驚児等症
川芎 香附 木香 前胡 白芷
烏藥 茯苓 紫蘇 陳皮 藿香
枳殼 薄荷 白蔻 蒼术 砂仁
羌活 草果 厚朴 防風 神麴
半夏 甘草
右药廿味共研細末用生姜一斤打汁和神麴糊為丸每丸一錢硃砂為衣
八寶丹
治疳瘡久不收口濕爛不如楊梅結毒等症其功应验
犀角 生珠 琥珀 辰砂 龍骨
冰片 甘石 人中黄
右药共研極細末瓷瓶收貯
咽喉 每方

秋口镇吴家 10-2 · 药书（附书信）· 有财

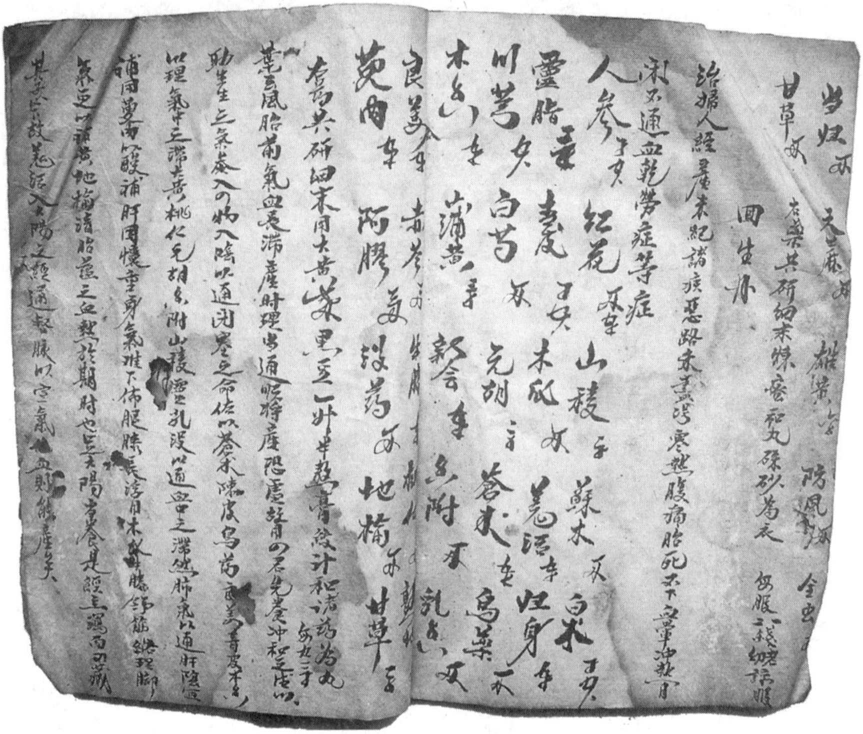

秋口镇吴家 10-3 · 药书（附书信）· 有财

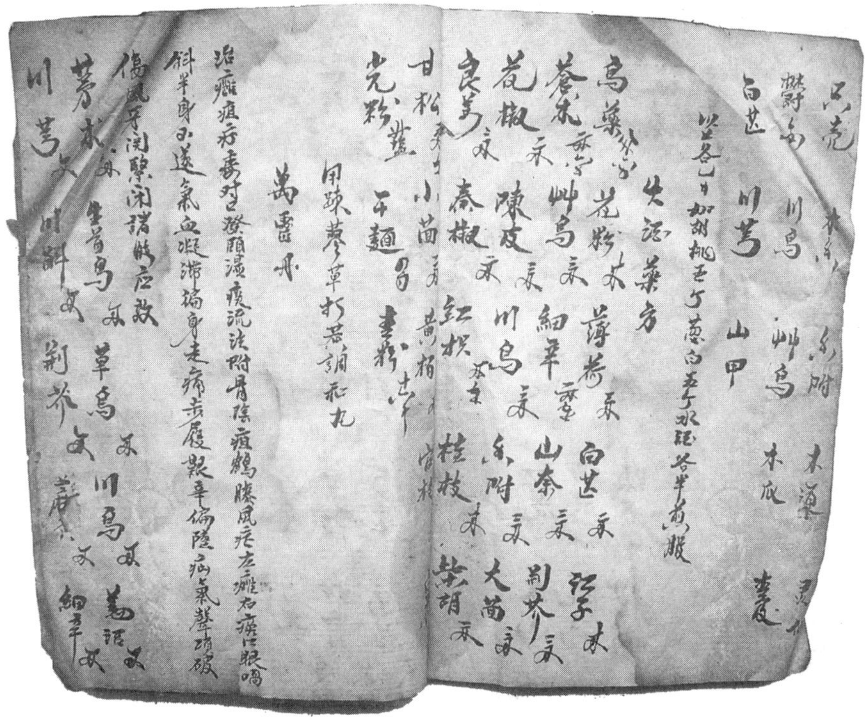

秋口镇吴家 10-4 · 药书（附书信）· 有财

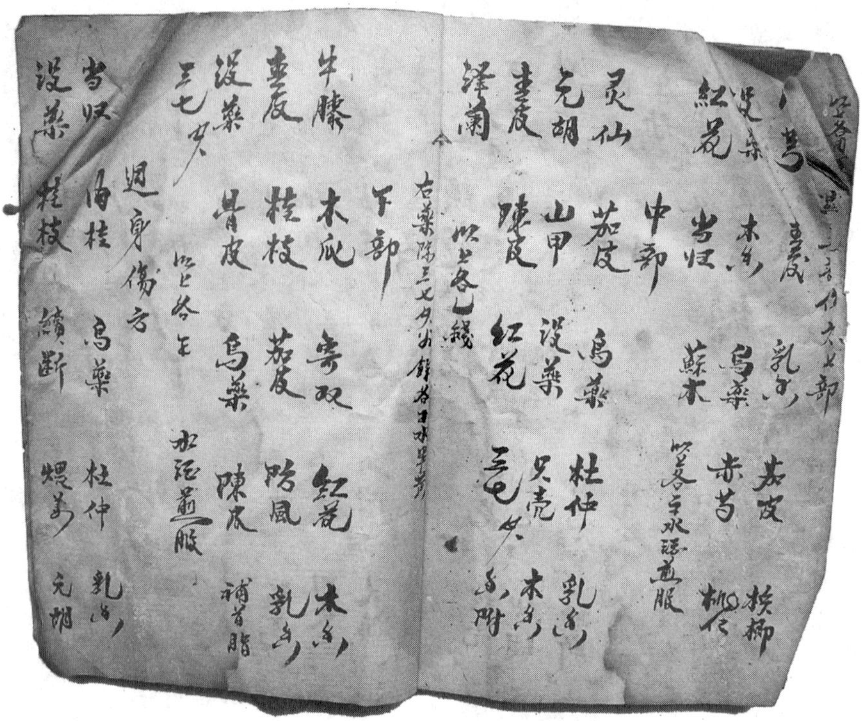

秋口镇吴家 10-5 · 药书（附书信）· 有财

秋口镇吴家 10-6 · 药书（附书信）· 有财

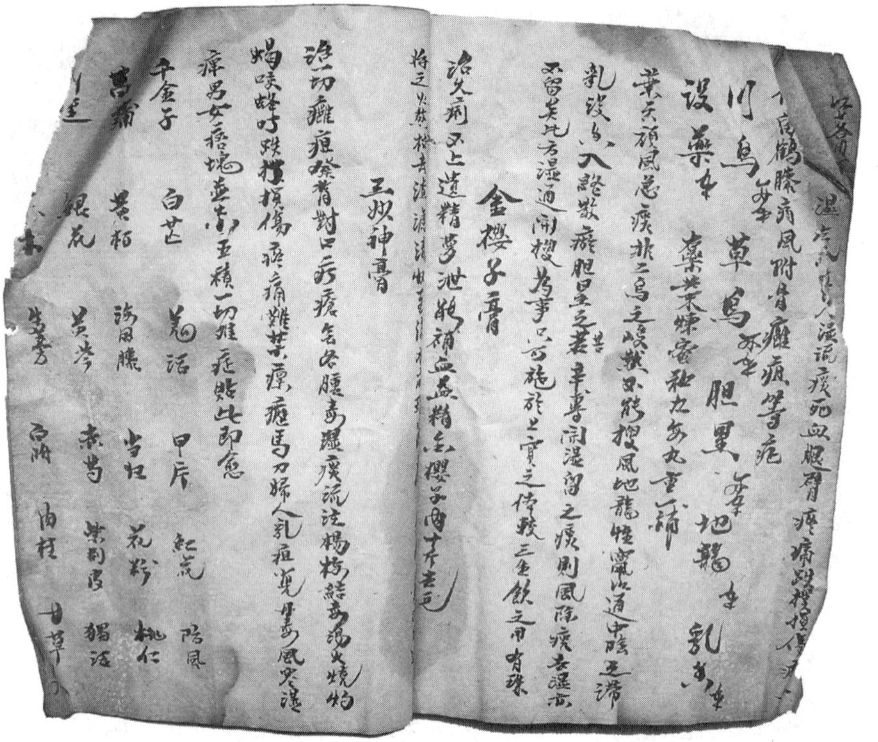

秋口镇吴家 10-7 · 药书（附书信）· 有财

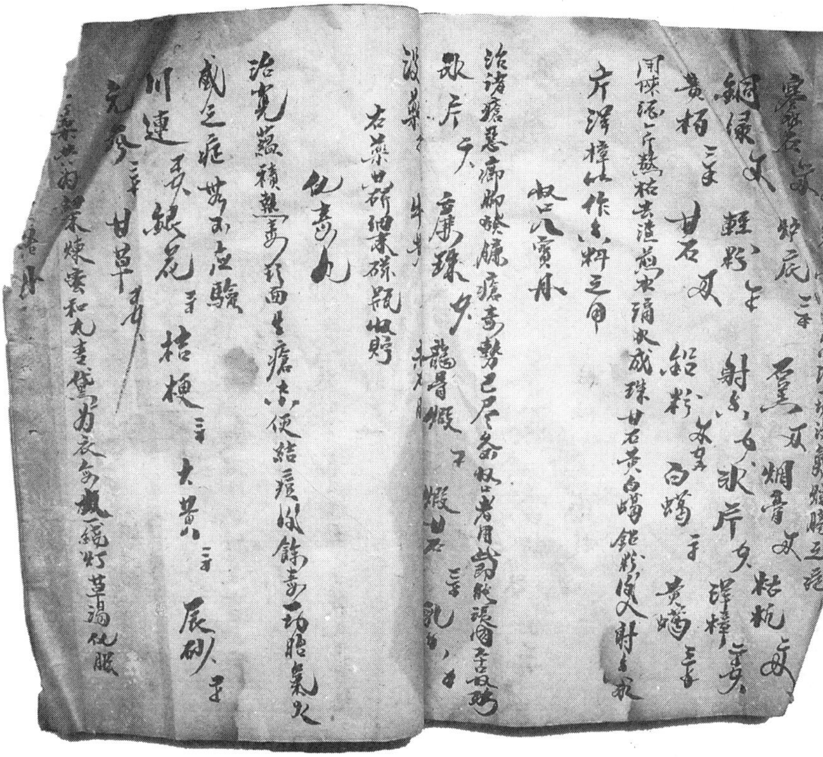

秋口镇吴家 10-8 · 药书（附书信）· 有财

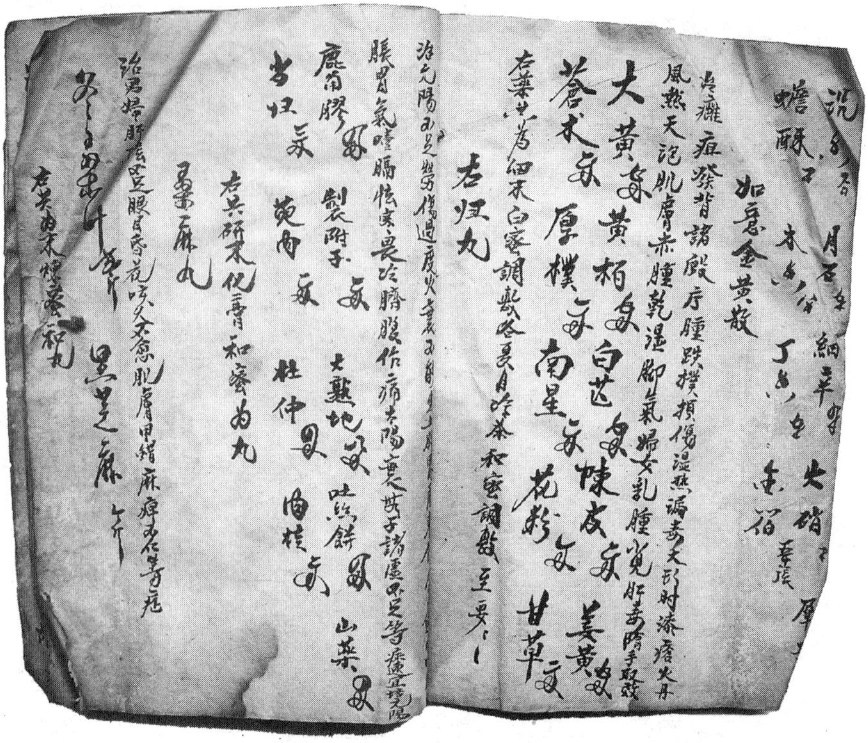

秋口镇吴家 10-9 · 药书（附书信）· 有财

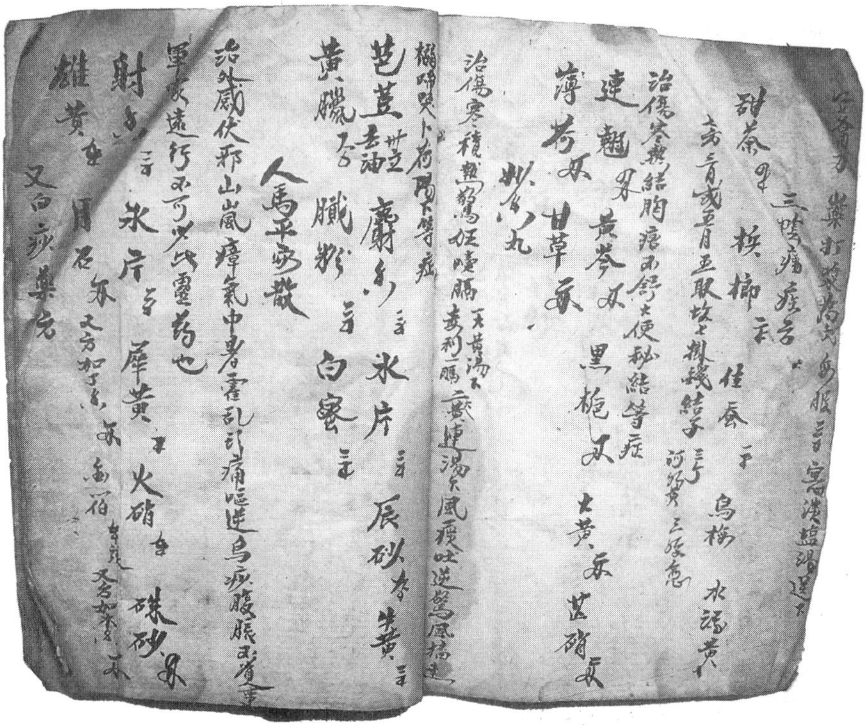

秋口镇吴家 10-10 · 药书（附书信）· 有财

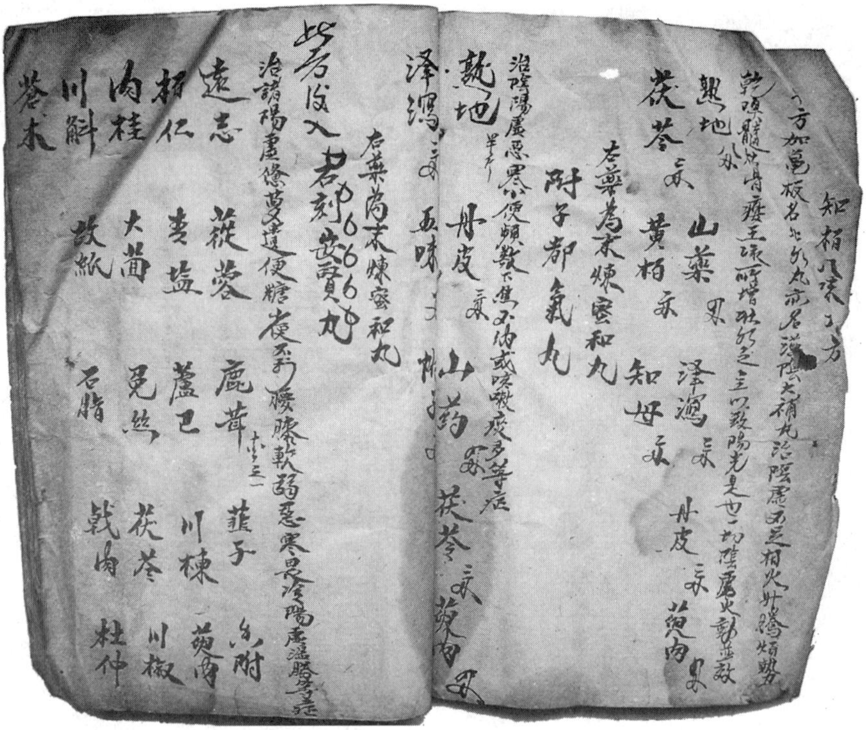

秋口镇吴家 10-11 · 药书（附书信）· 有财

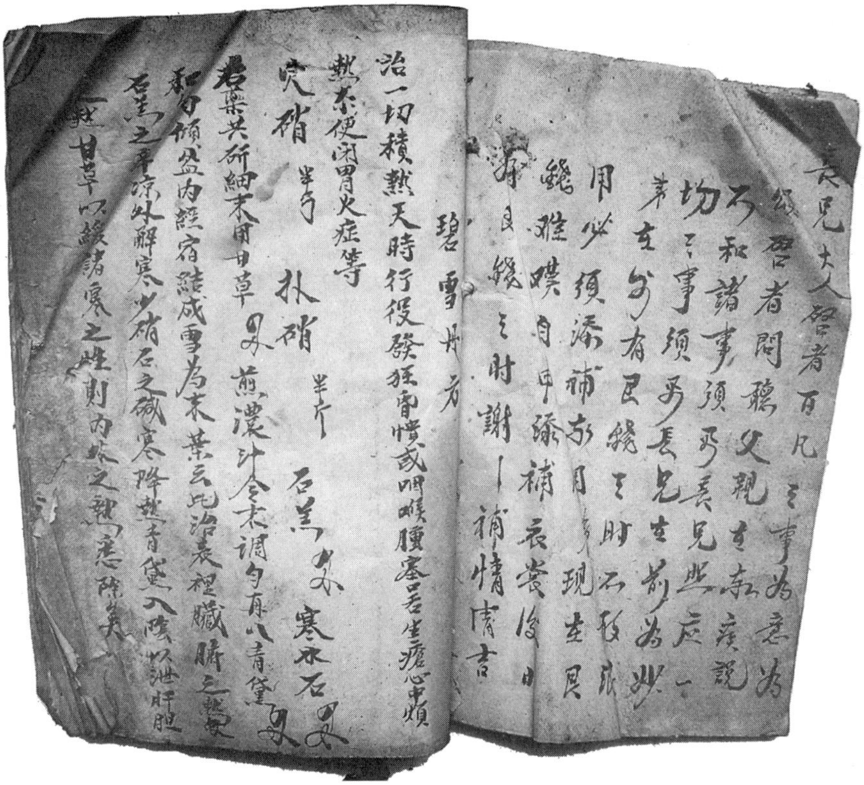

碧雪丹方

治一切積熱天時行役發狂昏憒或咽喉腫塞口舌生瘡心中煩熱大便閉胃火症等

芒硝 半斤 朴硝 半斤 石羔 一兩 寒水石 一兩

右藥共研細末用甘草 一兩 煎濃汁合末調勻再入青黛 一兩 和勻傾盆內經宿結成雪為末 葉云此治表裡臟腑之熱 石羔之辛涼以解寒 硝石之鹹寒降熱 青黛入陰以泄肝膽 甘草以緩諸寒之性則內外之熱悉除矣

長兄大人啟者百凡之事為老為
啟者問聽父親之言實說
不和諸事須要長兄此處一
功之事須要長兄之前為妙
弟在外有錢之時不敢
用少須添補家用現在錢
總難保自身添補衣裳後日
有錢之時謝補情書

秋口镇吴家 10-12 · 药书（附书信）· 有财

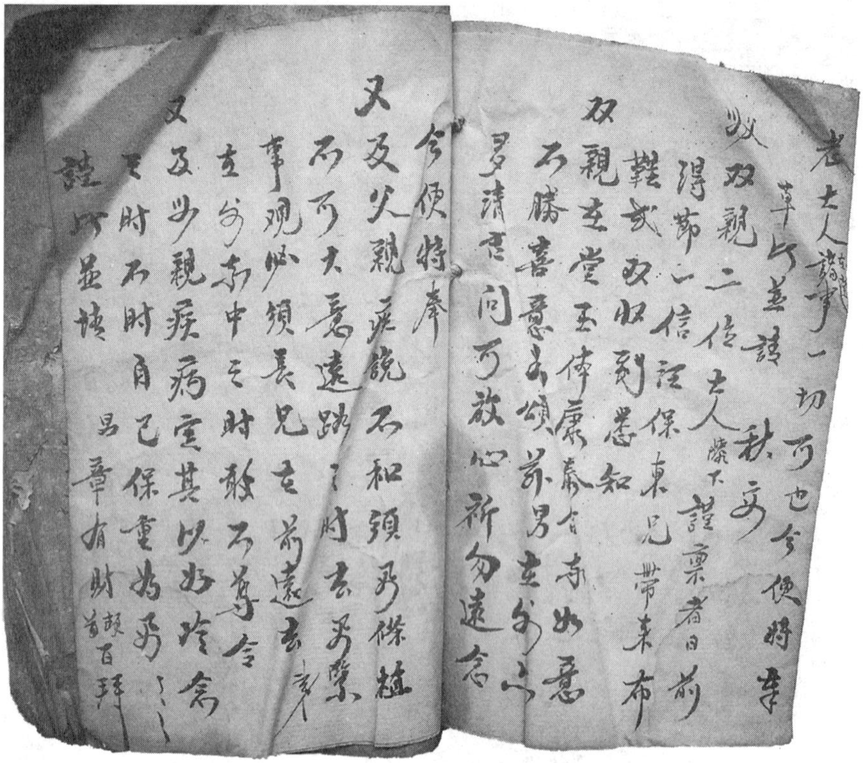

秋口镇吴家 10–13 · 药书（附书信）· 有财

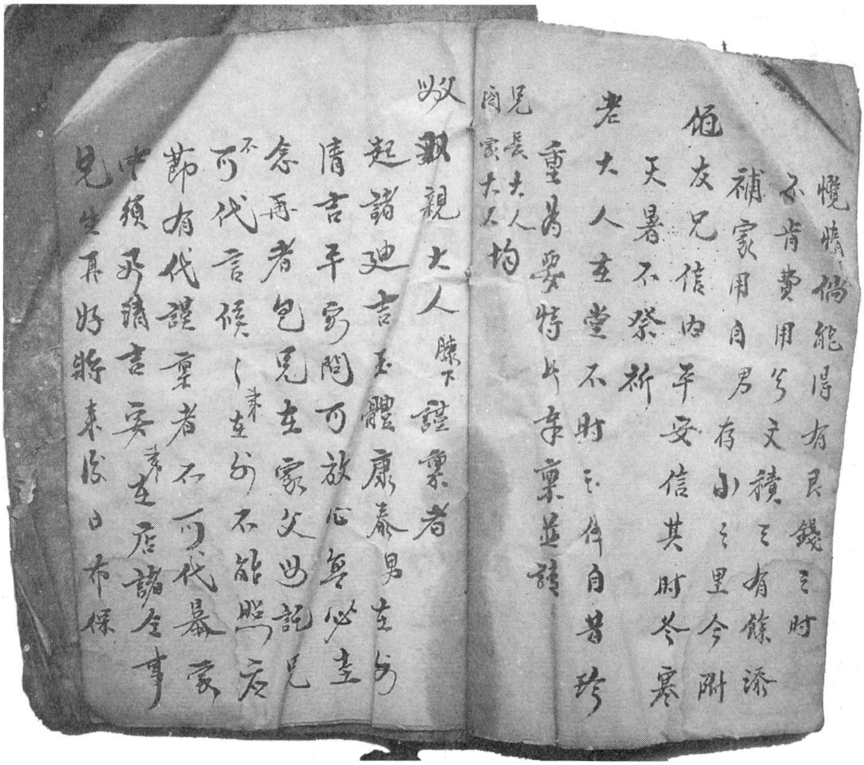

懮情偏能得有艮錢〻时
不肯費用兮文積〻有餘添
補家用自男存小〻里今附
侄友兄信内平安信其时冬寒
天暑不恭祈
老大人在堂不时〻件自普珍
重爲要特此奉稟並請
兄長大人
閤家大小均

双
親大人膝下謹稟者
起諸迪吉玉體康泰男在外
清吉平安間可放心勿必挂
念再者包兄在家父出記兄
不可代言候〻来在外不能照应
節有代謹稟者不可代暴家
中須另請吉安弟在店諸全事
兄生再好將来後日希保

秋口镇吴家 10-14 · 药书（附书信）· 有财

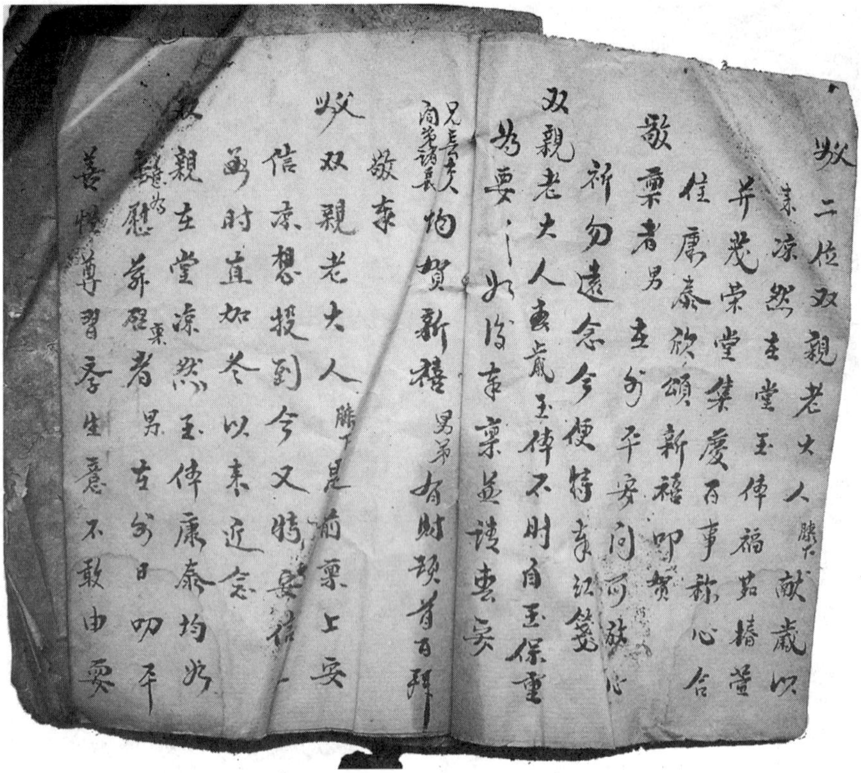

秋口镇吴家 10-15 · 药书（附书信）· 有财

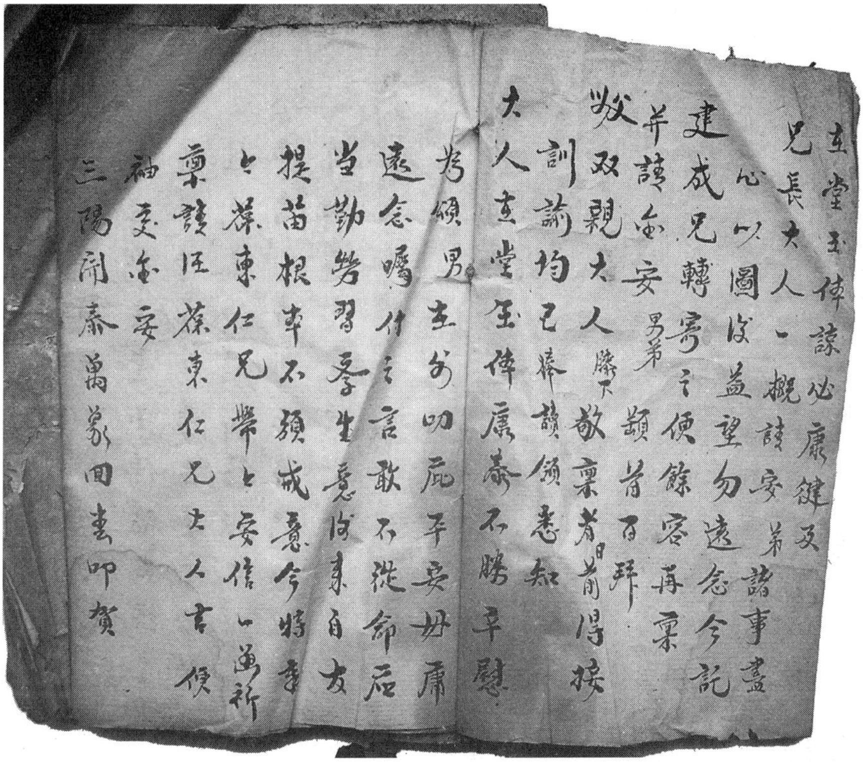

玉堂玉體諒必康健及
兄長大人一一概請安弟諸事盡
心以圖後益望勿遠念今託
建成兄轉寄之便餘容再稟
并請金安 男弟 頓首百拜
雙親大人膝下敬稟者前日得接
訓諭均已捧讀領悉知
大人玉堂金體康泰不勝平慰
為領男立外叨庇平安毋庸
遠念囑付之言敢不從命后
當勤勞習學生意向來自友
提苗根本不須成意今特奉
上孫東仁兄帶上安信一函祈
稟請任孫東仁兄大人書便
福安金安
三陽開泰萬象回春叩賀

秋口镇吴家 10-16 · 药书（附书信）· 有财

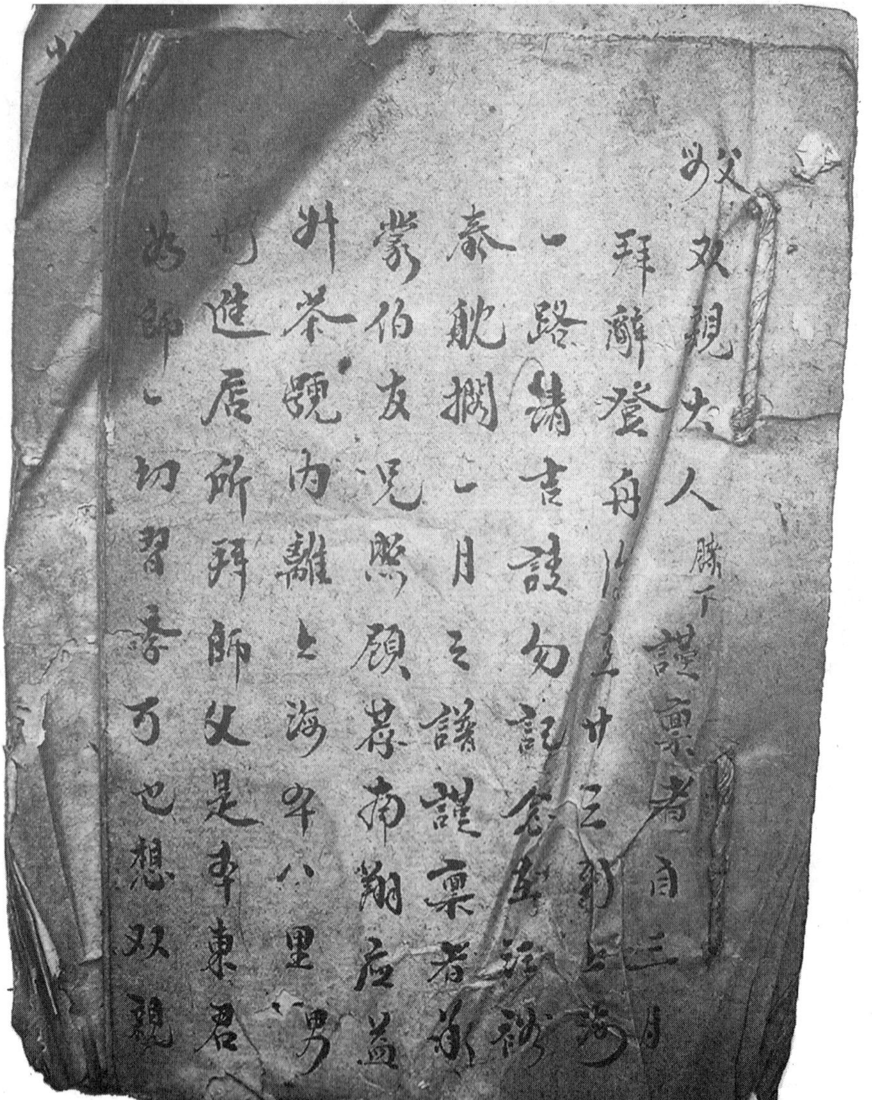
双親大人膝下謹禀者自三月
拜辭登舟於廿二到上海
一路清吉謹勿記念
擱一月之譜謹禀者
蒙伯友兄照顧薦南翔店益
升茶號內離上海廿八里
進居所拜師父是李東君
為郎一切習學可也想双親

秋口镇吴家 10-17 · 药书（附书信）· 有财

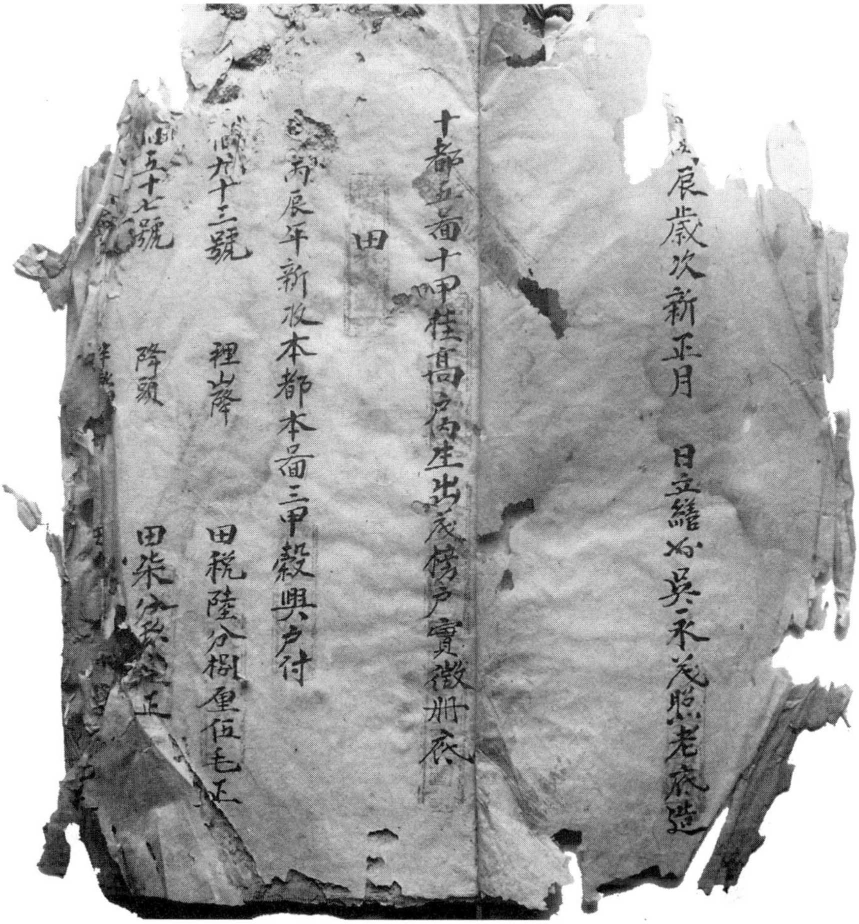
辰歲次新正月　日立繕冊吳一永茂照老冊造

十都五啚十甲桂高户內生出茂榜户實徵冊底

田

壽辰年新收本都本啚三甲穀興户付

九十三號　裡山降　田稅陸分捌厘伍毛正

五十七號　降頭　田柒分[illegible]正

秋口镇吴家 13-1 · 税粮实征册 · 桂高户生出茂榜户

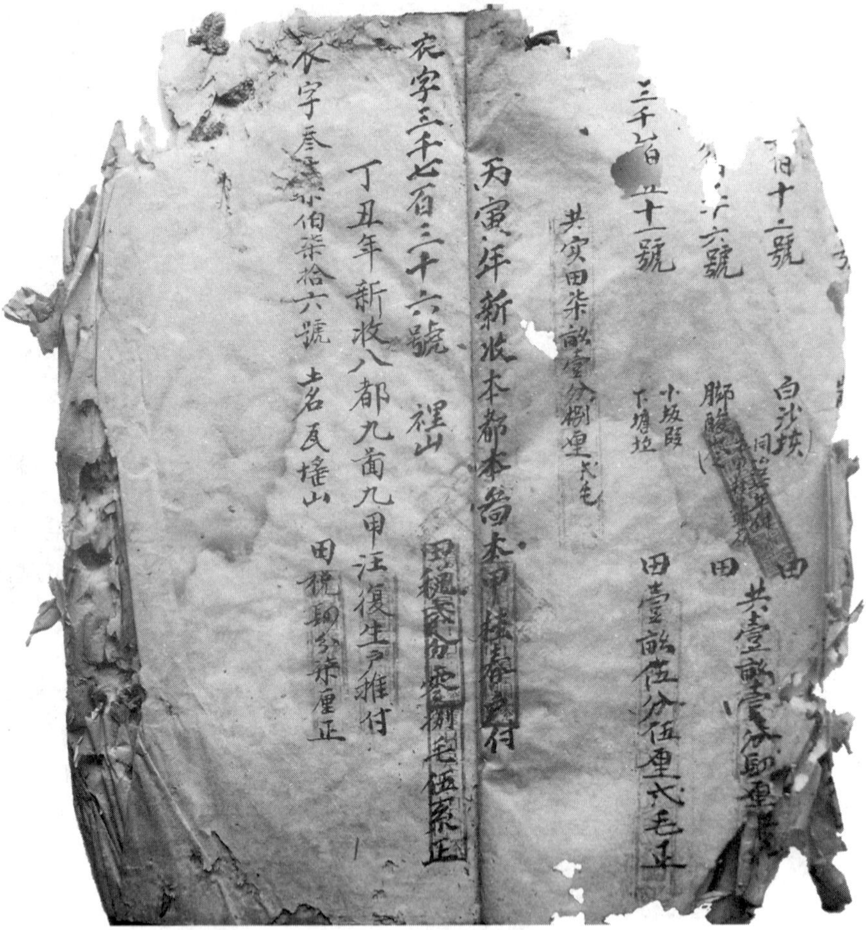
[illegible]佰十二號 白沙坎 田 共壹畝壹分[illegible]
[illegible]六號 脚[illegible] 田
三千四百五十二號 小坂頭 下塘坵 田壹畝伍分伍厘弍毛正
共實田柒畝壹分捌厘弍毛
丙寅年新收本都本啚本甲桂[illegible]户付
农字三千七百三十六號 程山 田稅[illegible]捌毛伍系正
丁丑年新收八都九啚九甲汪復生户推付
衣字叁[illegible]柒伯柒拾六號 老瓦塆山 田稅[illegible]柒厘正

秋口镇吴家 13-2 · 税粮实征册 · 桂高户生出茂榜户

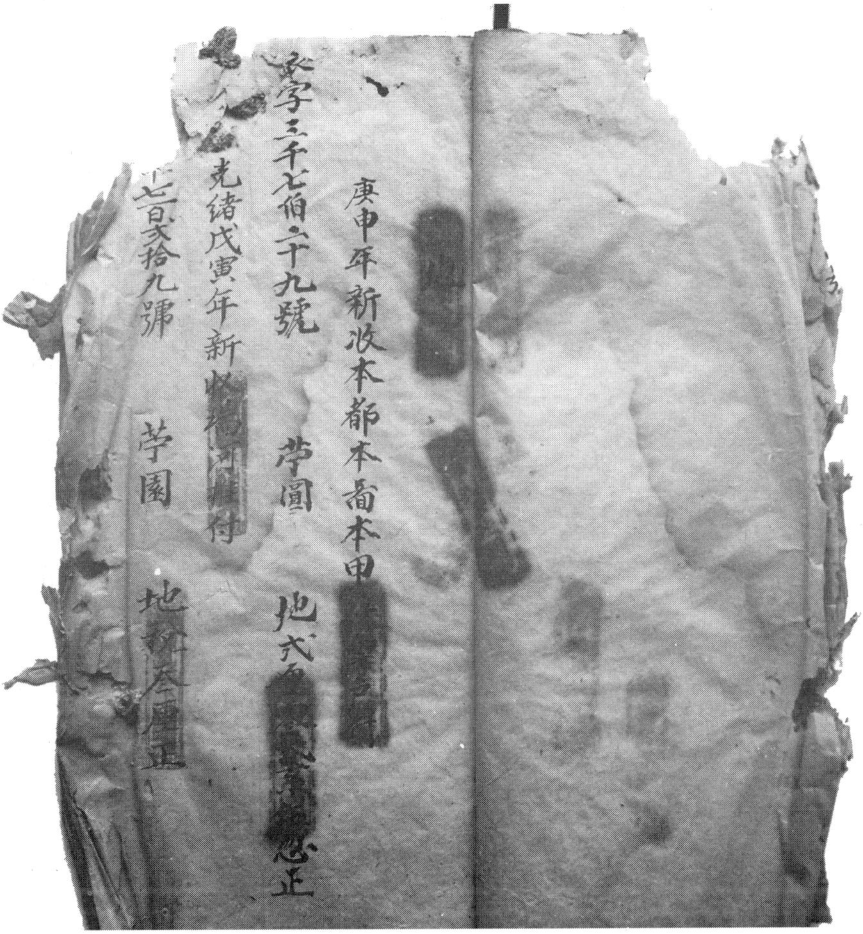

庚申年新收本都本啚本甲……付
字三千七佰六十九號
带圍
地弍……忽正
光绪戊寅年新收……付
七百六拾九號
学園
地……正

秋口镇吴家 13-3 · 税粮实征册 · 桂高户生出茂榜户

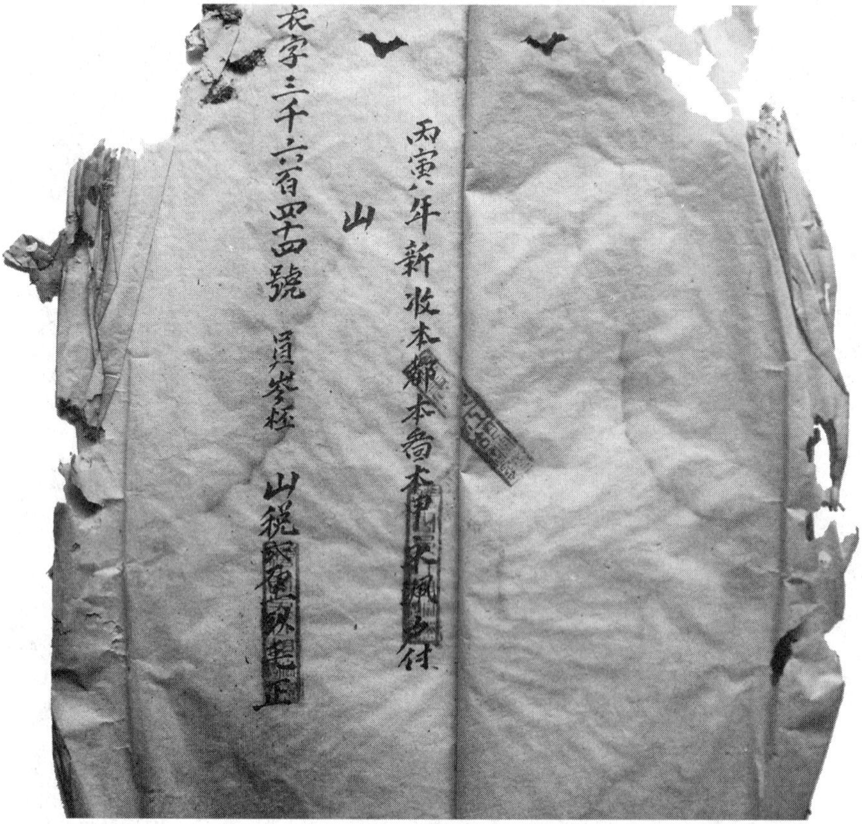
衣字三千六百四十四號
山
丙寅年新收本都本啚本甲吴楓乡付
員岑桠
山稅

秋口镇吴家 13-4 · 税粮实征册 · 桂高户生出茂榜户

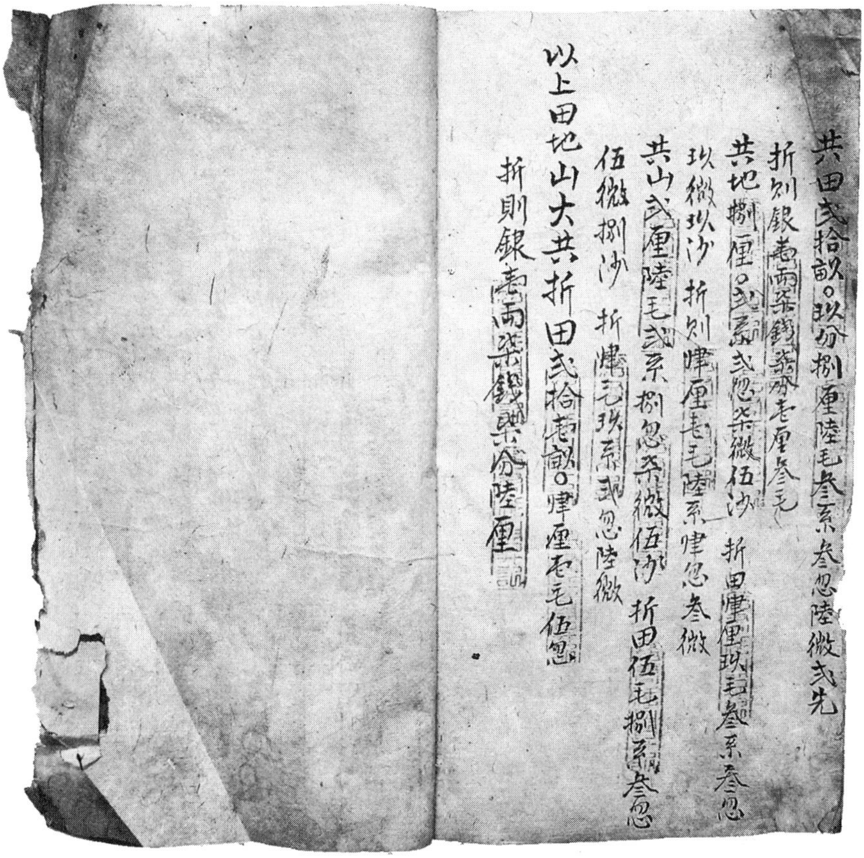

共田弍拾畝〇玖分捌厘陸毛叁系叁忽陸微弍先
折則銀壹両柒錢柒分壹厘叁毛
共地捌厘〇弍系弍忽柒微伍沙　折田肆厘玖毛叁系叁忽
玖微玖沙　折則肆厘壹毛陸系肆忽叁微
共山弍厘陸毛弍系捌忽柒微伍沙　折田伍毛捌系叁忽
伍微捌沙　折肆毛玖系弍忽陸微
以上田地山大共折田弍拾壹畝〇肆厘壹毛伍忽
折則銀壹両柒錢弍分陸厘

秋口镇吴家 18-1 · 税粮实征册 · 吴永鼎户

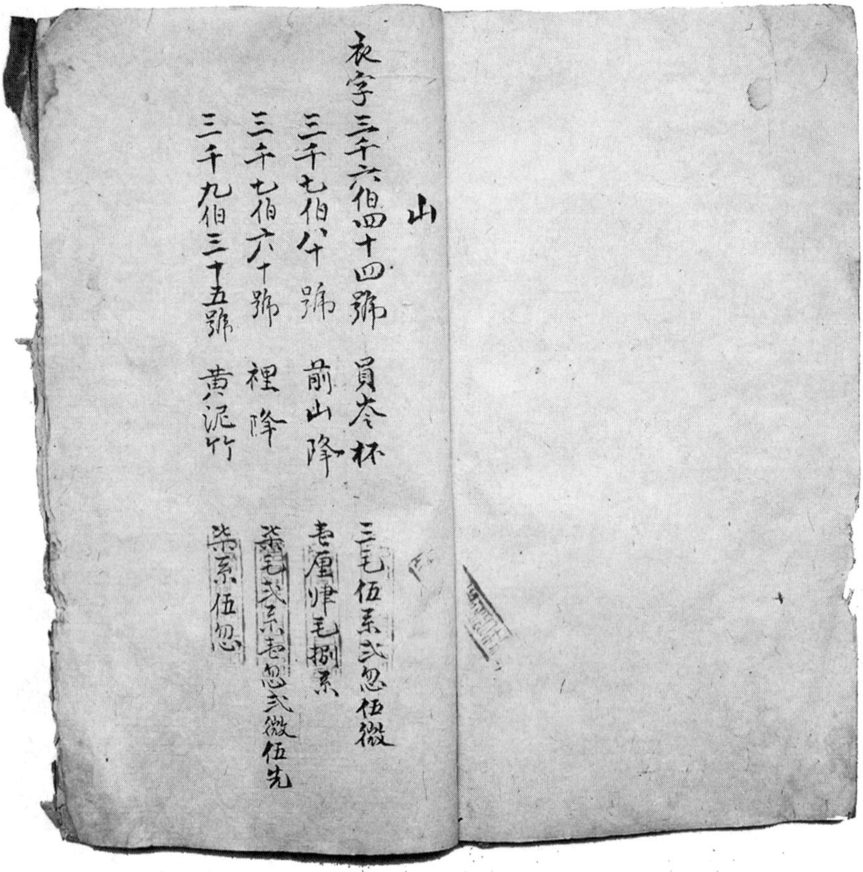
山
衣字三千六伯四十四號 員岺杯 三毛伍系弍忽伍微
三千七伯八十號 前山降 壹厘肆毛捌系
三千七伯六十號 裡降 柒毛弍系壹忽弍微伍先
三千九伯三十五號 黃泥竹 柒系伍忽

秋口镇吴家 18-2 · 税粮实征册 · 吴永鼒户

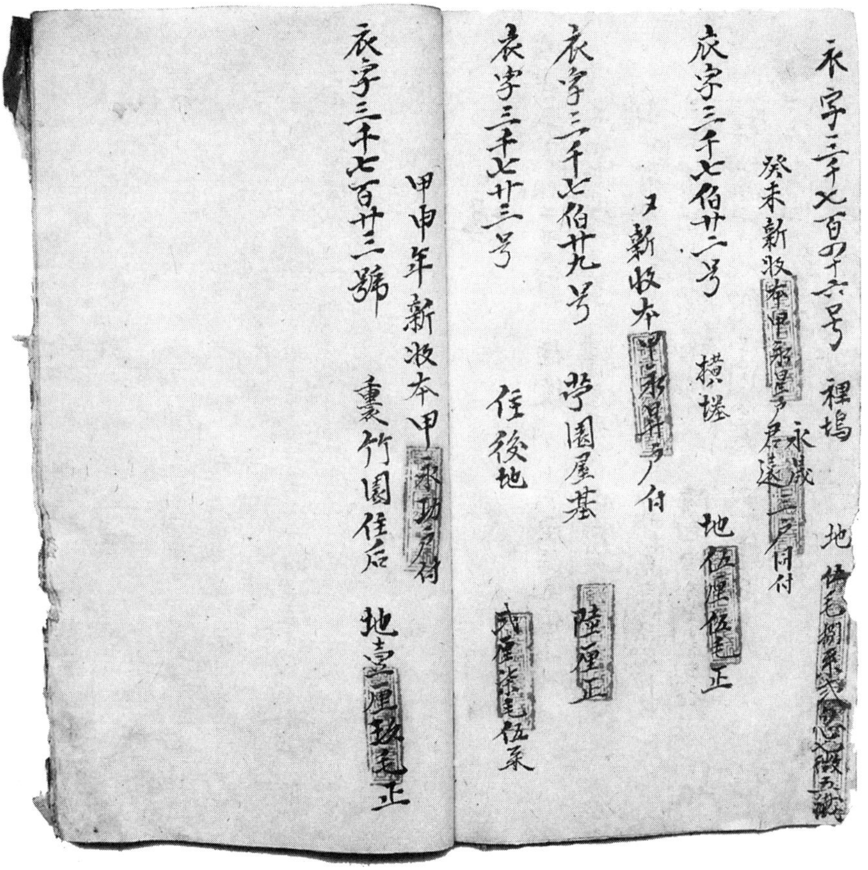
衣字三千七百四十六号　裡塢　地伍毛捌系弍忽[illegible]微五纖
癸未新收本甲永晟户　永歳　居遠一户同付
衣字三千七伯廿二号　横堘　地伍厘伍毛正
又新收本甲永昇户付
衣字三千七伯廿九号　学園屋基　陸厘正
衣字三千七廿三号　住後地　弍厘柒毛伍系
衣字三千七百廿二號　囊竹園住后　地壹厘玖毛正
甲申年新收本甲永功户付

秋口镇吴家 18-3 · 税粮实征册 · 吴永晶户

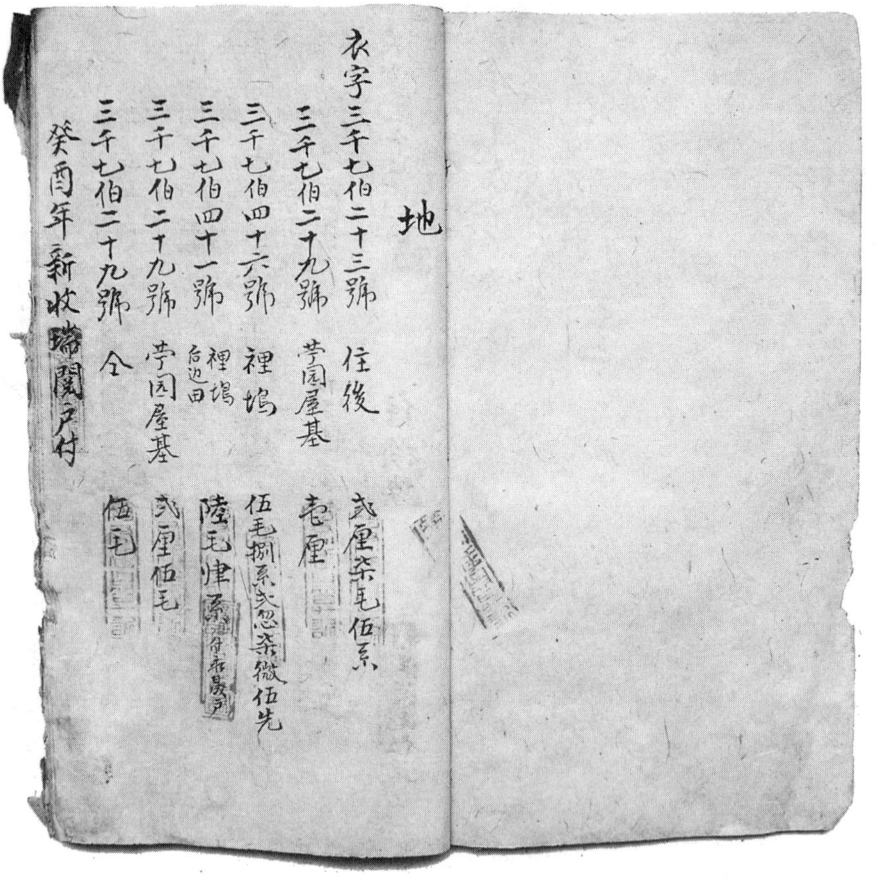

地

衣字三千七伯二十三號　住後　贰厘柒毛伍系

三千七伯二十九號　荳园屋基　壹厘

三千七伯四十六號　裡塢　伍毛捌系柒忽柒微伍先

三千七伯四十一號　裡塢后边田　陸毛肆系

三千七伯二十九號　荳园屋基　贰厘伍毛

三千七伯二十九號　仝　伍毛

癸酉年新收瑞関户付

秋口镇吴家 18-4 · 税粮实征册 · 吴永鼒户

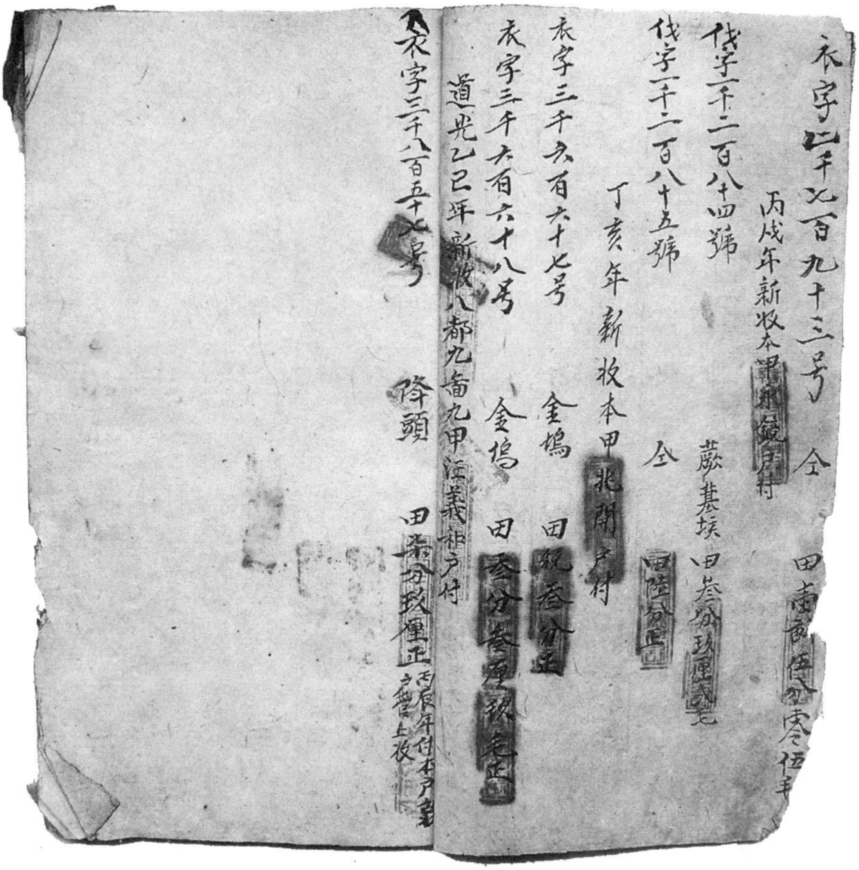

秋口镇吴家 18-5 · 税粮实征册 · 吴永鼒户

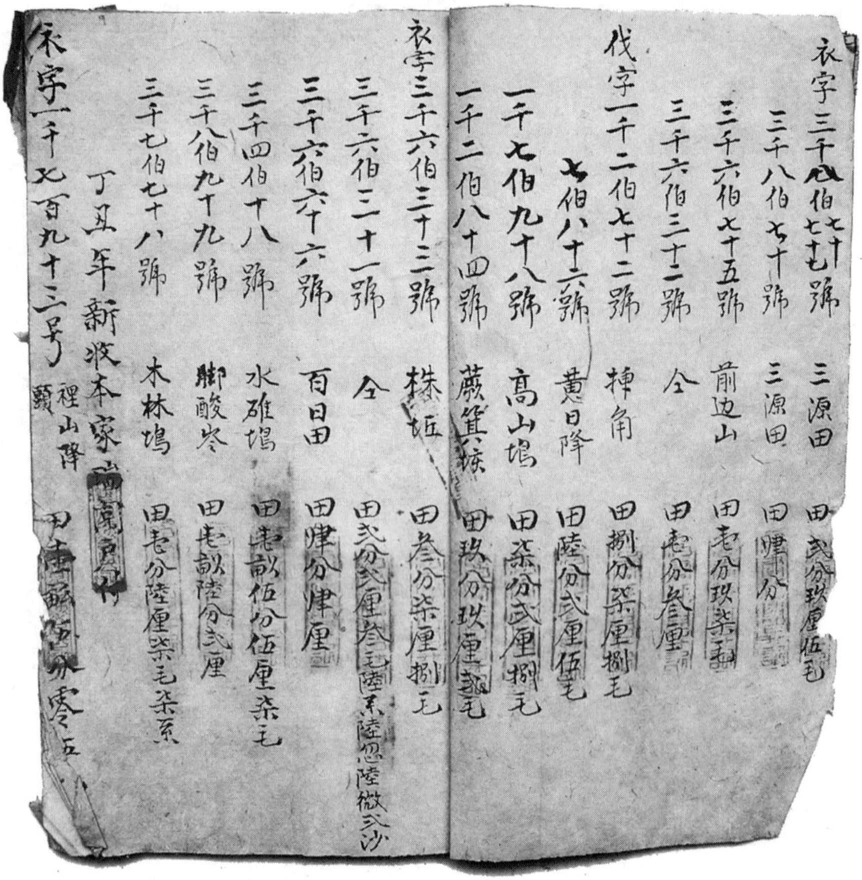

衣字三千八伯七十七號 三源田 田弍分玖厘伍毛

三千八伯七十號 三源田 田肆分

三千六伯七十五號 前边山 田壹分玖柒毛

三千六伯三十二號 仝 田壹分叁厘

伐字一千二伯七十二號 榫角 田捌分柒厘捌毛

七伯八十六號 黄日降 田陸分弍厘伍毛

一千七伯九十八號 高山塢 田柒分弍厘捌毛

一千二伯八十四號 蕨箕塆 田玖分玖厘弍毛

衣字三千六伯三十三號 株坵 田叁分柒厘捌毛

三千六伯三十一號 仝 田弍分叁厘叁毛陸系陸忽陸微弍沙

三千六伯六十六號 百日田 田肆分肆厘

三千四伯十八號 水碓塢 田壹畝伍分伍厘柒毛

三千八伯九十九號 脚酸岑 田壹畝陸分弍厘

三千七伯七十八號 木林塢 田壹分陸厘柒毛柒系

丁丑年新收本家 户

禾字一千七百九十三號 裡山降 顯 田壹畝…分零五

秋口镇吴家 18-6 · 税粮实征册 · 吴永翥户

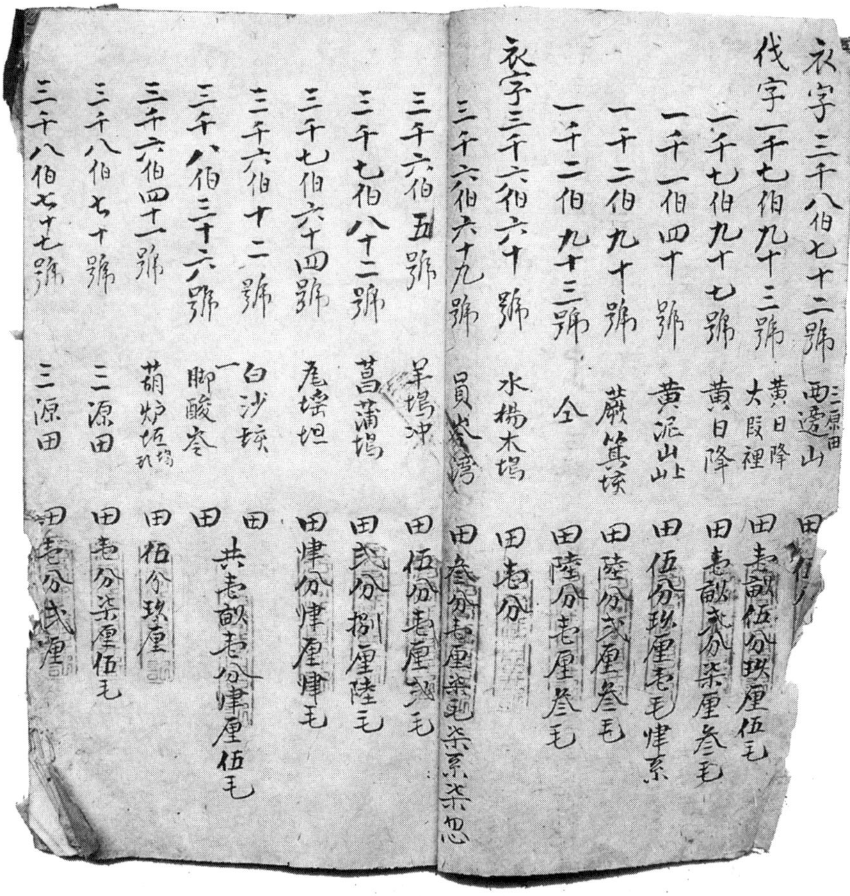
衣字三千八伯七十二號 西邊山 三源田 田……伍
伐字一千七伯九十三號 黃日降 大段裡 田壹畝伍分玖厘伍毛
一千七伯九十七號 黃日降 田壹畝贰分柒厘叁毛
一千一伯四十號 黃泥山上山 田伍分玖厘壹毛肆系
一千二伯九十號 蕨箕垓 田陸分贰厘叁毛
一千二伯九十三號 仝 田陸分壹厘叁毛
衣字三千六伯六十號 水楊木塝 田壹分
三千六伯六十九號 員[illegible]灣 田叁分壹厘柒毛柒系柒忽
三千六伯五號 羊塢冲 田伍分壹厘贰毛
三千七伯八十二號 菖蒲塢 田贰分捌厘陸毛
三千七伯六十四號 虎壞坦 田肆分肆厘肆毛
三千六伯十二號 白沙垓 田
一 共壹畝壹分肆厘伍毛
三千八伯三十六號 脚酸叁 田
三千六伯四十一號 葫炉坵 田伍分玖厘
三千八伯七十號 三源田 田壹分柒厘伍毛
三千八伯七十七號 三源田 田壹分贰厘

秋口镇吴家 18-7 · 税粮实征册 · 吴永翕户

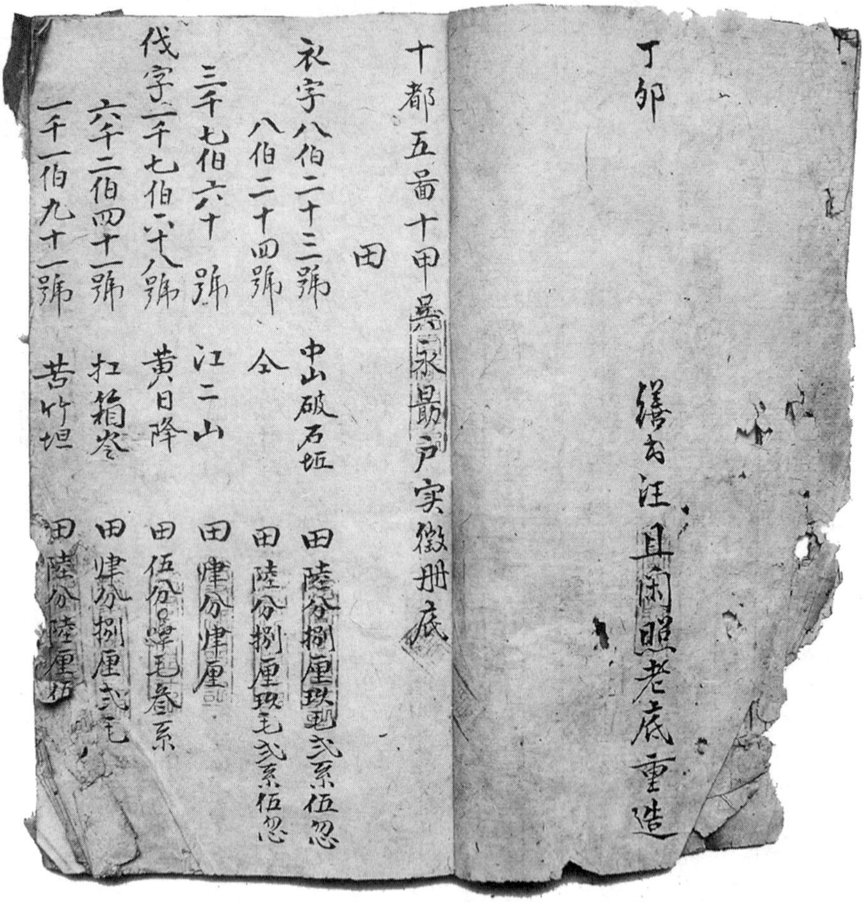
丁卯

繕书汪且閑照老底重造

十都五啚十甲吴永勗户实徵册底

田

衣字八伯二十三號 中山破石坵 田陸分捌厘玖毛弍系伍忽

八伯二十四號 仝 田陸分捌厘玖毛弍系伍忽

三千七伯六十 號 江二山 田肆分肆厘

伐字二千七伯六十八號 黄日降 田伍分〇厘毛叁系

六千二伯四十一號 扛箱岺 田肆分捌厘弍毛

一千一伯九十一號 苦竹坦 田陸分陸厘伍

秋口镇吴家 18-8 · 税粮实征册 · 吴永勗户

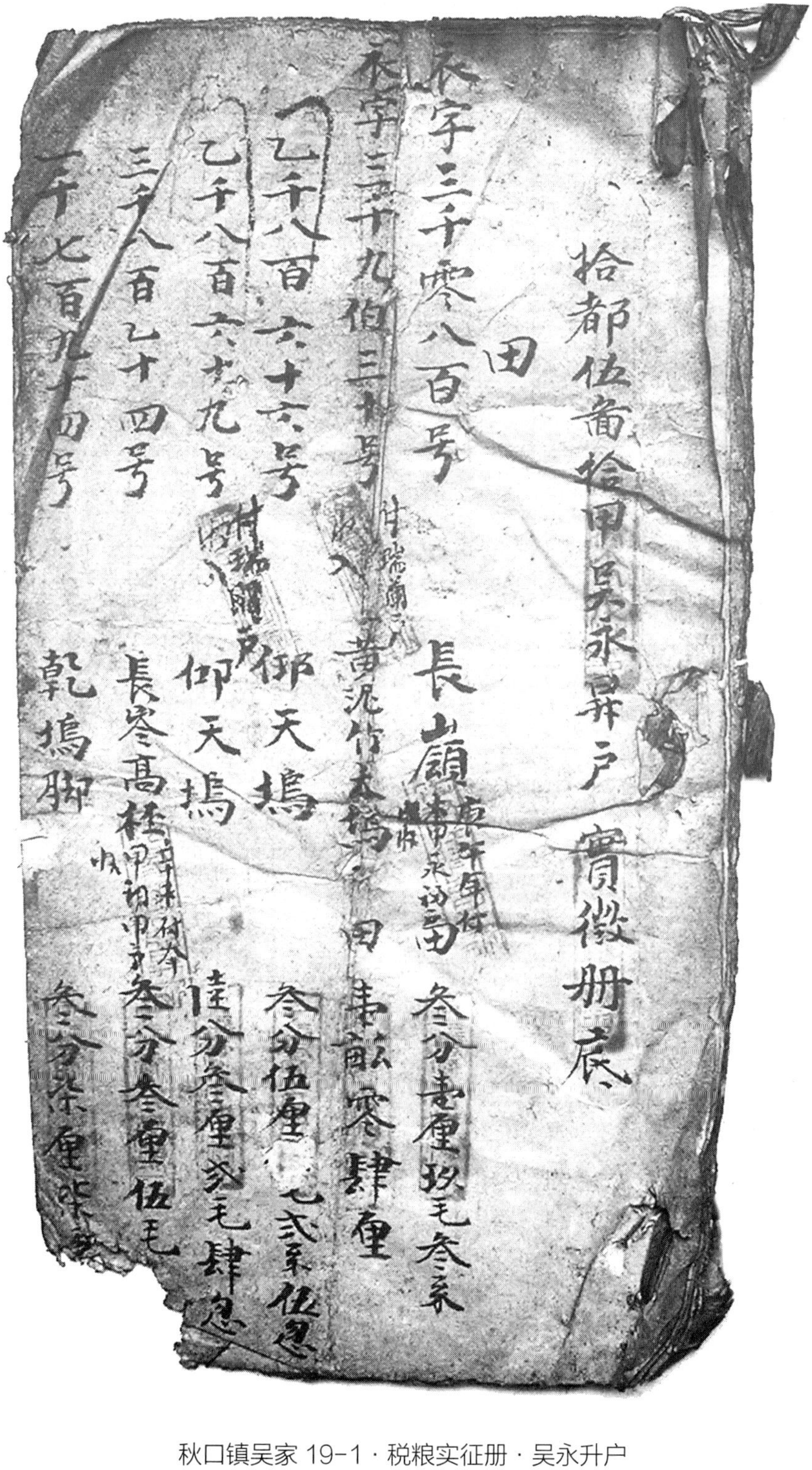

拾都伍啚拾甲吴永昇户　實徵册底

田

衣字三千零八百号　長山嶺　田　叁分壹厘玖毛叁系

衣字三千九伯三十号　黄泥竹大塢　田　壹畝零肆厘

乙千八百六十六号　仰天塢　叁分伍厘七弍系伍忽

乙千八百六十九号　仰天塢　陆分叁厘叁毛肆忽

三千八百乙十四号　長岺高楼　叁分叁厘伍毛

乙千七百九十四号　乾塢脚　叁分柒厘

秋口镇吴家 19-1 · 税粮实征册 · 吴永升户

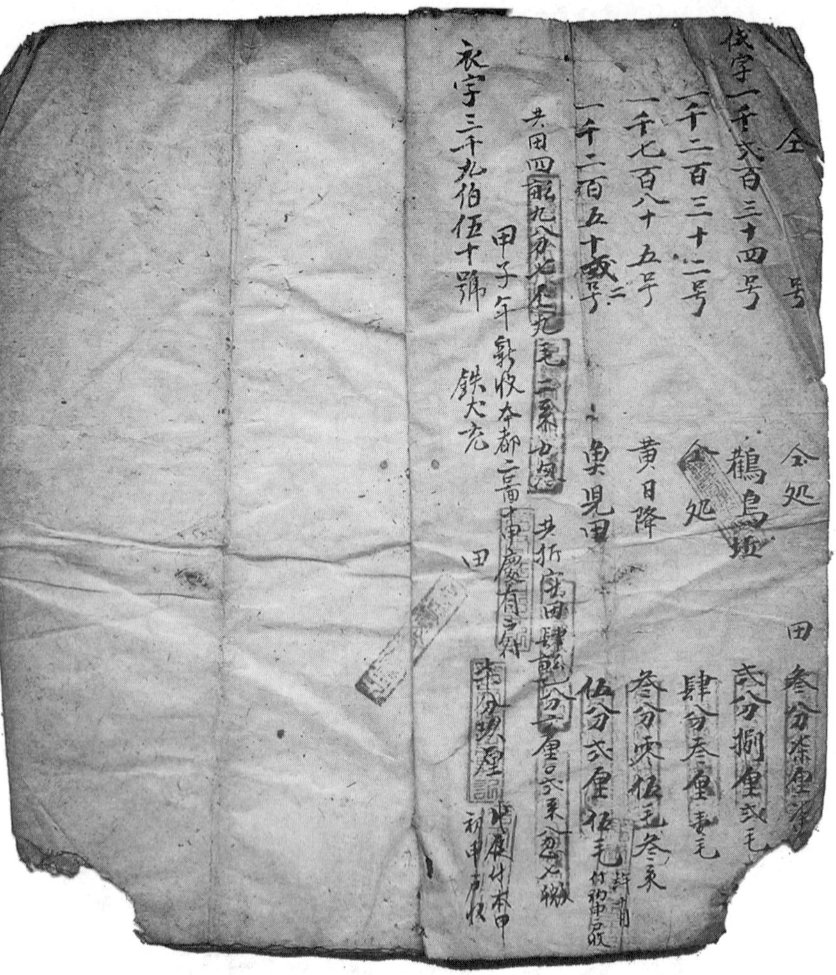
仝　号　仝处　田　叁分柒厘[illegible]
伐字一千弍百三十四号　鶴鳥垴　弍分捌厘弍毛
一千二百三十二号　仝处　肆分叁厘壹毛
一千七百八十五号　黄日降　叁分夾伍毛叁系
一千二百五十弍号　奥児田　伍分弍厘伍毛　[illegible]付和甲户收
共田四亩九分七厘九毛二系七忽　共折实田肆亩[illegible]分一厘[illegible]系[illegible]忽[illegible]微
甲子年[illegible]收本都二啚十甲[illegible]有户　[illegible]分[illegible]厘　[illegible]付本甲
衣字三千九伯伍十歸　鉄大充　田　初甲户收

秋口镇吴家 19-2 · 税粮实征册 · 吴永升户

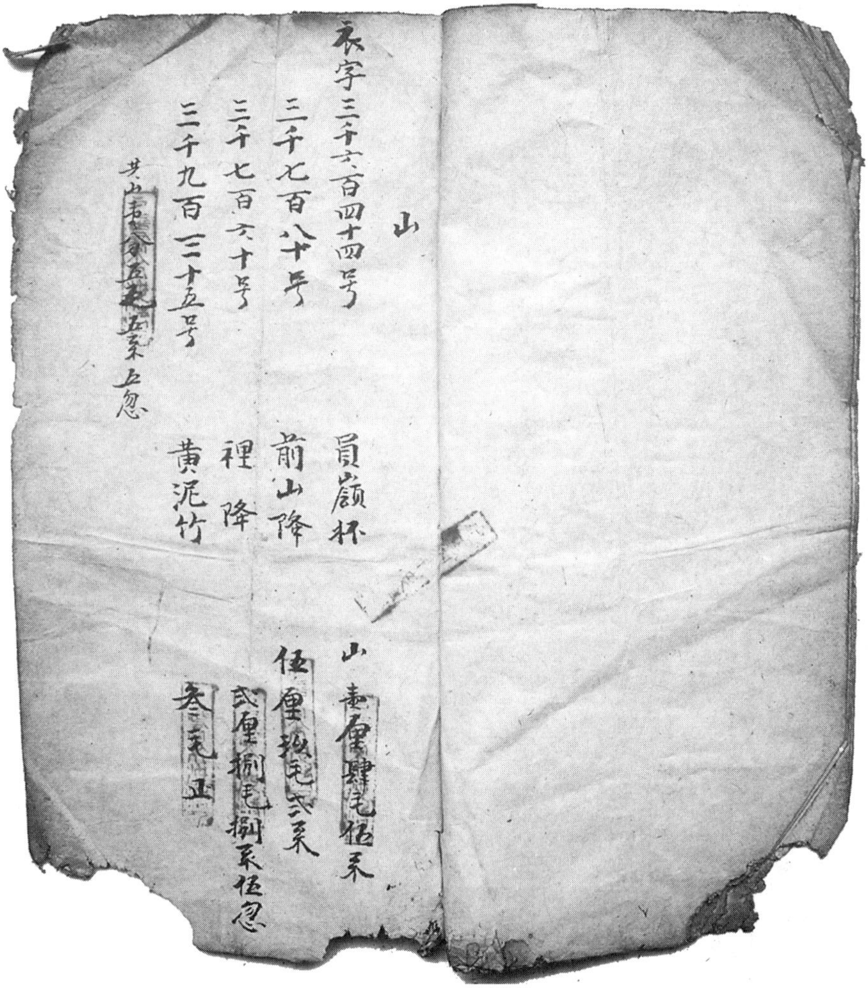
表字三千六百四十四号
山
三千七百八十号
三千七百六十号
三千九百一三十五号
共山壹分[illegible]五毫五系五忽
員嶺林
前山降
裡降
黄泥竹
山
壹厘肆毛伍系
伍厘玖毛弍系
弍厘捌毛捌系伍忽
叁毛正

秋口镇吴家 19-3 · 税粮实征册 · 吴永升户

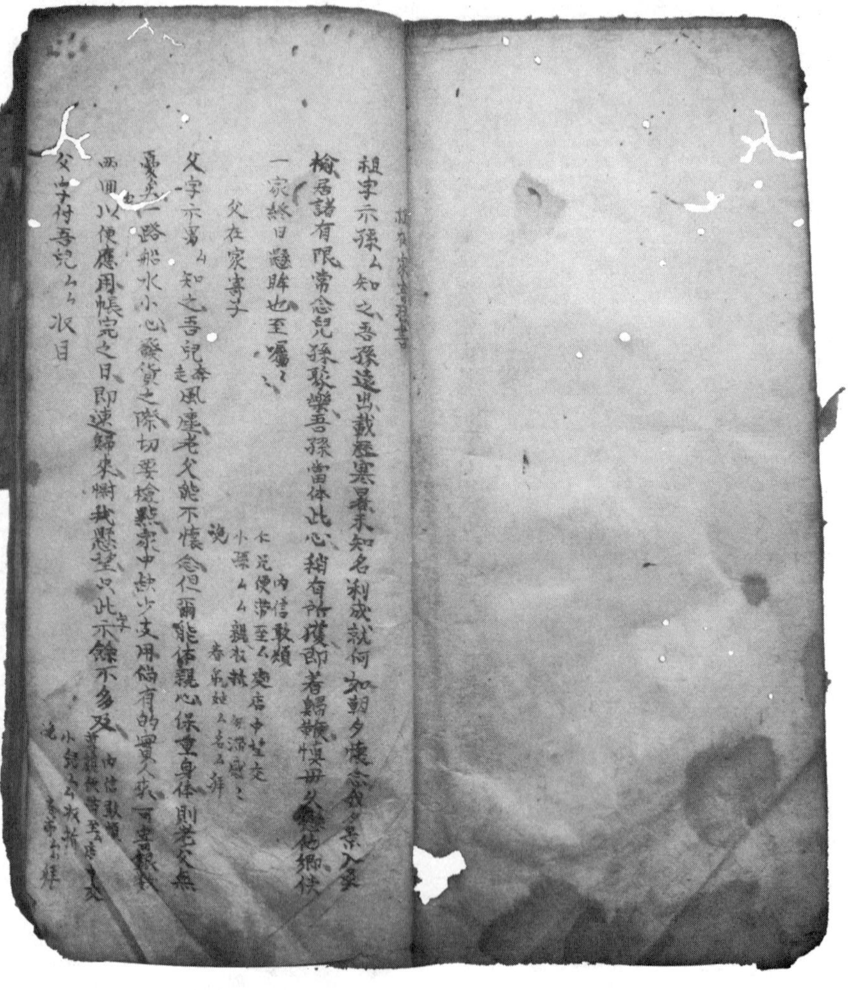
祖在家寄孫書
祖字示孫ㄙ知之吾孫遠出載歷寒暑未知名利成就何如朝夕懷念食夕罘入寐
檢居諸有限常念兒孫聚樂吾孫當体此心稍有所獲即着歸鞭慎毋久戀他鄉使
一家終日懸眸也至囑〻
父在家寄子
父字示男ㄙ知之吾兒奔走風塵老父能不懷念但爾能体親心保重身体則老父無
憂矣一路船水小心發貨之際切要檢點家中缺少支用倘有的實人來可寄銀錢
两回以便應用帳完之日即速歸來斷莫懸望只此字示餘不多及
父字付吾兒ㄙㄙ收目
內信敬煩
仁兄便帶至ㄙ處店中查交
小孫ㄙㄙ親收拆
泐
內信敬煩
帶至ㄙ店查交
小兒ㄙㄙ收拆
泐

秋口镇吴家 23-1 · 书信、帖式活套、文集

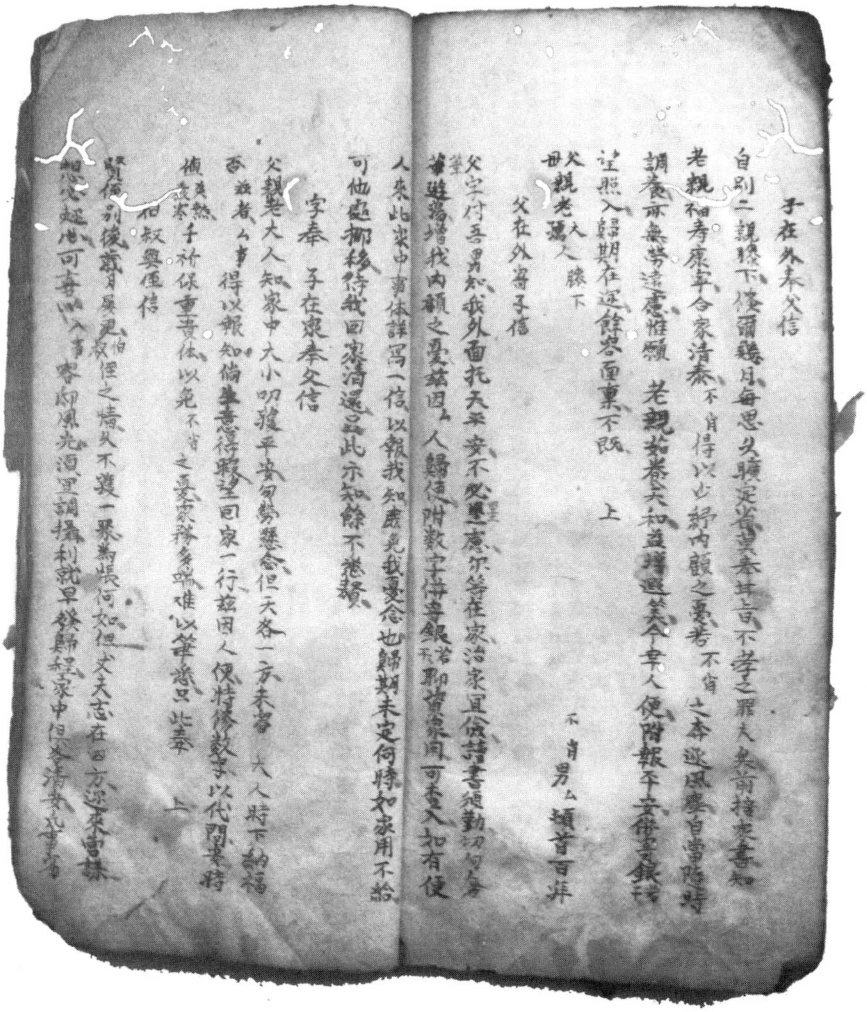

子在外奉父信

自别二親膝下，倏爾幾月，每思久曠定省，莫奉甘旨，不孝之罪大矣。前接來書，知
老親福寿康寧，合家清泰，不肖得以少紓内顧之憂。者不肖之奔逐風塵，自當隨時
調養，亦無勞遠慮，惟願 老親茹養天和，益增遐算。今乘人便，附報平安，併寄銀[illegible]
祈照入。歸期在邇，餘容面禀，不既。 上

父親老大人
母親老孺人 膝下

不肖男某 頓首百拜

父在外寄子信

父字付吾男知：我外面托天平安，不必挂慮。尔等在家，治家宜儉，讀書須勤，切勿奢
華遊蕩，增我内顧之憂。茲因某人歸，便附數字，併寄銀若干，聊資家用，可查入。如有便
人來此，家中事体詳寫一信，以報我知，庶免我憂念也。歸期未定，何時如家用不給，
可他處挪移，待我回家清還。並此亦知，餘不悉贅。

字奉 子在泉奉父信

父親老大人知：家中大小叨獲平安，勿勞懸念。但天各一方，未審 大人時下納福
否？并者某事得以報知，倘事意得暇，望回家一行。茲因人便，特修數字，以代問某時。
值天熱，千祈保重貴体，以免不肖之憂。家務多端，難以筆悉，只此奉 上

伯叔與侄信

賢侄別後，歲月屡更，伯叔侄之情，久不獲一聚，為悵何如。但丈夫志在四方，遊客當隸
想必超他，可喜。以人事嘗仰，風光須宜調攝，利就早發歸程，家中俱各清安，乞無[illegible]

秋口镇吴家 23-2 · 书信、帖式活套、文集

當照嘗不必罣念，人便特寄達知，餘不盡言
賢侄ㄙ入目　ㄙ月ㄙ日愚伯叔字達　或月岁叔亦可
侄外奉伯叔信
不侍慈顏已ㄙ載矣，晨昏之間，常若立於庭階，但奔逐利途，無由縮地以聚家庭之
樂，奈何奈何。近聞伯叔父福履亨嘉，康寧多集，家中百事，望生清顧，愚侄回時當拜謝
上
伯叔父老大人座前　愚侄ㄙㄙ頓首百拜
兄外寄弟信
愚兄無似，逐利江湖，二親在堂，桑榆晚景，遊子難歸，春暉未報，不孝之罪，何可勝言
賴吾弟朝夕承歡，愚兄之念少寬焉。一俟得生意流通，即當歸處庭闈，豈忍羈縻他
鄉耶。吾室尋姆撫兒撫稚之尤所望也。鴈便報平安，謹附燭冀照入　上
ㄙ賢弟收目　某月ㄙ日愚兄ㄙ字具
弟答兄信
兄客他鄉，弟居故里，相違不覺ㄙ載，未由敘手足之愛，歉何可言。昨接來報，始知旅
寓平安，舉家忻慰。老嫂知侄俱享康泰，但二親在堂，未免朝夕懸念，大望早圖回家
順鴻附報，統惟鑒察　上
ㄙ兄大人侍右　愚弟ㄙ頓首拜
夫寄妻信
遠遊客地，倏爾逾年，念想家事，心神如醉，長夜每魂千里，靜坐恐傷，老親在堂，幼子

秋口镇吴家 23-3 · 书信、帖式活套、文集

在彼皆賴賢妻維持調護始終如一勿致父母有不孝之怨子女失教誨之方則賢妻之恩大矣客如稍〃如意即整歸鞭無俟懸念便風有感寄謝還恩附銀錢聊資家用後有人便再當寄來種〃離情統惟原諒不悉

賢妻ム氏室人粧次

ム月ム日拙夫ム〃手信寄

妻寄夫

夫君別後花兩度開矣臨別叮嚀妾拳〃是念不敢有違高堂甘饍妾自任之弱女幼男妾自撫之家務紛紜妾自理之不勞夫君遠慮但夕照易況韶流易逝計有來餘之剎即當趣駕早歸奉侍二親鞠養諸幼庶得完聚笑語一堂毋使老親有倚門之望兒女有向晨之悲望遄人返寸心千里臨楮拭目不盡欲言

上

ム月ム日賤妾ム氏斂衽拜稟

夫君良人足下

婿外寄岳父東

自違教範時切懷衷不能朝夕侍側徒負半子之名罪深九淵矣每有人到詢及貴体安泰少慰下懷ム在旅邸為利所閑其於風晨月夕之際每思利名牽絆何日得脫況往來水陸無限關心安有片時樂意於胸次哉家中子女乞煩照料回日叩謝今因人便敬修數字先附問安餘情伏惟尊照

上

子婿ム〃頓首百拜

岳翁ム老大人門下
岳母ム老夫人尊前

丈人答婿

不面賢坦倏經幾載百歲光陰屈指於今過半矣又况堂上雙親年老室中稚媳大

秋口镇旲家 23-4 · 书信、帖式活套、文集

為之子者顧肯遊之若是之遠為之夫者其忍去之如是之久乎……仰事俯
蓄將誰是賴國耕作將誰是托雖然此亦猶之可也不孝有三無後為大之說不
可不知也錦城雖云樂不如早還家不可不詔也易曰書不尽言言不尽意高在賢
婿深思而自得也
大德配ㄙ 号賢姐 文几　　　眷末ㄙㄙ 頓首寄

甥外寄母舅
自別後時歲如流不覺几載企仰門 福曾無寧常念舅氏大人及諸賢弟愛心如
醉ㄙ 湖海僕僕時不復掛念蠅毛利息不忘跋涉之勞惟慈萱在堂家以時日不惟毋
氏之幸而甥更感恩多矣謹此遠祝惟冀自珍

春
百花吐艷千鳥啼春恭惟　年翁福隨時泰德與日新賀ㄟ 啓者入事六ㄟ 兹因順鴻
專此申候新禧臨楮不勝延佇之至
捉別時倫白山頭佛黃池畔未幾而蓮花開矣為諸
茂度曾不少停思思因之不知何日得假一顧掃積
懷於君前也

春奉文人
春雷一震草木俱新恭惟　年兄文光遠照福履時綏不卜可知欣賀ㄟ 啓者入事
惠別
箏聲蒂夜蟬噪夕陽梁　仁兄握別時也今又王[illegible]
秋矣言念故人無時忽置
臨楮翹瞻不勝榮寵

夏
風清沚渚日永槐庭想　台𦲷滌除煩暑襟懷清勝不啻可知首春光臨行抱之中
圖一契快但一晃而即揪違又不禁雲樹之思心至殷修片楮申候與[illegible]

秋口镇吴家 23-5 · 书信、帖式活套、文集

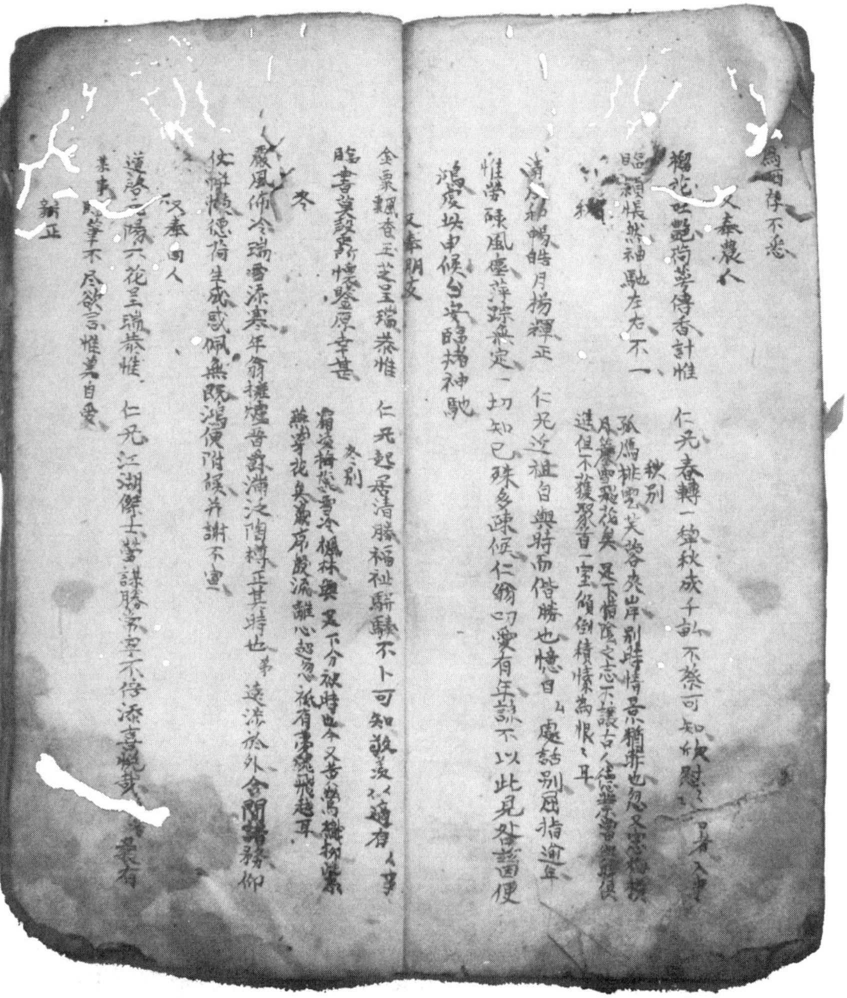

……為雨停不悉

又奉農人

榴花吐豔荷芰傳香訃惟 仁兄春轉一鐘秋成千畝不禁可知欣慰之 日者入事

臨[illegible]穎悵然神馳左右不一

秋別

孤雁排空芙蓉夾岸別時情景猶非也忽又[illegible]

月[illegible]雲飛花矣 足下情深之志不讓古人[illegible]

進但不獲聚首一室傾倒積愫爲恨之耳

秋[illegible]

凉分神暢皓月揚輝正 仁兄迎祖白興時而倍勝也憶自 山處話別屈指迎年

惟當臨風懷萍踪無定一切知己殊多疎候 仁翁叨愛有年款不以此見督函便

鴻便[illegible]候台安臨椷神馳

又奉朋友

金粟飄香玉芝呈瑞恭惟 仁兄起居清勝福祉駢臻不卜可知敬羨之 適有人事

臨書莫殺所懷鑒原幸甚

冬別

霜凌梅蕊雪冷楓林與 足下分袂時也今又當鶯飛柳絮

燕穿花矣 膚席殷流離心超忽祇有夢魂飛越耳

冬

嚴風佈令瑞雪添寒年翁擁爐晋爵滿泛陶樽正其時也弟 遠游於外會聞諸務仰

仗惟懷德荷生成感佩無既鴻便附候并謝不宣

又奉同人

逢啓三陽六花呈瑞恭惟 仁兄江湖傑士當謀騰[illegible]宇不停添喜[illegible]哉 [illegible]最有

來東 [illegible]筆不盡欲言惟異自愛

新正

秋口镇吴家 23-6 · 书信、帖式活套、文集

東風[illegible]律北斗旋寅恭惟 仁兄動止休暢德業增輝[illegible]
俗兄[illegible]未遑[illegible]疎慢之罪[illegible]奠書兹值首春佈此以賀惟[illegible]
新正與西席
椒花獻瑞柏葉呈祥恭惟 老先生學業淵深才華[illegible]行將高魁[illegible]
[illegible]家報[illegible]手書知 小兒頑鈍[illegible]門[illegible] 先生循循善誘[illegible]
也[illegible]特賀新禧餘不盡言
正月
年華更[illegible]歲序重新恭惟 老仁台躬膺五福慶衍三多遙祝以近 人[illegible]知聞
達[illegible]鴻便申候臨楮依切無任神馳
正月
獻歲以來條風初拂瑞日凝和想 仁兄閤宅新禧自當與陽光並燦欣賀以入事
兹因鴻便肅此佈言臨穎[illegible]景慕
又
條風聿暢陽德方亨正 台臺福祉維新之日 極欲趋庭慶賀親承提命[illegible]
務[illegible]俟稍暇即叩謁崇堦暫此預達諸俟面敘
春妍飛椒景物一新 老親臺意氣如雲到處皆生春色[illegible]賀[illegible]
[illegible]商朋友常誼列在[illegible]知如可勉應[illegible]不如命之理[illegible]

秋口镇吴家 23-7 · 书信、帖式活套、文集

切念[illegible]情力實等於難[illegible]惟[illegible]特往[illegible]中[illegible]之也
又與士友
風扇[illegible]領鴻鈞氣轉[illegible]惟　年兄進德修業與時偕升不卜可知欣賀[illegible]者入事
維時[illegible]伏冀順時以膺福祉不宣
又春　友人
春[illegible]梅玉報[illegible]想　兄台鍾山[illegible]當不益可知欣賀[illegible]者入事今因
人便[illegible]我寸椾聊申問安之敬
二月
花嬌柳媚日暖風和想　台臺起居佳勝曾同春光而鴻[illegible]也賀[illegible]弟浪跡江湖俗
[illegible]之會不能[illegible]侯稍定緒當即歸[illegible]與台臺面[illegible]今[illegible]人　言旋特此奉達不悉
又
香[illegible]梅[illegible]青上柳[illegible]想　先生起居之勝當與時光並茂也賀[illegible]承諭弟隨[illegible]面
逍遙[illegible]力周全當可[illegible]意外處也此復不一
三月
日暖[illegible]風和柳[illegible]光已卜　老仁兄[illegible]日進[illegible]
未[illegible]中[illegible]林深[illegible]教[illegible]不一
又
鶯[illegible]永[illegible]清溪　老仁兄起居之勝當與[illegible]光俱永也[illegible]

秋口镇吴家 23-8 · 书信、帖式活套、文集

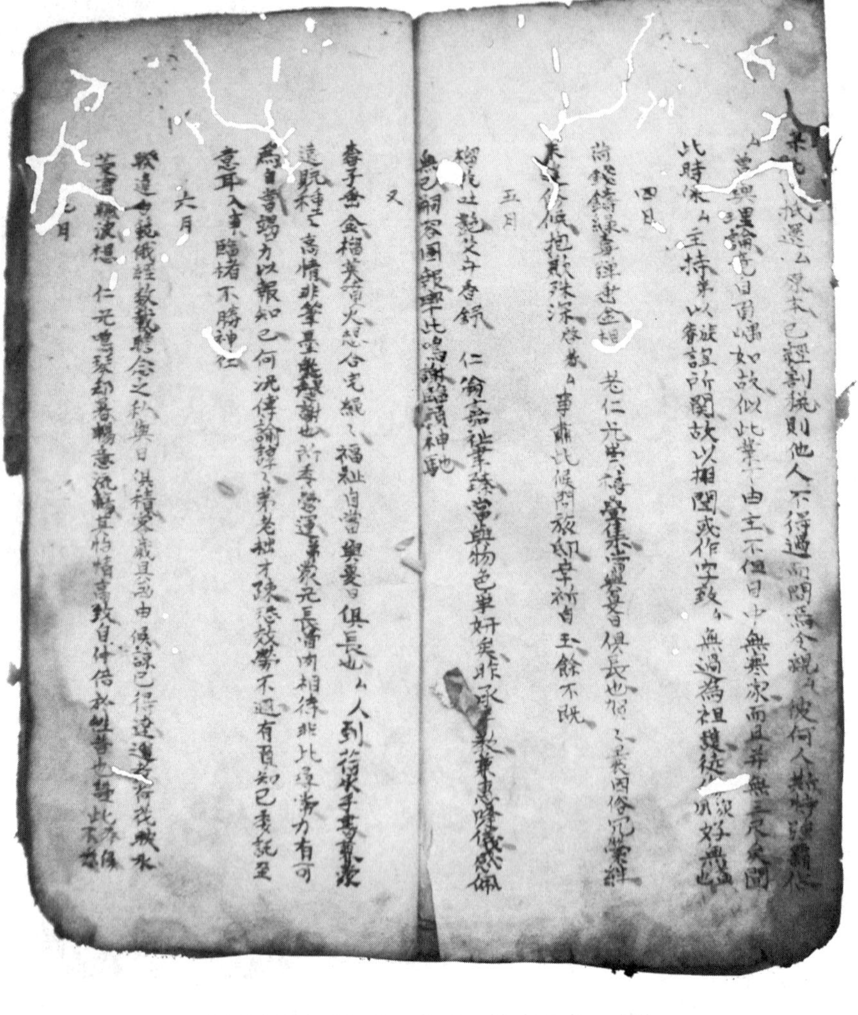
来[illegible]抵選ㄙ原本已經割挑則他人不得過而問焉今観之使何人[illegible]

ㄙ崇興理論竟日貿歸如故似此業〻由主不但日中無異家而且并無三尺之[illegible]

此時係ㄙ主持業以奮誼所関故以相聞或作字致ㄙ無過為祖塋徒[illegible]好為幸

四月

尚能鑄緣奮鋒出金相 老仁兄出入[illegible]集[illegible]與夏日俱長也[illegible]因偺冗叢雜

未[illegible]候抱歉殊深務希ㄙ事繁此候台祺玉餘不既

五月

榴花吐艷火午含錦 仁翁高號[illegible]當與物色華好矣非承[illegible]業惠贈儀感佩

無已瀰眷回報[illegible]比[illegible]神馳

又

壽子無金榴英食火照合宅綏〻福祉自當與夏日俱長也ㄙ人到[illegible]

遠既新〻高情非筆墨所能謝也前季營運業家兄長當向相待非比尋常力有可

為自當竭力以報知己何況係論諄〻弟老拙才疎恐[illegible]不過有負知己委託至

意耳入事〻臨楮不勝神往

六月

聯逢[illegible]候經敬載聽命之秋與日俱積[illegible]由俱[illegible]已得從[illegible]水

芝書[illegible]波想 仁兄吉琴却暑暢意流[illegible]其[illegible]自[illegible]此[illegible]

七月

秋口镇吴家 23-9 · 书信、帖式活套、文集

至囗初翹金聰々懷想 先生起居佳况自與一泓秋水同其清蕩也客木行旌歸
寓未以客居秋盛簡褻車騎至今猶耿々耳啟者入事處此佈候近禧不宣
金風初引玉露生凉 先生道履雍和起居增勝晚以沐愛最深而不敢時通音候
恐致涸擾清虛耳茲小兒應試北上令之代叩寓安微儀二種聊表寸私惟北希鑒存
小兒文理未明千祈推分指教倘有從俾寸進自不忘高厚也
八月
海吐銀蟾風開珠桑遥憶 仁兄德業財源自與秋光並麗也弟浪跡江湖韶光虛
度與兄較之奚啻天淵臨風悵嘆把晤何期便鴻申候惟叢珍是荷
八月
露凝金粟秋滿銀蟾台兄起居之勝定與時光並麗也天涯遊子得親道範家飲我
以醇飽我以德氣叶芝蘭三生有幸爾以么事分手各天鴻雁遥齊別恨當作兩賦
也茲么有事貴地諸凡仰祈照拂屋烏之愛弟且頌光三寸矣聆期想在秋仲別後
情况再當面罄
九月
菊滿東籬楓飄南岫遥憶起居定多清勝頌々么么人至承手執足徵汪愈深謝々家
兄丢諸事緊仰仗老長兄居才佐理各事自得機宜而有廣益何幸如之今下統希
照拂耑此佈候不宣

秋口镇吴家 23 10 · 书信、帖式活套、文集

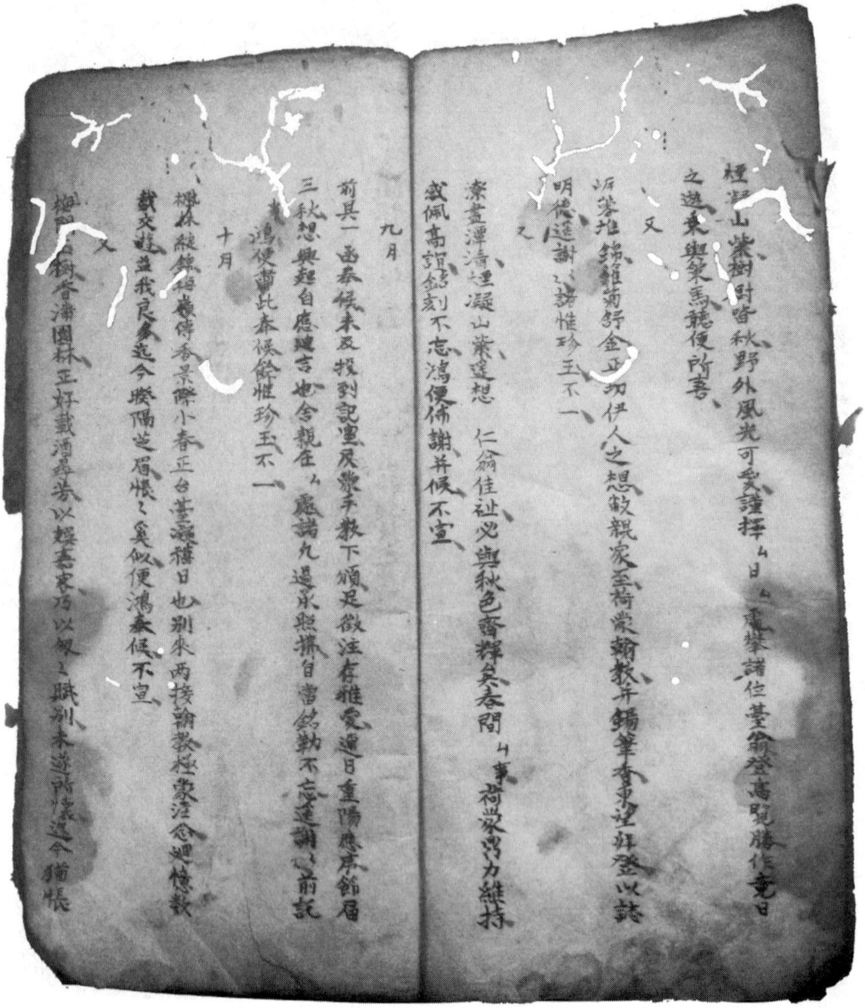

楓凝山紫樹時皆秋野外風光可愛謹擇ㄙ日ㄙ處攀諸位慕翁登高覽勝作竟日
之遊乘與衆馬聽便所喜

又

所签地錦雜菊舒金丕叨伊人之想敬親家至椅棠翰教并錫筆東望拜登以該
明德達謝ㄙ諸惟珍玉不一

之

潦盡潭清煙凝山紫遥想　仁翁佳祉必與秋色齊輝矣奉聞ㄙ事荷蒙鼎力維持
感佩高誼銘刻不忘鴻便佈謝并候不宣

九月

前具一函奉候未及報到記室展緘手教下頒足徵注存稚愛逢日重陽恭序節屆
三秋想興趣自應建吉也令親在ㄙ處諸凡過承照拂自當銘勒不忘逢謝ㄙ前託
鴻便肅此奉候餘惟珍玉不一

十月

楓林秋錦梅蕊傳香景際小春正台甚凝禧日也別來兩接翰教極承注念廻憶叙
叙交遊並我良多迄今懸隔迄眉悵ㄙ奚似便鴻奉候不宣

又

楓丹桂香滿園林正好載酒尋芳以娛去冬乃以奴ㄙ賤別未遂所懷迄今猶悵

秋口镇吴家 23-11 · 书信、帖式活套、文集

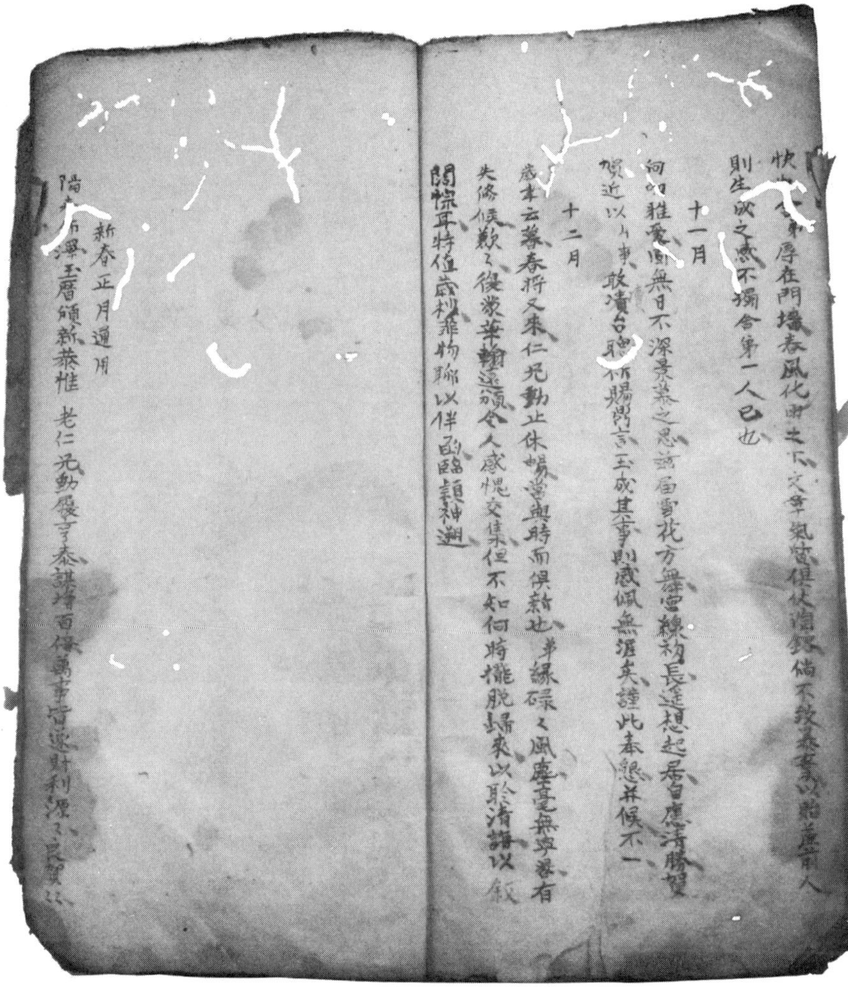
快□□□厚在門墻春風化雨之下文章氣宇俱从陶鑄倘不致□□以貽羞前人
則生成之恩不獨命弟一人已也
十一月
向叨雅愛因無日不深景慕之思茲屆雪花方舞雲線初長遥想起居自應清勝賀
候近以小事敢瀆台聽祈賜鼎言玉成其事則感佩無涯矣謹此奉懇并候不一
十二月
歲聿云暮春將又來仁兄動止休暢當與時而俱新也弟緣碌碌風塵毫無寸暑有
失候候歉歉後蒙華翰遥頒令人感愧交集但不如何時擺脫歸來以聆清誨以叙
闊悰耳特值歲杪菲物聊以伴函臨穎神馳
新春正月通用
陽和布澤玉曆頒新恭惟 老仁兄動履亨泰謀增百倍萬事皆遂財利源源恭賀

秋口镇吴家 23-12 · 书信、帖式活套、文集

秋口镇吴家 23-13 · 书信、帖式活套、文集

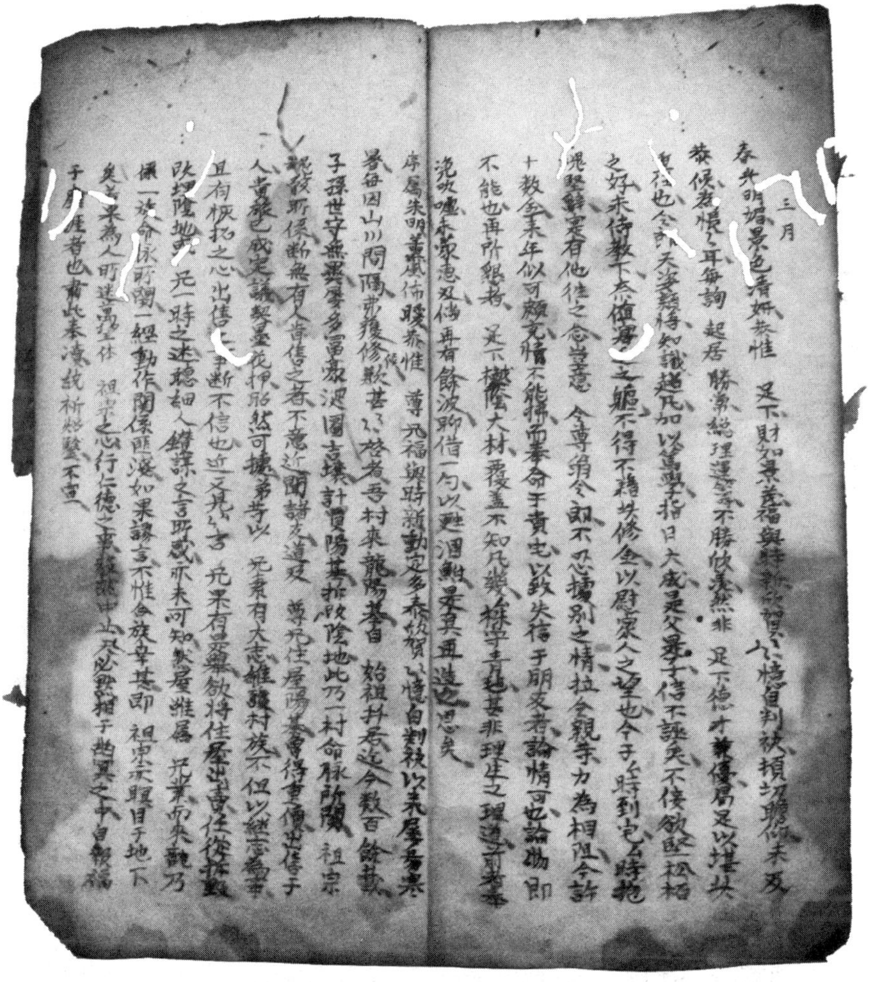

三月
春光明媚景色清妍恭惟 足下財如景美福與時新欣賀〻〻憶自判袂頓切馳仰未及
恭候起居悵〻耳每詢 起居 勝常總理事務不勝欣羨然非 足下德才兼優曷足以堪其
重任也令郎天姿頴悟知識超凡加以篤學指日大成是父是子信不誣矣不佞欲坚一松栢
之好未侍教下忝值寒舍之館不得不稍共修金以慰家人之望也今子〻時到宅〻時艳
羨堅辭定有他往之念豈意 令尊翁令郎不忍播别之情拉令親等力為相阻今許
十数金来年似可顧先情不能揮而奉命于貴宅以致失信于朋友者論情可也論協即
不能也再所煩者 足下擲隆大材覆盖不知凡幾[illegible]某于去冬甚非理主之理遊子可考
浼吹噓於家恩双偽再有餘波聊借一句以避涸鮒是矣再遊之思矣

序屬朱明盖風佈暖恭惟 尊兄福與時新動定多吉欣賀〻〻憶自判袂以来屢多奏
晷每因山川阻隔敬未獲修候歉甚〻〻啓者吾村來龍陽基自 始祖卅居迄今數百餘載
子孫世守無異屢多富盛涸圖吉壤計買陽基扦厥陰地此乃一村命脉所關 祖宗
説後所保断無有人肯售之者不意近聞諸友道及 尊兄住屋陽基曾得重價出售于
人貴族已成定議契墨花押船然可據弟等以 兄素有大志雖韓村族不但以繼宗爲害
且有扳扣之心出售之事断不信也近又見〻言 兄果有要舉欲将住屋出售任從其數
改扦陰地〻 兄一時之迷聴細人鑽謀之言所惑亦未可知然屋雖屬 兄業而來龍乃
係一族命脉所關一經動作關係匪淺如果諒言不惟合族受其即 祖宗亦瞑目于地下
矣若果為人所迷至體 祖宗之心行仁德之事於[illegible]中止又必欲[illegible]于幽冥之中自邀福
于今[illegible]者也肅此奉瀆統祈炒鑒不宣

秋口镇吴家 23-14 · 书信、帖式活套、文集

秋口镇吴家 23-15 · 书信、帖式活套、文集

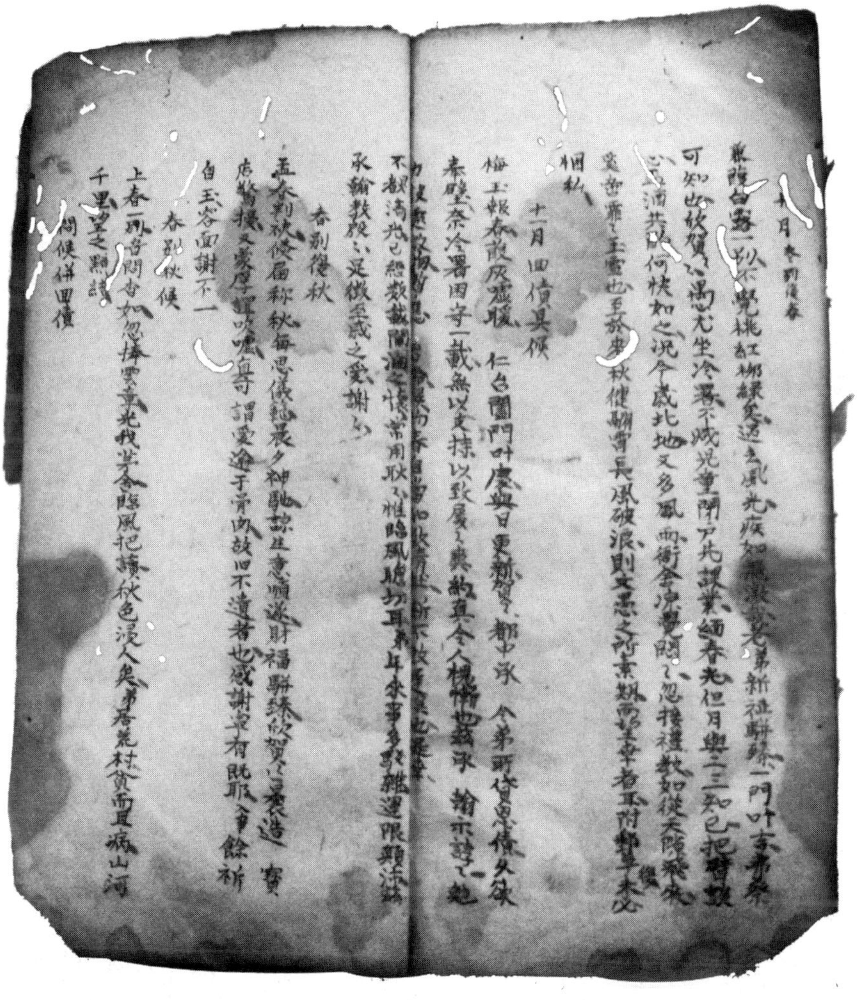

秋口镇吴家 23-16 · 书信、帖式活套、文集

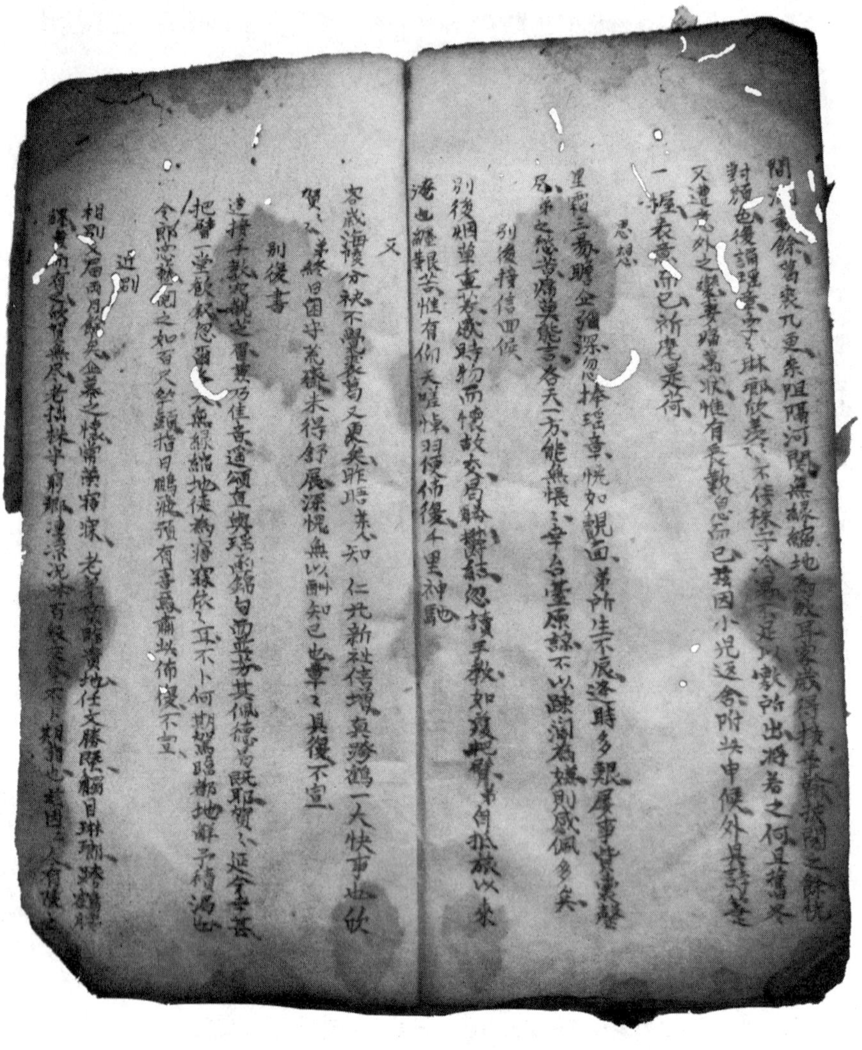
闊別□□餘，當爽几更，奈阻隔河関，無緣觸地，為歉耳。客歲得接□□，□□之餘，恍
對顏色，復領理□□□，琳瑯敘美，不禁探手□□□足以數諸出游者之何，且藉以
又遭意外之變，更痛萬狀，惟有長歎息而已。茲因小兒返舍，附此申候，外具封達
一握表意而已，祈麾是荷。
忠想
望霜三易，聘企彌深。忽捧瑶章，恍如覿面。第所生不辰，遂時多艱，屢事告憂，整
兄弟之能苦痛莫能言，各天一方，能無悵悵。幸台臺原諒，不以疏簡爲嫌，則感佩多矣。
別後接信回候
別後烟草重萋，感時物而懷故交，局時□□，忽讀手教，如覿□□。弟自□旅以來
滄□經艱苦，惟有仰天嗟悼，羽便佈復，千里神馳。
又
客歲海濱分袂，不覺光景易又更矣。昨聞臬台知 仁兄新祉傳增，真勝鴻一大快事也。欣
賀賀。弟終日困守荒廢，未得舒展，深愧無以酬知己也。草草具復，不宣。
別後書
違握手數次，覩芝眉未敢，仍佳音遥頌，真與瑶函錦句而並芬，其佩德勳既賦，賀賀。延企無甚
把臂一堂，敘款忽留□，乃無緣緒地，徒為瘠寂依依耳。不卜何期，如聚蹈都地，解予積渴也。
令郎忠勤，但之如百尺竿頭，指日鵬飛，預有喜爲肅此佈候，不宣。
近別
相別又届兩月餘矣。企慕之懷，常夢寐寐。老□□□□地，任文縢陞，觸目琳瑯，□□□
□□□□貫無窮，老拙株守窮鄉，連□況□□□□不□，相□也。□□□人，有懷之

秋口镇吴家 23-17 · 书信、帖式活套、文集

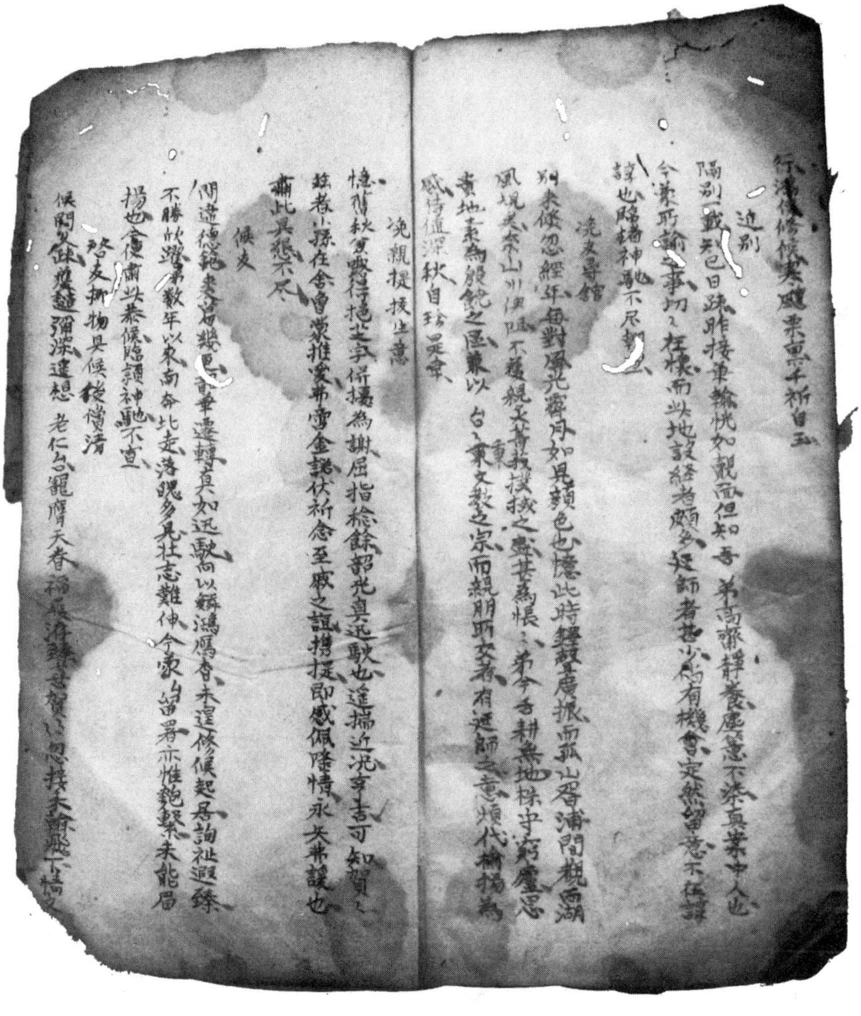
行[illegible]千祈自玉

送别

隔别一载，忽已日疏，昨接華翰，恍如親面。但知吾弟高齋靜養，處處意下，參真業中人也。今業所論之事，切切在懷，而此地設館者頗多，延師者甚少，倘有機會，定然留意，不伍諱也。臨楮神馳，不盡欲言。

候友尋館

別來倏忽經年，每對風光，審舟如見顔色也。憶此時鋒鞍處振，而孤山留浦間觀西湖風境，奚奈山川阻隔，不獲親叉，未能拔援之，曷甚為悵。弟今舌耕無地，株守窮廬，思貴地素為服餘之區，兼以台台秉文教之宗，而親朋所交者，有延師之意，煩代揄揚為感。情值深秋，自珍是幸。

洗親提拔止意

憶舊秋蒙獎掖之字，併揚為謝。屈指忽餘，韶光真迅駛也。邇播近況，事言可知，賀賀。茲者小孫在舍，曾蒙推愛，弟雪金諾，伏祈念至戚之誼，攜提即感佩隆情，永矢弗諼也。肅此具懇，不盡。

候友

側邇德輝，未得晤教，音車遼轉，真如迅駛，向以鱗鴻屢杳，未遑修候起居，詢祉遐祿，不勝欣躍。弟數年以來，南奔北走，落魄多是，壯志難伸，令家台留署，亦惟飽繫，未能固揚也。會便肅此，恭候臨穎，神馳不宣。

答友抑物是候後備清

候函及餘施，遊彌深遠想。老仁台寵膺天眷，福[illegible]恭賀賀。忽接來翰，殊不[illegible]

秋口镇吴家 23-18 · 书信、帖式活套、文集

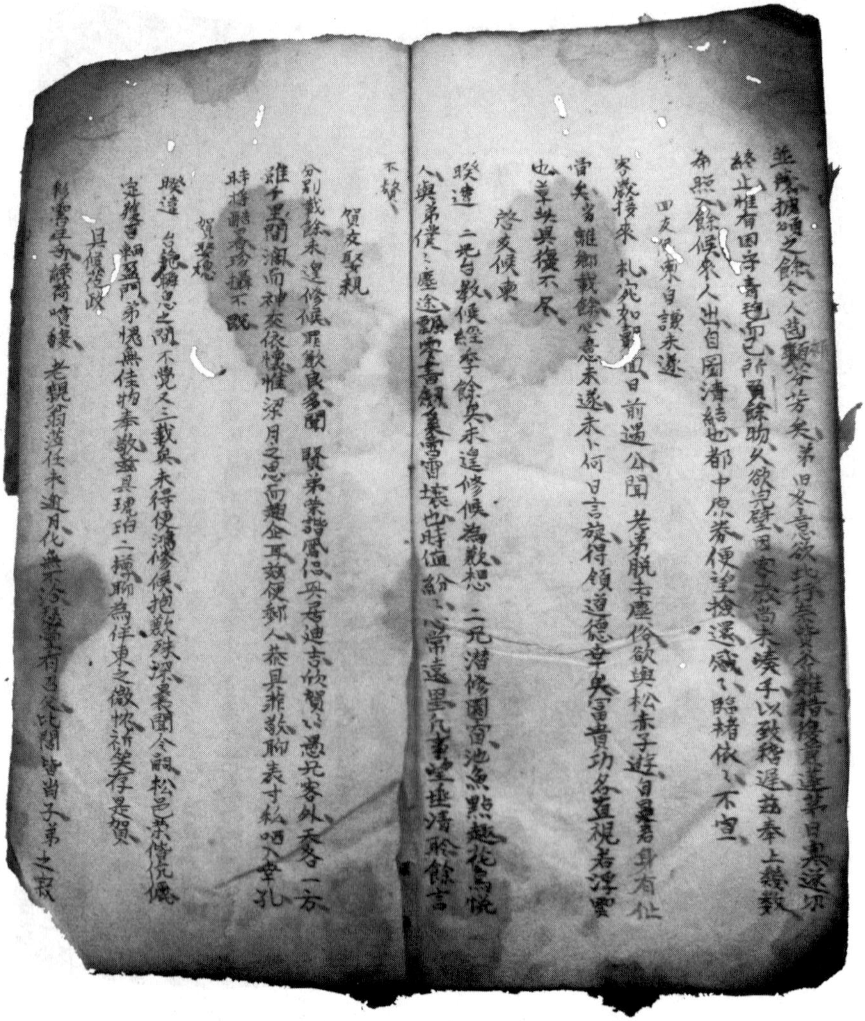

並[illegible]握晤之餘令人齒頰[illegible]芬芳矣弟日[illegible]意欲北行[illegible]難措[illegible]弟日[illegible]遠[illegible]
終止惟有困守[illegible]而已所[illegible]餘助久欲完璧因[illegible]尚未[illegible]手以致稽遲茲奉上幾數
希照入餘候余人出自閩清結也都中原券便望檢還感感臨楮依依不宣

田友[illegible]東自謙未遂

客歲接來 札宛如[illegible]日前遇公聞 老弟脫去塵俗欲與松赤子遊自[illegible]身有仙
骨矣留離鄉載餘心意未遂未卜何日言旋得領道德章奚富貴功名直視若浮雲
也草此與復不盡

啓友候東

睽違 二兄台教候經年餘矣未遑修候為歉想 二兄潛修園圃池魚點趣花鳥[illegible]
人與弟僕僕塵途[illegible]書劍[illegible]雷壤也時值紛紛[illegible]常遠墨凡書望垂清聆餘言
不贅

賀友娶親

分別載餘未遑修候罪歉良多聞 賢弟榮諧鳳侶吳居迪吉欣賀以愚兄客外天各一方
雖千里關涵而神交依憓惟深月之思而趣企耳茲便鄉人恭具菲敬聊表寸私哂入幸孔
時時[illegible]奩珍攝不既

賀娶媳

睽違 台範倏忽之間不覺又三載矣未得便鴻修候抱歉殊深昊聞令郎松邑榮偕伉儷
定獲吉輻盈門弟愧無佳物奉敬畧具瑰珀二枚聊為伴柬之儆[illegible]祈笑存是賀
具候並啟
[illegible]書[illegible]錄商[illegible]老親翁[illegible]任未週月化[illegible]比閭皆[illegible]子弟之[illegible]

秋口镇吴家 23-19 · 书信、帖式活套、文集

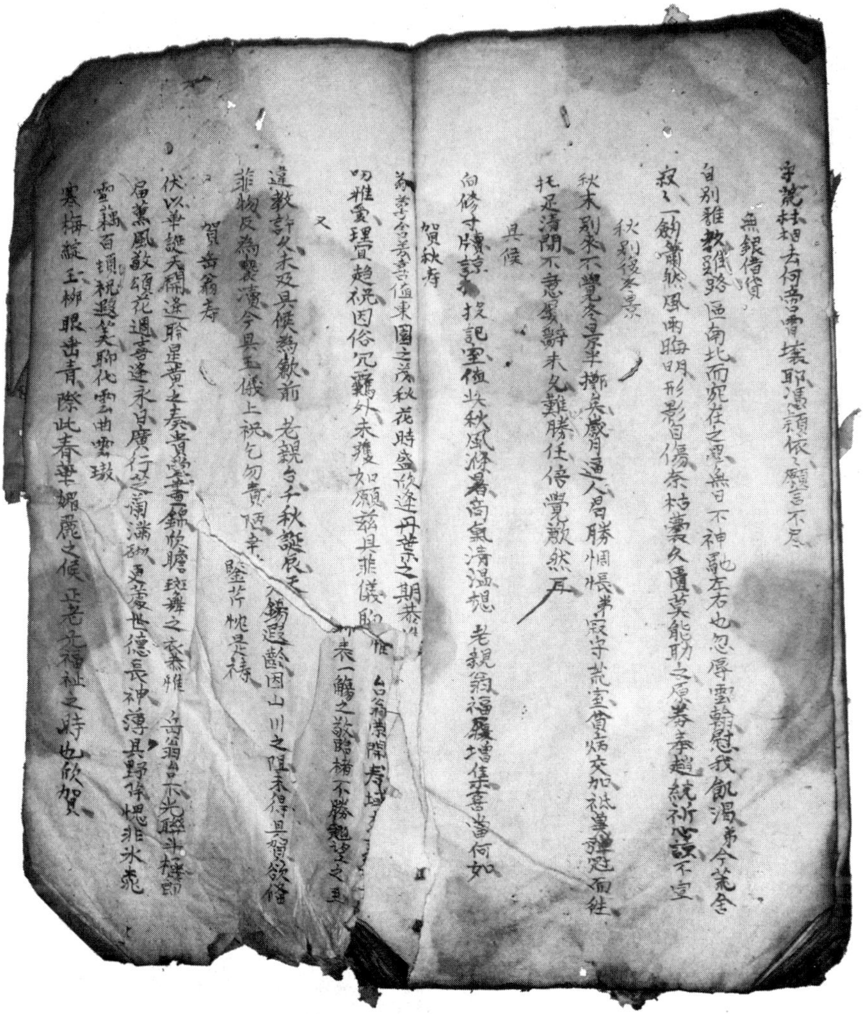

秋口镇吴家 23–20　书信、帖式活套、文集

□慈初新春華正麗恭惟老長臺福祉崇禎祥駢集自同景色以奉升出□

花嬌柳媚燕語鶯啼值此融和之候正老長元福祉慶晉之時也賀人之

春雲爛熳瑞氣呈祥恭惟老年翁躬膺五福慶衍三多遙祝

梅開玉樹香滿園林正好載酒尋芳以娛嘉客乃以匆匆之賦別未遂所懷□□

猶悵快也

秋口镇吴家 23-21 · 书信、帖式活套、文集